社会保障財政法精義

碓井光明 著

信山社
SHINZANSHA

はしがき

　本書は，「社会保障に特有な資金調達と管理及び社会保障給付のための経費に関する法」を「社会保障財政法」として法律学の立場から検討するものである。もっとも，社会保障給付の詳細な内容は，筆者の能力を超えているうえ，社会保障法学の研究に委ねることが適当であるので，必要な範囲において触れるにすぎない。

　社会保障は，今や個々の国民にとっても，国，地方公共団体という政府にとっても，逃れることのできない重要な課題である。
　国民にとっては，医療，介護，年金，公的扶助など日々の生活において安心を得られるかという問題であるし，年金は将来の生活の安心を得られるかという点においても重大関心事である。そのうえ，社会保障負担が国民に重くのしかかっている。国民健康保険加入者にとって，国民健康保険料（税）は，市町村との関係において，住民税に劣ることのない負担である。また，事業主は，被用者保険の保険料である健康保険料，厚生年金保険料，労働保険料などの負担に苦しむことが多い。他方において，政府部門は，社会保障支出が増大するにつれて，このままでは財政運営が立ち行かなくなるという危機感を抱いている。
　こうしたなかで，社会保障の問題は，常に政策的検討課題とされ，研究者の活動も，経済学，社会保障論，社会福祉論，社会保障法学と華やかである。しかしながら，社会保障財政の仕組みに関する法的研究は，意外に少ないように思われる。それは，経済学からの研究は，マクロな研究かモデル的研究が多く，また，社会保障論等においては，給付にウエイトが置かれるという事情が影響しているのかも知れない。
　しかし，社会保障を財政の面から，しかも法的に研究する必要性は極めて大きい。そのことは，旭川市の国民健康保険料に関する平成18年3月1日

の最高裁大法廷判決や「消えた年金記録問題」にも表れている。後期高齢者の医療問題も，医療保険財政全体の理解なしには，適切に判断することはできない。このような周辺事情を背景に，本書は，筆者にとって研究途上であるにもかかわらず，「緊急出版」ともいえる思いで，見切り発車で刊行するものである。本書が社会保障に関する研究の空隙部分を少しでも埋めることができるならば，望外の幸せである。本書において真新しい見解を発表していることは，それほど多くないが，いろいろ思いをめぐらせて，介護保険料に租税法律主義の趣旨が及ぶとする場合に，介護保険料はその趣旨に反するといわざるを得ないという結論に至ったことを，ここに記しておきたい。また，全国健康保険協会や後期高齢者医療広域連合のように，国民・住民（被保険者）から「見えにくい保険者」が活用されている状況にも注目せざるを得ない。

　筆者は，平成20年3月まで東京大学において財政法を担当してきた。筆者の財政法学の体系において，社会保障は，三つの意味をもっていた。第一に，社会保険料は，財政法総論としての「財政収入法」の重要な形態として，その研究をする必要があった。第二に，社会保障の財源負担は，財政法総論の政府間財政法の検討における主要な検討分野である。第三に，財政法各論として，たとえば，教育財政，国土建設財政のような研究を進める必要性があるところ，社会保障財政も当然その一大領域を形成している。そして，財政法各論としての研究と財政法総論の研究とは切断されるものではない。学生諸君が「財政収入法」として社会保険料を理解するには，社会保険に関する財政構造全体に対する理解をすることが不可欠な前提である。「政府間財政法」を理解しようとする場合も同様である。

　こうした意味を踏まえて，東京大学大学院法学政治学研究科及び法学部の演習においては，何回か社会保障財政法を取り上げてきた。本書は，それらの成果を踏まえて，将来の財政法総論の体系書において社会保険料等を的確に位置づけることを可能にするように，社会保障財政法の研究を先行的に公表することとしたものである。

はしがき

　法律学の分野における社会保障の研究は，社会保障法学がリードしていることはいうまでもない。また，行政法学も，広くは「給付行政法」の一環として，また，より社会保障に絞った研究も進めてきた。成田頼明「行政法の側面からみた社会保障法」（ジュリスト298号・302号，昭和39年）は早い時期の文献であるし，園部逸夫ほか編『社会保障行政法』（昭和55年）は，その代表的なものである。また，田村和之教授をはじめ，又坂常人教授，前田雅子教授，太田匡彦教授のように，社会保障を素材にした本格的研究をされている行政法学者も多い。昨年4月より，明治大学法科大学院にて行政法を担当している筆者としては，本来ならば，そのような行政法学の成果を十分に吸収し消化して執筆すべきところであるが，とりあえずは，これまでの蓄積分のみにとどめることとせざるを得ない。ただし，幸いにも，明治大学法科大学院における講義・演習は，本書の執筆に大いに役立ったと思われる。学生諸君との日々の行政法の学習の成果が本書の血となり肉となった。そして執筆を通じて，社会保障ないし社会保障財政の分野は「行政法研究に当たっての素材の宝庫」であることを実感した。「社会保障財政法」といいながら「社会保障行政法」といっていいほどに行政法的問題を取り上げたのは，このような身辺事情によっている。内容に即していえば，「社会保障行財政法精義」に近いものかも知れない。筆者の最初の勤務先であった横浜国立大学における初講義が「社会保障行政の法律問題」という特殊講義であったことを想い起こして，いまさらながらの因縁を感るものである。

　それにしても，社会保障制度は，常に変転しているうえ，目下は，「変革の時代」で，大きな制度改正が続いている。しかも，制度が複雑で，年金保険等の場合には，細かい経過措置もある。本書には，それらを省略し，あるいは十分に把握せずに執筆した箇所も少なくない。頻繁な改正をフォローすることも容易ではない。しかも，筆者は，社会保障そのものについては素人である。地方公共団体の条例も含めて，本書の叙述における法令の基準時点も，必ずしも一定しているわけではない（一部には，平成22年1月施行の条文も含まれている）。法律書においては，内容が正確でなければならないが，本書の正確度は，80点程度かも知れない。また，公益法人制度改革に伴い，

従来の財団法人及び社団法人が現にどのような状態にあるかを確認する必要があるが、この作業は断念している。本書を読まれるに当たっては、そのような点があることをご了解願いたい。また、本来ならば、本書の最後に社会保障財政法の課題を論ずる章を置くべきであるが、そこまで研究が進展していないために宿題として残すこととした。

　以上のような問題をはらみながらも、本書は、類書がないだけに独自の存在意義を有する書物になりうると秘かに自負している。財政法はもちろん、行政法、社会保障法の学習及び研究に資する内容である。さらに、法律学のみならず、社会保障論、社会福祉論の研究にも益するであろうし、社会保障制度の在り方を考えておられる方々、さらに、社会保障行政に携わっておられる方々にも、読んでいただきたいと願うものである。

　本書の刊行に当たり、今回も応援して下さった信山社の方々に御礼を申し上げる。とりわけ、柴田尚到氏は、朱の多い校正に最後まで付き合って下さった。それにより、本書の内容の精度が著しく高まったと思われる。

　本書は、妻・勢津子との生活万般における長きにわたるパートナーシップにより醸成されてきた研究の成果であるといっても過言ではない。筆者の健康を心配しつつ本書の完成に期待を寄せてくれている妻に感謝したい。

　　平成21年6月

　　　　　　　　　　　　　　　　　　　　　　　　　　　碓　井　光　明

目　次

はしがき
主要参考文献等・凡例

第1章　社会保障財政法への招待 …………………………………1

1　社会保障財政とは ……………………………………………1
　　［1］社会保障（1）
　　［2］社会保障財政（11）

2　社会保障財政法 ……………………………………………18
　　［1］社会保障財政法とは（18）
　　［2］社会保障財政の主体と社会保障財政法（23）
　　［3］社会保障実施の仕組み（38）
　　［4］社会保障財政法の存在形態（44）

3　社会保障財政法の基本原則 ………………………………46
　　［1］財政法の基本原則（46）
　　［2］生存権保障（49）
　　［3］平等原則（56）

第2章　社会保障財政法の基本構造 ……………………………61

1　社会保障財政の重層構造 …………………………………61
　　［1］社会保障給付に関する社会負担と自己負担（61）
　　［2］社会負担に関する租税方式，保険方式及び共同拠出方式（62）

2　社会保障財政における政府間関係 ………………………65
　　［1］社会保障給付における政府間関係（65）
　　［2］社会保障目的の施設整備財政と政府間関係（68）

3　保険方式 ……………………………………………………70

　　　　［１］保険方式（70）
　　　　［２］被用者社会保険方式（75）
　　　　［３］社会保険料（85）
　　　　［４］社会保険料の徴収（98）
　　　　［５］労働保険（118）
　　4　資金の共同拠出 ………………………………………………128
　　　　［１］汚染負荷量賦課金及び特定賦課金（128）
　　　　［２］医薬品副作用被害救済拠出金（131）
　　　　［３］石綿による健康被害救済のための拠出金（133）
　　　　［４］自動車損害賠償保障事業賦課金（136）
　　5　社会保障財政行政法 ……………………………………………137
　　　　［１］社会保障財政行政法とは（137）
　　　　［２］社会保障財政行政過程と行政法的問題（138）
　　　　［３］不服申立ての仕組み・訴訟（165）

第3章　医療保障・介護保障財政法 ……………………………198

　　1　医療給付費の財源構造 …………………………………………198
　　　　［１］医療保険の保険者（198）
　　　　［２］医療給付費とその財源（208）
　　　　［３］退職者医療制度・高齢者医療制度（219）
　　2　被用者医療保険 …………………………………………………221
　　　　［１］多様な被用者医療保険者（221）
　　　　［２］被用者医療保険財政の仕組み（223）
　　3　国民健康保険 ……………………………………………………230
　　　　［１］一部負担金・国庫負担等（230）
　　　　［２］国民健康保険料・国民健康保険税（245）
　　4　高齢者医療 ………………………………………………………270
　　　　［１］高齢者医療の基本構造（270）
　　　　［２］後期高齢者医療制度（275）

［3］前期高齢者医療（292）

　5　介護給付財政法 …………………………………………294

　　　［1］介護給付費用とその負担（294）

　　　［2］介護保険財政の仕組み（300）

　　　［3］介護保険料（307）

　　　［4］一部負担金（利用者負担）の軽減措置（319）

　　　［5］事業者による保険給付費の不正利得に対する措置（324）

　6　社会保険診療報酬支払基金・国民健康保険団体連合会 …………326

　　　［1］社会保険診療報酬支払基金の概要（326）

　　　［2］社会保険診療報酬支払基金をめぐる法律関係（327）

　　　［3］国民健康保険団体連合会（330）

第4章　年金財政法 …………………………………………331

　1　公的年金の種類と年金財政 …………………………………331

　　　［1］公的年金の種類と財源（331）

　　　［2］年金財政をめぐる問題（339）

　　　［3］年金行政法（348）

　　　［4］保険料通則（353）

　2　国民年金財政の法 ……………………………………………359

　　　［1］概　要（359）

　　　［2］保険料の納付義務・免除（363）

　　　［3］特別障害給付金と財政（376）

　3　厚生年金財政・共済年金財政の法 …………………………377

　　　［1］厚生年金財政の概要（377）

　　　［2］保険料（378）

　　　［3］厚生年金基金（380）

　　　［4］共済年金財政の法（385）

　4　年金支給と法 …………………………………………………388

　　　［1］年金の支給要件（388）

［２］年金受給権の具体化と消滅時効（394）

第５章　公的扶助・社会手当・社会援護と財政法 …………401
　１　公的扶助と財政法 ……………………………………401
　　　［１］公的扶助をめぐる財政の諸相（401）
　　　［２］保護金品の交付をめぐる問題（419）
　　　［３］生活保護と政府間関係等（426）
　２　社会手当と財政法 ……………………………………434
　　　［１］社会手当とその財源（434）
　　　［２］児童手当（435）
　　　［３］児童扶養手当・特別児童扶養手当等（440）
　３　社　会　援　護 ………………………………………444
　　　［１］戦傷病者・戦没者遺族等の援護，未帰還者留守家族の援護（444）
　　　［２］被爆者援護（446）
　　　［３］犯罪被害者等の支援（458）
　　　［４］災害弔慰金の支給等（467）
　　　［５］社会援護としての医療費の助成（470）

第６章　社会福祉財政法 …………………………………472
　１　社会福祉財政法総説 …………………………………472
　　　［１］社会福祉と費用負担（472）
　　　［２］社会福祉施設等の整備に関する費用負担（476）
　　　［３］施設整備以外の事業に対する補助金等（503）
　　　［４］社会福祉施設利用・サービス提供の費用負担（508）
　　　［５］社会福祉施設における事故等と国家賠償等（520）
　　　［６］福祉資金等の貸付けと財政（529）
　２　児童福祉・母子福祉財政法 …………………………539
　　　［１］児童福祉財政法（539）
　　　［２］児童福祉法と財政（541）

［３］法律によらない児童福祉のための施策と財政（566）
　　　［４］母子・寡婦福祉財政法，母子保健財政法（567）
 3　高齢者福祉財政法 …………………………………………………576
　　　［１］老人福祉法による措置と財源（576）
　　　［２］多様な高齢者福祉施策と財政（581）
 4　障害者福祉財政法 …………………………………………………590
　　　［１］障害者基本法と福祉財政（590）
　　　［２］身体障害者福祉法と財政（591）
　　　［３］障害者自立支援法（594）
　　　［４］障害者雇用の促進（608）

事項索引
判例索引

主要参考文献等・凡例
（ゴシックにより引用）

〈参考文献〉

阿部泰隆『行政法解釈学Ⅰ』（有斐閣，平成 20 年）
岩村正彦『社会保障法Ⅰ』（弘文堂，平成 13 年）
碓井光明『公共契約法精義』（信山社，平成 17 年）
碓井光明『公的資金助成法精義』（信山社，平成 19 年）
碓井光明『政府経費法精義』（信山社，平成 20 年）
小川政亮『社会事業法制　第 4 版』（ミネルヴァ書房，平成 4 年）
西村健一郎『社会保障法』（有斐閣，平成 15 年）
堀勝洋『社会保障法総論［第 2 版］』（東京大学出版会，平成 16 年）
堀勝洋『社会保障・社会福祉の原理・法・政策』（ミネルヴァ書房，平成 21 年）
社会福祉法令研究会編『社会福祉法の解説』（中央法規，平成 13 年）
園部逸夫ほか編『社会保障行政法』（有斐閣，昭和 55 年）
小林弘人『［第 2 版］高齢化社会における社会福祉の法』（創成社，平成 18 年）
ジュリスト『社会保障判例百選［第 4 版］』（平成 20 年）
堤修三・品田充儀編『市民生活における社会保険』（放送大学教育振興会，平成 20 年）
大曽根寛『社会福祉における権利擁護』（放送大学教育振興会，平成 20 年）
加茂紀久男『裁決例による社会保険法』（民事法研究会，平成 19 年）
社会保険関係訴訟実務研究会『社会保険関係訴訟の実務』（三協法規，平成 11 年）
『社会保険審査官及び社会保険審査会法の解説』（全国社会保険協会連合会，平成 13 年）
厚生労働省労働基準局労災補償部労災管理課編『七訂新版　労働者災害補償保険法』（労務行政，平成 20 年
厚生労働省労働基準局労働保険徴収課編『改訂版　労働保険徴収法』（労務行政，平成 16 年）
厚生省保険局国民健康保険課編『詳解国民健康保険』（国民健康保険調査会，昭和 35 年）

厚生省保険局国民健康保険課監修『逐条詳解国民健康保険法』（中央法規，昭和58年）

国民健康保険中央会監修『2007改訂11版　国保担当者ハンドブック』（社会保険出版社，平成19年）

『健康保険法の解釈と運用』（法研，平成15年第11版）

土佐和男編『高齢者の医療の確保に関する法律の解説』（法研，平成20年）

伊藤周平『介護保険法と権利保障』（法律文化社，平成20年）

『介護保険の実務　保険料と介護保険財政』（社会保険研究所，平成19年）

喜多村悦史『国民年金法』（日本評論社，昭和58年）

喜多村悦史『厚生年金保険法』（日本評論社，昭和57年）

『七訂　国民年金　厚生年金保険　改正法の逐条解説』（中央法規，平成21年）

『厚生年金保険法解説』（法研，平成14年改訂版）

小山進次郎『改訂増補　生活保護法の解釈と運用』（中央社会協議会，昭和26年）

栃木県弁護士会編『生活保護法の解釈と実務』（ぎょうせい，平成20年）

日本弁護士連合会生活保護問題緊急対策委員会編『生活保護　法的支援ハンドブック』（民事法研究会，平成20年）

児童福祉法規研究会編『最新児童福祉法　母子及び寡婦福祉法　母子保健法の解説』（時事通信社，平成11年）

児童手当制度研究会監修『四訂　児童手当法の解説』（中央法規，平成19年）

母子保健推進研究会監修『六訂　母子保健法の解釈と運用』（中央法規，平成20年）

山口浩一郎・小島晴洋『高齢者法』（有斐閣，平成14年）

障害者福祉研究会編『逐条解説障害者自立支援法』（中央法規，平成19年）

精神保健福祉研究会監修『三訂　精神保健福祉法詳解』（中央法規，平成19年）

障害者福祉研究会編『逐条解説　障害者自立支援法』（中央法規，平成19年）

京極高宣『最新　障害者自立支援法』（新日本法規，平成20年）

（＊社会保障法に関しては，本沢巳代子・新田秀樹編『トピック社会保障法〔第2版〕』（平成19年）の末尾に相当詳細な文献目録が付されている）

〈代表的法令集〉

『社会保険六法』（全国社会保険協会連合会）

『介護保険六法』（新日本法規）

『社会福祉六法』（新日本法規）
『障害者自立支援六法』（中央法規）

〈判例集の引用〉
最高裁判所民事判例集
高等裁判所民事裁判例集
行政事件裁判例集
労働事件民事裁判例集
判例集未登載　主として最高裁判所ホームページ掲載のものであるが，例外的に他の方法により入手したものもある。
（なお，判例は，一般の引用方式では「判決」を「判」と表記するが，本書においては，裁判所名のみの表記のものは，判決であることを意味し，決定についてのみ「決定」と表記している。）

〈法令の引用〉
地方自治法
行政事件訴訟法
国家賠償法
国民健康保険法
健康保険法
高齢者の医療の確保に関する法律
社会保険診療報酬支払基金法
国民年金法
厚生年金保険法
国家公務員共済組合法
地方公務員等共済組合法
労働者災害補償保険法
労働保険料の徴収等に関する法律

第1章　社会保障財政法への招待

1　社会保障財政とは

[1]　社会保障

社会保障とは　社会保障を研究する学問分野には，「社会保障論」のほか，経済学のアプローチ，法学のアプローチなどがあり，「社会保障」についても，さまざまな定義が与えられてきた。筆者は，これまで財政法を専攻してきた研究者であって，「社会保障とは何か」を論ずる資格はないし，厳密な議論を展開するつもりもない。しかし，本書の対象を一応明らかにするために，一般に社会保障に与えられている定義をみておきたい。

日本の社会保障制度のあり方についての包括的な勧告とされる1950（昭和25）年の社会保障制度審議会の「社会保障制度に関する勧告」が，引き合いに出されることが多い。そこでは，「社会保障制度とは，疾病，負傷，分娩，廃疾，死亡，老齢，失業，多子その他困窮の原因に対し，保険的方法または直接公の負担において経済保障の途を講じ，生活困窮に陥った者に対しては，国家扶助によって最低限度の生活を保障するとともに，公衆衛生および社会福祉の向上を図り，もってすべての国民が文化的社会の成員たるに値する生活を営むことができるようにすることをいうものである」と述べられていた。この勧告は，ベヴァレッジ報告等を踏まえると同時に，後述する社会福祉，公衆衛生の用語も登場させている。

ある経済学分野の研究者は，この定義を引いて，社会保障は，①「自分の責任に帰することができない理由によって発生する，さまざまな経済的リスクに対して社会全体で備えること」（「リスク分散」＝リスク・プーリング）及び②「そうしたリスクが実際に発生する可能性そのものを社会全体で引き下げること」（「リスク軽減」）という二つの側面があるとしている[1]。しかし，①の範囲は，必ずしも固定的に捉えられるものではない。「自分の責任に帰

することができない理由によって発生する」経済的リスク，すなわち，社会的なリスクの把握の仕方は，その時代の社会通念なり慣習により決まる性質のものである[2]。ある時期において社会的リスクと考えられていなかったことが，状況の変化と人々の意識の変遷により，社会的リスクと受け止められるようになることがある。前記の定義において，「経済的リスク」と述べられている点は，経済的状態が整うならば，たとえばサービス問題を解決できるので，すべてのリスクは経済的リスクに収斂すると理解するならば自然ともいえるが，経済的状態に還元できないリスクもありうると考えるならば，定義がやや狭すぎるといえるのかも知れない。たとえば，保育に欠ける児童に対する保育のサービス，介護を必要とする者に対する介護サービスなどは，必ずしも「個人のお金で解決できる」ことではない（あるいは，個人のお金で解決しようとすると膨大な資金が必要となって非効率になるということであろうか）。これらのサービス体制を社会的に整えて初めて可能になる側面がある。

法律学における社会保障　法律学の分野に限っていえば，出発点を憲法25条におくことができるほか，近年目覚しい発展を示している社会保障法学に学ぶことができる。

まず，憲法25条2項は，「国は，すべての生活部面について，社会福祉，社会保障及び公衆衛生の向上及び増進に努めなければならない」と定めている。この条文においては，「社会保障」と並んで「社会福祉」及び「公衆衛生」が並列的に掲げられている。これらのうち，とくに「社会保障」と「社会福祉」との関係は必ずしも明らかではない。「努めなければならない」とする規定であることも関係して，同条1項の規範的意味の探究をしているものの，「社会保障」の意味を格別明らかにしていない憲法の体系書も多い。また，定義づけを試みる憲法学説のなかにも，これらの三者は相互に関連するものであって，厳密に区分することが困難であることを認めつつ，それぞれの定義をしているものがある[3]。かくて，憲法学は，「社会保障」の意味を画するのに役立つような定義を提供しているとはいえない。

1　小塩隆士『社会保障の経済学　[第3版]』（日本評論社，平成17年）4頁。
2　堀勝洋『社会保障読本[第3版]』（東洋経済新報社，平成16年）5頁。

これに対して、社会保障法学は、「社会保障」に関する法学の分野であるので、必ず言及される。

たとえば、堀勝洋教授は、一般に社会保障と考えられているものの特徴として、①生活困難な状態にある国民に対して行なわれる制度であること、②国民の生活を健やかで安心できるようにする制度であること、③生活保障の給付を行なう制度であること、④公的責任で行なわれる制度であること、を挙げたうえ[4]、「事故によって生じた生活上の様々な困難に直面した国民に対し、その生活を健やかで安心できるものとするため、公的責任で生活保障の給付を行う制度」をもって社会保障と定義することができるとしている[5]。そして、公費による生活保障のための制度を社会扶助と捉えるならば、社会保障は社会扶助と社会保険とからなるとする[6]。

また、岩村正彦教授は、先進欧米諸国において共通に存在する「社会的保護（social protection）」に手懸かりを求めて、それを基軸に据えつつ、1950年の社会保障制度審議会の勧告及び1995（平成7）年の同審議会の「社会保障体制の再構築に関する勧告」の想定する概念を加味して社会保障の概念を捉えようと試みている。「社会的保護」として観念するのは、「個人（場合によっては世帯）に対し、これまでの生活を脅かす事由、すなわち要保障事由（具体的には、傷病、障害、老齢、要介護状態、生計維持者の死亡、出産、多子、失業、困窮等）が発生した場合に、社会保険料や租税等を財源として、国及び地方公共団体あるいはそれらの監督下にある機関が、財貨や役務等の給付を提供する制度」であるという。そして、これに、前記勧告、特に1995年勧告で重要視されている保健・医療を加えて、「社会保障」としている（保健・医療は、医療保険や社会福祉と密接な関係にあることを理由にしている）[7]。

3　佐藤功『憲法（上）[新版]』（有斐閣、昭和58年）434頁は、このような視点から、「社会福祉」とは、「広く国が生活の困難な者・肉体的に故障のある者に対して、必要な救護・援護を与え、その生活を確保・向上させること」であり、「社会保障」とは、「国が国民の生存を公的扶助または社会保険の方式によって確保・向上させること」であるとしている。

4　堀・社会保障法総論6頁-7頁。

5　堀・社会保障法総論11頁-12頁。

6　堀・社会保障法総論14頁。

さらに，西村健一郎教授は，「国が中心となって，生活保障を必要とする人に対して，一定の所得ないしサービス（医療および社会福祉サービス）を公的に提供することで，これらの生活上の困難・危険を回避し，軽減するために準備された制度」をもって「社会保障」であるとする[8]。

以上の諸定義から，少なくとも「人々の生活を国家の責任において保障すること」，あるいは，「人々の生活を公的に保障すること」が，緩やかな社会保障の定義といえよう。この「生活」，「国家」，「責任」（「国家」と「責任」を併せて「公的に」）及び「保障」の範囲については広狭の見方がありうると思われる。

「国家」の点についていえば，国の制度のみに限定して，地方公共団体の自主的制度を含めないのかなどが問題になろう。

「国家」の「責任」あるいは「公的」保障についていえば，国家が制度設計をすれば足りるのか，それ以上に国家が財政的に関与することも必要なのかなども問題になろう。たとえば，自動車損害賠償保障法は，自動車損害賠償責任保険又は自動車損害賠償責任共済契約が締結されている自動車でなければ自動車を運行の用に供してはならないとしている（5条）。この制度が自動車の運行によって人の生命又は身体が害された場合の損害賠償を保障することによって（同法1条参照），損害を負った者の生活を保障しようとしていることは明らかである。しかし，それは，あくまでも被保険者の負担による損害賠償責任のリスクの分散システムである[9]。また，最近，財団法人日本医療機能評価機構により，産科医療補償制度の構想が進められている。これは，分娩に関連して発症した脳性麻痺の児童と家族の経済的負担を補償するために，分娩機関が同制度に加入し，運営組織に掛金を支払い，運営組織が保険会社に保険料を納付して，その保険金をもって補償を要する妊産婦や

7 　岩村・社会保障法Ⅰ 13頁－15頁。
8 　西村・社会保障法 3頁。
9 　かつては，自動車損害賠償責任再保険特別会計という特別会計を設けて，政府が再保険事業を実施していた。これは，保険会社が同特別会計の保険勘定に再保険料を払い込み，同勘定から再保険金が保険会社に支払われる仕組みであった。これにより自動車損害賠償責任保険制度を政府が支えていたといえる。しかし，政府再保険制度は，平成14年に廃止された。

児童に支払うものである。社会保障の専門研究者の間には異論があるかも知れないが、保険者又は共済責任を負う者も国又は地方公共団体ではない民間組織であるので、本書においては、これらを社会保障の範囲から除外しておきたい。もっとも、産科医療補償制度にあっては、分娩機関の負担する掛金は妊産婦に負担が転嫁されることもありうる。そこで、妊産婦の負担軽減を目的として、医療保険における出産一時金の額の引上げを検討しているという[10]。なお、全国健康保険協会は、健康保険法による特別の法人であって、政府の健康保険事業を代行している法人と評価することができるので、全国健康保険協会健康保険は社会保障の一環を成すものである。

なお、財政的関与が不可欠であるのか否かに関しては、不可欠ではないと考えたい。たとえば、国又は地方公共団体が保険者となって強制加入の保険制度を設けて、その保険給付の財源をもっぱら加入者の保険料に求めている場合であっても、社会保障ということとしたい。

たとえば、労働者災害補償保険法による労災保険は、政府が管掌する保険である（2条）。その費用負担は、原則として政府が徴収する保険料である（30条）。そして、国庫は、「予算の範囲内において」労災補償保険事業に要する費用の一部を補助することとされている（32条）。この法的仕組みにおいて、国庫の補助に関する規定の有無あるいは現実の国庫補助の有無によって社会保障たる性格が左右されるものではないと考えたい[11]。

ただし、国が保障主体であるからといって常に社会保障という必要はない。たとえば、国家公務員災害補償法は、公務上の災害及び通勤による災害を受けた職員に対する補償を柱としている。同法は、この補償によって被災職員

10　財団法人日本医療機能評価機構産科医療補償制度運営組織準備委員会『産科医療補償制度運営組織準備委員会報告書』（平成20年）5頁。

11　この点は、労災補償の「社会保障化」論をめぐる論争として、労働法学、社会保障法学において展開されている論点である。第2章3［5］を参照。これと連続線上にある法政策論として、「不法行為制度から社会保障制度へ」という主張が見られた。その代表的文献として、加藤雅信編『損害賠償から社会保障へ―人身被害の救済のために』（三省堂、平成元年）がある。なお、浅野有紀「社会保障法制度の再構築―不法行為法との比較の観点から」井上達夫編『現代法哲学講義』（信山社、平成21年）165頁を参照。

及び遺族の生活の安定と福祉の向上に寄与することを目的としているので（1条1項），一方において社会保障の性質があることを認めてよいが，他方において，職員の使用者である政府が使用者としての無過失の補償をすることにしているのであって，行政組織内部の問題であると理解することもできる。その場合には，敢えて社会保障と位置づける必要はない。もっとも，地方公務員災害補償法は，地方公務員災害補償基金という特別の法人を設立して，同様の災害補償を共同で実施する仕組みを採用している。個別の地方公共団体の枠を越えた災害補償制度として，国家公務員災害補償制度よりも社会保障の性質が強くなるといえる。このように見てくると，連続線上にある制度について，「社会保障」としての線を明確に引くことは極めて困難である。

「保障」についていえば，要件を満たす者には必ず給付がなされる実体権利型のみであるのか，予算の範囲内における補助金交付のような手続権利型給付も含むのかなども問題となろう。そして，何といっても，いかなる「生活」領域を保障するかに関しては，時代に応じて考え方が変化する。たとえば，要介護状態にある高齢者の介護は，かつては家庭内介護で賄えるという通念から，その「社会化」の必要性が意識されなかったものである。しかし，今や，介護は，社会的な生活保障の必要な一大領域である。目下は，子育てについても「社会化」の必要性が認識されて，保育に欠ける児童の保育よりも広い「子育て支援」が社会保障の領域に入りつつあるように見える。

どのような生活を保障するか，どの程度の保障をするかについて，社会通念の変動がありうる。貧弱な住居が一般化している時点においては，住居を確保できない困窮度の高い者に住居を確保することで足りるとせざるを得ないが，一般の住居水準が向上するならば所得水準の低い人たちに相当程度の住居を保障する必要があろう。本書で扱わない公営住宅制度も，このような意味で社会保障の一環とみることができる。

損害賠償と社会保障　単発的な損害に対して国又は地方公共団体が腰を上げることはない。これに対して，集団的損害，継続反復的損害に対しては，国等が対処策を講ずることが少なくない（たとえば，予防接種法11条以下）。

国は，正面から損害賠償の趣旨であることを認めることなく法律を制定し

て一定の救済策を講ずることがある。たとえば、「ドミニカ移住者に対する特別一時金の支給等に関する法律」（平成18年法律第103号）は、昭和31年から昭和34年までの間に実施されたドミニカ共和国への移住において、国が企画及び立案を行ない、財団法人日本海外協会連合会が移住者の募集等の実施事務を行なうことにより事業が進められたところ、全期間を通じて、入植予定地の事前調査や移住条件についての情報提供が適切に行なわれなかったこと等により、移住者の生活基盤の構築に多大な困難を生じさせ、その後の同国の社会経済情勢の著しい変動や全土にわたる自然災害の頻発等とあいまって、移住者は、長年にわたる労苦を余儀なくされた旨を認め、「移住者に多大な労苦をかけたことについて、国として率直に反省し、特別一時金を支給すること等により、移住者の努力に報い、かつ、移住者が幾多の苦境を乗り越えて我が国とドミニカ共和国との友好関係の発展に寄与してきたことに深い敬意を表するとともに、かつての同国への移住に関する経緯を超え、引き続き、両国の良好な関係の発展に資する」目的で制定され（前文参照）、移住者（移住者が同法施行前に死亡している場合は、その遺族）に特別一時金を支給する旨を定めている。国家的事業について国の不十分な情報提供等を反省して特別一時金を支給する措置を講じたものである。

　因果関係等をめぐる争い、あるいは加害企業に対する政府の規制権限の不行使の違法性についての争いがあって、国や地方公共団体は損害賠償責任がないと主張していた損害賠償請求訴訟に関して、その請求を認容する判決が出されてから初めて救済に着手することも少なくない（救済に着手することが和解の内容になることもある）。たとえば、東京大気汚染訴訟は、平成8年の第1次提訴から平成18年の第6次提訴まであり、原告は、都内在住・在勤の気管支喘息・慢性気管支炎・肺気腫患者等で600名を超えていた。被告は、国、東京都、自動車メーカー7社、旧首都高速道路公団であった。平成14年に1審の地裁判決があって、99名の原告のうち7名について自動車排出ガスとの因果関係を認めて、国、東京都及び首都高速道路公団に対して、総額7,920万円の損害賠償を命じ、東京都は控訴せずに、損害賠償金を支払ったが、原告、国、首都高速道路公団が控訴して、平成19年8月に和解が成立した。和解は、東京都が医療費助成制度を設けて、医療費の患者自己負

担分（5年間200億円）について，①国が60億円，メーカー7社が連帯して33億円，首都高速道路株式会社が当面5億円を拠出し，②東京都は，東京都が3分の1，首都高速道路株式会社6分の1を基本に首都高速道路株式会社に負担を求めていくこと，③解決一時金12億円をメーカーが負担すること，④国，東京都，首都高速道路株式会社は環境対策（多様な環境対策が含まれている）を実施すること，などを内容としている。

　このようにして作られた制度によるものが，あくまでも損害賠償であって社会保障の問題ではないとするのか，社会保障の範疇に含めるのかについては意見が分かれるであろう。もちろん，単純に国又は地方公共団体の損害賠償債務の履行を訴訟によらないで行なうこと（それは損害賠償にほかならない）と，被害者の迅速な救済[12]のために，厳密な損害賠償債務の存在であることが確定されていなくとも，関係する主体に負担を求めて，それを原資として行政が被害者に給付することとを同じに論ずることはできない。

　明確な因果関係を確定することなく抽象的原因者に資金の拠出を求めて被害者に対する補償給付を実施する事業を行なうことは，社会保障に含めてよいであろう。その典型は，「公害健康被害の補償等に関する法律」による補償給付である。個別事業者の汚染行為等との因果関係を特定することはしないが，所定の汚染等による疾病であることの認定は行政機関が行なう仕組みが採用されている。「水俣病の認定業務の促進に関する臨時措置法」も，水俣病認定業務に関する特別措置法である。「石綿による健康被害の救済に関する法律」は，労災保険制度の延長の制度を採用しているといってもよいが，いずれの事業者が原因者であるかを必ずしも特定する必要があるわけではない。

　被害者の救済の観点から損害賠償の範囲等について司法的な判断の確立を

12　阿部・行政法解釈学Ⅰ12頁は，簡易な救済制度が機能していないことを指摘している。

13　C型肝炎薬害について製薬会社の賠償責任と国家賠償責任の双方を認めた裁判例として，大阪地裁平成18・6・21判例時報1942号23頁，福岡地裁平成18・8・30判例時報1953号11頁，東京地裁平成19・3・23判例時報1975号2頁，名古屋地裁平成19・7・31判例集未登載。

待っていることができないとして[13]，当面の措置として政府が資金の給付を行なう場合がある[14]。Ｃ型肝炎感染被害者の救済のために制定された「特定フィブリノゲン製剤及び特定凝固第Ⅸ因子製剤によるＣ型肝炎感染被害者を救済するための給付金の支給に関する特別措置法」（平成20年法律第2号）がその典型例である。この場合の給付も一種の社会保障といってよいであろう。

同法は，特定Ｃ型肝炎ウイルス感染者[15]のうち，「慢性Ｃ型肝炎が進行して，肝硬変若しくは肝がんに罹患し，又は死亡した者」に対しては4,000万円，「慢性Ｃ型肝炎に罹患した者」に対しては2,000万円，これら以外の者には1,200万円の給付金を支給するとしている（6条）。追加給付金の定めもある（7条〜10条）。給付を行なう主体は，独立行政法人医薬品医療機器総合機構である。機構に，給付金支給等業務に要する費用に充てるため「特定Ｃ型肝炎ウイルス感染者救済基金」を設け（14条1項），基金の資金は，政府が予算の範囲内において機構に対し給付金支給等業務に要する費用に充てるための資金として交付する交付金（15条）及び製造業者等からの拠出金（17条）をもって充てる（14条2項）。費用負担の方法及び割合については，厚生労働大臣が製造業者等と協議のうえ，その同意を得て，あらかじめ基準

---

14 民主党は，平成18年第165国会において「カネミ油症被害者に対する特別給付金の支給に関する法律案」を衆議院に提出した。その法律の趣旨について，法案は，「カネミ油症被害が日常的な食品の摂取により多数の人に生じた健康に係る重大な被害であること及びこれにより食品の安全性に対する国民の信頼が著しく損なわれ社会に不安を与えることとなったこと等並びにカネミ油症被害に係る食用油の製造工程において副生された油であって飼料の原料となったものに係る行政機関が保有した情報が当該食用油の安全性を疑わせるような重大なものであったにもかかわらず当該情報を生かすための連絡調整が国において行われなかったこと等によりカネミ油症被害の発生を防止するための適切な対応が行われず被害が拡大したこと及びその後も国によりカネミ油症被害者に対して救済のための措置が十分に講ぜられていないこと等にかんがみ，カネミ油症被害者に対して特別給付金を支給するため，その支給に関し必要な事項を定める」としていた（1条）。特別給付金の額は，300万円（被害者の遺族に支給するものは被害者1人につき300万円）と提案していた（5条）。

15 特定フィブリノゲン製剤又は特定血液凝固第Ⅸ因子製剤の投与（獲得性の傷病に係る投与に限る）を受けたことによってＣ型肝炎ウイルスに感染した者及びその者の胎内又は産道においてＣ型肝炎ウイルスに感染した者をいう（2条3項）。

を定める点（16条）に特色がある。平成21年4月に定められた基準（厚生労働省告示第260号）によれば，旧ミドリ十字の承継製造業者等である田辺三菱製薬は，たとえば昭和60年8月から62年4月までに法2条3項の感染者となった者については10分の10，そこから63年6月までは3分の2のように，定められている。国の規制権限の不行使に伴う責任が時期により異なることに鑑みたものである。

　そして，損害賠償に関係する暫定的な救済であることもあって，損害賠償がなされた場合等における調整の定めが用意されている。すなわち，給付金等の支給を受ける権利を有する者に対し，同一の事由について，国又は製造業者等により損害のてん補がされた場合においては，機構は，その価額の限度において給付金等を支給する義務を免れるものとされ（11条1項），国又は製造業者等が国家賠償法，民法その他の法律による損害賠償の責任を負う場合において，機構がこの法律による給付金等を支給したときは，同一の事由については，国又は製造業者等は，その価額の限度においてその損害賠償の責任を免れることとされている（11条2項）。

　さらに，被害者からの損害賠償請求訴訟に係る判決の仮払金の返還債権について免除する法律が制定された例がある。「カネミ油症事件関係仮払金返還債権の免除についての特例に関する法律」に，その例を見ることができる。同法は，「昭和43年に九州地方を中心に発生したカネミ油症事件をめぐる損害賠償請求に係る判決の仮執行の宣言に基づき国が支払った仮払金の返還に係る債権の債務者が当該事件による被害の発生から現在までの間に置かれてきた状況及び当該債権の債務者の多くが高齢者となっていることを踏まえ，当該債権の債務者についての収入及び資産に係る基準を定めて早期に当該債権の免除を行うことができるようにすることの緊要性にかんがみ」，当該債権について債権管理法の特例を定めるものである（1条）。次の収入に係る基準及び資産に係る基準に該当する場合に，当該債権及びそれに係る延滞金及び利息を免除することができるものとしている。収入に係る基準は，債務者の属する世帯構成員の収入の総額から租税その他の公課の額を控除したとして算定した額が，次の額未満であることとされている（2条）。世帯構成員の数が4人である場合は1,000万円，世帯構成員の数が4人を超える場合

は，1,000万円に4人を超える1人ごとに100万円を加算した額，世帯構成員の数が4人に満たない場合は，1,000万円から4人に満たない世帯構成員1人ごとに100万円を控除した額とされる（2条2項）。また，資産に係る基準も定められている（2条3項）。カネミ油症[16]についての救済過程において生じた問題を解決するための仮払金債権[17]免除措置であった。この免除措置は，一種の社会保障といってよいであろう。

これらに対して，国又は地方公共団体が裁判所に代わる簡易な行政審判の制度を設けて，被害者の申立てに基づいて，加害者に対して補償金の支払いを命ずる制度（たとえば，公害に係る紛争の処理機関としての公害等調整委員会を置き，あっせん・調停・仲裁を行なう制度）を設けることは，原則として社会保障という必要はないであろう。

[2] 社会保障財政

社会保障財政の意味　「社会保障財政」とは，これまで述べてきた「社会保障」に関する「財政」である。

一般に「財政」とは，財政学の定義によれば，「国家・地方公共団体すなわち公権力体の経済活動」[18]とか「公共部門の経済活動」[19]とされる。法律学

16　製造会社の責任を認める判決（福岡高裁昭和59・3・16（昭和52（ネ）602）判例時報1109号24頁），製造会社の責任と併せて国家賠償責任を肯定する判決（福岡高裁昭和59・3・16（昭和53（ネ）180・211）判例時報1109号44頁，福岡地裁小倉支部昭和60・2・13判例時報1144号18頁）も出された。事業者の損害賠償責任を認めつつ国の責任を認めなかった判決（福岡高裁昭和61・5・15判例時報1191号28頁）も存在する。また，工場長の業務上過失傷害罪を認めた刑事事件判決（福岡高裁昭和57・1・25判例時報1036号35頁）も存在する。

17　一部の訴訟に関し国の賠償責任を認める下級審判決が出されたために仮払金が支払われたが，最高裁で逆転（原告敗訴）判決の可能性が強まり訴えの取下げをした。その後，仮払金債権の消滅時効が間近となった時点で国が仮払金返還の調停を申し立てたために，仮払金返還債務が大きな問題となったものである。仮払金返還債務との関係で，相続放棄申述についての熟慮期間の起算点が争われた事件も存在した。福岡高裁平成16・3・16判例タイムズ1179号315頁。

18　林健久『財政学講義［第3版］』（東京大学出版会，平成14年）1頁。

19　重森暁ほか編『Basic現代財政学［新版］』（有斐閣，平成15年）1頁（執筆＝重森）。

において最も標準的な説明によれば，財政とは，「国または地方公共団体が，その活動を行うために必要な財力を調達し，管理し，使用する作用」であるとされてきた[20]。これを社会保障に当てはめるならば，「社会保障財政とは，社会保障に必要な資金の調達及び管理並びに社会保障目的による財政資金の使用である」ということになろう。

社会保障における，財政資金の「使用」の中核は，まさに社会保障給付のための使用である。医療保険にあっては保険給付，公的扶助にあっては扶助そのものである。その限りで，「使用」のうちの社会保障給付を，わざわざ独自に「財政」として論ずる実益は乏しいと思われる。したがって，社会保障財政において最も重要なのは，社会保障財源の確保である。そこで，論理的というよりは，研究上の便宜の観点から，「社会保障財政」をもって，「社会保障に必要な資金の調達及び管理並びに社会保障給付のための経費」と定義するのが実際的かも知れない。「社会保障に必要な資金」の中核は，いうまでもなく社会保障給付に要する資金であるが，社会保障制度を運営するための管理的経費に充てる資金も含まれる。もっとも，そのような管理的経費は，一般の行政経費から峻別できる場合もあるが，一般行政経費に含められて分離できない場合もある。いずれになるかは，制度設計の仕方によるといえよう。

ただし，ある政府にとって社会保障目的の資金の使用でありながら，その資金が他の主体による社会保障給付財源に充てられるときは，やはり他の主体の行なう社会保障給付に必要な資金の調達にほかならない。たとえば，市町村が保険者となる国民健康保険について，政府が保険者たる市町村に国民健康保険給付に充てるための補助金等を交付する場合には，市町村国保にとっての資金調達方法に含まれるのである。

このように社会保障財政の中核を社会保障に必要な資金の調達におくとしても，給付に係る法的仕組みがどのようになっているかは，社会保障に必要なものとしてプールされる資金の減り方に大いに影響する。たとえば，社会保障給付について短期の消滅時効制度を採用するならば長期の消滅時効の場

---

[20] 清宮四郎『憲法Ⅰ［第3版］』（有斐閣，昭和54年）259頁。伊藤正巳『憲法［第3版］』（弘文堂，平成7年）472頁も同趣旨である。

合に比べて時効が完成して給付を受けられない人が増え，プールされた資金の出方を抑制する効果をもつであろう。本書は，個別の社会保障給付の内容に詳しく立ち入ることはしないが，このような法的仕組みについては触れることにしたい。

社会保障財源の重要性　社会保障財源は，社会保障給付を支えるものとして，社会保障給付に従属する性質をもっている。しかし，社会保障財源の裏づけがないならば，社会保障給付を実施することはできない。この意味において，社会保障財源の確保は社会保障給付に不可欠である。社会保障の基盤は，社会保障財政，とりわけ社会保障財源の確保にあるといっても過言ではない。

また，社会保障財源の核となる資金は誰かが負担しなければならない。社会保障目的の国民負担が増大し続けていることから，社会保障財源のあり方は，国民の重大関心事になっている[21]。

社会保障に必要な資金の全額を使途の特定されない租税等の一般財源に求める場合には，社会保障財政の議論は，社会保障給付の程度に関する政策論が中心となり，財政の側面からは，せいぜい安定的財政運営のためにどのような税目によって収入を確保することが望ましいか，あるいは，社会保障のための管理的経費の在り方等が問題となるにとどまるであろう。これに対して，社会保障に特有の方法により資金を調達する場合には，社会保障給付と密接な関係をもちながらも，その特有の方法のあり方が問題とされる。社会保険のシステムによる資金調達は，そのような社会保障特有の資金調達方法の一つである。

社会保障給付の方式　社会保障給付に関する区分として，現物給付と現金給付とがある。医療に関して，医療保険制度を設けて，保険診療に関して

21　厚生労働省が平成18年5月に公表した「社会保障の給付と負担の見通し」によれば，社会保障負担額は，平成18年度は82.8兆円（公費28.8兆円，保険料54.0兆円），平成23年度には101兆円（公費36兆円，保険料65兆円），平成27年度には114兆円（公費41兆円，保険料73兆円）と推計されている。これがいかに巨額であるかは，平成18年度の一般会計当初予算額が79兆6,860億円であったことをみても明らかである。

は現物給付の原則が採用されている。介護保険の場合は，建前は現金給付であるが，事業者による代理受領により，現物給付の外観を呈している。他方，年金や生活保護の生活扶助は現金給付の典型的なものである。

　また，直接給付方式と間接給付方式を区別することができる。通常の社会保障給付は，保障を要する者に直接給付される。しかし，場合によっては，それ以外の者に給付することによって社会保障目的を達成する。たとえば，高齢者雇用や障害者雇用のための奨励金が典型的である。平成21年度の後半に生じた経済情勢の急激な悪化による離職に伴う労働者に対する住居保障対策として設けられた「離職者住居支援給付金」も挙げることができる。光熱水費等を除き無償で継続して従前の住居に居住させることを条件に雇用保険の適用事業の事業主で労働保険料の滞納がないことなどを条件に，離職の日から6か月分まで給付金（1人当たり支給額は，都道府県単位で定められている）の対象とするものである。また，従来から存在した雇用調整助成金が平成20年12月より中小企業緊急雇用安定助成金へと改められたが，この助成対象の中にも，間接給付の性質を有するものが含まれている。

　補助金方式　社会保障と呼ぶ場合には，一般に社会保障関係法律の定める大きな制度を念頭に浮かべるために，補助金方式の存在に気づくことは少ない。しかしながら，実際には，社会保障に関係する補助金が多数交付されている。特に地方公共団体は，無数の補助金を交付している。社会保障の定義との関係において，社会保障関係補助金とみてよいのか判断に迷うものも少なくない。横浜市の平成20年度予算に含まれていた補助金から社会保障に関係しそうなものを抽出してみると，次のように多数のものがある。

　　　病児保育事業施設・設備補助金，地域子育て支援拠点実施施設整備補助金，民間保育所整備促進事業補助金，民間保育所賃借料補助金，定員外入所促進補助金，民間社会福祉施設等償還金助成，民間社会・児童福祉施設耐震診断調査・補強設計・工事費助成金，24時間型緊急一時保育事業費補助金，私立幼稚園預かり保育事業補助金，特定資金償還金助成（保育所），認定こども園地域子育て支援補助金，放課後キッズクラブ事業費補助金，障害児居場所づくり事業費補助金，児童福祉施設整備費補助金，母子福祉団体補助金，児童福祉施設職員研修会補助金，母子

生活支援施設「母と子のつどい」補助金、助成緊急一時保護施設補助金、認可外保育施設助成、児童福祉施設償還金助成、市立保育所の民間移管に伴う補助金、保育園児保健医療推進補助金、私立保育園園長会補助金。

　補助金方式は、社会保障の需要が生じた場合に、当面の措置として実施されることが少なくない。とりわけ予算措置のみによる補助金にあっては、制度変更の容易さもあって活用されることが多い。そして、個別地方公共団体の補助金方式によるのでは問題があるときに、社会保険制度に移行したものも少なくない。老人医療費の助成措置が老人保健法の制定、さらに高齢者医療確保法へと転換を遂げたのが典型である。予算措置のみによる補助金方式は、一方において弾力的であるという点が長所であると同時に、その支給を受けたい者にとって不安定であるという短所にもなる。また、公金の使用であるのに、そのときの行政の恩恵であるかのように宣伝されることもある。

　補助金は、一般にインセンティブ効果（誘因効果）を発揮する。このインセンティブ効果に着目して、社会保障の間接的な実現手段として用いられることが少なくない。たとえば、高齢者や障害者の生活を確保し社会参画を実現するには、高齢者・障害者の雇用機会の増大が不可欠である。しかし、政府自身が事業主として雇用することのできる場面は、極めて限定的である。そこで高齢者・障害者の雇用を増大させる事業主に補助金を交付して、事業主の応援を求める施策が考えられる。実際にも、高齢者等の雇用の安定等に関する法律、障害者の雇用の促進等に関する法律により、この施策が採用されている。政府と高齢者・障害者との関係に着目するならば、この方法は間接的なものである。雇用社会において、このような間接給付方式による社会保障施策の重要性を認識する必要がある。

　貸付金方式　補助金方式に比べてはるかに少ないが、貸付金方式も存在する。母子及び寡婦福祉法による母子福祉資金及び寡婦福祉資金の貸付けが典型である（本書第6章2［4］を参照）。また、法律に基づくものではないが、生活福祉資金の貸付けのウエイトが高いといえる（本書第6章1［6］を参照）。

　社会保障行政のコスト　社会保障給付を行なう場合に、その給付に要する財源が必要なことはいうまでもないが、それ以外に、社会保障行政のため

のコスト，いわば社会保障の管理経費を必要とする。管理経費は，社会保障財政を論ずる際に，あまり目立たないが重要な検討課題である。

　第一に，管理経費を抑制できるシステムが好ましいことはいうまでもない。たとえば，年金の給付に必要な財源を社会保険料に求める場合と一般租税に求める場合との優劣を論ずる際には，管理経費の視点を避けることができない。年金財源につき社会保険料方式を採用する場合には，社会保険料負担の程度にかかわりなく，保険料徴収システムとその記録を長期間にわたり整備・保存する体制を必要とする。従来の社会保険庁は，給付を含めて，そのような業務を遂行する行政組織である。

　第二に，管理経費を誰がどのように負担するかという点も重要である。たとえば，前記に取り上げた年金について社会保険料方式を採用しているときに，年金給付本体の財源問題と別に，管理経費を社会保険料で賄うのか一般の租税に求めるのかという点である。年金特別会計の業務会計には一般会計からの繰入れがなされている。各年度の特例があるので変動するが，「特別会計に関する法律」は，国民年金法85条2項に規定する国民年金事業の事務の執行に要する費用，厚生年金保険法80条2項に規定する厚生年金保険事業の事務の執行に要する費用及び健康保険法151条に規定する健康保険事業の事務の執行に要する費用のうち健康保険に関し政府が行なう業務に係るもので国庫が負担するものをもって，一般会計からの繰入対象経費としている（113条5項）。

制度改正のコスト　　現状よりも少しでも良い制度が見つかるならば制度改正をしたいと考えるのは自然な感情である。しかし，制度の改正には多かれ少なかれコストを伴うものである。行政的コストはもとより，財政コストもかかる。制度がどのような単位で設計されているかにより制度改正のコストの程度が異なるが，制度が広域で設計されている社会保障について制度改革を実施しようとするならば，行政部門のコストはもとよりのこと，その影響を受ける主体も多方面にわたる。たとえば，医療や介護に係る社会保険の場合には，保険者，被用者保険の事業者，医療保険の保険医療機関，介護事業者，保険料収納事務受託者など，多様な関与者が存在する。これらの主体は，改正に伴う事務量，及びコンピューターのシステム変更が重なり，全体

として膨大な財政負担を負う。これらの財政負担は，必ずしも狭義の社会保障財政に属するものではないが，制度改正の財政コストは，何らかのルートを通じて，最終的には社会保障財源に上乗せされて国民の負担に帰すことになる。その意味において，一見すると小幅な改正であっても，改正を繰り返す度にトータルな財政コストが相当程度に達することを見逃さないようにする必要がある。

　制度改正のコストのうち，大きな制度改正に際しては，行政部門のコストが大きくなる。制度改正の趣旨や内容を国民に知らせて理解を得るにも相当なコストを必要とする。そこで，社会保障制度を改正しようとする場合には，それに伴う改正コストを行政部門及び民間諸部門について推計して，それを公表し，改正の是非と合わせて議論できる状況にすることが望ましい。わずかな改善策が大幅な改正コストを伴うような場合は，国民は改正時期を遅らせることを選択するかも知れないからである。

　社会保障財政の課題　　社会保障財政の課題は，一方において社会保障を充実するために財源を確保することにある。他方において，社会保障費の増大に直面して，財政運営の健全化の観点から，社会保障費の抑制を求める政治的圧力も強い。この「財政の論理」と社会保障の充実とのジレンマをいかに調整し解決していくかが，最大の政策課題である[22]。

　この10年ほどの間における大きな動きの一つは，外国との間の社会保障協定の締結である。そして，「社会保障協定の実施に伴う厚生年金保険法等の特例等に関する法律」（平成19年法律第104号）も制定されている。社会保障財政といかなる係わりがあるのか，一つの検討課題である。

22　たとえば，平成21年度には，年金特別会計の「特別保健福祉事業資金」の一定額を清算して一般会計の財源を確保することとされた。同資金は，もともと，国庫負担繰延分の返済資金であるものの，老人保健拠出金の負担に対する助成や老人医療費の適正化に関する事業を「当分の間」実施するためのものとして，特別会計に関する法律附則32条に規定されている。参照，三角政勝「検討が求められる『特別保健福祉事業』の在り方」経済のプリズム28号1頁（平成18年）。

2　社会保障財政法

[１]　社会保障財政法とは
　社会保障財政法の意味　　社会保障に特有の資金調達が見られるときには，そこに特有の法律関係が認識され，その研究が必要とされる。「社会保障財政法」は，「社会保障に特有な資金調達と管理及び社会保障給付ための経費に関する法」の全体を指している。ただし，「社会保障給付のための経費に関する法」には，原則として個別具体の社会保障給付に関する法を含めないことにしたい。なぜならば，それを含めると社会保障法全体をカバーすることになり，社会保障財政法といいながら，「社会保障法」と異ならなくなるからである。というよりも，筆者の力量不足という低次元の実際上の理由によるといった方がよいかも知れない。予算等による統制は，社会保障の健全な運営に不可欠なことであるので，社会保障財政法の範囲に含めることにしたい。また，資金の「管理」のなかには，不正受給に対する返還請求制度なども含めるのが相当である。

　社会保障法学との関係　　このような意味の社会保障財政法は，筆者の専攻する「財政法」の一領域であると同時に，前述のように「社会保障法」の一領域でもある。したがって，いずれの領域の研究者が研究してもよい分野であって，そこに研究の壁を設ける必要は全くないというべきである。ただし，社会保障法学者と財政法学者とは，その出発点が異なるために，微妙な姿勢の違いをみせることもあるように思われる。すなわち，社会保障法学は，何よりも円滑な社会保障給付を実現するという目的を重視して，社会保障財政法の解釈に当たって，その目的を妨げるような解釈をしないように努める傾向がある。その結果，たとえば，財政法の基本原理についても，社会保障の特性を直視して，社会保障財政法の分野におけるその射程範囲を吟味する作業を行なうこともあろう[23]。これに対して，財政法学は，財政法の基本原理を重視して，それに抵触するような社会保障財政法の仕組みを排除しよう

23　この典型例の一つは，国民健康保険料に関する議会統制の考え方に示される。『社会保障判例百選［第4版］』（平成20年）14頁の碓井光明の判例解説を参照。

とする。このような姿勢の違いは，それぞれに理由のあることであるから，問題を鮮明にして，両者の徹底した主張をぶつけ合い論争することを厭うべきではない。財政法学も，社会保障財政法を検討するに当たって，社会保障ないし社会保障法の特性を十分考慮に入れる必要のあることはいうまでもない。

租税法学との関係　社会保障財政法は，租税法学と次のような関係を有している。

第一に，社会保障目的により賦課される金銭負担の中には，国民健康保険税のような目的税が存在する。地方税に関し，法定外の目的税も許容されているので（地方税法731条以下），社会保障目的の法定外目的税の採用が検討課題となる時期も来るかも知れない。

第二に，租税以外の金銭負担と租税法との関係が重要である。強制徴収について「国税徴収の例」（国年法96条4項，厚年法86条5項）とか，「地方税滞納処分の例」（国保法79条の2による自治法231条の3第3項の適用），「市町村税の例」（国年法96条5項，厚年法86条6項）のように，租税滞納処分手続によるとされている。

第三に，租税以外の金銭負担に，租税法の基本原則，特に租税法律主義が適用されるか否かについて論争されてきた。国民健康保険料については，最高裁大法廷平成18・3・1（民集60巻2号587頁）が，「租税法律主義の趣旨が及ぶ」との判断を示した（本書第2章3［3］を参照）。また，租税に関しては，応能負担主義が重視されるといわれるが，社会保険料等の場合に，応能負担原則をいかに考えるかが問題になる。

第四に，租税制度を通じて，社会保障を促進する制度が複数のレベルにおいて見られる。この点については，項目を改めて述べよう。

社会保障給付に対する公課の禁止　社会保障関係法律は，社会保障給付に関して公課を禁じていることが多い。典型例の条文は，「租税その他の公課は，保険給付として支給を受けた金品を標準として，課することができない」というものである（国保法68条，健保法62条，介護保険法26条）。同趣旨の規定は多数見られる（児童手当法16条，障害者自立支援法14条，原子爆弾被爆者援護法46条1項，生活保護法57条）。

「租税その他の公課は、職業転換給付金（事業主に対して支給するものを除く。）を標準として、課することができない」と規定している現行の雇用対策法22条に相当する規定の下において、最高裁平成9・11・11（判例時報1624号74頁）は、「高齢者等の雇用の安定等に関する法律」に基づき生活費の支給を受けていた場合に、その生活費の支給は雇用対策法の規定に基づく手当を指すと解されるから、その手当について、これを標準として租税を課すことはできないとし、これを含めた所得を標準として国民健康保険税の税額を算定してなされた賦課処分は、課税要件の根幹についての過誤があるというべきで、無効となると判示した[24]。この例からわかるように、「標準として」とは、公課禁止の給付のみを標準とする場合のみならず、他のものに併せて標準とする場合をも含むのである。

なお、所得税法9条1項3号は、恩給、年金その他これらに準ずる給付で、①恩給法に規定する増加恩給（これに併給される普通恩給を含む）及び傷病賜金その他公務上又は業務上の事由による負傷又は疾病に基因して受けるこれらに準ずる給付で政令で定めるもの、②遺族の受ける恩給及び年金（死亡した者の勤務に基づいて支給されるものに限る）、③条例の規定により地方公共団体が精神又は身体の障害のある者に関して実施する共済制度で政令で定めるものに基づいて受ける給付、を非課税としている。このうちの③が、共済制度に限定している結果、共済制度によらない見舞金[25]のような給付は、所得税法9条1項16号の委任による同法施行令30条3号に定める「心身又は資産に加えられた損害につき支払を受ける相当の見舞金」に該当する場合に限って非課税とされる。学校事故で「心身に加えられた損害につき支払を受ける慰謝料その他の損害賠償金」（同法施行令30条1号）であれば、非課税であるが、損害賠償金である旨を明示しない見舞金名目の場合には、「相当の見舞金」に限定される。見舞金名目の給付には、グレーゾーンのものもある

---

[24] この判決は、行政処分の「無効」に関する判断方法として、最高裁昭和48・4・26民集27巻3号629頁を引用しているが、同事件との事案の違いもあって、その趣旨をどのように解するか（特に課税要件の根幹に関する射程範囲をいかに考えるか）が注目されている。

[25] 政府経費としての見舞金等について、碓井・政府経費法精義459頁以下を参照。

ので，名目にかかわらず，損害賠償金として扱うべき場合もあろう。

所得課税における社会保険料等の扱い　所得課税において社会保険料等をどのように扱うかということは，重要な租税政策であり，同時に社会保障政策の問題でもある。

まず，被用者保険の保険料の事業主負担分が事業主の所得算定上，損金又は必要経費に算入されることは当然であろう。保険料負担は，事業主にとって人件費にほかならない。事業主の責任のリスクを分散させる労災保険料等も同様である。

これに対して，被保険者等が支払った社会保険料について，個人所得の算定上いかに扱うかに関しては，異なる政策があり得る。一つは，社会保険料は，生活に必要な支出であって，消費にほかならないから控除する必要がないという考え方である。この考え方によるときは，被用者保険の事業主負担分も経済的利益として被用者に課税すべきである，という主張もなされ得る。もう一つは，消費であるにせよ加入を義務づけられた自己の選択のきかない消費であるから，あるいは，強制的な負担であるから，所得控除すべきであるというものである[26]。現在は，社会保険料控除という所得控除である。

人的控除等と社会保障との関係　基礎控除，配偶者控除，扶養控除といった人的控除，さらに医療費控除[27]等は，社会保障と密接な関係にある。現在は所得控除であるために明確に意識されないことが多いが，税額控除方式を採用するならば，租税の軽減措置と社会保障給付とは連続線上にある措置となる[28]。

26　金子宏『租税法［第14版］』（弘文堂，平成21年）174頁は，法令により加入が義務づけられている等のため，所得のうちこれらの保険料の支払いに充てた部分は担税力をもたないという理由によるとしている。

27　医療費のみを取り出して所得控除の対象としているために，それに隣接する費用は控除されないという制度的問題がある。たとえば，特別養護老人ホーム入居者に係る措置費徴収金は医療費控除の対象にならない（大阪地裁平成9・10・31行集48巻10号859頁，大阪高裁平成10・7・31税務訴訟資料237号971頁）。

28　子育て支援に関し，尾澤恵「子育て支援策にかかわる社会保障給付と税制」国立社会保障・人口問題研究所編『社会保障財源の制度分析』（東京大学出版会，平成21年）191頁を参照。

この一般的状況を踏まえて,「給付つき税額控除制度」,さらには「税と社会保障の一体化」が提案される[29]。「給付つき税額控除制度」とは,単に所得控除や税額控除の制度によっては,課税最低限以下にある者に対して何ら配慮することができないので,税額控除制度にしたうえで,低所得のゆえ税額控除できない層に対しては給付する制度である。たとえば,児童を有する者に対する支援目的による制度として租税による方法と手当ての支給による方法とがあるが,租税による支援を税額控除方式とし,それに給付を結合させる方式が考えられる。さらに,人的控除を税額控除にして,最低生活の水準を確保する趣旨で税額控除の水準を設定するならば,この方式により生活扶助の代替とすることも可能である。かくて,「税と社会保障の一体化」が図られるというのである。

このような制度をいかなる範囲において採用するか(児童税額控除のような分野に限定するか,基礎的人的控除に拡大するかなど)については,さまざまな政策論があろう。また,現在給付の財源を事業主に求めている制度(たとえば児童手当財源)などとの調整を要する課題も多い。しかしながら,今後の政策論的課題であることは疑いない。

行政法学との関係　社会保障の実施が行政権を通じてなされる関係で,社会保障は行政法学の対象とされる場面が多い。社会保障給付は,給付行政[30]の代表的場面である。また,社会保障をめぐる紛争は,行政事件訴訟により解決されるものが多い。社会保障財政法においても,行政法と関係する場面が少なくない(本書第2章5を参照)。最近,行政法の基本的法原則として「社会福祉の原理」を唱える見解[31]が登場していることにも注目したい。

29　代表的な文献として,東京財団政策研究部『税と社会保障の一体化の研究——給付つき税額控除制度の導入——(東京財団政策提言)』(東京財団,平成20年)がある。研究メンバーは,主査森信茂樹のほか,鶴光太郎,阿部彩,八塩裕之,金今男から成っている。さらに,森信茂樹『給付つき税額控除』(中央経済社,平成20年)など。

30　本書において立ち入ることができないが,社会保障が給付行政であっても,個別の場面においては規制的な行政や侵益的な行政処分がなされることも多い。

31　阿部・行政法解釈学Ⅰ187頁。本章3〔2〕をも参照。

［2］ 社会保障財政の主体と社会保障財政法

制度設計主体としての政府　社会保障財政を議論する際に，どのような主体に着目して議論するのかを明らかにしておく必要がある。

一つの視点は，社会保障制度設計者である政府の立場に着目して，社会保障に関する資金の調達と管理を捉えることがある。「日本における国民の社会保障負担が次第に高まっており，それをいかにコントロールしていくかが重要な課題である」などと述べるときは，このような立場の政府に着目しているものである。

もう一つは，社会保障の運営主体に着目して，当該社会保障に関する資金の調達と管理を把握する見方がある。日本の社会保障制度は，複数の制度による運営主体の多様性を特色としている。これらの多様な運営主体は，たとえ政府部門に属していても，制度設計者である政府の見解に全面的に賛成であるとは限らない。とりわけ現場においては，社会保障の受給者，負担者と直接に接することが多く，制度の矛盾を追及されることがあり，非協力的な負担者を説得しなければならないことも多い。制度設計者としての政府が，制度設計にあたり，どこまで周到に運営主体の問題提起を受け止めて制度に反映させるかが，ある社会保障制度の円滑な運営に大きく影響する。不十分な制度設計に基づいて，運営が杜撰であるとして徒に非難するならば，制度設計者としての政府への信頼も失われ，結果的に大きな国民的損失をもたらすであろう[32]。以下，制度の運営主体について概観しておこう。

個別社会保障制度運営者としての政府の財政　社会保障制度が複数の分立型で構成されている場合には，それぞれの社会保障制度の運営主体の財政に着目した社会保障財政が考えられる。たとえば，国民年金については，その事業を政府が管掌しているので，国民年金財政というときは，「国民年金の運営者としての政府の財政」を指すと定義することが可能である。また，介護保険についていえば，その保険者は市町村及び特別区（介護保険法3条1

---

[32] 適切な資料的根拠があるわけではないが，制度設計者として政府である厚生労働省と運営者としての社会保険庁（特に社会保険事務所等の現場）との間に本文に述べたような溝が存在したがために，社会保険庁の不祥事が増長された側面もあると推測される。

項）であるから，介護保険財政は，「介護保険の運営者としての市町村財政」である。実質的には，社会保障論でいわれる社会保障基金である。また，もっぱら社会保障の運営を目的とする政府として，後期高齢者医療広域連合が存在する。

しかし，日本の社会保障制度にあっては，一つの社会保障に関して，その運営主体が自己の責任で財源を確保する仕組みで徹底されているわけではない。先に述べた介護保険の場合についても，市町村及び特別区を保険者としつつも，その財源は，国及び都道府県の負担金，社会保険診療報酬支払基金からの介護給付費交付金，さらに国及び都道府県の補助金などからなっている。市町村及び特別区は，この複雑なセーフティ・ネットのなかで介護保険を運営しているのである。

さらに，運営主体が必ずしも明確とはいえない社会保障制度もある。その典型は，児童手当制度である。児童手当の受給資格者の認定，支給は，住所地の市町村長及び特別区の区長が行なうこととされているが（児童手当法 7 条，8 条），これは，児童手当制度の運営主体という位置づけよりも，事務処理の義務者としての位置づけによるものといえよう。要するに，国が制度を設計して，その事務処理を市町村長及び特別区の区長に義務付けているのである[33]。もちろん，市町村及び特別区は，単なる事務処理義務者の立場のみならず，費用負担者としての立場にもある。同様にして，生活保護の場合は，保護の決定及び実施は，都道府県知事，市長及び社会福祉法による福祉事務所を管理する町村長の義務とされている（生活保護法 19 条 1 項）[34]。

国，地方公共団体以外の運営主体　　社会保障の運営主体は，必ずしも国又は地方公共団体（一部事務組合や広域連合を含む）に限られるものではない。

医療保険についていえば，国民健康保険について，市町村・特別区のほか

---

[33]　児童手当法により市町村（及び特別区）が処理する事務は，第 1 号法定受託事務である（29 条の 3）。「地方分権推進計画」（平成 10 年 5 月 29 日閣議決定）において「全国単一の制度として，国が拠出を求め運営する保険及び給付金の支給等に関する事務」という法定受託事務の一メルクマールに合致することによるものである（児童手当制度研究会・児童手当法の解説 185 頁）。

[34]　これらの事務も，第 1 号法定受託事務である（生活保護法 84 条の 4）。

に国民健康保険組合も保険者となりうる。健康保険についても，従来の政府管掌健康保険における政府のほかに健康保険組合があり，さらに個別法律により各種共済組合の運営する医療保険もある。そして，これまでの政府管掌健康保険は，平成20年10月からは全国健康保険協会という政府と別個の法人が運営主体となった。年金についても，国民年金基金，独立行政法人農業者年金基金，各種共済組合がある。平成22年からは日本年金機構が従来の社会保険庁の年金業務を引き継ぐこととされている。このような法人の財政も社会保障財政であることに変わりはない。しかしながら，たとえば，法律により私保険への加入を義務付けているのみの制度にあっては[35]，その保険者の財政を社会保障財政とは呼ばないであろう。運営主体の法人について法律が特別の規制を加えている場合においてのみ，社会保障財政に含めることが可能である。

　独立行政法人が運営主体とされている分野もある。独立行政法人環境再生保全機構は，①公害に係る健康被害の補償に関する汚染負荷量賦課金・特定賦課金の徴収，②石綿による健康被害の救済に係る認定，給付金の支給，一般拠出金・特別拠出金徴収等の業務を行なっている（石綿による健康被害の救済に関する法律3条以下）[36]。また，独立行政法人医薬品医療機器総合機構は，①医薬品の副作用による健康被害の救済に関する給付，拠出金の徴収，②生物由来製品を介した感染等による健康被害の救済に関する給付，拠出金の徴収，③特定C型肝炎ウイルス感染被害者の救済に関する給付，拠出金の徴収の業務を行なっている。さらに，独立行政法人自動車事故対策機構は，自動車事故により介護を必要とする後遺障害をもたらす一定基準の障害を受けた者に対する介護料の支給，自動車事故による被害者等に対する資金の貸

35　たとえば，自動車を運行の用に供するには，自動車損害賠償責任保険又は自動車損害賠償責任共済の契約が締結されていなければならないとされ（自動車損害賠償保障法5条），強制保険制度（契約締結強制制度）が採用されている。

36　東京大気汚染訴訟の和解においては，被害者の医療費助成のため国が拠出する分の60億円について，「独立行政法人環境再生保全機構に指示して，公害健康被害予防基金から公害健康被害の補償等に関する法律に定める予防事業の実施に充てるために」東京都に対して「拠出させる」との条項（和解条項第1の3）が盛り込まれた。これは，国の負担分について同機構を活用する方式が採用されたことを意味する。

付け等の業務を行なっている。

　社会保障目的の助成を担当する独立行政法人も存在する。その典型例は，独立行政法人福祉医療機構である。同機構は，社会福祉事業施設及び病院，診療所等の設置等に必要な資金の融通並びにこれらの施設に関する経営指導，社会福祉事業に関する必要な助成等を行なっている（同機構法3条1項参照）。具体的な業務の範囲は，同機構法12条1項に列挙されている。その中には，「身体上又は精神上の障害があることにより日常生活を営むのに支障がある者につきその者の居宅において入浴，排せつ，食事等の介護を行う事業その他のその者が居宅において日常生活を営むのに必要な便宜を供与する事業であって政令で定めるものを行う者」に対する必要な資金の貸付け（5号），労災保険法に基づく年金給付の受給権者に対するその受給権を担保とした小口資金の貸付け（13号）などが含まれている。

　財政事情等による民間化とそれに伴う問題　このところ，「民営化」，「民間化」，「私化」と呼ばれる動きが続いている。その動きは，社会保障の分野にも広く及んでいる。業務の民間開放，民間活力の活用などの旗印によることが多いが，国又は地方公共団体の財政事情も大きな背景となっている。これらは，必ずしも社会保障財政法の範疇にあることではないが，社会保障を支える財政問題の視点から見逃すことのできない論点である。

　以下においては，部分的業務の委託，指定管理者制度，社会福祉施設の民間移管について概観しよう。

　部分的業務の委託　社会保障行政に関するコストを節減するために，部分的な業務の私人への委託が推進されてきた。これは，社会保障に特有な現象ではない。業務委託の可能性について疑義のある業務については，立法的な対応もなされてきた。その中には，個別法によるもの（国民健康保険料の徴収事務の委託に関し国保法80条の2）のほか，「競争の導入による公共サービスの改革に関する法律」により法令の特例の定められているもの（特定公共サービス）がある。社会保障関係では，国民年金法の特例（33条）が重要である。なお，特定公共サービスに含まれない業務であって民間委託を行なって差し支えないものについて，念のために通知が発せられることがある。

　たとえば，指定管理者制度導入前の平成13年に発せられた通知「地方公

共団体が設置する保育所に係る委託について」（平成13・3・30）は，地方公共団体が設置する保育所の運営業務（施設の維持・保存，利用者へのサービス提供等）については，事実上の行為として，自治法244条の2第3項の適用はなく，公の施設の管理受託者の要件を満たさない民間事業者，すなわちNPO，株式会社等にも当該業務を委託することは可能である，と述べていた。同通知は，運営業務を委託した保育所についての児童福祉施設最低基準の遵守義務は設置者たる地方公共団体にあること，保育所に係る安全配慮義務も設置者たる地方公共団体にあり，施設整備費，設備整備費，保育所運営費や各種補助等の申請・被交付主体も設置者たる地方公共団体にあること，保育所の土地及び建物等を普通財産としたうえで，適切な主体に有償又は無償で譲渡又は貸与する場合は，運営委託による場合と異なり，保育所の設置者は，地方公共団体ではなく，譲渡又は貸与先になることなどを，指針として示したものである。

　また，平成19・3・28厚生労働省老健局介護保険課長通知は，国保関係の窓口業務並びに国民健康保険料及び介護保険料の徴収事務について「公共サービス改革基本方針」の別表に追加された趣旨を説明している。まず，国民健康保険の窓口業務のうち，各種届出書・申請書の受付，申請者に対する制度に関する情報提供等及び証明書等の文書の引渡業務など，処分に当たらない事実上の行為については，国民健康保険法上禁止されているものではなく，市町村の判断により民間委託して差し支えないものである，としている。また，国民健康保険料等の徴収業務のうち，電話，文書，滞納者宅への訪問による自主的納付の勧奨については，市町村の民間委託が可能であるとしている。さらに，平成20・3・28厚生労働省老健局介護保険課長通知は，介護保険関係の窓口業務のうち，要介護認定申請書の受付及び被保険者証の交付業務など，処分に当たらない事実上の行為については，介護保険法上民間委託が禁止されているものではないとしている。

　公の施設の指定管理者制度との関係　地方公共団体設置の社会福祉施設について，指定管理者を指定して管理させる方式がある。指定管理者の指定について取消訴訟が提起された事案がある。保育所選択権等を侵害して違法であることなどを主張して提起された取消訴訟を本案とする効力停止申立て事

件について，横浜地裁決定平成 19・3・9（判例地方自治 297 号 58 頁）は，行政事件訴訟法 25 条 2 項が規定する「重大な損害」が認められるかについて検討する前提として，保育所選択に関する法的利益の有無に関し，次のように述べた。

　「法 24 条の規定及び平成 9 年の法改正の経緯や関連通達等にかんがみるならば，法 24 条は保護者に対し，その監護する乳幼児にどの保育所で保育の実施を受けさせるかを選択する機会を与え，市町村はその選択を可能な限り尊重すべきものとして，この保育所を選択し得るという地位（保育所選択権）を保障するものと解される。そして，上記の『保育所選択権』は，当然のことながら，入所時に定められる保育期間にわたってその監護する乳幼児に対して保育の実施を行う保育所を選択するということであるから，入所後における当該期間にわたる保育の実施を求め得る地位，利益を含んだものということができる。

　また，上記のようにして選択された保育所で保育を受けている乳幼児は，保育の実施対象であるとともに，その利益を享受する主体であり，その健やかな育成を旨として保育所の選択が行われたものとみるべきものであるから，当該乳幼児が入所時に定められる保育期間にわたって当該保育所で保育の実施を受けられるという利益は，保護者が当該保育所を選択したことによる反射的な利益と把握すべきものではなく，固有の法的利益と解するのが相当である。」

しかし，この決定は，保育内容の変更といっても，さまざまなものが考えられ，申立人の権利，利益に一定の影響が及ぶこと，すなわち各保育園における保育内容に変更が生じること自体をもって「重大な損害」と認めることは困難であるとし，保育の質の変容・低下の主張に対しては，仮に各保育園の保育内容及び保育水準と多少の差異が生じるとしても，それが各保育園における保育と大きく乖離し，あるいは児童らに何らかの悪影響を与え，又はその点が危惧されるような重大なものであると認め得るだけの疎明はないとし，また，保育士の交替に伴い多少の混乱等は想定されないでもないが，保育環境の変化により児童らに悪影響が生じることが危惧されると認めるべき疎明はないとして，申立てを却下した[37]。

指定管理者制度を採用する場合に，公の施設の利用に係る料金の設定・収受に関する自治法の規定と社会福祉各法の費用徴収制度との関係が問題になる。自治法は，地方公共団体が「適当と認めるときは」指定管理者にその管理する公の施設の利用に係る料金（「利用料金」）を「指定管理者の収入として収受させることができる」とし（244条の2第8項），その場合における利用料金は，公益上必要があると認める場合を除くほか，条例の定めるところにより指定管理者が定めるものとし，あらかじめ当該利用料金について当該地方公共団体の承認を受けなければならないこととしている（第9項）。他方，児童福祉施設についてみると，児童福祉法により，「市町村の設置する保育所における保育の実施に要する保育費用」（51条3号），「都道府県及び市町村以外の者の設置する保育所における保育の実施に要する保育費用」（51条4号）は，市町村の支弁とされている。これらの費用は，本人又はその扶養義務者から徴収することができるとされている（56条3項）。これが一般に「保育料」と呼ばれているものである。しかし，同法51条4号の場合，すなわち社会福祉法人等の設置する保育所における保育の実施であっても市町村の「支弁」方式が採用されているのであるから，市の設置する保育所を指定管理者に管理させている場合に当該指定管理者に保育の実施に要する費用を直接収受させることを認めるわけにはいかないであろう。都道府県の設置する保育所における保育の実施に要する保育費用については都道府県の支弁義務（50条6号の2）と費用徴収規定（56条3項）があるが，この場合も，指定管理者に保育料を収受させるわけにはいかないであろう。同じく，老人ホームへの入所措置（老人福祉法11条1項）に要する費用についても，市町村の支弁（21条）及び費用徴収（28条1項）の仕組みからいって，指定管理者に利用料金としての収受を認めるわけにはいかない[38]。

社会福祉関係で指定管理者による利用料金の収受を定めている例として，

37　抗告審・東京高裁決定平成19・3・29判例集未登載も，この決定を引用して，抗告を棄却した。

38　保育所に関し，同旨の見解として，田村和之『保育所の民営化』（信山社，平成16年）23頁。横浜市保育所条例は，二つの保育園の管理業務を指定管理者に行なわせると定めているが（5条），利用料金に定める規定を置いていない。

「横浜市地域ケアプラザ条例」を見てみよう。同条例は，老人福祉法10条の4第1項2号の措置に係る者，介護保険法8条7項に規定する通所介護，同条16項に規定する認知症対応型通所介護，同法8条の2第7項に規定する介護予防通所介護を受ける者その他市長が必要と認める者への通所による便宜の供与をプラザの事業に含めつつ（2条1項5号），この事業の実施に係るプラザの管理に関する業務を指定管理者に行なわせるものの中に含めている（4条1項1号）。上記の通所介護に係る費用の額の範囲内において市長の承認を得て指定管理者が利用料金を定めるとしている（6条2項1号）。そして，利用料金は指定管理者に支払うこととされている（6条1項）。また，心身に障害のある児童及びその疑いのある児童に対する療育訓練等の事業に関する地域療育センターの管理等について指定管理者に行なわせるものとし（横浜市地域療育センター条例7条），知的障害児通園施設又は肢体不自由児通園施設の施設支援の費用の額等について利用料金制度を採用している（9条）。横浜市総合リハビリテーションセンター，横浜市知的障害者生活介護型施設についても同様である。

　以上の仕組みから，児童福祉施設等の場合には，利用料金制度の活用の途が閉ざされているのに対して，通所介護に係る施設や知的障害児等の通園施設については利用料金制度を活用できることがわかる。このような違いが合理的であるかどうかは慎重に検討する必要があろうが，「負担能力に応じ，その費用の全部又は一部を徴収する」（児童福祉法56条2項）内容の決定を個別の指定管理者に委ねるわけにはいかないのである。

　なお，指定管理者制度の下においても，社会福祉施設等の業務のうちの個別業務を委託することは，差し支えない。清掃業務等が典型である。保育所の調理業務については，保育所の特性に照らして，施設の職員により行なわれるべきものとする厚生省の方針がとられてきたが（その理由は，児童の発育段階や健康状態に応じた離乳食・幼児食やアレルギー・アトピー等への配慮など，安全・衛生面及び栄養価等での質の確保が図られるべきもの」であるという考え方に基づくものであった），地方分権推進委員会の第2次勧告の指摘等を踏まえて，厚生省は，平成10年の通知により，「施設の管理者が業務上必要な注意を果たし得るような体制及び契約内容により，施設職員による調理と

同様な給食の質が確保される場合には，入所児童の処遇の確保につながるよう十分配慮しつつ，当該業務を第三者に委託することは差し支えない」とした（「保育所における調理業務の委託について」（平成10・2・18児発第86号，各都道府県知事・各指定都市・各中核市市長宛，厚生省児童家庭局長通知））。ところが前記の平成13・3・30通知は，現在発行されている『保育所運営ハンドブック』にも依然として登載されている。この運営業務委託方式と指定管理者方式とを厚生労働省が並存的に捉えていると理解したうえで，その考え方を批判する見解がある[39]。確かに，委託が許されるのは，部分的な業務で，かつ，中核業務以外の業務に限られると解すべきである。「運営業務」と称して受託者が指定管理者と同様に包括的な業務を行ない得るとすることは，指定管理者制度を設けて，条例による規律及び議会の議決を求めている自治法244条の2第3項，4項及び5項に違反するといわざるを得ない。

社会福祉施設等の民間移管　最近は，社会福祉施設等の民間移管が進行中である。民間移管が法的問題として提起されることがある。特に，公立保育所の民間移管が争われる訴訟がいくつか登場した。

まず，民間移管（公設民営）の相手方の選定の違法を主張して争われた事件がある。岐阜地裁平成19・8・29（判例集未登載）は，市の保育園の土地及び建物を無償貸与して運営業務を委譲することとし，その運営事業者の選定は公募方式（プロポーザル方式）による応募者について書類による一次審査と面接による二次審査によることとされた。そして，原告を運営事業者とする旨の決定がなされて原告に通知された（平成17年1月18日）。しかし，平成17年5月30日になって，この決定を解除することとされ，原告に通知された。原告は，主位的に，この解除決定処分の取消しを求め，予備的に同保育園の運営事業者の地位にあることの確認を求めて出訴した。

判決は，解除決定処分取消請求に関しては，行政処分性がないとして訴えを却下した。地位確認請求に関する判断の前提として，解除の効力について，本件決定により契約を締結する相手方として選定されたものであるから相応の法的地位を取得するに至ったものではあるが，これにより当然に委譲契約

---

[39] 田村和之・前掲書13頁以下。

が成立するものではなく，両者が保育園運営についての基本的事項や土地・建物の使用貸借契約等に関し，細部について協議・取決めをし，最終的に委譲契約を成立させるものである以上，委譲契約が不成立に終ることも当然予想されるのであって，原告が本件決定によって取得した法的地位もそのような限られた範囲のものであるとし，委譲契約成立のための協議の継続を実際上不可能ないし著しく困難にするような相当な事由があるときは，当事者の一方は，相手方の取得した法的地位を消滅させることができると解するのが相当であるとした。そして，本件に関しては，決定の公表直後に，市民の間で原告代表者及び園長予定者が所属している団体が新興宗教団体であり，委譲後の保育園の運営において宗教活動が行なわれるのではないかという不安が広がり，ひいては原告を運営事業者とすることへの反対運動に発展したため，その不安の解消に追われるようになったこと，委譲後の保育園に園児を移籍することになるため委譲契約の締結に当たり市民の不安を払拭し理解を得る必要があると考えたことには理由があること，そのために市は合意案（保育園運営上の組織問題（社会福祉法人を設立するか），人事上の問題（役員を誰にするか）等を含む）への原告の同意を得るべく努力したが委譲契約締結への交渉が困難になったものと判断して解除したことを認定し，原告に合意に達する努力を継続する意思があるかどうか疑問であったことなどから，解除したことには「相当な事由」があったものと認めるのが相当であるとして，解除は有効であると判断した。

　次に，市立保育所の民間移管に伴う「廃止処分」の取消請求訴訟及びそれを内容とする条例の無効等確認を本案とする執行停止申立事件に関して，東京高裁決定平成16・3・30（判例時報1862号151頁）は，「特定の市立保育所において同一の保育環境の下で継続して保育を受けるといったような保育環境上の利益は，当該保育所が同一の環境で設置されていることに伴って生ずる事実上の利益というべきであり」法律上保護されている利益に当たるということはできないから，そうした利益が失われることがあるにしても，それ自体をもって直ちに「回復困難な損害」が生ずるものということはできないとして[40]，申立てを却下した原決定に対する抗告を棄却した。この事件は，平成16年の行政事件訴訟法改正前の事案で，「回復困難な損害を避けるため

緊急の必要がある」ことが要件とされていた時点のものであるから，現行法における先例性を直接に有するものではない[41]。

この事件の本案について，横浜地裁平成18・5・22（判例タイムズ1262号137頁）は，まず，平成9年の児童福祉法改正を踏まえて，改正後の法24条は，「保護者に対して，その監護する乳幼児にどの保育所で保育の実施を受けさせるかを選択する機会を与え，市町村はその選択を可能な限り尊重すべきものとしていると認められるのであって，この保育所を選択し得るという地位を保護者における法的な利益として保障しているものと解するのが相当である」と述べた。そして，次の判断は，財政事情による民間移管の動きに影響するものと思われる。

「入所時における保育所の選択は，入所時だけの問題ではなく，その後の一定期間にわたる継続的な保育の実施を当然の前提としたものであるし，入所後に転園や退園を求めるのは自由であるというのでは入所時の選択は空疎なものとなるから，法が入所時における保育所の選択を認めていることは，必然的に入所後における継続的な保育の実施を要請するものということができる。そして，入所に当たっては，前記のとおり，具体的な保育の実施期間を前提として利用関係が設定されるのであるか

40　希望すれば，各新保育所において，おおむね同水準の保育を受けることができ，民間移管に当たっては，保育の引継ぎなど一定の配慮がされ，民間移管に伴う保育環境や保育条件の変化が，回復困難な損害を生ずるものとはいえないとした。

41　平成16年行政事件訴訟法改正後に保育所を廃止する条例制定の仮の差止めを求めた事案に関して，神戸地裁決定平成19・2・27賃金と社会保障1442号57頁は，市立保育所の廃止により財政状況を立て直す必要性があること自体は一応認められるものの，円滑な引継ぎのために行なわれる共同保育の計画の期間，内容及び実行可能性等については計画自体に問題があり，極めて不十分で実質的に無きに等しい性急な共同保育を経ただけで民間移管することは，裁量権を逸脱又は濫用して保育所選択権を侵害するもので，社会通念に照らして金銭賠償のみによることが著しく不相当と認められ，かつ，本案について理由があるとみえるとして，仮の差止めを命じた。これに対して，市がこの条例案を撤回して，廃止規則を市規則で定めることを内容とする第2次改正案を議会に提案したため，抗告審の大阪高裁決定平成19・3・27判例集未登載は，第1次改正案を条例として制定しようとする事実を認めがたいとして，原決定を取り消して，申立てを却下すべきであるとした。

ら，この保育期間中に当該選択に係る保育所を廃止することは，このような保護者の有する保育所を選択し得るとの法的利益を侵害するものと評価することができる。」

「法が保護者に対して保育所の選択を認めているのも保育所により保育の質，内容が異なり得るものであり，その違いに一定の意味があることを前提としているものと解される。そして，児童は，保育の対象であるとともに，その利益を享受する主体であり，保護者による保育所の選択も児童が心身ともに健やかに育成されることを旨として行われるべきものであるから（法1ないし3条），現に児童が保護者の選択した特定の保育所で保育の実施を受け，また，将来保育期間中にわたって受け得るという利益は，保護者が保育所を選択したことによる反射的な利益に過ぎないと把握するのは相当でない。そうだとすれば，児童が特定の保育所で保育の実施を受けており，また，将来保育期間中にわたって受け得るという利益は，法的に保護された利益と解するのが相当である。」

そして，改正条例は，4園を廃止する効果を有するものであり，当該保育所で保育の実施を受けることを不可能とするものであるから，児童の特定の保育所において保育の実施を受けるという法的利益を侵害するものであるとした。具体の事案に関しては，4園を民営化するという判断自体については裁量の範囲内のことと解する余地もないではないが，平成15年12月18日（改正条例の可決の日）の時点で平成16年4月1日に民営化を実施しなければならないといった特段の事情があったとはいえないから，同日をもって4園を廃止するとしたことは，裁量の範囲を逸脱，濫用したものであり，違法であるとした。しかし，4園廃止により民間移管後の新たな保育の実施を受けるに至った児童も存在する時点で改正条例の制定を取り消すことは，新たな秩序を破壊し，無益な混乱を引き起こすことにもなりかねないとして，事情判決により取消しを求める請求を棄却した。国家賠償請求については，1世帯につき10万円を基準として認容すべきものとした（ただし，控訴審・東京高裁平成21・1・29判例地方自治316号60頁により請求は棄却された）。

保育所に入園を希望する者の全員を受け入れることが確立しており，真の意味の選択権が存在するならば，この判決のような判断を理解することがで

きる。しかし，実際には，多くの待機児童がいるなかで，幸いにも入園できた児童のみとの関係において，入園時の選択による法的利益により市立保育所の廃止が違法と評価されることについては，疑問をもたざるを得ない。本件における唯一の違法性は，廃止条例と廃止との間の日数があまりに短いということであろうか。この事件において，被告の市は民営化が財政事情によることを頑なに否定しているが，それは建前論であって，財政事情が大きな理由であったことは否定できないように思われる。そして，既存の入園者の利益主張によって財政事情による民間移管を遅延させるようなことが肯定されてよいのかという根本問題を内包させている事件である。廃止条例を制定し，廃止時期との間に一定の期間をおいて，その期間中の入園児童に対しては，入園に際して民間移管がある旨を明示して保育所の選択の判断に供することによって，万全を尽くすほかはないというのであろうか。「措置から契約へ」という場合の「契約」は，そのような強いものなのであろうか。

次に，保育所廃止処分に違法はないが，民間への引継ぎについて，その期間が短く違法があったとして損害賠償請求を認容した2審判決が確定した大東市事件がある。

1審の大阪地裁平成17・1・18（判例地方自治282号74頁〈参考〉）は，保育所の廃止を内容とする改正条例の制定をもって行政処分として取消訴訟を提起することができるとしたうえ，原告主張の違法事由の主張（入所選択権に関する審査基準，経費節減効果，保育内容）に順次答えた。そのうち経費節減効果については，平成10年度の国庫支出金支出事務事業の超過負担額のうち保育所の運営経費が97.5％を占めており超過負担額節減のため公立保育所の民営化を図る被告の目的は正当なものと認められるとし，また，民営化の前の平成14年度決算と民営化後の15年度の決算見込とを比較すると，当該保育所への新年度支出総額は1億3,000万円余の削減，同保育所運営経費の超過負担金も4,800万円余の削減となっており，平成15年度の特殊要因を除けばさらに大きい経費削減効果があったと認められるとした。結論として，廃止処分は，経費節減のために理由があるものであり，廃止・民営化には合理性があると認められ，廃止処分に裁量権の逸脱，濫用があるとは認められないとした。

控訴審の大阪高裁平成 18・4・20（判例地方自治 282 号 55 頁）は，廃止処分の適法性については 1 審判決の判断を踏襲したが，1 審判決が排斥した損害賠償請求（公法上の契約の債務不履行に基づく損害賠償請求）については，移管先の新保育園において児童が心理的に不安定になることを防止するとともに，保護者の懸念や不安を少しでも軽減するため，保護者に対し，引継期間を少なくとも 1 年程度設定して新保育園の保育士となる予定者のうちの数名に本件保育所の主要行事等をその過程を含めて見せたり，民営化以降も数か月間程度，本件保育所で保育に当たっていた保育士のうちの数名を新保育園に派遣するなどの十分な配慮をすべき信義則上の義務（公法上の契約に伴う義務）を負っていたと述べて，本件において引継期間が 3 か月間のみで，移管後は元所長 1 人を週に 2，3 回程度新保育園に派遣して指導や助言をしたにすぎず，十分な配慮をしたとはいえないから前記義務に違反したものであるとして，請求を認容した[42]。引継ぎに際しての信義則上の義務を強調した判決である。

公立保育園の廃止処分について，裁量権の逸脱濫用が認められないとされた事例は，他にも見られる（大阪地裁平成 16・5・12 判例地方自治 283 号 44 頁〈参考〉，その控訴審・大阪高裁平成 18・1・20 判例地方自治 283 号 35 頁，大阪地裁平成 17・10・27 判例地方自治 280 号 75 頁）。千葉地裁平成 20・7・25（賃金と社会保障 1477 号 49 頁）も，原告保護者らに認められる権利は，「本件保育園が存続する限り，監護する児童について本件保育園において保育の実施を受けられる権利に止まるもの」であるとしつつ，保育所の廃止に裁量権の逸脱・濫用はないとした。

以上のような事件を通じて，公立保育所の廃止を内容とする条例制定について，行政処分性を肯定する判断がほぼ確立されていることに注目したい。大阪地裁が採用した論理は，市町村と保護者との間において当該保育所における保育を受けることを内容とする利用契約（公法上の契約）が締結されて，この契約に基づき原則として就学するまでの期間保育を受ける権利があるところ，廃止条例は，行政庁の具体的処分を待つことなく施行日をもって保育

---

[42] この事件は，最高裁平成 19・11・15 判例集未登載により上告が斥けられて，2 審判決が確定した（朝日新聞平成 19・11・17）。

所を廃止し各児童が当該保育所における保育を受けられなくなるものであって，原告らの権利利益に直接影響を及ぼすものとして行政処分性が認められるというものである（大阪地裁平成16・5・12判例地方自治283号44頁〈参考〉，大阪地裁平成17・1・18判例地方自治282号74頁〈参考〉。控訴審の大阪高裁平成18・4・20判例地方自治282号55頁もこれを引用。大阪地裁平成17・10・27前掲）。これに対して，契約としての構成を疑問としつつも，廃止条例は，特定の保育所で保育を受ける利益（それは法律上保護された利益である）を行政庁による他の具体的処分によることなく必然的に侵害するもので不利益処分とみるべきであるとして，その行政処分性を肯定するものがある（横浜地裁平成18・5・22判例タイムズ1262号137頁。大阪高裁平成18・1・20判例地方自治283号35頁もほぼ同趣旨）。

民間移管に際して，移管先の法人と引継ぎに係る協定書が締結されることが多い。協定に基づき市が引継費用に対する負担金を支払ったことが適法とされた例がある（函館地裁平成20・12・25判例集未登載）。

事業からの撤退　社会福祉施設等の民間移管は，当該社会福祉事業からの撤退を意味するが，施設を伴わないサービス事業については必ずしも移管を伴うわけではない。ホームヘルプサービス事業を実施してきた市が，市内の障害者のホームヘルプの需要を満たすだけの民間事業者の数が確保されたと考えて，厳しい財政状況下における市政運営の方針として，その事業を廃止する政策判断をして廃止したことについて，その廃止自体が違法であり，ホームヘルプサービス利用契約の債務不履行又は不法行為に当たる，として提起された損害賠償請求事件に関する判決が登場した。名古屋地裁平成20・3・26（判例時報2027号57頁）である。原告は，廃止措置は，憲法25条，13条，経済的，社会的及び文化的権利に関する国際規約，自治法1条の2，障害者基本法，身体障害者福祉法等に違反すると主張したが，判決は，いずれも理由がないとした。財政に直接に関係することは述べられていないが，障害者基本法1条，3条及び4条並びに身体障害者福祉法3条及び14条の2により，市はホームヘルプサービス事業を継続すべき義務が生じるとの主張に対しては，前者の1条及び3条は国及び地方公共団体の基本的な理念を述べているにすぎず，4条も国及び地方公共団体の一般的な責務を定め

ているにとどまり、後者の3条及び14条の2も一般的責務を定めたにすぎないのであって、これらの規定から市の具体的な義務が生ずるものではないとした。体制を整える責務があることと自ら事業を行なうこととは同義ではないから、この判決の述べるところに疑問点はない。問題は、民間事業者の参入が望めない状況になったときにおいても、一般的責務にすぎないとして、財政上の理由を根拠にした撤退を認めることができるかどうかである。それは、この判決の射程範囲を超える問題として残されていると思われる。なお、判決は、利用契約の解除に関して、契約16条3号の約定解除事由としての「天災、災害その他やむを得ない理由によりサービスを提供することができない場合」に該当するとして、債務不履行があるとはいえないとした。

[3] 社会保障実施の仕組み

複線型社会保障　社会保障には、国の法律に根拠をもつ社会保障と独立した地方公共団体の独自の社会保障施策が実施されている場合がある。しかし、全地方公共団体について、その内容、とりわけ財政の仕組みまで分析することは至難なことである。本書においては、情報収集の限界から法律に基づく社会保障を中心にして、その財政法の仕組みを考察することにせざるを得ない。地方公共団体独自のものについては、限られた情報に基づいて言及することにする。地方公共団体の独自の社会保障施策には、全く独自の施策と国の施策を補完する施策とがある。もっとも、独自と補完との区別は、明らかではない。補完型の例として、富山市は、公害健康被害の救済に関する国の制度を補完するために、「富山市公害健康被害者の救済に関する条例」を制定して、指定疾病が多発している地域を指定し（指定地域）、指定地域内において指定疾病にかかっていると認定された者につき、医療費、障害手当、遺族手当、遺族手当一時金、児童手当、医療手当、葬祭料という多くの給付を用意している。また、東京都も、「大気汚染に係る健康障害者に対する医療費の助成に関する条例」を制定して、喘息患者等の医療費を助成している。

　いずれも、場合によっては地方公共団体間の「競争」現象を呈する。若干の例を挙げておこう。

独自型として，仙台市において，重度障害者福祉手当（1人年額3万円）の支給，乳幼児及び心身障害者の医療費の助成，母子・父子家庭の医療費の助成といった給付制度がある。同じ医療費の助成であっても，乳幼児及び心身障害者の医療費助成は条例に基づいているのに対して，母子・父子家庭の医療費助成は規則に基づいている。このような規範形式の差異が，理論的根拠によるものなのか，特に理由がないのかは，明らかでない。下関市は，重度心身障害者児童養育手当，交通遺児を養育している者に対する交通遺児等福祉手当を支給している。東京都も，重度心身障害手当（月額6万円），心身障害者医療費助成，女性福祉資金の貸付け，戦没者遺族等奨学資金の貸付けなどの施策を実施している。

　これらと異なる制度として，心身障害者共済制度も用意されている（仙台市心身障害者扶養共済制度条例，静岡県心身障害者扶養共済制度条例など）。市が独立行政法人福祉医療機構と独立行政法人福祉医療機構法12条3項の規定による保険約款に基づく保険契約を締結し，市の共済制度に心身障害者が加入するもので，加入者が死亡し又は重度障害の状態になったときに，2万円に口数を乗じた金額の年金を支給するものである。口数の最高が2口という制限的な仕組みである。年金について，「年金受給権者の生活の安定と福祉の増進のために使用されなければならない」という注目すべき条項もある。これは，独自の制度の外観を有しているが，その受け皿は，独立行政法人福祉医療機構により用意されているのである。

　乳幼児等及び老人医療費については，医療保険制度の適用があるが，それでは不十分であるとして，自主的な施策を行なう地方公共団体が増加している。たとえば，東京都は，「老人医療費の助成に関する条例」を制定して，一定の要件を満たす対象者に対して，医療費を助成している。

　以上に掲げた施策のうちには，他の地方公共団体においても実施されているものが少なくない[43]。

43　たとえば，新潟市の重度心身障害者医療費助成。同市は，別に，精神障害者入院医療費助成を実施している。他方，横浜市は，これまで支給してきた在宅心身障害者手当を平成20年度をもって廃止した。また，神奈川県は，在宅重度障害者等手当の削減方針を，それぞれ打ち出しているという（朝日新聞平成21・2・13）。

一般会計方式と特別会計方式　社会保障を運営するに当たって，社会保障の分野に応じて特別会計を設ける方式と一般会計による方式とがある。社会保障のなかでも，たとえば，国における生活保護費は，厚生労働本省に「項」として計上され，そのほとんどは「生活保護費等負担金」であり，その他少ない比率の「生活保護指導監査委託費」が含まれている。地方公共団体においても，生活保護の負担金は一般会計の「扶助費」として計上する方式が一般化している。社会保障目的の補助金も一般会計から支出されるものが多い。

他方，個別の社会保障の財政運営を明確にするために，一般会計から区分して特別会計を設けて経理することが多い。「特別会計に関する法律」（平成19年法律第23号）により，国は，従来の特別会計の数を減少させたが，従前の特別会計が，同法制定後も，大括りの特別会計の中の「勘定」として残されていることが多い。たとえば，「年金特別会計」は，基礎年金勘定，国民年金勘定，厚生年金勘定，福祉年金勘定，健康勘定，児童手当勘定，業務勘定から成っている。年金特別会計は，従来の国民年金特別会計，厚生保険特別会計を統合したもので，従前の国民年金特別会計には，国民年金勘定，基礎年金勘定，福祉年金勘定及び業務勘定が存在した。また，厚生保険特別会計には，健康勘定，年金勘定，児童手当勘定，業務勘定が存在した。これらの勘定を維持したまま「年金特別会計」に統合されていることがわかる。

地方公共団体も，国民健康保険及び介護保険に関しては，特別会計の設置を義務づけられている（国保法10条，介護保険法3条2項）。特別会計方式が採用されている場合に，一般会計から特別会計への繰入分のうち，法定繰入分は，負担であり，それ以外の分は一種の補助である。

さらに，社会保障行政を分担する独立行政法人が，「勘定」を設けて区分経理することを求められる例がある[44]。たとえば，独立行政法人環境再生保全機構は，公害健康被害補償予防業務，石綿健康被害救済業務，その他業務に勘定を区分することを求められている（同機構法12条）。独立行政法人医薬品医療機器総合機構も，副作用救済給付業務，感染救済給付業務，審査等

44　独立行政法人福祉医療機構の区分経理に関して，同機構法15条。

業務に勘定を区分しなければならない（同機構法29条1項）。

特別会計方式には，メリットとデメリットとがある。メリットとしては，負担あるいは投下資金とその使用との関係が明確にされて，国民がその使途についてコントロールすることが容易になり，かつ関係者の努力が明確に反映される結果，効率的な運営が可能になることが期待される。しかし，これまでの年金特別会計の運営などをみると，特別会計の歳出により無駄な年金福祉施設を建設するなど年金の被保険者の利益に反する運営がなされてきた。特別会計が逆に国民による使途のコントロールを困難にするという皮肉な結果をもたらしていたのである。財政当局の目が届きにくいという特別会計の欠陥が露呈したものというほかはない[45]。

基　金　特別会計方式は，実質的な社会保障基金である。これと別に，社会保障政策を実施するに当たり，さまざまな目的で基金が設置されることがある。それは，「プールされた資金」としての基金である。次のようなレベルの基金がある。

第一に，自治法が定める地方公共団体の基金制度を活用する例がある。国民健康保険法75条の2の規定する広域化等支援基金（都道府県の任意），高齢者医療確保法116条による後期高齢者医療財政安定化基金（都道府県の必置），介護保険法147条の定める財政安定化基金（都道府県の必置），災害救助法37条による災害救助基金（都道府県の必置）などがある。

このように法定されているもの以外であっても，自治法241条1項により，「条例の定めるところにより，特定の目的のために財産を維持し，資金を積み立て，又は定額の資金を運用するための基金を設けることができる」。国の交付税措置を得て設置された地域福祉基金が典型である。愛知県は，地域福祉基金と別に，福祉推進整備基金を設けて，県民福祉の推進を目的とする大規模な福祉施設の整備に必要な財源を確保するための基金と位置づけてい

---

[45] 平成17年に独立行政法人年金・健康保険福祉施設整理機構が設立され，年金福祉施設等（厚年法79条又は国年法74条の施設及び健保法150条1項又は2項の事業の用に供する施設であって厚生労働大臣の定めるもの）の譲渡又は廃止の業務を行なっている（同機構法3条，13条）。機構は，その成立の日から起算して5年を経過した日に解散することとされている（同機構法20条1項）。

る。そのほか，たとえば，東京都は，国が都に交付する障害者自立支援対策臨時特例交付金により障害者自立支援法に基づく制度の運用をはかるための東京都自立支援対策臨時特例基金，平成19年8月8日に成立した東京大気汚染訴訟に係る裁判上の和解に基づく健康被害予防事業に要する資金に充てるための東京都公害健康被害予防基金などを設置している[46]。また，神戸市は，介護給付費等準備基金を設置している。

さらに，鳥取県は，自然災害により住宅に著しい被害を受けた者に対して被災者住宅再建支援金を交付する被災市町村に対し，被災者住宅再建支援事業費補助金を交付することとし（鳥取県被災者住宅再建支援条例3条），この補助金交付に要する経費に充てるために鳥取県被災者住宅再建支援基金を設置している（5条）。この基金の特色は，参加市町村に対して基金への積立金の拠出を求める仕組みを採用していることにある（6条）。次に述べる第二の方式によることも可能であるが，県の基金方式を採用している。参加市町村に拠出を求めている関係で，毎年度，知事は，基金の管理及び処分の状況を参加市町村に報告するものとされている（10条）。

地方公共団体に設置する基金に関しては，政府間関係の観点から検討すべき点も多い。「安心こども基金」は，平成20年度第2次補正予算により国からの交付金を財源に都道府県に基金を造成し，都道府県自身又は都道府県から補助を受けた市町村が，民間企業等に委託して，非正規労働者や中高年齢者等の雇用機会を創出しようとするものである。さらに，国の障害者自立支援対策臨時特例交付金の交付を受けて都道府県に同対策の臨時特例基金が設置された。しかし，これらは年限が限られているなかで，市町村を巻き込んで消化することが可能か否かも危ぶまれているうえ，臨時的な資金であって後続年度の財源対策も心配されている。

第二に，特別の法人に基金を設置する方法がある。

被災者生活再建支援法は，内閣総理大臣が被災者生活再建支援法人を指定し（6条1項），同法人に支援業務を運営するための基金を設けるものとし

---

46 東京都は，平成19年に，都民の福祉と健康とを増進する施策を推進し，もって都民の安心を確保するために東京都福祉・健康安心基金を設置したが，このような漠然とした基金設置については，政策論として議論の余地があろう。

ている（9条1項）。そして，基金に充てるために必要な資金は，都道府県が「相互扶助の観点を踏まえ，世帯数その他の地域の事情を考慮して」支援法人に拠出するとしている（9条2項）。これによるほか，都道府県は，基金に充てるため必要があると認めるときは，支援法人に対し，必要な資金を拠出することができる（9条3項）。この基金を設けている趣旨は，同法が，都道府県の区域内において被災世帯となった世帯の世帯主に対し，申請に基づき被災者生活支援金の支給を行なうことを都道府県の義務としつつ（3条1項），都道府県が自ら支援金を支給するときは支援法人が支援金の額に相当する額を都道府県に交付し（7条1号），支援法人が都道府県の委託を受けて支援金を支給するときは支援金の支給に要する費用の全額を支弁する（8条）こととしているからである。支援金の2分の1相当額は国が補助することとされている（18条）。この仕組みは，被災者生活支援に係る都道府県の相互扶助の受け皿を基金方式に求めるものである。

　同じく，地方公共団体が特別の法人に資金を無利子で貸し付けて法人に基金を造成し，その法人が当該基金の運用益で被災事業者等を支援する方式も見られる。たとえば，能登半島地震に際して，石川県は，国が中小企業基盤整備機構を通じて県に無利子で貸し付けた資金（8割）と県の資金（2割）とを併せて石川県産業創出機構に無利子で貸し付け，それにより造成される基金の運用益で，被災中小企業の支援を図る措置を講じた。

　なお，独立行政法人福祉医療機構には，国から出資を受けて造成した，長寿社会福祉基金，高齢者・障害者福祉基金，子育て支援基金及び障害者スポーツ支援基金があって，同機構は，それらの運用益により，民間の創意工夫を活かした社会福祉を振興するための事業に対する支援を行なっている。

　また，独立行政法人環境再生保全機構には，公害健康被害予防基金（14条），地球環境基金（15条），ポリ塩化ビフェニール廃棄物処理基金（16条）及び石綿健康被害救済基金（17条）がある。これらのすべてが社会保障の範疇に入るわけではない。4基金のうち，前2基金については，それぞれの業務の費用に充てる運用益を得ることを目的とする旨が条文に明示されている。

　第三に，「基金」という名称の法人[47]を設立して，一定の目的の活動をする場合がある。阪神・淡路大震災後の復興目的で設立された財団法人阪神・

淡路大震災復興基金が典型例である。兵庫県と神戸市が基本財産（200億円）を拠出したほか，兵庫県と神戸市から無利子で借り受けた資金（8,800億円）の運用益により復興支援事業を行なってきた。また，新潟県中越大震災についても，新潟県が資金を拠出して財団法人新潟県中越大震災復興基金を設立し，同基金は，県からの無利息貸付けを受けて，さまざまな事業を実施している[48]。これらは，実質的に第二の方式にほかならない。

　福祉分野においても，たとえば，財団法人岩手県福祉基金は，岩手県，市町村，県社会福祉協議会からの出えん金，県民からの寄付金を基金[49]として積み立て，その運用益により県内の福祉団体等に対する助成を行なっている。このように，地方公共団体の出えんによる財団法人形式の基金が多数見られる。これらが今後の公益法人改革によりどのような法人形態となるのか注目される。

　資金管理の重要性　　以上のようなさまざまな基金のうちの多くが，運用益に期待する仕組みであることがわかる。このことは，社会保障を安定的に継続するためには，運用に関する仕組みないし規律が重要なことを示しているといえる。そして，基金の名称は付されていないものの，年金積立金管理運用独立行政法人は，年金積立金の管理運用を行なっている（本書第4章1［2］を参照）。資金の管理は，社会保障財政固有のことではないものの，社会保障財政において問題になることも否定できない。

[4]　社会保障財政法の存在形態
　分立型社会保障財政法　　日本の社会保障制度は，医療，介護，年金のよ

47　名称のみからすれば，社会保険診療報酬支払基金を挙げなければならないが，ここで特に取り上げることはしない。

48　静岡県は，災害対策基本法40条の規定により定めた防災対策の大綱としての「静岡県地域防災計画」の地震対策編において，震災による復旧・復興対策を円滑に実施するために必要となる莫大な財政需要に対処するため，発災後，必要に応じ被災した市町と共同で震災復興基金を設立するとしている。

49　基金には，県域を単位とした民間社会福祉団体の活動，社会福祉施設の整備などに助成を行なう一般基金と，在宅福祉の普及向上，健康・生きがいづくりの推進，ボランティア活動の活発化などの事業に助成を行なう特別基金とがある。

うな複数の制度からなっている。そして，通則的な社会保障法典があるわけではなく，通則的な社会保障財政法が存在するわけでもない。租税の場合に，複数の税目があり，個別の租税法律があるのに加えて，国税通則法等の通則法律が存在するのと異なっている。そこで，社会保障財政法の研究には，個別の社会保障財政の法構造を分析し，それらを包括して共通の法認識に高めていく必要がある。給付に関する公課の禁止，不正利得の徴収などの共通に見られる規定についての解釈なども深める必要がある。本書も，そのような狙いをもっているが，あまりに極端な分立型の社会保障財政法であるために，一見すると，ばらばらな印象を与えざるを得ない。

社会保険財政法　包括的な社会保障財政法を認識しようとする場合に，社会保障に特有の資金調達方式として社会保険の仕組みが存在することを先ず注目する必要がある。したがって，社会保険財政法は，社会保障財政法の主要な領域を構成している。社会保険財政法にあっては，その中心は社会保険料の法的分析にある。

しかしながら，社会保険とはいいながら，その財源は社会保険料のみではなく，一般の租税や他の政府部門からの財政移転にも依存している。これらの複合関係が，法構造の理解を困難にしている。しかも，日本のように複数の社会保険制度をもち，それぞれの仕組みが異なる場合には，一般論としての社会保険財政法の議論のみではすまないことが多い。したがって，社会保険財政法総論と別に，個別社会保険財政法（いわば各論）の研究が必要になる。

社会保障政府間財政法　社会保障財政において，随所に複数のレベルの政府間の協力関係が仕組まれている。「政府」としては，国，都道府県，市町村が典型であるが，後期高齢者医療の場合には，広域連合も登場する。このような仕組みは，生活保護財政や児童手当財政などに見られるが，国民健康保険や介護保険などの社会保険に関する財政においても採用されている。したがって，各種の社会保障の財政の固有の仕組みを縦軸にするときに，政府間財政法を横軸にして全体を考察する必要がある。

政府間財政の一場面として，地方公共団体が給付（貸付けを含む）をするときに，国がその資金の一部を負担（貸付けを含む）する場合がある。たと

えば,「災害弔慰金の支給等に関する法律」は,市町村(特別区を含む)が,条例の定めるところにより災害弔慰金を支給した(3条1項)場合に,都道府県がその4分の3を負担し(7条1項),さらに,都道府県負担の3分の2を国が負担することとしている(7条2項)。災害障害見舞金についても,同様の仕組みが採用されている(8条,9条)。同法は,災害援護資金の貸付けについても,市町村が行なった場合に,都道府県は,市町村(指定都市を除く)に対し必要資金を貸し付け,また,国は,指定都市及び都道府県に必要資金を貸し付けるという階段方式の無利子貸付けを行なうこととしている(10条~12条)。

同様に,市町村が給付(貸付けを含む)をするときに,都道府県が資金の一部を負担(貸付けを含む)をする場合がある。たとえば,東京都は,市町村が条例を制定して行なう心身障害者福祉手当の支給をするときに,都がその支給に要する経費を負担することとしている。

このような仕組みの場合に,住民としては,自己が住所を有する地方公共団体が,より広域の政府の支援を受けられるのに,当該給付制度を実施しないことに対しては,得策でないと批判するであろう。「任意」といいながら,強度の誘導効果が発揮されて,実際には,すべての地方公共団体が実施せざるを得ないことになることが多い。

3　社会保障財政法の基本原則

[1]　財政法の基本原則

社会保障財政と財政民主主義との関係　　社会保障財政も,憲法83条の包括的財政民主主義の支配を受けている。しかし,憲法84条,85条,86条等との関係においては,どの側面を捉えるかにより,財政民主主義の検討の視点も異なる。

第一に,社会保険料については,憲法84条との関係が問題になる(この点については,本書第2章3[3]において扱う)。

第二に,社会保障給付についても,憲法86条により,歳出予算に計上して国会の議決を経なければならない。地方公共団体の場合も予算計上を必要

とする。そして，緊急に必要となる給付については，予備費の使用が認められる。なお，財政民主主義と別の次元において，根幹的な社会保障給付については，原則として法律の根拠を必要とするというべきである。しかし，緊急に必要となった給付で，しかも直ちに給付をしないと回復できない状態になるような場合は，生存権を保障する観点から法律の根拠がなくても給付することが許されるというべきである。むしろ，給付しなければならないというべきである。

第三に，前述の延長上の問題として，社会保障目的の補助金が多数存在しているときに，それらについて，通常の産業助成目的の補助金と同様に考えてよいのかが問題になる。そして，制度の設計が国，地方公共団体であっても，直接に交付する主体が独立行政法人，財団法人等である場合が少なくない[50]。そのような仕組みは，効率性や公務員削減の考え方によると思われるが，補助金交付主体の効率的な運営に対するコントロールは行政評価によることが多く，財政統制の観点からは希薄になる虞がある。

第四に，社会保障目的の資金貸付制度についても，財政民主主義の観点からの考察を必要とする。その代表例として，「生活福祉資金貸付事業」を挙げることができる。現在の制度は，「生活福祉資金の貸付けについて」（平成2・8・14厚生省社第398号）という都道府県知事宛の厚生事務次官通知によっている。この通知の別紙「生活福祉資金貸付制度要綱」によれば，この要綱は，「低所得者，障害者又は高齢者に対し，資金の貸付けと必要な援助指導を行うことにより，その経済的自立及び生活意欲の助長促進並びに在宅福祉及び社会参加の促進を図り，安定した生活を送れるようにすること」を目的としている（第1）。貸付けの実施主体は，都道府県社会福祉協議会である（第2第1項）。都道府県社協は，資金貸付業務の一部を市町村社会福祉協議会に委託することができるとされている（第2第2項）。そして，この制度要綱において，貸付対象，資金の種類，貸付金額の限度，貸付けの方法及び利率などの重要事項が定められ，さらに，「生活福祉資金貸付制度の運営について」（平成16・3・31社援発第0331020号）という都道府県知事宛の厚

50　碓井・公的資金助成法精義448頁。

生労働省社会・援護局長通知の別紙「生活福祉資金運営要領」により，同制度の運営要領を示している。通知行政により，都道府県及び社会福祉協議会を巻き込む貸付制度が展開されているのである[51]。

なお，財政民主主義と重なり合いながらも，「法律による行政の原理」との抵触が疑われるものがある。平成20年度から21年度にかけて全国の区市町村により実施された「子育て応援特別手当」の支給は，直接の事業主体は区市町村であり，国は，国の交付金交付要綱に適合する事業を実施する区市町村に対し，補助金として交付金を交付するものである。区市町村と住民との関係において法律の留保論における重要事項留保説によれば，条例の根拠を要するとされようが，条例制定のことを聞いたことがない。さらに，区市町村及び経由事務を行なう都道府県は，この国を上げての施策に振り回されるのであるが，法律はなく単に平成20年度補正予算に計上された交付金枠により10割の補助を受けるのである。同時期に実施された定額給付金の支給事業とともに，疑問の多い方法といわなければならない。

透明性の原則　ここで，財政民主主義を支える原則として，透明性の原則を掲げておきたい。透明性の重要性は，社会保障制度に関する意思決定を容易にし，かつ，確実にする意味において重要である。

公金・公財産尊重主義　社会保障の給付が限られた財源を基にして実施されることを踏まえて，財源を尊重する趣旨があることを根拠にした法解釈が，さまざまな場面で登場する。これは，財政法の基本原則としての公金・公財産尊重主義の一環ということができよう。たとえば，誤裁定により年金が過大に支給されていた場合において，遡って裁定を取り消して返還請求することを適法とする場合などである。東京地裁平成19・11・7（判例時報1966号3頁）において問題とされた，いわゆる混合診療は，保険診療の対象にならないとする行政解釈の根拠として主張される可能性もあるが，法解釈の限界を超えるものである[52]。次に述べる生存権保障が重要な柱であるにもかかわらず，法解釈に当たって公金・公財産尊重主義を根拠にすることには

51　詳細については，生活福祉資金貸付制度研究会編『平成20年度版　生活福祉資金の手引』（筒井書房，平成20年）を参照。

52　阿部・行政法解釈学Ⅰ130頁以下を参照。

慎重でなければならない。あるいは，安易に「財政の論理」のみをもって法を解釈することは慎まなければならない。この点については，次の項目において再度述べる。

[2] 生存権保障

生存権保障の手段　日本国憲法25条は，まず，「すべて国民は，健康で文化的な最低限度の生活を営む権利を有する」（1項）とし，さらに，「国は，すべての生活部面について，社会福祉，社会保障及び公衆衛生の向上及び増進に努めなければならない」（2項）としている。生存権保障は憲法学の重要テーマであり[53]，それ自体についてここで深く立ち入ることはできない。ただし，行政法の基本的法原則として「社会福祉の原理」を掲げて，その観点から，さまざまな場面の違憲を説く見解があることに注目したい[54]。

社会保障財政は，まさに国民が健康で文化的な最低限度の生活を営むことを可能にし，さらに，「社会福祉，社会保障」の施策に関する財政であり，生存権保障の手段であるということができる。

社会保険料と生存権　社会保障の財源確保のために賦課される社会保険料が生存権を脅かすもので憲法25条に違反すると主張されることがある[55]。

53　社会保障財政法の原則とはいえないので本文に掲げないが，社会保障にあっては制度周知ないし説明が極めて重要である。寡婦年金の説明義務違反を認定した例として，大阪地裁平成12・5・10判例集未登載がある。他方，児童扶養手当の周知徹底義務について，京都地裁平成3・2・5判例時報1387号43頁が手当相当額の国家賠償を認めたが，控訴審の大阪高裁平成5・10・5判例地方自治124号50頁は，法律に定めがないことを根拠に法的義務ではないとした。健康保険の傷病手当金が時効消滅した場合に，制度周知徹底義務違反を認めなかった例として，東京地裁平成10・5・13判例タイムズ1013号141頁がある。国民年金法が学生等について強制加入としなかったことの憲法25条等違反の有無が争われた学生無年金訴訟について，最高裁平成19・9・28民集61巻6号2345頁は，憲法25条，14条1項に違反しないとしたが，任意加入しない場合に予想されるリスクを十分周知する措置がとられていたかどうかが問題であったように思われる。戦没者の妻の特別給付金につき通知がなく請求できなかったとして訴訟が提起されたという（朝日新聞平成21・3・24）。

54　阿部・行政法解釈学Ⅰ187頁-190頁。同「憲法上の福祉施策請求権」成田頼明先生古稀記念『政策実現と行政法』（有斐閣，平成10年）1頁を参照。

低収入の高齢者に介護保険料を賦課することは憲法25条等に違反するとして争われた訴訟に関する裁判例として、大阪地裁平成17・6・28（平成13（行ウ）32（堺市事件））（判例地方自治283号96頁〈参考〉）及びその控訴審・大阪高裁平成18・5・11（平成17（行コ）69）（判例地方自治283号87頁）がある。

大阪地裁は、まず、次のような立法裁量論を展開した。

「介護保険制度は、国民共同連帯の理念に基づき、介護等を要する者に対し介護給付をすることを目的とした社会保険制度であり、憲法25条の趣旨を具体化したものである。そして、同条の『健康で文化的な最低限度の生活』とは、抽象的・相対的な概念であり、その具体的内容は、その時々における文化の発達の程度、経済的・社会的諸条件、一般的な国民生活の状況等との相関関係において決定されるべきものである。しかも、同条を現実の立法として具体化するに当たっては、国及び地方自治体の財政事情を無視することができず、また、多方面にわたる複雑多様な、しかも高度の専門技術的な考察とそれに基づいた政策的判断を必要とする。したがって、同条の趣旨にこたえて具体的にどのような立法措置を講ずるのかの選択決定は、立法機関である国会及び地方議会の広い裁量にゆだねられているものというべきであり、それが著しく合理性を欠き明らかに裁量の範囲を逸脱し、又は裁量権を濫用したとみざるを得ないような場合を除き、裁判所が審査判断するのに適しない事柄である（最高裁昭和57年7月7日大法廷判決）。

とりわけ、介護保険事業の財源である保険料の規定は、保険給付に要する費用の予想額、国及び地方自治体の財政事情並びに被保険者の所得状況等の複雑多様な諸事情を専門技術的な観点から考慮し、政策的判断によって定められるものであるから、広く立法機関の裁量にゆだねられているものと解される。」

次いで、市民税世帯非課税者等の低所得者を含むすべての被保険者から保険料を徴収することとしている点について、「介護保険制度が、高齢者が共

---

55 原爆症や水俣病の認定基準に関する問題について、阿部・行政法解釈学Ⅰ 392頁-393頁。

通に有する将来の介護リスクに備えて,すべての被保険者から保険料を徴収し,その対価として保険給付を行うという社会保険制度であることから低所得者からも保険料を徴収することにしたものであり,その徴収方法には一応の合理性が認められる。しかも,個々の国民の生活水準は,現在の収入のみによって決まるものではなく,これまでに蓄積した資産等によっても大きく左右されるものであり,現時点で収入の少ない低所得者からも保険料を徴収すること自体が,直ちに憲法25条の趣旨に反するとはいえない」と述べ,生活保護受給者について保険料相当額を加算した生活扶助が支給されること,境界層措置が設けられていること,収入が著しく減少した場合等の保険料徴収猶予・減免の措置がとられていること等により,生活保護法を含む法制度全体をもって具体的に保障されている最低限度の生活を侵害することを抑止していることからすれば,介護保険法(及び介護保険条例)が著しく合理性を欠き明らかに裁量権を逸脱・濫用しているとはいえないので,憲法25条に違反しないとした。

大阪高裁も,憲法25条に違反しない理由について,同趣旨を述べた。なお,泉大津市の事件に関する大阪地裁平成17・6・28(平成14(行ウ)136)(判例集未登載)及びその控訴審・大阪高裁平成18・7・20(平成17(行コ)65)(判例集未登載)も,同趣旨を述べた。

二つの大阪地裁判決の時点と二つの大阪高裁判決時点との間に,旭川市介護保険料に関し最高裁平成18・3・28(判例時報1930号80頁)が出された。同判決も,低所得者に配慮した規定が置かれ,介護保険制度が国民の共同連帯の理念に基づき設けられたものであることに鑑みると,同市の条例が,第1号被保険者のうち生活保護法6条2項に規定する要保護者で地方税法295条により市町村民税が非課税とされる者について,一律に保険料を賦課しないものとする旨の規定又は保険料を全額免除する旨の規定を設けていないとしても,それが著しく合理性を欠くということはできないし,また,経済的弱者について合理的な理由のない差別をしたものということはできないから,憲法14条,25条に違反しないとした。なお,この判決は,介護保険料の特別徴収制度についても,保険料収納の確保と事務の効率化を図るとともに,第1号被保険者の保険料納付の利便を図るために導入されたものであるとし

て、保険料は高齢期の要介護リスクに備えるために課されるもので日常生活の基礎的な経費に相当するということができ、一定額（18万円）を下回る老齢退職年金給付を特別徴収の対象としていないことを踏まえれば、老齢退職年金給付から保険料を徴収することが公的年金制度の趣旨を没却するとはいえない、とした。結論として、特別徴収制度は、著しく合理性を欠くということができないし、経済的弱者を合理的な理由なく差別したものではないから、憲法14条、25条に違反しないとした（本書第3章5［3］を参照）。

　国民健康保険料の所得割に関し前年の所得額を基準とすることが応能主義原則に反し、生存権保障の趣旨に反すると主張された事案に関し、静岡地裁昭和45・10・6（訟務月報17巻2号302頁）は、年度によって所得が急減した場合の減免措置があること、長期間にわたって観察すれば必ずしも不合理なものとはいえず、保険料徴収の経費と労力の節約、能率的運営の観点からすればむしろ適当な算定方法であるともいえるとして、憲法の生存権保障の規定や国民健康保険法の目的に明らかに反するほどに不合理な算定基準とはいえないとした。国民健康保険の場合には、被用者保険と異なり、負担能力を現年度の所得に着目して算定することが技術的に困難であることに鑑みると、前年所得主義は、むしろ合理的なものといえよう。なお、この事件において、原告は、前年所得主義の下において、前年に健康保険組合の被保険者として当該年の標準報酬月額に基づき保険料を負担した者が翌年に市町村国保に移動した者にとって一層不合理であると主張した。しかし、この点は、所得減少に対する減免制度による対応で一応足りるというべきであろう。

　条例の規定が恒常的に生活が困窮している状態にある者を国民健康保険料の減免対象としていないことが憲法25条に違反すると主張された旭川国民健康保険料事件に関して、最高裁大法廷平成18・3・1（民集60巻2号587頁）は、恒常的に生活が困窮している状態にある者については生活保護法による医療扶助等の保護を予定して市町村国保の被保険者としていないこと、国民健康保険法81条を受けて定められた条例は、低額所得被保険者の保険料負担の軽減を図るために応益負担である被保険者均等割額及び世帯別平等割額について減額賦課を定めていること、応能負担の所得割額を賦課期日の属する年の前年の所得を基準に算定するものとしていることからすると、著

しく合理性を欠くとはいえず，経済的弱者について合理的な理由のない差別をしたものということもできないとして，憲法25条，14条に違反しないとした（この点について，本書第3章3［2］を参照）。

ところで，憲法25条の要請する応能主義を根拠に，国民健康保険料の賦課限度額制度は，多額の所得又は資産を有する者を有利に扱っている点において憲法25条及び14条に違反するとして争われた事案がある。横浜地裁平成2・11・26（判例時報1395号57頁）である。判決は，25条違反の主張に対しては，「憲法25条は，国権の作用に対して一定の目的を設定し，その実現のために積極的な発動を期待するものであって，具体的にいかなる立法措置を講ずるかは，広く立法府の裁量に委ねているものと解され，国民健康保険における保険料の賦課についても，その最高限度額を定めることを否定することまで含意するものとみるべき根拠は見出しえない」ので，憲法25条に違反するとはいえないとした。また，憲法14条違反の主張に対しては，国民健康保険が強制加入の社会保険であること，相扶共済・社会福祉の理念から応能負担の原則を無視することはできないとしつつも，それが保険理論に基づく医療保険であることから保険料と保険給付との対応関係にも配慮した応益負担の原則によるべきことも当然であるから，「受益（保険給付）の程度からかけ離れた応能負担に一定の限界を設けるため，保険料に最高限度額を定めることには，合理的な理由がある」とし，限度額を39万円と定めた条例は憲法14条にも違反しないとした。

財政規律の確保と生存権保障との関係　社会保障財政法を論ずる際に，社会保障法の基礎となっている生存権保障と財政法の基礎をなす財政規律（健全財政の確保，公金・公財産の尊重）との対立，緊張を意識せざるを得ないことが多い。たとえば，生活保護のような公的扶助や被爆者援護のような社会援護に関して，公金を尊重する視点から厳格な認定をすべきであるとする考え方がある一方で，過度の厳格さを求めると認定に長期間を要し，最終的に資格を認定される人を長らく不安定な状態に置き，場合によっては死亡によって救済を得られないという事態も生ずる。水俣病や原爆症の認定について，このことが問題となっている。このような問題をいかに調整するかが社会保障法における重要課題であり，それは社会保障財政法の課題でもある。すで

に述べたように，いたずらに「財政の論理」を優先させてはならない。

認定申請に対する応答処分の遅延の法的評価　認定申請に対する応答の遅延が訴訟において法的問題とされることがある。

熊本水俣病に関する，いわゆる「待たせ賃訴訟」の最高裁平成3・4・26（民集45巻4号653頁）は，認定申請に対する処分の遅延により，申請者が焦燥，不安の気持を抱かされて精神的苦痛を被ったとして慰謝料の支払いを求めたのに対して，認定処分がなされると認定の効力は申請の時点に遡って生じ，補償給付の支給も認定申請の時点に遡ってなされるのであるから，現実の受給の時期的な遅れはあるものの，少なくとも認定の遅れによる通常の財産的損失は，実質的にはほとんど解消されているものといえるとしつつ，次のように述べた。

　「一般的には，各人の価値観が多様化し，精神的な摩擦が様々な形で現れている現代社会においては，各人が自己の行動について他者の社会的活動との調和を十分に図る必要があるから，人が社会生活において他者から内心の静穏な感情を害され精神的苦痛を受けることがあっても，一定の限度では甘受すべきものというべきではあるが，社会通念上その限度を超えるものについては人格的な利益として法的に保護すべき場合があり，それに対する侵害があれば，その侵害の態様，程度いかんによっては，不法行為が成立する余地があるものと解すべきである。

　これを本件についてみるに，既に検討したように，認定申請者としての，早期の処分により水俣病にかかっている疑いのままの不安定な地位から早期に解放されたいという気持，その期待の背後にある申請者の焦燥，不安の気持を抱かされないという利益は，内心の静穏な感情を害されないという利益として，これを不法行為法上の保護の対象になり得るものと解するのが相当である。」

　「一般に，処分庁が認定申請を相当期間内に処分すべきは当然であり，これにつき不当に長期間にわたって処分がされない場合には，早期の処分を期待していた申請者が不安感，焦燥感を抱かされ内心の静穏な感情を害されるに至るであろうことは容易に予測できることであるから，処分庁には，こうした結果を回避すべき条理上の作為義務があるというこ

とができる。

そして,処分庁が右の意味における作為義務に違反したといえるためには,客観的に処分庁がその処分のために手続上必要と考えられる期間内に処分できなかったことだけでは足りず,その期間に比してさらに長期間にわたり遅延が続き,かつ,その間,処分庁として通常期待される努力によって遅延を解消できたのに,これを回避するための努力を尽くさなかったことが必要であると解すべきである。」

最高裁は,以上の視点に立って,本件認定申請に対する処分のためにどの程度の期間が必要であったかは,当時の全体の認定申請件数,これを検診及び審査する機関の能力,検診及び審査の方法,申請者側の協力関係等の諸事情を具体的個別的に検討して判断すべきものであるところ,原審においてこれらの諸事情の存否が確定されていないのであるから,どの程度の期間があれば処分が可能であったのか明らかでないとし,これらの諸事情の認定がされていない限り,「知事が認定業務を処理すべき者として通常期待される努力によって遅延を回避することができたかどうかは明らかでないので,不当に長期間にわたり知事が処分しない状態にあり,これが被上告人らの内心の静穏な感情を害されない利益を侵害するものとして,全体として法の許容しない違法な行為と評価すべきかどうか,ひいては知事が故意にこうした結果を回避しなかった又は回避すべき義務を怠った点に過失があったことになるのかどうかについても判断することができない」と述べて,審理を尽くさせるために原審に差し戻すとした。

差し戻し後の控訴審・福岡高裁平成 8・9・27（判例時報 1586 号 32 頁）は,当時の具体的状況の下においては,知事は,検診,審査の態勢を改善,充実させて処分の遅延を解消するために相応の努力をしたものということができるとし,さらに,処分の遅延を回避するために知事に通常期待される努力を尽くしたものと解するのが相当であるとして,申請に対する応答が長期間に及んだことにつき,知事に被控訴人らの内心の静穏な感情を害する結果を回避すべき条理上の作為義務違反があったとすることはできないと判示して,請求を棄却した[56]。

行政手続法制定後は,同法 7 条違反の主張もなされるが,札幌地裁平成

20・9・22（平成11（行ウ）19）（判例集未登載）は、「原爆症認定は、その申請者の被爆距離、被爆状況、被曝線量及び放射線と申請疾病との関係等について、高度な科学的、医学的知見に基づく判断を要する複雑な作業であり、また、被告厚生労働大臣が、原告らの各原爆症認定申請について、それを失念し、又は意図的に放置したと認められるような事情はうかがわれないことなどに照らすならば、原告らの原爆症認定の審査に141日ないし721日の時間を要したことをもって、直ちに行政手続法7条に違反するとまではいい難い」と述べた。札幌地裁の同日の2件の判決（平成15年（行ウ）第15号事件及び平成16年（行ウ）第31号事件）（いずれも判例集未登載）も、同趣旨を述べた。

[3] 平等原則

社会保障と平等原則　社会保障は、もともと国民の生活の確保を図るための仕組みである。社会保障のない場合に異なる状態に置かれている国民を等しく健康で文化的な生活を享受できる状態にすることは、実質的平等の実現ということができる。社会保障の目的の一つは、このような実質的平等の実現にあるといってもよい。

社会保障における平等原則は、どのような場面を取り上げるかによって、マクロな平等原則とミクロな平等原則に分けることができる。もっとも、マクロ、ミクロは、相対的なものであるから、どのような単位を捉えるかによって異なる可能性がある。たとえば、ある食品による被害に対して法律による救済措置が講じられているのに、そのような救済措置の講じられていない食品被害について平等原則違反が主張されることがあろう。それはマクロな場面で平等原則違反の有無が問題とされる例である。これに対して、特定の

56　水俣病の認定申請に対する審査の状況については、熊本地裁平成20・1・25判例集未登載をも参照。なお、同判決は、資料の収集・病院調査に遅れがあったと認められるものの、当時の状況に照らせば、カルテもなく、病理解剖も受けておらず、検診結果も眼科と耳鼻科のみという客観的判断資料に乏しい未検診死亡者であった者について、処分が遅れたことについてはやむを得ない事情があったといわざるを得ず、本件処分に認定制度の根本意義を喪失せしめるような悪質かつ重大な違法があったということはできないとして、認定申請棄却処分取消請求を棄却した。

市町村における国民健康保険料についての被保険者相互間の平等原則違反が争われるときは，ミクロな場面における平等原則違反の有無である。

社会保険料と平等原則　社会保険料に関しては，①同一の目的のために複数の制度が設けられている結果生ずる制度間における負担の格差が平等原則違反といえるか，②同一の制度の下において，保険者が異なることによる保険料負担の格差が平等原則違反となるか，③同一保険者の下における保険料負担について平等原則違反があるか，というように複数の次元において平等原則違反が問題にされる。

前記①の問題を扱った裁判例として，神戸地裁平成 13・10・17（判例地方自治 227 号 71 頁）の事案がある。原告が，政府管掌健康保険における被用者負担分に比べて，国民健康保険の保険料負担が重く，憲法 14 条に違反すると主張した事件である。判決は，政府管掌健康保険の使用者負担分を除外して比較すべきであるとする原告の主張は前提に誤りがあるとする。すなわち，国保も政府管掌健保も保険であり，保険料額にそれほど差異はないものの，政府管掌健保においては労働政策上法律をもって保険料の半額を使用者に負担させているところ，被保険者以外に負担する者がいない国保にあっては，保険の本来の原点に立ち返って，保険料額全額を被保険者自身が負担せざるを得ないが，このような差は不合理なものとはいえない，というのである。おそらく被用者保険の保険料を全額被保険者本人の負担としても，実態に変化は生じないであろう。使用者負担の有無は，ほとんど影響しないといってよい[57]。

前記③については，生存権保障について扱った諸裁判例において判断が示されている。なお，この平等原則を判断するにあたり，個人を単位とするのか，夫婦，さらには複数世代を含めた家族を単位として考えるのかといった問題がある[58]。

問題は，②である。特に，医療，介護，後期高齢者医療のように地域保険制度が設けられている場合に，当該地域におけるリスクに応じた保険料を設

---

[57] この判決は，政府管掌健保について使用者負担額を加えた保険料額で平成 10 年度の保険料の最高額 482,000 円を平成 10 年度の神戸市の国保の最高額 520,000 円と比較すると，両者の間に著しい格差があるとはいえない，としている。

定するために，保険料の格差が生じやすい。こうした格差は，それぞれの地域の住民の健康保持への努力の違いに起因するものであって，そうした努力が保険料に反映されるのはむしろ当然であるという考え方もあるかも知れない。保険料格差に影響する要因の一つに，保険料の収納率の差も忘れてはならない。収納率が低い場合には，その分が納付する者の負担分を増大させることになるからである。極端な開きのある場合に，憲法違反というべきかどうかについては慎重な検討を要するが[59]，制度設計の責任が国にあると考えるならば，一定の限度を超える格差を放置することは，違憲の評価を下さざるをえないと思われる。しかし，立法の不作為を理由とする国家賠償請求訴訟を通じて是正効果を期待する方法を別にして，直接に格差是正を求める訴訟方式が見つからないために，結果的に政策上の議論にとどまってしまう。

前記の神戸地裁平成13・10・17（判例地方自治227号71頁）は，国民健康保険料の負担に格差が生じる原因は，①「自治体毎に住民一人当たりの年間医療費総額が異なること」，②所得割の算定方式につき選択が認められていること，③政令の定める所得割・被保険者均等割・世帯別平等割の比率が標準割合であること，などから，国民健康保険法81条は，地域の実情に応じた方式ないし割合をもって賦課することを予定しているのであって，それによる差異は同条及びこれを受けた政令が当然に予定した範囲内であるとした。この判断のうち②や③による負担の差異に異を唱えることはできない。この事例のような場合に，原告の主張を認めて原告に対する保険料賦課が違法とされ，同様の原告が続出するならば，神戸市の国保財政はパンクするであろ

---

58 ドイツにおいて，子をもたない夫婦と子を育てている夫婦との負担の不公平を認めた連邦憲法裁判所の判決とそれに対する立法的対応が興味深い。小西啓文「介護保険料と平等」法律論叢81巻2・3合併号175頁（平成21年）を参照。

59 毎日新聞の調査によれば，世帯所得200万円，40歳代夫婦と未成年の子2人の家族で，固定資産税額5万円のモデルの場合の平成20年度の全1,794市区市町村（2広域組合を含む）の国民健康保険料額を算定したところ，最高は寝屋川市の504,030円で，最低の青ヶ島村の139,900円の3.6倍であったという（毎日新聞平成21・6・8）。なお，筆者の手元にある新聞記事（日本経済新聞平成8・7・8）によれば，平成6年度の国民健康保険料は，最高の北海道羅臼町と最低の鹿児島県十島村との間に約7倍の開きがあったという。

う。問題は，①及び所得や固定資産の保有状況に照らして負担の格差が極端な場合に，制度設計者である国がどうするかということである。

世代間公平　社会保障に関する悩ましい問題は，給付を必要とする世代と負担能力のある世代とが一致しないということである。仮に，青年・壮年世代に負担した分が，高齢世代までの期間を通じて，各世代が公平に給付を受けているのであれば問題ない。しかし，人口構成，制度改正等により，世代により必要な給付額の総額が変動し，1人当たりの負担額も大きく変動することがある。たとえば，年金について賦課方式を採用していると仮定して，第1期は制度創設期に第1世代が受給する時期にあり，人口割合の大きい第2世代，人口割合の小さい第3世代が負担する世代であり，さらに人口割合の小さい第4世代は未だ負担しない若年世代であると仮定すると，第1世代は給付のみを受けられる。次に，時代が動いて，第2期は，第2世代が受給する世代となり，第3世代及び第4世代が負担する世代であると仮定する。第2世代に対して同じ水準の給付をするには，第3世代及び第4世代は，第1期に比べてより多額の負担をしなければならない。少子高齢化時代における世代間の公平問題は，このような問題である。

　もっとも，人間は，それぞれが生きている時代の制約下にあることを考えるならば，異なる時代に生きる人の間に不公平が生ずることは避けがたいともいえる。その意味において，世代間公平を唱えること自体に無理があるともいえよう。しかしながら，極端な世代間不公平が，法的な問題，すなわち平等原則違反の問題にならないとは限らない。

　年金の分野においては，世代間の公平が大きな課題として論争されている[60]。法的には，著しい負担の不公平を招かないような制度設計が求められるが，給付を含めた公平の達成は至難のことであるし，給付や負担をどのよ

60　たとえば，国立社会保障・人口問題研究所編『社会保障と世代・公正』（東京大学出版会，平成14年）に収録されている各論文を参照。

61　阿部・行政法解釈学Ⅰ180頁。そこでは，すでに支給決定している年金を減額することが財産権の侵害にあたらないかという問題を提起して，年金財政赤字対策及び世代間の公平を確保するための措置であるから，買収農地の売払価格に関する最高裁大法廷昭和53・7・12民集32巻5号946頁に従えば，「公共の福祉のために必要かつ合理的な措置として是認」されようと述べている。

うな単位で測定して公平を判断するかも難しい。現在の高齢者が自らの積立分よりもはるかに多額の年金の支給を受け、これを支援する若年層よりも豊かな者が多いとして、「支援する者は支援を受ける者よりも豊かであるべきだという社会福祉の原理に反し、違憲であるので、今後支給する年金を減額し、また、支給開始時期を先送りにすべきである」とする主張もある[61]。

第2章　社会保障財政法の基本構造

1　社会保障財政の重層構造

[1]　社会保障給付に関する社会負担と自己負担

社会負担・自己負担の意味　社会保障給付という限りは，その程度はともかくとして，社会負担により給付がなされることを意味する。社会負担とは，当該給付を要する者が直接に負担するのではなく，社会が負担することを意味する。もっとも，「社会」を広くとらえるならば慈善団体等が給付する場合も含みそうであるが，ここにいう社会負担は，法により制度化された「社会」が負担する公的負担に限定される。これに対して，自己負担は，給付を必要とする者自身又はその扶養者等が負担することをいう。完全に同義ではないが，私的負担といってもよい。社会保障は，この自己負担を必要とするリスクの全部又は一部を社会負担で引き受けることである。社会保障の充実は，社会負担の充実にほかならない。

　社会負担を採用する場合にも，さまざまな場面において自己負担との接点が存在する。

　第一に，全額を社会負担にするのではなく一部を自己負担とする方式がある。社会保険制度による医療や介護に関して，保険の対象となるサービスでありながら，一部につき自己負担を求める方式が一般化している。このような一部負担制度は，社会負担の軽減に貢献することはいうまでもないが，それ以上に社会保障サービスの総量の抑制効果も期待されることがある。たとえば，全額が社会負担であるときは，不必要とみられるサービスまで提供されることがあるというわけである。

　第二に，社会負担の対象となるサービスと対象としないサービスとが区別されて，その区別の基準が問題になることがある。たとえば，介護保険において，施設入所者の食費，居住に要する費用その他の日常生活に要する費用

は，保険の適用対象外とされている（介護保険法48条1項括弧書）。このような場合には，日常生活に要する費用として保険の対象外になる費用はどのようなものなのかが問題になろう。

社会負担の拠出者　社会負担といっても，天から降った資金が存在するわけではない。社会負担を誰が拠出するかが問題になる。保険制度を設けて，社会保障給付を必要とする事態を招くリスクを負っている者又はその者に一定の関係を有する者が保険料を負担する方式がある。他方，社会一般が負担する方式がある。それは，租税に財源を求めて社会保障給付を行なうものである。かくて，社会負担には，大きく分けて保険方式と租税方式とがある。

ただし，保険方式について，一つだけコメントしておく必要がある。保険には，公的主体を設けて行なう公的保険と私人が保険者となる私的保険とがある。必要な給付を確実にする保険制度であるには，強制加入が求められるが，その際に，法律が私的保険に加入することを義務づける方式と，公的保険制度を設けてその公的保険に加入することを義務づける方式とがある。社会保障の概念を広くとらえるとき，あるいは「社会保障の民間化」を唱えようとするときは，私的保険への加入強制も社会保障であると主張されるかも知れない。そのことに関する賛否は差し控えることにして，社会負担に該当する保険方式は，やはり公的主体が保険者となる保険であって，それを社会保険と呼ぶことにしたい。

［2］　社会負担に関する租税方式，保険方式及び共同拠出方式

租税方式と保険方式　個別の社会保障給付に係る社会負担について，その財源を租税に求めるのか社会保険によるかが絶えず議論されてきた。租税に求める方式は，租税方式であり，「公費負担」とも呼ばれる。他方，財源を社会保険の保険料に求める方式を保険方式という（本章3を参照）。ある種類の社会保障給付の財源をもっぱら租税に求める場合に，完全租税方式と呼ぶことができる。生活保護の給付は，完全租税方式である。これに対置されるのが完全保険方式ということになる。もっとも，完全租税方式と完全保険方式との間に，両者の混合方式があり，日本の公的医療，公的介護，公的年金のいずれも混合方式である。すなわち，医療，介護，年金のいずれも，社

会保険方式が採用されているといわれながらも，それらの給付財源の相当部分は，租税財源に求められている。そして，「公費負担」や「国庫負担」の語が，租税負担であることを忘れさせる語感をもっていることに注意しなければならない。

なお，租税方式，保険方式という場合の「租税」や「保険」は，名称ではなく実質で判断すべきである。たとえば，国民健康保険税は，地方税の一種であって形式は租税である。しかし，実質は国民健康保険料と同じ内容であって保険料である[1]。また，事業主が拠出する児童手当拠出金は，被用者保険の保険料と同様の方式で徴収されているにもかかわらず，その実質において租税にほかならない。なぜならば，事業主自身が児童を有するわけではない（そこに雇用されている個別被用者も，児童を有する可能性があるとは限らない）のである（本書第5章2［2］を参照）。

租税方式には，一般租税を財源とする一般租税方式（租税の種類を特定しない方式）と特定の租税を財源とする方式とがある。後者は，租税のサイドからみると法律により使途が特定されているならば目的税である。それを「社会保障目的税」と呼ぶことができる。もしも，消費税について，租税法律自体において社会保障目的に使途を限定するならば，その消費税は目的税である。近年は，国の一般会計予算において，消費税の収入が充てられる経費（地方交付税を除く）の範囲を定める方式が採用され，各省庁の共済組合負担金等のほか，厚生労働省の歳出予算に計上されている多数の社会保障目的の経費（特別会計への繰入れ）が掲げられている。しかし，これは「予算による使途の特定」であるから，その年度限りの効力を有するにすぎず，目的税とは呼ばれていない。

租税方式と保険方式とのメリット・デメリット　社会負担について租税方式と保険方式のいずれによるべきかが議論される。その議論を検討するに際

1　なお，中里実教授は，公的年金の財源調達として，積立方式，賦課方式及び一般財源方式を掲げたうえで，積立方式と賦課方式との差異は，資金調達を社会保険料と租税とのいずれで行なうかという手続的な点とは直接には関係がないとしている（中里実「社会保険料と年金制度」日税研論集37号39頁，66頁（平成9年））。この場合の租税として，社会保険税，それも賃金税が想定されているようである。

して，二つの点に注意する必要がある。

第一に，どのような社会保障給付を念頭に置いて議論されているのかを確認する必要がある。たとえば，医療と年金とを，全く共通に議論することはできない。また，医療に限った場合にも，現役の勤労世代の医療と勤労のできない人の割合の高い高齢者の医療との間には異なる議論が可能である。

第二に，租税方式という場合に，一般財源を充当する一般租税方式を念頭に置くのか，社会保障目的税を念頭に置くのか，という点である。そして，社会保障目的税の場合に，いかなる課税物件，課税標準にするかを抜きにして議論することはできない。

このような注意が必要であるが，一般に保険方式にあっては，受給についての権利性が認められやすいとされ，租税方式の場合に恩恵と受け止められやすいのに比べて，優れていると主張されることがある。しかし，租税方式にあっても，確定された年金受給は権利である。逆に，保険方式においても，確定前は，制度変更が可能とされるので，権利性といっても確定前は流動的なものであって，極論をすれば，零にすることは許されないという程度のことである。したがって，権利性は，相対的なものであるといってよい。

年金についていえば，租税方式にあっては給付の必要性や程度を判断するために資力調査が必要であるのに対して，保険方式にあっては，その必要がない点がメリットとして主張されることがある。たしかに，租税方式において生活に必要な資金の不足分を給付するという制度設計であるならば，どれだけの資金不足を生ずるかを個別に調査する必要がある。しかし，保険方式にあっても，受給者の経済状態によって給付の程度を調整する制度は考えられる。厚生年金に関する支給停止制度（厚年法46条）は，報酬を得ている者について，その報酬額に応じて支給を停止する制度であって，報酬額という把握の容易な経済状態に着目した制度である。

なお，租税方式は負担が累進的であるのに対して，保険方式は負担が逆進的であると論じられることがあるが[2]，どのような税を想定するか，社会保険料の賦課標準を何に求めるか，によって左右されるのであって，一般化で

---

[2] 阿部和光＝石橋敏郎編『市民社会と社会保障法［新版］』（嵯峨野書院，平成19年）44頁（執筆＝石橋敏郎）。

きるものではない。所得税との比較において社会保険料が逆進的であるといわれることがあるが，租税方式は，所得税のみを財源とすることを意味するのではない。消費税財源を主とするならば租税方式であっても逆進的である。それに比べるならば，収入比例の被用者保険料をもって逆進的と決めつけるわけにはいかない（限度額方式の評価は別に残る）。

また，本質論とは別に，年金のような場合に，すでに動いている制度を根本的に変えようとすると，制度変更がもたらす不公平が問題とされて，それが制度変更の決定的障害であると主張されることもある。年金について保険方式を採用し，積立金があるときに，途中で完全租税方式に移行し，過去の保険料納付実績もない者も年金を受給できるとするならば，保険料納付者の抱く不公平感は大きいものがある。なお，制度変更のコストについては，別に述べるとおりである（本書第1章1［2］）。

共同拠出方式　日本において最近目立つ財源確保方式として共同拠出方式を挙げることができる。これは，社会保障給付が必要とされるに至ったことについて原因を与えたと推定される事業者等及び一定の政府が資金を拠出してプールし，そこから給付をする方式である。「公害健康被害の補償等に関する法律」による汚染負荷量賦課金（52条）及び特定賦課金（62条），「石綿による健康被害の救済に関する法律」による一般拠出金（35条），特別拠出金（47条）などがある（本章4を参照）。

2　社会保障財政における政府間関係

［1］　社会保障給付における政府間関係

垂直的協調関係　社会保障給付に関する日本の制度の特徴は，垂直的協調関係にある。すなわち，国，都道府県，市町村の協調関係である。その典型は，生活保護である。生活保護法は，保護費等の支弁につき市町村の義務としつつ（70条1号ロ），市町村が支弁した保護費等について，国は，政令の定めるところにより4分の3を負担しなければならないとしている（75条1項）。また，居住地がないか，又は明らかでない被保護者につき市町村が支弁した保護費等の4分の1は都道府県が負担するとしている（73条1号）。

この限定された保護費等の部分に関して、市町村は支弁するものの、最終的負担は国4分の3及び都道府県4分の1の各負担ということになる。これに該当しない保護費は、国4分の3、市町村4分の1である（本書第5章1［3］を参照）。ちなみに、これらの保護を行なう事務は、自治法の上の法定受託事務とされている（84条の4）。

　この例に見られるように、多くの法律において「支弁」と「負担」とが区別されている。「支弁」とは、ある給付費用に充てるため、その財源をもって政府部門の外部に支出する義務を負うことであり、「負担」は、政府間における最終の負担を意味する。国、都道府県、市町村のように複数レベルの政府が負担する場合であっても、支弁は、当該社会保障給付事務を執行する一の政府に集中させることにより事務の効率化を図ることとしている[3]。

　かつて支弁の対象とされていた費用であっても、機関委任事務制度が廃止された以上は、複数レベルの政府の負担がないにもかかわらず、わざわざ支弁を規定するまでのことはないと思われるものもある。たとえば、児童福祉法は、市町村の設置する児童福祉施設の設備及び職員の養成施設に要する費用（51条6号）は、現在は市町村の自治事務に要する費用であり、かつ、国又は都道府県の負担が定められているわけでもない。この場合に、支弁規定を置かなくても、市町村が支弁することは当然のことである。かつては、機関委任事務とされ、また機関委任事務廃止後も国が2分の1を負担する制度が採用されていたので、市町村が支弁する旨の規定を置く必要があったが、次世代育成支援対策推進法11条による交付金規定が平成17年4月より施行されて、以後は、国の「負担」ではなく次世代育成支援対策施設整備交付金（ハード交付金）として交付されているのである。

　この説明と連動することであるが、支弁は、明文の規定がない場合であっても、当然の前提とされている場合がある。たとえば、市町村長は、児童手当の受給資格及び額の認定をした受給資格者に対して児童手当の支給をするとされている（児童手当法8条1項）。この場合には、当該市町村長の属する

---

[3] 生活保護の場合について、費用の支弁責任と負担責任とを別個のものとし、支弁責任は保護の実施責任と一致させることにしたという（小山・生活保護法の解釈と運用775頁‐776頁）。

市町村が児童手当の支給について支弁することを含意している。どのレベルの政府が支弁するかに関して，措置制度主流の時点において，措置（権）者支弁方式と設置者支弁方式とがあるとされていた[4]。現在は，措置制度の縮小に伴い，児童福祉施設などを想定するならば，措置（権）者支弁方式に代えて実施義務者支弁方式などの呼び方を考えることになろうか（児童福祉法50条，51条参照）。

垂直的協調関係の観点から見て，国の財政支出の方法には，複数のものがある。すでに掲げた「負担」は，伝統的には割勘的なニュアンスをもっていた。これに対して，「補助」は，奨励的ないし財政援助目的で交付されるというのが通用してきた説明である[5]。さらに，国の貸付金が用いられる場合もある。なお，補助や貸付けにあっては，国と地方公共団体との間に独立行政法人が介在して，国が独立行政法人に資金を供給して（この資金供給にも複数の方式がある），地方公共団体に対して直接に補助金や貸付金を交付するのは独立行政法人であるという場合もある。

地方分権の推進の動きのなかで，国庫補助負担金の縮減が掲げられ，従来の負担金規定が削除される例もある。しかし，社会保障分野において国の割勘的負担を存続させることが合理的な場合が少なくないのであって，安易に負担金制度を廃止してはならない。また，恒常的な社会保障経費について「予算の範囲内における補助」は，安定的な運営の観点から問題である[6]。いわゆる「一般財源化」についても慎重な検討を必要とするといわなければならない。

社会保険の分野においても，医療や介護に関しては，垂直的協調関係が見られる。市町村国保についての国庫負担金（国保法70条）・国及び都道府県の調整交付金，介護保険の国庫負担金（介護保険法121条）・都道府県の負担金（123条）・国の調整交付金（122条，122条の2），後期高齢者医療保険の

---

[4] 小川・社会事業法制138頁。
[5] 石原信雄＝二橋正弘『新版　地方財政法逐条解説』（ぎょうせい，平成12年）172頁。
[6] この種の規定ぶりは，国の責任感の希薄さを示すものであるとする批判的見解が存在した（小川・社会事業法制133頁）。

保険者たる広域連合に対する国庫負担金（高齢者医療確保法93条）・都道府県負担金（96条）・国の調整交付金（95条）などが存在する。

なお，「交付金」は，細切れの補助金の「統合化」として現れるもののほか，負担金の補助金化のために用いられる場合もあり（児童福祉施設の設備費），それぞれの性質を確認する必要がある[7]。

水平的協調関係　社会保障における水平的協調関係は，複数のレベルにおいて見られる。

第一に，一部事務組合，広域連合などにより，社会保障事務の広域化を図る動きがある。

第二に，社会保険方式において，水平的協調関係により財政安定化を図る仕組みが存在する。介護保険の市町村相互財政安定化事業が典型である（介護保険法148条）。また，都道府県が設置する財政安定化基金には，市町村は財政安定化基金拠出金の納付義務を負っている（同法147条4項）。

なお，社会保険における「制度間調整」（本章3［1］）は，「政府」に着目した制度ではないので，政府間協調ではないが，複数主体間の協調関係であることは疑いない。この点については後述する。

［2］　社会保障目的の施設整備財政と政府間関係

多様な施設　社会保障目的で多様な施設が設置されている。最も一般的な施設は，社会福祉施設である。たとえば，児童福祉法は，「児童福祉施設」として，助産施設，乳児院，母子生活支援施設，保育所，児童厚生施設，児童養護施設，知的障害児施設，知的障害児通園施設，盲ろうあ児施設，肢体不自由児施設，重症心身障害児施設，情緒障害児短期治療施設，児童自立支援施設及び児童家庭支援センターを列挙している（7条1項。個々の施設の内容については36条以下）。また，老人福祉法は，老人デイサービスセンター，老人短期入所施設，養護老人ホーム，特別養護老人ホーム，軽費老人ホーム，老人福祉センター及び老人介護支援センターを列挙している（5条の3。各施設の内容については20条の2の2以下）。

---

[7]　碓井・公的資金助成法精義402頁以下を参照。

社会福祉施設のみならず，かつては政府が保険者となっている社会保険の財源を用いた「福祉施設」も多数設置されていた。たとえば平成19年法律第110号による改正前の国民年金法74条は，「政府は，第1号被保険者及び第1号被保険者であった者の福祉を増進するため，必要な施設をすることができる」と定め，また，平成19年法律第110号による改正前の厚生年金保険法79条も，「政府は，被保険者，被保険者であった者及び受給権者の福祉を増進するため，必要な施設をすることができる」と定めていた。そして，そのような年金施設を管理するために年金福祉事業団が設立されていた。しかし，そのような施設の必要性が認められなくなったとして，施設の廃止・移管が促進されてきた。平成17年には，独立行政法人年金・健康保険福祉施設整理機構が設立されて，年金福祉施設等の譲渡・廃止の業務を行なっている。保険料も財源として建設された保養施設が，「叩き売り」されることに対して，さまざまな意見があることは周知のとおりである。社会保険病院及び厚生年金病院についても，売却・廃止の方針が決定されているものの，機構の存続期限である平成22年9月までに売却を完了できるか危ぶまれている。

　社会福祉施設と政府間関係　社会福祉施設については，その設置主体が多様である。児童福祉施設を例にとると，国，都道府県，市町村及びこれら以外の者に分けて規定している。これらのうち，都道府県は，政令の定めるところにより設置する義務を負う（35条2項）。これに対して，市町村は，予め都道府県知事に届け出て設置することができる（35条3項）。任意設置の体裁ではあるが，住民に最も身近な政府として，結果的には，保育所に関しては最も多くの施設を設置することになる。国は，助産施設，母子生活支援施設及び保育所を除く児童福祉施設を「設置するものとする」（35条）。三つのレベルの政府についての定め方が，微妙に変えられていることがわかる。

　この設置主体に対応して，都道府県の設置する児童福祉施設の設備に要する費用については当該都道府県が支弁し（50条9号），市町村の設置する児童福祉施設の設備に関する費用については，当該市町村が支弁する（51条6号）。かつては，地方公共団体が支弁する児童福祉施設の設置費用について，児童福祉法自体が国の負担義務を定めていた。それが市町村の超過負担をめ

ぐる争いとして訴訟になったのが，有名な摂津訴訟であった。事案当時は，精算額の2分の1を国が負担する仕組みであり，同訴訟の判決（東京地裁昭和51・12・13行集27巻11・12号1790頁，東京高裁昭和55・7・28行集31巻7号1558頁）の時点においては，すでに，厚生大臣の承認を得た施設について厚生大臣の定める基準額により負担するとされて，法状態が変動していたものの負担制度は維持されていた。しかし，現在は，児童福祉法における負担金規定は削除され，次世代育成支援対策推進法11条1項に基づくハード交付金の対象となっている。法律に直接の根拠を有する国の負担義務制度から，予算の範囲内で交付できるという，任意的な交付金制度に切り替えられたことを意味する（詳しくは，本書第6章1［2］を参照）。

なお，民間主体も，省令の定めるところにより，都道府県知事の認可を得て，児童福祉施設を設置することができる（35条4項）。そして，都道府県及び市町村は，この民間主体が設置する児童福祉施設について，所定の要件を満たす場合には，新設，修理，改造，拡張又は整備（＝「新設等」）に要する費用の4分の3以内を補助することができる（56条の2第1項本文）。ただし，都道府県及び市町村が一の児童福祉施設について補助する金額の合計額は，新設等に要する費用の4分の3を超えてはならない（56条の2第1項但し書き）。

この規定は，「補助することができる」旨の規定であるから，都道府県及び市町村が補助の義務を負うわけではない。しかも，補助に関する都道府県と市町村との調整が明確になされているわけではない。しかし，実際には，都道府県の補助制度において，市町村が民間児童福祉施設の新設等に補助することを前提に都道府県が補助することとしていることが多い。逆に言えば，市町村の補助制度の適用がないと，その市町村を包括する都道府県の補助も受けられない仕組みが多い（本書第6章1［2］を参照）。

3　保険方式

［1］　保険方式

保険方式　　社会保障施策を遂行する際に，もっぱら租税財源による方式

のほかに，保険料の納付を求めて資金を調達し，それを給付に充てる方式がある。その場合に，社会保障給付の財源を全額保険料財源に求める全額保険方式と，一部を保険料財源に求める一部保険方式（それは一部租税方式，あるいは租税・保険料混合方式といってよい）とがある。保険料の負担感を緩和させる必要性などの理由で一部保険方式が多く見られる。社会保険は，社会保障目的の保険であり，保険事故が発生したときに給付を受けられるという意味で「保険」である。しかし，私的保険のようにリスクに応じて保険料を負担する仕組みというのではなく，被保険者が扶け合うという扶助原理ないし扶養原理が取り込まれている点に特色がある。保険原理と扶助原理との融合なのである[8]。

労働保険については，その歴史的経緯等から，社会保険と呼ぶことに異論があるかも知れない。それは，定義次第であるが，本書においては，一応，保険方式による社会保障として，社会保険と労働保険とがあるとしておきたい。

強制加入制度　社会保障における保険制度にあっては，強制加入制度が採用される。もっとも，「強制加入」がどのような意味であるのかについては検討を要する。

加入に関しては，加入手続の有無により何ら特別の手続を要しない当然加入方式と手続加入方式とがある。年金保険のうち，国民年金については，国民年金法8条により，被用者年金各法の被保険者（2号被保険者）及びその配偶者（3号被保険者）については，20歳に達したときなどにおいて当然に被保険者の資格を取得する。届出義務があるが（12条），それにより被保険者としての地位が生ずるわけではない。これに対して，厚生年金の場合には，

8　保険原理と扶助原理については，甲斐素直『財政法規と憲法原理』（八千代出版，平成8年）310頁，堀・社会保障法総論41頁，同・原理・法・政策33頁以下などを参照。扶助原理は，さらに多くの拠出金等が組み込まれていることによって当該保険の単位を越えて増幅されている。江口隆裕「社会保障における給付と負担の関連性」国立社会保障・人口問題研究所編『社会保障財源の制度分析』（東京大学出版会，平成21年）111頁，120頁は，「租税化された社会保険料」として検討している。なお，社会連帯との観点における再検討を主張する見解として，新田秀樹『国民健康保険の保険者』（信山社，平成21年）228頁—229頁を参照。

被保険者の資格の取得及び喪失は，厚生労働大臣の「確認」によって効力を生ずる（厚年法18条。なお，国民年金2号被保険者にあっては，被用者年金各法の被保険者，組合員又は加入者の資格を取得したときに国民年金の被保険者の資格を取得することとして（国年法8条4号），被用者年金との連動方式が採用されている）。そして，事業主は，被保険者の資格の取得等について厚生労働大臣に届け出る義務を負い（厚年法27条），事業主がこの届出をせず又は虚偽の届出をしなかった場合についての罰則規定がある（102条1項1号）。以上のような当然加入の保険（国民健康保険，介護保険1号被保険者もこれに含まれる）及び不履行について罰則付きの手続を定めている保険（健康保険もこれに含まれる）は，強制加入である。

　ある保険について，強制加入を基本としつつも，任意加入の制度を付加していることがある。たとえば，厚生年金の適用事業所以外の事業所に使用される70歳未満の者は，厚生労働大臣の認可を受けて，厚生年金保険の被保険者となることができる。その認可を受けるには，当該事業所の事業主の同意を得ることが要件とされている（10条）。労災保険は，基本的には，「労働者」を使用する事業を適用事業とするものである（労災保険法2条1項）。労働者の業務上の災害や通勤途上の災害に対する保険制度で，強制加入制度が採用されている。しかし，「労働者」に該当しない者であっても，中小事業主や一人親方など，その業務の実態等に鑑み，業務上の災害の危険性の高い業務に従事しているものがある。そのような者について特別に労災保険への加入を認めて，保険給付を行なう途を開くべきであるということで，「特別加入制度」が用意されている（労災保険法33条以下）。特別加入できるのは，中小企業事業主等（第1種特別加入者），一人親方及びその他自営業者並びにその家族従事者，特定農作業従事者等の農業関係従事者・介護作業従事者などの特定作業従事者（第2種特別加入者），海外派遣者（第3種特別加入者）である。政府への「申請」と「承認」により保険関係が成立する任意保険である。この結果，労災保険は，強制保険を基調にしつつ任意保険の被保険者を部分的に受け入れていることになる。申請は，特別加入者が個別に行なうのではなく，所属する事業主の組合や団体を通じて行なうことになっている。保険料の算定についても，労働者の場合と異なる扱いがなされている[9]。こ

のような任意加入が付加されている場合であっても，軸となる部分の強制加入たる性質が変わるわけではない（国民年金の任意加入につき，本書第4章4［1］を参照）。

保険者間の財政調整制度　ある社会保障分野（たとえば医療）の保険に関して複数の保険者を設ける場合に，それらの保険者の財政力は，給付を要する事由の発生リスク等によって開きを生ずる。その開きは，特別な制度を設けなければ保険料に反映される。いわゆる保険料格差である。保険料格差には，同一制度間（たとえば国民健康保険料）の保険料格差と異なる制度間（たとえば国民健康保険料と健康保険料）の保険料格差とがある。保険料格差は，しばしば被保険者等の負担能力との衝突を生ずるほか，一定の限界を超えるときは国民全体の負担の公平の観点からも問題を生ずる。強制加入といっても，住所地選択の自由，職業選択の自由などにより，より保険料負担の少ない保険制度に加入する自由があるのであるから，その限りで保険料格差を問題にする必要はないとする議論もあり得ないわけではない。しかし，現実には，住所地選択の自由，職業選択の自由を享受できないことが多い。老親を抱えた者が国民健康保険料負担を考慮して住所移転を決断することは至難なことである（住所地の移転が可能なのは，それを可能にする経済力のある人であろう）。

そこで，保険者間における財政力格差を調整する仕組みが必要となる。そのような財政調整の仕組みには，2種類がある。

一つは，政府が財政力の調整のために，財政力の弱い保険者に対して一定の基準に基づいて資金を交付する方式である。言葉として必ずしも適切ではないが，垂直的調整と呼んでおこう。

もう一つは，同一の目的により複数の保険制度が設けられている場合に，その制度間の調整を行なう方式である。これは，「制度間調整」と呼ばれる。

9　労働者の場合は，賃金総額に保険料率を乗ずる方式である（労働保険徴収法11条）。これに対して，特別加入制度にあっては，「賃金」がないために，所得の水準に見合った適正な額を申請して，都道府県労働局長が承認した給付基礎日額を365倍して保険料算定基礎額とし，それに事業ごとの保険料率を乗ずる方式が採用されている（労働保険徴収法13条以下）。

たとえば，公的医療保険には，被用者医療保険，国民健康保険，後期高齢者医療保険があり，被用者医療保険のなかには全国健康保険協会管掌保険，健康保険組合保険，各種共済組合保険などがある。国民健康保険にも市町村国保と国民健康保険組合国保とがある。こうした複数の制度のなかで，「高齢者の医療の確保に関する法律」は，①前期高齢者に関しては，各保険者（65歳未満医療保険の保険者）から前期高齢者納付金及び前期高齢者関係事務費拠出金を徴収し（36条），前者を原資として，調整目的で必要な保険者に前期高齢者交付金を交付し（32条），②後期高齢者医療保険については，それ以外の保険者から後期高齢者支援金及び後期高齢者関係事務費拠出金を徴収し（118条），前者を原資にして後期高齢者保険の保険者である広域連合に後期高齢者交付金を交付する方式を採用している（100条1項）。これらの調整目的の資金の徴収及び交付事務には，社会保険診療報酬支払基金が関与している。このようにして，保険料には，制度間調整のための負担が含まれていることがある。

　国民健康保険に関しては，制度間調整のほかに，国民健康保険制度の枠内で垂直的調整と水平的調整とを組み合せた調整制度が見られる。垂直的調整として，国及び都道府県による調整交付金の交付制度がある（本書第3章3［1］を参照）。さらに，平成18年度から21年度までの措置として，次のような制度が存在し，これらの調整制度は，詳細な内容はともかくとして今後も存続するものと予想される。そして，全体として，都道府県の役割重視の動向を見出すことができる。

　第一に，保険基盤安定制度がある。これには，保険者支援分として低所得者数に応じ保険料額の一定割合を公費で負担することとし，国，都道府県，市町村が2：1：1で負担するものと，保険料軽減分として低所得者の保険料軽減分を公費で補塡することとし，都道府県と市町村が3：1で負担するものとがある。これは，もっぱら垂直的調整である。この場合の市町村負担は，一般会計負担という意味である。

　第二に，保険財政共同安定化事業がある。市町村国保間の保険料の平準化，財政の安定化を図るため，1件30万円超80万円未満の医療費についての調整制度である。市町村国保が都道府県単位に設立されている国民健康保険団

体連合会（国保法83条以下参照）に拠出金を納付して，その資金を財源として連合会が実際に要した市町村国保に交付金を交付するというものである。基準拠出対象額は，同一の月にそれぞれ一の病院等において受けた30万円超の医療費について，8万円を超え80万円までの部分の額の合算額の100分の59である。ここにおいては，もっぱら一の都道府県内の市町村相互間の水平的調整がなされている。

第三に，高額医療費共同事業がある。高額な医療費（1件80万円以上）の発生による国保財政への急激な影響を緩和するための調整制度である。保険財政共同安定化事業におけると同じに算定される医療費が80万円を超えるものについて80万円を超える部分の合算額の100分の59に相当する額を基準拠出対象額として，市町村国保が国民健康保険団体連合会に拠出金を納付し，連合会が実際に要した市町村国保に交付金を交付するというものである。この拠出金については，国及び都道府県が，各4分の1を負担する。ここにおいては，市町村間の水平的調整と，国及び都道府県による垂直的調整とが組み合わされているといえる。

[2] 被用者社会保険方式

被用者社会保険方式　社会保険のうち介護保険の歴史は浅いが，医療保険及び年金保険は，被用者保険を軸に制度が整備されてきた。医療については旧政府管掌健康保険，年金については厚生年金保険を軸とし，複数の種類の共済組合も医療及び年金の両方を扱う体制が存続してきた。被用者社会保険の特色は，何といっても事業主を活用できることにある。実際には，複数レベルにおいて活用される。第一に，被保険者の資格取得，喪失等の被保険者に関する情報の取得のために事業主に届出義務を課すなどにより効率的な事務処理を可能にする。第二に，被保険者の保険料を報酬のうちから控除すること（源泉控除）により保険料の確実な徴収を図ることができる。第三に，事業主自身にも保険料の負担を求めることが考えられる。全国健康保険協会管掌健康保険や厚生年金保険の保険料に関しては，いずれも事業主に保険料の2分の1の負担を求めている。

適用事業所　雇用社会の進展に伴い，被用者社会保険のウエイトが高ま

り続けてきた。しかし，常識的意味の被用者のすべてが被用者保険の被保険者となっているわけではない。

まず，適用事業所に使用される者でなければならない。国，地方公共団体又は法人の事業所であって，常時従業員を使用するものは，適用事業所である（健保法3条3項2号）。今日，民間事業主のほとんどが法人であり，法人は，事業所単位の人数を問うことなく適用事業所とされることに注意したい。それ以外の場合は，次の事業の事業所であって，常時5人以上の従業員を使用するものは適用事業所である（3条3項1号）。

　　イ　物の製造，加工，選別，包装，修理又は解体の事業
　　ロ　土木，建築その他工作物の建設，改造，保存，修理，変更，破壊，解体又はその準備の事業
　　ハ　鉱物の採掘又は採取の事業
　　ニ　電気又は動力の発生，伝導又は供給の事業
　　ホ　貨物又は旅客の運送の事業
　　ヘ　貨物積卸しの事業
　　ト　焼却，清掃又はとさつの事業
　　チ　物の販売又は配給の事業
　　リ　金融又は保険の事業
　　ヌ　物の保管又は賃貸の事業
　　ル　媒介周旋の事業
　　ヲ　集金，案内又は広告の事業
　　ワ　教育，研究又は調査の事業
　　カ　疾病の治療，助産その他医療の事業
　　ヨ　通信又は報道の事業
　　タ　社会福祉法に定める社会福祉事業及び更生保護事業法に定める更生保護事業

厚生年金保険法6条1項も同じ列挙をしている。

このような限定列挙方式は，新しい事業形態についてタイムリーに適用事業所となる事業としての定めをしなければならないのに，実際には容易ではない。個人事業税の課税対象となる第1種事業や第3種事業と比べても，こ

の限定列挙には，漏れていると思われる事業が存在する。何といっても，個人事業税の第3種事業に含まれる弁護士業，司法書士業，行政書士業，公証人業，弁理士業，税理士業，公認会計士業，計理士業，社会保険労務士業，コンサルタント業，設計監督者業，不動産鑑定業，デザイン業，理容業，美容業，クリーニング業，公衆浴場業などが含まれていない。また，個人事業税第1種事業で含まれていないものも存在する。印刷業，出版業，写真業，席貸業，旅館業，料理店業，飲食店業，遊技場業など多くのものが含まれていない。これらの事業を適用対象事業にしない理由があるのか，筆者には理解できない。個人事業にあっては，小規模であることが理由なのであろうか。

被保険者　適用事業所に使用される者及び任意継続被保険者をもって被保険者としている。ただし，次のいずれかに該当する者は，日雇特例被保険者となる場合を除き，被保険者となることができない（3条1項）。

① 船員保険の被保険者
② 臨時に使用される者であって，日々雇い入れられる者（1月を超える場合を除く）又は2月以内の期間を定めて使用される者（2月を超え引き続き使用されるに至った場合を除く）
③ 事業所で所在地が一定しないものに使用される者
④ 季節的業務に使用される者（継続して4月を超えて使用されるべき場合を除く）
⑤ 臨時的事業の事業所に使用される者（継続して6月を超えて使用されるべき場合を除く）
⑥ 国民健康保険組合の事業所に使用される者
⑦ 後期高齢者医療の被保険者等
⑧ 厚生労働大臣，健康保険組合又は共済組合の承認を受けた者

この適用除外のそれぞれについて検討することはしない。むしろ重要なことは，健康保険及び厚生年金共通に，就労者が当該事業所と「常用的使用関係」にあることが，これらの適用要件であるという前提に立って，昭和55年6月の厚生省保険局保険課長ほか連名の通知（内かん）が，次のような扱いを示し，それが通用してきたことである。

① 常用的使用関係にあるか否かは，当該就労者の労働日数，労働時間，

就労形態，職務内容等を総合的に勘案して認定すべきものであること。
② その場合，1日又は1週の所定労働時間及び1月の所定労働日数が当該事業所において同種の業務に従事する通常の就労者の所定労働時間及び所定労働日数のおおむね4分の3以上である就労者については，原則として健康保険及び厚生年金保険の被保険者として取り扱うべきものであること。
③ ②に該当する者以外の者であっても①の趣旨に従い，被保険者として取り扱うことが適当な場合があると考えられるので，その認定に当たっては，当該就労者の就労の形態等個々具体的事例に即して判断すべきものであること。

被用者保険の適用は，「常用労働者」に限定されるという大前提が置かれている。この内かん自体は，一応の基準を示したものであるが，実際は，所定労働時間及び所定労働日数に着目した4分の3基準が通用してきた。そして，この認定基準方式について，「雇用形態の変化や短時間労働者に対する保障の必要性，雇用保険制度など被用者を対象とした隣接制度の動向などを踏まえることが望ましい」ことを理由に，被用者保険法は行政機関に政策的な裁量を認めているとして，行政規則としての裁量基準として適法とする見解が示されていた[10]。しかし，行政規則であるにもかかわらず，この内かんにより短時間就労者（パートタイマー）の社会保険適用が左右されてきたのである。しかも，4分の3基準を念頭において労働時間や労働日数の調整がなされてきた。このような重大な問題の規律を行政裁量に委ねる考え方に筆者は反対してきた。しかし，定着している扱いについて一種の行政慣習法が成立しているとみることもできるから，この状態を改めるには法律によらなければならない[11]。

短時間就労者（パートタイマー）の社会保険適用問題は，短時間就労者の増大とともに，政策論として議論されてきた。そして，特に年金との関係に

---

10 台豊「被用者保険法における短時間労働者の取扱いについて」季刊社会保障研究38巻4号312頁。

11 碓井光明「社会保障財政における社会保険料と租税」国立社会保障・人口問題研究所編『社会保障財源の制度分析』（東京大学出版会，平成21年）89頁，105頁。

おいて社会保障審議会の審議などを経て，平成19年には，政府は，「被用者年金制度の一元化等を図るための厚生年金保険法等の一部を改正する法律案」を国会に提出し，その中の，厚生年金保険法及び健康保険法の適用除外規定の中に，次のような号を入れる改正を含めていた（厚年法12条，健保法3条1項の改正）。

　「事業所に使用される者であって，その1週間の所定労働時間が同一の事業所に使用される短時間労働者の雇用管理の改善等に関する法律（平成5年法律第76号）第2条に規定する通常の労働者の1週間の所定労働時間の4分の3未満である同条に規定する短時間労働者に該当し，かつ，イからニまでのいずれかの要件に該当するもの
　　イ　1週間の所定労働時間が20時間未満であること。
　　ロ　当該事業所に継続して1年以上使用されることが見込まれないこと。
　　ハ　報酬（最低賃金法（昭和34年法律第137号）第4条第3項各号に掲げる賃金に相当するものとして厚生労働省令で定めるものをのぞく。）について，厚生労働省令で定めるところにより，第22条第1項の規定の例により算定した額が9万8千円未満であること。
　　ニ　学校教育法（昭和22年法律第26号）第50条に規定する高等学校の生徒，同法第83条に規定する大学の学生その他の厚生労働省令で定める者であること。」

以上の改正法案は，成立に至らなかった。1週間の所定労働時間の割合について従来の4分の3を維持しているものの，労働日数についての4分の3基準を廃止していること，新たにイからニまでの選択的要件を加えた点において大きな改正といえる。筆者のような従来の状態について行政慣習法成立の余地を認める見方からすれば，単なる行政上の扱いの変更ではなく，法改正によろうとしていることは正当と思われる。

　被扶養者の扱い　　短時間就労者の扱いと並んで，被用者の被扶養者の認定基準及びその扱いが大きな論点である。社会保険関係の法律は，被扶養者の定義規定において，他の要件に加えて，「主としてその被保険者により生計を維持するもの」等と定めている（健保法3条7項，船員保険法1条3項）。

また，国民年金法は，第3号被保険者について，「第2号被保険者の配偶者であって主として第2号被保険者の収入により生計を維持するもの（第2号被保険者である者を除く。以下「被扶養配偶者」という。）のうち20歳以上60歳未満のもの」と定めている。被扶養者に該当するかどうかは，医療保険，及び年金制度のいずれに関しても，大きな違いを生ずる。

　医療保険にあっては，世帯主でかつ健康保険の被保険者である甲の妻乙は，被扶養者に該当するならば，甲の健康保険の被保険者となり，甲が追加的に負担することなしに被保険者となることができる。乙が被扶養者に該当しない場合は，乙は，独立に被用者医療保険の被保険者となるか（被用者の場合）又は国民健康保険の被保険者（自営業等の場合）となる。国民健康保険の被保険者となる場合は，乙が被保険者でありながら，甲が世帯主として国民健康保険料（又は国民健康保険税）の納付義務を負う（国保法76条1項，地方税法703条の4第31項）。また，年金に関して，甲が厚生年金の被保険者で乙が被扶養配偶者に該当するときは，乙は，独自の国民年金保険料の負担なしに，甲の厚生年金制度を通じて，国民年金第3号被保険者としての資格を存続させることができる。被扶養配偶者に該当しないと，独自に被用者年金制度を通じて第2号被保険者になるか（被用者の場合）又は第1号被保険者となる（自営業等の場合）。乙が第1号被保険者となる場合は，甲は配偶者として乙の国民年金保険料の連帯納付義務を負う（国年法88条3項）。

　以上の仕組みにおいて，被扶養者に該当するかどうか及び他の被用者保険の被保険者となるかどうかという二つの問題があるが，これまで「通知」による行政が行なわれてきた。すなわち，「収入がある者についての被扶養者の認定について」（昭和52・4・6，各都道府県知事宛，厚生省保険局長・社会保険庁医療保険部長通知）により，認定対象者が被保険者と同一世帯に属している場合に，認定対象者の年間収入が130万円未満（認定対象者が60歳以上の者又は障害年金の受給要件に該当する程度の障害者である場合は180万円未満）であって，かつ，被保険者の年間収入の2分の1未満の場合は，「原則として被扶養者に該当するものとすること」，被保険者の年間収入を上回らない場合には「当該世帯の生計の状況を総合的に勘案して，当該被保険者がその世帯の生計維持の中心的役割を果たしていると認められるときは被扶養

者に該当するものとして差し支えないこと」という扱いを示している。かくて130万円基準が定着している。

国民年金第3号被保険者の認定は，国民年金法7条2項が，「主として第2号被保険者の収入により生計を維持することの認定に関し必要な事項は政令で定める」としているのを受けた同法施行令4条の2が，同認定は，健康保険法，国家公務員共済組合法，地方公務員等共済組合法及び私立学校教職員共済法における被扶養者の認定の取扱いを勘案して社会保険庁長官の定めるところにより，管轄する地方社会保険事務局長又は社会保険事務所長が行なうものとしている。そして，実際には，第3号被保険者制度が導入された際に発せられた「被扶養者の認定基準」（昭和61・3・31，厚生大臣通知）によっている。委任及び再委任の問題のほか，社会保険庁長官の依拠するのが健康保険法の扱いであって，それが明確な法令でないところから，130万円基準には，やはり問題があるといわざるを得ない[12]。

被保険者資格の取得の確認　被保険者資格の取得及び喪失は，保険者等（厚生年金保険にあっては厚生労働大臣）の確認によって，その効力を生ずる（健保法39条，厚年法18条1項）。しかし，資格取得の時期は，被保険者が適用事業所に使用されるに至った日若しくはその使用される事業所が適用事業所となった日又はその者が適用除外者でなくなった日である（健保法35条，厚年法13条1項）。また，①被保険者が死亡した日，事業所に使用されなくなった日，②適用除外者になった日，③適用事業所でなくする大臣認可があった日（厚生年金保険にあっては，さらに70歳になった日）の各翌日から，資格を喪失する（健保法36条，厚年法14条）。

これらの資格の取得・喪失の時点と確認の時点とは乖離するのが普通である。そこで，確認により効力を生ずることが被保険者に係る保険料や給付にいかなる影響をもつかが問題になる。この点について，最高裁昭和40・6・18（判例時報418号35頁）は，資格取得の確認は，事業主の届出又は確認の時を基準とすることなく，資格取得の日を基準として行なうべきであり，確認が行なわれると，当事者は資格取得の日に遡ってその効力を主張し得る

12　碓井光明・前掲論文100頁以下を参照。

ことになると解するのが相当である、とした。正当というべきであろう。この結果、資格取得の日に遡って保険料納付義務を負うことになる。

被保険者取得確認処分に瑕疵があった場合の処理　被保険者資格取得の確認処分を受けて保険料を納付し続けていた場合に、当該被保険者に常用的使用関係が存在しないため当初から資格を有しないことが判明したときに、どのような扱いをすべきかが問題になる。確認処分を取り消して、納付されている保険料を還付し、被保険者であることを前提になされた保険給付については返還請求を行なうべきであるというのが論理的帰結である。しかし、この遡及的是正に関しては、瑕疵があるとはいえ、いったん形成されたと見られる被保険者資格取得を信頼した者を保護しなければならない場合もあるであろう。とりわけ常用的使用関係のような微妙な問題を理由にして、どこまで遡及的是正が許されるのか微妙な問題である。そこで、取消原因である瑕疵が関係者のいかなる行為に関連しているか等の具体的なケースに即して、信頼の保護、法的安定性等をも考慮して、必ずしも処分の成立時まで遡らない取扱いを行なうことも許容され[13]、あるいは、そのような取扱いをすべきことが要請されるというべきであろう。

標準報酬月額・標準報酬賞与額　被用者の社会保険料において重要な基礎をなすのが標準報酬月額及び標準賞与額である。これは保険料率を適用する基準額を一定の幅（ブラケット）の中に収まる報酬月額及び賞与額のものを一定額に定める制度である。これにより刻まれた区分を等級区分と呼ぶ。等級区分は法定されているが、最高等級に該当する被保険者数の割合が一定割合を超えることとなり、それが継続すると認められるときは、所定の手続を経て、政令で等級を追加することが認められている。

健康保険法による法定の等級区分と標準報酬月額は、次のとおりである（40条1項）。

---

[13] 法研・健康保険法の解釈と運用1285頁-1286頁。同書によれば、政府管掌健康保険においては、過去何年にもわたり遡って的確な事実認定を行なうことは困難であること、あるいは会計法の時効制度なども考慮して、5年を限度に遡って被保険者資格を否認する扱いをする方針をとっているという（1286頁）。

標準報酬月額等級	標準報酬月額	報酬月額
第1級	58,000 円	63,000 円未満
第2級	68,000 円	63,000 円以上 73,000 円未満
第3級	78,000 円	73,000 円以上 83,000 円未満
第4級	88,000 円	83,000 円以上 93,000 円未満
第5級	98,000 円	93,000 円以上 101,000 円未満
第6級	104,000 円	101,000 円以上 107,000 円未満
第7級	110,000 円	107,000 円以上 114,000 円未満
第8級	118,000 円	114,000 円以上 122,000 円未満
第9級	126,000 円	122,000 円以上 130,000 円未満
・・・	・・・	・・・
第20級	260,000 円	250,000 円以上 270,000 円未満
第21級	280,000 円	270,000 円以上 290,000 円未満
・・・	・・・	・・・
第32級	560,000 円	545,000 円以上 575,000 円未満
第33級	590,000 円	575,000 円以上 605,000 円未満
第34級	620,000 円	605,000 円以上 635,000 円未満
第35級	650,000 円	635,000 円以上 665,000 円未満
第36級	680,000 円	665,000 円以上 695,000 円未満
・・・	・・・	・・・
第45級	1,090,000 円	1,055,000 円以上 1,155,000 円未満
第46級	1,150,000 円	1,155,000 円以上 1,755,000 円未満
第47級	1,210,000 円	1,175,000 円以上

次に，厚生年金保険法の定める法定の等級区分と標準報酬月額は，以下のとおりである（20条1項）。

第1級	98,000 円	101,000 円未満
第2級	104,000 円	101,000 円以上 107,000 円未満
第3級	110,000 円	107,000 円以上 114,000 円未満
第4級	118,000 円	114,000 円以上 122,000 円未満
第5級	126,000 円	122,000 円以上 130,000 円未満

・・・	・・・	・・・
第 16 級	260,000 円	250,000 円以上 270,000 円未満
第 17 級	280,000 円	270,000 円以上 290,000 円未満
・・・	・・・	・・・
第 28 級	560,000 円	545,000 円以上 575,000 円未満
第 29 級	590,000 円	575,000 円以上 605,000 円未満
第 30 級	620,000 円	605,000 円以上

　以上の健康保険法の等級区分と厚生年金保険法の等級区分とを比較すると，厚生年金保険法に比べて健康保険法の方が，報酬月額の低い金額部分及び高い金額部分に，それぞれ複数の等級区分を設けていることがわかる。そして，中央の区分においては，報酬月額の刻み方が一致している。厚生年金保険にあっては，標準報酬月額は，保険料算定の基礎になるばかりでなく，年金額算定の基礎としても用いられるために，高額の報酬月額の被保険者との関係においては公的年金による所得保障（将来の年金給付）を制限する意味をもっている。他方，低い報酬月額の被保険者は，報酬月額に比べて高い割合の保険料負担を伴うことを意味する。しかも，減免制度も設けられていない。これは，被用者保険であるから，納付義務は被保険者負担分も含めて事業主が負っているので，特別に配慮する必要はないという考え方によるのであろう。すなわち事業主納付義務制度が被保険者の負担能力配慮の必要性を後退させているのである。

　さて，政令による等級区分の追加の仕組みを見ておきたい。健康保険にあっては，毎年 3 月 31 日における標準報酬月額等級の最高等級に該当する被保険者数の被保険者総数に占める割合が 100 分の 1.5 を超える場合において，その状態が継続すると認められるときに，9 月 1 日から等級を加えることができる。ただし，3 月 31 日において，改定後の最高等級に該当する被保険者数の被保険者総数に占める割合が 100 分の 1 を下回ってはならない（以上 40 条 2 項）。この政令の制定又は改正の立案を行なう場合に，厚生労働大臣は社会保障審議会の意見を聴くものとされている（3 項）。厚生年金保険にあっては，毎年 3 月 31 日における全被保険者の標準報酬月額を平均した額の 100 分の 200 に相当する額が標準報酬月額等級の最高等級の標準報酬月額

を超える場合に，その状態が継続すると認められるときに，健康保険法の標準報酬月額の等級区分を「参酌」して，政令により等級を加える改定をすることができる（20条2項）。これにより，最高等級の標準報酬月額は，全被保険者の標準報酬月額の平均額の2倍以内に抑えるという政策が採用されていることがわかる。

標準報酬月額の定時決定と改定　標準報酬月額は，毎年7月1日現在に使用される事業所において同日前3月間（当該事業所で継続して使用された期間に限るものとし，かつ，報酬支払の基礎となった日数が17日未満である月があるときは，その月を除く）に受けた報酬の総額をその期間の月数で除して得た額（3か月平均額）を報酬月額として，所定の表に当てはめて決定される（健保法41条1項，厚年法21条1項）（定時決定）。それをもって，その年の9月から翌年8月までの各月の標準報酬月額とされる（健保法41条2項，厚年法21条2項）。この原則に対する例外がある。被保険者が現に使用される事業所において継続した3月間に受けた報酬の総額を3で除して得た額（3か月平均額）が，その者の標準報酬月額の基礎となった報酬月額に比べて，著しく高低を生じた場合において，必要があると認めるときは，その額を報酬月額として，その著しく高低を生じた月の翌月から，標準報酬月額を改定することができる（健保法43条1項，厚年法23条1項）（随時改定）。これらの決定・改定の権限を有するのは，健康保険にあっては保険者，厚生年金にあっては厚生労働大臣である。

標準賞与額　次に，標準賞与額についてみると，健康保険にあっては，その月に被保険者が受けた賞与額の1,000円未満の端数を切り捨てた額とし，累計額540万円をもって頭打ちとされている（健保法45条1項）。また，厚生年金保険にあっては，同様に端数を切り捨てた額とし，支給を受けた月ごとに150万円の頭打ちとされている（厚年法24条の3）。

[3]　社会保険料
社会保険料の性質，社会保険料と租税法律主義との関係
旭川市国民健康保険料事件は，国民健康保険料について租税法律主義の適用があるかをめぐって争われた有名な事件であった。国民健康保険料の性質

論が展開された[14]。

旭川地裁平成 10・4・21 (判例時報 1641 号 29 頁) は, 国民健康保険は, ①強制加入制であること, ②国民健康保険料・国民健康保険税は強制的に徴収されること, ③収入の約 3 分の 2 を公的資金で賄い, 保険料収入は 3 分の 1 にすぎないので, 国民健康保険は保険というよりも社会保障政策の一環である公的サービスとしての性格が強く, その対価性が希薄であること等の事実に照らせば, 国民健康保険料は, 民主的なコントロールの必要性が高い点で租税と同一視でき, 一種の地方税として租税法律 (条例) 主義の適用があると解すべきであるとした。租税の場合の課税要件法定 (条例) 主義と課税要件明確主義にならって, 保険料についても, 賦課要件条例主義と賦課要件明確主義を満たすものでなければならないとした。そして具体の条例及び保険料賦課の基礎となる賦課総額の確定過程に即して検討し, 賦課総額確定過程において被告市によるさまざまな政策的判断が積み重ねられており, 条例が賦課総額の確定について自由な裁量による種々の政策的判断の積み重ねによって行なうことを許容していると解さざるを得ないので, 賦課要件条例主義に反するとともに, 賦課総額規定は賦課要件明確主義にも違反するとした。

これに対して, 2 審の札幌高裁平成 11・12・21 (判例時報 1723 号 37 頁) は, 国民健康保険における被保険者の保険料納付義務は, 保険給付に係る受益の権利に対応するものであり,「保険料は, 保険給付との対価関係に基づく費用負担としての性質を有する」として, 強制加入・強制徴収は社会保険

---

14 最高裁判決以前に, 神戸地裁平成 16・6・29 判例地方自治 265 号 54 頁は,「保険給付との対価関係に基づく費用負担としての性質を有するものであるから, 国民健康保険料について, 租税法律主義が直接適用されることはない」としつつ, 強制的に徴収される点において租税と類似していることも事実であるから, 租税法律主義の趣旨に沿うように法律等で定めることが要請されているともいえるとしたうえ, 具体の条例は, 保険料率の決定の方法を具体的かつ明確に規定していること, 所得割の保険料率 (「基礎賦課額の 100 分の 50 に相当する額を基礎控除後の総所得金額等の総額で除して得た数」),「基礎賦課額」及び「基礎控除後の総所得金額等」が条例で明確に定義されていることから, 保険料率の具体的数値を条例において直接規定する場合と何ら異なるところはなく, 租税法律主義の趣旨に沿うものであって, 憲法 84 条, 国民健康保険法 81 条に違反しないとした。

の目的・性質に由来するものであり，公的資金によって賄われているからといって，そのような保険料の性質が失われるものではないとした。そして，保険料について租税法律（条例）主義が直接に適用されることはないというべきであるとした。しかし，強制的に賦課徴収されるという点で租税と共通するところがあるから「憲法84条の一方的・強制的な金銭の賦課徴収は民主的なコントロールの下におくという趣旨は保険料についても及ぶ」と述べた。その場合に，狭義の「租税」と異なり，「保険料の賦課徴収に関する事項をすべて条例に具体的に規定しなければならないというものではなく，賦課及び徴収の根拠を条例で定め，具体的な保険料率等については下位の法規に委任することも許される」とした。本来固定的に定額・定率では決め難い要素をもち，各年度においてできるだけ早期に決定する必要があることを考慮すると，「条例において，保険料率算定の基準・方法を具体的かつ明確に規定した上，右規定に基づく具体的な保険料率の決定を下位の法規に委任し，現に下位の法規でその内容が明確にされている場合には，課税要件法定主義，課税要件明確主義の各趣旨を実質的に充たしているものというべく，保険料率自体を条例に明記しなくとも租税法律（条例）主義の趣旨に反するものではな」いとした。保険料の性質に鑑み，下位法規への委任が許容されることを明確に意識している点が特色である。

　最高裁大法廷平成18・3・1（民集60巻2号587頁）は，国民健康保険の保険料は，被保険者において保険給付を受け得ることに対する反対給付として徴収されるものであって，国民健康保険事業の経費の約3分の2が公的資金によって賄われていても，これによって「保険料と保険給付を受け得る地位とのけん連性が断ち切られるものではない」とし，保険料に憲法84条の規定が直接に適用されることはないとした（強制加入及び保険料の強制徴収は，社会保険としての国民健康保険の目的及び性質に由来するものというべきであるとしている）。憲法84条の直接適用を否定する点において2審判決と共通であるが，「けん連性」の言葉が本判決のキーワードとなっている。そして，「租税以外の公課であっても，賦課徴収の強制の度合い等の点において租税に類似する性質を有するものについては，憲法84条の趣旨が及ぶと解すべきである」として[15]，2審判決に類似する見方を述べて，租税法律主義の趣

旨支配説を採った。そして，条例が費用及び収入の見込額の対象となるものの詳細を明確に規定していること，賦課総額の算定に当たって，費用と収入の見込額との差額を保険料の収納率の見込みである予定収納率で割り戻す意味で費用の見込額から収入の見込額を控除した額を「基準として算定した額」をもって賦課総額とする規定は不明確とはいえないとし，さらに，費用及び収入の見込額並びに予定収納率の推計に関する専門的技術的な細目にかかわる事項を市長の合理的な選択に委ねたうえ，見込額等の推計については，国民健康保険特別会計の予算及び決算の審議を通じて議会による民主的統制が及ぶものということができるとした。結論として，条例が保険料算定の基礎となる賦課総額の算定基準を定め，市長に，同基準に基づいて保険料率を決定し，決定した保険料率を告示の形式により公示することを委任したことをもって国民健康保険法 81 条に違反するということはできないし，憲法 84 条の趣旨に反するということもできないとした。

この条例の仕組みにおいて，料率の決定過程に費用・収入の各見込額，予定収納率という「認定」が介在していること，そして，何といっても，具体的料率は市長による告示を見なければわからないことをどのように評価するかが問題である[16]。この「認定」は条例に基づくものであって，決して自由な裁量を認める趣旨ではない。たとえ条例自体において確定の料率を定める場合も，その提案をするまでの準備作業としては同様の作業がなされるはずである。そして，租税法律主義は事前に議会統制の働くことを前提にしてい

---

15 東京地裁平成 20・4・17 判例時報 2008 号 78 頁は，労働保険料に関して，賦課徴収の強制の度合いにおいて租税に類似した性格を有しているとして，憲法 84 条の趣旨が及び，労働保険徴収法の解釈に当たって，租税法規の解釈と同様に，法的安定性及び予測可能性を害しないように明確性を重視する必要があり，原則として規定の文言に即して解釈されるべきであるとした。

16 他方，阿部・行政法解釈学 I 167 頁は，本件条例は，費用と収入の見込額の対象となるものの詳細を明確に規定しているので，その差である保険料の賦課総額が確定すれば保険料が自動的に算定されることとなっているとして，「保険料の計算方法が裁量の余地を許さないものであれば，それが保険料方式であろうと，保険税方式であろうと，区別する理由はなく，明確性の要請には反しないというべきである」と述べている。

るのに，最高裁判決が国民健康保険事業特別会計の予算及び決算の審議と述べて，決算審議をも民主的統制として重視しているのは，決算審議において前記認定が恣意的なものでなかったことの検証がなされ得ることに着目したものと思われる。

　筆者としては，国民健康保険料を含む社会保険料には租税法律主義の適用があると考えてきた。ただし，委任の必要性がある場合に委任を否定すべきではなく，本件の場合には，条例が保険料率の算定方法を定めて市長に個別具体的な委任をして，市長がその算定結果を告示として公示することとしているのであるから，租税法律（条例）主義に違反するところはないと考えている[17]。確定した料率が公示されないならば，世帯主は，自らに賦課された保険料が正しく算定されたものであるかを検証する手立てがなく，不服申立てをすることもできない。その意味において，秋田市の国民健康保険税の事案[18]は，確定した税率が示されない例であったので，本件とは区別される。

　さて，最高裁が重視した「けん連性」については，さらに検討を要する。旭川市国民健康保険料事件の原告は，自身も被保険者である世帯主であったので，特に検討を要しなかった論点であるが，国民健康保険料に関して，世帯主は，自らが被保険者でない場合においても，被保険者である世帯員に係る国民健康保険の保険料納付義務者とされている（擬制世帯主）。擬制世帯主にあっては，形式的には反対給付性がないともいえる。最高裁が，そのような事案において，「誰にとってのけん連性か」を問題にすることなく趣旨支配説を展開するかどうかは不明である。もっとも，世帯主は，世帯員と生計

17　碓井光明「財政法学の視点よりみた国民健康保険料――旭川市国民健康保険料事件判決を素材として」法学教室309号19頁（平成18年）。国民健康保険料及び最高裁大法廷判決をめぐる参考文献等については，『社会保障判例百選［第4版］』（平成20年）14頁の碓井光明の判例解説を参照。

18　仙台高裁秋田支部昭和57・7・23行集33巻7号1616頁は，憲法84条が適用されることを前提に，課税要件法定（条例）主義，課税要件明確主義に違反するとした。筆者は，これに賛成してきた（碓井光明『地方税の法理論と実際』（弘文堂，昭和61年）321頁）。これに対して，倉田聡「社会保険財政の法理論」北海学園大学法学研究35巻1号17頁，27頁以下（平成11年）は，定率・定額の明示方式よりも，算定基準を規定する方式の方が合理的で，被保険者の利益に資するとしている。

を一にしているのであるから，保険給付による受益は世帯員と共に受けるものと見ることもできる。形式的にはともかく，実質的には擬制世帯主にも反対給付性があるといってもよいであろう。

このような「けん連性」が，他の保険料に及ぶのかどうかについては慎重に検討する必要がある。たとえば，労災保険の被保険者は，労働者である。労災保険に係る労働保険料は，全額を事業主が負担することとされている。保険給付を受けるのは，労働者であるから，形式的に見ると，「けん連性」を認めることはできない。もっとも，事業主は，労災保険による災害補償に相当する給付がなされたときは，労働基準法による災害補償（75条以下）の責めを免れるのであるから（84条），保険給付によって実質的に自己の災害補償責任の肩代わりを受けられるのであって，反対給付性ないし「けん連性」が認められると見ることも可能である。被用者の年金保険料及び医療保険料，雇用保険に係る労働保険料については，納付義務者である事業主と被保険者とが保険料を負担しあうこととされている。この場合には，事業主にとっての「けん連性」を認めることは相当困難である。

また，被用者保険としての健康保険料の場合に，制度間調整のための部分のウエイトが高くなるときには，「けん連性」が一定程度弱められることにも注意する必要がある。

旭川市事件の2審判決及び最高裁判決の考え方は，一方において租税法律主義の「趣旨支配説」ということができ，租税法律主義の直接適用に比べて，緩和される意味を示しているが，他方において，保険者が国又は地方公共団体以外の公的主体（公法人）である場合にも，その趣旨が及ぶことを意味する可能性がある。租税法律主義の場合には，国又は地方公共団体を想定するのが一般的であるから，その限りで，最高裁は，趣旨支配説により，その及ぶ範囲を拡張することを許容しているとみることもできる。実際にも，この判決の直後に出された最高裁平成18・3・28（判例時報1930号83頁）は，農業共済組合の賦課徴収する共済掛金及び賦課金にも憲法84条の趣旨が及ぶとした。その際に，農業共済組合法が，「共済事故により生ずる個人の経済的損害を組合員相互において分担することを目的とする農作物共済に係る共済掛金及び賦課金の具体的な決定を農業共済組合の定款又は総会若しくは

総代会の議決に委ねている」ことに着目して,「決定を農業共済組合の自治にゆだね,その組合員による民主的な統制の下に置く」としたもので,賦課に関する規律として合理性を有すると判断した。この場合には組合民主主義が採用されていることの合理性により憲法84条の趣旨に違反しないとしたのである。筆者も,組合民主主義に着目した合憲論に賛成である[19]。

社会保険料については,国会あるいは地方議会による意思決定(議会制民主主義)方式と当該社会保険の被保険者等による民主的意思決定(組合民主主義)方式とがあると考えられる。平成20年10月よりスタートした全国健康保険協会管掌健康保険の一般保険料率に関して,健康保険法は,1,000分の30から1,000分の100までの範囲内において,支部被保険者を単位として協会が決定するとしている(160条1項)。法律の定める保険料率の幅は,このように極めて広いものである。そして,協会が保険料率を変更しようとするときは予め理事長が変更に係る都道府県所在地の支部の支部長の意見を聴いたうえで運営委員会の議を経ることとされているが(160条6項),運営委員会委員は,9人以内で,事業主,被保険者及び協会の業務の適正な運営に必要な学識経験を有する者のうちから厚生労働大臣が各同数を任命するのであって,委員を選出する選挙制等が採用されているわけではない。したがって組合民主主義を満たす構成とはいい難い。とするならば,前述の議会制民主主義及び組合民主主義のいずれも満たしていないように見える。唯一の可能性は,都道府県単位の保険料率の決定について,支部保険者を単位として,次に掲げる額に照らし,毎事業年度において財政の均衡を保つことがで

---

19 東京地裁平成20・3・28判例集未登載は,厚生年金基金の掛金に関する規約の定めについて,基金の構成員にとって,法律に準ずべき当該組織にとっての民主的規範であるとした。厚生年金保険法138条5項の厚生年金基金の課す特別掛金について,岐阜地裁平成18・10・26判例集未登載は,「租税法規の解釈の場合と同様に,特別掛金の賦課徴収に関する規定の解釈においても,規定の文言を離れ,又は文言を置換し,付加することは許されないと解すべきである」と述べて,同項は,基金の設立事業所が減少する場合において,当該減少に伴い他の設立事業所に係る掛金が増加することとなる場合に特別掛金を課す旨の規定であるから,単なる加入員の減少の場合に特別掛金を賦課することは文言から離れた類推解釈に当たり,憲法84条の租税法律主義の趣旨に反し許されないとした。

きるよう，政令で定めるところにより算定するとしている健康保険法160条3項の規定による拘束に着目した議会制民主主義による正当化である。

① 療養の給付その他の厚生労働省令で定める保険給付のうち，当該支部被保険者に係るものに要する費用の額に同条4項の規定に基づく調整を行なうことにより得られると見込まれる額
② 保険給付，前期高齢者納付金等及び後期高齢者支援金等に要する費用の予想額に総報酬按分率を乗じて得た額
③ 保健事業及び福祉事業に要する費用の額並びに健康保険事業の事務の執行に要する費用及び同法160条の2の規定による準備金の積立ての予定額のうち当該支部被保険者が分担すべき額として協会が定める額

このような定めにより議会制民主主義による十分な統制があると認められるのであろうか。筆者には大いに疑問である[20]。前記の③のうち，健康保険法150条に定められている保健事業及び福祉事業をどの程度実施するかは保険者の判断に委ねられているのであって，その程度を国会が統制する仕組みにはなっていないのである。さらに，健康保険事業の事務の執行に要する費用に至っては，国会による予算統制がなく大臣統制が存在するのみであるから[21]，膨張することもあり得る。医療保険については，「必要なものは仕方

---

20 碓井光明「財政法学の視点よりみた国民健康保険料——旭川市国民健康保険料事件判決を素材として」前掲注17を参照。加藤智章「平成18年改正法に基づく保険者の変容」ジュリスト1327号32頁，39頁（平成19年）も，運営委員会や評議会が被保険者や事業主の代表としての正当性を有しているのか，厚生労働大臣の認可を受けるとはいえ，運営委員会の議を経ることのみによって料率を変更することが租税法律主義に準ずべき手続たり得るのか，などの問題を指摘している。
21 協会は，毎事業年度，事業計画及び予算を作成し当該事業年度開始前に，厚生労働大臣の認可を受けなければならない（健康保険法7条の27）。その認可の場合は，厚生労働大臣は，あらかじめ，財務大臣に協議しなければならない（7条の42）。また，厚生労働大臣は，協会の事業年度ごとの業績について評価を行ない（7条の30第1項），遅滞なく協会に通知するとともに，公表しなければならない（7条の30第2項）。さらに，協会の事業執行が適正を欠くと認めるとき等における厚生労働大臣の監督権（必要な措置を採るべき旨の命令権，役員解任命令権，役員解任権）が用意されている（7条の39）。

がない」ので民主主義を重視しても意味がないとする主張は，このような裁量的経費の存在を考えるならば，そのままに受け容れるわけにはいかない。

組合民主主義による社会保険料　国民健康保険組合や健康保険組合における保険料に関しては，組合民主主義が採用されている。また，各種の共済組合についても，組合民主主義を志向したものといえよう。これらについて，組合民主主義が貫徹されているのかどうかが問題になる。この点に関しては，便宜上，本書第3章1［1］及び第4章3［4］において述べることにする。

介護保険料と租税法律主義　介護保険料に関しても，租税法律主義との関係が問題とされてきた。

旭川市介護保険料に関して，原告は，保険料は実質的に租税であって，介護保険法施行令38条及び39条に規定する保険料の基準は不明確であり，保険者の恣意的，政策的な裁量を広範に許容するもので，自治法96条，憲法83条，84条の趣旨に反すると主張した。これに対して，旭川地裁平成14・5・21（賃金と社会保障1335号58頁）は，「租税」は，「本来，国又は地方公共団体が，その特別の給付に対する反対給付（対価）としてではなく，これらの団体の財政需要を満たすために強制的に私人に対し賦課する金銭給付を意味するところ，これをより広義に解するとしても，およそ，保険給付の対価として賦課される保険料を憲法84条に規定する『租税』に該当すると解することはできず，したがって，当該保険料について，租税法律（条例）主義が直接適用されるということもできない」と述べつつも，次のように，租税法律（条例）主義の趣旨支配説を展開した。

> 「介護保険制度においては，法の規定により当然に保険料の納付義務を負い，当該保険料は強制的に徴収される上，介護保険制度に係る費用の大部分は国，都道府県，市町村の負担で賄われていることに照らすと，これにより，介護保険の社会保険としての性質や保険料の対価性が失われるものではないにしても，課税要件及び賦課徴収の手続は法律（条例）によって規定されなければならないとし，その定めはできる限り一義的かつ明確でなければならないとして，行政権による恣意的な賦課徴収から国民を保護しようとする租税法律（条例）主義の趣旨は，保険料にも及ぶものと解される。」

そして，介護保険料に関して，法は，保険料の賦課に関する事項を条例に委任しており，これを受けた施行令38条，39条に規定する保険料率の算定に関する基準に基づき，本件条例は保険料率について，5段階の区分に応じ，その具体的な額を一義的，かつ，明確に規定しているのであって，租税法律（条例）主義の要請を満たすものであることは明らかであるとした。定額で保険料額が定められているのであるから，国民健康保険料と異なることは明らかである。この事件の控訴審・札幌高裁平成14・11・28（賃金と社会保障1336号55頁）も，介護保険料に租税法律（条例）主義が直接に適用されるものではないが，強制的に徴収されるという点で租税と共通するところがあるので，憲法84条の趣旨を踏まえて，賦課徴収の根拠を法律又は条例で定めることが必要であると解されるとしつつ，具体的な保険料率等について下位の法規に委任することは許され，現に下位の法規でその内容が明確にされている場合には，憲法84条，自治法96条に違反するものではない，とした。

次に，堺市の事件に関する大阪地裁平成17・6・28（平成13（行ウ）32）（判例地方自治283号96頁〈参考〉）も，租税法律主義の趣旨が保険料にも及ぶとしつつ，次のように述べた。

「保険料に租税法律主義の趣旨が及ぶのは，恣意的な保険料の決定及びその賦課徴収を排除し，民主的なコントロールを及ぼすことにあるから，保険料の賦課徴収に関する事項を，すべて法律に具体的に規定しなければならないわけではなく，賦課徴収の根拠を法律で定め，具体的な保険料率等については下位の法規に委任することも許されるというべきである。したがって，法律において，保険料率の算定の基準や方法を定めた上，それに基づく具体的な定めを下位の法規に委任し，現に下位の法規で具体的な規定が明確に定められている場合には，租税法律主義の趣旨に反しないというべきである。」

判決は，この委任の許容の考え方に立って，介護保険法129条2項が保険料は政令で定める基準に従い条例で定めるところにより算定された保険料率により算定された保険料額とするとし，同条3項が保険料率の算定に当たっての考慮事項を具体的に列挙していること，同法施行令38条に算定基準が具体的かつ明確に定められていること，条例が前記算定基準に基づいて算定

された具体的な保険料額を規定していることを挙げて，介護保険法及び条例が租税法律主義に反するということはできないとした。この事件の控訴審・大阪高裁平成18・5・11（平成17（行コ）69）（判例地方自治283号87頁）も，この理由を引用している。

そして，旭川市の介護保険料に関して，同一の原告が提起した損害賠償請求事件において，最高裁平成18・3・28（判例時報1930号80頁）は，介護保険法129条2項は，具体的な保険料率の決定を，同条3項の定め及び施行令38条所定の基準に従って制定される条例の定めるところにゆだねたのであって，保険者の恣意を許容したものではないから，憲法84条の趣旨に反するということはできないとし，このことは最高裁平成18・3・1の趣旨に徴して明らかであるとした。したがって，最高裁は，介護保険料に関しても，趣旨支配説に立っているものと見てよいであろう。

介護保険料に関する条例は，多くの国民健康保険料条例と異なり，段階ごとに定額で保険料額を定めている。したがって，租税法律（条例）主義との関係において問題はないと筆者は考えてきた。しかし，伊藤周平教授は，介護保険法と条例との間に施行令38条及び39条が介在していることを問題にされている。すなわち，一方において，介護保険法129条が政令に保険料率の設定を委任していることが一般的・包括的委任に該当しないかという重大な問題があるとしつつ，施行令が，「いかなる被保険者についてどの程度の標準割合で保険料率を定めるかを詳細に規定しており，市町村議会が条例により定める範囲はきわめて限定されている」と述べている[22]。もしも，条例が施行令に拘束されるとするならば，市町村議会による民主的意思決定が機能せず，実質的に政令により保険料を定めているものと評価されてしまうという問題があろう。政令により身動きのできない状態において条例で定めることは，形式的に条例主義であるとしても，実質的条例主義を満たすとはいえないという問題である。筆者は，これまで十分にこの点を考慮することがなかったことを反省せざるを得ない。

そこで，改めて介護保険料の仕組みを考察する必要がある。

22　伊藤・介護保険法258頁‐259頁。

介護保険法129条は，介護保険料は，1号被保険者に対し，「政令で定める基準に従い条例で定めるところにより算定された保険料率により算定された保険料額によって課する」こと（2項），及び，保険料率は，「市町村介護保険事業計画に定める介護給付等対象サービスの見込量等に基づいて算定した保険給付に要する費用の予想額，財政安定化基金拠出金の納付に要する費用の予想額，第147条第1項第2号の規定による都道府県からの借入金の償還に要する費用の予定額並びに地域支援事業及び保健福祉事業に要する費用の予定額，第1号被保険者の所得の分布状況及びその見通し並びに国庫負担等の額等に照らし，おおむね3年を通じ財政の均衡を保つことができるものでなければならない」こと（3項）を定めている。これらのうち，第2項は，おおむね3年を通じた財政の均衡を定めるにすぎず，政令で定める基準については何も定めていないことに注意する必要がある。

　介護保険法129条2項の委任を受けた同法施行令38条1項は，第1号被保険者の区分（6区分）に応じた標準割合を乗じて得た額であることとしている。この「標準割合」とは，「市町村が保険料を賦課する場合に通常よるべき割合であって，特別の必要があると認められる場合においては，保険料収納必要額を保険料により確保することができるよう」市町村が各区分ごとの第1号被保険者数の見込数等を勘案して設定する割合であるとしている。すなわち，特別の必要がある場合においては，割合を動かすことができるという意味において「標準」なのである。施行令39条は，特別の必要がある場合に7区分にすることができることを定めるものである。ここで重要なことは，何に着目して区分をするかということ，また，それに応じて「割合」を定めることについて，この政令の定めが条例制定を拘束していると見られることである。その限りで，まさに「基準」なのである。一定の資金を保険料により確保する必要があるときに，何に着目して，どのように負担を配分するかは，保険料額決定についての核心である。この核心部分が政令により定められているのである。これにより，「実質的条例主義」が排除されているといわざるを得ない。さらに，もし国全体の制度であるから「法律」主義を基本とするというのであれば，法律による政令への委任の必要性がなければならないが，施行令38条は，専門的，技術的事項ではなく，法律で定め

ることの可能なものである。

　以上から，介護保険料に関する介護保険法129条と同法施行令38条，39条の仕組みは，「法律」主義を満たさないばかりでなく，「条例」主義にも反し，租税法律（条例）主義の趣旨に反するといわざるを得ない[23]。

　社会保険料の不均一賦課　　地域保険としての市町村国保，介護保険，後期高齢者医療保険にあっては，その区域内においては均一の賦課を行なうことが原則である。そこで，条例により不均一の賦課をすることが許されるかという問題がある。

　まず，合併に際しては，合併前の保険料負担と著しく異なる負担を求めることは，負担者の納得を得がたいことが多いと危惧されるし，そのことが合併の障害にもなる。まず，国民健康保険に関し国民健康保険税方式を採用している市町村にあっては，「市町村の合併の特例等に関する法律」16条1項が，「合併市町村は，合併関係市町村の相互の間に地方税の賦課に関し著しい不均衡があるため，……その全区域にわたって均一の課税をすることが著しく衡平を欠くと認められる場合においては，市町村の合併が行われた日の属する年度及びこれに続く5年度に限り，その衡平を欠く程度を限度として課税をしないこと又は不均一の課税をすることができる」と定めているので，不均一課税が明示的に認められている（旧法である市町村の合併の特例に関する法律10条1項も同趣旨）。この措置は，激変緩和措置ないし経過的措置の意味をもち，その限りで合理性を有する。したがって，明文の規定がない国民健康保険料や介護保険料についても許容されると思われる[24]。しかし，激変緩和措置，経過的措置の趣旨を越えて，常時，たとえば1人当たり医療費の発生実績額が多い地区あるいは要介護者の割合の高い地区などに着目して，国民健康保険料や介護保険料につき不均一の高い料率による賦課をなすことは，許されないと解すべきである。後期高齢者医療保険の保険料については，特別に不均一賦課の途が開かれているほか（本書第3章4［2］），全国健康保険協会健康保険の保険料は，支部単位で設定されるので，実質的な不均一

23　森稔樹（判例研究）会計と監査59巻2号30頁（平成20年）。
24　介護保険の広域化を促進するために発せられた「保険料の不均一賦課について」（平成14・6・24厚生労働省事務連絡）を参照。

賦課である（本書第3章2［2］を参照）。

［4］　社会保険料の徴収

徴収の仕組み　社会保険料の徴収について，共通規定があるわけではない。個別の法律が定めているにとどまる。しかし，共通の内容が多いので，ここでそれらについて触れておこう。

第一に，社会保険料は，納付義務者から直接徴収する普通徴収が原則であるが，年金受給者について，年金からの特別徴収方式が採用されつつある。国民健康保険料につき，老齢等年金給付を受ける被保険者である世帯主に関し年金給付の支払いをする者に徴収させ納入させる方法を許容し（国保法76条の3），後期高齢者医療保険料及び介護保険第1号被保険者の保険料についても同様の仕組みを採用している（高齢者医療確保法107条，介護保険法131条）。この仕組みにより，老齢等年金の受給者は，特別徴収額の控除により，年金の額面額に比べて低い手取額となる（平成21年から個人住民税も特別徴収の対象とされた）。このことが高齢者の生活に不安を投げかけている。しかし，「滞納の自由」が認められない以上，特別徴収は甘受しなければならない。特別徴収の徴収時期と普通徴収における納期との間に著しい開きがある場合には不公平が問題になるが，現状では大きな開きはない。

第二に，近年急速に整備されてきたのは，「徴収の委託」である。これは，納付義務者の納付の便宜を図って滞納を減らそうとするものである。たとえば，直接徴収の国民健康保険料について，「収入の確保及び被保険者の便益の増進に寄与すると認める場合に限り，政令で定めるところにより，私人に委託することができる」とされている（国保法80条の2）。同趣旨の定めは，後期高齢者医療保険料（高齢者医療確保法114条），介護保険料（介護保険法144条の2）にも見られる。

第三に，社会保険が強制加入であることもあって，社会保険料については強制徴収としての滞納処分規定が置かれている（ただし，国家公務員等共済組合，地方公務員共済組合にあっては，給与支給機関が公の機関であることに鑑み，滞納処分の規定は置かれていない）。地方公共団体が徴収する社会保険料については，自治法231条の3第3項に規定する「法律で定める歳入」として，

滞納処分を許容している（国保法79条の2，介護保険法144条，高齢者医療確保法113条）。また，国民年金保険料については，厚生労働大臣が国税滞納処分の例によって処分するか，又は滞納者の居住地若しくはその者の財産所在地の市町村に対して処分を請求することができる（国年法96条4項）。

これに対して，公共組合が保険者である場合の滞納処分については別の仕組みが採用されている。たとえば，国民健康保険組合にあっては，滞納保険料につき知事の認可を受けて処分し，又は納付義務者の住所地又はその財産の所在地の市町村に対しこれらの処分を請求することができる（国保法80条1項）。認可による直接処分と処分請求との選択方式が採用されている。健康保険組合も厚生労働大臣の認可を受けて国税滞納処分の例により直接処分するか納付義務者の居住地若しくはその者の財産所在地の市町村に対して処分を請求することができる（健保法180条4項，5項）。

他方，政府管掌健康保険の全国健康保険協会保険への移行，社会保険庁の改革に関連して設けられる日本年金機構が関与する場合については，特別の制度が用意されている。

保険者自らの滞納処分・保険者の請求による滞納処分　社会保険料について保険者自身が滞納処分を行なう場合と，保険者が保険者以外の機関に滞納処分の請求をして，その請求に基づき滞納処分がなされる場合とがある。たとえば，国民健康保険組合は，知事の認可を受けて処分し，又は納付義務者の住所地又は財産の所在地の市町村に対し処分の請求をすることができる（国保法80条1項）[25]。組合が市町村に対し処分の請求を行なった場合において，組合は，徴収金額の100分の4に相当する金額を当該市町村に交付しなければならない（国保法80条3項）。健康保険の保険者等（全国健康保険協会（協会管掌健康保険の任意継続被保険者に対するもの），健康保険組合，厚生労働大臣）も，自ら国税滞納処分の例により処分し，又は納付義務者の住所地又は財産の所在地の市町村に対して処分を請求することができる（健保法180

---

[25] 国民健康保険組合の保険料について，かつては市町村に対する処分請求優先主義の下に，請求を受けた市町村が請求を受けた日から30日以内に処分に着手せず又は90日以内にその処分を終了しないときは，組合は知事の認可を受けて処分することができる，とされて，組合自身による処分は制度的に補充的なものと位置づけられていた。

条4項)。厚生年金の保険料についても同様である(厚年法86条5項)。国民年金の保険料に関して,厚生労働大臣も,自ら処分するか,又は滞納者の居住地若しくはその者の財産所在地の市町村に対して処分を請求することができる(国年法96条4項)。

　一般的にいって,国民健康保険組合や健康保険組合なども滞納処分は苦手である。市町村としても,自らの有する金銭債権についてさえ滞納処分を避けたいと考える傾向が強い。市町村税の滞納を解消するために滞納整理組合等を組織していることは周知のところである。このような現状に照らすと,滞納処分の執行を市町村に請求できるという制度に満足するわけにはいかない。

　年金保険料に関する滞納処分　　国民年金及び厚生年金の保険料その他の徴収金に関しては,日本年金機構の発足に伴い,特色ある制度が用意される。

　第一に,厚生労働大臣と機構との分担関係である。厚生労働大臣は,国税滞納処分の例による処分及び市町村に対する処分の請求の権限に係る事務を機構に委任する(国年法109条の4第1項25号,厚年法100条の4第1項29号)。しかし,機構は,当該事務を効果的に行なうため必要があると認めるときは,省令の定めるところにより,厚生労働大臣に必要な情報を提供するとともに,厚生労働大臣自らその権限を行なうよう求めることができる(前記各条2項)。厚生労働大臣は,この求めがあった場合に必要があると認めるとき,又は機構が天災その他の事由により滞納処分等の権限に係る事務の全部又は一部を行なうことが困難若しくは著しく不適当となったと認めるときは,その全部又は一部を自ら行なうものとする(前記各条3項)。

　第二に,厚生労働大臣から財務大臣への権限の委任である。厚生労働大臣は,納付義務者が滞納処分その他の処分の執行を免れる目的でその財産を隠ぺいしているおそれがあることその他の政令で定める事情があるため保険料等の徴収金の効果的な徴収を行なううえで必要があると認めるときは,財務大臣に,納付義務者に関する情報その他の必要な情報を提供するとともに,滞納処分等の権限の全部又は一部を委任することができる(国年法109条の5第1項,厚年法100条の5第1項)。しかし,財務大臣自らは滞納処分等を行なう直属の職員を有しないので,この委任を受けた場合は,その権限を国

税庁長官に委任し，国税庁長官は国税局長に，国税局長は税務署長に，それぞれ権限を委任することができる（国年法 109 条の 5 第 5 項～7 項，厚年法 100 条の 5 第 5 項～7 項）。

第三に，機構が行なう滞納処分等の場合の手続である。機構は，滞納処分等の実施に関する規程を定め，厚生労働大臣の認可を受けなければならない（国年法 109 条の 7，厚年法 100 条の 7）。そして，機構が滞納処分等を行なう場合には，あらかじめ厚生労働大臣の認可を受けるとともに，前記の滞納処分実施規程に従い徴収職員に行なわせなければならない（国年法 109 条の 6，厚年法 100 条の 6）。

以上の仕組みは，機構による滞納処分等の実施についての慎重な姿勢及び国税組織の強力な執行体制の例外的な活用を示している。

強制徴収の手続・延滞金　強制徴収の共通的事項及び延滞金について説明しておこう。

強制徴収の前提手続として督促状により期限を指定して督促がなされる。指定する期限は，督促状を発する日から起算して 10 日以上経過した日でなければならないとされているものが多い（国年法 96 条 1 項～3 項，厚年法 86 条 1 項・2 項・4 項，健保法 180 条 1 項～3 項，国保法 79 条 2 項（国保組合に限る））。医療保険の保険者が支払基金に納付すべき納付金等についても，同様の仕組みが採用されている（高齢者医療確保法 44 条 1 項・2 項，12 条，介護保険法 156 条 1 項・2 項）。

市町村国保の保険料その他の徴収金，介護保険の保険料その他の徴収金及び高齢者医療確保法による保険料等は，自治法 231 条の 3 第 3 項に規定する「法律で定める歳入」とされているので（国保法 79 条の 2，介護保険法 144 条，高齢者医療確保法 113 条），国民健康保険法は，延滞金について，組合国保の場合についてのみ規定し（79 条 3 項），また，介護保険法及び高齢者医療確保法は，保険料の延滞金に関する特別規定を有していない。これらの延滞金については，自治法 231 条の 3 第 1 項の規定により，期限を指定して督促をしなければならない。市町村は，「税外収入の督促及び延滞金の徴収に関する条例」のような名称の条例を制定していることが多い。たとえば，横浜市の同名の条例は，「税外収入金を納期内に完納しない者があるときは，納期

限後20日以内に，発付の日から10日以内の期限を指定して督促状を発して督促しなければならない」と規定している（2条）。大阪市は，「税外歳入の督促方法に関する規則」により，同趣旨を規定している。

　次に，延滞金に関する仕組みを考察しよう。延滞金は，社会保険関係の各法律に規定されている。督促をしたときは，徴収金額につき年14.6％の割合で，納期限の翌日から徴収金完納又は財産差押の日の前日までの日数により計算した延滞金を徴収する，とされている（国年法97条1項，健保法181条1項，厚年法87条1項，労働保険徴収法27条1項）。ただし，国民年金法は，徴収金額が500円未満であるとき，又は「滞納につきやむを得ない事情があると認められるとき」は，この限りでない としている（97条1項但し書き）。他の法律も，ほぼ共通であるが，厚生年金保険料や健康保険の保険料に係る延滞金の免除については，徴収金額が1,000円未満であるときという少額基準のほか，繰上徴収の場合及び「納付義務者の住所若しくは居所が国内にないため，又はその住所及び居所がともに明らかでないため，公示送達の方法によって督促したとき」が掲げられている（厚年法87条1項，健保法181条1項）。その代わりに，「滞納につきやむを得ない事情があると認められるとき」という免除要件は存在しない。これは，被用者保険料の特殊性によるものであろう。なお，医療保険の保険者から支払基金が徴収する納付金等については，「督促に係る納付金の額につき年14.6％の割合で，納付期日の翌日からその完納又は財産差押えの日の前日までの日数により計算した延滞金」なる表現が見られる（介護保険法157条1項，高齢者医療確保法45条1項・124条）。これらの条文の「納付期日の翌日」なる文言は，「納付期限の翌日」又は「納期限の翌日」を意味すると思われるが，なぜ，このような表現を用いたのか筆者には理解できない。

　督促状に指定した期限までに保険料を完納したときは延滞金を徴収しないこととされている（健保法181条4項，厚年法87条4項，国年法97条4項，労働保険徴収法27条5項1号）。多額の延滞金の負担が滞納を継続する原因となるおそれがあるという理由で，最初の3か月は7.3％に引き下げ，さらに，当分の間は，商業手形の基準割引率に年4％の割合を加算した割合とする措置が導入された（施行は平成22年1月）。ちなみに，国民健康保険税に関し

ては,年14.6％の割合の原則の下に,納期限の翌日から1か月の期間については,年7.3％である(地方税法723条1項)。

　市町村国保の保険料等,介護保険料等及び後期高齢者医療保険の保険料等については,自治法231条の3第3項の「法律で定める歳入」として扱われるので,督促をした場合には,条例の定めるところにより,手数料及び延滞金を徴収することができる。横浜市は,国民健康保険料の延滞金については,国民健康保険条例で定めている。介護保険料の延滞金については介護保険条例に規定がないので,前述の「税外収入の督促及び延滞金の徴収に関する条例」によることになる。督促状の指定期限の翌日から納付の日までの期間の日数に応じ,納付金額に年14.6％の割合を乗じて計算した延滞金を徴収するとしている(4条1項)。ただし,納期限内に納付しなかったことについて「やむを得ない事由があると認める場合」は免除することができる(6条)。国民健康保険料の延滞金についても同様の延滞金の定めがあるが(国保条例20条の2),延滞金の減免に関する規定は置かれていない。しかし,規定がないことにより当然に延滞金の減免が許されないと速断することはできない。条例において延滞金規定よりも後の位置に保険料の減免規定があって,「災害その他特別の事情により,生活が著しく困難となった者のうち必要があると認められるものに対し,保険料を減免することができる」(22条)とされているので,この規定の類推適用が可能かも知れない[26]。

　なお,横浜市の税外収入の督促及び延滞金に関する条例には,現在は督促手数料の条項が削除されている。これに対し,大阪市は,督促状を発したときは,督促状1通について20円の督促手数料を徴収するとしている(税外収入に係る督促手数料,延滞金及び過料に関する条例2条)。督促は1回限り許されるという前提によるときは,些少な金額の手数料の徴収は,財政的にはほとんど意味がない。もし徴収するのであれば,実質的に意味のある額に設定する必要があるように思われる。なお,延滞金について,大阪市の前記条例は「災害その他特別の事由により市長が必要と認めるとき」に,全部又は

26　大阪市は,横浜市と逆に,介護保険料の延滞金について介護保険条例において定め(13条),延滞金の減免に関する直接の規定を置いていない。この場合も,保険料の減免に関する規定(15条)を類推適用する余地があろう。

一部を免除することができると定めている（4条）。

滞納処分の抑制と拡大　社会保険料に関して滞納処分規定があるにもかかわらず，国民健康保険料や国民年金保険料に関しては，従来は滞納処分を抑制してきた。たとえば，国民年金の保険料についてみると，当初は強制徴収を積極的に進めることはなかったとされる。昭和62年度から平成3年度にかけて強制徴収をしようとしたが，説明不足のために反発を招き，差押さえまで進めたものは5件にとどまったという。その後，強制徴収を控えてきたところ未納率が高まったため，平成15年に社会保険事務局長に対して所得や資産の多い未納者に対して最終催告状を送り，戸別訪問をしたうえ，それで納付しない者に督促状を送り強制徴収手続に入るよう指示したという。そして，平成16年には，実際に督促状を発し強制徴収を活用するようになったという[27]。

もっとも，全面的に強制徴収をとるのではなく，督促についても，一定の要件に該当する者のみに対して行なう方針を採用してきた。たとえば，平成16・9・10の社会保険庁の通達（庁保険発第0910001号）は，度重なる納付督励によっても年金制度に対する理解が得られない者であって，市町村から提供を受けた所得情報及び戸別訪問による納付督励事蹟などを基に総合的に勘案して「十分な所得又は資産を有し，他の被保険者の納付意欲に悪影響を

---

[27]　以上，日本経済新聞平成15・9・17による。差押件数は，平成15年度は50件であったものが，平成18年度及び平成19年度にはそれぞれ11,000件を超えている。社会保険庁「平成19年度における国民年金保険料の納付状況と今後の取組策について」（平成20年8月）による。

[28]　社会保険審査会平成19・3・30裁決（平成18国256）による。平成16年度着手分の強制徴収の実施状況（平成17年3月末現在）は，社会保険庁発表によれば，最終催告状の送付件数31,497件，督促状の発行件数3,637，差押実施件数11件であったという（平成17・4・22発表）。なお，最終催告状送付者のうち，納付した者は17,418件であったというから，最終催告状の威力は相当強いようである。

[29]　朝日新聞平成21・1・7によれば，社会保険庁は，社会保険事務局に対する通知において，平成18年度から，「対象者又は配偶者若しくは世帯主のいずれかの所得金額（控除後）が，おおむね200万円以上」を強制徴収の基準にし，それぞれが200万円以下であっても，合計額が200万円以上であるならば選定してよいと記載しているという。

与えかねない者」に限定していた[28]。この扱いが現在も続いているのかどうかは，外部から知ることはできない[29]。

なお，前記通知の平成19・4・3庁保険発第0403001号による改正後のものは，「度重なる納付督励によっても年金制度に対する理解が得られない者について，「国民年金保険料未納者対策及び社会保険料控除の適正化について」（平成16・9・6庁保険発第0906001号）及び「国民年金保険料未納者対策にかかる磁気媒体による市町村との所得情報の交換について」（平成17・5・11庁保険発第0511001号）に基づき，市町村へ強制徴収のための所得情報の提供を依頼し，所得状況を把握すること」を求めたうえ，市町村から提供を受けた所得情報及び戸別訪問等による納付督励事蹟などを基に総合的に勘案し，次のいずれにも該当しない者を強制徴収の対象者として選定するとしている。①任意加入被保険者，②最終催告時点において法90条から90条の3まで及び国民年金法等の一部を改正する法律（平成16年法律第104号）附則19条のいずれかの規定に基づく申請を行なった場合には保険料を納付することを要しないものとして承認されると認められる者，③未納となっている期間に係る保険料の納付があったとしても，老齢基礎年金の受給資格期間を満たさないことが明らかである者，④その他，強制徴収を行なうことが適当でないと認められる者。

このような抑制的扱いの下において，通達に反して未納者に対して督促した事案に関して下された社会保険審査会の裁決（平成19・3・30（平成18国256））が注目される。通達違反の処分が直ちに違法な処分となるものではないとしつつも，「本件のように，全国一律に実施されるべき公的年金制度における処分であり，通達に即して大量に反復継続して実施されるものについては，通達に従えば『十分な所得又は資産を有し』ないとして督促処分の対象とされないものが，一部の者についてのみ何らかの理由で通達に違反して対象とされ，処分が行われた結果，国民に不利益をもたらすような場合は，平等原則違反が問題となり得ることから，その限りで，通達が法規に近い機能を有すると言わざるを得ない」というのである。具体の事案に関して，「十分な所得」を有すると誤認し又は「十分な資産」を有すると思いこんで督促をしたもので，通達違反であり，通達違反の督促は違法性を帯び，取消

しを免れないとした。この裁決は，保険料の督促のみならず，国民年金行政一般における通達の位置づけの観点からも注目されるべきものである。

ところで，強制徴収に至るプロセスを見ると，前記の通達にも一部示されているように，租税の場合に比べて異なる扱いがなされているようである。租税の場合には，納期限までに納付しないと，納期限から50日以内に督促状を発することとされている（国税通則法37条2項）。これに対して，国民年金保険料に関しては，繰り返し納付を督励し，催告もしたうえ，最終催告状を発してから，初めて督促に移行する扱いがなされている。督促以前の納付督励に重点を置かざるを得ない理由は，国民との摩擦を避けたいことのほか，督促は1回に限り行なうことができるとする解釈が定着しているので，督促は「伝家の宝刀」の意味を付与され，督促を行なってしまうと強制徴収に進まざるを得ない事情があることも影響していると推測される。この点が，強制徴収制度がありながら，未納状態を解消することが困難である一因をなしている。

国民健康保険料に関しては，厚生労働省が平成17年2月に「収納対策緊急プラン」の策定による収納努力を喚起したことを受けて，滞納処分に関して，差押え物件のインターネット公売や多重債務解消による過払金の利息の回収金を滞納額に充当する，都道府県が市町村の徴収部門に職員や徴収専門家を派遣するなどにより，若干収納率が向上しているものの，平成13年度以降は，市町村国保の収納率が90％台で，昭和41年度から昭和52年度まで続いた95％ないし96％台よりも相当低い水準となっており，平成20年6月時点の滞納世帯数の割合は，20.9％であるという（平成21・1・16厚生労働省発表）。

「国税徴収の例」（第二次納付義務等）　社会保険関係法には，「保険料等は，この法律に別段の規定があるものを除き，国税徴収の例により徴収する」という趣旨の規定が置かれていることがある（健保法183条，厚年法89条，国年法95条，労働保険徴収法29条）。この「国税徴収の例」にどのような手続が含まれるかが問題である。最も意味のあるのが，第二次納付義務である。以下，順次考察しよう。

第一に，社会保険各法は，納入の告知に関する明文規定を置いていないと

ころ，国税通則法 36 条の納税の告知に関する手続の例により納入の告知がなされるのであろうか。同条 1 項は，納税の告知の対象になる国税の種類を限定列挙しているので微妙である。限定列挙であるので，そもそも無関係な手続であるとする解釈もありえよう。他方，「賦課課税方式による国税」（1 号）に準ずると見ることができるならば，納付の告知を要することになる。また，「源泉徴収による国税でその法定納期限までに納付されなかったもの」に準ずるとすれば，法定納付期限までに納付されなかった場合に初めて納付の告知がなされることになる。

第二に，国税通則法 41 条の第三者の納付及びその代位に関する規定はどうであろうか。この「例による」ことを否定する理由はないであろう。

第三に，民法の債権者代位権及び詐害行為取消権の規定を準用する国税通則法 42 条も，「例による」ことを肯定してよいであろう。

第四に，国税徴収法の第二次納税義務の規定の例により，第二次納付義務が課されるとする解釈は，定着している[30]。

社会保険料の賦課に関する不服申立て　社会保険料の賦課に関する処分については，その取消訴訟に関し審査請求前置主義が採用されている（国保法 103 条，高齢者医療確保法 130 条，介護保険法 196 条，国年法 101 条の 2，厚年法 91 条の 3）。そして，社会保険料については特別の不服申立て制度が用意されていることが多い（本章 5［3］を参照）。

国民年金，厚生年金の保険料等に係る処分に関して，従来は，社会保険審査官に対する審査請求，社会保険審査会に対する再審査請求という 2 段階の不服申立てが用意されていた（国年法 101 条，厚年法 90 条）。

国民健康保険料については，保険給付に関する処分と並んで，「保険料その他この法律の規定による徴収金」について国民健康保険審査会への審査請求の途が開かれている（国保法 91 条）。国民健康保険審査会は，被保険者を代表する委員，保険者を代表する委員及び公益を代表する委員各 3 人をもって組織される（国保法 93 条，介護保険法 196 条）。後期高齢者の保険料，介護保険料についても，同様に各都道府県に設置される審査会への審査請求制度

---

[30] 第二次納付義務の制度を肯定しつつ，具体的事案における納付告知処分を違法とした裁決例がある（社会保険審査会平成 15・2・28（平成 14 健厚 84））。

がある（高齢者医療確保法128条，介護保険法183条）。筆者は，これらの審査会を別々に設置することなく，統合を考えるべきであると考えている。

　社会保険料の減免・徴収猶予　社会保険料の減免や徴収猶予に関する法律の規律の仕方には，相当なばらつきがある。

　まず，法律が減免や徴収猶予に関する規定を全く有していない場合がある。すなわち，健康保険法，厚生年金保険法は，保険料の減免・徴収猶予に関する定めを置いていない。これは，「保険料等は，この法律に別段の規定があるものを除き，国税徴収の例により徴収する」（健保法183条），「保険料その他この法律の規定による徴収金は，この法律に別段の規定があるものを除き，国税徴収の例により徴収する」（厚年法89条）旨の規定を媒介として，国税通則法46条による猶予の規定を活用することができるからであろう。しかし，この規定は減免までは規定しておらず，減免を規定する災害被害者減免法は，規定の性質上「国税徴収の例」に含まれないので，減免まではできないことになろう。しかし，報酬・賞与の支給後の災害等の場合においては，減免により決定的な事態を回避する必要性の高い場面があると思われる。その意味において，減免規定を全く有していないことには，再検討の余地がある。これに対して，国民年金については，詳細な規定が置かれている。その内容については，年金保険法の箇所で述べる（本書第4章2［2］を参照）[31]。

　次に国民健康保険料や介護保険料については，簡単な規定が法律に置かれている。「保険者は，条例又は規約の定めるところにより，特別の理由がある者に対し，保険料を減免し，又はその徴収を猶予することができる」（国保法77条），「市町村は，条例で定めるところにより，特別の理由がある者に対し，保険料を減免し，又はその徴収を猶予することができる」（介護保険法142条）という規定である。これらの規定は，いずれも減免又は徴収猶

---

[31] この制度とは別の違法な免除がなされていたことが発覚し，厚生労働省に設置された「社会保険庁国年保険料免除問題に関する検証委員会」の報告書（平成18年8月）によれば，平成17年4月分から平成18年6月分までの保険料について入力処理を行なった不適正処理の件数は22万余件とする社会保険庁の調査結果（全件調査）を了承したという。検証委員会の指摘した不適正処理の背景・問題点には，「必達納付率目標の達成を図る中で，安易な不適正処理に走る可能性があるにもかかわらず，これを予見できなかった」ことの指摘も含まれている。

予制度を設けるか否かを市町村の政策決定の事柄であると割り切っているといえよう。しかし，実際には，条例に減免・徴収猶予の規定を置くことが一般化している（本書第3章3［2］及び同章5［3］を参照）。

問題は，市町村により規定の密度が異なることである。また，同一の市であっても，国民健康保険料と介護保険料との間に規定の密度に大きな違いを見せていることもある[32]。具体例については，それぞれの項目で紹介することにして，ここでは，どのような規定を必要とするかを考えたい。

第一に，国民健康保険法77条のような法律の規定による包括的授権のみにより，条例や規則なしに，市町村長の裁量により減免等をなすことができるという考え方には賛成できない。市町村としての政策決定を条例で行なうことが求められるというべきである。

第二に，条例において概括的な規定が置かれていることによって，「条例の根拠」があるので，それから先は市町村長の裁量に委ねられるという考え方にも賛成できない。たとえば，岐阜市国民健康保険条例24条1項は，次のような規定である。

> 「市長は，災害等により生活が著しく困難になった者又はこれに準ずると認められる者のうち必要があると認めるものに対し保険料を減免す

---

[32] 新潟市は，国民健康保険料の減免及び徴収猶予については，国民健康保険条例21条において規定している。その要件として，①天災その他の災害により保険料の納付が困難であるとき，②貧困により保険料の納付が困難であるとき，③略（高齢者医療確保法関連により設けられた要件），④その他特別の事由があるとき，を掲げている。他方，介護保険料の減免については，介護保険条例12条において，①第1号被保険者又はその属する世帯の生計を主として維持する者が，震災，風水害，火災その他これらに類する災害により，住宅，家財又はその他の財産について著しい損害を受けたこと，②第1号被保険者の属する世帯の生計を主として維持する者が死亡したこと，又はその者が心身に重大な障がいを受け，若しくは長期間入院したことにより，その者の収入が著しく減少したこと，③第1号被保険者の属する世帯の生計を主として維持する者の収入が，事業又は業務の休廃止，事業における著しい損失，失業等により著しく減少したこと，④第1号被保険者の属する世帯の生計を主として維持する者の収入が，干ばつ，冷害，凍霜害等による農作物の不作，不漁その他これに類する理由により著しく減少したこと，⑤刑事施設，労役場その他これらに準ずる施設に拘禁されたこと，⑥その他規則に定める要件を満たすこと，が列挙されている（12条1項）。

ることができる。」

この規定のみを根拠に，この規定の範囲内において市長の裁量判断により減免することを認める趣旨のようである。「必要があると認めるもの」及び「減免することができる」という表現により，要件及び効果の双方について裁量を認めるものである。減免は，全額徴収を原則としつつ極めて例外的な事情を配慮して負担を軽減するものであるから，この程度の根拠規定があるならば，市長の裁量に委ねてよいという考え方（たとえば，大阪地裁平成15・3・14判例地方自治249号20頁）がありうることには，筆者も相当程度理解を示したい。しかし，一方において意思に反しても強制的に全額を徴収することを原則としながら，他方において裁量により減免できるという考え方は，「裁量による減免に伴う収入減が他の被保険者の負担増に繋がっていること」を無視するものである。あるいは，実質的に見ると，強制的全額徴収を「減免」のレッテルによって緩和させているのである。

筆者としては，二つの理由から条例又は規則等による規律密度の強化と公表が求められると考えている。すなわち，減免について権利性の付与と制度的批判可能性である。「規則等」と述べたのは，委任を想定して，規則，告示を典型としているが，権利性の付与と制度的批判可能性を確保できるならば，「要綱」の名称であっても公示されることを条件に認めてよいと思われる[33]。制度的批判可能性とは，住民が減免制度の内容を理解し，必要とあれば議会を動かして条例によって制度改正を可能とすることである。そうした可能性のある状態に置かれていることが重要である。権利性の付与と制度的批判可能性の確保の観点から，減免の要件と減免の程度が定められなければならない。ただし，減免要件を完全に網羅的に列挙することはできず，しかも，減免の必要性のある事態が残される可能性があるとするならば，最後の補充的な要件として「その他市長が特に減免を必要とする者」を要件に「市長が必要と認める割合」を用意しておくこと[34]は肯定されてよい。

---

33 たとえば，新潟市の場合は，例規集と同様に要綱集が公表されていて，その中には，「新潟市介護保険料減免要綱」が含まれて，詳細な取扱いについて住民が知り得る状況になっている。

34 たとえば，仙台市国民健康保険法等の施行に関する規則別表第1。

徴収猶予については，減免に準じて考えてよいであろう。

以上に述べた権利性の付与に関連して，減免申請及び減免申請に対する応答のあり方が問題になる。規律の密度が高まるならば，減免申請において，申請者の欲する減免の程度も明示されることになる。そうなるならば，減免しない旨の決定はもとより，減免決定であっても，申請額を下回るならば，その減免決定の取消しを求めて不服申立て及び取消訴訟の提起が認められるべきである。減免決定は申請者の利益となる処分であるから訴えの利益がないとして不適法とすべきではない[35]。申請額との関係において訴えの利益を判断すべきである。行政事件訴訟法33条2項との関係において，申請を一部棄却した処分として，判決の趣旨に従い改めて処分をする拘束力が認められる余地があるからである。なお，減免要件規定及び主張される内容によっては，義務づけの訴えを併合提起することにより，義務づけ判決を得る可能性もある（行訴法37条の3）。

納付促進策 このところ社会保険料の納付を促進するための方策が相次いで実施されてきた。法律の条文において徴収の委託とか収納の委託とされているものである。国民健康保険法80条の2は，「市町村は，普通徴収の方法による保険料の徴収の事務については，収入の確保及び被保険者の便益の増進に寄与すると認める場合に限り，政令の定めるところにより，私人に委託することができる」と定め，この委任に基づき，同法施行令29条の23が，保険料徴収事務を私人に委託したときはその旨を告示し，世帯主の見やすい方法により公表すること，事務の受託者は，市町村の規則に定めるところにより徴収保険料を内容を示す計算書を添えて市町村又は指定金融機関等に払い込まなければならないこと，必要があると認めるときは市町村は当該保険料徴収事務について検査することができること，を定めている。保険料収納の委託について規定する介護保険法144条の2の委任に基づく同法施行令45条の2も，ほぼ同趣旨を規定している。このような特別規定を必要とする理由は，自治法施行令158条1項が「収入の確保及び住民の便益の増進に寄与すると認められる場合に限り，私人にその徴収又は収納の事務を委託す

---

[35] 大阪地裁平成15・3・14判例地方自治249号20頁は，減免処分の取消しを求める訴えについて，訴えの利益を欠き不適法であるとした。

ることができる」としつつ，対象の歳入を限定列挙する方式を採用しているからである。

なお，国民健康保険税は地方税の一種であるので，自治法施行令158条の2により収納の事務を委託することができる。「収入の確保及び住民の便益の増進に寄与する」という要件は共通で，さらに「その収納の事務を適切かつ確実に遂行するに足りる経理的及び技術的な基礎を有する者として当該地方公共団体の規則で定める基準を満たしている者」であることが求められる（1項）。実質的には，国民健康保険料の場合にも経理的及び技術的な基礎を要する旨の扱いがなされていると思われる。たとえば，横浜市は，国民健康保険料方式を採用しているが，同市は，地方税の収納事務の委託先の基準について次のように定めている（横浜市市税条例施行規則7条の2）。

① 公金等の徴収又は収納事務の受託に関し，十分な実績を有すること。
② 資金量，格付け，保険の加入状況，担保の提供の有無等資金的な蓄積及び社会的信用に係る事項を総合的に考慮し，安全かつ確実に，収納した徴収金を会計管理者又は指定金融機関若しくは収納代理金融機関へ払い込むことができる能力を有していると認められること。
③ 徴収金の収納に関する記録を電子計算機により管理し，その電磁的記録を提供することができること。
④ 個人情報の漏えい，滅失，き損及び改ざんの防止その他の個人情報の適正な管理のために必要な管理体制を有すること。

以上のような基準は，国民健康保険料方式の場合にも同様に妥当すべきものである。

国民年金保険料の納付についても特別規定が置かれている。第一に，被保険者から口座振替による納付を希望する旨の申出があった場合には，その納付が確実と認められ，かつ，その申出を承認することが保険料の徴収上有利と認められるときに限り，その申出を承認することができる（国年法92条の2）。第二に，いわゆるクレジットカードによる納付は，「指定代理納付者による納付」（同法92条の2の2）である。この場合も，納付の確実性と保険料の徴収上有利と認められることを要件として申出を承認する。第三に，納付委託として，国民年金基金又は国民年金基金連合会，厚生労働大臣に対し

納付事務を行なう旨の申出をした市町村に対する納付委託が独特であるほか，いわゆるコンビニ納付を可能にするために，「納付事務を適正かつ確実に実施することができると認められ，かつ，政令で定める要件に該当する者として厚生労働大臣が指定する者」に納付委託することもできる（同法 92 条の 3 ）。

すでに述べたように，公的年金受給者からの保険料の徴収を確実に行なうために，年金からの特別徴収，すなわち「天引き」が拡大されてきた（平成 21 年 10 月から個人住民税も対象となる）。まず，介護保険法が，第 1 号被保険者の保険料について，この方式を採用し（本書第 3 章 5 ［3］を参照），これに合せるように，国民健康保険料（国保法 76 条の 3 ，76 条の 4 ），後期高齢者の医療保険料についても採用されている（高齢者医療確保法 107 条，110 条）。この特別徴収制度との関係において，前年度の 10 月 1 日から翌年 3 月 31 日までの間特別徴収によっていた者について，当該年度の初日から 5 月 31 日までの間に年金が支払われるときは，前年の支払回数割保険料額を仮徴収するものとされている（介護保険法 140 条）。この仮徴収は，準用規定を通じて，政令で技術的読み替えをしたうえで，特別徴収による国民健康保険料（国保法 76 条の 4 ），後期高齢者医療保険料（高齢者医療確保法 110 条）にも採用されている。なお，国民健康保険税に関しても，地方税法 718 条の 2 以下において，年金からの特別徴収と，それに伴う仮徴収が規定されている。

以上のほかにも，さまざまな納付促進策が講じられている。口座振替促進キャンペーンとして新規申込者に対し抽選により図書カードを贈呈（日野市），徴収嘱託員を採用して夜間の個別訪問指導を強化（都城市），徴収補助職員の巡回戸別訪問（袖ヶ浦市），納税相談員の設置（天草市）などがある。徴収嘱託員の報酬については，能率給の採用あるいは固定給と能率給とを併用していることが多い。たとえば，浦添市は，固定給は，前年度の保険税の現年度一般分の収納率により差を設ける方式とし[36]，能率給については，個

---

[36] 92 ％未満は月額 78,000 円，92 ％以上 93 ％未満は 108,000 円，93 ％以上は 128,000 円。

[37] 100 ％に達した場合は 50,000 円，60 ％以上 100 ％未満の場合は 30,000 円，30 ％以上 60 ％未満の場合は 10,000 円。

別の業務ごとの件数に応じた金額，口座振替により納付されることになった場合は1年間を限り納付額の3.5％相当額，さらに区域ごとの徴収金の目標収納率を達成した場合における達成割合に応ずる報償金[37]を用意している（浦添市国民健康保険税徴収嘱託員要綱）。また，松戸市の国民健康保険料収納員報酬の中の口座振替加入促進報酬には，収納員の勧誘により口座振替の申込みがなされたときに1件につき2,000円を支給する報酬が含まれているほか，収納成績率に応じた能率報酬も用意されている。

　以上の仕組みと別に，滞納者に対する不利益を用意して納付の促進を図る制度も存在する。国民健康保険の保険料滞納者に対して被保険者証の返還を求め被保険者資格証明書の交付をする制度（国保法9条3項，6項）が典型である。この制度の延長上にある制度として，国民健康保険料（国民健康保険税）滞納世帯主，国民年金保険料滞納世帯主等の被保険者証について特別の有効期間（短期有効期間）を定めることができる制度がある（国保法9条10項）。国民年金滞納者については厚生労働大臣が市町村に通知した者に限られている。これは，国民年金滞納者対策に国民健康保険の被保険者証の有効期間の短縮で対処しようとするもので，制度間の連携として注目される。

　さらに，平成21年4月からは，社会保険に密接に関わる事業者等（保険医療機関・保険薬局・指定訪問看護事業者，介護サービス事業者及び社会保険労務士）が長期間にわたって自主的に社会保険料を納付しない場合には，当該事業者等の指定等又は更新を認めない制度もスタートした（健保法65条3項5号，89条4項7号，介護保険法70条2項5号の2，78条の2第4項5号の2・9号ハ，79条2項4号の2・8号ハ，86条2項3号の2・7号ハ，94条3項5号の2，107条3項4号の2，115条の2第2項5号の2，115条の11第2項5号の2・9号ハ，115条の20第2項4号の2・8号ハ，社会保険労務士法14条の7第3号）。社会保険制度相互間における連動方式である。

　社会保険料の時効　社会保険料等を徴収する権利及びその還付を受ける権利について，法律は，2年の短期消滅時効を規定している（健保法193条1項，国保法110条1項，高齢者医療確保法160条1項，介護保険法200条1項，国年法102条4項，厚年法92条1項，労働保険徴収法41条1項）。被用者保険における保険料の徴収及び還付は，保険者と事業主との間における行為であ

る。したがって，たとえば，保険料の過納分が保険者から還付され，さらに，その中から個別の被保険者に返還すべき場合の時効は，これらの時効制度によるのではない。その場合に，賃金債権の消滅時効の問題であるのか，民法167条の一般的債権として扱われるのかが問題となる。純粋な理論を突き詰めると賃金債権というべきであろうが，被用者が賃金の意識をもって権利行使を期待できるものではないので，民法167条の適用によるのが正当であろう[38]。

このような短期の消滅時効とされているのは，保険料の徴収をめぐる事務処理を早期に安定化させたいという要請によるものである。しかしながら，短期消滅時効制度には，いくつかの問題点がある。

第一に，医療保険（国民健康保険，高齢者医療保険），介護保険にあっては，滞納していても，給付を受ける必要が生じた時点において過去の2年分の保険料を納付することにより，堂々と保険の適用を受けることができる。著しいモラルハザードを招くといわなければならない。

第二に，被用者年金保険において，納付義務者である事業主が保険料を滞納し時効が完成した場合に，被保険者である被用者は，年金受給権に大きな影響を受ける。すなわち，保険料納付済期間（免除期間を含む）を満たさないとして受給権を否定され，あるいは，被保険者期間が短くなることによる年金額の減少という事態を招く。事業主が正しく納付義務を履行していることを被用者が確実に確認することは，それほど容易なことではない。事業主である会社が社会保険事務所に虚偽の届出をして源泉控除した厚生年金保険料の一部のみを納付していなかったことについての国家賠償請求事件がある。仙台地裁平成16・2・27（判例時報1901号63頁〈参考〉）及びその控訴審・仙台高裁平成16・11・24（判例時報1901号60頁）は，社会保険事務所担当者に調査に関する職務上の義務違反があったとは認められないとして，国家賠償請求を棄却した。担当者の調査義務を問題にする限り，このような結論になると思われるが，むしろこのような問題を発生させる制度を放置してきた「国の責任」が問題とされるべきである。

---

[38] 法研・健康保険法の解釈と運用1282頁。

第三に，厚生年金保険法75条は，保険料を徴収する権利が時効によって消滅したときは，当該保険料に係る被保険者であった期間に基づく保険給付を行なわないとしている。ただし，同法27条の届出又は31条1項の規定による確認の請求があった後に時効消滅したものであるときは，この限りでない（同条但し書き）。名古屋高裁金沢支部平成19・11・28（判例時報1997号26頁）は，この但し書きは，保険者の事務懈怠のために時効消滅した場合にまで被保険者に不利益を及ぼすべきではないとする趣旨によるとし，具体の事案は戦時における国策施行機関であった「運営会」の過誤により時効消滅したものであるから，同条但し書きを類推適用して時効消滅しなかった場合と同様に保険給付を行なうべきであるとした。

　年金保険料の時効問題　　平成19年に至り，事業主が保険料を源泉控除しながら納付しなかった場合についての救済策が政策的検討課題となり，「厚生年金保険の保険給付及び保険料の納付の特例に関する法律」が制定された。年金記録確認第三者委員会が，事業主が保険料を控除した事実があるにもかかわらず納付義務を履行したことが明らかでない場合に該当すると判断した者（未納保険料の徴収権が時効消滅している者に限る）について，その旨の確認等を受けた場合は，事業主（過去の事業主を含む）は，「特例納付保険料」として，未納保険料に相当する額に省令で定める額を加算した額を納付することができることとされた（2条1項）。そして，やむを得ない事情のため勧奨できない場合を除き，対象事業主に特例納付保険料の納付を勧奨しなければならないこととされた（2条2項）。法人である対象事業主に事業の廃止その他やむを得ない事情のため勧奨ができないときは，法人の役員であった者による納付，その者に対する勧奨を定めている（2条3項・4項）。さらに，勧奨に対して納付の申出をしなかった場合や，納付をしなかった場合には，公表する制度を設けて間接的に納付を促す制度を採用した（3条）。そして，公表にもかかわらず，納付の申出が行なわれなかった場合等においては，国が特例保険料相当額を負担することとした（2条9項）。これにより，先に述べた「国の責任」の一部が立法的に解決されたといえよう。

　この制度は，任意に納付されないときは，事業主の未納分を最終的に国が穴埋めする制度である。時効制度を撤廃して，未納分を強制徴収する案につ

いては,「一度成立した時効を, 国の権力で一方的に破棄することはできない」として見送られたという[39]。過去に時効が成立した分については, 仕方がないとして, 将来に向けては, 少なくとも故意又は重大な過失による納付義務の不履行に対しては, 長期の時効期間を定めることが望まれる（年金保険料に関する時効については, 本書第4章1［4］において検討する）。

このようにしてスタートした年金記録確認第三者委員会ではあるが, 実際に救済される件数は, 極めて少ないと報じられている。それは,「厚生年金保険の保険給付及び保険料の納付の特例等に関する法律」1条1項が, 事業主が「被保険者の負担すべき保険料を控除した事実があるにもかかわらず」という表現を用いているために,「控除した事実」が証明されていないとして却下されるからであるという[40]。ある事業主の下に勤務していた事実を証明できても,「控除した事実」を証明できないときは却下されるというのである。

社会保険料控除との関係　社会保険料は, 所得税及び個人住民税に関して, 社会保険料控除の対象になる。「自己又は自己と生計を一にする配偶者その他の親族の負担すべき社会保険料を支払った場合又は給与から控除される場合」には, その額を総所得金額等から控除する（所得税法74条1項）。そして, 控除される社会保険料は限定列挙されている（同条2項）。

後期高齢者医療の保険料の扱いが, 平成20年に人々の関心を集めた。それは, 保険料の徴収方法が, 年金受給者にあっては, 当初は年金からの特別徴収方式であったところ, 制度の見直しに伴い, 同年10月以降は, 年金からの特別徴収に代えて, 被保険者の世帯主又は配偶者が口座振替により保険料を支払うことを選択できることとされた。その場合の社会保険料の扱いに関して, 国税庁が, その保険料を支払った世帯主又は配偶者に社会保険料控除が適用されること, 口座振替の場合と年金からの特別徴収の場合（この場合には被保険者本人について社会保険料控除が適用される）とは, 世帯全体でみたときに負担額が変化する場合があることを発表したからである（平成20・7・25）。所得税法が, 居住者が「自己又は自己と生計を一にする配偶者そ

39　朝日新聞夕刊平成19・8・25による。
40　朝日新聞平成20・12・17。

の他の親族の負担すべき社会保険料を支払った場合」に控除を認めていることによる扱いである。

しかし，高齢者医療確保法 108 条 2 項の連帯納付義務者たる世帯主が自発的に本来の納付義務者の納付書を用いて納付すると自らが「支払った」といえず社会保険料控除の適用にならないという点こそが問題である（介護保険法 132 条 2 項により連帯納付義務を負う世帯主の場合も同様である）。他方，国民健康保険法 76 条による擬制世帯主が国民健康保険料を納付するときは社会保険料控除の対象となるのである。

[5] 労働保険

労働保険とは　「労働保険の保険料の徴収等に関する法律」（以下，「徴収法」という）によって，労災保険及び雇用保険の保険料が徴収される。同法は，労災保険と雇用保険とを併せて労働保険と呼んでいる（2 条 1 項）。それぞれの適用事業の事業主について事業が開始された日に，それぞれの保険関係が成立する（3 条，4 条）。事業の期間が予定される事業で一定の要件に該当するもの（7 条），数次の請負のなされる事業（8 条）については，一の事業とみなされる。また，申請に基づく認可があった場合の二以上の継続事業（9 条）については，厚生労働大臣の指定するいずれか一の事業に使用される労働者とみなす（9 条）。

このうち，数次の請負のなされる事業については，元請負人のみを当該事業の事業主とする（8 条 1 項）。この適用があるときは，下請負人の使用する労働者と下請負人との間には労働関係がないにもかかわらず，下請負人の使用する労働者の分についても，元請負人が事業主として保険料の納付義務を負うだけに[41]，重要なみなし規定である。この点が訴訟において争われた事案として，東京地裁平成 20・4・17（判例時報 2008 号 78 頁）がある。建売住宅の分譲等の事業を営む原告が，建築主として注文し，他の業者に請け負わせた建売住宅の建築工事の事業について，労働局長が，原告が当該事業について施工管理を行なっており，「元請負人」に当たるとして，保険料納

---

[41] 労務行政研究所編『改訂新版　労働保険徴収法』（労務行政，平成 21 年）178 頁。

付額を決定し追徴金徴収決定をした事案である。判決は，労働保険料は，賦課徴収の強制の度合いにおいて租税に類似した性格を有しているといえるから，その負担に関しては憲法84条の趣旨が及ぶと解すべきであり，徴収法8条1項の規定を解釈するに当たっても，租税法規の解釈と同様に，法的安定性及び予測可能性を害しないように明確性を重視する必要があり，原則として文言に即して解釈されるべきである，と述べたうえ，「数次の請負」及び「元請負人」の意義について，次のような解釈を示した。

「まず，『数次の請負』についてであるが，ここにいう『請負』については，民法632条以下に定める『請負』のいわゆる借用概念であり，徴収法8条1項にいう『請負』を民法632条以下の『請負』と別異に解釈すべきであることを窺わせる規定は，徴収法上，何ら存在しないのであって，民法にいう『請負』と同義であると解するのが相当である。そして，その文言からするならば，『数次の請負』とは，請負契約が，元請けから下請け，下請けから孫請けというように，複数の段階を経て行なわれているものをいうと解するのが相当であり，また，『元請負人』とは，そのような複数の段階を経て請負契約がされた場合における最先次の請負契約の請負人のことをいうと解するのが相当である。」

そして，原告の場合には，注文住宅事業にあっては，顧客である建築主を注文者，原告を請負人として請負契約を締結し，原告が，さらに複数の業者との間に下請負契約を締結しているので，原告が数次の請負の元請負人に該当し，数次の請負の事業全体の事業主として労働保険料を納付しなければならないが，建売住宅事業にあっては，原告は請負契約の注文者（建築主）であって元請負人には該当しないとした。結論として，建売住宅事業に係る工事について原告が事業主に当たるとした部分は違法であるとして取り消した。現行法の解釈としては，「請負」，「元請負人」という文言が用いられている以上，この判断が正当というべきであろう。なお，前述したように，判決は，労働保険料に憲法84条の趣旨が及ぶことを理由に文言に即した解釈をすべき旨を述べているが，必ずしもそれを理由にしなければならないほどのことではない。

労災保険については，労働者災害補償保険法（以下，「労災保険法」という）

が定めている(国の直営事業及び官公署の事業は,同法3条により適用対象外で,国家公務員災害補償法及び地方公務員災害補償法による補償がなされる)。労災保険は,政府が管掌し(労災保険法2条),業務上の事由又は通勤による労働者の負傷,疾病,障害,死亡等に関して保険給付を行なうほか,社会復帰促進事業を行なう(2条の2)。保険給付の種類は,業務災害給付,通勤災害給付及び二次健康診断等給付とされている(7条1項)。労災保険事業の運営に要する費用の財源は,主として保険料であって(労災保険法30条),国庫は,予算の範囲内において,労災保険事業に要する費用の一部を補助することができるとされているにすぎない(徴収法32条)。「補助」は,任意的なものであるから,各年度において変動のあることを覚悟しなければならない。

この労災保険の性質に関しては,学説上争いがある。労災補償の社会保障化を強調する見解(社会保障説)が有力になっているにもかかわらず[42],依然として労働基準法による使用者の労災補償責任を補強するために使用者が集団ないし団体として補償責任を果たすための「責任保険」という基本的性質は維持されているとする説(責任保険説)が通用している[43]。国庫の補助に関して,責任保険説においては産業政策的な配慮による補完的負担であるとして消極的に評価するのに対して,社会保障説にあっては国家責任の発現として積極的に評価する[44]。また,政府が保険者になっていることについて,責任保険説によれば,「国家自身の労災被害者に対する責任を示すというより,国家が法技術的表見的補償当事者であることを示すにすぎない」とされる[45]。筆者が論ずる資格を有しているものではないが,「労災保険は労働災害のもつ労働関係的特質を率直にとらえて,その法理を内包しつつ労働者とその家族の生活保障給付を提供する法制度であり,そこに社会保障性と労働

---

[42] 高藤昭「労災補償の社会化」恒藤武二編『論争労働法』(世界思想社,昭和53年)294頁,296頁以下。

[43] 西村健一郎『労災補償と損害賠償』(昭和63年)5頁以下,下井隆史『労働基準法[第4版]』(有斐閣,平成19年)447頁‐448頁。

[44] この整理は,高藤昭「費用の負担」窪田隼人教授還暦記念論文集『労働災害補償法論』(法律文化社,昭和60年)339頁,350頁によった。

[45] 西村健一郎「労災補償の社会保障化」恒藤武二編『論争労働法』(世界思想社,昭和53年)311頁,324頁。

関係上の使用者責任性が不可分に結びついている」[46]とする説明が自然なように思われる。

なお，地方公務員及び地方独立行政法人職員の災害補償は，地方公務員災害補償法の定めるところにより，地方公務員災害補償基金が実施している。同基金の業務に要する費用は，主として地方公共団体及び地方独立行政法人の負担金によっている。負担金は，職員の職務の種類による職員の区分に応じ職務の種類ごとの職員に係る給与（退職手当を除く）の総額に基金の定款で定める割合を乗じて得た額の合計額であり，県費負担教職員の分は都道府県の負担とされている（49条）。この負担金の算定において，労災保険料のようなメリット制は採用されていない。

雇用保険に関しては，雇用保険法が定めている。昭和49年に，それまでの失業保険法に代わったものである。雇用保険も政府が管掌する。労働者が雇用される事業をもって適用事業とする（5条1項）。適用除外の中には，国，都道府県，市町村その他これらに準ずるものの事業に雇用される者のうち，離職した場合に，他の法令，条例，規則等に基づいて支給を受けるべき諸給与の内容が，求職者給付及び就職促進給付の内容を超えると認められる者であって，厚生労働省令で定めるものが含まれている（6条4号）。そして，雇用保険法施行規則により，国又は特定独立行政法人の事業に雇用される者，都道府県，市町村，特定地方独立行政法人などの事業に雇用される者とされている（4条)[47]。逆に，国又は地方公共団体の一定の部門が非公務員型の独立行政法人に移行すると，雇用保険の対象になることがわかる。

雇用保険の事業は，失業者に対する所得保障のみならず，失業の予防・雇用機会の拡大などのための雇用2事業（雇用安定事業及び能力開発事業)[48]も行なう。失業等給付にも，次第に多様な内容が盛り込まれるようになった。最

---

46 荒木誠之「労働保険論」窪田隼人教授還暦記念論文集『労働災害補償法論』（法律文化社，昭和60年）151頁，156頁。

47 国家公務員退職手当法10条は，国家公務員の失業者に対して，一般の退職手当のほか，職業安定所を通じて，失業の基本手当相当額を支給するとしている。一般の労働者が労働保険料の雇用保険率分について半分を負担するのに対して，公務員はいっさい負担せずして，失業時の給付を受けられる仕組みになっている。

48 かつては雇用3事業とされていたが，平成19年に雇用福祉事業が廃止された。

も一般的な求職者給付のほかに，雇用継続給付（高年齢者継続給付・育児休業給付・介護休業給付），教育訓練給付，就職促進給付も含まれている。これらの内容については，ここでは立ち入らない。さらに，失業等給付以外に雇用安定事業と能力開発事業とが加えられた。

雇用安定事業について見ると，「被保険者，被保険者であった者」（＝被保険者等）に関し失業の予防，雇用状態の是正，雇用機会の増大その他雇用の安定を図るため行なう事業といっているが，個別の被保険者等に対する給付ではなく，事業主に対して助成や援助を行なうものが中心である。次の事業が掲げられている（雇用保険法62条1項）。

① 景気の変動，産業構造の変化その他の経済上の理由により事業活動の縮小を余儀なくされた場合において，労働者を休業させる事業主その他労働者の雇用の安定を図るために必要な措置を講ずる事業主に対して，必要な助成及び援助を行なうこと。

② 離職を余儀なくされる労働者に対して，雇用対策法26条1項に規定する休暇を与える事業主その他当該労働者の再就職を促進するために必要な措置を講ずる事業主に対して，必要な助成及び援助を行なうこと。

③ 定年の引上げ，「高年齢者の雇用の安定等に関する法律」9条に規定する継続雇用制度の導入等により高年齢者の雇用を延長し，又は同法2条2項に規定する高年齢者等に対し再就職の援助を行ない，若しくは高年齢者等を雇い入れる事業主その他高年齢者等の雇用の安定を図るために必要な措置を講ずる事業主に対して，必要な助成及び援助を行なうこと。

④ 雇用機会を増大させる必要がある地域への事業所の移転により新たに労働者を雇い入れる事業主，季節的に失業する者が多数居住する地域においてこれらの者を年間を通じて雇用する事業主その他雇用に関する状況を改善する必要がある地域における労働者の雇用の安定を図るために必要な措置を講ずる事業主に対して，必要な助成及び援助を行なうこと。

⑤ 以上に掲げるもののほか，障害者その他就職が特に困難な者の雇入

れの促進，雇用に関する状況が全国的に悪化した場合における労働者の雇入れの促進その他被保険者等の雇用の安定を図るために必要な事業であって，厚生労働省令で定めるものを行なうこと。

能力開発事業についても，被保険者等に関し，職業生活の全期間を通じて，これらの者の能力を開発し，及び向上させることを促進するための事業であるとしているが（63条1項柱書き），掲げられているのは，事業主等や都道府県に対する助成・援助，補助などである。雇用安定事業について詳しく見たのは，後述するように保険料の使途の問題として論じたいためである。

雇用保険事業の費用負担　雇用保険事業のうち，求職者給付（高年齢求職者給付金を除く）に要する費用（日雇労働求職者給付金以外）については4分の1，日雇労働求職者給付金については3分の1，雇用継続給付（高年齢者雇用継続基本給付金及び高年齢再就職給付金を除く）については8分の1を，国庫が負担する（雇用保険法66条1項）。前記の求職者給付4分の1負担については，毎会計年度において，支給した当該求職者給付の総額の4分の3に相当する額が徴収法の規定により徴収した一般保険料の額を超える場合には，当該超過額について，国庫の負担が当該求職者給付の総額の3分の1に達する額までを負担する（66条2項）。すなわち，一般保険料の不足分を国庫負担で補うことを意味する。雇用保険事業に要する費用に充てるため，徴収法の定めるところにより保険料が徴収される（68条1項）。その際に，失業等給付に充てられるのは，一般保険料の徴収額からその額に2事業率を乗じて得た額を減じた額及び印紙保険料の額に相当する額の合計額である。

また，一般保険料率に2事業率を乗じて得た額は，雇用安定事業及び能力開発事業に要する費用に充てられる（68条2項）。雇用安定事業及び能力開発事業は，内容的に見るならば，国民全体が租税負担により拠出してよい性質の内容をもっている。それが，なぜ保険料負担に求められているのか，その理由は定かではない。事業主や被保険者が，これらの事業と無関係とはいえないにしても，あまりに間接的な関係であるにもかかわらず，保険料による費用負担を求めているといわざるを得ない。そのような事業を含めておくならば，保険料収入による財源の存在に甘んじて，ややもすれば真の需要がないか，需要の小さい事業に対しても，漫然と資金を投下する危険性をもっ

ている。そのことは，平成19年法律第30号により廃止された雇用福祉事業に端的に示されていた。保険料を財源とする特別会計ではなく，租税を財源とする一般会計の歳出として扱うべきであろう。また，これらの事業の一部を独立行政法人雇用・能力開発機構及び独立行政法人高齢・障害者雇用支援機構に行なわせるとして（62条3項，63条3項），独立行政法人を介在させていることも法政策的に検討されるべきである。

労働保険料　徴収法は，これらの保険の成立と消滅，保険料の内容・納付手続，不服申立・訴訟などについて規定している。

労働保険料の中心をなすのは，一般保険料である。その他に，第一種特別加入保険料，第二種特別加入保険料，第三種特別加入保険料，印紙保険料[49]がある（10条）。

一般保険料は，事業主がその使用するすべての労働者に支払う賃金の総額，すなわち「賃金総額」に，保険料率を乗ずることにより算出する（11条）。高年齢労働者を使用する場合には，高年齢者賃金総額に雇用保険率を乗じた金額の範囲内の額を減じた額とすることができる（11条の2・15条の2）。高齢者雇用を促進する趣旨である。

一般保険料の料率は，労災保険率と雇用保険率とからなっている（12条）。

労災保険率分の保険料は，もっぱら事業主が負担する（30条4項）。労災保険率分をもっぱら事業主が負担する理由は，労災保険制度が事業主の災害補償責任を基盤としていることにある[50]。

雇用保険率分は，事業主と被保険者とが折半で負担する（30条1項・4項）。

納付については，概算保険料によって予納しておいたうえ（保険年度の初日から50日以内。15条），確定保険料によって精算する（次の保険年度の初日から50日以内。19条）方式が採用されている。確定保険料の申告・納付に不足があるときは，「天災その他やむを得ない理由に」よる場合を除いて，追

---

[49] 印紙保険料は，日雇労働被保険者1人につき，賃金日額に応じて定められている1日当たり金額の雇用保険印紙を，被保険者に交付された「日雇労働者被保険者手帳」に貼り，消印することによって納付する（22条）。

[50] 労務行政研究所編『改訂新版　労働保険徴収法』（労務行政，平成21年）199頁。

徴金を納付しなければならない（21条1項）。

以上のような仕組みから，労働保険料は，事業者の人件費的性格の強いものであることがわかる。

労災保険率　労災保険率は，すべての適用事業の過去3年間の業務災害・通勤災害の災害率，社会復帰促進等事業（平成19年改正により，従前の「労働福祉事業」から改められた）の種類・内容その他の事情を考慮して厚生労働大臣が定める（徴収法12条2項）。省令16条1項の定める別表第一に「労災保険率表」が置かれている。事業の種類（たとえば，木材伐出事業，石炭鉱業，電気機械器具製造業）ごとに災害率に応じた率が定められている。1事業1料率制度が採用されている。災害の実績の変化に対応して頻繁に改正されることも特色である。

労災保険率は，連続する3保険年度の各保険年度において，① 100人以上の労働者を使用する事業，又は② 20人以上100人未満の労働者を使用する事業で災害度係数が0.41以上である事業については，過去3年間の業務災害実績によって，保険収支比率が1000分の75以下又は85以上のものについて，基準労災保険率から通勤災害の率を減じた率を40％の範囲内で，省令で定める率だけ引き上げ又は引き下げた率に，通勤災害率を加えた率とすることができる（徴収法12条3項）。省令の別表第3によれば，建設・立木伐採の事業と，それら以外の事業とに分けて，減少または増加の比率が定められている。このようにして算定される労災保険率は，実績が反映されることに鑑み，「メリット労災保険率」と呼ばれる。労働者の安全又は衛生を確保するための特別の措置を講じた中小事業主には，増減幅を最大45％に拡大する特例メリットが認められる（徴収法12条の2）。

以上のものが「継続事業に係るメリット制度」であるが，これと別に「有期事業の確定保険料に係るメリット制度」がある。メリット制度は，事業主の災害防止義務を前提に，事業主の負担の具体的公平を図るとともに，災害防止努力を促進する狙いをもつ制度である[51]。

通勤災害率は，1000分の1である（省令16条2項）。

51　労務行政研究所編・前掲書247頁，厚生労働省労働基準局労災補償部労災管理課編『改訂新版　労災保険制度の詳解』（労務行政，平成15年）397頁。

なお，費用徴収制度について言及する必要がある。労災保険の保険関係は，適用事業の事業主について事業が開始されたときに成立するので（3条），事業主の届出（4条の2）がない場合とか，保険料を納付していない場合であっても，政府は労災給付をしなければならない。また，事故の生じた状況によっては保険給付でカバーすることが望ましくない場合がある。そこで，費用徴収制度が設けられている（労災保険法31条）。次のいずれかに該当する事故について保険給付を行なったときは，厚生労働省令で定めるところにより，費用相当額の全部又は一部を徴収することができる。

① 事業主が故意又は重大な過失により徴収法4条の2第1項による保険関係成立の届出をしていない間に生じた事故
② 事業主が一般保険料を納付しない間に生じた事故
③ 事業主が故意又は重大な過失により生じさせた業務災害の原因である事故

ところで，「厚生労働省令で定めるところにより」とされているにもかかわらず，労災保険法施行規則44条は，徴収金の額は，厚生労働省労働基準局長が保険給付に要した費用，保険給付の種類，一般保険料の納入状況その他の事情を考慮して定める基準に従い，所轄都道府県労働局長が定めるものとしている。このような再委任ともいえる省令の定め方には大いに不満があるが，一種の求償権行使であるとみて適法とみるほかはないように思われる。

なお，①の運用に関して，厚生労働省は，従来は，行政機関の指導を受けながら届出をしていないものについて「故意又は重大な過失」と認定し徴収金の率を40％としていたが，都道府県労働局長あて労働基準局長通知「未手続事業主に対する費用徴収制度の運用の見直しについて」（平成17・9・22）により見直しを行ない，「故意」と認定して徴収金率を100％とすることとした。また，指導を受けたことがない事業主で保険関係成立日以降1年を経過しても未提出の者は，原則として「重大な過失」と認定し，40％の率により費用徴収を行なうこととした。これは，前記省令にいう労働基準局長が定める基準の改正と位置づけられるのであろう。いずれにせよ釈然としない定め方である。少なくとも告示程度の方式を採用すべきであろう。

雇用保険率 雇用保険率は，一般の事業の保険料率のほか，業種によっ

て特別の率が定められている（農林の事業・清酒製造事業等，土木・建築等の事業。徴収法12条4項）。毎会計年度において，徴収保険料額の2倍を超える資金を生じ，または，資金が徴収保険料相当額を下回るに至った場合に，必要があると認めるときは，厚生労働大臣は労働政策審議会の意見を聞いて，一定の範囲内で変更することができる（12条5項）。この条項は，「弾力条項」と呼ばれている。雇用情勢の急激な悪化などに対処するには，このようなシステムを用意しておく必要があろう。なお，雇用安定，能力開発の2事業分徴収保険料額が2事業費充当額の1.5倍を超える場合，雇用保険率を1年間1000分の0.5控除した率に変更する（8項）。

平成19年改正前の雇用保険率分については，次のような仕組みであった。雇用安定，能力開発，雇用福祉の3事業にかかる保険料額は，事業主のみが負担し，それ以外の部分は，労使の折半で負担する（徴収法30条）。3事業率が一般の事業にあっては1000分の3.5であるので（12条6項），それ以外の部分は，1000分の16，したがって，労使が各1000分の8負担する仕組みであった。この状態において，雇用安定，能力開発，雇用福祉の各事業内容が，法律自体では必ずしも明確でなく，省令（規則）によって具体化ないし追加が許容されている点に問題があった。事業主にとっては，3事業率分は，保険料というよりは，租税の性質をもっていた。たとえば，高年齢者多数雇用奨励金は，その雇用する労働者のうち60歳以上65歳未満の高年齢者が占める割合が6％を超える事業主に対して支給される。これは，保険事故の発生ということではなく，高齢者雇用奨励の政策を実現する資金を雇用保険料に求めているにすぎない。

平成19年の雇用保険法等の一部を改正する法律により，雇用福祉事業の廃止（雇用保険法3条の改正と64条の削除），それに伴う保険料に関する規定（68条2項）の改正と雇用安定事業の対象の明確化（62条1項に「被保険者になろうとする者」の文言を追加する）を図ることとされた。2事業分は，依然として1000分の3.5である。さらに，徴収法の弾力条項も改正されて，1年以内の期間を定めることとするとともに，範囲につき引下げがなされ，1000分の15.5から1000分の23.5まで（農林事業等については1000分の17.5から1000分の25.5まで，建設業については1000分の18.5から1000分の26.5

まで）とされた（改正後の12条5項)[52]。

平成21年度については，労働保険徴収法12条4項の雇用保険率1000分の19.5を1000分の11.5とする（1000分の21.5を1000分の13.5，1000分の22.5を1000分の14.5にする）こととし，同条5項を適用しない暫定措置が講じられた（附則11条）。したがって2事業分を除いた労使折半の対象となるのは，1000分の8である。

雇用保険の大きな問題は，失業率が高まると保険料を高くせざるを得ないことである。不況により経営の苦しい事業主の負担を増大させ，結果的に，一層失業を増大させかねない。したがって，雇用保険率のうち2事業を除く分については，好況時に一定の積み立てをしておくことが望ましい。

4 資金の共同拠出

一定の被害が生じている場合に，被害者の救済のために，原因の可能性のある事業者に強制的に資金の拠出を求めてプールし，使用するシステムが存在する。汚染負荷量賦課金，医薬品副作用被害救済拠出金，自動車損害賠償保障事業賦課金などである。

[１] 汚染負荷量賦課金及び特定賦課金

基本的仕組み　資金共同拠出の典型は，「公害健康被害の補償等に関する法律」による汚染負荷量賦課金及び特定賦課金である。まず，地域及び疾病を指定する考え方をとっている。「第1種地域」は，事業活動その他の人の活動に伴って相当範囲にわたる著しい大気の汚染が生じ，その影響による疾病が多発している地域として政令で定める地域である（2条1項）。「第2種地域」は，事業活動その他の人の活動に伴って相当範囲にわたる著しい大気の汚染又は水質の汚濁が生じ，その影響により，当該大気の汚染又は水質の汚濁の原因である物質との関係が一般的に明らかであり，かつ，当該物質

---

[52] 平成19年度及び平成20年度について弾力条項が発動され，かつ，1000分の0.5控除が適用された。その結果，1000分の15（農林水産業及び清酒製造業については1000分の17，建設業については1000分の18）とされた。

によらなければかかることがない疾病が多発している地域として政令で定める地域である（2条2項）。この政令において，あわせて疾病を指定する（2条3項）。

補償給付に要する費用を都道府県又は政令指定市が支弁しておいたうえ（47条），その費用は「独立行政法人環境再生保全機構」の納付金をもって充てることにし（48条），さらに，その納付金の財源は，4条1項の被認定者及び認定死亡者（第1種地域）に関する補償給付の支給に要する費用に充てるためのものの全部並びに第1種地域に係る指定疾病による被害に関して行なう公害保健福祉事業に要する費用に充てるためのものの3分の2は，機構が徴収する「汚染負荷量賦課金」のほか，「別に法律で定めるところにより徴収される金員」をもって充て，第1種地域に係る指定疾病による被害に関して行なう公害保健福祉事業に要する費用に充てるためのものの3分の1については，政府からの補助金によるとされる（49条1項）。附則19条の2第2項により，「別に法律で定めるところにより徴収される金員」は，「自動車重量税の年度ごとの収入見込額の一部に相当する金額の政府の交付金」とされている。汚染負荷量賦課金は固定発生源から徴収するものであり，自動車重量税を原資とする交付金は移動発生源の中心である自動車の所有者に負担を求める趣旨である[53]。

また，4条2項の規定に係る被認定者及び認定死亡者（第2種地域）に関する補償給付の支給に要する費用に充てるためのものの全部並びに第2種地域に係る指定疾病による被害に関して行なう公害保健福祉事業に要する費用に充てるためのものの3分の2については，62条1項の規定により機構が徴収する「特定賦課金」をもって充て，3分の1については政府の補助金をもって充てる（49条2項）。公害保健福祉事業は，都道府県又は政令指定市が支弁し，その4分の3は機構が納付する納付金をもって充てることとされているので，全体としては，事業主体の都道府県又は政令指定市が4分の1，政府の補助金が4分の1，賦課金が4分の2の割合で，分担し合っている。これは，同事業が福祉施策の性格をもっていることから，公費と事業者とが

---

[53] 大塚直『環境法［第2版］』（有斐閣，平成18年）532頁。

半額ずつ負担する考え方を採用したものといわれる[54]。

汚染負荷量賦課金　機構は，前記の財源に充てるためのもの等のため，大気汚染防止法2条2項に規定するばい煙発生施設が設置される工場又は事業場を設置し，又は設置していた事業者で一定の要件を満たすものから，毎年度「汚染負荷量賦課金」を徴収する（52条）。

第1種地域[55]に係る指定疾病に影響を与える大気の汚染の原因である政令で定める物質（硫黄酸化物）を排出するばい煙発生施設が設置され，かつ，最大排出ガス量が政令で定める地域の区分に応じて政令で定める量以上である工場又は事業場を各年度の初日に設置している事業者の場合は，政令で定める各物質ごとの単位排出量当たりの賦課金額に前年度初日の属する年における年間排出量を乗じて得た額の合計額である（53条1項1号）。単位排出量当たりの賦課金額（「賦課料率」）は，賦課金見込額のうち既被認定者以外の被認定者及び認定死亡者に関する金額と各物質の年総排出量とを基礎として，当該物質による大気の汚染の状況に応じた地域の別に従い，政令で定める（54条1項）。「地域別方式」，「年度主義」，「政令方式」が特色になっている。地域別方式が採用されているのは，地域によって汚染の程度が異なり，健康被害の発生の可能性が異なることに鑑みたものである[56]。汚染負荷量賦課金は，広い意味において汚染者負担原則に基づくものであるが，第1種地域の被認定者及び認定死亡者に対する補償費用を全国の事業者が負担する仕組みで，同地域以外の地域から徴収される賦課金額が徴収総額の7割に近いこと，賦課の指標として硫黄酸化物のみが用いられてきたことなど，汚染者負担原則から乖離する面があったと評されている[57]。

特定賦課金　第2種地域における指定疾病に影響を与える大気の汚染又は水質の汚濁の原因である物質を排出した特定施設の設置者からは，毎年度

54　大塚直・前掲書532頁。

55　昭和62年の改正により，第1種地域はすべて指定の解除がなされたが，既存の認定患者に対する補償は継続されている。

56　環境庁環境保健部保健企画課・保健業務課編『注解公害健康被害補償法実務便覧』（第一法規，加除式）1315頁，城戸謙次編『逐条解説　公害健康被害補償法』（ぎょうせい，昭和50年）168頁。

57　大塚直・前掲注53，533頁。

「特定賦課金」を徴収する（62条）。特定賦課金は，水俣病，イタイイタイ病等の特異的疾患にかかっている者に対する補償給付等に必要な財源を確保するための賦課金である。一種の原因者負担金であるが，民事上の原因者を確定して負担をさせるものではなく，迅速な被害者の救済のための行政給付の費用を確保しようとするものである。過去に特定施設を設置していた者も納付義務者とされ，また，いわゆるスソ切りは，なされていない[58]。

[2] 医薬品副作用被害救済拠出金

拠出金の概要　医薬品副作用被害救済拠出金は，独立行政法人医薬品医療機器総合機構の行なう医薬品副作用による疾病・障害・死亡についての救済給付事業に必要な費用にあてるための拠出金である。賠償責任を有する者が明らかになった場合には，機構は，以後は救済給付を行なわず，また，行なった救済給付の価額の限度において損害賠償請求権を取得する（同機構法18条）。独立行政法人という組織を定める外観を有する法律が，拠出金を定めている点が特色である。

医薬品の製造業の許可又は輸入販売業の許可を受けている者は，機構に対し拠出金を納付しなければならない（同機構法19条1項）。総出荷数量を基礎として厚生労働省令で定めるところにより算定される「算定基礎取引額」に「拠出金率」を乗じた額である（2項）。拠出金率は機構が定め（3項），厚生労働大臣の認可を要する（4項）。拠出金率は，副作用救済給付に要する費用の予想額並びに副作用救済給付業務に係る予定運用収入の額及び副作用救済給付業務に係る政府の補助金があるときはその額に照らし，将来にわたって機構の副作用救済給付に係る財政の均衡を保つことができるものでなければならず，かつ，少なくとも5年ごとに，この基準に従って再計算され，当分の間1000分の2以内とされる（6項）。これは，一種の保険料的な性質を併せ持っている。拠出金率の認可の申請に際して，あらかじめ，許可医薬品製造販売業者の団体で許可医薬品製造販売業者の意見を代表すると認められるものの意見を聴かなければならない（5項）。この意見を聴く手続に瑕

58　環境庁環境保健部保健企画課・保健業務課編・前掲注56, 1455頁，城戸謙次編・前掲注56, 189頁。

疵があったからといって，認可された拠出金率により拠出を求めることが直ちに違法とされるわけではないが，意見をまったく聴かなかった場合は，違法となるというべきであろう。

他に，感染拠出金（21条），安全対策等拠出金（22条）がある。

手続・不服の処理　　機構による拠出金率の決定及び厚生労働大臣の認可が，それぞれ行政処分性を有するかどうかは検討を要する。拠出金率の決定は，事業者の権利義務に直接に影響するものではないという見方と，事業者が限られていることなどを理由に名宛人が特定されていなくても一般処分たる行政処分であるという見方とがあり得る。認可についていえば，行政の内部行為であるとする見方もある。

拠出金に関しては，申告納付方式が採用され（同法施行令18条1項），申告書の提出がないとき，記載に誤りがあるときは，機構が拠出金の額を決定し，通知することとされている（同法施行令18条3項）。この「決定」は行政処分といってよい。それについて争うときに，拠出金率自体の決定の違法をもって違法事由とすることができるかどうかが一つの論点である。

これらの拠出金の納付がないときは，督促を行ない（法25条1項），さらに，指定された期限までに督促に係る拠出金の額及び延滞金を納付しないときは，機構は，国税滞納処分の例により，厚生労働大臣の認可を受けて，滞納処分をすることができる（25条3項）。機構自身が滞納処分をすることができるとされていることに注目したい。

拠出金の算定について不服がある者は，厚生労働大臣に対して審査を申し立てることができる（35条1項）。また，拠出金の督促及び滞納処分に不服がある者は，厚生労働大臣に対し，行政不服審査法による審査請求をすることができる（35条2項）。35条1項と2項とが，「審査の申立て」と「審査請求」という用語を使い分けている点が気になるが，前述の拠出金決定の行政処分性が否定されるものではないと解される。取消訴訟の被告は，行政事件訴訟法11条2項により，機構ということになろう（そのような争い方により，不支給決定が取り消された例として，東京地裁平成20・5・22判例タイムズ1284号162頁）。

[3] 石綿による健康被害救済のための拠出金

石綿健康被害救済拠出金　　平成18年には,「石綿による健康被害の救済に関する法律」が制定された[59]。この法律は,既存の労災補償等の制度により救済できない被害者の救済及び労災補償を受けずに死亡した労働者の遺族に対し救済する目的で制定されたものである。前者は「救済給付」,後者は「特別遺族給付金」として制度化されている。認定は,当該認定に係る指定疾病の療養を開始した日（その日が当該認定の申請のあった日の3年前の日前である場合には,当該申請のあった日の3年前の日）まで遡って効力を生ずる。

救済給付　　救済給付は,独立行政法人環境再生保全機構が,医療費,療養手当,葬祭料,特別遺族弔慰金,特別葬祭料,救済給付調整金の6種類の給付を行なう（3条）。機構は,日本国内において石綿を吸入することにより指定疾病（中皮腫,気管支又は肺の悪性新生物その他石綿を吸入することにより発生する疾病であって政令で定めるもの）にかかった旨の認定を受けた者に対し,その請求に基づき,医療費を支給する（4条1項）。この「認定」は,医療費の支給を受けようとする者の申請に基づき,機構が行なう（4条2項）。同認定は,後述のように行政処分である。

医療費を支給する原則であるが,被認定者が石綿健康被害医療手帳を提示して指定疾病について保険医療機関から医療を受けた場合においては,機構は,医療費として支給すべき金額の限度において,その者が当該診療に関し当該保険医療機関に支払うべき費用を,当該被認定者に代わり,当該保険医療機関に支払うことができる（13条1項）。この支払いがあったときは,当該被認定者に対し医療費の支払いがあったものとみなされる（13条2項）。保険医療機関による代理受領といえる。機構は,被認定者の請求に基づき,政令で定める額（施行令4条により103,870円）の療養手当を支給する（16条1項）。

機構が行なった処分のうち,①認定又は救済給付の支給に係る処分につい

59　アスベスト被害に係る法的対応を幅広く検討した文献として,柳憲一郎「アスベスト被害救済法――アスベスト被害とその法的対応――」岩間徹＝柳憲一郎編『環境リスク管理と法――浅野直人教授還暦記念論文集』（慈学社出版,平成19年）151頁がある。

ては，公害健康被害補償不服審査会に，②後述の 2 項一般拠出金[60]及び特別拠出金の徴収に係る処分については環境大臣に，それぞれ審査請求を行なうことができる（75 条）。

救済給付の財源　救済給付の財源を確保するために，独立行政法人環境再生保全機構に「石綿健康被害救済基金」を設け（31 条 1 項），政府からの交付金，地方公共団体から拠出された資金のほか，労災保険適用事業主からの一般拠出金（厚生労働大臣経由）（35 条 1 項），船舶所有者からの一般拠出金（35 条 2 項），特別事業主からの特別拠出金（47 条）が，この基金に組み入れられる。この財政の仕組みは，救済給付の性格が，「民事責任や国家賠償責任と切り離して，事業主，国，地方公共団体など幅の広い事業者から広く薄く費用負担させ，社会全体で石綿被害を救済するという考え方」に立つもので，「汚染者負担原則を踏まえた集団的原因者負担論の考え方に依拠する公法上の負担」であるとする理解[61]がある。

一般拠出金　一般拠出金（2 項一般拠出金を除く）は，厚生労働大臣が，労災保険の保険関係が成立している事業の事業主から毎年度徴収し（35 条 1 項），そこから徴収費用を控除した後の金額を機構に交付することとされている（36 条）。労働保険徴収法の一般保険料計算の基礎となる賃金総額に一般拠出金率を乗じて得た額とされている（37 条 1 項）。そして，一般拠出金率は，「救済給付の支給に要する費用の予想額」，32 条 1 項の規定による交付金及び同条 2 項の拠出金があるときはそれらの額並びに「指定疾病の発生の状況その他の事情を考慮して」政令で定めるところにより，環境大臣が厚生労働大臣及び事業所管大臣と協議して定めることとされている（37 条 3 項）。したがって，規定の形式において，労災保険率の定め方（労働保険徴収法 12 条 2 項）の延長上にあるように見える。当該事業が原因の健康被害であるとは限らないにもかかわらず，拠出義務を負わせるのに，このような環境大臣への包括的な委任が認められるのか，かなりの疑問がある。次の特別拠

---

[60]　石綿被害救済法 35 条 1 項による労災保険の保険関係が成立している事業の事業主から徴収するのが「1 項一般拠出金」であり，同条 2 項により船舶所有者から徴収するのが「2 項一般拠出金」である。

[61]　柳憲一郎・前掲論文 165 頁 - 166 頁。

出金に比べて，租税の色彩が強いともいえる。

　特別拠出金　これに対して，特別拠出金は，原因者による共同拠出の性質をもつといってよい。石綿の使用量，指定疾病の発生の状況その他の事情を勘案して政令で定める事業主を「特別事業主」として，特別事業主が毎年度特別拠出金を機構に対して納付する義務を負っている（47条）。厚生労働大臣経由でないところが一般拠出金と異なっている。特別拠出金の額の算定方法は，石綿の使用量，指定疾病の発生の状況その他の事情を考慮して政令で定めることとされている（48条1項）。この政令の制定又は改廃にあたって，立案をするときは，環境大臣は，中央環境審議会の意見を聴かなければならない（48条2項）。「特別事業主」の定め及び特別拠出金の算定方法を政令に委ねていることを法的にいかに見るかが一つの論点である。原因者負担の共同拠出の性質が強いとしても，その範囲をどう画するか，どこまで負担を求めるかなどは，やはり法律で定めることが望ましい。実際に，政令12条の特別事業主の要件規定及び13条の特別拠出金算定方法の定めは，政令で定めなければならないほどの内容ではない。

　これらの拠出金について，国民健康保険料に関して最高裁大法廷平成18・3・1（民集60巻2号587頁）の述べたような「憲法84条の趣旨が及ぶ」という論理が妥当すると見た場合に，あまりに包括的な政令への委任のように思われてならない。

　特別遺族給付金とその財源　特別遺族給付金は，死亡労働者の遺族であって，労災保険法の規定による遺族補償給付を受ける権利が時効によって消滅したものに対し，その請求に基づき支給される（59条1項）。特別遺族給付金は，特別遺族年金又は特別遺族一時金とされている（59条2項）。特別遺族給付金の請求については，除斥期間が設けられている。すなわち，施行日から6年を経過したとき（61条1項後段の規定により次順位者に支給する特別遺族年金にあっては先順位の遺族の権利が消滅した時から，62条2号の規定により支給する特別遺族一時金にあっては特別遺族年金を受ける権利を有する者の権利が消滅した時から，6年を経過したとき）は，請求をすることができない（59条5項）。平成20年改正により，3年から6年に延長されたものである。施行日を起算点とする除斥期間制度にあっては，特別遺族給付金制度に関す

る周知が徹底してなされる必要がある。

　特別遺族給付金の支給に要する費用については，労働保険徴収法10条1項に規定する労働保険の事業に要する費用とみなし，これに充てるため同条2項に規定する労働保険料を徴収する（69条1項）。

［4］　自動車損害賠償保障事業賦課金

自動車損害賠償保障事業賦課金　　自動車損害賠償保障法の定める自動車損害賠償保障事業賦課金も，共同拠出の一例である。保険会社，組合，及び10条に規定する責任保険適用除外自動車のうち政令で定めるものを運行の用に供する者は，「政令で定める金額」を，同賦課金として政府に納付する（78条）。これは，政府の自動車損害賠償保障事業の財源とする趣旨である。この賦課金は，自動車安全特別会計「保障勘定」の歳入とされる（特別会計に関する法律213条）。また，責任保険の被保険者以外の者が損害賠償の責任を負う場合に政府が損害の塡補をした場合には，損害賠償責任を有する者からは，「政令で定める過怠金」を徴収できる（79条）。いずれも，「自動車損害賠償保障事業賦課金等の金額を定める政令」に定められている。

　同政令2条別表第一によれば，賦課金の額は次のように計算される。

　　$N \times (25 \div 10{,}000) + (E - A) \times K \div (K + 4) \times (6 \div 1{,}000)$

　　　N：純保険料又は純共済掛金の金額
　　　E：付加保険料又は付加共済掛金の金額
　　　A：責任保険又は責任共済の契約の手続に要する費用の額に相当する金額として国土交通大臣が金融庁長官（農業協同組合等が締結する責任共済の契約に係るものにあっては農林水産大臣，消費生活協同組合等が締結する責任共済の契約に係るものにあっては厚生労働大臣，事業協同組合等が締結する責任共済の契約に係るものにあっては事業所管大臣）に協議して告示で定める金額
　　　K：年に換算した保険期間又は共済期間

　過怠金の額についても，政令の別表第2に算定式がある。

　これらの政令への委任は，ほぼ白紙委任に近いといってよい。過怠金については，損害賠償責任を負う者からの取立てであるので，特に問題はない。

しかし，賦課金は，租税の場合なら許されないであろう。政府の自動車損害賠償保障事業は，自動車の運行によって生命又は身体を害された者がある場合において，自動車の保有者が明らかでないため被害者が同法3条の規定による損害賠償の請求をすることができないときに，被害者の請求により政令で定める金額の限度において，損害を補塡する事業である（責任保険の被保険者，責任共済の被共済者以外の者が受けた損害にも，同様の補塡）。通常の損害賠償の追及ができない場面で政府が補塡する財源を，保険会社等（10条の適用自動車の運行供用者を除く）が負担するのは，いずれ保有者が明らかになれば補償をしなければならない立場にあることに鑑み，保有者不明の事故について，保険会社等が共同負担するものである。したがって，抽象的には，保険会社等の事業利益に伴う負担であるので，政令でもかまわないということであろうか。

5　社会保障財政行政法

[1]　社会保障財政行政法とは
社会保障財政行政法として論じようとする内容　社会保障財政の運営において行政権が関与する場面が多い。そのような場面において行政法の仕組みがどのようになっているのか，それが，社会保障財政行政法である。社会保障財政の運営について，行政手続の法制度との関係がどのようになっているのか，不服申立ての仕組みがどのようになっているのか，さらに社会保障財政に関係する紛争についての訴訟の途がどのようになっているのか，などを考察しようとするものである。
社会保障財政行政法の三つの側面　社会保障財政行政法は，以下の三つの側面に大別されると思われる。
　第一に，社会保障財源を私人から徴収する場面における行政法である。社会保障目的の私人の負担は，大きく分けて租税と社会保険料である。租税に関しては，租税法の仕組みによるので，本書で触れることはしない。そこで，主として社会保険料に焦点をおいて考察したい。もっとも，実質的に租税でありながら，形式的に租税として扱われていない徴収金も存在する。その典

型は，児童手当拠出金である。政府は，厚生年金保険法の事業主，私立学校教職員共済法による学校法人等，地方公務員等共済組合法における団体，国家公務員共済組合法における連合会その他の団体（これらを「一般事業主」と総称）から事業主拠出金を徴収するものとし，一般事業主はそれを納付する義務を負っている（児童手当法 20 条 1 項・2 項）（本書第 5 章 2 ［2］を参照）。

第二に，社会保障給付の場面における行政法である。個別の社会保障給付の内容自体の検討は社会保障法学に委ねることとし，本書においては，給付が財政運営に影響する観点から，行政法的枠組みの検討にとどめたい。なぜ本書が取り上げるかというと，社会保障給付に関する行政法の仕組みが財政状況に大きく影響するからである。

第三に，社会保障財政に関しては，国，都道府県，市町村の間の政府間関係の理解が不可欠である。また，社会保障目的で設立されている公法人も「政府」の延長上の権利主体として重要な役割を果たし，本来の政府も含めた社会保障財政の構造に組み込まれている。

［2］ 社会保障財政行政過程と行政法的問題

社会保障の財政に係る不利益処分　社会保障財源を確保するために社会保険料等の金銭を賦課する場面がある。このような場面は，「納付すべき金銭の額を確定し，一定の額の金銭の納付を命じ，又は金銭の給付決定の取消しその他の金銭の給付を制限する不利益処分をしようとするとき」に該当するので，行政手続法による不利益処分手続を要しない（同法 13 条 2 項 4 号）。

大量性のほか，金銭の問題であるから事後的救済で足りるという理解に基づいている。「納付すべき金銭の額を確定し，一定の額の金銭の納付」を命ずる処分として，国民健康保険料，健康保険料，介護保険料，国民年金保険料，厚生年金保険料の賦課，医療保険者に対し課する介護保険納付金・前期高齢者納付金・後期高齢者支援金，被用者年金保険者に対する基礎年金拠出金の賦課などがある。

社会保障関係の法律は，一定の場合には給付しない旨（給付制限）を定めていることが多い。たとえば，国民健康保険法について見てみよう。以下に述べるように，多くは健康保険法にも共通の規定が見られる。また，健康保

険法のみに見られる規定もある[62]。

① 被保険者が，自己の故意の犯罪行為により，又は故意に疾病にかかり，又は負傷したときは，療養の給付等は行なわない（60条，健保法116条も同趣旨）。

② 被保険者が闘争，泥酔又は著しい不行跡によって疾病にかかり，又は負傷した場合は，療養の給付等の全部又は一部を行なわないことができる（61条，健保法117条も同趣旨）。

③ 被保険者又は被保険者であった者が正当な理由なしに療養の指示に従わないときは，療養の給付等の一部を行なわないことができる（62条，健保法119条も同趣旨）。

④ 被保険者若しくは被保険者であった者又は保険給付を受ける者が，正当な理由なしに国保法66条の命令に従わず，又は答弁若しくは受診を拒んだときは，療養の給付等の全部又は一部を行なわないことができる（63条，健保法121条も同趣旨）。

さらに，保険料滞納の場合の保険給付の全部又は一部の一時差止め制度も存在する（63条の2第1項・2項）。また，雇用保険法は，独特の給付制限規定を用意している（公共職業安定所の紹介する職業に就くこと又は公共職業安定所長の指示した公共職業訓練等を受けることを拒んだ場合についての32条，被保険者が自己の責めに帰すべき重大な理由によって解雇され又は正当な理由がなく自己の都合によって退職した場合についての33条）。

このような給付制限や一時差止めは，行政手続法13条2項4号にいう「給付を制限する不利益処分」に該当すると解される。

個別法が行政手続法の適用除外を定めている場合もある。生活保護法29条の2は，同法4章の規定（章名は「保護の機関及び実施」）による処分について行政手続法第3章（12条及び14条を除く）の規定は適用しないとしてい

---

62 健康保険にあっては，「偽りその他不正の行為により保険給付を受け，又は受けようとした者に対して，6月以内の期間を定め，その者に支給すべき傷病手当金又は出産手当金の全部又は一部を支給しない旨の決定をすることができる。ただし，偽りその他不正の行為があった日から1年を経過したときは，この限りでない」（健保法120条）。

る。したがって，不利益な保護変更決定（25条2項），保護の停止・廃止（26条）については，処分基準の設定及び理由の提示の規定を除いて，不利益処分手続に関する規定は適用されない。また，労働保険徴収法36条の2は，同法（33条2項及び4項を除く）の規定による処分については，行政手続法第2章及び第3章の規定は適用しない，と定めている。

不正利得の徴収等　社会保障の仕組みにおいて，不正利得は，その財政を脅かすものとして，予防し，かつ，実際に生じた不正利得は回復しなければならない。給付に関する不正利得とともに，医療保険等にあっては報酬の不正取得も問題となる。若干の法律の規定を見ておこう。

国民健康保険法65条1項は，「偽りその他不正の行為によって保険給付を受けた者があるときは，保険者は，その者からその給付の価額の全部又は一部を徴収することができる」としている（同趣旨の規定は，健保法58条1項，高齢者医療確保法59条1項にも置かれている）。そして，保険医療機関において診療に従事する保険医又は健康保険法88条1項に規定する主治の医師が，保険者に提出されるべき診断書に虚偽の記載をしたため，保険給付が行なわれたものであるときは，当該保険医又は主治の医師に対し，保険給付を受けた者に連帯して徴収金を納付すべきことを命ずることができる（65条2項。同趣旨の規定は，高齢者医療確保法59条2項にも置かれている。健保法58条2項は，同趣旨に加えて，事業主が虚偽の報告若しくは証明をして保険給付を受けたものであるときは，事業主に連帯して納付すべきことを命ずることができる旨を付加している）。さらに，保険医療機関又は指定訪問看護事業者が偽りその他不正の行為によって療養の給付に関する費用の支払い，同法52条3項若しくは54条の2第5項の規定による支払いを受けたときは，当該保険医療機関又は指定訪問看護事業者に対し，支払った額につき返還させるほか，その返還させる額の100分の40の額を支払わせることができるとされている（65条3項。同趣旨の規定は，健保法58条3項及び高齢者医療確保法59条3項にも置かれている）。保険医療機関等が診療報酬の不正請求をして診療報酬を受けた場合の規定である。健康保険にあっては，偽りその他不正の行為により保険給付を受け又は受けようとした者に対しては，6月の期間内で保険給付をしない旨の決定（給付停止決定）をすることもできる（健保法120条）。

なお，診療報酬の不正請求の発見に関係するのが，保険医療機関に対する報告の求め，質問検査である。たとえば，国民健康保険法45条の2第1項は，厚生労働大臣又は都道府県知事は，療養の給付に関して必要があると認めるときは，保険医療機関等若しくは保険医療機関等の開設者若しくは管理者，保険医，保険薬剤師その他の従業者であった者に対し，報告若しくは診療録その他の帳簿書類の提出若しくは提示を命じ，保険医療機関等の開設者若しくは管理者，保険医，保険薬剤師その他の従業者（開設者等であった者等を含む）に対し出頭を求め，又は当該職員に関係者に対して質問させ，若しくは保険医療機関等について設備若しくは診療録，帳簿書類その他の物件を検査させることができるとしている（高齢者医療確保法72条1項も同趣旨）。健康保険法78条1項も同趣旨を定めている。同条について，大阪地裁平成20・1・31（平成19（行ウ）166・167）（判例タイムズ1268号152頁）は，「監査」権限と称したうえ，「監査権限を認めた趣旨は，健康保険制度が保険料の拠出と国庫の負担によって運用されていることに鑑み，保険医療機関等の診療内容又は診療報酬の請求について，不正又は著しい不当が疑われる場合等において，的確に事実関係を調査，把握し，公正かつ適切な措置を採ることができるようにすることにより，保険診療の質的向上及び適正化を図ろうとしている点にあると解される」とし，監査の目的が行政庁の適切な措置を採るための情報収集にあり，「同法が監査の範囲，程度，時期，場所等についての細目的事項を定めていないことからすれば，同法は，監査方法の細目を厚生労働大臣の裁量に委ねたものと解される」とした。

　健康保険法80条は保険医療機関等の指定の取消しを定めるものであり，また，81条は，保険医等の登録の取消しを定めるものである。国民健康保険法や高齢者医療確保法にあっては，報告・質問検査の規定のなかに，知事は，保険医療機関等に対し健康保険法80条の規定による処分が行なわれる必要があるとき又は保険医等につき同法81条の処分が行なわれる必要があると認めるときは，理由を付して，その旨を厚生労働大臣に通知しなければならないとする規定が置かれている（国保法45条の2第5項，高齢者医療確保法72条3項）。

　介護保険法も，「偽りその他不正の行為によって保険給付を受けた者があ

るときは，市町村は，その者からその給付の価額の全部又は一部を徴収することができる」(22条1項)とし，指定居宅サービス事業者等が「偽りその他不正の行為により」支払いを受けたときは，当該指定居宅サービス事業者等に対し，その支払った額につき返還させるほか，返還額の40％相当額を支払わせることができるとしている[63]。児童手当法も，偽りその他不正の手段により児童手当の支給を受けた者から，受給権に相当する金額の全部又は一部を徴収することができるとしている (14条)。

これらは，「一定の額の金銭の納付を命」ずる処分と「金銭の給付決定の取消し」の性質とを併せもつ処分と解することができる。

雇用保険法10条の4第1項は，「偽りその他不正の行為により失業等給付の支給を受けた者がある場合には，政府は，その者に対して，支給した失業給付の全部又は一部を返還することを命ずることができ，また，厚生労働大臣の定める基準により，当該偽りその他不正の行為により支給を受けた失業等給付の額の2倍に相当する額以下の金額を納付することを命ずることができる」と規定している。この規定も，「一定の額の金銭の納付を命」ずる処分と「金銭の給付決定の取消し」の性質とを併せもつ処分と解することができる。

不正利得の徴収について，法律が「命ずることができる」(国保法65条2項，健保法58条2項，雇用保険法10条の4第1項)と表現している場合は，行政処分としての命令がなされるものと解してよいであろう。これに対して，単に「徴収することができる」等という文言の場合 (国保法65条1項・3項，介護保険法22条1項・3項) に，支払いを命ずる行政処分の介在を予定しているのか，それとも行政処分なしに徴収することを予定しているのかが問題になる[64]。このような場合は，「一定の額の金銭の納付を命」ずる処分と

---

[63] 京都地裁平成18・9・29判例集未登載は，この規定に基づき，指定居宅サービス事業者に返還金及び加算金の支払いを命じるとともに，商法266条の3第1項 (会社法429条1項に相当する規定) に基づき，同事業者 (会社) の代表取締役に支払いを命じた。

[64] 「徴収する」の文言があっても，それは必ずしも返還命令の意味をもつものではない可能性を示唆するものとして，中川丈久ほか編『公法系訴訟実務の基礎』(弘文堂，平成20年) 421頁。

「金銭の給付決定の取消し」の性質とを併せもつ処分が予定されていると見るのが自然であるように思われる。国民健康保険法65条や介護保険法22条にあっては、それぞれの第2項にのみ「命ずることができる」として行政処分を窺わせる条文があるが、当然に横並びで行政処分方式を採用したものと解される。後述の強制徴収の対象となる仕組みも考えると、行政処分なしにいきなりの強制徴収を考えることは難しいし、民事訴訟の勝訴判決を得た後における強制徴収も不自然である。

　ところが、この点について、介護保険法（平成20年法律第42号による改正前のもの）22条3項の「その支払った額につき返還させるほか、その返還させる額につき100分の40を乗じて得た額を支払わせることができる」という規定を根拠にして、介護保険の保険者である市が原告となって事業者を被告として提起した支払請求訴訟に関して、請求が認容された事例がある（京都地裁平成18・9・29判例集未登載）。市が何ゆえこのような訴訟に及んだのかは明らかでない。あるいは、商法266条の3第1項（会社法429条1項に相当する規定）に基づき事業者の代表取締役らに対する損害賠償請求を併合提起する必要があったことによるのかも知れない。この判決において、「公法上の当事者訴訟」という文言が用いられているわけではなく、むしろ民法上の不当利得を連想させるように「利得」の文言を用いているともいえるが、訴訟費用の負担について、行政事件訴訟法7条を掲げたうえ、民事訴訟法の各規定を列挙しているところからみて、公法上の当事者訴訟として扱っているものと推測される。

　また、岡山地裁平成18・1・31（判例集未登載）は、住民訴訟の事件であるが、医療法人の経営する病院が特別養護老人ホームの入所者らに係る歯科医療給付を不正に受給したとして医療法人を被告として提起された住民訴訟の旧4号請求（返還請求）を認容した。この事案は、老人保健法42条3項（国保法65条3項に相当する条文）に基づく不正利得の返還請求及び加算金の支払請求であった。この旧4号請求を認容した部分は、行政処分がなされていなくても、返還請求できることを認めたものといえる。なお、この判決は、同時に市長が支払請求を怠る事実の違法確認請求（3号請求）も認容している。

このような裁判例に接すると、徴収をするのに、①もっぱら行政処分によらなければならないのか、②公法上の当事者訴訟（あるいは民事訴訟）によらなければならないのか、又は③行政処分と当事者訴訟（あるいは民事訴訟）との選択が許されるのかという問題が提起されるであろう。行政処分を認識できる場合には、行政上の強制徴収の途が開かれているときには民事の手続によることができないという判例法理（最高裁昭和41・2・23民集20巻2号320頁）を、このような場面においても用いるかという問題を提起することになる。筆者として、自信をもつことはできないが、強制徴収の認められる場合は、もっぱら強制徴収によると考えてよいと思われる。たとえば、厚生年金の不正利得に関して、受給額相当額の全部又は一部を徴収することができるとされている（厚年法40条の2）。そして、厚生年金保険法89条が「保険料その他この法律の規定による徴収金は、この法律に別段の規定があるものを除き、国税徴収の例により徴収する」と定める中の「その他の徴収金」に40条の2に定める不正利得金が含まれるという解釈によるときは[65]、もっぱら強制徴収によるべきであって、その前提として、不正利得返還命令を先行させることになろう[66]。

なお、不正利得の徴収と別の処分として、一定期間にわたる給付を停止する制度が用意されている場合がある。健康保険法120条は、「保険者は、偽りその他不正の行為により保険給付を受け、又は受けようとした者に対して、6月以内の期間を定め、その者に支給すべき傷病手当金又は出産手当金の全部又は一部を支給しない旨の決定をすることができる。ただし、偽りその他不正の行為があった日から1年を経過したときは、この限りでない」と規定している。

これらの給付の停止について二つの点を検討したい。

第一に、「全部又は一部」という選択を認め、かつ「できる」規定により、幅広い効果裁量を認めているように見えることである。個別の事情を総合的に判断する必要があるにしても、少なくとも処分基準を定めておくべきであ

65　法研・厚生年金保険法解説1020頁－1021頁。
66　遺族厚生年金の不正利得の場合に民事訴訟としての不当利得返還請求によるとする見解がある（中川丈久ほか編・前掲注64, 419頁）。

る[67]。

　第二に，これらの不利益処分は，行政手続法13条2項4号の「納付すべき金銭の額を確定し，一定の額の金銭の納付を命じ，又は金銭の給付決定の取消しその他の金銭の給付を制限する不利益処分をしようとするとき」に該当すると解されており[68]，同条1項の「聴聞」又は「弁明の機会の付与」は義務付けられていないことになる。ただし，同法14条による理由の提示は適用除外とされていない。聴聞を行なうことが困難であるとする判断には相応の理由があると思われるが，弁明の機会の付与であるならば，それほどの困難を伴うとは思われない。実質的にも弁明の機会に相当する手続を踏まなければ不正利得の徴収にまで進めることができないはずである。大量的に発生する金銭賦課処分と，稀に発生するにとどまる不正利得の徴収とを，行政手続に関して同じに扱うことに根本的な問題があるといわなければならない[69]。

　次に，不正利得徴収に関する強制徴収の仕組みについても，検討する必要がある。保険料についての定めをもつ法律にあっては，「保険料その他この法律の規定による徴収金」として，強制徴収の対象としている。この「徴収金」には不正利得の徴収金も含まれると解されている。そして，国税徴収の例により処分することができるとされているものがある（労働保険徴収法26条3項，国年法96条4項，厚年法86条5項，健保法180条4項）。地方公共団体の徴収金については，自治法231条の3第3項の規定による「法律で定める歳入」とされている（国保法79条の2，介護保険法144条，高齢者医療確保法113条）。

　法律の読み方の難しいのが，児童手当法である。「偽りその他不正の手段により児童手当の支給を受けた者があるときは，市町村長は，受給額に相当

67　行政手続法12条1項は，不利益処分の処分基準を定め，かつ，これを公にしておくことを行政庁の努力義務としている。

68　高橋滋『行政手続法』（ぎょうせい，平成8年）270頁，南博方＝高橋滋編『注釈行政手続法』（第一法規，平成12年）217頁，IAM＝行政管理研究センター編『逐条解説行政手続法18年改訂版』（ぎょうせい，平成18年）192頁。

69　ちなみに，理由の提示との関係においては，大量的に発生する金銭賦課処分については適用除外とする立法政策が採用されている（労働保険徴収法36条の2）。

する金額の全部又は一部をその者から徴収することができる」(14条)と定めつつ,「拠出金その他この法律の規定による徴収金の徴収については,厚生年金保険の保険料その他の徴収金の徴収の例による」(22条1項)と定めている。「拠出金の徴収主体」と「不正利得金の徴収主体」とが異なるにもかかわらず,このように定めて,22条1項の「この法律の規定による徴収金」には,同法14条の不正利得の徴収金も含めているものと解されている[70]。「徴収の例」とされる厚生年金保険法の規定は,同法83条,83条の2,85条及び86条から89条までの規定であるとされている。やや異質の規定により強制徴収を可能にする立法方法である。

これに対して,生活保護法78条は,「不実の申請その他不正な手段により保護を受け,又は他人をして受けさせた者があるときは,保護費を支弁した都道府県又は市町村の長は,その費用の全部又は一部を,その者から徴収することができる」と定めているものの,強制徴収について定めるところがない。法律の定めがない限り強制徴収は許されないので,民事の執行手続によるほかはない[71]。児童福祉法57条の2第3項は,対照的に,自治法231条の3第3項に規定する「法律で定める歳入」とする旨を規定している。

なお,保険医療機関等や介護事業者の不正行為に対しては,指定取消しを行なうこともできる(健保法80条3号,介護保険法77条1項5号,78条の9第8号など)。ただし,当該地域における唯一の事業者である場合などにおいては,敢えて指定を取り消すことを控えざるを得ないこともあろう。また,取消処分についての効力停止の申立てが認められる場合もあろう(東京高裁決定昭和54・7・31判例時報938号25頁,静岡地裁決定昭和59・6・25判例タイムズ534号157頁,名古屋地裁決定平成11・7・1判例地方自治206号82頁,大阪高裁決定平成18・1・20判例集未登載,甲府地裁決定平成18・2・2判例集未登載,岡山地裁決定平成18・10・2判例集未登載,岡山地裁決定平成20・1・30判例集未登載,その抗告審・広島高裁岡山支部決定平成20・4・25判例集未登

---

70 児童手当制度研究会・児童手当法の解説151頁。阿部・行政法解釈学Ⅰ562頁は,否定説か。

71 同旨,栃木県弁護士会・生活保護法の解釈と実務235頁,阿部・行政法解釈学Ⅰ562頁。

載，佐賀地裁決定平成21・1・19判例集未登載)。

社会保障給付に係る過誤払いの是正　不正利得の場合以外にも，過誤払いが生ずることがある。しかし，過誤払いを前提にする法律の規定は，意外と少ない。たとえば，年金に関して，偽りその他不正の手段による受給，すなわち不正利得に関する徴収規定（国年法23条，厚年法40条の2）はともかく，それ以外は，年金の受給権者が死亡したためその受給権が消滅したにもかかわらず，その死亡の日の属する月の翌月以後の分として当該年金たる保険給付の過誤払いがなされた場合に，当該返還金債権に係る債務の弁済をすべき者に支払うべき年金たる保険給付があるときは，当該年金たる保険給付の支払金の金額を当該過誤払いによる返還金債権の金額に充当することができる旨の規定（国年法21条の2，厚年法39条の2，労災保険法12条の2）が見られる程度である。生活保護法にあっては，過誤払いといえるかどうかはともかく，被保護者に対して民法の規定により扶養の義務を履行しなければならない者があるときに，その義務の範囲内において，保護費を支弁した都道府県又は市町村の長が，その費用の全部又は一部をその者から徴収できる旨の規定（77条1項）及び不正受給の場合の徴収規定（78条）があるのみである。生活保護にあっては，被保護者の態度等から単純過誤払いと認定せず，不正受給の認定をすることが多いと推測されるが，単純過誤払いの存在する可能性があることには変わりない。

　単純過払いの場合に，返還請求が認められるか否かが問題となる[72]。

　東京地裁平成9・2・27（判例時報1607号30頁）は，平成2年6月15日付けで，原告が厚生年金保険法上の通算老齢年金の支給を受けていることを理由に，障害基礎年金につき，昭和61年4月分に遡って同通算老齢年金相当額の支給を停止した処分の適法性について判断している。併給調整規定による併給調整をすべきであるにもかかわらず，調整せずに併給がなされ，受給者も支給停止事由に該当することを知らなかったという事実認定の下に，約4年間にわたって併給されたことにより，併給が適法であると原告が誤信

---

[72] 行政行為の取消権の制限の問題として検討するものとして，乙部哲郎『行政行為の取消と撤回』（晃洋書房，平成19年）323頁以下がある。そこでは，取消権制限の根拠は信頼保護原則に求めるべきであるとしている。

したことについて原告の責めに帰すべき事情はなく，併給継続は原告にその受領に理由があることに信頼を与える公的見解と同視することができるとした[73]。既払金を生活のために費消したことは，支払いが正当であるとの信頼によるものであって，その利益が現存していないことも優に推認できるのであるから，既払分の返還を請求することは不可能を強いるに等しいとしたうえ，次のように述べた。

「右金額をその後の障害基礎年金の内払いとみなすことは，自己の責に帰さない事由による過払年金の返還資金のために生活保護の受給を余儀なくさせることになるから，右過払金を原告の負担において返還させることの公益性は相当程度に減殺されたものといえるし，これを強制するときは，原告の責に帰さない事由による過払金の返還のために個人の尊厳及び自律への侵害の危険のある資産，健康等の調査を甘受すべき地位に置かれることを考えれば，原告に右過払金の返還を余儀なくさせる処分は，公共の福祉の要請に照らしても著しく不当というべきである。」

ただし，判決は，この処分は，支給停止事由の確認と法的支給根拠の喪失を宣言するものであって，過払金についての返還又は調整は，別に履行督促（債権管理法13条2項）あるいは支払調整を違法ならしめるにとどまるものであって，併給調整規定そのものは有効であるから，これを取り消すべき違法はないとした。

裁定の取消し　次に，1審と2審の判断が分かれた例として注目されるのが，年金裁定の誤りを理由として，従前の裁定を取り消し，過去に遡った減額裁定（再裁定）をすることの許否を扱った事件である。原告は，これらの処分の取消しと，再裁定処分を前提に内払調整により支払った過払金相当額及び遅延損害金の返還並びに国が主張している残債権の不存在確認を求めた。

1審の東京地裁平成16・4・13（訟務月報51巻9号2304頁）は，授益的行政行為の取消しに関する一般論を次のように展開した。

「授益的行政行為が取り消し得るものであるか否かについては，当該

---

[73] この部分は，租税事件に関する信義則の適用を扱った最高裁昭和62・10・30訟務月報34巻4号853頁に依拠した判断である。

処分を取り消すべき公益上の必要性と処分の相手方の信頼保護の必要性とを比較衡量し，処分を取り消すべき公益上の必要性が関係者の信頼を覆してもやむを得ないほどのものである場合に初めて取消しが認められるものと解すべきである。

　そして，その比較衡量に当たっては，取消しが行われる時期・取消しにより失われる利益等の具体的事情から判断される取消しにより生じる相手方の不利益，取消しによる不利益の緩和措置（取消しの遡及効の制限を含む。）や代償措置の有無，当該処分の違法や程度の内容，当該処分の違法状態が存続することにより第三者に与える影響を具体的に考慮すべきであり，また，違法状態が発生することについて相手方自身の行為が関与しているか否かも考慮の要素となるものと解される。」

具体の事案に関して，この考慮方法を当てはめて，前裁定の取消しは，前裁定から26年という長期が経過してからなされたものであるうえ，その取消しは昭和50年11月まで遡ってなされ，内払調整による支払いの際に調整金額について原告の意向を聞く等のことはされたものの，前裁定の取消しそのものによる不利益についての緩和措置はとられていないこと，前裁定の違法は直接第三者に特段の不利益を生じることがないこと，過去の過払分の返還をせざるを得なくすることは原告及びその家族にとって著しい不利益を生じさせること，を挙げたうえで，次のように判断した。

　「限られた財源の中で年金の支給を行っている状況の中，特定の者に対して法に定められた金額よりも多額の支給をすることは，他の受給者との公平の観点からも許されず，前裁定を取り消さざるを得ない公益上の必要性は一定程度認められるものの，その必要性は，前裁定の取消しにより原告に生じる著しい不利益と比較した場合，大きなものといえないことは明らかであり，後記のとおり，前裁定の誤りについて原告に何らかの落ち度があったとも認められない以上，前裁定を既支給分にさかのぼって取り消すことは，許されないというべきである。」

なお，この判決は，国の原告に対する過払金返還請求権は民法上の不当利得返還請求権にほかならないとして，原告に現存利益がなく，原告に受益についての悪意があったと認めるに足りる証拠はないとも述べている。また，

事後の厚生年金による内払調整による回収についても，次のように述べて違法であるとしている。

「障害年金は，障害を負った労働者の生活の安定と福祉の向上に寄与するために支給されるものであるから，被告国は，特に法律に定めがない限り，その全額を受給者に支給すべきものであって，たとえ，受給者に対して何らかの請求権を有していてもこれを控除して支給することは許されず，当該受給者の意思いかんにかかわらず，障害年金を全額支給した上，請求権は別途行使すべきものである（厚生年金保険法41条は，この趣旨に基づくものである。）。そして，被告らがその内払調整の根拠とする同法39条2項は，いずれも年金の支給につき事後的な事情の変更によって過払が生じた場合に関するものであって，本件のように年金の裁定に当初から瑕疵があった場合を直接想定したものではなく，上記の趣旨に照らすと，同項を安易に類推ないし拡大解釈することは厳に慎むべきであるから，同項は本件内払調整を根拠づけるものとはいい難く，他にこれを根拠づける法令の規定は見当たらない。」

これに対して，控訴審の東京高裁平成16・9・7（判例時報1905号68頁）は，行政処分の取消権が制限される場合があることを認めつつ，次のように述べて，1審判決とは逆の方向に議論を進めている。

「授益的な行政処分がされた場合において，後にそれが違法であることが明らかになったときは，行政処分の取消しにより処分の相手方が受ける不利益と処分に基づいて生じた効果を維持することの公益上の不利益とを比較考量し，当該処分を放置することが公共の福祉の要請に照らし著しく不当であると認められるときには，処分をした行政庁がこれを職権で取消し，遡及的に処分がされなかったのと同一の状態に復せしめることが許されると解するのが相当である。」

そして，厚生年金保険を「所管する政府としては，年金財源が限られていることを踏まえ，無駄のない効率的な制度の運営を行い，年金の過誤払によって受給者間の平等，公平が害されることがないようにすることを強く要請されている」とし，内払いに関する法39条1項・2項及び充当に関する法39条の2は，このような法の趣旨の表れであるとし，次のように述べた。

「このような，法の趣旨にかんがみると，法は，年金の過誤払があった場合には，年金財源確保の見地から，可及的に返還を求めるべきことを公益上の必要としていることが明らかである。したがって，年金給付の裁定に当たって年金額決定の基礎に誤りがあり，本来の年金額よりも多額の裁定がされて支給された場合に，そのような年金の支給を容認することは，法の趣旨に反することが明らかであり，かかる違法な裁定の効果をそのまま維持することは，不当，不公平な結果を招来し，公益に著しく反するものといわなければならない。」

本来保持することが許されない利益が奪われたことを意味するにすぎず，そのような利益は法的な保護に値しないとも述べ，結局，「前裁定を取り消すことなくその効果をそのまま維持することによって生ずる公益上の不利益は，前記のとおり極めて大きいといわなければならないのに対して，これを取り消すことによる不利益は，上記の範囲にとどまるのであって，両者を比較考量すれば，前裁定を取り消すことなく放置することは，公共の福祉の要請に照らし著しく不当であるといわなければならない」とした。

この判決の論理は，国籍要件を満たさない者に対する国民年金の裁定の取消しを適法とした東京地裁昭和57・9・22（行集33巻9号1846頁）に示されていたものである。さらに，遡れば，旧軍人遺族扶助料の返還請求に関する高松高裁昭和45・4・24（高民集23巻2号194頁）に示されていた考え方である。同判決は，同様の理由を挙げて扶助料の支給裁定の取消しは適法になされたものであり，法律上の原因を欠く利得であって，民法703条に基づいて利益の存する限度で返還義務を負うとした。ただし，現存利益は存しないとした[74]。

以上の裁判例の動向を見ると，「公益上の不利益」を重大視していることがわかる。しかし，「公益上の不利益」につき，過去に遡る返還までも含めるのは，公益の過剰な考慮といわなければならない。前記高松高裁判決の1審・松山地裁宇和島支部昭和43・12・10（行集19巻12号1896頁）が，取消しの原因が当事者の責めに帰すべき場合（詐欺その他の不正の手段による場

---

[74] 現存利益がある限り返還させるべきであるとする見解として，阿部・行政法解釈学Ⅰ170頁。

合）の外は，取消しの効果は当事者の不利益のためには遡及しないとし，裁定取消しの効果のうち遡及する部分は「無効」であるとしたのが参考になる。無効と見るか取消原因と見るかについては判断が分かれるであろうが，受給者に責めに帰すべき事情のない場合には，裁定取消しの効果は将来に向けてのみ適法であると解すべきものと思われる。

第三者に対する損害賠償請求権　給付の対象たる事故が第三者の行為によって生じた場合には，給付した行政主体が損害賠償請求権を取得すると定められている場合がある。典型例を挙げるならば，国民年金法22条は，次のように規定している。

>「政府は，障害若しくは死亡又はこれらの直接の原因となった事故が第三者の行為によって生じた場合において，給付をしたときは，その給付の価額の限度で，受給権者が第三者に対して有する損害賠償の請求権を取得する。」（1項）

>「前項の場合において，受給権者が第三者から同一の事由について損害賠償を受けたときは，政府は，その価額の限度で，給付を行う責を免かれる。」（2項）

この規定は，損害賠償請求権取得の実体法であって手続法ではない。損害賠償請求権は，当然に取得する趣旨であって，何ら特別の手続を要しない[75]。厚生年金保険法40条1項も，前記国民年金法22条1項と同趣旨を規定するが，40条2項は，「その価額の限度で，保険給付をしないことができる」として，保険給付をしないことを裁量的なものと位置づけている。

ところで，生活保護法は，困窮のため最低限度の生活を維持することのできない者に対して，医療扶助（15条）や介護補助（15条の2）の途を開いている。医療や介護を要する事態は，第三者の行為によって惹き起こされることもあり得る。しかし，社会保険関係各法と異なり，生活保護法は，損害賠償請求権取得の規定を置いていない。この点は，あまり問題にする必要がないと思われるが，なお，検討の余地があろう。

社会保障給付の相手方等に対する行政による調査　適正な社会保障給付を

---

[75]　同趣旨の規定は，健保法57条，国保法64条，高齢者医療確保法58条，介護保険法21条などに見られる。

行なうには，社会保障行政の担当職員による調査が不可欠であるといえる。

たとえば，年金行政を適正に遂行するには被保険者の実情を的確に把握しなければならない。そのために年金各法は，調査に関する規定を置いている。

国民年金法は，厚生労働大臣に対して，必要があると認めるときに，「被保険者の資格又は保険料に関する処分に関し，被保険者に対し，国民年金手帳，被保険者若しくは被保険者の配偶者若しくは世帯主若しくはこれらの者であった者の資産若しくは収入の状況に関する書類その他の物件の提出を命じ，又は当該職員をして被保険者に質問させること」を許容している（106条1項）。ここに「配偶者」や「世帯主」が登場しているのは，世帯主や配偶者に連帯納付義務が課されている（国年法88条）からであろう。

他方，厚生年金保険法は，「被保険者の資格，標準報酬，保険料又は保険給付に関する決定に関し，必要があると認めるときは，事業主に対して，文書その他の物件を提出すべきことを命じ，又は当該職員をして事業所に立ち入って関係者に質問し，若しくは帳簿，書類その他の物件を検査させる」権限を厚生労働大臣に付与している（100条1項）。厚生年金保険の行政が第一次的には被保険者ではなく事業主に対して行なわれることが，対照的な仕組みを採用する理由である。

生活保護行政においても，調査は重要な位置を占めている。保護の実施機関は，保護の決定又は実施のため必要があるときは，要保護者の資産状況，健康状態その他の事項を調査するために，要保護者について，当該職員に，その居住の場所に立ち入り，これらの事項を調査させ，又は当該要保護者に対して，保護の実施機関の指定する医師若しくは歯科医師の検診を受けるべき旨を命じることができるとされている（生活保護法28条1項）。要保護者が，この規定による立入調査を拒み，妨げ，若しくは忌避し，又は医師若しくは歯科医師の検診を受けるべき旨の命令に従わないときは，保護の実施機関は，保護の開始若しくは変更の申請を却下し，又は保護の変更，停止若しくは廃止をすることができる（同条4項）。さらに，保護の実施機関及び福祉事務所長は，保護の決定又は実施のために必要があるときは，要保護者又はその扶養義務者の資産及び収入の状況につき，官公署に調査を嘱託し，又は銀行，信託会社，要保護者若しくはその扶養義務者の雇主その他の関係人

に報告を求めることができる（29条）。

　医療保険にあっては，被保険者の保険料等の関係における調査，及び診療報酬の不正請求との関係における保険医療機関等に対する調査が重要である。

　健康保険法は，前者の関係で「厚生労働大臣は，被保険者の資格，標準報酬，保険料又は保険給付に関して必要があると認めるときは，事業主に対し，文書その他の物件の提出若しくは提示を命じ，又は当該職員をして事業所に立ち入って関係者に質問し，若しくは帳簿書類その他の物件を検査させることができる」としている（198条1項）。国民健康保険法も，「市町村は，被保険者の資格，保険給付及び保険料に関し必要があると認めるときは，被保険者若しくは被保険者の属する世帯の世帯主の資産若しくは収入の状況又は国民年金の被保険者の種別の変更若しくは国民年金法の規定による保険料の納付状況につき，官公署に対し，必要な書類の閲覧若しくは資料の提供を求め，又は銀行，信託会社その他の機関若しくは被保険者の雇用主その他の関係者に報告を求めることができる」としている（113条の2第1項）。

　後者の関係で，健康保険法は，「厚生労働大臣は，保険給付を行うにつき必要があると認めるときは，医師，歯科医師，薬剤師若しくは手当を行った者又はこれを使用する者に対し，その行った診療，薬剤の支給又は手当に関し，報告若しくは診療録，帳簿書類その他の物件の提示を命じ，又は当該職員に質問させることができる」としている（60条1項）。国民健康保険法も，同趣旨の規定を置いている（114条1項）。介護保険の仕組みは，やや異なるが，介護保険法に同様の規定が用意されている（76条1項，78条の6第1項，83条1項，90条1項，100条1項，112条1項，115条の6第1項，115条の15第1項，115条の24第1項）。いずれも都道府県知事又は市町村長の権限とされている。この調査は，一般には，「監査」と称されているようである。監査の結果，不正な請求が発見された場合には，返還を求めるとともに，保険医療機関等の取消しに至ることもある。

　受給権の保護　社会保障関係の法律は，給付を受ける権利につき，譲り渡し，担保に供し，又は差し押さえることができないこととして，受給権を保護している（国年法24条本文，厚年法41条1項本文）。ただし，年金にあっては，年金給付（厚生年金保険法にあっては保険給付）を受ける権利を別に法

律で定めるところにより担保に供する場合及び老齢基礎年金又は付加年金（厚生年金にあっては老齢厚生年金）を受ける権利を国税滞納処分（その例による処分を含む）により差し押さえる場合は，この限りでないとされている（国年法24条但し書き，厚年法41条1項但し書き）。

公課の禁止　社会保障給付に対する公課を禁止する法律がいくつか見られる。社会保障給付として支給を受けた金銭を標準として租税その他の公課を課することを禁止するものである。年金各法に基づく給付についても公課禁止原則が採用されているが，老齢基礎年金（及びその付加年金）（国年法24条），老齢厚生年金（厚年法41条2項），国家公務員共済・地方公務員共済の退職共済年金・休業手当金（国公共済法50条，地公共済法52条）については，この限りでないとされ，現に所得税の課税がなされている。「高年齢者等の雇用の安定等に関する法律」に基づき生活費の支給を受けていたとする認定によれば，その生活費が雇用対策法の規定に基づく手当を指すものと解され，給与所得なるものの全部又は一部が職業転換給付金であったとするならば，それに対しては雇用対策法17条により租税その他の公課が禁止されるのであるから，職業転換給付金が含まれるか否かを確定しないまま国民健康保険税の総所得金額に算入される給与所得があることを前提に国民健康保険税課税処分を適法とした原審判決は，審理不尽・理由不備の違法があるとした最高裁判決がある（最高裁平成9・11・11判例時報1624号74頁）。

社会保障受給権の消滅時効　社会保障受給権について，しばしば消滅時効が問題になる。時効の期間は，医療保険，介護保険，雇用保険などは2年の短期である（健保法193条1項，国保法110条1項，介護保険法200条，雇用保険法74条）。これに対して，年金については，5年とされている（国年法102条1項，厚年法92条1項）。同一の法律であっても，給付の性質（長短の区別）に応じて，2年と5年の時効期間を区別して定めている法律もある（国公共済法111条1項，地公共済法144条の23第1項，船員保険法5条1項，労災保険法42条）。年金に関しては，平成19年頃から大問題となり，特別の法律まで制定されるに至った（年金受給権の消滅時効に関しては，本書第4章4［2］を参照）。年金に限らず，各種の社会保障給付について時効が問題になる。しかし，その問題の表れ方は，社会保障の各分野により異なっている。

第一に，社会保障受給権の成立に私人の申請行為が必要とされている場合に，その申請行為を怠っている場合には，そもそも消滅時効が問題になることはない。その典型は，生活保護の場合である。申請保護の原則（生活保護法7条）の下にあっては，申請なしに生活保護受給権が成立しているということはあり得ない。しかも，申請がなされても，保護の決定なしに生活保護受給権が成立することはないと解される。このことは，「要保護者が急迫した状況にあるとき」になされる職権による保護（7条但し書き）の場合も変わりはない。

　第二に，受給権の消滅時効に関する規定が置かれていても，実際には時効の問題が起こり得ない場合があるとされている。児童手当法23条は，「児童手当の支給を受ける権利」は，2年を経過したときは，時効によって消滅する，と規定している。行政関係者の執筆と推測される書物によれば，支給要件に該当していても，市町村長等の「認定」を受けなければ権利は発生しないから，認定を受ける前は，時効の問題はそもそも起こりえないと述べている[76]。

　これは，同法7条が，「児童手当の支給を受けようとするときは，その受給資格及び児童手当の額について，住所地の市町村長（特別区の区長を含む。以下同じ。）の認定を受けなければならない」と定めていることについて，「児童手当の支給を受ける権利は，その支給要件に該当したときから潜在的に発生しているのではなく，本条に基づいて市町村長の認定を受けることによって初めて児童手当を受ける権利が発生するものである」とする理解と連動している。そして，この場合の「認定」は，年金給付を受ける権利についての「裁定」が一定の事実により年金受給権が発生している法律事実の存在を確定し宣言する確認行為であるのと異なり，自然の自由には存在しない新たな法律上の関係を設定する形成的行為（設権行為）としての法律行為的行政行為であると述べている[77]。

　以上のような理解に基づいて，時効は，認定を受けて発生している受給権であって，たとえば，平成18年6月支払期（支払日6月12日と仮定）に支

---

[76] 児童手当制度研究会・児童手当法の解説163頁。
[77] 以上，児童手当制度研究会・児童手当法の解説85頁‐86頁。

払われるべき児童手当の支払いを受けていない場合には、未支払いとなっている平成 18 年 2 月から 5 月までの分に係る時効の起算日は平成 18 年 6 月 13 日であるという[78]。

保険給付を受けるために先行する手続（給付自体に関する手続以外のもの）を要する場合がある。

介護保険法による保険給付を受ける権利についても、2 年を経過したときは、時効によって消滅するものとされている (200 条 1 項)。この場合には、要介護認定を受けていることが前提要件である。要介護認定を受けていない段階では権利そのものが成立していないから、時効は問題にならない。そして、認定を受けている者が、所定のサービスを受ける等の要件を充足したときから時効が起算される。ただし、介護給付費の支給については、特有の問題がある。被保険者が所定の介護サービスを受けた場合に、そのサービスに要した費用について、介護給付費として被保険者に支給すべき額の限度において、被保険者に代わり、サービス事業者に支払うことができ (41 条 6 項など)、この支払いがあったときは、被保険者に対し介護給付費の支給があったものとみなす制度が採用されている (41 条 7 項など)。事業者が介護給付費の請求を怠っていた場合においても、時効が進行してしまうという問題がある。この場合においても、介護給付費として支給すべき額の限度において、被保険者が事業者に支払うべき対価（介護報酬）が消滅しているといえるのであれば、被保険者が不利益を被ることはない。また、仮に消滅していないとしても、介護報酬は、民法 174 条 2 号の債権であると思われるので、介護報酬債権が 1 年の短期消滅時効にかかると解することができる。

第三に、消滅時効という法律の文言にもかかわらず、給付請求書の提出期間にほかならないとされる場合がある。労災保険法 42 条は、複雑な時効規定である。すなわち、療養補償給付、休業補償給付、葬祭料、介護補償給付、療養給付、休業給付、葬祭給付、介護給付及び二次健康診断等給付を受ける権利は、2 年を経過したとき、障害補償給付、遺族補償給付、障害給付及び遺族給付を受ける権利は、5 年を経過したときは、時効によって消滅すると

---

[78] 児童手当制度研究会・児童手当法の解説 164 頁。

規定されている。この保険給付については、保険給付請求書の提出後も、政府の支給決定があるまでは時効が進行すると解するのは不合理であり、保険給付請求書の提出があったときに時効の問題がなくなるのであって、労災保険法42条により時効消滅するのは「保険給付の支給決定を請求する権利」であるとする見解が通用している。そして、支給決定によって確定した給付金に対する請求権（年金にあっては支払期月ごとに生ずる支分権）は、会計法30条後段により、支給決定のあった日の翌日（その日以後に生じた年金の支払請求権については、支払期日の初日）から5年で時効消滅するとされる[79]。かくて、給付請求書の提出期間という除斥期間になじみやすい理解に立ちつつも、消滅時効であると解されているのである。

東京地裁昭和63・11・17（労働判例531号80頁）は、労災保険法42条の時効期間の起算点について規定が置かれていないので、民法166条1項を準用し権利を行使することができる時から進行すると解すべきであるとして、原告が事故起因性は発症後直ちに覚知したものと認められ、客観的には治癒の時点から補償給付請求権の行使は可能であったとし、遅くとも疾病が治癒していたと考えられる日の翌日から消滅時効期間が進行したとした。また、時効の援用は、民事の裁判において時効の利益を受けるか否かを、援用により利益を受ける当事者の自由意思に委ねる趣旨の制度であるところ、労働基準監督署長は、労災保険法42条所定の労災補償給付請求権の消滅時効の援用により利益を受ける立場になく、42条の規定は請求書提出期間を定めたものと解するのが相当であるとした。控訴審・東京高裁平成元・12・20（判例タイムズ714号131頁）も、この判決理由を引用し、上告審の最高裁平成2・10・18（労働判例573号6頁）も、この判断を是認できるとした。

消滅時効の起算点　社会保障受給権の消滅時効の起算点については、前述の裁判例にも示されているように、「適用」と呼ぶか「準用」と呼ぶかはともかく、民法166条1項に従い、「権利を行使することができる時」とされる。戦傷病者・戦没者遺族等援護関係の弔慰金等について時効の起算点が問題になることが多い。大阪地裁平成19・11・30（判例地方自治305号105

---

[79] 以上、厚生労働省労働基準局労災補償部労災管理課編『七訂新版　労働者災害補償保険法』（労務行政、平成20年）662頁。

頁）は，戦没者等の遺族に対する特別弔慰金支給法による特別弔慰金を扱っている。同特別弔慰金については，反復して改正法律が制定されて支給されるので，そのつど請求手続をとらなければならない仕組みが採用されている。判決は，各改正法により特別弔慰金請求権を取得し，当該権利は各改正法の各施行日に行使できたのであるから，同日が消滅時効の起算点となるとした[80]。

健康保険法に基づく傷病手当金に関して，東京地裁平成17・6・24（判例集未登載）は，労務不能となった日ごとに，その翌日から請求権の行使が可能であって，その行使に法律上の障害は存在しないから，それぞれの日分の傷病手当金請求権の消滅時効の起算点は，それぞれの日の翌日であるとした。このように解するほかはあるまい。

また，災害補償関係の裁判例がいくつかある。

第一に労災保険法42条に関する裁判例である。

休業補償に関し，東京地裁平成7・10・19（労働判例682号28頁）は，「時効によって消滅する」と明記されているので，同条は，除斥期間を定めたものではなく，短期消滅時効を定めたもので，時効の起算点については，民法の一般原則によるべきで，休業補償給付請求権についてみれば，業務上の傷病による療養で労働することができないために賃金を受けない日ごとに発生し，その日ごとに発生する受給権については，その翌日から時効が進行するとした。

次に，障害補償給付請求権に関しては，まず，民法724条が類推適用されるかどうかについて，浦和地裁平成4・1・24（判例タイムズ789号160頁）は，次のように述べた。

「労災障害補償請求権は労働災害に遭遇した労働者をおしなべて救済

---

[80] 従前の受給権者が死亡し除籍届出がなされたにもかかわらず，知事が新権利者である原告に教示しなかったことも争われたが，判決は，権利者が権利の存在やその行使の可能性を知らないことは，事実上の障害にすぎないから，消滅時効の起算点に影響するものではないとした。教示義務に関しても，法が申請主義を採用していることに加え，戸籍事務は市町村長が管掌するので，除籍届出がされたとしても，知事は弔慰金受給権が原告に発生したことを当然に覚知できるわけではないから，知事に教示義務があるとはいえないとした。

するという社会的要請に基づく社会保険政策上の見地から，当該労働災害につき使用者側の帰責事由の有無を問うことなく，補償給付を行おうという社会保険政策上の見地から特に制度化された公法上の権利であるから，公法上の権利関係の早期確定，平等で画一的な処理の要請に鑑みると，時効期間の進行の有無を，被災労働者の当該障害の存在及びその業務起因性の知不知という主観的事情にかからしめるような解釈は相当ではなく採用できない。」

この判決は，症状固定時に請求権が発生し行使が可能になるものであって，業務起因性の認識を要しないとしたものである。しかし，このような考え方は，裁判例において確立されているわけではない（休業補償給付について，和歌山地裁平成3・11・20労働判例598号17頁は，民法724条類推適用の趣旨に照らし，負傷又は疾病が業務に起因するものであることを知ることが時効進行の要件であるとした）。この点について，岐阜地裁平成2・4・23（労民集42巻2号342頁）は，次のように述べた。

「障害補償給付の対象となる障害の中にはその業務起因性が明白でなく，専門的，医学的な鑑別診断を経るなどして初めて被災労働者が業務起因性を認識することができる場合も少なくないことは裁判所に顕著な事実であって，このような場合に，当該労働者が業務起因性を認識する前に補償給付を請求することは，現実的には全く不可能である。このことは，不法行為の被害者において，加害者，損害の発生，加害行為の違法性及び加害行為と損害との因果関係の全てを認識するまでの間，加害者に対し損害賠償請求を行うことが事実上できないのと同様である。このような場合にも，法42条の消滅時効は進行するとするならば，現実的には当該労働者が補償給付を請求することができなかった間に時効が完成してしまう場合も少なからず生じるわけであり，このような事態は主として労働者の救済を目的とする法の趣旨に副わないものというべきであって，これらを総合考慮すれば，法42条の消滅時効は，民法724条の類推適用により，当該労働者において障害の業務起因性を認識したときから進行すると解するのが相当である。」

この事件の控訴審の名古屋高裁平成3・4・24（労民集42巻2号335頁）

は，損害及び加害者を覚知しなければ損害賠償請求権を行使できない民法の不法行為の場合と，業務起因性の疑いをもつことのみにより法12条の8第2項の請求をなし得る労災補償給付請求の場合とを同一視することはできず，民法724条を類推適用することには十分な根拠はないとした。

このように裁判例は分かれている状況にある。民法724条の明示的な類推適用を述べる裁判例も相当数存在する（富山地裁昭和54・5・25判例時報939号29頁，岐阜地裁昭和60・4・22労民集36巻2号193頁，その控訴審・名古屋高裁昭和61・5・19労民集37巻2・3号250頁，盛岡地裁平成2・1・18労働判例558号89頁）。

他方，宇都宮地裁平成2・9・27（労働判例573号45頁）及びその控訴審・東京高裁平成3・6・27（労働判例608号79頁），名古屋高裁平成4・2・26（労働判例611号79頁）は，不注意で業務起因性を覚知しなかった場合まで保護する必要はないとして民法724条の類推適用を明示的に否定している。また，横浜地裁平成4・11・26（労働判例624号41頁）は，民法724条に明示的に言及しないものの，その権利は，「労働者が業務上負傷し又は疾病にかかり，なおったとき身体に障害が存する場合」に発生するものであるから，その権利を行使し得る時とは，「業務起因性とその負傷若しくは疾病による身体障害の症状の固定を知った時，又は通常人であれば当然業務起因性及び身体障害の症状が固定したことを知り得るようになった時」であり，その翌日から消滅時効が進行すると述べており，実質的に類推適用否定説といえよう。

かくて，民法724条類推適用の有無の最も大きな違いは，「知り得た場合」をいかに扱うかにあると思われる。

第二に，地方公務員災害補償法関係の裁判例がある。

東京地裁平成16・1・29（判例タイムズ1156号127頁）は，同法による療養補償を受ける権利については療養費用の支払義務が確定した日の翌日が，休業補償を受ける権利については療養のため勤務することができず給与を受けない日の翌日が，それぞれ消滅時効の起算日になるとしつつ，これらの権利の時効期間の経過前に公務上の災害の認定の申請を請求している場合は，前記原則を貫くことは相当でないとし，認定請求者が公務災害認定通知を受

けた日に「法律上の障害」がなくなったといえるので，その翌日をもって消滅時効の起算日とするのが相当であるとした。この判決は，地方公務員災害補償基金理事長の通知（昭和48・12・18）が「補償を受ける原因となった災害について，補償の種類に応ずる時効の期間の経過前に，基金に公務上の災害又は通勤による災害の認定を請求した場合における当該補償に係る時効の起算日は，基金が当該災害を公務上の災害又は通勤による災害と認定したことについて，当該認定請求者が知り得た日の翌日」として長年運用してきていることも考慮に入れて判断したものである。

　また，千葉地裁昭和61・1・20（行集37巻1・2号1頁）及びその控訴審・東京高裁昭和61・7・17（行集37巻7・8号957頁）は，同法の療養補償請求権の消滅時効の起算日は，療養費用支払義務が確定し，療養補償請求権の行使が可能となった時であるとし，療養の日ごとに療養代金を支払っていた場合は，その支払日の翌日であるとした。

　時効消滅の主張と信義則　　一定の受給権について，それを否定する通達が発せられているときは，権利行使ができないと考えて断念してしまうことが多い。そのような場合に，信義則法理により救済する考え方が最高裁によって示された。有名な在ブラジル被爆者健康管理手当等請求事件に関する最高裁平成19・11・1（民集61巻8号2733頁）である。健康管理手当の受給権は，被爆者がわが国の領域を越えて居住地を移した場合には失権の取扱いになると定めた厚生省公衆衛生局長の402号通達に基づいて知事及び広島・長崎両市長による事務処理がなされていた場合について，判決は，この定めは，出国した被爆者に対し出国の時点から適用されるもので，失権取扱い後の権利行使が通常困難となる者を対象とするものであったとして，次のように述べた。

　　「以上のような事情の下においては，上告人が消滅時効を主張して未支給の本件健康管理手当の支給義務を免れようとすることは，違法な通達を定めて受給権者の権利行使を困難にしていた国からの事務の委任を受け，又は事務を受託し，自らも上記通達に従い違法な事務処理をしていた普通地方公共団体ないしその機関自身が，受給権者によるその権利の不行使を理由として支払義務を免れようとするに等しいものといわざ

るを得ない。そうすると，上告人の消滅時効の主張は，402号通達が出されているにもかかわらず，当該被爆者については同通達に基づく失権の取扱いに対し訴訟を提起するなどして自己の権利を行使することが合理的に期待できる事情があったなどの特段の事情のない限り，信義則に反し許されないものと解するのが相当である。本件において上記特段の事情を認めることはできないから，上告人は，消滅時効を主張して未支給の本件健康管理手当の支給義務を免れることはできないものと解される。」

この最高裁判決は，極めて注目される判決である。そして，今後，この判決の射程範囲が問題とされよう。これまでにも，時効消滅の主張が信義則により許されないかどうかが訴訟において争われた事例が若干見られる。

労災保険法による療養補償給付請求について，はり・きゅう治療については，375通達等により施術期間を最長1年間に限る扱いをしてきた場合について，横浜地裁平成12・12・7の3判決（判例集未登載。平成11年（行ウ）第56号，第57号及び第58号の3件の事件に関する判決が同日に出されている）は，共通の判断を示した。被告は，前記通達等の趣旨を周知，遵守させる措置を講じ，原告ら被災労働者に対し，個別に療養開始から1年間を経過する直前に，療養対象期間の満了の日を知らせ，その翌日以降は，症状固定後の後遺症としてのはり・きゅう療養を受ける以外，労災保険の給付の対象とならないことを予め知らせたと認定した。かくて，原告らから労災給付請求が行なわれることを未然に防ぐ措置を講じていたことが明らかであるとして，原告らは，375通達を労働行政機関の公式見解としてやむを得ないものと受け取り，その見解に従って療養費用請求権の行使を断念してきたということができると評価し，このような原告らの信頼は保護に値するとし，次のように述べた。

「労働行政機関たる被告が1年間を超えてはり・きゅう治療による施術を要した被災労働者の一人である原告らの権利行使に予め否定的な公式見解を披瀝し，原告らに対し，審査請求前置主義との関係から権利行使を萎縮させ，かつ，同見解が正しいものあるいはやむを得ないものと信頼させた以上，原告らが労災保険法上の権利を以前に行使していなか

った点を落ち度と指摘して原告らの被告に対する本件療養費用請求権の時効消滅を主張することは，過去の言動に矛盾する言動であるというべきであるから，原告らの信頼保護に反し，信義則上許されないと解するのが相当である。」

この3事件において，前記最高裁判決が述べた「訴訟を提起するなどして自己の権利を行使することが合理的に期待できる事情があったなどの特段の事情」があったといえるかどうかが問題になる。3件の事件に関し，判決は，それぞれ，保険対象期間にかかるはり・きゅう治療費の給付を求めたとしても，原告（原告ら）は，375通達等に従い，不支給処分を受けていたであろうことが明らかであり，不支給処分に対し審査請求の不服申立てをした場合，被災内容，病状，治療の必要性，効果の程度等の主張，立証が充分であったとしても，375通達等の内容を理由として棄却され，かつ，棄却決定に対して再審査請求をしたとしても，同様の理由で棄却裁決がされることも避けられないのであるから，権利を行使するためには，著しく無駄な手続を数多く踏まなければならないことは明らかであると述べている。

ここにおいては，不服申立前置主義の下において，不服申立てのみで著しく無駄な手続を要することが強調されている。これのみでは，必ずしも自己の権利を行使することが合理的に期待できる事情にあったかどうかの判断ができるものではなく，したがって，特段の事情の有無については，最高裁判決をただちに当てはめることができない。最高裁判決を当てはめようとする場合に，極めて微妙な事例といわなければならない。現に，第58号事件の控訴審・東京高裁平成13・11・29（判例時報1778号154頁）は，通達は，上級行政機関が指揮命令権に基づいて，その下級行政機関に対して発する訓令であって，行政組織の外にいる国民を拘束するものではなく，裁判所を拘束するものではないとし，労働保険審査官及び労働保険審査会において375通達の内容を是認する判断がされていたという事情があったとしても，それは下級行政機関が375通達に従ってした個別の支給・不支給の処分につき，違法不当の点はないとされたにすぎない，と述べた。この点は，横浜地裁が，「375通達等は，当時の労働省及びその指揮監督下にある労働行政機関の立場を表明した公式見解であって，労働基準監督署長，労働災害保険審査官，

労働保険審査会は，法律上独立してその職権を行使することが保障されていたとはいえ，その判断を行う際には，法令のみならず，通達にも拘束される以上，375通達等に反する解釈，運用を行うことが許されなかったことは明らかである」と述べたのと対照的である。東京高裁判決は，審査請求，再審査請求をしても，375通達と同様の判断がされた可能性が高かったといえるかも知れないが，制度上は，支給申請をし，不支給処分を受けた場合，事前審査を経たうえ，375通達を執行した不支給処分の取消しを求めるべきものであるとした。

　ここには，法の建前に従って判断すべきか，私人が通常判断するであろう諦めに着目するかの発想の違いが見られる。高裁判決は，結論として，控訴人（労働基準監督署長）が，375通達に関してその周知徹底を図り，そのことによって被控訴人（原告）が療養費用の請求を断念していたとしても，労働基準監督署長が労災補償保険法42条及び会計法31条1項に基づいて時効消滅の主張をすることが，信義則や禁反言の法理によって許されないなどということはできない，と述べた。この点は，最高裁判決後も，依然として残されている論点である。

[3]　不服申立ての仕組み・訴訟

行政処分性　社会保障財政に関係する不服申立てや訴訟の議論[81]に不可欠なことは，社会保障分野の行政の行為について行政処分の性質が認められるかどうかという点である。行政処分性を有することに争いのないものとして，被保険者の資格についての処分，標準報酬の決定等の処分，保険料その他の徴収金に関する処分，給付に関する裁定・支給停止・不支給等の処分が挙げられる[82]。

　給付については裁定等の行政処分方式が採用されているのに対して，給付

81　社会保障の個別分野における不服申立てや訴訟に関する叙述は，個別の解説書に見られる。たとえば，伊藤・介護保険法293頁以下，日本弁護士連合会生活保護問題緊急対策委員会編『生活保護　法的支援ハンドブック』（民事法研究会，平成20年）172頁以下など。

82　加茂・社会保険法416頁。

の消滅については行政処分によることを要しないとする制度が採用されていると解される場面がある。たとえば，厚生年金保険法は，保険給付を受ける権利は，受給権者の請求に基づいて厚生労働大臣が裁定する制度を採用しているところ（33条），同法53条の受給権者の死亡等の場合の失権に関しては，特別な手続を用意していない。「死亡したとき」（1号）や「障害等級に該当する程度の障害の状態にない者が65歳に達したとき」（2号）については，特別の認定を要しないと考えられる。障害厚生年金の失権事由のうち「障害等級に該当する程度の障害の状態に該当しなくなった日から起算して障害等級に該当する程度の障害の状態に該当することなく3年を経過したとき」（3号）になされた受給権が消滅した旨の通知についても，東京地裁平成2・10・16（労働判例583号31頁）は，単に受給権が消滅したとの認識を告知したにすぎないものであって，これにより原告の障害年金の受給権の消滅の効果を発生させる行政庁の行政処分ではないとした。同判決は，「社会保険の受給権につき，行政庁の処分により発生又は消滅の効果を生ずることとするか，それとも，一定の実体要件の充足により法律上当然に発生又は消滅の効果が生ずるものとするかは，基本的には立法政策の問題であり，立法者において右のいずれの方途によるかを選択し得るものと解される」とし，厚生年金保険法53条は，受給権消滅の効果を行政庁の処分に係らしめることなくもっぱら実体要件の充足によって法律上当然に生ずるものとしていると解されるとした[83]。このような考え方に対して，障害等級に該当する程度の障害の状態に該当しなくなったかどうかについて行政庁の認定を介在させる必要がないほど一義的に明確かどうか疑問であって，行政処分性を肯定すべきであるとする見解がある[84]。

---

[83] この判決は，障害等級に該当する程度の障害の状態に該当しなくなったときは，その障害の状態に該当しない間支給を停止する仕組みであるので（54条2項），その支給停止処分を争うとか，3年を経過する前に障害等級に該当する程度の障害の状態になったとして法施行規則50条に基づく支給停止事由の消滅の届出を通じて支給停止の解除を申請して停止処分の撤回を求め申請が拒否されたときは，その拒否を処分として取消訴訟を提起できるから，原告には争訟の方法が確保されている，と述べている。

[84] 西村・社会保障法124頁。

厚生年金保険法54条2項は、「障害厚生年金は、受給権者が障害等級に該当する程度の障害の状態に該当しなくなったときは、その障害の状態に該当しない間、その支給を停止する」と規定している。この規定の「受給権者が障害等級に該当する程度の障害の状態に該当しなくなった」という事態について行政庁の認定行為を介在させる必要がないほど一義的に明確であるとはいえず、保険給付を受ける権利は請求に基づいて裁定するという仕組みにおいて、厚生年金の処分権は社会保険庁長官に帰属する構造をとっていると解されるとして支給停止の処分性を認めながら、53条3号については、3年の経過という期間の経過のみにかかっているので、行政庁の行為をまつまでもなく当然に受給権は消滅するとの見解がある[85]。

一見すると矛盾しているように見えるが、54条2項の「受給権者が障害等級に該当する程度の障害に該当しなくなった」とする認定が介在する限りにおいて、失権に関して、53条3号の定める「障害等級に該当する程度の障害の状態に該当しなくなった」ことの認定は過去の行政処分でなされているので、同号が追加しているのは「3年を経過したとき」のみであるから特別の認定を要しないとする解釈が成り立つ余地がある。しかし、何らかの事情で支給停止措置がなされず、いきなり失権の扱いをする必要のある場合や、「障害等級に該当する程度の障害の状態に該当することなく」経過したかどうかは、やはり認定を要すると見るのが自然であろう。

被爆者の出国に伴い当然に失権となるとする解釈の下に、その旨の通知なしに健康管理手当の支給を停止した場合について、行政処分が不存在であるとして当事者訴訟により救済を図る裁判例がある（大阪地裁平成13・6・1判例時報1792号31頁、長崎地裁平成13・12・26判例タイムズ1113号134頁）。失権の認定とその通知に関する規定がない以上、これらの判決は、正当と思われる。有名な最高裁平成19・2・6（民集61巻1号122頁）も当事者訴訟である。

保険料の過誤納に係る還付決定について、社会保険審査会平成16・1・

---

[85] 社会保険関係訴訟実務研究会『社会保険関係訴訟の実務』（三協法規、平成11年）276頁。同書は、同趣旨の規定である国民年金法36条2項の支給停止、及び併給調整による一方の支給停止も、同様であるとしている。

30 裁決は,「国民年金の保険料の納付義務及びこれに対応する徴収権は,法律の規定に基づいて格別の賦課処分をまつことなく当然に発生するものと解されるから,仮に誤って保険料が徴収された場合には,その返還請求権は,格別の行政庁の意思表示をまつことなく当然に不当利得返還請求権として発生するものと解される」として,還付決定は,単なる会計事務処理上の意思決定であって,行政処分としての性質を有しないとした。しかし,すべての還付決定事案について行政処分性を否定するには慎重な検討を要する。この点について,最高裁平成17・4・14(民集59巻3号491頁)が参考になる。登録免許税の還付を扱い,登録免許税法31条2項は,還付を請求するにはもっぱら同項の請求の手続によるべきであるとする手続の排他性を規定するものということはできず,同項所定の請求に対する拒否通知の取消しを受けなくても,国税通則法56条に基づき,過誤納金の還付を請求することができるとしたうえで,次のように述べた。

> 「登録免許税法31条2項は,登記等を受けた者に対し,簡易迅速に還付を受けることができる手続を利用することができる地位を保障しているものと解するのが相当である。そして,同項に基づく還付通知をすべき旨の請求に対してされた拒否通知は,登記機関が還付通知を行わず,還付手続を執らないことを明らかにするものであって,これにより,登記等を受けた者は,簡易迅速に還付を受けることができる手続を利用することができなくなる。そうすると,上記の拒否通知は,登記等を受けた者に対して上記の手続上の地位を否定する法的効果を有するものとして,抗告訴訟の対象となる行政処分に当たると解するのが相当である。」

この最高裁判決は,拒否通知の行政処分性を肯定しながら,拒否通知の取

---

[86] ただし,判決は,併合提起された還付請求に係る訴えを棄却する判決が確定している以上,登録免許税の還付を受けることができる地位にないことは既判力をもって確定されているので,拒否通知を取り消す旨の判決を得たとしても,還付を受けることができる地位を回復する余地はないから,訴えの利益を欠き却下すべきであるとした。

[87] これに対して,反対意見を述べた泉徳治裁判官は,登録免許税法31条2項の規定による請求及び当該請求が拒否された場合の拒否通知処分取消請求訴訟の手続によってのみ,請求できるのであって,この手続によることなく不当利得として過誤納金返還請求をすることはできないと判示した。

消しを経なくても過誤納金の還付請求をすることができるとしたものである[86]。この趣旨は，拒否通知の取消しを争う争訟方式の排他性（取消訴訟の排他的管轄）を認めないということである[87]。したがって，国税通則法による還付請求と拒否通知取消しを争う方法との併存を肯定していると解される。

　登録免許税と異なり国民年金保険料については，過誤納分の還付請求手続の規定が法律に見当たらないので，前記最高裁判決のいう簡易迅速な還付手続が用意されているとはいえないのかも知れない。その意味において同判決の事案とは異なるので，同じ理由で行政処分性を肯定することはできない。しかし，取消訴訟の排他的管轄を否定する考え方を採用した最高裁判決に従えば，年金保険料に関して，還付決定や還付拒絶の決定について行政処分性を肯定しても，取消訴訟を提起せずに過誤納分の還付請求が認められるということになり，救済に欠けるところはない。そして，過誤納分の返還請求とそれに対する応答が法定されていない場合に，この種の場面において黙示的にそれらの手続の存在を見出すことも不可能ではない。現に，過誤納の還付に関する判断がされて，それが納付者に示されているのに，「単なる会計事務処理上の意思決定」であるとして行政処分性を否定する積極的な理由はないといえよう。

　近年の最高裁判例には，通達等に基づく行為であっても，法の仕組み全体から行政処分性を肯定するものがある[88]。労働基準監督署長の行なう労災就学援護費の支給・不支給に関する決定につき，最高裁平成15・9・4（判例時報1841号89頁）は，労働省労働基準局長通達「労災就学援護費の支給について」において労災就学援護費は労災補償保険法23条の労働福祉事業として設けられたものであることを明らかにしたうえ，その別添「労災就学等援護費支給要綱」において，支給対象者，支給額，支給期間，欠格事由，支給手続等を定め，支給を受けようとする者は，支給申請書を業務災害に係る事業場を管轄する労働基準監督署長に提出しなければならないとし，署長は，申請書を受け取ったときは支給・不支給等を決定し，その旨を申請者に

88　本文に述べた最高裁平成15・9・4判例時報1841号89頁のほか，手続の連動性に着目して行政処分性を肯定したもの（空港検疫所長のなした食品衛生法違反通知につき最高裁平成16・4・26民集58巻4号989頁）がある。

通知しなければならないという仕組みを確認し，次のように述べた。

「このような労災就学援護費に関する制度の仕組みにかんがみれば，法は，労働者が業務災害等を被った場合に，政府が，法第3章の規定に基づいて行う保険給付を補完するために，労働福祉事業として，保険給付と同様の手続により，被災労働者又はその遺族に対して労災就学援護費を支給することができる旨を規定しているものと解するのが相当である。そして，被災労働者又はその遺族は，上記のとおり，所定の支給要件を具備するときは所定額の労災就学援護費の支給を受けることができるという抽象的な地位を与えられているが，具体的に支給を受けるためには，労働基準監督署長に申請し，所定の支給要件を具備していることの確認を受けなければならず，労働基準監督署長の支給決定によって初めて具体的な労災就学援護費の支給請求権を取得するものといわなければならない。

そうすると，労働基準監督署長の行う労災就学援護費の支給又は不支給の決定は，法を根拠とする優越的地位に基づいて一方的に行う公権力の行使であり，被災労働者又はその遺族の上記権利に直接影響を及ぼす法的効果を有するものであるから，抗告訴訟の対象となる行政処分に当たるものと解するのが相当である。」

この判決は，労災就学援護費の支給・不支給の決定に関する直接の規定が法律に置かれていないにもかかわらず，「法を根拠とする優越的地位に基づいて一方的に行う公権力の行使」であるとした点に特色がある[89]。

ところで，社会保険審査会の平成13・7・31裁決は，平成9年5月に被保険者全員の資格喪失を確認し，確認後の5月から7月までの3か月分が納付されていたために同年9月に還付決定通知書及び還付請求書を送付したにもかかわらず，平成12年2月に至って還付請求がなされ，それに対して還付請求権が時効により消滅したとして還付金を支給しない旨を通知した場合に，この還付金を支給しない旨の通知は，審査請求の対象となる処分の告知

---

[89] この考え方は，最高裁判決に先立って一部の学説の採用するところであった（西村・社会保障法124頁など）。この最高裁判決に関する評釈のうち，ここでは特に堀勝洋教授のもの（季刊社会保障研究35巻1号96頁（平成11年））を挙げておきたい。

に当たらないとした。時効による公法上の債務の消滅は，法の規定に基づき別段の処分等を経ることなく効果を生ずることが理由とされている。この場合にも，時効の完成の有無を争うのに，社会保険審査会の審査の対象にして簡易迅速な審査の機会を認めるか，いきなり訴訟（還付請求訴訟）によることを求めるかという分れを生ずる。

以上の二つの事例から分かることは，還付請求や還付決定・還付しない旨の決定は，法定された手続ではないことが裁決例の処分性否定の根拠になっていることである（もちろん，法定されたからといって当然に処分性が肯定されるわけではない）。にもかかわらず，実務においては，還付請求書の提出，還付決定通知・還付しない旨の通知などがなされており，実務と法の建前との間に乖離を生じているように思われる。

次に，国民年金保険料の法定免除事由該当届を提出したのに対して該当しない旨の通知をした場合の行政処分性について，社会保険審査会平成16・9・30裁決は，法定免除制度は，格別の行政庁の意思表示を待つことなく，国民年金法89条各号所定の要件を満たせば当然に保険料の納付を要しないという結果が発生するとし，前記通知は，単に行政庁が請求人について法定免除事由があるとは考えていないとの判断を通知することにより，将来に備えて行政庁の見解を明らかにしたものにすぎず，通知の取消しを受けておかなければ将来これに拘束されるものではなく，保険給付の受給権が問題になった場面で特定の被保険者期間につき法定免除事由があることを主張・立証すれば足りるとした。この裁決についての疑問は，一般的に法定免除事由に該当するかどうかが争点となっている対象時期と受給権の存否・内容を問題とする時期との間には相当な時間的な開きがあることを十分に考慮しているのか否かという点である。その間に，法定免除事由に該当する旨の証拠を保存・維持することには困難を伴うことが多いと思われる。そのような長期にわたり被保険者を不安定な状態に置くことが法制度として是認できるかという問題がある。そこで，通知の行政処分性を否定する場合には，簡易迅速な処理の要請には反するが，行政事件訴訟法による当事者訴訟としての確認訴訟を認めるという考え方があろう。もっとも，現行法上，法定免除事由とされているのは，立証の容易なものばかりであるので，この裁決のような考え

方をとっても実際上の不都合はないのかも知れない[90]。

　通算老齢年金の裁定を受けた者が現況届の提出をしなかったとして同人に対して社会保険庁長官が昭和57年6月から一時差止めをなし，平成17年2月に請求人が受給について照会したことから請求人の現況を確認し時効により消滅していない平成11年12月以降の分の年金を支給する旨を請求人に通知したところ請求人が不服を申し立てた事案に関して，社会保険審査会平成17・10・31裁決は，時効消滅は，すでに裁定された年金の支分権に関するもので会計法の規定に基づいて生ずる法律効果であり，この発生した法律効果を通知したものにすぎないから行政処分性を有するものではないとした。この裁決の考え方によれば，時効により消滅していないとして争うには，年金支払請求訴訟によるべきであるということになろう。そして，支分権の時効消滅の問題は，通常の債権の消滅の問題であって，保険者の判断は，公定力をもって特別に権威づけられた行為ではないから行政処分に当たらず，時効消滅の判断に不服がある場合には，保険給付の履行を求める民事訴訟を提起すべきであるとの見解がある[91]。筆者は年金支払請求訴訟は公法上の当事者訴訟と位置づけるのが自然であると考えているが，どうやら民事訴訟説が有力なようである（本書190頁以下も参照）。

　国民年金及び厚生年金に関して，受給権者は，厚生労働省令の定めるところにより，厚生労働大臣に省令の定める事項を届け出，かつ，省令の定める書類その他の物件を提出しなければならないとされている（国年法105条3項，厚年法98条3項）。そして，これを受けて，正当な理由がなくてこれらの規定による届出をせず又は書類その他の物件を提出しないときは，保険給付の支払いを一時差し止めることができる，とされている（国年法73条，厚年法78条）。この一時差止めについて，元来は法律上の効果を目的とするも

90　当該裁決の事案は，外国で就労中に病気のため脳障害を起こし，翌年に帰国した者で，外国の障害年金を受給しているところ，障害の発生地は外国であるが，もし日本で発症していれば障害等級1級に認定されていたはずであるから法定免除事由に該当するという理由で届け出たもので，日本の行政機関に記録のない，極めて特殊なものである。

91　加茂・社会保険法417頁‐418頁。

のではなく，速やかに次の段階（差止めの解除又は提出命令，受診命令等に従わなかった場合の支給停止）に移行することが予定されているのであるから，一般には一時差止め自体に対して不服申立てを認める実益に乏しく不服申立ての対象にならないとしつつ，保険者の怠慢によって本来一時的であるべき一時差止めが実質的に1年以上続いているという具体的事実関係において，行政不服審査法2条1項の「公権力の行使に当たる事実上の行為で，人の収容，物の留置その他その内容が継続的な性質を有するもの」に当たるとみて審査請求を適法とした社会保険審査会の裁決がある（平成18・3・31）。

再度の申請とその応答の行政処分性　ある申請を却下する処分が確定した後に，再度の申請をした場合の応答が行政処分性を有するかどうかが問題になることがある。東京地裁昭和49・10・29（行集25巻10号1318頁）は，まず，前提として，行政行為が形式的確定力を生じた場合においても，極めて特殊な例外を除き裁判における既判力のような一事不再理の効力まで有するものではないから，申請を却下した処分が確定した場合においても，当時存在しなかった資料を新たに発見し，又は新資料の提出が可能となり，あるいは事情変更が認められるような場合に，同一行政行為を求めるため再度の申請をすることも一般に許されるとする一般論を展開した。そして，戦傷病者戦没者遺族等援護法に基づく遺族年金及び弔慰金の請求をして却下され当該処分が確定した場合でも，新たに入手した資料に基づき受給権の有無につき再度裁定を求めた場合には，公務上の傷病性について実質的判断をすべき義務があるから，再度の裁定申請に対しなされた公務上の傷病によるものとは認められない旨の通知は，行政処分であるとした。是認される考え方であろう。

同じく，同法23条1項に基づく遺族年金及び34条1項に基づく弔慰金の各請求に対する却下処分がなされ，それについての争訟提起の期間が経過した後になされた同一内容の再度の申請について，東京地裁昭和56・10・28（行集32巻10号1854頁）は，次のように述べた。

> 「行政処分は原則として確定判決のような一事不再理の効力を有するものではなく，申請を却下した処分が争訟提起期間を経過して確定した場合であっても，法令に特別の規定のない限り，当事者は新たに取得し

た資料を添えて同一の事項につき再申請をすることが許され，行政庁はこれに対して改めて処分を行うべき義務があると解するのが相当である。このことは，本件処分のように過去における特定の法律事実の存否を確定する性質を有する確認行為の場合でも，また，当該処分について行政上の不服申立手続を経ている場合でも，何ら異なるものではない。そして，このように解しても，濫用にわたるような再申請については別途の法理によって対処することができるのであるから，不都合は生じない。」

判決は，このように述べて，不作為の違法確認請求に理由があるとした。ここには，再度申請に対する応答義務に関する適切な判断が示されていると思われる。

さらに，東京地裁昭和56・7・16（行集32巻7号1082頁）も，同法による弔慰金の再度の請求について，不作為の違法確認の要件としての「法令に基づく申請」に当たるとして請求を認容した。被告が，弔慰金を受ける権利がない旨を裁定した第一次処分が不可争力を生じているからその瑕疵を主張することができないと主張したのに対して，「裁判における既判力のような効力を有しない通常の行政行為は出訴期間等が経過した後であっても濫用等にわたらない限りは，先の不可争力を生じた行政行為の内容に反する再申請をなすことも許されると解するのが相当である」と述べた。

他方，労災の遺族補償給付請求に関して，浦和地裁平成元・12・15（判例時報1350号57頁）は，第一次請求に対してなされた第一次処分に不可争力が生じた後に第一次請求と請求者，労働者及び災害を同じくする請求がなされたときは，特段の事情がない限り，一事不再理の法理が働くとした裁判例がある（札幌地裁平成元・12・27労民集40巻6号743頁）。

筆者は，基本的には，前記の東京地裁の2判決によるべきであると考える。新しい資料・証拠の提出と，濫用にわたらないことを要件に，再度申請は適法なものと解すべきである。

被用者保険における被保険者資格・標準報酬の確定と保険給付に関する処分との関係　被用者保険にあっては，被保険者資格の確認及び標準報酬の決定が極めて重要である。ところが，被用者保険各法は，「被保険者の資格又は標準報酬に関する処分が確定したときは，その処分についての不服を当該処分

に基づく保険給付に関する処分についての不服の理由とすることができない」と定めている（健保法189条4項，厚年法90条4項。船員保険法63条4項も同趣旨）。これは主張制限であると同時に，違法性の承継の否定でもある。この切断方式は，通常は早期確定の要請に合致するものであり，合理性を有している。しかしながら，被保険者の資格取得や標準報酬に関する手続が事業主に委ねられている状態において思わぬ手続の懈怠や過誤があっても被保険者が知ることができない場合がある。そのような場合には，行政不服審査法14条3項の「正当な理由」，行政事件訴訟法14条2項の「正当な理由」として被保険者資格又は標準報酬に関する処分についての不服申立て，取消訴訟を適法とする余地がある。ただし，被保険者資格に関する確認請求の制度（健保法51条，厚年法31条，船員保険法21条の5）の適用のある事項については，正当な理由が認められないとする考え方があり得る。なお，船員保険法に関する事件で，標準報酬の決定が確定しない場合には，標準報酬の決定が低すぎることを理由に同決定を前提に算定された遺族年金給付の裁定処分の取消しを求めることができるとした裁判例がある（徳島地裁昭和50・4・18行集26巻4号511頁，その控訴審・高松高裁昭和51・1・28行集27巻1号51頁）。

事業者の義務違反に対する勧告・公表の処分性　社会保障給付には，社会保険方式を採用している医療保険，介護保険等を中心に民間事業者が関与する場合が多い。その民間事業者に義務の不履行がある場合は，勧告・公表の仕組みが採用されている場合がある。もっとも，社会保障財政に直接かかわる場面における勧告・公表は意外と少ない。たとえば，医療保険財政に大きく影響するのは，保険医療機関等の不正請求であるが，その場合の対処は，厚生労働大臣による保険医療機関等の指定の取消しであって（健保法80条3号），その際には，政令で定めるところにより地方社会保険医療協議会に諮問するものとされている（82条2項）。このような手続を経るということは，不正請求の事実を把握してから実際の指定取消しに至るまでに相当な期間を要することになる。保険医療機関等の利益を保護するためには，不正請求の事実を認定する慎重な手続を要するとするのが正論である。ちなみに，暫定的に指定を取り消すような手法も採用されていない。不正請求事案として処

理しようとする場合に，不正と単なる過誤との区別も容易ではないという事情もあろう。他の行政分野であるならば，まずは事実を公表して当該事業者のサービスを利用しないようにするところであるが，そのような仕組みを採用できないのである。不正請求が，単に金銭問題で，医療の内容に影響しないことから，早期の段階の公表等の手続を用意していないのかも知れない。

社会保障財政に直接かかわらない領域において勧告や公表が多く採用されている。最高裁平成17・7・15（民集59巻6号1661頁）は，医療法に基づく病院開設許可申請に対して医療法30条の7に基づく中止勧告をし（同申請に対する許可はなされている），その取消しを求めて取消訴訟が提起された事案であった。判決は，この勧告は，行政指導ではあるが，相当程度の確実さをもって健康保険法により保険医療機関の指定を受けることができなくなる結果をもたらすもので，保険医療機関の指定を受けることができない場合には，実際上病院開設自体を断念せざるを得ないことになるから，「行政庁の処分その他公権力の行使に当たる行為」に該当するとした。行政法学における行政処分性をめぐる判例として，必ず引き合いに出されているものである。

介護保険法には，多数の勧告・公表制度が用意されている。介護保険法103条は，介護老人保健施設が，その業務に従事する従業者の人員について省令で定める員数を満たしておらず，又は介護老人保健施設の設備及び運営に関する基準に適合していないと認めるときは，開設者に対し，期限を定めて，所定員数を有し又は設備・運営に関する基準を遵守すべきことを勧告する権限を知事に与えている。そして，知事は，この勧告をした場合に，その勧告を受けた開設者が，その期限内にこれに従わなかったときは，その旨を公表することができる（2項）。前記勧告を受けた開設者が，正当な理由なくてその勧告に係る措置をとらなかったときは，開設者に対し，期限を定めて，その勧告に係る措置をとるべきことを命じ，又は期間を定めて，その業務の停止を命ずることができる（3項）。知事は，この命令をした場合においては，その旨を公示しなければならない（4項）。同様の仕組みは，指定介護サービス事業者（76条の2第1項～4項），指定地域密着型事業者（78条の8第1項～4項），指定居宅介護支援事業者（83条の2第1項～4項），指定

介護老人福祉施設（91条の2第1項〜4項），指定介護療養型医療施設（113条の2第1項〜4項），指定介護予防サービス事業者（115条の7第1項〜4項），指定地域密着型介護予防サービス事業者（115条の16第1項〜4項），指定介護予防支援事業者（115条の25第1項〜4項）についても，採用されている。

　この場合の，勧告・公表が行政処分性を有するかどうかが問題になる。仮の差止め命令申立事件に関して，宇都宮地裁決定平成19・6・18（判例集未登載）は，「行政機関による公表は，非権力的な事実行為であり，それ自体によって直接国民の権利義務に影響を及ぼすものとはいえず，『行政庁の処分その他の公権力の行使にあたる行為』には当たらない」とした。その抗告審・東京高裁決定平成19・11・13（判例集未登載）は，「国民に対する情報の提供であって，これにより国民の権利義務を形成し，又はその範囲を確定することが法律上認められているとはいえない」ことを理由に，行政処分性を否定した。「国民に対する情報の提供」であることが強調されていることに注目する必要がある。

　ところで，介護保険法による指定居宅介護事業者（79条以下）と健康保険法による指定訪問看護事業者（89条以下）とは，極めて似た事業形態であるにもかかわらず，前者については，前述のような勧告・公表の手続が用意されているのに対して，後者に関しては，いきなり厚生労働大臣による指定取消権（95条）とその旨の公示（96条）が登場している。介護保険にあっては保険給付が被保険者に対する現金給付を原則とするのに対して，健康保険にあっては保険医療機関等（指定訪問看護事業者を含む）による現物給付であるという違いによるのかも知れない。

　原告適格　原告適格は，どのような処分であるかにより個別に判断される。被用者保険の標準報酬に関する処分については，被保険者，事業主が原告適格を有する者として考えられるが，被保険者の死亡を保険事故として被保険者の遺族に具体的受給権が発生した場合には，被保険者の不服申立権が遺族に承継されるとする裁判例がある（徳島地裁昭和50・4・18行集26巻4号511頁，その控訴審・高松高裁昭和51・1・28行集27巻1号51頁）。なお，被用者保険の被保険者資格の取得の確認について，被保険者資格を取得する

者の被扶養者は無名抗告訴訟の原告適格を有しないとされる（義務付け訴訟事案に関し，東京地裁昭和58・1・26判例タイムズ497号139頁）。

審査請求前置主義　社会保障関係においては，審査請求前置主義が採用されていることが多い（国保法103条，介護保険法196条，健保法192条，厚年法91条の3，国年法101条の2，労働保険徴収法38条，生活保護法69条，児童手当法24条の2，地方公務員災害補償法56条）。このうち，地方公務員災害補償法についてみると，51条1項又は2項に規定する処分の取消しの訴えは，「当該処分についての審査請求又は再審査請求に対する審査会の裁決を経た後でなければ，提起することができない」と規定している。この条文に関して，51条第1項の処分（すなわち地方公務員災害補償基金が行なう補償に関する決定）についての審査請求又は第2項の処分（すなわち基金の従たる事務所長の行なう補償に関する決定）についての再審査請求と読むのが正当であるとする裁判例がある（東京地裁昭和55・5・19行集31巻6号1285頁，その控訴審・東京高裁昭和55・11・25行集31巻11号2448頁，上告審・最高裁昭和56・9・24判例時報1019号60頁）。もとより正当というべきである。これらの判決によれば，裁決前置主義を採用している理由は，「決定が医学上の判断その他専門的な知識を有するものであり，しかも全国各地において大量になされる処分であるところから，補償制度の公正かつ統一的な運用を図ることにもあるものと解され」るとし，基金の従たる事務所長の行なう補償に関する決定についてなされる基金支部審査会の裁決についてさらに基金審査会の裁決を経ることを要求することは，前記目的に添うものであると述べている。

　なお，労災保険法の規定する前置主義に関する判例を念のために紹介しておきたい。労災保険法が保険給付に関する決定について不服を有する者は，労災補償保険審査官に審査請求をし，その決定に不服がある者は労働保険審査会に再審査請求をすることができるとして2段階審査制度を採用し，かつ，保険給付に関する決定の取消しの訴えは，再審査請求に対する労働保険審査会の裁決を経た後でなければ提起することができないと定められていた当時において，「審査請求」を「再審査請求」と同視することはできないと解されていた（那覇地裁平成3・10・1訟務月報38巻4号720頁，福岡高裁平成3・10・8判例タイムズ791号168頁）。

しかし，行政事件訴訟法 8 条 2 項 1 号の「審査請求があった日から 3 箇月を経過しても裁決がないとき」の適用に関して，最高裁平成 7・7・6（民集 49 巻 7 号 1833 頁）は，同号の「審査請求」を第 2 段階の審査請求に限定するとの趣旨を読み取ることはできないのみならず，労災保険法は，審査請求に対する決定が遅延した場合に決定を経ないで再審査請求をすることを許容するなど，その遅延に対する救済措置の定めを置いていないのであって，それにもかかわらず，第 1 段階の審査請求について同号の不適用を定めたものと解するならば，国民の司法救済の道を閉ざす結果を招くことは明らかであるから，そのような解釈は採り得ないとして，労災補償保険審査官に審査請求をした日から 3 箇月を経過しても決定がないときは，審査請求に対する決定及び再審査請求の手続を経ないで処分取消しの訴えを提起することができるとした[92]。

この判決を前提にして，労災保険法に，審査請求をしている者は，審査請求をした日から 3 か月を経過しても審査請求についての決定がないときは，決定を経ないで労働保険審査会に再審査請求をすることができる旨の規定を置き（38 条 2 項），処分取消しの訴えについての再審査請求前置を要しない場合を同法自体に定める改正がなされた（40 条）。そこに「再審査請求がされた日から 3 箇月を経過しても裁決がないとき」（1 号）という明示がされているので，再審査請求をせずに直ちに取消訴訟を提起することはできない仕組みになったといえよう。

不服申立先についての注意点　社会保障に関しては，個別の法律に特別の定めが置かれる場合のほか，地方公共団体の法定受託事務とされている事務も多く，その場合には，自治法 255 条の 2 が適用され，①都道府県知事その他の都道府県の執行機関の処分又は不作為については当該事務に係る法律又

---

[92] この最高裁判例の射程範囲を問題にした判決として大阪地裁平成 8・7・29 労働判例 714 号 68 頁がある。審査請求に対する裁決が既に出ている場合も前置主義の例外に該当するかどうかについて，「第 1 段階の審査請求に対する判断が既になされている場面においては，前記簡易迅速な処理の要請は後退し，むしろ，第 2 段階の再審査請求の手続において慎重な審査を行い，併せて行政庁の判断の統一を図ることが法律上予定されているものというべきであって，再審査請求を経ることなく取消訴訟を提起することは許されないといわなければならない」とした。

はこれに基づく政令を所管する大臣（1号），②市町村長その他の市町村の執行機関の処分又は不作為については都道府県知事（2号），に対して，それぞれ審査請求をすることができる。これを当てはめると，次のようになる。

①児童手当法の規定による市町村が処理する事務は第1号法定受託事務であるので（29条の3），児童手当の支給に関する市町村長の認定（7条）に対する不服申立ては，都道府県知事に対する審査請求となる。

②生活保護法77条1項による費用徴収は，第1号法定受託事務であるので（84条の4），都道府県知事の費用徴収については，厚生労働大臣への審査請求，市町村長の費用徴収については知事への審査請求となる。同法19条による保護の決定についても，第1号法定受託事務とされているので（84条の4），都道府県知事によるものについては大臣へ，市長及び社会福祉事務所を管理する町村長によるものについては知事への審査請求となる。なお，同法は，19条4項の規定により市町村長が保護の決定及び実施の事務の全部又は一部をその管理に属する行政庁に委任した場合の審査請求は都道府県知事に対して行なうこととしているので（64条），市町村の社会福祉事務所長のなした処分については，都道府県知事への審査請求となる。さらに，保護の決定及び実施に関する処分について知事のなした裁決に不服がある場合は，厚生労働大臣に再審査請求することができる（68条）。

③介護保険法によれば，医療保険者が納付金を納付しない場合に支払基金の請求に基づき都道府県知事が行なう滞納処分（156条4項）は，第1号法定受託事務であるので（203条の3），その滞納処分に不服のある者は，厚生労働大臣に審査請求をすることができる。高齢者医療確保法44条4項に基づき支払基金の請求により都道府県知事が行なう滞納処分についても同様である（165条）。

なお，児童福祉法56条1項は，同法49条の2に規定する費用を国庫が支弁した場合に厚生労働大臣は知事の認定する負担能力に応じて費用徴収をすることができる旨を規定しているところ，この知事の認定は第1号法定受託事務とされている（59条の6）。しかし，この場合における知事による「負担能力の認定」は，行政内部の行為というべきであるから，独立に不服申立ての対象になるものではない。

特別の不服審査機関　社会保障関係においては，特別の不服審査機関が設けられている分野が多い。それも，合議制の独立行政不服審査機関が多い[93]。

まず，健康保険法，船員保険法，厚生年金保険法関係の不服申立てに関しては，社会保険審査官及び社会保険審査会が設置されている[94]。社会保険審査官は，厚生労働省の職員のうちから厚生労働大臣が任命し，各地方社会保険事務局に置かれる（社会保険審査官及び社会保険審査会法1条，2条）。第一次的な審査請求の審査をする機関である。社会保険審査会は，所定の再審査請求事件，及び所定の審査請求事件を審査する（19条）。委員長及び委員5人をもって組織される合議制の審査機関であって（21条），委員長及び委員

---

[93]　合議制の独立行政不服審査機関の仕組みや解釈問題については，碓井光明「独立行政不服審査機関についての考察」藤田宙靖博士東北大学退職記念『行政法の思考様式』（青林書院，平成20年）315頁を参照。

[94]　社会保険審査会については，『社会保険審査官及び社会保険審査会法の解説』（全国社会保険協会連合会，平成13年）を参照。ところで，特別の不服審査機関は，すでに戦前から設けられ，たとえば，労働者年金保険法（昭和16年法律第60号）は，「審査ノ請求，訴願及訴訟」という章を置いて，保険給付に関する決定に不服がある場合は，中央社会保険審査会に審査を請求し，その決定に不服があるときは，通常裁判所に訴えを提起することができる旨を規定していた（62条1項）。また，健康保険法（大正11年法律第70号）も，保険給付に関する決定に不服のある者は，第一次健康保険審査会の審査，第二次健康保険審査会の審査を経て，通常裁判所に訴えを提起することができるとしていた（80条）。また，国民健康保険法（昭和13年法律第60号）は，保険給付に関する決定に不服のある者は，国民健康保険委員会に審査を請求し，その決定に不服のあるときは民事訴訟を提起するものとしていた（48条）。それらの決定は行政処分であるのに，通常裁判所への出訴とされていたのである。これは，「形式上民事事件たる行政事件」（美濃部達吉『日本行政法　上巻』（有斐閣，昭和15年）1029頁）ということであったと思われる。なお，対照的に，それらの法律に基づく保険料その他徴収金の賦課徴収に関する不服は，訴願又は行政裁判所への出訴とされていた（労働者年金法63条，健康保険法81条，国民健康保険法52条）。そして，訴願の提起があったときは，労働者年金保険法にあっては，中央社会保険審査会に諮問し（64条），健康保険法にあっては第三次健康保険審査会に諮問するものとされていた（82条）。労働者災害救助責任法（昭和6年法律第55号）は，保険契約者又は保険金受取人が，労働者災害扶助責任保険に関する事項につき政府に対し民事訴訟を提起するには労働者責任保険審査会の審査を経るものとしていた（9条）。

は、人格が高潔であって、社会保険に関する識見を有し、かつ、法律又は社会保険に関する学識経験を有する者のうちから、両議院の同意を得て、厚生労働大臣が任命する（22条）。再審査請求又は審査請求の事件は、委員長及び委員のうちから審査会が指名する者3人をもって構成する合議体で取り扱う原則である（27条1項）。審査会が定める場合においては、委員長及び委員の全員をもって構成する合議体で取り扱うことができる（27条2項）。手続等について、同法に詳細な定めがあるが、厚生労働大臣は、健康保険、船員保険及び厚生年金保険ごとに、被保険者の利益を代表する者、事業主の利益を代表する者各2人を関係団体の推薦により指名し、また、国民年金の被保険者及び受給権者の利益を代表する者4名を指名したうえ（30条）、それらの者は、それぞれ審理期日に出頭して、それぞれの利益を代表している側の当事者の利益のために、意見を述べ又は意見書を提出することができる（39条）。利益代表者を関与させる仕組みである。

　ほぼ同様の仕組みをもつのが、労働者災害補償保険及び雇用保険に係る不服審査を処理する機関としての、労働保険審査官及び労働保険審査会である（労働保険審査官及び労働保険審査会法）。労働保険審査官は、労災保険審査官と雇用保険審査官とされ（1条）、審査官は、各都道府県労働局に置かれる（2条の2）。審査官は、厚生労働大臣が任命する（3条）。厚生労働大臣は、都道府県労働局につき、労災保険制度に関し関係労働者を代表する者及び関係事業主を代表する者各2人、雇用保険制度に関し関係労働者を代表する者及び関係事業主を代表する者各2人を、それぞれ関係団体の推薦により指名する（5条）。この指名を受けた者は、「参与」と呼ばれる（同法施行規則1条）。審査官は、審査請求を受理したときは、原処分庁、審査請求の結果について利害関係のある行政庁その他の第三者（＝利害関係者）及び当該審査官の属する都道府県労働局につき5条の規定により指名された者に通知しなければならない（13条1項）。この通知を受けた者は、審査官に対して事件につき意見を述べることができる（13条2項）。また、審理のための処分を申し立てることができる（15条1項）。施行令8条によれば、審査官は、参与の意見を尊重しなければならない（8条1項）。参与の意見をきくため、あらかじめ期日を指定することができる（8条2項）。参与の制度は、単な

る労使の利益代表として審査官に意見を具申するのみではなく，審査官の公正かつ適切な職務の遂行を補助，監視する重要な機関であるとされている（長崎地裁昭和61・11・28判例タイムズ625号167頁）。

参与の意見をきくために参与会方式を採用している場合に，参与会に労働基準局職員や他の審査官が同席したことの適否が争われた事件がある。長崎地裁昭和61・11・28（判例タイムズ625号167頁）である。

判決は，職員の出席について，もっぱら参与に対し労災保険制度に関する法令・通達等ないし当該事案の処理上参考となるべき先例等を指摘，説明して知識を補充し，意見具申の参考に供することは，参与の意見をして労使の単なる利益代表者の意見にとどまらせず，公益の立場からの意見の形成に寄与し，ひいては審査官が参与の的確な意見を徴しうる素地ともなりうるものであり，参与に対する参考資料の提供にとどまり，審査請求事件に対する監視，監督者としての立場からの意見の陳述にわたるようなことのない限り，審査官が参与から意見を徴するについての一つの実効的な方法と思料され，審査官制度の趣旨を没却するものではありえないとした。

また，当該事案を担当しない他の審査官が同席することについては，独任行政官たる審査官の職種の独立の見地から必ずしも適切とは言い難い点はあるが，数件の事案についての参与の意見を効率的に聴取するうえで便宜上のことであり，参与会において処分庁に特段影響力のある意見を述べた事実は認められないから，他事考慮による裁決があったと認定することはできないとした。

労働保険審査会は，委員9人をもって組織される（26条1項）。委員は，人格が高潔であって，労働問題に関する識見を有し，かつ，法律又は労働保険に関する学識経験を有する者のうちから，両議院の同意を得て，厚生労働大臣が任命する（27条1項）。利益代表者が審理期日に出頭して意見を述べ又は意見書を提出できる点も共通である（45条2項）。利益代表者の指名は，労災保険制度及び雇用保険制度に分けて，関係労働者及び関係事業主を代表する者各2人を，それぞれ関係団体の推薦により指名する（36条）。

共済関係でも，国家公務員共済組合審査会（国公共済法103条以下），地方公務員共済組合審査会（地公共済法117条以下），共済審議会（私立学校共済法

36条以下）が設立されている。また，審査機関ではないが，戦傷病者戦没者遺族等援護法に基づく給付に関する処分についての不服申立てに対する決定をする場合は，援護審査会の意見を徴取する（40条，同法施行令1条の5）。

次に，国民健康保険の保険給付に関する処分又は保険料その他の徴収金に関する処分についての審査請求を審査する合議制の機関として，各都道府県に国民健康保険審査会が置かれる（国保法91条，92条）。被保険者を代表する委員，保険者を代表する委員及び公益を代表する委員をもって組織する（93条）（本書第3章3［2］を参照）。また，介護保険の保険給付に関する処分又は保険料その他の徴収金に関する処分に係る審査請求を処理するために，各都道府県に介護保険審査会が置かれる（介護保険法183条，184条）。委員は，被保険者を代表する者3人，市町村を代表する者3人，公益を代表する者3人以上で政令で定める基準に従い条例で定める員数で構成される（185条）。事件は，合議体で扱われる（189条）。後期高齢者医療給付に関する処分又は保険料その他の徴収金に関する処分についての審査請求を扱う機関として，各都道府県に後期高齢者医療審査会が置かれる（高齢者医療確保法128条1項）。

これらが，都道府県に必置の審査機関であるのに対して，障害者自立支援法の障害者介護給付等不服審査会は，同法に基づく市町村の介護給付費等に係る処分についての審査請求の事件を取り扱う機関であって，それを設置するか否かが都道府県の選択に委ねられている（98条）。これは，地方分権の推進の観点から必置機関を抑制すべきである旨の議論がなされていた時期に創設された審査機関であるために，任意設置機関としたものと思われる[95]。この審査会を設置しているか否かを問うことなく，審査請求自体は，都道府県知事に対してなされる（97条）。

不服審査制度改正の動き　平成20年に行政不服審査法の全部を改正する法律案が国会に提出され，これに併せて，「行政不服審査法の施行に伴う関係法律の整備等に関する法律案」も国会に提出された。そのなかには，社会保障関係の不服審査に関する改正も含まれている。最も大きな改正は，これ

95　障害者福祉研究会・障害者自立支援法219頁。

までの「社会保険審査官及び社会保険審査会法」を「社会保険に係る処分についての不服審査に関する法律」に,「労働保険審査官及び労働保険審査会法」を「労働保険に係る処分についての不服審査等に関する法律」に名称変更するとともに, それぞれの審査官に対する不服申立てを「再調査請求」とし, 審査会に対する不服申立てを「審査請求」に改める(このため, 健康保険法, 国民年金法, 厚生年金保険法, 雇用保険法, 労災保険法等にも所要の改正を加える)こととしている。そして, 再調査請求がその事業所に到達してから当該再調査請求に対する決定をするまでに通常要すべき標準的な期間を定めるよう努めるとともに, これを定めたときは, 事務所における備付けその他の適当な方法により公にしておくこととする標準処理期間の定めが用意される。また, 審査すべき事項が多数であり又は錯そうしているなど事件が複雑であることその他の事情により, 迅速かつ公正な審査を行なうため審査請求手続を計画的に遂行する必要があると認める場合には, 期日及び場所を特定して, 当事者を招集し, あらかじめ, 申立てに関する意見の聴取を行なうことができることにする(特定審査請求手続)。さらに, 当事者が遠隔の地に居住している場合その他相当と認める場合には, 政令で定めるところにより, 審査会及び当事者が音声の送受信により通話をすることができる方法によって, この意見の聴取を行なうことができるようにする。不服申立期間の改正も含まれている。再調査請求は, 3月を経過したときはすることができないとして, 申立期間が延長される。審査請求に関しては,「再調査の請求についての決定があったことを知った日の翌日から起算して2月を経過したときは, することができない」として, 行政不服審査法改正法案17条1項括弧書きが再調査請求についての決定があったときは1月としているのに比べて, 長い期間が設定されている。なお, 国民健康保険法等の多くの社会保障関係の不服申立てについては, 旧行政不服審査法の規定による審査請求を存続させることとしている。

　以上を通じて, 社会保障関係の行政処分に係る不服審査に関しては, 利益代表的考慮と専門性の重視という基本的姿勢が見られる。

　取消訴訟以外の抗告訴訟　社会保障の分野においては, 申請に基づいて処分や裁決がなされる仕組みが採用されていることが多い。

したがって，まず，申請に対する不作為が違法であるとして不作為の違法確認の訴えを提起することが考えられる。労働保険審査会に対する再審査請求に対して裁決をしないことの不作為を違法であるとして訴えた事件がある。横浜地裁平成7・12・21（訟務月報42巻11号2769頁）は，労働保険審査会が再審査請求を受理してから口頭弁論終結時までに，すでに1年10か月を経過しているので，裁決をするのに通常必要とする期間は，すでに経過しているといわざるを得ないとして，これを正当とするような特段の事情が認められない限り，この不作為は違法と評価されるとしつつも，次のような特段の事情があるので違法ということはできないとした。すなわち，毎年250件前後の新規請求を受理しながら300件近い件数の裁決を行なっているものの，毎年700ないし800件の繰越件数があり平成5年度の残件数は644件あったこと，1合議体あたり毎年150件前後の裁決を行なっていること，請求の内容が複雑，多様化していること，委員の増員には法改正を要し予算上の制約もあること，現体制下において裁決件数を大幅に増加させることは極めて困難であること，必ず経なければならない公開審理を原則週1回開催し1回当たり審理件数を従来の7件程度から平成7年度は9件程度に増加させていること，再審査請求事件は受理した事件から順次公開審理に付することとせざるを得ないことなどの諸事情から，1件の処理には2年を超える期間を要する状況となっていることなどを特段の事情として挙げている。

　ある特定案件について不作為を違法とする判決を出して優先処理するならば，他の案件についての処理が遅れることになるのであって，請求認容判決が新たな不作為の違法を生むことにもなってしまう。したがって，この判決の結論は，やむを得ないところであろう。しかし，迅速処理の要請に反する実態は，改善，解消しなければならない。

　次に，社会保障給付に関しては，義務付け訴訟の要件を満たす場合がありえよう。特に申請型義務付け訴訟が考えられる（行訴法37条の3第1項）。不作為の場合は，不作為の違法確認の訴えと併合して提起する。また，却下・棄却の処分又は裁決がなされた場合は，処分又は裁決の取消訴訟又は無効確認の訴えを併合提起する（行訴法37条の3第3項）。そして，義務付け判決がなされるのは，各訴えに係る請求に理由があると認められ，かつ，義

務付けの対象の処分又は裁決をすべきであることが，それらの根拠となる法令の規定から明らかであると認められ又は行政庁が処分又は裁決をしないことがその裁量権の範囲を超え若しくはその濫用となると認められるときである（行訴法37条の3第5項）。これまでにも義務付け訴訟の事案が若干見られる（広島地裁平成19・7・6判決集未登載は，老齢厚生年金の障害者特例適用申請却下処分のなされた場合に，取消請求に理由がないことを理由に却下した）。

東京地裁平成18・10・25（判例時報1956号62頁）は，こう頭軟化症等のための気管切開手術を受けてカニューレを装着している長女につき保育園への入園申込みをしたところ，処分行政庁が適切な保育を確保することが困難であるとして2度にわたり保育園入園を承諾しない旨の処分をしたために，原告が，たんやだ液の吸引が適切に行なわれれば，通園することができるとして，不承諾処分の取消し及び義務付けを求める訴訟並びに国家賠償請求をした事案を扱っている。判決は，「真にふさわしい保育を行う上では，障害者であるからといって一律に保育所における保育を認めないことは許されず，障害の程度を考慮し，当該児童が，保育所に通う障害のない児童と身体的，精神的状態及び発達の点で同視することができ，保育所での保育が可能な場合には，保育所での保育を実施すべきである」と述べ，そのような保育が可能であるにもかかわらず，児童福祉法24条1項但し書きにいう「やむを得ない事由」があるとして承諾しなかった場合には，当該不承諾処分は，考慮すべき事項を適切に考慮しなかったという点において，処分行政庁の裁量の範囲を超え，又は裁量権を濫用したものというべきであって，違法であると解するのが相当であるとして取消請求を認容した。そして，義務付け訴訟に関して，5保育園のうちいずれかの保育園への入園を承諾しないことは，裁量権の範囲を超え又は濫用となるとし，いずれかの保育園への入園を承諾すべき旨を命じた。

東京地裁平成18・11・29（賃金と社会保障1439号55頁）は，原告が，身体障害者居宅生活支援費783万余円及び支払い済みまで年5分の割合による金員の支払いをせよとの抗告訴訟としての義務付けの訴えに対して，「金員の支払という行為自体は，直接国民の権利義務を形成し，又はその範囲を確定することが法律上認められているものということはできないから，これが

処分に該当しないことは明らかである」とした。同じことを求める訴訟であるならば、オーソドックスな方法は、当事者訴訟として提起する方法であったといえよう。

広島地裁平成19・7・6（判例集未登載）は、老齢厚生年金の額の計算に係る障害者特例を適用せよとの義務付け訴訟に関して、申請型義務付け訴訟の場合に、行政事件訴訟法37条の3第1項2号により、当該処分が取り消されるべきものであり、又は無効若しくは不存在であることを訴訟要件としていると理解して、併合提起されている同特例の適用をしない旨の申請却下処分取消訴訟に係る処分が適法であるので、義務付け訴訟は訴訟要件を満たしていないとして却下した。

差止め訴訟も活用されつつある。

大阪地裁平成20・1・31（平成19（行ウ）166・167）（判例タイムズ1268号152頁）は、保険医療機関の指定を受けた歯科医院の開設者で、かつ、保険医の登録を受けた歯科医師である原告が、健康保険法80条及び81条に基づき原告らに保険医療機関の指定取消し及び保険医登録取消処分がなされようとしているとして提起された差止め訴訟の事案を扱っている。判決は、まず、本件処分によって生じる大幅な収入の減少や歯科医師及び医療機関としての社会的評価、信用の失墜により歯科医院の経営破綻という「重大な損害」を受けるおそれがあることを肯定した。次いで、健康保険法78条1項が監査について定め、80条、81条が保険医療機関の開設者や保険医等が監査に出頭しなかったことを保険医療機関の指定ないし保険医の登録の取消事由として定めているところ、出頭しないことに正当な理由も認められないので、指定取消及び登録取消の事由があり適法な処分であるので、棄却すべきものとした。

仮の救済　行政事件訴訟法は、処分の執行停止、仮の義務付け、仮の差止めといった仮の救済制度を用意している。これらの制度は、いずれも本案訴訟が適法に係属していることが要件であるから、それらを充足している場合に限り活用することができる。

執行停止の申立て利益がないとされた事例として、労災保険法47条の3の規定による休業補償給付等の支払いの一時差止めに関する、大阪地裁決定

昭和54・1・24（労民集30巻1号1頁）及びその抗告審・大阪高裁決定昭和54・7・18（労民集30巻4号778頁）がある。大阪地裁決定は，同規定は，「給付の請求があった場合において，いかなる決定をするか（継続して休業補償給付を行なうか，これを打切るか，あるいは傷病補償年金に切替えるかなど）を判断するに必要な請求者の病状に関する資料（診断書を添付した傷病の状態等に関する報告書）が提出されないときは，当該請求に関する適正な認定ができないので，右資料の提出があるまで右請求に対する決定を一時留保することができる旨を定めたものであって，具体的な支給決定がなされていることを前提とするものではないと解するのが相当である」として，支給決定の存在を前提とする申立ての利益はないとした。大阪高裁決定もこの判断を維持し，かつ，「本件差し止め処分を受けた後も，抗告人らが保険給付の支給決定を請求する権利を有するものであるとの法律関係に消長なく，差し止め処分の効力を停止しても直ちに具体化された保険給付の支払を請求し得ない以上，抗告人らに生ずる回復の困難な損害を避けることはできず，抗告人らのいう『執行停止の趣旨をも考えた許否決定がなされるという法的期待が生ずることをもって，保全法益とみなし得る』との解釈を，当裁判所は採用しない」と述べた。

　仮の差止めが活用される場合もある。これまでの例には，市の保育所を廃止して運営を民間社会福祉法人に移管する条例の制定の仮の差止めの申立てを認めた事例がある（神戸地裁決定平成19・2・27賃金と社会保障1442号57頁。ただし，抗告審・大阪高裁決定平成19・3・27判例集未登載は，市が改正条例案を制定しようとする事実が認め難いとして，原決定を取り消した）。大阪地裁決定平成18・5・22（判例タイムズ1216号115頁）は，保険医登録取消処分が直ちに当該歯科医師としての知識及び技能その他の適性の欠如に結び付くものではなく，その公示，公表等がなされることによりその時点で直ちに勤務先医療法人の退職を余儀なくされ後に執行停止がなされた場合でも，歯科医業を行なうことにより収入を得る途が事実上絶たれるとまで直ちに認めることは困難であるうえ，収入の減少ないし喪失という主たる損害は，登録取消処分の取消訴訟を提起して執行停止を受けることにより避けることができる性質，程度のものであるから，行政事件訴訟法37条の4第1項にいう

「重大な損害を生ずるおそれ」の要件を欠く不適法な訴えというほかはないとした。

直接の給付請求訴訟の可否　法律が特別の申請等の手続を定めず，法律の規定により給付請求権が自動的に確定される仕組みの場合には，請求権を有すると主張する者は，当事者訴訟を提起することができる。その訴訟の性質に関しては民事訴訟説と公法上の当事者訴訟説とがある（年金支払請求訴訟につき，本書172頁）。典型的には，国家公務員災害補償法による災害補償請求権である。同法8条が「職員が公務上の災害又は通勤による災害を受けた場合においては，実施機関は，補償を受けるべき者に対して，その者がこの法律によって権利を有する旨をすみやかに通知しなければならない」と定め，24条1項が「実施機関の行なう公務上の災害又は通勤による災害の認定，療養の方法，補償金額の決定その他補償の実施について不服がある者は，

96　東京地裁昭和45・10・15行集21巻10号1218頁は，公務上の災害ではないという通知は，実施機関の見解を表明することにより，事実上簡易迅速に解決するための措置にすぎないとしつつ，実施機関に認定を求める申立権が当事者に与えられているならば適法な手続によって認定を受けるべきことを要求しうる手続上の権利があり行政処分性があるというべきであるが，法及び規則に認定の申立権を与えたと解される規定を欠くので行政処分とはいえないとした。また，大阪地裁昭和63・3・28判例時報1306号27頁は，実施機関のなす公務上外のものであるとの認定は災害補償を簡易迅速に処理するための内部勧告の措置であるとした。公務災害の治癒認定通知についても行政処分に当たらないとされている（東京地裁平成5・7・20労働判例644号34頁，東京高裁平成6・2・10労働判例672号92頁）。

97　東京地裁昭和44・1・24行集20巻1号11頁。この事件は，昭和36年に提起されたもので，行政事件訴訟特例法下の事案である。なお，併合提起された国を被告とする支払請求訴訟については請求を棄却した。東京地裁昭和45・10・15行集21巻10号1218頁は，災害の認定に対する人事院の判定は，行政処分であるとしつつ（その理由は，判定は，人事院の見解を表明し必要な指令をすることにより災害補償を簡易迅速かつ統一的に実施するための行政上の措置であって，補償請求権の発生，行使に法律上何らの消長を及ぼすものではないが，手続的違法があるときに適法手続により判定を受けるべきことを要求し得る権利が侵害されるからであるとする），災害補償の給付訴訟が提起された場合は，人事院の判定の取消訴訟は訴えの利益を欠くとした（その理由は，手続的違法があるとして取り消しても再度の判定が申立てを認容するものとなるとは限らないうえ，災害補償請求権の発生，行使に法律上何ら消長を及ぼさないからであるとする）。

人事院規則に定める手続に従い，人事院に対し，審査を申し立てることができる」と定めていても，実施機関のなす通知に行政処分性はなく[96]，人事院の判定も抗告訴訟の対象になることはなく[97]，当事者訴訟によることができるとされている[98]。他方，地方公務員の災害補償に関しては，補償を受けるべき職員又は遺族又は葬祭を行なう者の請求に基づいて行なうこととされ（地方公務員災害補償法25条2項），地方公務員災害補償基金が請求を受けたときは，補償の請求の原因である災害が公務又は通勤により生じたものであるかどうかを速やかに認定し，その結果を当該請求をした者及び当該災害を受けた職員の任命権者に通知しなければならない（45条2項）とされている。この仕組みは，認定により具体化されることを意味し，国家公務員の災害補償の仕組みとの不統一性が指摘されている[99]。もしも，請求と認定の手続にもかかわらず，性質上一義的に補償原因と補償の程度が定まるのであれば，手続を経由しないで当事者訴訟を提起することができてもよいはずである。あるいは，逆に一義的に定まるとはいえないとするならば，国家公務員の災害補償に関しても，法定されていないとはいえ，請求がなされて，それに対する通知があったときは，行政処分性を肯定することも考えられる。

ところで，社会保障の給付に関しては，行政レベルの申請（請求）に基づく裁定，認定等の手続が用意されていることが多い。このような仕組みが採用されているのに，これらの手続を経ないで（あるいは，裁定等の申請に対する拒否処分がなされたときにその取消しを求めることなく）直ちに給付請求訴訟を提起した場合に，適法といえるかどうかが問題になる。裁定・認定等に基づいて給付請求権が初めて確定するという説によるときは，申請等の期間制

---

98 西村・社会保障法55頁‐56頁，131頁。
99 西村・社会保障法57頁。地方公務員災害補償基金のなす認定を行政処分とする裁判例として，高松高裁平成6・7・28労働判例660号48頁がある。地方公務員災害補償法51条1項の「補償に関する決定」には，認定も含まれることを意味する（地方公務員災害補償制度研究会編『［改訂版］地方公務員災害補償法逐条解説』（ぎょうせい，平成13年）294頁）。最高裁昭和56・9・24判例時報1019号60頁は，これを前提にして，不服申立前置について判断している。ただし，古くは，行政処分性を否定する裁判例も見られた（高松地裁昭和36・1・12行集12巻1号160頁，その控訴審・高松高裁昭和37・8・30行集13巻8号1468頁）。

限の定めがある場合や，拒否が行政処分であるとした場合の不服申立期間・出訴期間を経過している場合には，もはや原則として訴訟の途がないことになる。

　労災保険法に基づく遺族補償及び葬祭料の請求をして業務外であるとして拒否されたのを，そのままにしておいて，後に業務上のものとする事例の新聞報道に接して，審査請求，再審査請求をなし，その決定を待つことなく直接支払請求を提起した事案に関して，最高裁昭和29・11・26（民集8巻11号2075頁）は，労災保険法による保険給付は，「同法所定の手続により行政機関が保険給付の決定をすることによって給付の内容が具体的に定まり，受給者は，これによって，始めて政府に対し，その保険給付を請求する具体的権利を取得するのであり，従って，それ以前においては，具体的な，一定の保険給付請求権を有しないとした原判決の解釈は正当」であるとした[100]。

　労働災害により受けた傷害による療養のために就労できなかったとして労災保険法による休業補償給付について労災保険法施行規則13条による請求書の提出や，その請求に基づく労働基準監督署長の支給決定がないのに給付請求訴訟を提起した事案に関して，名古屋地裁昭和60・9・4（判例時報1176号79頁）は，次のように判示した。

　　「労災保険法所定の給付事由が発生することにより直ちに被災労働者に具体的な休業補償給付請求権が生ずるものではなく，労働基準監督署長の支給決定によって初めて被災労働者は具体的金額の休業補償給付請求権を取得するものと解すべく，右支給あるいは不支給決定に不服のあるものは右法定の手続に従ってその取消を求めるべきものであって，行政庁や国に対し保険給付そのものやあるいは支給決定を訴求することは許されないところである。」

100　健康保険法上の療養費，国民健康保険法上の療養費の支給を受ける場合も，支給申請に基づく行政処分により具体的な請求権として発生するとする見解がある（社会保険関係訴訟実務研究会『社会保険関係訴訟の実務』（三協法規，平成11年）216頁-217頁）。横浜地裁平成10・10・30判例集未登載も，健康保険法69条の15による傷病手当金について同趣旨を述べているという（社会保険関係訴訟実務研究会・前掲書217頁による）。

同趣旨の裁判例は，他にも見られる（札幌地裁平成元・12・27 労民集 40 巻 6 号 743 頁）。もっとも，前記名古屋地裁昭和 60・9・4 及び札幌地裁平成元・12・27 が，手続の経由を訴訟要件であるとみて訴えを不適法としたことについては疑問なしとしない。児童扶養手当に関して，受給資格及び手当の額の認定なくして支給を求める請求について，京都地裁平成 3・2・5（判例時報 1387 号 43 頁）は，請求棄却の判決を下している。筆者としては，訴訟要件説を唱える自信がない。なお，この判決は，社会保険制度における裁定はすでに発生している抽象的な受給権の確認処分であり，裁定を受けることによって，年金等の支給を受ける権利が具体的に発生するのに対して，社会手当である児童扶養手当法 6 条の認定は，これにより手当を受ける権利を発生させる権利創設的な性質を帯びると述べている。しかし，このような性質の違いは，結論に影響しないとしている。

平成 18 年の行政事件訴訟法改正前の支給請求訴訟について，裁判所が，法律により給付には給付処分が必要であるから義務付け訴訟として提起されたものと解さざるを得ないとして，回復困難な損害を避ける緊急の必要があると認められる場合でなければならないところ，その必要性の認められる事案ではないとして却下した事例がある（旧船員法に関する東京地裁平成 4・7・14 労働判例 622 号 30 頁）。

租税の場合の用語を用いるならば，社会保険制度における受給権は，自動確定ではなく確定手続が必要であることを意味する。前記の名古屋地裁昭和 60・9・4 は，確定手続を経由しない当事者訴訟としての給付請求訴訟を不適法としたのである。なお，平成 16 年改正前の行政事件訴訟法の下において，法律により確定権限を有する行政庁に対して給付の決定を求める訴えは，義務付け訴訟と位置づけられていた。行政権の第一次的判断権の行使である行政処分たる確定行為の事後審査が原則であるとして不適法とされることが多かった（浦和地裁昭和 60・9・13 判例タイムズ 611 号 37 頁）。改正後は，義務付け訴訟が法定抗告訴訟とされ（3 条 6 項），その要件も法定された（37 条の 2，37 条の 3）。そして，義務付け訴訟の被告も原則として行政主体であるので（38 条 1 項による 11 条の準用），ある訴訟が義務付け訴訟であるのか当事者訴訟であるのかを見極める必要がある。裁定，認定等の行政処分を

することを求める訴訟は義務付け訴訟であり，給付を求める訴訟は当事者訴訟である。

そして，一つの論点として，義務付け訴訟の要件が備わっているような場合においても当事者訴訟は不適法であって，もっぱら義務付け訴訟によるべきかという問題がある。

年金受給者死亡の場合における未支給年金に関する訴訟　国民年金法 19 条 1 項は，「年金給付の受給権者が死亡した場合において，その死亡した者に支給すべき年金給付でまだその者に支給しなかったものがあるときは，その者の配偶者，子，父母，孫，祖父母又は兄弟姉妹であって，その者の死亡の当時その者と生計を同じくしていたものは，自己の名で，その未支給の年金の支給を請求することができる」と規定している（同趣旨の規定は，厚生年金保険法 37 条 1 項にも置かれている）。被相続人が併給調整規定の違憲無効を理由に未支給の老齢年金の支払いを求めて訴訟を提起し，その係属中に死亡した場合に，この規定を根拠に遺族が訴訟承継をすることができるかどうかについて，最高裁平成 7・11・7（民集 49 巻 9 号 2829 頁）は，次のように述べて，訴訟承継を否定した。

　「同法 16 条は，給付を受ける権利は，受給権者の請求に基づき社会保険庁長官が裁定するものとしているが，これは，画一公平な処理により無用の紛争を防止し，給付の法的確実性を担保するため，その権利の発生要件の存否や金額等につき同長官が公権的に確認するのが相当であるとの見地から，基本権たる受給権について，同長官による裁定を受けて初めて年金の支給が可能となる旨を明らかにしたものである。同法 19 条 1 項により遺族が取得するのは支分権たる請求権ではあるが，同法 16 条の趣旨に照らして考えると，右 19 条 1 項にいう請求は裁定の請求に準じて社会保険庁長官に対してすべきものであり（現に国民年金法施行規則は，同法 19 条の規定による未支給年金の支給の請求は所定の請求書を同長官に提出することによって行うべき旨を定めている），これに対して同長官が応答することが予定されているものと解される。そして，社会保険庁長官の応答は，請求をした者が請求権を有する所定の遺族に当たるか否かを統一的見地から公権的に確認するものであり，不服申立ての対

象を定めた同法101条1項にいう『給付に関する処分』に当たるものと解するのが相当である。したがって，同法19条1項所定の遺族は，社会保険庁長官による未支給年金の支給決定を受けるまでは，死亡した受給権者が有していた未支給年金に係る請求権を確定的に取得したということはできず，同長官に対する支給請求とこれに対する処分を経ないで訴訟上未支給年金を請求することはできないものといわなければならない。」

この判決は，直接には，訴訟承継の可否を扱っているが，その前提として，19条1項は，「相続とは別の立場から一定の遺族に対して未支給の年金給付の支給を認めたものであり，死亡した受給権者が有していた右年金給付に係る請求権が同条の規定を離れて別途相続の対象になるものではないことは明らかである」と述べている。

母である故人が受領すべきであった遺族年金のうち未支給分について原告が給付請求をしたところ，社会保険庁長官が一定額の決定を行ない給付をしたが，原告は，そのほかにも未支給分があると主張して，社会保険庁長官の前記決定の取消しを求め，かつ，国に対し未支給分の支払請求訴訟を提起した事案がある。東京地裁平成17・4・21（判例集未登載）は，前記の最高裁判決に言及し，厚生年金保険法37条に基づく未支給年金の請求についても，未支給年金の支給決定を受けるまでは，死亡した受給権者が有していた未支給年金に係る請求権を確定的に取得したということはできないと解するのが相当であるとした。そして，次のように述べている。

「過去に発生した具体的な支分権たる請求権について厚生年金保険法37条1項に基づく請求に対して社会保険庁長官が行う決定は，具体的な過去の未支給の保険給付について請求者が同項所定の遺族に該当するか否かについて，その具体的な未支給の範囲を含めて，統一的見地から公権的に確認する『保険給付に関する処分』であると解するのが相当であって，請求者は，一部の未支給保険給付の存在を認めてこれを支給する裁定がなされても，なおそのほかにも未支給分が存在すると主張する場合には，その変更を求めて取消訴訟を提起することができると解すべきである。」

この判決は，取消訴訟を提起することなく，直接に国を被告として未支給分の支払請求訴訟を提起することはできないとしたのである[101]。

このように，未支給年金に関する国民年金法19条や厚生年金保険法37条は，年金給付を受ける権利は，一身専属的なもので譲渡性がなく，相続の対象にならないことを前提にして，特別の請求手続を経て，一定の遺族が自己の名において受給できることを定めたものと理解されている[102]。なお，受給権者が裁定請求をしていた場合のみならず，裁定請求をしていなかった場合も同様である（国年法19条3項，厚年法37条3項）。

年金以外の社会保障給付に係る受給権の相続対象性　社会保障受給権が相続の対象になるのかどうかは，年金以外の給付についても問題になる。

まず，生活保護受給権を扱った朝日訴訟に関する最高裁大法廷昭和42・5・24（民集21巻5号1043頁）があまりにも有名である。国立療養所に入所して医療扶助及び生活扶助を受けていた原告に対し，実兄から扶養料の送金を受けたことを理由に生活扶助を打ち切り，医療費の一部を負担させる保護変更決定について争われた訴訟であった。上告審係属中に原告（被控訴人，上告人）が死亡したため養子が相続人として訴訟承継を主張したが，最高裁は，生活保護受給権は一身専属の権利であって相続の対象にならないので，訴訟を承継する余地はないとして，訴訟は終了したと判示した。

介護保険法に基づく居宅介護サービス費の支給を受けるべき被保険者である者が訴えの提起前に死亡し，その相続人が訴えを提起した場合に，原告適格の問題が争点とされた事件がある。東京地裁平成20・2・22（判例集未登載）は，次のように述べて，居宅介護サービス費の支給を受ける権利が相続の対象になると判示した。

> 「法は，居宅要介護被保険者が指定居宅サービス事業者から指定居宅サービスを受けたときには，当該居宅要介護被保険者が居宅介護サービス費の支給を受ける権利を取得するとともに，当該権利の存在を前提と

---

[101] 取消訴訟に関して，問題の昭和35年12月分から平成2年11月分までの遺族年金については消滅時効が完成しているから，実際に故人に支払われたか否かを問題にするまでもなく処分は適法であるとして，請求を棄却した。

[102] 法研・厚生年金保険法解説598頁。

して，当該指定居宅サービスを提供した指定居宅サービス事業者にも，当該居宅介護サービス費に係る固有の支給請求権が発生する場合がある旨を定めているのであり，このような法の定める居宅介護サービス費の支給を受ける権利の性質に鑑みれば，当該権利は，その存続が第三者である指定居宅サービス事業者の利害にも関係を有するものであり，居宅要介護被保険者の一身に専属する性質の権利であるとはいえず，相続の対象となる（民法896条）と解するのが相当である。なお，法25条は，保険給付を受ける権利は，譲り渡し，担保に供し，又は差し押さえることができないと定めているが，この規定は，相続人が相続によって包括承継することを否定する趣旨ではないと解される。」

この判決は，介護保険法に基づく居宅介護サービス費用の特性に着目して，相続の対象となることを認めたものである。この方法により相続の対象となる社会保障受給権がどれだけあるのかは，第三者の利害に関係する点を重視するか否かなどにより不確実であるといわなければならない。しかし，個別の社会保障受給権ごとに検討していくという姿勢は重要と思われる。

第3章　医療保障・介護保障財政法

1　医療給付費の財源構造

[1]　医療保険の保険者

医療保険の種類と保険者　公的医療保険には，大別して被用者医療保険とそれ以外の者の加入する医療保険とがあり，さらに，後期高齢者医療保険制度が設けられている。

被用者医療保険は，複数の制度からなっている。健康保険法による健康保険が中核であるが，それ以外に，船員保険法による船員保険，国家公務員共済組合法，地方公務員等共済組合法，私立学校教職員共済法による共済保険がある。健康保険法による健康保険の保険者には，全国健康保険協会（平成20年から）と健康保険組合とがある。

被用者医療保険の対象者（被保険者，組合員，それらの被扶養者）以外の公的医療保険制度が，地域保険としての国民健康保険である（国保法6条参照）。国民健康保険の保険者には，市町村と国民健康保険組合があり，国民健康保険組合の被保険者は，市町村国保の対象外である。

平成20年からは，後期高齢者医療制度がスタートした。「高齢者の医療の確保に関する法律」が定める制度である。後期高齢者医療の事務の処理のために，都道府県の区域ごとに当該区域内のすべての市町村が加入する広域連合（後期高齢者医療広域連合）が設けられている（48条）。被保険者は，同広域連合の区域内に住所を有する75歳以上の者，及び同区域内に住所を有する65歳以上75歳未満の者であって，厚生労働省令で定めるところにより，政令で定める程度の障害の状態にある旨の当該広域連合の認定を受けたものである（50条）。被用者医療保険及び地域医療保険としての国民健康保険とは別個の保険者の下に，後期高齢者を被保険者とする地域医療保険制度が設けられていることを意味する。

公共組合の活用　行政法学において,「公法人」の概念の有用性については疑問が提起されているところではあるが[1],「公共組合」に関しては, 共通の特色として, 強制加入制, 設立・解散についての国家意思の介在, 国家監督, 業務遂行における公権力の付与, 経費の強制徴収が挙げられている[2]。そして, 強制加入及び事業執行における公権力性の付与により行政主体性が認められるとする説明がなされている[3]。しかし, 行政関係者の執筆に係ると思われる著書においては, 依然として「公法人」の言葉が用いられ, たとえば, 健康保険組合に関して, 公法人であるとする理由は, 国家的事務を存立目的とすること, 及び一般私法人と異なる特権・地位を付与されていること, に求められるとされている[4]。もっとも, 公法人として活動し得るのは, 法令の規定により定められた範囲内においてのことであって, それ以外については一般私法人と同様の法律関係に立つものとされている[5]。その限りで, 公法人といっても, 法人の類型的特色を示すための用語にすぎず, それにより特別の解釈上の意義が認められるわけではない。医療保険には, 健康保険組合, 国民健康保険組合, 共済組合などの公共組合が活用されている。

全国健康保険協会　全国健康保険協会は, 従来の政府管掌健康保険を引き継ぐ保険者で, その資本金は, 全額政府出資である(健保法7条の5)。理事長1人, 理事6人以内, 監事2人が置かれる。協会に運営委員会が置かれる。それは, 事業主(被保険者を使用する適用事業所の事業主)及び被保険者の意見を反映させ協会の業務の適正な運営を図るための委員会である(7条の18第1項)。しかし, それは, 選挙制ではなく, 9人以内の委員で, 事業主, 被保険者及び協会の業務の適正な運営に必要な学識経験を有する者のう

1　塩野宏『行政法Ⅲ［第3版］』(有斐閣, 平成18年) 83頁以下, 藤田宙靖「行政主体の概念について」田中二郎先生古稀記念『公法の理論　上』(有斐閣, 昭和51年) 187頁。

2　安本典夫「公共組合」雄川一郎ほか編『現代行政法学大系7』(有斐閣, 昭和60年) 287頁, 292頁以下, 塩野宏・前掲書104頁以下, 宇賀克也『行政法概説Ⅲ』(有斐閣, 平成20年) 239頁。

3　塩野宏・前掲書105頁。

4　法研・健康保険法の解釈と運用199頁。

5　法研・健康保険法の解釈と運用201頁。

ちから厚生労働大臣が各同数を任命することとされている（7条の18第2項）。これと別に，都道府県ごとの実情に応じた業務の適正な運営に資するため，支部ごとに評議会を設け，当該支部における業務の実施について，評議会の意見を聴くものとされている。各支部の都道府県に所在する適用事業所の事業主及び被保険者並びに当該支部における業務の適正な実施に必要な学識経験を有する者のうちから支部長が委嘱する（7条の2）。評議会も選挙制によるものではないことに注意しておきたい。

　以上の仕組みから，全国健康保険協会は，公法人ではあるが，健康保険組合や国民健康保険組合と異なり，組合員が存在せず，公共組合とはいえない。全国健康保険協会は，国民ないし被保険者との関係が間接的であって，国民（被保険者）から「見えにくい保険者」となっていることに注意する必要がある。

　健康保険組合　健康保険組合は，適用事業所の事業主，その適用事業所に使用される被保険者及び任意継続被保険者をもって組織される保険者である（8条）。1又は2以上の適用事業所について常時政令で定める数（令1条1項により700人）以上の被保険者を使用する事業主は，当該適用事業所について健康保険組合を設立することができる（11条1項）。さらに，適用事業所の事業主は組合を共同設立することができ，その場合の被保険者数は合算して常時政令で定める数（令1条2項により3,000人）以上でなければならない（11条2項）。これらは，任意設立であって，組合の対象にする適用事業所に使用される被保険者の2分の1以上の同意を得て（2以上の適用事業所を対象にする場合は各適用事業所について2分の1以上の同意を得て），規約をつくり厚生労働大臣の認可を受けなければならない（12条）。この任意設立と別に，厚生労働大臣の命令に基づく設立がある。1又は2以上の適用事業所について常時政令で定める数以上の被保険者を使用する事業主に対し，健康保険組合の設立を命ずることができる（14条1項）。しかし，政令の定めがないため，命令による設立制度は実際には動いていない。設立事業所の事業主及び設立事業所に使用される被保険者は，健康保険組合の組合員となる（17条1項）。任意設立であっても，設立された以上は強制加入である。行政関係者の著作と思われる文献においては，前述のように健康保険組合をもっ

て「公法人」として説明されている。その際に，一般私法人と異なる特権，地位として，次の点が挙げられている[6]。

① 設立は原則として任意であるが，設立認可があれば，設立に不同意の者も強制的に組合員にさせられること。
② すでに設立されている事業所の事業主，被用者となった者は，当然強制的に加入させられ，組合員とさせられること。
③ 大臣が強制設立を命ずることができ，罰則をもって保障されていること。
④ 保険料の強制徴収権を有していること。
⑤ 事業主に対し，報告，文書提示その他健康保険の施行に必要な事務を行なわせることができること。
⑥ 被保険者又は保険給付を受けるべき者に，必要な申出，届出，文書提出をなさしめることができること。
⑦ ⑤及び⑥の履行は罰則によって保障されていること。

同書は，さらに，公法人であるがために，国との間に一般私法人と異なる特殊な関係，厳重な監督関係があるとして，規約変更に関する大臣認可，業務執行についての違反の是正・役員解任・解散の命令，消滅した組合の権利義務の政府による承継，登録免許税・法人税・道府県民税・事業税・市町村民税・固定資産税に関する非課税又は特別な扱いなどを掲げている[7]。

各種共済組合 各種の共済組合があるが，ここでは，国家公務員共済組合法による国家公務員共済組合を取り上げておこう。各省各庁ごとに，その所属の職員及びその所管する特定独立行政法人の職員をもって組織する国家公務員共済組合が設けられる（3条1項）。この組合は，短期給付，長期給付及び福祉事業を行なう。短期給付が医療保険給付に相当するものである。それぞれの共済組合を代表し，その業務を執行するのは衆議院議長，参議院議長，内閣総理大臣，各省大臣（環境大臣を除く），最高裁判所長官及び会計検査院長である（8条1項）。各組合には，組合の業務の適正な運営に資するため，運営審議会が置かれる（9条1項）。運営審議会は，委員10人以内

---

6 法研・健康保険法の解釈と運用 199頁 - 200頁。
7 法研・健康保険法の解釈と運用 200頁 - 201頁。

で組織され（9条2項），その委員は，組合の代表者がその組合の組合員のうちから「命ずる」（9条3項）。この委員を命ずる場合には，「組合の業務その他組合員の福祉に関する事項について広い知識を有する者のうちから命ずるものとし，一部の者の利益に偏することのないように，相当の注意を払わなければならない」という定め（9条4項）があるものの，そのことを担保するシステムが用意されているわけではない。定款の変更等の重要事項について運営審議会の議を経なければならないのであるが（10条1項），選挙制度が採用されていないので，組合民主主義の理念から離れた仕組みであるといわざるを得ない。このことは，組合員の利益にならない福祉事業を実施しようとする際に十分なコントロールが働かないなどの問題点をはらむものである。これと別に，すべての組合をもって組織する国家公務員共済組合連合会がある（21条1項）。連合会にも，その業務の適正な運営に資するため運営審議会が置かれ（35条1項），その委員は理事長が「組合及び連合会の業務その他組合員の福祉に関する事項について広い知識を有する者のうちから任命しなければならない」こととされている（35条3項・4項）。「委員の半数は，組合員を代表する者でなければならない」とされているが（35条4項），その「代表」の方法について法には定めがない。

　以上述べたように，国家公務員共済組合に関しては，組合民主主義の不十分さを指摘することができる。

　これに対して，地方公務員共済組合にあっては，より民主的なシステムが組み込まれている。地方公務員共済組合は，複数設置されている。すなわち，地方職員共済組合，公立学校共済組合，警察共済組合，都職員共済組合，指定都市職員共済組合，市町村職員共済組合である（地公共済法3条1項）。これらのうち地方職員共済組合，公立学校共済組合及び警察共済組合には，それぞれ運営審議会が置かれ（6条），その委員を主務大臣が「組合の業務その他組合員の福祉に関する事項について広い知識を有する者のうちから命じなければならない」こと，委員の半数は組合員を代表するものでなければならないこと（7条）が求められている。これは，国家公務員共済組合連合会の場合と共通の仕組みである。他方，都職員共済組合，指定都市職員共済組合，市町村職員共済組合，都市職員共済組合には組合会が置かれ（6条），

組合会の議員については、選挙の方法が採用されている。都職員共済組合、指定都市職員共済組合にあっては、それぞれ半数を知事若しくは指定都市の市長が組合員のうちから任命し、又は組合員が組合員のうちから選挙することとされている（9条2項）。市町村職員共済組合の組合会の議員は、市町村長及び市町村長以外の組合員が、それぞれのうちからそれぞれ同数を選挙することとされている（9条3項）。市町村職員共済組合にあって、等しく選挙であっても、市町村長のうちから選挙する議員と市町村長以外の組合員のうちから選挙する議員とは意味を異にし、前者はいわば経営側の議員の選挙である。医療給付（短期給付）に係る掛金割合は、組合の定款で定めることとされ（114条3項）、定款は組合会の議決事項であるから（10条1項1号）、組合民主主義が採用されているのである。

なお、国や地方公共団体が「組合員の保養若しくは宿泊又は教養のための施設の経営」（国公共済法98条1項2号、地公共済法112条1号の2）を含む福祉事業について2分の1を負担しているのに（国公共済法99条2項4号、地公共済法113条2項4号）、国会等のコントロールが弱い点も気になる。

市町村国民健康保険　適用除外者を除いて、市町村又は特別区の区域内に住所を有する者は、当該市町村又は特別区の国民健康保険の被保険者となる（国保法5条）。修学中の者で修学していないとすれば他の市町村の区域内に住所を有する他人と同一の世帯に属するものと認められるものは、当該他の市町村の行なう国民健康保険の被保険者とし、かつ、当該世帯に属するものとみなす（116条）。また、病院等に入院、入所又は入居中の被保険者についても特例がある（116条の2）。

外国人も住所を有する場合は被保険者となるが、その法的地位に鑑みると、在留資格を有しない外国人にあっては、単に居住している事実だけでは足りず、外国人登録、在留特別許可、在留の状況等に照らし安定した生活を継続的に営み、将来にわたって維持し続ける蓋然性の高いことが必要であるとするのが判例（最高裁平成16・1・15民集58巻1号226頁）である。

市町村又は特別区が保険者である。この保険者による国民健康保険を「市町村国保」という。保険者たる市町村の性質について、最高裁昭和49・5・30（民集28巻4号594頁）は、「事業主体としての保険者の地位を通常

の私保険における保険者の地位と同視して，事業経営による経済的利益を目的とするもの，あるいはそのような経済的関係について固有の利害を有するものとみるのは相当でなく，もっぱら，法の命ずるところにより，国の事務である国民健康保険事業の実施という行政作用を担当する行政主体としての地位に立つものと認めるのが，制度の趣旨に合致する」と述べた。そして，国民健康保険審査会が審査請求に対してなした裁決について保険者が取消訴訟を提起して争うことは法が認めていないとした[8]。正当というべき判決である[9]。

市町村国保の広域化　市町村国保の最大の問題は，脆弱な国保財政にある。そこでそれを解決する一つの手法として，市町村国保の広域化が考えられる。国民健康保険法は，市町村に国民健康保険事業を義務づけているが，それは，自治法284条による一部事務組合や広域連合を設けて同事業を行なうことを否定するものではない。ただし，一部事務組合及び広域連合には課税権がないので，それら固有の国民健康保険税方式を採用することはできない。そこで，それらが自ら賦課する（直接賦課方式）には国民健康保険料方式を採用することになる。また，それらの国民健康保険事業に充てるための費用を分賦金として構成市町村に求め，構成市町村が国民健康保険税又は国民健康保険料を賦課して財源を調達することができる[10]。地方税法703条の4第3項には，「国民健康保険を行う一部事務組合又は広域連合に加入している市町村にあっては，当該合算額のうち当該市町村の分賦金の額」なる文

---

[8] この事件の1審（大阪地裁昭和40・10・30行集16巻10号1771頁）及び2審（大阪高裁昭和46・8・2民集28巻4号630頁〔参照〕）は，訴えを適法とし，審査会の裁決を取り消していた。訴えを適法とする他の裁判例として，大阪地裁昭和44・4・19行集20巻4号568頁があった。その控訴審・大阪高裁昭和46・11・11行集22巻11・12号1806頁は，機関訴訟であるとして不適法と判断した。

[9] もっとも，この判決が，審査会と保険者とは，一般的な上級行政庁とその指揮監督に服する下級行政庁の場合と同様の関係に立ち，審査会の裁決に優越的な効力が認められ，保険者はこれによって拘束されることが予定されている，と述べている部分については，上級行政庁と下級行政庁との関係とみる点に疑問がある。不服申立てに対する裁断（裁決）に対して行政庁（又は行政主体）が訴えを提起できないという一般的制度の反映にすぎない。

[10] 国民健康保険中央会・国保担当者ハンドブック354頁。

言が明示されている。広域化は，これまでのところ必ずしも進んでいるとはいえないが[11]，一つの検討課題であることは否定できない[12]。ただし，たとえば，一部事務組合又は広域連合が直接賦課方式（国保料）を採用するとなると，国民健康保険料の決定に関する構造の適否も検討しなければならない。国民健康保険料に租税法律主義の趣旨が及ぶとする最高裁大法廷平成18・3・1（民集60巻2号587頁）を踏まえるならば，一部事務組合にあっては，規約事項である「議員の選挙の方法」（自治法287条1項5号）及び執行機関の選任の方法（同項6号）につき住民の選挙方式を採用する必要があろう。同じく，広域連合の議会の議員及び長についても，間接選挙ではなく，「広域連合の選挙人」による投票方式を採用する必要があろう（291条の5を参照）。

広域化に関係する制度として，都道府県が「広域化等支援基金」を設けることができる旨の規定がある（国保法75条の2）。これについては，後述する（本章3［1］を参照）。

市町村国保の特別会計　市町村国保に関する収入及び支出については，政令の定めるところにより，特別会計を設けなければならない（国保法10条）。国民健康保険事業の収入・支出を区分経理することにより，受益と負担を明確にする意味がある。後述するように，所得の少ない者に対する減額賦課や指定市町村にあっては，一般会計から所定額を特別会計に繰り入れるものとされている。他方，それ以上の一般会計による「補助」の規定は置かれていない。しかし，一般会計からの補助が認められるとする前提で運用されている[13]。

国民健康保険組合　国民健康保険組合（以下，「国保組合」という）は，同種の事業又は業務に従事する者で当該組合の地区内に住所を有するものを組

11　広域連合によっているものとして，北海道の大雪地区広域連合，空知中部広域連合，山形県の最上地区広域連合，一部事務組合の例として，御坊市外三ヶ町国民健康保険事務組合がある。

12　広域化について検討した成果の一例として，高知県国民健康保険制度広域化勉強会「国民健康保険事業の事務の広域化について」（平成19・11・15）に接した。

13　旭川国民健康保険料事件に関する旭川地裁平成10・4・21判例時報1641号29頁を参照。

合員として組織される（国保法 13 条 1 項）。国保組合による国民健康保険を「組合国保」と呼ぶことができる。

「組合の地区」は，1 又は 2 以上の市町村の区域によるものとされる（13 条 2 項本文）。2 以上の市町村の区域によることもできるので，実際には県単位の区域で設立される国保組合も多い。他の県に及ぶ地区とすることもできる[14]。なお，特別の理由があるときは，1 又は 2 以上の市町村の区域によらないこともできる（13 条 2 項但し書き）。1 の市町村内の一部の区域であってもよいし，2 以上の市町村のそれぞれの一部がまとまって組合の地区とすることもできる。しかし，認可要件の「市町村の国民健康保険事業の運営に支障を及ぼさないと認めるとき」といえなくなることがあり得ることに注意する必要がある。

組合の設立については，主たる事務所所在地の都道府県知事の認可を受けなければならない（17 条 1 項）。この認可は，行政法学上の典型的な「認可」である。発起人の行なう設立行為を完成させる行為である。認可申請は，15 人以上の発起人が規約を作成し，組合員となるべき者 300 人以上の同意を得て行なう（17 条 2 項）。認可申請があった場合，知事は，組合の地区をその区域に含む市町村の長の意見をきき，「当該組合の設立によりこれらの市町村の国民健康保険事業の運営に支障を及ぼさないと認めるときでなければ」認可をしてはならない（17 条 3 項）。この「運営に支障を及ぼさない」という要件の認定は知事の裁量に属するが[15]，経済的に恵まれた者が国保組合の組合員として市町村国保から脱落するならば，市町村国保の財政運営にある程度の影響を与えることになる。それがどの程度に達したときに「支障」を及ぼすことになるのか，微妙な問題である。そして，知事の認可が違法であると主張する市町村が認可の取消しを求めて争うことができるのか，さらに，

---

14 たとえば，東京都医師国保組合の加入資格は，東京都医師会会員で，東京都（島しょを除く），神奈川県，千葉県，埼玉県と茨城県の取手市，利根町，龍ヶ崎市，守谷市，常総市，つくばみらい市，つくば市，牛久市，阿見町，土浦市の区域に住所を有する者とされている。

15 厚生省保険局国民健康保険課編『詳解国民健康保険』（国民健康保険調査会，昭和 35 年）468 頁 - 469 頁は，知事の自由な裁量に属する判断であるとしている。

市町村国保の被保険者が同様に争うことができるのか,という問題がある。前者については,機関訴訟であるから特別の規定がない限り不適法であるとする理解もありえよう[16]。しかし,取消訴訟を適法としたうえで,裁量権の逸脱・濫用の有無を争うこととすべきであろう。後者については,認可が市町村国保の被保険者に与える法的効果を見出すことができないので,原告適格が否定されるという説明があり得よう。

なお,組合の地区に関する例外の「特別の理由」の不存在が,それのみで認可の消極要件になるのかどうかも問題となる。筆者としては,独立の消極要件ではないと解釈しておきたい。

組合国保被保険者は,組合員及び組合員の世帯に属する者である(19条1項)。6条各号のいずれかに該当する者及び他の組合国保の被保険者はこの限りでないとされて(19条1項但し書き),補充性原則が採用されている。組合規約の定めるところにより,組合員の世帯に属する者を包括して被保険者としないことができる(19条2項)。そのような組合規約を有する国保組合の組合員の世帯に属する者で他の保険制度の対象者でないものは,市町村国保に加入しなければならない。組合員の所得に比べて世帯員の所得が僅少であるときには,市町村国保が影響を受けることになる。その程度によっては,市町村の国民健康保険事業の運営に支障を及ぼすとして,認可されないこともあり得るであろう。

国保組合に組合会が置かれ(26条1項),組合会議員により組織される(26条2項)。組合会議員は,規約の定めるところにより,組合員が,組合員

---

[16] 厚生省保険局国民健康保険課編・前掲書468頁は,「市町村長に意見を聞いた場合,当該市町村長が,国民健康保険組合の設立により,組合員となるべき者が当該市町村が行なう国民健康保険の被保険者から脱落するため,その国民健康保険の財政に悪影響を及ぼし,国民健康保険事業の運営に支障を及ぼす旨の意見を申し出たときは,都道府県知事は,国民健康保険組合の設立を認可してはならない」と述べて,市町村長の拒否権を肯定する見解をとっているので,このような運用がなされる限り,市町村が争う場面は生じない。そして,認可が完全な自由裁量で,市町村長の拒否権を肯定する見解に基づいて認可申請に対して拒否処分がなされたときは,裁量権の逸脱濫用といえない限り,認可申請者が取消訴訟を提起しても勝訴することはできないことになる。

のうちから選挙する（26条3項）。組合会は組合の最高の議決機関であって，規約の変更，予算・決算など重要事項について議決主義が採用されている（27条1項）。これにより国保組合には，組合民主主義が採用されているといえる。

後期高齢者医療広域連合　高齢者医療確保法により後期高齢者の医療保険を運営する主体として，都道府県を単位としてその区域内のすべての市町村が加入する広域連合，すなわち後期高齢者医療広域連合が設立されている（高齢者医療確保法48条）。この広域連合については，本章4［2］において述べる。

［2］　医療給付費とその財源

医療保険による給付と他の制度による給付　医療給付の典型は，医療保険による給付である。それは，「社会保険診療」と呼ばれる。しかし，社会保障給付に該当するすべての医療給付が社会保険診療によっているわけではない。他の制度による給付が優先される場合がある。療養の給付等について，同一の疾病，負傷等について国家公務員災害補償法又は地方公務員災害補償法若しくは同法に基づく条例の規定により，相当する給付を受けることができる場合には，健康保険法，国民健康保険法等によるものは行なわない。同一の疾病又は負傷について介護保険法の規定による給付を受ける場合も同様である。さらに，広く，同一の疾病又は負傷について「他の法令の規定により国又は地方公共団体の負担で」給付を受けた場合も同様である（健保法55条。国保法56条1項もほぼ同趣旨）。この最後の場合には，給付が現実に行なわれた場合に限り，健保法，国保法等による給付を行なわないという趣旨であるとされる[17]。どのような場合がこれに該当するのかを確認することは必

17　厚生省保険局国民健康保険課・国民健康保険法225頁。

18　申請に基づき，診察，薬剤・治療材料の支給，医学的処置・手術・その他の治療等の費用は都道府県が負担する原則であるが（1項），患者，その配偶者又は扶養義務者が費用を負担することができると認められるときは，都道府県が負担することを要しない（37条）。これによれば，都道府県が負担を免れるが，医療保険法の適用において他の法令による給付を受けたことにはならないので，医療保険給付の対象となるということであろうか。

ずしも容易ではない。「感染症の予防及び感染症の患者に対する医療に関する法律」37条による入院患者が医療の給付を受けた場合[18]，同法37条の2により結核患者が医療の給付を受けた場合[19]，障害者自立支援法58条による自立支援医療費の支給を受けた場合などが挙げられる。かつて，この種の医療給付について，「公衆衛生，社会福祉等の見地から行われるものであり，受給者は権利としてその支給を請求することができない」と説明されたことがあるが，すべての給付について権利性がないとすることは疑問である。少なくとも，障害者自立支援法58条による自立支援医療費の受給につき権利性なしとすることはできない。

三面関係　医療保険においては，保険者及び被保険者のほかに，保険医療機関が加わって，三面関係が成立する。すなわち，被保険者は保険医療機関において診療を受ける。その際に一部負担金を支払う。保険医療機関は，保険診療の対象となる医療の報酬のうち一部負担金を控除した残額を保険者に請求する。健康保険法は，保険医療機関は，開設者の申請により指定することとしている（65条）。この申請及び指定について，機関委任事務として知事が指定していた時点において，大阪地裁昭和56・3・23（判例時報998号11頁）は，「国の機関としての知事が第三者である被保険者のために保険者に代わって療養の給付，診療方針，診療報酬など健保法に規定されている各条項（いわゆる法定約款）を契約内容として医療機関との間で締結する公法上の双務的付従的契約であり，右契約により，保険医療機関は被保険者に対して前記療養の給付の担当方針に従って療養の給付を行う債務を負い，保険者は保険医療機関が行った療養の給付について診療報酬を支払う債務を負うものと解される」と述べた。そして，この契約は準委任の性質を有し，保険医療機関の診療報酬請求権は委任事務報酬請求権の性質を有すると解され

19　同じく申請によるものであるが，「結核の適正な医療を普及するため」，「当該結核患者が結核指定医療機関において厚生労働省令で定める医療を受けるために必要な費用」の100分の95相当額を都道府県が負担する（1項）。ここには，患者等の負担能力による給付拒絶がない代わりに，申請があってから6月を経過したときは，その申請に基づく費用負担は打ち切られる（3項）。

20　大阪高裁昭和58・5・27判例時報1084号25頁，東京地裁昭和58・12・16判例時報1126号56頁，浦和地裁昭和62・3・25判例時報1250号96頁。

る、とした。このような考え方が、下級審裁判例として定着している[20]。

このような裁判例は、永く通用してきた行政解釈を裁判所が正当として是認していることを意味する。健康保険法が口語化され（平成14年)、かつ、厚生労働大臣が指定権限を有するようになってからの解説書においても、昭和32年3月の法改正前の条文は、知事が保険医等を指定するときは当該保険医等の同意を得ることを要するとされていたため、「同意を要する単独行為であるかとも解されていた」ことに鑑み、同改正に当たって、指定は、一種の公法上の契約であるという見地に立ち、契約である以上必然的に相手方の同意が包含されているので、「同意ヲ得ルコトヲ要ス」に該当する規定を設けなかったとする説明がなされている。そして、前記の大阪地裁判決と全く同趣旨の双務契約論、付合契約論、法定約款の説明が展開されている。「指定とは、本来、保険者と病院等が第三者すなわち被保険者のために結ぶ契約について、保険者に代わり地方社会保険事務局長が締結するものである」とし、その理由について、「多数の保険者と莫大な数にのぼる病院、診療所または薬局とがいちいち相互に契約を結ぶことは、事実上不可能であり、また、診療担当方針、診療報酬等契約の内容が法定されている以上個々にそれぞれの特殊性に応じた内容の契約を結ぶという必要もなく、しかも、健康保険事業は、国が指導し、監督し、その発展を積極的に図っていくべき性格のものであるから、むしろ、地方社会保険事務局長が保険者に代わり医療機関等と契約を締結することが適当と考えられるからである」というのである[21]。ここに地方社会保険事務局長が登場しているのは、厚生労働大臣の権限の委任を受けていることによるものである（健保法204条1項）。

しかし、保険医療機関指定申請の拒否については、最高裁平成17・9・8（判例時報1920号29頁）が行政処分性を前提にする判決を下している。この事件の1審・鹿児島地裁平成11・6・14（判例時報1717号78頁）が、極めて興味深い理論構成を示している。すなわち、保険者と保険医療機関との関係は、療養の給付の委託を目的として、国の機関としての知事が被保険者のために保険者に代わって保険医療機関との間に締結する公法上の双務的

---

21 以上、法研・健康保険法の解釈と運用482頁-483頁。

付従的契約と見るのが相当であるとしつつ，病院等の開設者が保険医療機関の指定を拒否されると，契約上の地位をことごとく否定される結果となるので，指定を受ける法律上の権利ないし法的利益があるのであって，指定拒否は，申請者の法律上の権利義務に直接影響を及ぼすことが明らかであり，行政処分に当たると解すべきである，というのである。

国民の立場から行政処分とする制度の合理性を承認する見解がある。すなわち，阿部泰隆教授によれば，「保険医療機関の指定は国民皆保険制度のもとでは，医療機関の生命線であるから，このように契約ではなく，行政行為として構成して，契約の自由への逃避を防ぐ現行法のシステムが適切である」[22]というのである。

なお，保険医療機関等の指定取消し（健保法80条）が行政処分性を有することについては争いがない[23]。

保険医療機関等に対する厚生労働大臣の権限　前述の保険医療機関等の取消事由には，療養の給付に関する費用の請求等について不正があった場合（3号）が含まれており，医療保険財政を守る必要性がこの取消しの背景と

22　阿部・行政法解釈学Ⅰ 318頁。

23　東京高裁決定昭和57・12・15判例時報1074号42頁，静岡地裁決定昭和59・6・25判例タイムズ534号157頁，高松地裁平成12・1・11判例集未登載，名古屋地裁平成13・12・5判例タイムズ1081号303頁，名古屋高裁平成15・1・15判例集未登載，青森地裁平成18・1・24判例集未登載，甲府地裁決定平成18・2・2判例集未登載，青森地裁平成19・2・23判例集未登載，大阪地裁平成20・1・31（平成19（行ウ）166・167）判例タイムズ1268号152頁などは，行政処分性を当然の前提とする判断をしている。阿部泰隆『行政法の解釈(2)行政訴訟の最前線』（信山社，平成17年）110頁以下は，鹿児島地裁判決について，行政処分性を肯定した点については賛成しつつ，指定拒否を適法とした点については批判をしている。

24　阿部・行政法解釈学Ⅰ 150頁-151頁は，法治国家の観点から指導の制約原理を検討している。そこに引用されている岡山地裁平成19・8・28判例集未登載は，歯科医師で保険医療機関の設置者，保険医である原告が，社会保険事務局長による健康保険法73条等に基づく個別指導を受けるに当たり自己の希望する歯科医師の同席を申し出たところ同席を拒否して個別指導を拒み，その結果個別指導がなされなかったことによる国家賠償請求訴訟の事案で，健康保険法73条1項等の個別指導に際し，同僚医師の同席を許すか否かは厚生労働大臣の権限に属し，指導を受ける医師等には同席を求める法律上の権利はないとした。

なっている。このほか，保険医療機関等は療養の給付に関し指導を受けなければならないとされている（健保法73条1項)[24]。さらに，厚生労働大臣は，療養の給付に関して必要があると認めるときは，保険医療機関等若しくは開設者であった者等に対し報告若しくは診療録の提出若しくは提示を命じ，出頭を求め，又は当該職員に関係者に対して質問させ，検査させることができるとされている（健保法78条1項）。これらは，必ずしも財政の観点のみからの権限ではないが，保険財政を守ることも権限を付与する一つの理由となっていることは疑いない。

社会保険診療報酬制度　社会保障としての医療保障を制度化するにあたり，医師に対する診療報酬がどのように決定されるかが重要な政策課題である。出来高払制，俸給制，請負制，登録人数比例方式（人頭払制）などがあるとされる[25]。出来高払制は，医師の診療行為の多寡を報酬に反映できる長所がある反面，報酬を増やすために過剰な診療（診療の回数の増加，高額の対価の診療）がなされやすいという欠点をもっている[26]。

そこで，出来高払制を採用する場合にも，さまざまな枠をはめる政策が採用される。日本の社会保険診療報酬制度は，まさにそのようなものである。法的な根拠は，「療養の給付に要する費用の額は，厚生労働大臣が定めるところにより，算定するものとする」と規定する健康保険法76条2項である。これに基づいて，厚生労働省告示として「診療報酬の算定方法」が公示されている（その改正も告示によっている）。それによれば，医科診療報酬点数表，歯科診療報酬点数表，調剤報酬点数表が用意されている。この告示が，医療費の職権告示と呼ばれるもので，内容的には点数制に特徴がある。手続として，診療報酬の定めをしようとするときは，中央社会保険医療協議会に諮問する手続が求められている（健保法82条1項）。

中央社会保険医療協議会の答申を経ないでなされた医療費の職権告示につ

25　岡崎昭『医療保障とその仕組み』（晃洋書房，平成7年）39頁以下。
26　岡崎昭・前掲書39頁を参照。
27　この決定は，健康保険組合の当事者適格を認めたが，健康保険組合連合会は，保険者ではないから告示によって直接その権利義務ないし法律上の利益に影響を受けないことは明らかであるとして，効力停止申立についての当事者適格を欠くとした。

いて，一面において立法行為の性質をもつとしつつ，他面において健康保険組合に対し直接法律上の不利益を与えるものであるから取消訴訟の対象となる処分に当たるとし，その効力を停止した決定がある（東京地裁決定昭和40・4・22行集16巻4号708頁）[27]。なお，この決定は，抗告審の東京高裁決定昭和40・5・31（行集16巻6号1099頁）により，回復困難な損害を避けるため緊急の必要があるとは認められないとして取り消された。

医療費は，保険者にとってのみならず，被保険者にとっても自己負担金（一部負担金）に影響する。医療費の告示は，被保険者との関係においても，立法行為の性質と一般処分の性質を併有すると見てよいのであろうか。このように処分性及び原告適格（保険者及び被保険者の原告適格）を肯定したときに，手続のみならず点数についても裁量権の逸脱濫用として違法とされる余地があろう。ただし，中央社会保険医療協議会の真摯な審議・答申に基づいているならば，逸脱濫用を肯定することは困難である。

社会保険診療報酬支払基金等への委託　療養の給付に関する費用の請求に対して保険者は，審査のうえ，支払わなければならない（健保法76条4項）。この事務については，社会保険診療報酬支払基金又は国民健康保険団体連合会に委託することができる（健保法76条5項）。

これらのうち，社会保険診療報酬支払基金は一種の特殊法人である（本章6［1］［2］をも参照）。基金は，本来業務の遂行に支障のない範囲内で，国，都道府県，市町村又は独立行政法人の委託を受けて，これらが行なう医療に関する給付であって厚生労働大臣の定めるものについて医療機関が請求することができる費用の額の審査及び支払いに関する事務を行なうことができる（基金法15条3項）。同基金には，診療報酬の審査を行なうため審査委員会が設けられている（基金法16条1項）。

基金が委託により業務を行なう場合には，定款の定めるところにより，それぞれ保険者等と契約を締結するものとされている（基金法15条5項）。基金が保険者等から委託を受ける関係は，「公法上の契約関係」であり，委託を受けたときは，請求を受けた診療報酬につき自ら審査したところに従い，自己の名において支払いをする法律上の義務を負うとするのが判例である（最高裁昭和48・12・20民集27巻11号1594頁）。なお，保険者は，診療報酬

の支払いを委託しているからといって，診療報酬の支払義務を全面的に免れるものではなく，保険医療機関から基金により支払いを拒絶された部分の診療報酬支払請求を受けたときは，委託の存在を理由に拒絶することはできないとされている（神戸地裁昭和56・6・30判例時報1011号20頁，その控訴審・大阪高裁昭和58・5・27判例時報1084号25頁）。

　国民健康保険団体連合会は，知事の認可により成立する法人で，都道府県の区域を区域とする連合会に，その区域内の3分の2以上の保険者が加入したときは，当該区域内のその他の保険者は，すべて当該連合会の会員となる（国保法84条）。実際には，都道府県に各1連合会が設立されている。国民健康保険法45条5項は，診療報酬請求書の審査及び支払いに関する事務を都道府県の区域を区域とする連合会（加入している保険者の数がその区域内の保険者の総数の3分の2に達しないものを除く）又は社会保険診療報酬支払基金に委託することができるとしている。これを受けて，これに該当する連合会には，診療報酬請求書の審査を行なうため，国民健康保険診療報酬審査委員会が置かれる（国保法87条1項)[28]。連合会は，国保の審査に支障のない範囲内で健康保険法76条5項の規定による委託を受けて行なう診療報酬請求書の審査を国民健康保険診療報酬審査委員会に行なわせることができる（87条2項）。国保の診療報酬審査を本来業務としつつ，健保の診療報酬審査も補充的に認めているのである（本章6［3］をも参照）。保険者と国民健康保険団体連合会との間に締結される委託契約も，支払基金の場合と同様に「公法上の契約」であって，国民健康保険団体連合会が保険者から審査及び支払いの委託を受けたときは，診療機関に対し直接支払義務を負うと解されている（最高裁昭和48・12・20民集27巻11号1594頁）。

　診療報酬支払基金が診療報酬請求に対してなす審査について，東京地裁昭

---

[28] 知事は，連合会の認可権限のみならず，審査委員会の委員の数を定め（国保法88条1項），かつ委嘱する権限を有している（88条2項）。委員の数は，保険医及び保険薬剤師を代表する委員，保険者を代表する委員，並びに公益を代表する委員それぞれ同数とされ（88条1項），保険医及び保険薬剤師を代表する委員並びに保険者を代表する委員については，それぞれ関係団体の推薦によって行なわなければならない（88条3項）。

和58・12・16（判例時報1126号56頁）は，請求点数等の形式的事項の審査にとどまらず，療養担当規則に適合しているかどうかという実質的審査に及ぶものであり，審査委員会が療養担当規則に照らして不当と認める部分があるときは，その部分について減点査定をして支払いを拒絶することができるとした[29]。

減点査定を受けた診療機関がどのような方法で争うことができるのかが問題になるが，最高裁昭和53・4・4（判例時報887号58頁）は，減点措置は，保険医療機関の診療報酬請求権その他の権利義務になんら不利益な効果を及ぼすものではないことを理由に行政処分に当たらないとした。この判示のみでは，十分に理解することが困難であるが，原審の名古屋高裁昭和52・3・28（行集28巻3号265頁）は，次のように述べた。

> 「被控訴人（＝社会保険診療報酬支払基金）のする審査は，診療報酬の請求から支払に至る一連の手続の中間段階にあって，適正な診療報酬支払額を確認するため，その前提としてなされる点検措置であり，内部的判断作用であるにすぎない。のみならず，元来診療報酬請求権は，診療行為の対価であって，診療の都度その時点で客観的に発生するものであるから，診療報酬請求が法制上診療機関から基金に対して請求される形態をとるとはいえ，その性質自体は私法上の法律関係，例えば請負，委任等におけるのと別異に解すべき理由はない点に照らしても，これら一般取引上の債権の点検確認と異なるところがないといわなければならない。それゆえ，また，審査自体前記の如き所定の審査基準に従ってなされるけれども，監督的，優越的地位に基づいてなされるものではなく，当事者対等の立場で，過剰，過少請求の有無を検討するにすぎず，もとより，これにより，診療報酬請求権が増減確定されるものではない。以上に述べたところから，審査を目して行政処分ということはできない。」

この判決は，このことは審査の結果なされる増減点の通知についても，基金の通牒，業務規定に基づき，基金と保険医療機関との間における診療内容及び報酬額（点数）についての相互確認のため，便宜的になされる基金側の

---

[29] 実質的審査の可能なことは，これに先だって，東京地裁昭和53・3・27判例時報916号55頁の判示するところであった。

意思伝達措置であるにすぎず、それ自体独立した処分と目することはできないとした。便宜的になされる基金側の意思伝達措置という見方は、世情の常識と離れているように思われるが、法的建前論としては、仕方がないというべきであろうか。基金が支払いを拒絶している限り、判例の立場によれば保険医療機関が支払請求訴訟を提起することになるし、減点の行政処分性を肯定しても取消訴訟を提起しなければならないのであるから、訴訟の必要性の点において優劣を論ずることはできない。

国民健康保険診療報酬審査委員会のなす減点措置についても、同趣旨を述べる裁判例がある[30]。

混合財源方式における一部負担金　医療給付について公的医療保険が存在する。しかし、保険料のみが医療給付費の財源となるわけではない。大まかにいって、自己負担（本人負担）と公費負担とを併せる混合財源方式が採用されているといえる。混合方式であるために、自己負担分は、「一部負担金」と呼ばれる。一部負担金は、直接保険医療機関に支払われる原則であるので、医療給付の直接の対価の一部をなすものであるから、「社会保障財政法」として論ずる必要がないかのような外観を呈している。しかしながら、それは、次に述べるように医療保険財政に大きな影響を与えるうえ、後述の国民健康保険にあっては、地方公共団体がその負担軽減措置をとることがあるので、その意味においても、社会保障財政の範疇に含めて考察する必要があると思われる。

一部負担金（自己負担分）は、一方において、不必要な医療給付を抑制する効果を発揮することは疑いない。健康の維持増進に心がけている人から見

---

[30] 甲府地裁昭和57・2・8行集33巻1＝2号21頁、その控訴審・東京高裁昭和57・9・16行集33巻9号1791頁。

[31] 厚生省保険局国民健康保険課・国民健康保険法176頁は、濫診濫療を防止し保険財政の負担を軽減するためと説明し、さらに、「被保険者の保険料負担能力、保険者や国の財政力に対応し、医学、薬学の進歩、医療における技術革新や施設、設備等の充実によって高度化する医療水準を維持しつつ、医療水準を維持、発展させていくために必要な制度であるとされ、また療養の給付を受ける被保険者と、健康な被保険者との間の公平という見地からも、一部負担金の制度は必要である」とする一般論を紹介している。

ると，心がけを欠く結果医療給付を受ける者との間に不公平感があることも否定できない[31]。

　他方，負担能力に乏しい被保険者は，医療給付を必要とするにもかかわらず，自己負担を考えて医療給付を受けることを断念するかも知れない。そのような者にとって，保険事故の発生にもかかわらず保険給付を受けないのであるから，保険料の支払いが無駄払いに帰することになる。そのようなことを予想する者は，保険料の不払いに陥る可能性もある。また，公平論も，健康の維持に努めていても医療給付を必要とする事態になることはいくらでもあるので，制度全体の根拠とはなりえない。したがって，自己負担の水準をどの程度に設定するかは，難しい政策判断である。

　療養の給付を受ける場合の一部負担金を，国民健康保険について見ると，6歳に達する年度の3月31日以前は10分の2，その後4月1日以降70歳に達する日の属する月以前は10分の3，70歳に達する日の属する月の翌月以後は10分の2である（国保法42条1項）。ちなみに，後期高齢者は，国民健康保険の被保険者ではない（国保法6条8号）。したがって，乳幼児及び前期高齢者の一部負担金を10分の2に軽減し，その間の年齢層の一部負担金を10分の3にしていることがわかる。ただし，70歳を超えている者であっても一定の要件に該当するもの（所得の額が一定額以上であるもの）については，10分の3とされている（国保法42条1項4号，同法施行令27条の2第3項・第4項）。

　一部負担金は，保険医療機関等が，被保険者から直接に支払いを受けるものであるが，「善良な管理者と同一の注意をもってその支払を受けることに努めたにもかかわらず」被保険者が全部又は一部を支払わないときは，保険者は，当該保険医療機関等の請求に基づき，国民健康保険法の規定による徴収金の例により処分することができる（42条2項）。保険者が，強制徴収権限を有しない保険医療機関に代わって，徴収権限を行使する制度である[32]。国民健康保険法79条の2及び80条の適用がある。保険医療機関は，公的主体であるとは限らないにもかかわらず，公的医療保険による医療の担い手で

32　厚生省保険局国民健康保険課・国民健康保険法178頁。

あることに鑑み，一部負担金の徴収について，保険者に処分を請求し得る特別の地位を与えられているのである。

なお，一部負担金等の額が著しく高額であるときは，世帯主又は組合員に対して高額療養費が支給される（国保法57条の2，健保法115条，高齢者医療確保法84条）。一部負担金等の額と介護サービス利用者負担額との合算額が著しく高額であるときは，高額介護合算療養費が支給される（国保法57条の3，健保法115条の2，高齢者医療確保法85条）。

保険医療機関と被保険者との間の法律関係が，消滅時効との関係などにおいて問題になることがある。医療保険に関する事案ではないが，生活保護の医療扶助を受ける被保護者と医療機関との関係について，岡山地裁昭和45・3・18（判例時報613号42頁）は，生活保護法52条1項が，「指定医療機関の診療方針及び診療報酬は，国民健康保険の診療方針及び診療報酬の例による」と定めていることから，まず，国民健康保険法上の仕組みについて考察を加えた。被保険者が一部負担金を支払わない場合，療養取扱機関が「善良な管理者と同一の注意」をもって支払いを督促したのになお支払いを得られないときは，保険者は療養取扱機関の請求に基づいて同法による徴収金の例により徴収したうえ，療養取扱機関に交付することになり，その徴収には行政上の強制徴収の手段が認められているが，療養取扱機関は請求をなすべき義務を課せられているわけではないことを根拠に，「国民健康保険法上の一部負担金に関する療養取扱機関と被保険者間の法律関係は公法上の債権債務関係ではないと解するのが相当である」と述べた。そして，国民健康保険における一部負担金と生活保護に基づく医療扶助における一部負担金とは，その設けられた基礎を異にするものの，医療扶助における一部負担金に関する指定医療機関と被保護者間の法律関係も同一に解することを妨げるものではないとした。結論として，会計法31条を適用すべきではなく，民法170条1号を適用すべきであるとした。

この考え方に対しては，医療機関が請求をしたときには公法上の債権となって選択により債権の性質が変わることの不自然さ，さらに，強制徴収の手続をとり得なくなってから通常の民事の手続を進めることを認めることの不合理性を指摘して，医療機関が行政上の強制徴収を利用し得る以上はこれに

よるべきであり，国民健康保険法110条1項の「この法律の規定による徴収金」として2年の消滅時効にかかるべきものであるとする主張がある[33]。しかし，一部負担金の支払請求については，医療機関が支払いを受ける努力をしたにもかかわらず目的を達成できなかった場合に，取立ての代行を保険者に委ねるものであって，その債権自体の性質が「請求」によって転嫁すると見るのは不自然であり，医療機関の医療給付の反対債権の性質に鑑み民法適用説によるべきものと思われる[34]。

ところで，この場面における保険医療機関の善管注意義務が，どのような場合に尽くされたというべきかが問題になる。医療の給付を受ける場面の被保険者は一般に気弱な状態にある。そのような被保険者に強い態度で一部負担金の支払請求をすることは差し控えざるを得ないことが多い。しかし，療養の給付が行なわれた際に一部負担金を支払うべきことを告げたのみ，あるいは，各月分の診療報酬請求前に単に口頭で催促する程度では注意義務を果たしたとはいえないとされる[35]。とするならば，然るべき書面を用意しておいて，場面に応じて支払いを求める書面を交付する方法をとるほかない。

公費負担は，保険料にせよ自己負担にせよ，国民の負担を緩和させる必要があるという判断に基づくものである。もっとも，公費負担の仕組みを確実に知ることは容易ではない。

[3] 退職者医療制度・高齢者医療制度

退職者医療制度　被用者健康保険に加入していた者が，退職後に再度被用者とならないで国民健康保険の被保険者となることが多い。そのような被保険者は中高年であって国保の財政を圧迫しやすい。そこで，現役の被用者（正確には，被用者及びその使用者）が先輩の医療費がもたらす国民健康保険財政の悪化に配慮して，その財政を支援する制度が退職者医療制度として存続してきた。平成18年6月改正により退職者医療制度は段階的に縮小廃止

33　遠藤博也・（判例解説）『医事判例百選』185頁。
34　阿部和光・（判例解説）『社会保障判例百選［第2版］』191頁，平部康子・（判例解説）『社会保障判例百選［第3版］』195頁。
35　厚生省保険局国民健康保険課・国民健康保険法178頁。

することとなり，改正前の国民健康保険法81条の2から81条の8までの規定が削除され，その代わりに，経過措置として本法附則6条から21条までの規定が用意されている。以下，この附則の規定に即して概要を見ておこう。

市町村が行なう国民健康保険の被保険者であって被用者年金各法令に基づく老齢又は退職を支給事由とする年金の給付を受けることができる者であって，それら法令の規定による被保険者等であった期間（又はそれらの期間を合算した期間）が20年以上であるか，又は40歳に達した月以後の年金保険の被保険者等であった期間が10年以上であるものに該当する者をもって，「退職被保険者」としている（附則6条1項）。ただし，年金給付が，その者の年齢を事由としてその全額につき停止されている者についてはこの限りでない（同項但し書き）。年金法令に連動させている点が興味深い。

市町村の行なう国民健康保険の被保険者（65歳以上の者を除く）であって，次のいずれかの要件に該当するものは，退職被保険者の被扶養者とする（附則6条2項）。

(1) 退職被保険者の直系尊属，配偶者（届出をしていないが事実上婚姻関係と同様の事情にある者を含む）その他3親等内の親族であって，その退職被保険者と同一の世帯に属し，主としてその者により生計を維持するもの

(2) 退職被保険者の配偶者で届出をしていないが事実上婚姻関係と同様の事情にあるものの父母及び子であって，その退職被保険者と同一の世帯に属し，主としてその者により生計を維持するもの

(3) (2)の配偶者の死亡後における父母及び子であって，引き続きその退職被保険者と同一の世帯に属し，主としてその者により生計を維持するもの

このような広い被扶養者の定義は，退職被保険者のみならず，その被扶養者の医療費をも，被用者保険の現役被保険者が集団として支えることを意味する。これは，退職被保険者により生計を維持している者を同一の単位にせざるを得ないという技術的理由によるが，たとえば，退職後に婚姻し又は事実上婚姻関係と同様の事情に至った者についてまで，かつて被用者として属していた被用者保険が負担しなければならないのか十分に説明することは困

難である。

　退職被保険者及びその被扶養者に係る国民健康保険の負担額のうちの所定部分については，被用者保険等から社会保険診療報酬支払基金に拠出金を拠出し，それを，支払基金が市町村国保に対して交付する仕組みが採用されている（附則7条・8条，11条・12条・13条）。

　高齢者医療制度と医療保険　　高齢者の医療については，国民健康保険加入の老人医療費がかさむことに鑑み，長らく老人保健法により，各医療保険者が拠出金を出し合って国保を支える制度が採用されてきた。この仕組みを抜本的に改めるために「高齢者の医療の確保に関する法律」が制定され，その主たる部分が平成20年から施行された。その要点は，前期高齢者（65歳以上75歳未満の医療保険加入者）については従来の仕組みを基本的に維持する一方，後期高齢者（75歳以上の者）については都道府県単位の広域連合が保険者となる独自の医療保険の被保険者としたうえ，この医療保険を75歳未満の者が加入する各保険者及び公費により支援する制度である。従来，他の医療保険の被保険者の被扶養者となっていた者も，当該他の医療保険からは脱退して独自に後期高齢者医療保険の被保険者となる点に，従来の高齢者医療制度との根本的な違いがある。

　このような仕組みにおいて，75歳未満の者が加入する医療保険の保険者は，年度ごとに支払基金に前期高齢者納付金及び後期高齢者支援金を納付する義務を負っている（36条）。いずれも，概算により納付したうえ確定するという2段階の手続を踏む。

　前期高齢者納付金の額は，概算前期高齢者納付金の額とされている。ただし，前々年度の概算前期高齢者納付金の額と確定前期高齢者納付金の額との差額があるときは，その差額とその差額に係る前期高齢者納付調整金額との合算額とを差し引き又は加算する（37条1項）。

2　被用者医療保険

［1］　多様な被用者医療保険者
　概　要　　日本の被用者医療保険制度の根幹を定める法律は，健康保険法

である。従来は，健康保険の保険者は政府及び健康保険組合とされ，それぞれ政府管掌健康保険，組合管掌健康保険と呼ばれていた。平成20年10月から政府管掌健康保険は，全国健康保険協会健康保険に移管された。協会は，日雇特例被保険者の保険の保険者にもなる（123条1項）。

上記の健康保険法による保険者以外に，船員保険法による船員保険を管掌する政府，国家公務員共済組合法又は地方公務員等共済組合法による共済組合，私立学校教職員共済法による日本私立学校振興共済事業団がある。

全国健康保険協会　全国健康保険協会は，すでに述べたように，健康保険法に基づく特殊法人である。協会に対して，厚生労働大臣は，広汎な監督権限を有している。すなわち，次の場合には，期間を定めて協会又はその役員に対し，その事業若しくは財産の管理若しくは執行について違反の是正又は改善のため必要な措置を採るべき旨を命ずることができる（7条の39第1項）。

①　協会の事業若しくは財産の管理若しくは執行が法令，定款若しくは厚生労働大臣の処分に違反していると認めるとき
②　確保すべき収入を不当に確保せず，不当に経費を支出し，若しくは不当に財産を処分し，その他協会の事業若しくは財産の管理若しくは執行が著しく適正を欠くと認めるとき
③　協会の役員がその事業若しくは財産の管理若しくは執行を明らかに怠っていると認めるとき

そして，この命令に協会又は役員が違反したときは，大臣は，協会に対し，期間を定めて，当該違反に係る役員の全部又は一部の解任を命ずることができる（2項）。さらに，この命令に違反したときは，その命令に係る役員を解任することができる（3項）。

以上のように，大臣の強力な権限があるものの，国と別個の法人であるが故に，国が業務自体に直接介入することはできない仕組みになっている。

健康保険組合　健康保険法の定める保険者として，すでに述べたように健康保険組合が存在する。健康保険組合が定めなければならない規約には，「保険料に関する事項」も含まれている（16条1項7号）。組合員となるのは，組合が設立された適用事業所の事業主及びその設立事業所に使用される被保

険者である（17条1項）。使用されなくなったときであっても、任意継続被保険者であるときは、組合員となる（17条2項）。組合には、組合会が置かれ、組合会議員をもって構成される（18条1項・2項）。組合会の議員の定数は偶数で、半数は設立事業所の事業主（その代理人を含む）及び設立事業所に使用される者のうちから選定し、他の半数は、被保険者である組合員において互選する（18条3項）。規約の変更等は、組合会の議決事項である（19条）。これにより、半数とはいえ、被保険者組合員による互選方式であるから、組合員による民主主義の仕組み（組合民主主義）が採用されているといってよい。

[2] 被用者医療保険財政の仕組み

国庫負担・国庫補助　国庫は、毎年度、予算の範囲内で、健康保険の事業の事務の執行に要する費用を負担する（健保法151条）。健康保険組合に対して交付する国庫負担金は、各健康保険組合における被保険者数を基準として、厚生労働大臣が算定する（152条1項）。

国庫は、前記の負担金のほか、一定の「補助」をする。①協会が管掌する健康保険事業の執行に要する費用のうち、療養の給付等に要する額、前期高齢者納付金に給付費割合を乗じて得た額の合算額に1000分の164から1000分の200までの範囲内において政令で定める割合を乗じて得た額を補助する（153条1項、154条1項）（附則5条により、当分の間1000分の130）。②健康保険の保険者である協会が拠出すべき前期高齢者納付金、後期高齢者支援金、介護納付金の納付に要する費用の合算額に1000分の164から1000分の200までの範囲内において政令で定める割合を乗じて得た額を補助する（153条2項、154条2項）（附則5条により153条2項分は1000分の130、154条2項分は1000分の164）。また、③国庫は、予算の範囲内において、健康保険事業の執行に要する費用のうち、特定健康診査等の実施に要する費用の一部を補助することができる（154条の2）。

以上の仕組みから、協会管掌健康保険に対する国庫の補助（現在は1000分の130）に比べて、健康保険組合に対する補助は極めて限定的であることがわかる。

保険料　保険者等は，健康保険の事業に要する費用に充てるため，保険料を徴収する。健康保険に要する費用には，前期高齢者納付金等，後期高齢者支援金等並びに介護納付金（並びに日雇特例被保険者を使用する健康保険組合にあっては日雇拠出金）が含まれる。療養の給付等に要する費用以外の多様な費用に充てる資金が健康保険の保険者を通じて徴収される点に注目しておきたい。保険者は，多様な資金の集金機関の側面を有しているのである。

介護保険2号被保険者（65歳未満の被保険者）についての保険料額は，一般保険料額と介護保険料額との合算額となる。

一般保険料額とは，次に述べる標準報酬月額及び標準賞与額に一般保険料率（基本保険料率と特定保険料率とを合算した率）を乗じて得た額である。ここにいう特定保険料は，保険者が納付すべき前期高齢者納付金及び後期高齢者支援金に充てるための保険料である。特定保険料率は，各年度に保険者が納付すべき前期高齢者納付金等の額及び後期高齢者支援金等の額の合算額を，当該保険者の管掌する総報酬総額の見込額で除して得た率を基準として，保険者が定める（160条14項）。介護保険料率は，各年度において保険者が納付すべき介護納付金の額を当該年度における当該保険者が管掌する介護保険2号被保険者である被保険者の総報酬額の総額の見込額で除して得た率を基準として，保険者が定める（160条16項）。

介護保険2号被保険者以外の被保険者の場合は，一般保険料額のみである。

ここで注意すべきは，保険者が納付すべき介護納付金の額は，各医療保険者に係る介護保険2号被保険者の数で按分された額であるにもかかわらず，それを各医療保険のなかで負担し合う仕組みにおいては，介護保険2号被保険者である医療保険被保険者の総報酬額で分担することである。介護保険2号被保険者には，医療保険の被保険者の被扶養者も含まれるので，医療保険の被保険者が介護保険2号被保険者でないときは，たとえその被扶養者が介護保険2号被保険者であっても，その者は，介護保険料率による負担をしないですみ，その分は，当該医療保険の被保険者のうちの介護保険2号被保険者が全体として負担することになる。

協会が管掌する健康保険の一般保険料率は，1000分の30から1000分の100までの範囲内において，支部被保険者を単位として協会が決定すること

とされている（160条1項）[36]。これは，支部により一般保険料率が異なりうることを意味する（算定方法については，施行令45条の2を参照）。ある支部被保険者が健康維持増進に意を用いて医療費を軽減するならば，当該支部被保険者に係る保険料率（都道府県単位保険料率）は低くなることを意味する。従来の制度にあっては，保険料率は，医療費適正化の努力を必ずしも反映しないという問題があったとされる。新制度は，都道府県単位とすることにより適正化努力が期待されているともいえる。しかし，都道府県という大きな単位で適正化努力が働くとは断言できない。

ただし，保険財政を完全に都道府県単位にするという意味ではない。財政力の不均衡を是正するため，政令で定めるところにより，財政の調整を行なうこととしている。法文は，「支部被保険者及びその被扶養者の年齢階層別の分布状況と協会が管掌する健康保険の被保険者及びその被扶養者の年齢階層別の分布状況との差異によって生ずる療養の給付等に要する費用の額の負担の不均衡」（年齢階層別分布状況の差異による不均衡）並びに「支部被保険者の総報酬額の平均額と協会が管掌する健康保険の被保険者の総報酬額の平均額との差異によって生ずる財政力の不均衡」（総報酬平均額の差異による不均衡）を是正するための調整であるとしている（160条4項）。これらは，都道府県単位の支部内の事業者や被保険者が努力しても容易に均衡化できる事柄ではないので，調整するものである（調整方法については，施行令45条の4を参照）。これらの年齢調整及び所得調整を行なうために，調整後の保険料率は，調整前に比べて低くなるところと上昇するところが生ずる。

協会が都道府県単位保険料率を変更しようとするときは，あらかじめ理事長が当該変更に係る都道府県に所在する支部の支部長の意見を聴いたうえ，

---

36 ただし，協会は，成立後1年内に都道府県単位保険料を決定しなければならないが（附則29条1項），決定するまでの間は旧政府管掌健康保険の一般保険料率を用いることとされている（附則29条2項）。したがってスタート時は，全国一律の保険料率である。そして，協会の成立後最初の都道府県単位保険料率の決定については，160条6項から8項までが準用される（附則30条）。また，旧政府管掌健康保険の一般保険料率との率の差が政令で定める基準を上回るものがある場合，すなわち保険料が大幅に上昇する場合には，成立の日から5年間に限り，政令で定めるところにより調整した率を定めることができる（附則31条）。激変緩和措置を許容したものである。

運営委員会の議を経なければならない（160条6項）。そして，厚生労働大臣の認可を受けなければならない（160条8項）。これとは別に，厚生労働大臣の強力な権限が用意されている。すなわち，大臣は，都道府県単位保険料率が当該都道府県における健康保険事業の収支の均衡を図るうえで不適当であり，協会管掌保険事業の健全な運営に支障があると認めるときは，協会に対し，相当な期間を定めて，当該都道府県単位保険料率の変更の認可を申請すべきことを命ずることができる（160条10項）。この期間内に協会が申請をしないときは，大臣は，社会保障審議会の議を経て，当該都道府県単位保険料率を変更することができる（160条11項）。

協会管掌健康保険の一般保険料率の範囲に関する規定（160条1項）及び保険料率の変更に関する大臣認可に関する規定（160条8項）は，健康保険組合管掌健康保険の一般保険料率について準用される（160条13項）。

標準報酬月額・標準賞与額，標準賃金日額　保険料額の算定の基礎となるのが，標準報酬月額，標準賞与額等である（本書第2章3［2］を参照）。標準報酬月額は，第1級（報酬月額63,000円未満の場合の58,000円）から始まって，第47級（報酬月額1,175,000円以上の場合の1,210,000円）までがあり，それぞれ報酬月額の幅ごとに定められている（40条1項）。たとえば，第30級は，報酬月額485,000円以上515,000円未満の場合の500,000円である。毎年3月31日における標準報酬月額等級の最高等級に該当する被保険者数の被保険者総数に占める割合が100分の1.5を超える場合において，その状態が継続すると認められるときは，その年の9月1日から，政令で，その最高等級の上に更に等級を加える標準報酬月額の等級区分の改定を行なうことができる。この等級区分の改定は，法律の文言からして，義務的ではなく裁量に委ねられている。ただし，その年の3月31日において，改定後の標準報酬月額等級の最高等級に該当する被保険者の同日における被保険者総数に占める割合が100分の1を下回ってはならない（以上，40条2項）。この政令の制定又は改正についての立案を行なう場合には，社会保障審議会の意見を聴くものとされている（40条3項）。

標準賞与額は，賞与を受けた月において，被保険者が受けた賞与額に基づき決定する。その際に1,000円未満の端数を生じたときは切り捨てる（45

条)。

日雇特例被保険者には，標準賃金日額が定められている（124条）。

保険料の負担と納付義務　被保険者及び被保険者を使用する事業主は，保険料額を折半して負担する。任意継続被保険者にあっては，被保険者が全額を負担する（161条1項）。事業主は，自己の負担分と被保険者の負担分とを併せて納付する義務を負う（161条2項）。事業主にとっては，自己の負担分はもとより被保険者負担分も人件費の性格をもっている。したがって，事業主としては，人件費の性質を有する保険料を何とか少なくしたいと考える。そのために，「被保険者」に該当しない勤務形態（たとえば，派遣社員や請負契約方式）を工夫しようとすることも多い。

事業主が保険料の負担義務を負う根拠に関しては，被用者の労働により健康障害をもたらす原因を事業主がつくっているという原因者負担的考え方，被用者が健康であることにより利益を受けるとする受益者負担的考え方などがあるが[37]，一つの根拠で割り切ることはできないと思われる。

ところで，健康保険組合は，保険料の2分の1負担の原則にもかかわらず，規約で定めるところにより，事業主の負担すべき一般保険料額又は介護保険料額の負担割合を増加することができる（162条）。実際にも事業主の負担割合を増加させている健康保険組合がある。2分の1基準からするならば，被保険者は利益を受けているのであるから，その分については，課税すべきであるという見方も可能であるが，そのような制度は採用されていない。健康保険組合が大企業に多いことに鑑みるならば，大企業の従業員が無税で有利な扱いを受けていることが多いといえる。

民間において事業主負担を高めることに比べていっそう問題とされるのは，地方公共団体職員健康保険組合である。地方公務員に関しては，地方公務員等共済組合法による短期給付制度があって，その場合には，地方公共団体が掛金の半額を負担することとされている。ところが，同法附則29条により，

---

[37] 吉原健二・和田勝『日本医療保険制度史［増補改訂版］』（東洋経済新報社，平成20年）49頁，堀・社会保障法総論58頁‐59頁，島崎謙治「健康保険の事業主負担の性格・規範性とそのあり方」国立社会保障・人口問題研究所編『社会保障財源の制度分析』（東京大学出版会，平成21年）135頁など。

同法施行前に設立されていた健康保険組合を存続させることが可能とされたために，組合方式を存続させたうえ，健康保険組合規約において，地方公共団体が掛金の2分の1を上回る割合の負担をする旨定めている例が多いとされる[38]。このような法制度を設けていることについて，横浜地裁平成10・9・16（判例地方自治187号86頁）は，立法政策として著しく公平を欠き無効であるとまではいえないとし，市による掛金の負担を違法とすることはできないと判示した[39]。さらに，大阪地裁平成19・8・10（判例タイムズ1276号129頁）も，事業主の負担割合を3分の2まで増加する旨の規約に基づいて78分の52として，市が大阪府市町村職員健康保険組合に支出したことについて，平成18年改正前の健康保険法162条の許容する範囲を逸脱するものではないとして，適法とした。

保険料の徴収　事業主が被保険者に対して通貨をもって報酬・賞与を支払う場合においては，源泉控除（いわゆる天引き）することができる（167条1項・2項）。この仕組みは，保険料の確実な徴収方法である。保険者は，保険料その他健康保険法の規定による徴収金を滞納する者に対して，期限を指定して督促しなければならない（180条1項）。督促を受けた者が指定期限までに保険料を納付しないときは，保険者等は，自ら国税滞納処分の例によって滞納処分をし，又は，納付義務者の居住地若しくはその者の財産所在地の市町村（特別区の区を含み，指定都市にあっては行政区。以下同じ）に対して処分を請求できるとされている（180条4項1号）[40]。全国健康保険協会又は健康保険組合が国税滞納処分の例により処分を行なう場合は，厚生労働大臣の認可を受けなければならないとされている（180条5項）。処分の請求を受けた市町村は，市町村税の例によってこれを処分することができ，その場合に，保険者は，徴収金の100分の4に相当する額を当該市町村に交付しなけ

---

[38] 毎日新聞社の調査によれば，地方公務員健康保険組合は14組合あって，それを構成する63市町村の86％に当たる54市町村，5組合が，2分の1を超えて負担しているという（毎日新聞平成20・7・1）。平成18年度時点（碓井・政府経費法精義222頁注75を参照）よりも減少しているが，依然として，恵まれた地方公務員が存続していることになる。

[39] 以上，碓井・政府経費法精義222頁を参照。

[40] 平成14年改正法前も同様の法律状態であった（改正前の健保法11条ノ2）。

ればならない（180条6項）。

不服申立て　保険料等の賦課若しくは徴収の処分又は180条の規定による処分に不服がある者は，社会保険審査会に対して審査請求をすることができる（190条）。

厚生労働大臣・日本年金機構・協会　全国健康保険協会が登場して，厚生労働大臣と協会との分担関係を生じている部分がある。たとえば，協会管掌健康保険の被保険者資格の取得・喪失は，厚生労働大臣の確認によって効力を生ずるとされている（39条）。標準報酬月額の定時決定（41条），改定（43条），標準賞与額の決定（45条）などの重要な権限の行使についても同様である。さらに，日本年金機構がスタートするのに伴い，同機構を巻き込んだ複雑極まりない行政システムが形成される。

第一に，健康保険法による厚生労働大臣の権限の多くについて日本年金機構に行なわせることとしている（204条1項）。これは，厚生年金業務と健康保険業務との共通性に鑑みたものである。

第二に，厚生労働大臣は，一定の内部的な事務についても同機構に行なわせることとしている（205条の2）。

こうした状況にも鑑み，厚生労働大臣，協会及び機構の協力関係が重視される。たとえば，「協会は，その管掌する健康保険の事業の円滑な運営が図られるよう，当該事業の意義及び内容に関する広報を実施するとともに，保険料の納付の勧奨その他厚生労働大臣の行う保険料の徴収に係る業務に対する適切な協力を行うものとする」旨の規定（181条の2），「厚生労働大臣及び協会は，この法律に基づく協会が管掌する健康保険の事業が，適正かつ円滑に行われるよう，必要な情報交換を行う等，相互の緊密な連携の確保に努めるものとする」旨の規定（199条の2），さらに，「機構は，被保険者の資格に関する事項，標準報酬に関する事項その他厚生労働大臣の権限行使に関して必要な情報の提供を行うものとする」旨の規定（205条の3第1項）及び「厚生労働大臣及び機構は，この法律に基づく協会が管掌する健康保険の事業が，適正かつ円滑に行われるよう，必要な情報交換を行うことその他相互の密接な連携の確保に努めるものとする」旨の規定（205条の3第2項）が用意されている。このような規定がわざわざ置かれているということは，逆に

連携が乱れるおそれがあるという危惧を露呈しているのかも知れない。

3　国民健康保険

[1]　一部負担金・国庫負担等

一部負担金の減額等　国保一部負担金の概要については，すでに述べた。その原則に基づきつつ，二つの減額の途がある。

　第一に，政令で定めるところにより条例又は規約（国保組合規約）で一部負担金の割合を減ずることができる（国保法43条1項）。これは一般的減額である。政令は，「一部負担金の割合を減ずることによって国民健康保険の財政の健全性をそこなうおそれがないと認められる場合に限り」減ずることができるとしている（国保法施行令28条）。「財政の健全性をそこなうおそれがない」という不確定概念の解釈は難しいところである。市町村が一部負担金の割合を減じようとするときは，あらかじめ知事に協議しなければならないとされている（国保法12条）。同意制度にはなっていないので，協議が整わないにもかかわらず一部負担金の割合を減じたとしても，その条例が無効になるわけではない。これに対して，国保組合にあっては，国保組合の規約変更は組合会の議決事項であり，かつ，その議決は知事の認可を受けなければ効力を生じないとされている（27条1項1号，同条2項）。

　第二に，「特別の理由」がある被保険者で「一部負担金を支払うことが困難であると認められるもの」に対する減額の途である（44条1項1号）。これが個別的減額である。この要件に該当する場合は，一部負担金の支払免除（同項2号），徴収猶予（同項3号）[41]も可能とされている。「特別の理由」や「一部負担金を支払うことが困難であるもの」という要件の認定をどのよう

---

[41] 徴収猶予は，保険医療機関等に対する支払いに代えて保険者が直接に徴収することとし，その徴収を猶予する制度である。

[42] 全国でどの程度明確に基準を示しているのか確認できない。実収月額（生活保護法の規定による保護の要否判定に用いられる収入認定額）及び基準生活費（生活保護法による保護開始時の要否判定に用いられる最低生活費）を用いた基準を設定している例が多い。

に行なうかが問題である。そこで，認定基準を定める必要がある。また，免除と徴収猶予との区分，さらに減免割合などの基準も明確にする必要がある。市町村は，「国民健康保険規則」のような名称の規則や要綱により定めていることがある[42]。

個別的減額等　東京港区は，「港区国民健康保険一部負担金の減免又は徴収猶予の事務取扱要綱」を制定している。その2条1項は，区長は，世帯主又は世帯員が，次のいずれかに該当したことにより，生活が著しく困難となった場合において，申請により一部負担金を減額又は免除することができるとし，①震災等の災害により死亡したとき又は資産に重大な損害等が生じたとき，②事業の休廃止，失業等により収入が著しく減少したとき，③事業又は業務に重大な損害を受けたとき，④その他前3号に類する理由があるとき，を掲げている。さらに，同条2項は，世帯主等が前記各号の理由に該当し，生活困難な状態が一時的であると認めたときは，徴収を猶予することができるとしている。そして，減免又は徴収猶予の認定に当たっては，当該世帯の実収月額を当該世帯の基準生活費及び一部負担金支払所要額と比較して認定を行なうとして，その算式を示している（5条1項）。

医療費充当額＝（実月収額）－（基準生活費）

一部負担金減免額＝（一部負担金所要額）－（医療費充当額）

一部負担金減免割合＝（一部負担金減免額）÷（一部負担金所要額）

　（基準生活費の認定基準は，「特別区国民健康保険に係る一部負担金の

43　東京の特別区につき，平成11年度までは国民健康保険法上の特例制度が設けられていたが（平成10年法律第54号による改正前の法118条が，都は，政令の定めるところにより特別区の行なう国保事業の運営に係る一部負担金の割合，法58条による保険給付の種類及び内容，保険料の賦課及び徴収その他保険料に関する事項につき，特別区相互の間の調整上必要な規定を設けるものとしていた），都区制度の改革の一環として平成12年度からこれが廃止された。しかし，運用上，23特別区は，「特別区国民健康保険事業の調整に関する基準」のほか，基準基礎保険料率の算定等に関する基準，財源所要額の算定に関する基準，保険料の徴収猶予及び減免の取扱いに関する基準，財源の超過を判断する基準という複数の共通基準に従って国保事業を運営している。一部負担金の減免等についても同様の扱いをしている。また，区長会は，毎年度の基準保険料率も策定している（統一保険料方式）。

徴収猶予及び減免の取扱いに関する基準」[43]の別表による)

　減免割合は，前記により算出した割合が2割以下の場合は2割，2割を超え5割以下の場合は5割，5割を超え8割以下の場合は8割，8割を超えた場合は10割としている（6条）。また，減免期間は，原則として3か月以内であるが，3か月を超えてなお減免を必要とするときは，減免期間の最終月内に再度申請することにより，病状及び家庭の状況を勘案のうえ，さらに3か月の期間の範囲内で減免することができる（7条1項）。徴収猶予の期間は6か月を限度としている（7条2項）。

　ところで，減免又は徴収猶予については，行政法的に検討を要する点がある。

　第一に，減額，免除又は徴収猶予の決定が行政処分といえるかどうかである。もし，行政処分であるならば，それが違法と考える者は，不服申立てをし，又は取消訴訟を提起できる。しかし，国民健康保険法（以下，本節において「法」という）44条1項は，「各号の措置を採ることができる」と表現しているにとどまり，行政処分の形式であることを明示しているわけではない。そして，規則において，行政処分であることをうかがわせる条文が置かれることがある。たとえば，宝塚市国民健康保険規則は，「市長は，一部負担金の減免又は徴収猶予の決定をしたときは，速やかに当該世帯主にその決定を証明するものとする」（1項）こと[44]，及び「市長は，一部負担金の減免又は徴収猶予の申請を却下したときは，当該世帯主にその旨を通知するものとする」（2項）としている。規則により行政処分が創設されると説明することには抵抗があるので，法44条1項に行政処分性が内在していると解するのが自然であろう。したがって，前記規則に相当する内容を要綱形式で定めている場合であっても，行政処分性を有することに変わりはないというべきである。

44　保険医療機関に対して，一部負担金の全部又は一部の支払いを要しないことを証明するために，一部負担金減額証明書，一部負担金免除証明書，一部負担金徴収猶予証明書を交付する方式が採用されているようである（札幌市国民健康保険事業施行規則15条4項）。保険医療機関は，これらの証明書の提示を受けて，一部負担金の減額分は，以後保険者との間において調整される仕組みとなっている。

第二に，行政処分性の問題と連動して，規則や要綱の規定に基づいて申請したにもかかわらず応答のない場合に，不作為として不服申立てや不作為の違法確認の訴えの対象になるかどうかが問題になる。前記の行政処分性肯定と同様に，「法令に基づく申請」が法44条1項に内在していると見てよいと思われる。

　第三に，以上のような解釈による場合に，一部負担金の申請に対する処分が法91条の審査請求に関する規定の適用を受けるかどうかが問題になる。「保険料その他この法律による徴収金に関する処分」（同条1項）の意味を常識的に解釈するならば，一部負担金は保険者が取得する徴収金ではないので，世帯主が国民健康審査会に対して審査請求をすることはできないと解される。行政不服審査法の規定による通常の不服申立ての方法によることになろう。

　第四に，行政処分性を肯定したとしても，一部負担金の減免，徴収猶予に関する判断は，保険者の広い裁量に許されているという解釈がありうる。その考え方を強調するならば，減免又は徴収猶予は保険者の恩恵であるという見解もあろう。しかし，裁量権の逸脱濫用は争えると解すべきである。

　以上は，行政処分性を肯定する立場からの考察である。これに対して，行政処分性を否定する立場に立った場合に，たとえば一部負担金の免除を受けて医療給付を受けうる地位の確認の訴えなどを考えることができる。保険者との間の公法上の当事者訴訟ということになる。

　ところで，いったん行なった一部負担金の減免，徴収猶予について，一定の事情のある場合には，取り消すこととされている。偽りその他不正の行為により減免，徴収猶予を受けた場合である。減免分については一度に徴収することとしている例がある。徴収猶予を受けた者の資力その他の事情が変化した場合にも徴収猶予を取り消して一時に徴収することとしていることが多い[45]。

国保組合に対する国庫負担　　国は，政令の定めるところにより，国民健康保険組合に対して国民健康保険の事務の執行に要する費用を負担する（法69条）。この対象事務には，前期高齢者納付金等及び後期高齢者支援金等並

---

[45] 札幌市国民健康保険事業施行規則16条の2，宝塚市国民健康保険規則29条を参照。

びに介護納付金の納付に関する事務を含む旨が括弧書きで明示されている。政令の定めるところによるとはいえ, 全額国庫負担の趣旨である。社会保険としての事務費は, 全額を国が負担する原則によりスタートした制度である[46]。しかし, 市町村の国民健康保険事務費負担金は平成10年度から, 介護納付金に係る事務費負担金も平成16年度から, それぞれ「一般財源化」されている。これらは, 地方分権推進の動きの中で, 国庫補助負担金を縮減する一環としての措置であると説明されている。

組合に対する国庫負担金を定める政令は, 「国民健康保険の国庫負担金等の算定等に関する政令」第1条である。1人当たりの額を基準とし, 地区又は被保険者若しくは介護保険第2号被保険者の数等を勘案して省令で定めるところにより算定した額であるとされている。ただし, 当該年度において現に要した費用の額を超えることができない(1項)。通例国民健康保険の事務(老人保健法による拠出金に関する事務を含み介護納付金の納付に関する事務を除く)の執行に要する費用についての被保険者1人当たりの額は659円, 介護納付金の納付に関する事務の執行費用に係る介護保険第2号被保険者1人当たりの額は51円とされている(2項)。この政令の委任により,「国民健康保険の事務費負担金等の交付額等の算定に関する省令」が制定され, 地域手当, 寒冷地手当支給地域等に配慮した詳細な定めがなされている。政令が「地区」を勘案することを求めていることによるものであるが, 精緻な算定方法には驚くばかりである。

市町村に対する療養給付費等国庫負担と減額制度　　国は, 政令の定めるところにより, 市町村に対し, 療養の給付並びに入院時食事療養費及び入院時生活療養費等列挙費用の支給に要する費用並びに前期高齢者納付金及び後期高齢者支援金並びに介護納付金の納付に要する費用について, 所定の金額の合算額の100分の34を負担する(法70条1項)[47]。その所定の合算額とは, 次により算定される。

療養の給付に要する費用の額から一部負担金を控除した額並びに入院時

---

[46] 厚生省保険局国民健康保険課・国民健康保険法284頁。

[47] 平成17年の改正により, それ以前の100分の40から引き下げられたもので, 平成17年度は経過措置により100分の36であった。

食事療養費等[48]の支給に要する費用の額の合算額から法72条の3第1項の規定による繰入金（保険基盤安定繰入金）の2分の1相当額を控除した額（法70条1項1号）。

前期高齢者納付金及び後期高齢者支援金並びに介護納付金の納付に要する費用の額（法70条1項2号）。

　国民健康保険には、その制度が他の医療保険制度に加入できない者を被保険者としている関係で低所得者が比較的多いこと、被用者保険の事業主負担に見られるような財源を有しないことから、他の医療保険に見られない高率の負担を国がすることとしているものである[49]。

　なお、法43条1項の規定により、一部負担金の割合を減じている市町村及び都道府県又は市町村が被保険者の全部又は一部について、その一部負担金に相当する額の全部又は一部を負担することとしている市町村に対する療養費給付費等国庫負担については、それらの措置が講じられないものとして、政令で定めるところにより算定した額とされている（法70条2項）。これは、市町村に対する減額措置を意味する。医療費の一部負担を免除する乳幼児医療費助成や障害者医療費助成も、「都道府県又は市町村が被保険者の全部又は一部について、その一部負担金に相当する額の全部又は一部を負担する」場合に該当するとして減額措置を受けている。そこで、市町村等からこの減額制度の廃止を求める意見書等が提出されている[50]。

　また、基準超過費用額に対する負担金減額制度も用意されている（後述の70条3項）。

　さらに、「市町村が確保すべき収入を不当に確保しなかった場合においては、政令の定めるところにより」法70条による国庫負担金を減額することができる（法71条1項）。「確保すべき収入を不当に確保しなかった」とは、

48　入院時食事療養費のほか、入院時生活療養費、訪問看護療養費、特別療養費、移送費、高額療養費が含まれている。

49　厚生省保険局国民健康保険課・国民健康保険法288頁。

50　長野県議会平成17・3・23、沖縄県議会平成17・3・29、長崎市議会平成19・3・20、大阪府議会平成19・10・16、名古屋市議会平成19・12・10、可児市議会平成20・3・21、武豊町議会平成20・3・24。

どのような状態を指すのか，法律自体からは明らかでない。おおむね次の場合が該当するとの見解がある。①保険料（税）の賦課総額を不当に少なくしたとき，②正当な理由なく減免措置を大幅に講じたとき，③不当に徴収の努力を怠り収納率の低下を招いたとき[51]。この例示からもわかるように，「確保すべき収入」とは，国民健康保険に限定した収入であって，決して市町村の一般の収入を指すものではない。

　法71条1項の委任を受けた政令の規定は，「国民健康保険の国庫負担金等の算定等に関する政令」（以下，「国庫負担金等の算定等に関する政令」という）3条で，次のように手続を定めている。

　①知事は，市町村が確保すべき収入を不当に確保していないと認めるときは，当該市町村に対し，相当の期間を定め，当該収入を確保するために必要な措置をとるべきことを勧告することができる（1項）。②知事は，この勧告をしたときは，すみやかに，厚生労働大臣にその旨を報告しなければならない。市町村が勧告に応じて必要な措置をとったとき，又はその勧告に従わなかったときも同様とする（2項）。③市町村が勧告に従わなかったときは，その従わなかったことにつきやむを得ない理由があると認められる場合を除き，厚生労働大臣は，法71条の規定により国庫負担金を減額することができる。この場合においては，あらかじめ，当該市町村に対し，弁明の機会を与えなければならない（3項）。

　この政令は手続を規定するものであって，これのみでは，どれだけを減額するかという減額の程度を知ることができない。法71条2項が，減額する額について，「不当に確保しなかった額を超えることができない」と定めるのみである。法71条のみからするならば，「不当に確保しなかった」という「要件」及び減額するか，どれだけ減額するかに関する「効果」の両面にわたる裁量が認められているように見える。市町村が国の国民健康保険行政を担う組織であるから要件裁量及び効果裁量が認められてよいという発想で制度がスタートしたのかも知れないが，地方公共団体の自律性を重視する今日においても維持できることなのか，根本的に見直す必要がある。

51　厚生省保険局国民健康保険課・国民健康保険法296頁。

以上の国庫負担金については、補助金適正化法が適用される（同法2条1項2号）。前述の減額制度は、その趣旨に反して国民健康保険料（税）の徴収率を偽る事態が生じやすい法律状態に置いているともいえる[52]。

国の調整交付金・都道府県の調整交付金　国庫負担金を交付しても、市町村間の国保財政にはアンバランスが生じやすい。産業構造、所得水準（それも国保被保険者の所得水準）、家族構成等が、市町村間で異なるからである。そのようなアンバランスを放置するわけにはいかない。国と都道府県の二重の財政調整交付金が交付されている。平成16年度までは、都道府県による調整交付金は存在しなかったが、いわゆる三位一体改革の一環として、それまでの国の定率国庫負担金40％を34％（平成17年度は36％）に引き下げるとともに、国の財政調整交付金も従来の10％から9％に引き下げ、その代わりに都道府県の調整交付金7％（平成17年度は5％）とする制度とされた。

国の交付する調整交付金の総額は、次の算定式により算定される（法72条2項）。

国の交付する調整交付金の総額 ＝（A＋B－C）×0.09＋D

それぞれの数値は、次のものである。

　　A＝法70条1項1号に掲げる額。療養の給付に要する費用の額から、一部負担金相当額を控除した額、並びに、入院時食事療養費等の支給に要する費用の額の合算額から法72条の3第1項による特別会計繰入金の2分の1相当額を控除した額である。

　　B＝法70条1項2号に掲げる額。前期高齢者納付金及び後期高齢者支援金並びに介護納付金の納付に要する費用の額である。

　　C＝前々年度の基準超過費用額の総額

　　D＝法72条の3第1項の規定による特別会計繰入金の総額の4分の1相当額

調整交付金には、財政力の不均衡を調整するための普通調整交付金と、画一的な算定方法では足りない災害等の特別な事情に配慮して交付される特別

---

[52] しばしば、虚偽の徴収率を報告していることが判明し、返還を命じられる例が報じられる。たとえば、朝日新聞平成15・1・8。

調整交付金とがある（国庫負担金の算定等に関する政令4条1項）。これは，地方交付税における普通交付税と特別交付税に対応する区分である。普通調整交付金の算定方法は，政令4条2項に規定されている。基本的な仕組みは，調整対象需要額から調整対象収入額を控除した残額，すなわち不足額を調整基準額として，それに対予算率及び保険料収納割合による調整率を乗じる方法である。

調整対象需要額とは，保険者負担額から公費負担相当額を控除した額，すなわち本来保険料で賄うべき額であって，法定給付割合以上の給付をしている市町村については法定割合として算定し，条例により一部負担金の割合を減じている市町村（及び都道府県又は市町村が一部負担金相当額の全部又は一部を負担している場合）については受診の増加等による医療費の波及増が認められることに鑑み，波及増分がないものとする調整を加えている[53]。

調整対象収入額とは，「医療費に対応して市町村が確保すべき保険料額」であって[54]，医療分と介護分それぞれの応益保険料額と応能保険料額とからなる。医療分については，次の算定式による。

　　応益保険料額＝医療費段階別1人当たり応益保険料額×平均被保険者数
　　応能保険料額＝医療費段階別応能保険料率×被保険者に係る総所得金額
　　　　　　　　　（基礎控除後）

このうち，医療費段階別1人当たり応益保険料額は，医療費の高い地域は医療費の低い地域よりも被保険者の受益が高いものと見てより多くの保険料を負担するとし，かつ，あまりに高い保険料を想定することは困難であることから上限が設定されている[55]。

収納割合による減額制度は，徴収について努力した市町村と努力していない市町村に同率で調整交付金を交付することは衡平を失するという考え方によるとされる[56]。保険料収納割合による減額率は，次のとおりである（調整交付金算定省令別表第4）。

53　国民健康保険中央会・国保担当者ハンドブック560頁‐567頁。
54　国民健康保険中央会・国保担当者ハンドブック567頁。
55　以上，国民健康保険中央会・国保担当者ハンドブック567頁‐574頁。
56　国民健康保険中央会・国保担当者ハンドブック575頁。

別表第四（第七条関係）

一般被保険者に係る保険料収納割合(%)				減額率(%)
一般被保険者数1万人未満である市町村	一般被保険者数1万人以上5万人未満である市町村	一般被保険者数5万人以上10万人未満である市町村	一般被保険者数10万人以上である市町村	
91以上93未満	90以上92未満	89以上91未満	88以上90未満	5
88以上91未満	87以上90未満	86以上89未満	85以上88未満	7
85以上88未満	84以上87未満	83以上86未満	82以上85未満	9
82以上85未満	81以上84未満	80以上83未満	79以上82未満	11
79以上82未満	78以上81未満	77以上80未満	76以上79未満	13
75以上79未満	75以上78未満	75以上77未満	75以上76未満	15
75未満	75未満	75未満	75未満	20

この表によれば，一般被保険者数が少ないほど収納割合が高くなるのが当然であるという前提に立っていることがわかる。

ところで，国の調整交付金については補助金適正化法が適用されるので（補助金適正化法施行令2条14号），市町村がそれを不正に受給したことが判明した場合は，交付決定を取り消されて返還を命じられるとともに，加算金の支払いを命じられる。徳島市は，かつて保険料滞納者のうち財産のない者，生活困窮者，所在不明者等に対して地方税法15条の7に基づき保険料滞納処分の執行停止をとるとともに，本来の保険料調定額から滞納処分執行停止分の保険料を減額したものを調定額としていた。また，過誤納保険料を保険料収納額に算入していた。これらの調定減及び過誤納保険料の収納額算入により収納割合を高くして調整交付金を受給していたことが判明して加算金の支払いを余儀なくされたことについて，住民訴訟が提起された。1審の徳島地裁平成6・4・15（判例タイムズ979号139頁〈参考〉）は，市長の職にあった者及び保健衛生部部長等の担当者であった者の損害賠償義務があるとして，損害賠償請求権の行使を怠っていることが違法である旨を確認する判決を下した。これに対して高松高裁平成9・9・19（判例タイムズ979号133頁）は，市長には指揮監督上の義務違反がなく過失がなかったとした。

都道府県は，当該都道府県内の市町村が行なう国保の財政を調整するため，政令で定めるところにより，条例で，市町村に対して都道府県調整交付金を交付することとされ，その総額は，前記の（A＋B－C）（これを「算定対象

額」という）の100分の7相当額とされている（法72条の2）。この都道府県調整交付金は，いわゆる三位一体改革に伴い平成17年度に国の調整交付金割合が100分の10から100分の9に減じられたのに対応して新設され（同年度は経過的に100分の5），平成18年度以降は100分の7とされている。

　この委任に基づく政令が国庫負担金の算定等に関する政令4条の2である。次の各号に掲げる事項をそれぞれ「勘案」して都道府県が条例で定めるところにより交付するとしている（1項）。

　　1　イ及びロに掲げるものの市町村間における格差
　　　イ　一般被保険者に係る所得及び一般被保険者の数並びに介護保険第2号被保険者に係る所得及び当該被保険者の数
　　　ロ　(1)及び(2)に掲げる額の合算額
　　　　(1)　一般被保険者に係る療養の給付に要する費用の額から当該給付に係る一部負担金に相当する額を控除した額，入院時食事療養費等の支給に要する費用の額，老人保健医療費拠出金の納付に要する費用の額から退職被保険者等に係る負担調整前老人保健医療費拠出金相当額を控除した額並びにその他の国民健康保険事業に要する費用の合算額
　　　　(2)　介護納付金の納付に要する費用の額
　　2　市町村における国民健康保険事業の運営の安定化に資する事業の実施状況その他国民健康保険の財政に影響を与える特別な事情

各号の事項をそれぞれ勘案して交付するものごとに，それぞれその総額を都道府県が条例で定めることが求められている（2項）。1号によるものが普通調整交付金であり，2号によるものが特別調整交付金と呼ばれる。政令によるこの拘束の下において，都道府県は条例を制定している。都道府県条例は，調整交付金の総額の7分の6に相当する額をもって普通調整交付金の総額とし，同じく7分の1に相当する額をもって特別調整交付金の総額と定めている。条例の施行のための規則を制定している県と条例以外は要綱等に委ねている県とがあるようである。

　東京都は，条例の施行規則を制定して，比較的詳細な定め方をしている。そのなかで興味深いのは，特別調整交付金の算定方法である。「国民健康保

険事業の運営の健全化に資する事業を行う区市町村及び災害その他特別の事情がある区市町村に対し，規則で定めるところにより交付する」と定める交付金条例4条2項を受けて，次に掲げる事項について知事が別に定めるところにより算定するものとされている（規則8条1）。①被保険者の健康の保持増進に関する事業，②適正な国民健康保険料又は国民健康保険税の収入を確保するための事業，③適正な国民健康保険事業の運営の推進に関する事業，④国民健康保険制度の趣旨の普及に関する事業，⑤直営診療施設の運営等地域の特殊事情，⑥災害その他特別の事情。ここにおいて，災害等の保険料収入の確保の困難さを生じる事情以外に，多様な事業等を考慮に入れていることがわかる。そして，都道府県は，細部は要綱等により基準を設定し，区市町村に対する説明会等を通じて申請を求め，交付事務の円滑化を図っているものと推測される。

なお，東京都の規則は，調整交付金の交付に関する手続についても規定している。交付申請，当初決定，交付金の概算払（交付決定額の12分の8），変更交付申請，変更交付（再交付額）決定，実績報告，交付金額の確定，減額・交付決定の取消しといった手続を定めている。県によっては，条例の施行規則と同時に補助金等交付規則の特則としての位置づけによる規則も見られる[57]。

一般会計からの繰入れ　市町村は，所得の少ない者について条例の定めるところにより行なう減額賦課（又は地方税法703条の5に規定する国民健康保険税の減額）に基づき減額した額の総額を基礎とし，国民健康保険財政の状況その他の事情を勘案して政令の定めるところにより算定した額を国民健康保険特別会計に繰り入れることが義務づけられている（法72条の3第1項）。さらに，この繰入分の4分の3に相当する額は，政令の定めるところにより都道府県が負担する（同条2項）。所得の少ない者の保険料等の減額分を当該市町村が4分の1，包括する都道府県が4分の3の割合で負担しあうことを意味する。

時限的措置　平成18年度から21年度までは，いくつかの時限的措置が

57　たとえば，宮城県国民健康保険法に基づく都道府県調整交付金の交付に関する規則。

講ぜられている。第一に，市町村は，所得の少ない者の数に応じて政令で定めるところにより算定した額を国民健康保険特別会計に繰り入れ（法附則24条1項），国は，その繰入金の2分の1相当額を，都道府県は4分の1相当額を，それぞれ負担する（同条2項・3項）。第二に，高額な医療に要する費用については，国民健康保険団体連合会の共同事業がある（本書第2章4[1]）。

指定市町村の扱い　療養の給付等に要する費用の額が被保険者の数及び年齢階層別の分布状況その他の事情を勘案してもなお著しく多額となると見込まれる市町村については，厚生労働大臣が，「療養の給付等に要する費用の適正化その他の国民健康保険事業の運営の安定化のための措置を特に講ずる必要があると認めるもの」を指定する「指定市町村制度」が用意されている（法68条の2第1項）。指定年度における実績給付費の見込額が基準給付費の100分の114を超える市町村について指定する（政令29条の6第1項)[58]。指定市町村は，厚生労働大臣の定める指針[59]に従い，国民健康保険事業の安定化に関する計画（安定化計画）を定め，その安定化計画に従い，療養の給付等に要する費用の適正化その他の国民健康保険事業の運営の安定化のための措置を講じなければならない（3項）。そして，この安定化計画に関して，都道府県も無関係ではない。安定化計画の作成に関し必要な助言・指導のほか，安定化計画の達成に必要な措置を定め，当該措置について必要な施策を実施しなければならない（5項）。また，国も，指定市町村に対しては安定化計画の作成に関し，都道府県に対しては前記措置に関し必要な助言及び指導を行なうとともに，安定化計画の達成に必要な措置を講じなければならない（6項）。

指定市町村の指定年度における療養の給付に要した費用の額（災害その他特別事情に係る額は控除）から一部負担金の額を控除した額並びに入院時食

---

[58] 平成21年度については，指定市町村数は109で，全市町村数の6.1％となっている。24道府県にわたり，北海道が23，福岡県が18，徳島県が11であった（平成21・1・30付指定，平成21・1・30発表）。

[59] 実際は，昭和63・7・22厚生省告示第216号「安定化計画の作成指針を定める件」によっている。

事療養費等の支給に要した額の合算額（実績給付費）から前期高齢被保険者加入割合に着目した控除[60]をした残額が，所定の基準金額（基準給付費）に政令で定める率[61]を乗じて得た額を超えるものに対して指定年度の翌々年度において国が負担する額は，法70条1項及び2項により算定した額から，基準超過費用額の100分の34を控除した額とされる（法70条3項）。所定の基準額（基準給付費）は，政令で定めるところにより，年齢階層ごとに，当該年齢階層に係る平均1人当たり給付額に当該年齢階層に属する被保険者の数を乗じて得た額の合算額として算定した額に，政令で定めるところにより平均前期高齢被保険者1人当たり給付額に当該市町村の被保険者の数を乗じて得た額に前期高齢被保険者加入割合と平均前期高齢被保険者加入割合との割合の差を乗じて得た額を加算した額とされている。前期高齢被保険者の加入割合による調整をする趣旨である。この制度は，基準超過費用について国庫負担をしないことにより，給付費の削減を促す機能を発揮させようとするものである。

　指定市町村は，指定年度の翌々年度において，一般会計から，当該指定年度の基準超過費用額の2分の1に相当する額を国民健康保険特別会計に繰り入れなければならない（法72条の4第1項）。国及び都道府県は，この繰入金の3分の1に相当する額をそれぞれ負担する（同条第3項）。

　補助金・貸付　法は，以上の仕組みのほか，国，都道府県，市町村の補助金や貸付についても規定している。

　第一に，国民健康保険組合に対する国の補助金である（73条）。大まかに言って，一部負担金控除後の療養の給付費等の100分の32などである。市町村国保に対して負担金が交付されるのに対して，国保組合は，任意設立，任意加入であることに鑑みて補助金にとどめられている。この補助をする場

---

[60] 前期高齢被保険者加入割合が平均前期高齢被保険者加入割合を超えているかいないかにより，その差の割合を前期高齢被保険者1人当たり給付額に乗じて得た額とされている。

[61] 法70条4項は，基準超過の比率が著しく大きい指定市町村について適用されるように定めるものとしており，現在は，100分の117である（国庫負担金等算定政令2条の2第1項）。

合に，政令の定めるところにより組合の財政力等を勘案して，補助の額を増額できる（73条4項。ただし，5項により増額の限度が設定されている）。

第二に，予算の範囲内において，保健師に要する費用について3分の1，国民健康保険事業に要するその他の費用についてはその一部を，それぞれ補助することができる（74条）。

第三に，都道府県及び市町村は，国民健康保険事業に要する費用（前期高齢者納付金等及び後期高齢者支援金等並びに介護納付金の納付に要する費用を含む）に対し，補助金を交付し，又は貸付金を貸し付けることができる（75条）。

都道府県の広域化等支援基金の活用　法75条の2は，国民健康保険事業の運営の広域化又は国民健康保険財政の安定化に資する事業に必要な費用に充てるため，自治法241条の基金として広域化等支援基金を設けることができると定めている。この基金を原資として行なう事業には，条文に示されているように2種類があり，実際には，貸付金方式が採用されている。広域化支援事業は，市町村国保の広域化に際して保険者間において保険料（保険税）に格差があって保険料の引上げが必要となった場合に，その急激な引上げを緩和するための資金を無利子で貸し付ける事業である。また，財政安定化の事業は，保険財政自立支援事業と呼ばれ，財政赤字の見込まれる市町村国保に資金を一時的に補塡するための資金の一定割合を無利子で貸し付ける事業であるという。そして，貸付金の償還は，貸付の翌々年度から3か年度で，償還額は各年度に各3分の1であるという。そして，基金を造成する場合に，都道府県が2分の1，国が2分の1を負担し，その国の負担は補助金として都道府県に交付する方法が採用された。都道府県の負担分については，地方交付税措置が講じられた[62]。しかし，会計検査院の検査によれば，基金を造成した都道府県の3分の2において貸付実績がなく，また，貸付実績のあるところでも基金の規模に比べて利用が低調であったという。この使い勝手の悪い基金運用の原因は，都道府県の制度設計の問題ではなく，国の補助金の交付要件に起因しているように推測される。法75条の2は，単に都道

62　以上，会計検査院『平成18年度決算検査報告』228頁以下による。

府県の基金設置を許容しているにすぎないのに，国庫補助金を絡ませることにより利用しにくくしているとするならば，大いに問題である。

[2] 国民健康保険料・国民健康保険税

国民健康保険料方式と国民健康保険税方式　市町村国保にあっては，法に基づく国民健康保険料（以下，国保料という）又は地方税法による国民健康保険税（以下，国保税という）のいずれかを選択することができる（法76条1項但し書き）。国保税も，実質は国保料と同じであるが，地方税法の規律を受けることによる違いがある。この点については，後述する。なお，同一の保険者が国保料と国保税とを併用することは許されない。国保税制度は，昭和26年に導入されたもので，国民の義務負担に関する観念からみて税による方が効率的で，徴収率が向上すると考えられたとされる[63]。実際にも，大都市には国保料を採用する例が多いが，全体としては国保税を採用している市町村の方が多い。国保税と国保料の統一は，一時活発に議論されたものの[64]，最近はほとんど議論されていない。しかし，制度上保険者相互間の相互扶助が強まるにつれて，少なくとも賦課権（除斥期間）や徴収権（時効期間）については統一を図る必要があろう。国保税の保険料移行への検討が進められてきたが[65]，その長い道のりにもかかわらず，見通しはついていないようである。

世帯主賦課（世帯主課税）　国保料は世帯主又は組合員から徴収する（法76条1項）。国保料方式にあっては世帯主賦課であり，国保税方式に即していえば，世帯主課税である。このような賦課方式（課税方式）を採用している理由として，国保税に関し「老齢者，幼児等は，たとえ所得がなくても当然被保険者として保険給付を受け，応益原則に基づいて均等割額の算定の基礎になっている」ので，「これらの者に対して個人課税主義をとることは適

---

[63] 市町村税務研究会編『五訂　実務解説国民健康保険税』（ぎょうせい，平成7年）96頁，市町村税務研究会編『市町村諸税逐条解説』（地方財務協会，平成12年）639頁。

[64] 市町村税務研究会編・前掲『五訂　実務解説国民健康保険税』96頁以下。

[65] 市町村税務研究会編・前掲『市町村諸税逐条解説』639頁‐640頁。

当でなく，主たる所得者である世帯主を納税義務者として世帯主に負担を求めることが合理的」と説明されている[66]。世帯主賦課（世帯主課税）は，世帯主が被保険者でない場合においても同様である。そのような場合の世帯主を「擬制世帯主」と呼んでいる[67]。

しかし，世帯主賦課に関する前記の説明は，かつて他の医療保険の被保険者である世帯主に係る所得割額，資産割額及び均等割額をも国保料・国保税の算定において算入する制度（重複算定）を採用していた時代において妥当した考え方であった。そのような賦課方法を合理化する説明として，①生計を一にする他の世帯員に基因する経済的負担は世帯主の負担となるものであるから，擬制世帯主の負担能力を勘案して賦課することが合理的であること，②国民健康保険加入が任意であった時代に世帯主の所得，資産を算入しないとするならば，多額の所得，資産を有する世帯主が，自身は被保険者となることなく妻子のみを被保険者とすることによって負担を減少させる途ができてしまうことを封ずる必要があったこと，などが挙げられていた[68]。この制度は昭和52年改正による廃止まで存続した。そして，実際には，擬制世帯主に対しては，条例による減額制度が採用されていた[69]。

この時点の制度の合理性について，生計を一にしている「世帯主の保険利益」を強調する裁判例が見られた。山口地裁昭和44・3・31（行集20巻2・3号323頁）は，次のように述べた。

「世帯主は主として世帯の生計を維持し，世帯員は世帯主の扶養家族であるか否かを問わず，原則として主に世帯主の所得に依存して生活しその生計を同一にするものとみることができる。したがって，世帯員が

---

66 市町村税務研究会編・前掲『市町村諸税逐条解説』612頁は，「世帯課税主義」の言葉の説明として，このように述べている。
67 厚生省保険局国民健康保険課・国民健康保険法311頁。
68 市町村税務研究会編・前掲『五訂 実務解説国民健康保険税』153頁。
69 この時代における擬制世帯主の所得等算入方式の違憲性が争われた訴訟に関し，水戸地裁昭和39・5・7行集15巻5号774頁は，「被保険者の保険給付という受益の内容から見て世帯全員の経済効果となって現われている」とし，「重要な所得の帰属者である世帯主を納税義務者と規定したことは正当であって，なんら憲法の違反するところはない」とした。

罹病したときにはその医療費などの費用は結局世帯主の所得と責任とにおいてまかなわれるものと観念されるから，国民健康保険に世帯員が加入してその被保険者となった場合には，その世帯主は右保険について独自の保険利益を有するものといってもあながち過言ではなく，この理はその世帯主がみずから国民健康保険の被保険者たるべき資格を有しているか否かによって別異にすべきいわれもなく，結局は立法政策に委ねられているものといわなければならない。」

　この判決は，国民健康保険以外の医療保険（この事件の原告の場合は健康保険組合の保険）に加入してその保険料を負担する者が世帯主として国民健康保険の被保険者である世帯員のために別途国保料を賦課されることとなっても，それは，前記の独自の保険利益に対応するものであるから重複賦課であるとは解し難いとした。独自の「保険利益」があることは否定できないが，世帯主の加入する医療保険において被扶養者と認定されない者について，国民健康保険制度において世帯の同一性を根拠に納付義務のみならず所得割等の加算算定まで求められるのか完全には説明がつかないといえよう。この加算算定は，重複賦課でないと説明しても，重複算定であることは否定できない。

　今日においては，任意加入制ではない。また，重複算定は廃止された。「擬制世帯主」は，世帯主の医療保険において世帯主の被扶養者とされない者が国民健康保険の被保険者である場合に生ずる。たとえば，世帯主Aが被用者で被用者医療保険に加入し，その妻B及び娘Cの2人が理容業（個人事業）により収入を上げ，世帯主Aの被扶養者となっていないときに，Aが国保の被保険者であるB及びCに係る保険料の納付義務を負うのである。このような納付義務を課す理由として，次のような点が挙げられよう。第一に，被保険者が複数存在する場合に，各被保険者ごとに賦課することなく一括して賦課できるという行政上のメリットである。第二に，一般に世帯主は支払能力があるので確実な徴収に結びつきやすいことである[70]。今日において，世帯主賦課は，このような行政上の便宜による制度と解するほかはなく，重

70　石田道彦・（判例解説）『社会保障判例百選［第3版］』43頁。

複算定もなくなった以上は,「擬制世帯主」の言葉を用いることも適切ではなくなっていると思われる。

先に述べたように複数の被保険者がいる世帯にあっては技術的理由から擬制世帯主方式に意味があるが,負担能力の点については,連帯納付義務により問題を処理できる。擬制世帯主制度の見直しが提言されたこともある[71]。

政令の基準　法自体は,国保料の賦課方法について何ら具体的に定めることなく,政令で定める基準に従って,条例又は規約で定めるものとしている（81条）。施行令29条の7に詳細な定めが用意されている。市町村国保の賦課額は,基礎賦課額（介護納付金の納付に要する費用を除いた国民健康保険事業に要する費用に充てるための賦課額）及び介護納付金賦課被保険者については介護納付金賦課額を合算した額である。国民健康保険事業に要する事業の費用には,前期高齢者納付金等及び後期高齢者支援金等の納付に要する費用を含んでいる（法76条1項参照）。

一般被保険者（退職被保険者等以外の被保険者）に対する基礎賦課総額の基準は,当該年度における療養の給付に要する費用（一般被保険者に係るものに限る）の額から一部負担金相当額を控除した額,入院時食事療養費等の合算額の見込額から国庫負担金,国の調整交付金,都道府県調整交付金,一般会計からの繰入金,補助金・貸付金その他の収入の合算額の見込額を控除した額である（2項1号）。基礎賦課総額については,次の3方式ごとに,総額を区分する標準割合を定めている（2項2号）。

① 4区分方式（所得割,資産割,被保険者均等割,世帯別平等割）
　所得割総額：100分の40
　資産割総額：100分の10
　被保険者均等割総額：100分の35

---

[71] 国民健康保険中央会に設置された国民健康保険料（税）滞納問題に関する研究会は,「国民健康保険料（税）収納率向上のための提言」（平成13年）において,「昨今,女性の社会進出が進展している中で,夫が加入している被用者保険の被扶養者とはならず,国保に加入しているケースが多くなっており,夫に対して納付通知書が届くこと等について,被保険者の理解が得られ難いものとなっている」として,「被保険者の理解を得られるよう,制度の弾力的な運用を図るなど,早急に見直しを行うべきである」と提言した（4頁）。

世帯別平等割総額：100分の15

② 3区分方式（所得割，被保険者均等割，世帯別平等割）
所得割総額：100分の50
被保険者均等割総額：100分の35
世帯別平等割総額：100分の15

③ 2区分方式（所得割，被保険者均等割）
所得割総額：100分の50
被保険者均等割総額：100分の50

　この標準割合を見ると，総額について，所得割及び資産割という応能割の合計割合と被保険者均等割と世帯別平等割という応益割の合計割合とを，それぞれ100分の50としていることがわかる。①の方式は，固定資産の所有が一般性をもち，世帯意識の強い農村部に適した方式であり，②の方式は，資産割を除いた方式であって中小都市に適し，③の方式は，世帯感が比較的薄く納付義務者の多い大都市に適した方式とされてきた[72]。そして，中小市において資産割を課すところが減少する傾向にあるようである。それには，①高齢化の進展・世帯構成の変化により低所得で資産のみを保有する世帯が増加していること，②資産を法人形態で保有し，あるいは市外に保有している場合も多いことなどによるようである[73]。

　一つの世帯に複数の被保険者が存在することの多い時点においては，世帯別平等割にも一応の合理性があったといえようが，被保険者一人の世帯も増えていると推測される今日において，世帯別平等割を維持すべきかどうか，その関係で，応益割の標準割合を100分の50とすることが適切かどうか政策的に検討する必要があろう。健康保険に加入できず，また世帯主の被扶養者になることもできない低所得の国民健康保険被保険者の増大を直視する必要があろう。

---

[72] 前川尚美『国民健康保険』（ぎょうせい，昭和60年）194頁。
[73] 長浜市が資産割廃止の条例改正に先立って実施したパブリック・コメント募集の際の改正理由は，このほかに，都市化・就労形態の変化により資産をもつ世帯と資産をもたない世帯間で国保料に負担格差を設けることは適当でないという根本的問題提起を掲げていた。

個別の世帯主に課されるのは，所得割，資産割，被保険者均等割，世帯別平等割である。以下のように，それぞれの総額を按分する方式が採用されている点に特色がある。一般被保険者に係る基礎賦課額は，それぞれ採用された方式による当該世帯に属する一般被保険者につき算定した所得割額，資産割額若しくは被保険者均等割額の合算額又は当該世帯につき算定した世帯別平等割額（一般被保険者と退職被保険者等とが同一の世帯に属するときは，当該世帯を一般被保険者の属する世帯とみなして算定した世帯別平等割額）の合計額である（3号）。

　基礎賦課額は56万円を超えることができない（10号）。条例においては，この金額の範囲内で基礎賦課額の限度を定めることになる。この限度額制度の趣旨について，横浜地裁平成2・11・26（判例時報1395号57頁）は，国民健康保険料が強制加入の社会保険で相扶共済・社会福祉の理念から応能負担の原則を無視することができないが，保険理論に基づく医療保険であることから，保険料と保険給付との対応関係にも配慮した応益負担の原則によるべきことも当然であり，受益（保険給付）の程度からかけ離れた応能負担に一定の限界を設けるための制度と理解して，合理的な理由があるから憲法14条に違反しないとした。保険料は社会的，経済的能力に応じて公平に負担すべきであって，金額の多寡に関係なく限度額を付することは憲法25条，14条に違反するとして争われた事案である。同判決は，憲法25条との関係については，具体的にいかなる立法措置を講ずるかは，広く立法府の裁量に委ねられているとし，保険料額の最高限度を定めることを否定すべき根拠は見出されないとした。

　所得割額は，所得割総額を基礎控除後の総所得金額等（総所得金額及び山林所得の合計額）に按分して算定する。ただし，当該市町村における一般被保険者の所得の分布状況その他の事情に照らして，原則的な方法により基礎賦課額を算定した場合に後述の基礎賦課額の限度額を上回ることが確実であると見込まれるときは，省令の定めるところにより基礎控除後の総所得金額等を補正する（2項4号）。これらの方法によって所得割額を算定することが困難であると認める市町村においては，各種控除後の総所得金額，市町村民税所得割額，市町村民税額，道府県民税額と市町村民税額との合算額のい

ずれかに按分して算定することができる（6号）。基礎賦課限度額を上回ることが確実と見込まれる場合は補正する。

　上記の各種方式のうち，各種控除後の総所得金額，住民税額を基礎にする方式にあっては，所得控除額の大小が保険料額に大きく影響する。とくに，世帯員が増えると扶養控除額が増えて，所得割額が少なくなる（ただし，別に被保険者均等割額がある）。住民税額を基礎にする場合に，住民税非課税世帯が多いと，それらの世帯は所得割の負担を全くしないことになる。応能割である以上，負担能力に配慮することは当然であって仕方がないと割り切るのか，応能割といっても負担の不公平（それは応益の観点からではあるが）になることは避けるべきであるのか[74]，考え方の違いを生ずる。

　ところで，所得割の算定の基礎とするのが前年の所得について算定した総所得金額等であるので（前年所得主義），当該年度には所得がないといった事態も生ずる。そのような保険料の賦課が憲法違反であるとする主張に対して，東京地裁平成11・2・24（判例地方自治192号82頁）は，社会保障制度の内容をどのようなものにするかについては，立法府の政策的かつ専門技術的な判断に委ねざるを得ないものであり，制度内容を定めた法律の規定が立法目的に照らし著しく不合理であることが明らかでない限り，憲法違反の問題は生じないとする立法裁量論に基づいて，法81条に基づいて政令で定める基準についても，その規定内容が法の趣旨に照らし著しく不合理であることが明らかでない限り，行政府がその裁量の範囲内で定めたものとして，憲法違反の問題を生じないとした。

　ここで，立法裁量が行政裁量に転化していることがわかる。筆者は，立法裁量論は肯定したいが，政令に委任するには委任の必要性を吟味すべきであって，国保税の場合の定め方をも考慮するならば，保険料の基本的事項までも政令に委任する必要性は認められないと考えている。それはともかくとして，技術的理由から，前年の所得を基に負担能力を判断する制度が合理性を欠くとは解されない。判決が，「個々の被保険者の所得割額の算定を簡便に行うことによって保険料の賦課及び徴収を効率的に行うという観点からすれ

---

[74] 西宮市が市県民税額方式では不公平であるとして基礎控除後の総所得金額方式に改めた場合の事案に関する神戸地裁平成16・6・29判例地方自治265号54頁を参照。

ば」，政令の算定方法は目的にかなう極めて合理的なものといえるとする判断に賛成したい。

資産割額は，資産割総額を固定資産税の額（その場合には償却資産に係る部分も含まれる）又はそのうちの土地・家屋に係る部分の額に按分して算定する（7号）。一般に，償却資産の所有には偏りがあることに鑑み，土地・家屋に係る固定資産税額に限定する方式が採用されている。原則の方法によれば基礎賦課限度額を上回ることが確実と見込まれる場合の補正は同様である。

被保険者均等割額は，被保険者均等割総額を一般被保険者の数に按分して算定する（8号）。

世帯別平等割額は，世帯別平等割総額を一般被保険者が属する世帯の数に按分して算定する（9号）。

なお，介護納付金賦課額についても，介護納付金賦課被保険者に限定して同様の方法により按分する方式が採用されている（4項）。

減額賦課　法81条は，減額賦課について政令で定める基準に従って条例又は規約で定めるとしている。これを受けて，施行令29条の7第5項が次のような基準を定めている。世帯主及び当該世帯の被保険者につき算定した総所得金額及び山林所得金額の合算額が，基礎控除額（地方税法314条の2第2項に規定する金額）に当該世帯の被保険者の数に245,000円を乗じて得た金額を加算した金額を超えない場合においては，被保険者均等割額及び世帯別平等割額（世帯別平等割額を賦課しない市町村においては，被保険者均等割額）を減額する（1号）。応能原則により低所得者世帯の負担を軽減するもので，応能割の所得割額の負担が少額であるので，応益割である被保険者均等割額及び世帯別平等割額について，応益割合に対応して所定割合で（3号）減額する趣旨である[75]。別に，2割減額措置がある（4～6号）。

減免・徴収猶予　保険者は，条例又は規約の定めるところにより，特別の理由がある者に対し，保険料を減免し，又はその徴収を猶予することができる（法77条）。減免・徴収猶予も「保険料の賦課及び徴収等に関する事項」であるのに，政令には何ら基準が示されておらず，古くからの条例準則

---

[75]　市町村税務研究会編『市町村諸税逐条解説』前掲注63，657頁。

によっている。

　地方税法も，天災その他特別の事情がある場合において国保税の減免を必要とすると認める者，貧困に因り生活のため公私の扶助を受ける者その他特別の事情がある者に限り，条例の定めるところにより国保税を減免することができるとしている（717条）。地方税法が，減免に関し，水利地益税，共同施設税，宅地開発税と共通に適用される規定によっていることは立法技術として適切を欠いていると言わざるを得ない。なぜならば，貧困により生活のため公私の扶助を受ける者については，法6条9号に該当して被保険者資格を喪失するか，前述のように，減額賦課の制度が用意されているからである。水利地益税等と共通の減免規定方式は改めなければならない。

　ところで，法77条のいう「特別の理由」との関係で，自立した生活を維持したいとして生活保護を受けていない恒常的生活困窮者が行なった国保料免除申請に対し不承認とした処分の適否が争われた事案がいくつかある。

　まず，有名な旭川市国保料事件（租税法律主義との関係につき，本書第2章3［3］を参照）の控訴審・札幌高裁平成11・12・21（判例時報1723号37頁）は，「国民健康保険は保険事故により生ずる個人の経済的損害を加入者相互において分担すべきものであることを前提とするものであり，恒常的に生活が困窮している状態にあって保険料を負担することができない者については生活保護法による保護を予定しているものと解されること及び減額賦課の制度が設けられていることからすると，法は，被保険者が恒常的に生活が困窮している状態にあることをもって，保険料の減免を予定しているものとまで解することはできない」と述べ，条例が保険料の減免を受けることができる者について「災害等により生活が著しく困難となった者又はこれに準ずると認められる者」及び「当該年において所得が著しく減少し，生活が困難となった者又はこれに準ずると認められる者」と規定していることは，法77条の解釈を誤りその委任の範囲を超えたものということはできない，とした[76]。

　次に，東京高裁平成13・5・30（判例タイムズ1124号154頁）を見ておこ

76　同じく旭川市の減免について，旭川地裁平成12・12・19判例地方自治216号73頁も，同趣旨の判断をした。

う。

　まず、法77条は、「保険料の減免又は徴収の猶予の制度を設けるか否か、設けるとして、減免を認める基準、減免の範囲（どのような者を「特別の理由がある者」の範囲に含めるかなど）、減免の手続等をどのように定めるかなどについては、保険者の法律の範囲内における主体的な裁量判断に委ねられており、保険者によるこの裁量判断は、条例の制定又は規約の作成・認可という形式で表されるものと解するのが相当である」と述べた。この部分には賛成することができる。

　判決は、続いて、市長は貧困により生活のため公私の扶助を受ける者等特別の理由がある者のうち「市長において必要があると認める者」に対し減免できるとする条例について、減免の必要性の判断を市長に委ねているものとみた。条例の文言からして判決のように解さざるを得ないが、そもそも減免の許否の判断を市長に完全に委ねるような方式が適法といえるのか疑問とせざるを得ない。少なくとも、特別な理由は貧困により生活のため公私の扶助を受ける者に準ずる事情にある者に限定すべきであろう。

　判決は、生活保護を受けている世帯に属する者を国民健康保険の被保険者から除外していることから、「法が国保の被保険者として予定しているのは、あくまでも保険料負担能力を有する者であり、恒常的生活困窮者であり恒常的に保険料負担能力のない者については、別途生活保護法による医療扶助により医療を受けることが予定されているといわざるを得ない」とした。そして、「特別の理由がある者」に対する減免制度は、被保険者（世帯主）が何らかの事情によって一時的に収入が激減する等の著しい事情の変更が発生したことにより保険料の納入が困難になる個別で特殊な場合を想定して申請により減免することを典型として制度設計されているとし、法77条が恒常的生活困窮者に対する保険料減免を当然に予定しているとはいえないので、処分は適法であると結論づけた。

　そして、旭川市事件の上告審・最高裁大法廷平成18・3・1（民集60巻2号587頁）も、法6条6号は、恒常的生活困窮の状態にある者については生活保護法による医療扶助等の保護を予定して被保険者としていないこと、低所得者について条例が応益負担である被保険者均等割及び世帯別平等割の

減額賦課を定めていることを述べたうえ，同市の条例が「当該年において生じた事情の変更に伴い一時的に保険料負担能力の全部又は一部を喪失した者に対して保険料を減免するにとどめ，恒常的に生活が困窮している状態にある者を保険料の減免の対象としないことが，法77条の委任の範囲を超えるものということはできない」とした。

　法の予定する減免制度は，これらの判決の述べるとおりである[77]。この大法廷判決により判例としての決着はほぼ付けられたといえよう。「ほぼ」という意味は，条例により，法の想定するところに反して，恒常的生活困窮者を減免の対象にした場合が違法となるのかという問題への解答は明示的には示されていないからである。恒常的生活困窮者は生活保護法による医療扶助の方法によるべきであるかのように響く述べ方をしている点を強調していくと，違法説に繋がる可能性がある。しかし，日本において極度の恒常的貧困状態にありながら生活保護の申請を控えている者が多いなかで，法の趣旨に反するにもかかわらず減免方式に助けを求めざるを得ない状況がないとはいえない。その事実を法解釈の面においてどのように受けとめるべきかという深刻な問題を提起しているように思われる。この点は，後期高齢者医療保険料についても共通の問題となろう[78]。

　減免に関する条例等の定め方はどのようになっているのであろうか。

　たとえば，横浜市は，国民健康保険条例において，「市長は災害その他特別の事情により生活が著しく困難となった者のうち必要があると認められるものに対し，保険料を減免することができる」と規定している（22条）。そして，同条例施行規則には，減免の実体的要件は何ら示されておらず，単に，減免を受けようとする者は，減免申請書に，その理由を証明する書類を添えて区長に提出しなければならない旨（15条1項），及び，区長は，その申請

---

[77] 東京地裁昭和43・2・29判例時報525号42頁は，条例が「災害その他特別の事情に因り生活が著しく困難となった者」と定めている場合につき本文の諸判決とほぼ同趣旨を述べたが，条例の委任による規則には「生活保護法により保護を受ける者」が含まれていた。

[78] 介護保険料は，生活保護を受けている者も納付することを前提に段階設定がなされているので，このような問題を生ずることはない。

に対し承認し又は承認しないときは，減免承認（不承認）決定通知書により，その旨を納付義務者に通知しなければならない旨（15条2項）の手続規定があるのみである。以上の仕組みから，条例の減免要件において，「特別の事情」という不確定概念が用いられていること，「必要があると認められるもの」に対し「減免することができる」という市長の広範な裁量を許容していることがわかる。

　これに対して，名古屋市は，国民健康保険条例レベルの定めは，「市長は，世帯主又は当該世帯に属する被保険者について，被災，老齢その他の規則で定める事由があるときは，規則で定めるところにより保険料を減免することができる」（22条1項）というものであるが，この委任を受けた同条例施行細則においては，減免事由と減免割合とを表形式で掲げている（19条1項）。たとえば，震災，風水害，落雷，火災その他これらに類する災害により，居住する家屋が被害を受けたときは，①全壊，全焼又は流出の場合は，「被害を受けた日の属する月から6月以内における各納期に納付すべき保険料の額の全部」，②半壊又は半焼の場合は，「被害を受けた日の属する月から6月以内における各納期に納付すべき保険料の額の100分の50に相当する額」とされている。明確な定め方である。なお，名古屋市にあっては，旭川市事件のような一時的な負担能力の喪失のみならず，所得割非課税者の世帯別均等割額の2割減免のような恒常的低所得者も含めている。また，被保険者資格を取得した日において65歳以上である者で，資格取得日の属する月以後2年を経過する月までの間にあるもの，被保険者資格取得日の前日において被用者保険の被保険者であった者でかつ資格取得日に高齢者医療確保法による被保険者となったものの被扶養者であった者についての，2年間の均等割5割減免などは，条例にいう「高齢」に配慮した減免である。

　最後に，減免を受ける法的地位の性質について考察しておきたい。手がかりになる裁判例として，大阪地裁平成15・3・14（判例地方自治249号20頁）を見ておこう。条例が，法にいう「特別の理由のある者」につき「市長は，災害その他特別の理由により保険料の全額負担に堪えることが困難である者」と定め，条例の施行規則において，それに該当する具体例として，①震災，風水害，火災その他これに類する災害により重大な損害を受けたとき，

②事業又は業務の休廃止，失業その他の理由により収入が著しく減少したときを掲げていた。この事案において，原告が自営業の廃止に伴い，所得が約63％減少する見込みとなったことから国保料の減免申請をしたところ，被告が基準にいう「前々年中の平均所得に比し10分の6以下になる者」に該当するとして，所得割額に平均月額所得の減少率を乗じて得た額の10分の7を減額した。これによる所得割保険料の減免率は約44％にとどまるものであった。この減免処分を不服として原告が争った事案である。判決は，減免処分が違法として取り消された場合，原告に対し先行する多額の保険料の賦課決定のみがその効力を存続させることになり，取消判決により原告に回復されるべき法律上の利益があるとはにわかに断言できないと述べ，次のように述べた。

「法77条は，減免制度の設計については，その採用も含め，保険者に広範な裁量を認めたものであり，本件条例21条も，具体的にどのような場合を減免事由とするか，あるいは，減免する場合の程度については，被告に広範な裁量を認めたものであるから，法あるいは本件条例は，保険料負担者である世帯主に当然にある特定の割合の保険料の減免を求める権利までも保障するものではなく，保険料の減免申請に対し，本件基準に従ってなされた本件減免処分が，原告の権利ないし法律上保護された利益を侵害するものであると解することはできない。」

そして，減免処分をもって申請に対する一部拒否処分と解することはできず，減免処分の取消しを求める訴えは不適法として却下すべきであるとした。

この事件の原告は，基準に反した減免であることを理由にして争っていなかったために，基準設定に至る裁量論が展開されたことは無理からぬものがある。しかし，基準の設定方式が違法であるかどうかを争うには，減免処分を対象とするほかはないことを考えると，訴えの利益を否定したことには疑問が残る。そして，条例による裁量を認めることは当然として，市長の広範な裁量を正面から認めたことも問題である。一方で保険料を強制的に徴収しながら，減免の程度について完全な裁量を肯定することには違和感を覚える。

---

79 筆者は，地方税に関し減免要件条例主義を主張している。碓井光明『要説　地方税のしくみと法』（学陽書房，平成13年）62頁以下。

この点は，地方税の減免[79]と同様に定着した行政スタイルなのであろうが，根本的に姿勢を改める必要があると考える。

国民健康保険税方式（国民健康保険料方式との違い）　国保税方式にあっては，地方税法の規定によることになる。その内容的仕組みは，世帯主課税も含めて，国保料方式とほぼ同様である（地方税法 703 条の 4）。

国保税と国保料との主たる違いは手続面である。それらを述べておこう。

第一に，国保料と異なり，国保税は市町村のみが選択することのできる方式である（国保組合が国保税を選択する余地はない）。

第二に，国保料については，料率の決定，変更について知事に協議することが義務付けられているが（法 12 条，施行令 6 条 3 号），国保税に関してはその必要がない。なぜ国保料の場合にのみ知事との協議[80]を行なわなければならないのか，その合理的説明をすることは困難である。この協議において知事の同意を得る必要がないとするならば，協議において示される知事の見解は，勧告，ないし行政指導的なものであるから，国保税についても協議の対象にすることが合理的と思われる。

第三に，国保料の賦課権の除斥期間，徴収権の時効期間は 2 年であるが，国保税の賦課権の除斥期間は原則として 3 年，徴収権の時効期間は 5 年である。この違いを存続させる合理的理由はないと思われる。

第四に，不服申立てに関して，国保料にあっては，都道府県に設置される国民健康保険審査会に審査請求をすることになるが，国保税にあっては，地方税法に基づき，市町村長に異議申立てをすることになる。この違いを存続させる理由もないと思われる。

組合国保の保険料決定方式　等しく国民健康保険制度でありながら，市町村国保と組合国保との間には，保険料決定のシステムに大きな違いがある。一言で言えば，その違いは，市町村国保は市町村条例主義を基礎とし，組合国保は組合民主主義が採用されていることにある。

80　機関委任事務が一般的制度であった時代において，知事が協議に応ずる事務は機関委任事務であって，大臣は知事を指導監督することができると解されていた（厚生省保険局国民健康保険課・国民健康保険法 105 頁）。現在は，第 1 号法定受託事務である（法 119 条の 4）。

組合国保の「保険料に関する事項」は，組合の規約記載事項である（18条8号）。そして，規約の変更は，組合会の議決事項である（27条1項1号）。組合会は，組合会議員をもって組織され（26条2項），組合会議員は，規約の定めるところにより組合員が組合員のうちから選挙することとされている（同上3項）。この仕組みにより，組合民主主義が採用されていることがわかる。たしかに，規約により自由に保険料を設定できるのではなく，賦課額，料率，納期，減額賦課その他保険料の賦課及び徴収等に関する事項については，政令の定める基準に従わなければならない点において，市町村国保に関する条例が政令の定める基準に従わなければならないのと同様である（法81条）。しかし，組合国保の保険料基準に関する政令の定めは，市町村国保のそれと大きな違いを見せており，極めて大まかなものである。すなわち，賦課額の総額が費用の見込額からその費用のための収入の見込額を控除した額を確保することができるものであること（施行令29条の8），という当然のことを求めているにすぎない。このような政令の拘束の弱さは，保険料につき組合の自主性に委ねる趣旨である。実際には，規約例の影響もあって，ほとんどの組合が均一保険料を採用していたようである。それは，組合員が同種の事業又は業務に従事する者であり，経済生活の実態もほぼ似かよっていることによるとされている[81]。

　もっとも，組合財政の健全化のために，ある程度応能原則を採用することが望まれるとする見解も存在した[82]。そうした見解の影響であろうか。ホームページを開くと，多様な保険料算定方式があって，応能負担を加味している組合も見られる。

　組合国保の多様な保険料方式　　まず，均一保険料方式の例として，東京都医師国保組合は，医療分は，正組合員17,000円，准組合員（従業員）9,000円，家族1名につき7,000円，介護分は3,000円とされている。もっとも，正組合員と准組合員の区別により保険料に差が設けられていることに注意する必要がある。現在の厚生労働省の方針がどうであるのか明らかではないが，

---

[81]　厚生省保険局国民健康保険課編『詳解国民健康保険』（国民健康保険調査会，昭和35年）1276頁，国民健康保険中央会・国保担当者ハンドブック428頁。

[82]　厚生省保険局国民健康保険課編・前掲書1276頁。

保険料賦課について国保組合の特色を発揮するものでなければならないとされ，その一例として，事業主と従業員の負担に差等を設けることが挙げられていた[83]ことに関係すると推測される。

これに対して，神奈川県医師国保組合の保険料は，介護納付金分3,000円及び後期高齢者組合員保険料（後期高齢者組合員は，医療給付を受けることはできないが，健康審査・予防接種補助・保養施設利用などの保健事業を受けることができる）は2,000円で，いずれも均一であるが，医療給付費分（後期高齢者支援金分を含む）は，平等割と応能割とからなっている。平等割は，月額で第1種組合員は8,500円，第2種組合員（従業員）は1人10,000円，家族は1人6,000円である。応能割は，第1種組合員のみが対象で，前年度課税標準額に応じて1級（100万円未満）から12級（3,000万円以上）に区分して，2,000円から16,500円と段階的に定められている。医師国保組合であっても，両国保組合の保険料算定方式は大きく異なっているのである。

また，京都芸術家国保組合の保険料は，後期高齢者支援分は年12,000円の定額であるが，医療分及び介護分は，世帯割，均等割及び所得割からなっている。そのうち医療分についての世帯割の年額は30,000円，従業員のそれは15,600円，均等割の年額は組合員12,000円，従業員のそれは9,600円である。介護分の世帯割及び均等割は，組合員・従業員共通で年額各4,800円，7,200円である。組合員所得割は，医療分は基礎控除後の総所得額に0.06を乗じた額，介護分は0.018を乗じた額とされている[84]。

さらに，建設国保組合にあっては，年齢等により細分化した定額保険料を設定していることが多いようである。

東京土建国保組合は，介護納付金分は一律に2,200円であるが，基礎賦課額（医療給付費分）については，次のような複雑な区分による定額保険料を設定している。

---

83 厚生省保険局国民健康保険課編・前掲書467頁。
84 京都衣料国保も，世帯割，被保険者割，所得割による合算方式で，その際に，1号世帯（営業主の世帯），2号世帯（別居専従者の世帯），3号世帯（従業員の世帯）に分けている。

区分	組合員	都内居住者	都外居住者
法人A種	株式会社の代表者のうち1人	21,800円	25,100円
法人B種	株式会社を除く法人の代表者のうち1人	20,600円	23,900円
法人C種	法人A種組合員又は法人B種組合員のうち所得一定額の以下の者[85]	16,900円	20,200円
第1種	個人事業所の事業主	17,700円	21,000円
第2種	1人親方並びに法人A種，B種，C種の組合員以外の法人の役員及び第1種組合員のうち所得一定額以下の者	13,900円	17,200円
第3種	常時又は日々事業所等に雇用されている者	11,000円	14,300円
第4種	第3種組合員に該当する者で25歳以上30歳未満のもの	9,100円	12,400円
第5種	第3種組合員に該当する者で25歳未満のもの	7,000円	8,300円

なお，家族については，都内居住者，都外居住者を問うことなく，成人男性（23歳以上60歳未満の男性で，学生，障害者及び傷病による加療のため労務不能の者を除く）は7,000円，幼児（7歳未満の者）は1,800円，それら以外の者は3,900円である。

後期高齢者支援金等賦課額は，都内，都外の区分なしに，法人A種6,400円，B種5,900円，C種4,900円，第1種5,100円，第2種3,900円，第3種3,300円，第4種2,700円，第5種2,000円，家族成人男性2,000円である。

以上のうち，基礎賦課額（医療給付費分）について，細分化した区分が用いられている理由は明らかでない。推測になるが，この細分化により大まかな負担能力を反映できると考えられているのであろう。家族の分について，幼児については理解できるが，成人について男性7,000円と女性3,900円と

---

[85] 「所得一定額以下」は，組合員個人のすべての所得の合計額で200万円で，その適用期間は8月から翌年7月までとされている。

の差が大きいことが今日でも説明できるのであろうか[86]。都内と都外との区別は，東京都からの助成を受けていることに配慮しているのであろうか。この点は，事業所を単位とする土建国保と政策主体としての地方公共団体（東京都）との関係をどうみるかという微妙な問題が保険料の差に表れているといえよう。

ところで，規約の変更に関する事項の議決は，都道府県知事の認可を受けなければ効力を生じないとされている（法27条2項）。保険料に関する政令の拘束が極めて弱いなかで，知事が認可を拒否できる事由があるのかどうかが問われる。

保険料の賦課徴収　保険料の賦課徴収に関して，法は，市町村国保と組合国保とに共通の定めと市町村国保のみに関する定めとを混在させている。すなわち，世帯主又は組合員から保険料を徴収する原則規定（76条），条例又は規約による減免（77条），地方税法の準用（78条）などは共通であるが，賦課期日（76条の2），特別徴収・普通徴収の方法（76条の3），保険料その他の徴収金を自治法231条の3第3項に規定する「法律で定める歳入」とする規定（79条の2），保険料徴収事務の委託（80条の2）などは，市町村国保のみに関する規定である。なお，滞納処分に関して，組合は，知事の認可を受けて自ら行なうか，又は，納付義務者の住所地又は財産の所在地の市町村に対して請求して行なってもらうかの選択が認められている（80条1項）。組合の請求により市町村が滞納処分をしたときは，組合は当該市町村に徴収金の100分の4に相当する金額を交付しなければならない（80条3項）。

国民健康保険におけるモラルハザード問題及び無保険問題　国民健康保険制度にもかかわらず，国保料の負担をしようとしない者が後を絶たない。それには大きく分けて2種類がある。一つは，国保に加入すべき状態にあるにもかかわらず，加入手続をとらない場合である。正確には，世帯主が届出義務（9条1項）を果たさない場合である。

もう一つは，国保料を滞納している場合である。市町村は，保険料を滞納

---

[86] 埼玉土建国保も，20歳以上59歳までの家族について，妻・母・祖母・学生・心身障害者・前年に高額医療の対象の人は「一般家族」として3,600円であるが，それ以外の者は「特別家族」として7,000円とされている。

している世帯主が保険料の納期限から省令で定める期間（施行規則5条の6により1年間）が経過するまでの間に当該保険料を納付しない場合において，滞納につき災害その他の政令で定める特別の事情[87]があると認められる場合を除き，省令で定めるところにより，当該世帯主に対し被保険者証の返還を求めることができる（9条3項）。被保険者証を返還したときは，当該世帯主に被保険者資格証明書を交付する（9条6項）。そして，法36条1項は，被保険者の疾病又は負傷に関して療養の給付を行なうとしながら，世帯主が被保険者資格証明書の交付を受けている間は，この限りでないとしている。ただし，保険者は，当該被保険者が保険医療機関又は指定訪問看護事業者について療養を受けたときは，その療養に要した費用について，「特別療養費」を支給する（54条の3第1項）。のみならず，被保険者証が交付されているとすれば法54条1項の規定が適用されることとなるときは，保険者は，療養費を支給することができる（54条の3第3項）。これらをまとめると，被保険者資格証明書の交付を受けている間は，療養の給付という現物給付を受けることはできず，保険医療機関等に療養に要した費用の全額を支払ったうえ，事後に特別療養費又は療養費の支給を受けることができるのである。このような資格証明書制度については，これを廃止すべきであるとする強い主張も見られる[88]。

そして，保険料の滞納につき災害その他の政令で定める特別の事情がある場合を除き，省令で定めるところにより保険給付の全部又は一部を一時差し止めることができる（63条の2第1項・2項）。被保険者資格証明書の交付を受けている世帯主又は組合員で保険給付の支払いの一時差止めを受けている

---

[87] 施行令1条の3により，①世帯主がその財産につき災害を受け，又は盗難にかかったこと，②世帯主又はその者と生計を一にする親族が病気にかかり，又は負傷したこと，③世帯主がその事業を廃止し，又は休止したこと，④世帯主がその事業につき著しい損失を受けたこと，⑤これらに類する事由があったこと，が掲げられている。
[88] 伊藤・介護保険法281頁は，資格証明書の交付は，収納率改善の手段ではなく，保険料滞納者への見せしめ的な制裁措置となっていることを理由にしている。また，生活困窮により保険料を払えない人と意図的に支払わない人とを見きわめるだけの調査に必要な予算や人員の体制がないのであれば，交付そのものを中止すべきであるとも述べている。

者が，なお滞納している保険料を納付しない場合においては，あらかじめ通知して，当該一時差止めに係る保険給付の額から滞納保険料額を控除することができる（63条の2第3項）。

このような仕組みによって，保険料滞納の抑止機能を期待されていることは明らかである[89]。しかし，このような仕組みにもかかわらず，滞納世帯も国民健康保険加入者であることに変わりないので，保険診療を受けることのできる地位は依然として保有している。しかも，国保料は2年の消滅時効にかかるので，時効が中断されていないときは，それ以前の時効完成分の保険料については保険給付額からの控除の対象にならない。この構造によれば，保険診療を受ける必要性が生じたときに加入するとか，すでに加入済みの者は時効消滅していない分の保険料を納付することにより堂々と保険給付を受けられる。これではモラルハザードを招くのも無理はない。

このようなモラルハザードの側面からの議論とは別に，平成20年には国保料の滞納による児童生徒の無保険問題がにわかにクローズアップされた。そこで，子どもの健やかな育成に資するため，世帯主が保険料（又は国保税）滞納により被保険者証を返還した場合であっても，その世帯に属する15歳に達する日以後最初の3月31日までの間にある被保険者があるときは，当該被保険者に係る有効期間を6月とする被保険者証を交付することとする法改正がなされた。

保険料滞納者には真に負担能力の乏しい者と負担能力がありながら滞納している者とが混在していることから，どの側面の滞納者を重視するか，その解決策が他の側面の滞納者との関係でどのような問題を生じさせるかを，慎重に見極める必要がある。

賦課期日をめぐる問題点　　地方税にあっては賦課期日なる観念が重要で

89　このような期待にもかかわらず，「資格証明書の交付などの制裁措置は，保険料滞納者を国民健康保険という医療保障のセーフティネットから排除する対応でしかない」とし，「生存権を保障する社会保障制度としての国民健康保険制度が，逆にそれを侵害するというパラドックスが生じている」とする指摘も見られる。伊藤周平「国民健康保険料の滞納問題と医療保障―保険料滞納者の医療を受ける権利の観点から―」都市問題研究60巻4号28頁・37頁（平成20年）。

ある。賦課期日現在の事実に基づいて課税要件の充足を認定し賦課する原則であるので[90]，その例外は，法律等において明示されなければならない。地方税法705条が，国保税の賦課期日について，納期とともに条例で定めるものとしている。また，法81条の条例又は規約への委任規定に基づいて，国保料についても条例（又は規約）により賦課の基準日を定めることができる。条例により市町村が裁量を発揮できるかのような外観を見せているものの，「当該年度の初日における……見込額」のような文言からして，通常は4月1日とすることが適当であるとされている[91]。さらに，所得割及び資産割が住民税及び固定資産税の確定と連動して算定されるという課税技術にも配慮した考え方であると解される。

　仮に4月1日を賦課期日とした場合に，その後の年度中途において被保険者となり，又は逆に被保険者でなくなった場合の扱いが問題になる。条例に特別の規定がないならば，賦課期日現在の状況で納付義務（又は納税義務）を確定しなければならないので，たとえば，賦課期日後に被保険者が死亡又は当該市町村から転出したときも，納付義務が消滅するわけではないはずである[92]。まして，世帯主は賦課徴収上の便宜のためのものであるから，被保険者に着目した保険料本体の存続とは別問題である[93]。また，年度の中途において新たに被保険者となった者に係る当該年度の保険料（保険税）を納付（納税）する必要はないはずである。しかし，このような扱いは，保険事故発生の際に保険給付を受ける地位という保険における受益と納付義務との対応関係を賦課期日という技術的な制度によって切断してしまう不合理がある。そこで，国保税方式の場合に，地方税法に明文規定はないが，条例において「月割課税」方式を採用している場合が多い。月割課税を認める理由は，年間を通じていつ発生するかわからない保険事故に要する費用の財源を年税方

90　市町村税務研究会編『市町村諸税逐条解説』（地方財務協会，平成12年）663頁。
91　市町村税務研究会編・前掲書663頁。
92　世帯員である被保険者の死亡や転出があっても影響させない扱いが昭和51年度まで存続していた（国民健康保険中央会・国保担当者ハンドブック422頁）。
93　ちなみに，賦課期日後に世帯主が死亡した場合には，納付義務は，新たな世帯主に承継される（国民健康保険中央会・国保担当者ハンドブック421頁）。

式という技術をもって確保する方式の間隙を埋める必要があるからである。

「国民健康保険税条例（例）」10条1項は，次の場合に月割課税をなしうるとしている。①賦課期日後に納税義務が発生した場合，②賦課期日後に納税義務が消滅した場合，③擬制世帯主が被保険者たる世帯主となった場合，④賦課期日後に被保険者たる世帯主が擬制世帯主となった場合，⑤賦課期日後に世帯員が被保険者となった場合，⑥賦課期日後に世帯員が被保険者でなくなった場合，⑦賦課期日後に世帯員が介護納付金課税被保険者となった場合，⑧賦課期日後に世帯員が介護納付金課税被保険者でなくなった場合。

前記のうち①及び②についていえば，賦課期日をもって厳格な課税要件充足の基準日と解するならば，その後における納税義務の発生又は消滅を観念することはできないはずである。賦課期日後の納税義務発生の例として他の市町村等からの世帯全部の転入等が挙げられている。しかし，特別な規定がない限り納税義務が発生していると説明することはできない。むしろ，賦課期日後に国民健康保険の被保険者を含む世帯となった場合にも，月割による納付義務を負わせること，逆に，賦課期日後に被保険者を含む世帯でなくなった場合は，月割により納付義務を消滅させる旨の特別規定となるはずである。なお，年度途中における転入，転出に伴う扱いについては，市町村間における調整を要する事項であるから，本来条例で規律すべきものではなく，法律又は政令によるべきものであろう。

前納報償金の可否　地方税法は，住民税，固定資産税等の納期前の納付に関して条例で定める前納報償金を交付することができる旨規定しているが（321条2項，365条），国保税に関しては，そのような規定を用意していない。そこで，法令に規定がない以上は，条例により報償金を交付することはできないとする解釈が通用しているようである[94]。

暫定賦課・仮徴収　地方税法は，国保税の所得割額の算定の基礎に用いる総所得金額等又は市町村民税額が確定しないため当該年度の国保税の額を確定できない場合においては，確定する日までの間において到来する納期において徴収すべき国保税に限り，その者の前年度の国保税額を当該年度の納

---

[94] 昭和31・9・4自丁市発第144号自治庁市町村税課長回答，国民健康保険中央会・国保担当者ハンドブック415頁。

期の数で除して得た額又は前年度の最後の納期の税額に相当する額の範囲内において，それぞれの納期に係る国保税を徴収することができるとしている（706条の2第1項）。確定の遅れにより財源の穴を生じさせることを避ける制度であって，暫定賦課又は仮徴収と呼ばれている。後に当該年度の国保税額が確定した段階で調整がなされる（同条2項）。

　暫定賦課がなされた場合において，当該年度の国保税額が前年度の国保税額の2分の1に相当する額に満たないこととなると認められるときは，その国保税納税義務者は，条例で定める期限までに市町村長に仮徴収税額の修正を申し出ることができる（706条の3第1項）。そして，その申出について相当の理由があると認められるときは，修正しなければならない（同条2項）。この修正については，行政不服審査法による不服申立てをすることができない（同条3項による地方税法364条の2第6項の準用）。修正の申出に対して理由がないとして修正を拒絶したとしても，その後の確定賦課によって是正されるので，不服申立ての機会を付与しなくても特別に不利益となるわけではないことが理由とされている[95]。なお，この不服申立てを認めない旨の規定が，誤った暫定賦課（たとえば前年度の国保税額を誤った額で計算した場合）についても及ぶのかどうかが問題になる。いずれ是正の機会があるという論理からすれば，同じに考えてよさそうである（類推適用）。しかし，家計における資金事情を考えると，類推適用は否定されるべきであろう。

　暫定賦課は，確定税額を算定することの困難なことに対する対処であるが，これと別に賦課の基礎となる総所得金額等や固定資産税額の変動に伴い，当該年度の収支均衡を図るには，年度途中に従前の保険料率（国保税率）によることが適当でないとして条例を改正する必要があるとされる場合がある。保険料率を引き上げる条例を9月30日に公布し，当該年度に適用することが許されるかどうかが問題になった事案がある。東京高裁昭和49・4・30（行集25巻4号330頁）は，「保険料の率は各年度毎に決定せらるべきものであって前年度のそれに固定さるべきものではない」とし，本件条例改正により結果的に前年度の保険料より増加したとしても被保険者の既得権を侵

---

[95] 国民健康保険中央会・国保担当者ハンドブック429頁‐430頁。

害するものといえないことはもとより，改正後の条例が年度当初に遡って適用されるとしても，増減のあることは予測可能であったというべきであるから，遡及適用が許容されるとした。

同じく，国保税に関しても，5月16日公布施行の条例により本算定の額を8月に通知した事案について，名古屋地裁平成9・12・25（判例地方自治175号37頁）は，まず，「課税総額は，当該年度初日における費用見込額を基礎とするため，その額は毎年変動することが予定されており，また，各割額の算定の基礎となる総所得金額等の課税標準も毎年変動することから，各割額の算定要素となっている税率等も，毎年改正することがその性質上予定されているものであり，現に，本件条例は，毎年少なくとも1回は改正されてきたのである」とする実態を認定した。そして，目的税たる保険税の性質に沿うように正確な課税総額を決定するには，賦課期日後の条例改正が必要となってくるのであり，そのことは，国民健康保険制度及び保険税制度自体において予想されていると述べ，年度途中における改正と遡及適用について予測可能性が存在し法的安定性に対する信頼を著しく害することはないとし，憲法84条に違反しないとした。

これらの裁判例にヒントを得るならば，保険料率（税率）の変更のあることが納税者により予測され，変更後のそれらにより支払いを求めることが適正と認められる事情のある場合として，年度開始後の条例をもって当該年度に適用することが許されると考えてよい[96]。

もっとも，法律が単年度における収支の均衡を求める故に，保険者は毎年度煩瑣な手続を進めざるを得ないのである。介護保険のように3年間の均衡による保険料3年据置制度なども検討する必要があろう。

賦課処分に対する不服申立て　賦課処分に対する不服申立手続は，国保料の場合と国保税の場合とは異なる。すなわち，国保料の場合は，都道府県に設置されている国民健康保険審査会に審査請求をなすことができる（国保法91条1項）。これに対して，国保税の賦課決定の場合は，地方税法19条により，原則として行政不服審査法の定めによることになる。実質的に保険料の

---

[96] 碓井光明『要説　地方税のしくみと法』（学陽書房，平成13年）20頁-21頁。

性質を有するにもかかわらず，国保税方式の場合に国民健康保険審査会の慎重かつ公正な審査を受けられないことは不合理というほかはない。不服申立てに関する限り，地方税法の仕組みから脱して，国保料と同じに扱うことが合理的である。

　国民健康保険審査会は，各都道府県に置かれる（92条）。審査会は，被保険者を代表する委員，保険者を代表する委員及び公益を代表する委員各3人をもって組織される（93条1項）。そして，処分取消しの訴えについて，審査請求前置主義が採用されている。審査会の裁決に対して保険者である市町村が取消訴訟を提起することができるかという問題に対して，最高裁昭和49・5・30（民集28巻4号594頁）は，否定した。その論理は，保険者は，もっぱら国民健康保険法の命ずるところにより国の事務である国民健康保険事業の実施という行政作用を担当する行政主体としての地位に立っているとし，「審査会と保険者とは，一般的な上級行政庁とその指揮監督に服する下級行政庁の場合と同様の関係に立ち，右処分の適否については審査会の裁決に優越的効力が認められ，保険者はこれによって拘束されるべきことが制度上予定されているものとみるべきであって，その裁決により保険者の事業主体としての権利義務に影響が及ぶことを理由として保険者が右裁決を争うことは，法の認めていないところであるといわざるをえない」とした。

　違反に対する制裁　　国保料又は国保税を違法に免れた場合の制裁は，どのようなものであろうか。制裁に関しては，国保料又は国保税のいずれの方式を採用しているかによって異なる。

　国保料に関しては，「市町村は，条例で，偽りその他不正の行為により保険料その他この法律の規定による徴収金の徴収を免れた者に対し，その徴収を免れた金額の5倍に相当する金額以下の過料を科する規定を設けることができる」（国保法127条3項）との規定に基づき，条例制定による過料方式である。この規定は，国保料の性格と目的から刑事罰を科することを認めない趣旨であり，条例で刑事罰を科する規定を設けることはできないと解されている[97]。過料は，市町村長が行政処分として科す。その手続に関しては，

---

[97] 国民健康保険中央会・国保担当者ハンドブック26頁。自治法14条3項との関係においては，「法令に特別の定めがあるもの」に該当することになろう。

自治法255条の3により,告知と弁明の機会の供与を要し(1項),不服申立てについては,知事への審査請求又は異議申立てを選択することができる(2項)。

これに対して,国保税にあっては,地方税法が刑罰の規定を設けている。すなわち,「詐欺その他不正の行為によって水利地益税等の全部又は一部を免れた納税者は,1年以下の懲役若しくは十万円以下の罰金若しくは科料に処し,又は懲役及び罰金を併科する」とされている(724条1項)。国保税の場合は,一般のほ脱犯の例にならって,その免れた金額が10万円を超える場合には,情状により,10万円を超える額でその免れた金額に相当する額以下の額とすることができる。したがって,国保税にあっては,わざわざ条例に定めを置く必要がない。もしも,国保税が国保料と性質が同じであるならば,制裁規定も同じにするのが理論的に整合していると思われる。国保税を水利地益税,共同施設税,宅地開発税と共通に「水利地益税等」として一括りにして共通の制裁(処罰)規定にしていることが問題なのかも知れない。

4 高齢者医療

[1] 高齢者医療の基本構造

高齢者医療制度の展開 高齢者の医療の確保は,高齢者の福祉の実現と同時に,その医療費をどのように捻出するかという課題を抱えている。日本の高齢者医療の展開を見ると,昭和40年代に地方公共団体において老人の医療保険自己負担分の無料化を図る動きが強まる中で,昭和48年に自己負担分を全額公費負担する老人医療費無料化制度がスタートしたことに遡る。当時の好調な税収により可能であったともいえるが,老人医療費の急激な増加に伴い,医療保険制度の間における負担の不均衡が大きな問題となった。とくに,国民健康保険と被用者保険との間の負担の格差が問題とされ,老人医療費が国民健康保険財政の圧迫要因となった[98]。

老人保健法の制定 こうした状況において,昭和57年に制定され,翌

---

[98] 老人保健法制定までの経緯について,吉原健二編『老人保健法の解説』(中央法規,昭和58年)3頁以下。

58年に施行された老人保健法は，高齢者医療に関する画期的な制度を採用した。市町村長が当該市町村の区域内に居住地を有する70歳以上の者に医療を実施する義務を負うこととされた（25条）。これは，当時の機関委任事務制度によったものである。立案関係者の比喩的説明によれば，従来の「医療保険制度という土台のうえに，いわばその二階に老人だけの大きな部屋を一つつくったようなもので，老人の独立の一軒家を建てたわけではない。そして二階の老人は一階の本籍の各制度から費用の拠出，いわば仕送りを受けるということである」[99]とされた。老人保健制度の基本的仕組みは，老人医療費全体の3割を公費負担（国20％，都道府県・市町村各5％）とし，7割を各保険者からの拠出金で賄うというものであった[100]。この7割の拠出金について独特の方法が採用された。その2分の1は，各保険者の老人医療費の額によって負担し，2分の1は，各保険者の老人加入率によって調整した加入者数により按分する方法である。概算により算定したうえ確定する手続が採用された。概算の場合の算式を示すと次のようになる。

老人医療費拠出金＝医療費按分額＋加入者按分額

加入者按分額＝（その保険者の医療に要する費用の見込額）×0.7×（加入者按分率）×（その保険者の加入者調整率）

加入者按分率は，施行年度においては医療費拠出金の2分の1とされていた。

加入者調整率＝粗加入者調整率×補正係数

粗加入者調整率＝（当該年度における全保険者平均老人加入率見込値）÷（当該年度におけるその保険者の老人加入率見込値）

全保険者平均老人加入率見込値：厚生大臣が公示

保険者別老人加入率見込値：上限100分の20，下限100分の1

加入者調整率は，全保険者平均老人加入率に対する当該保険者の老人加入率の割合の逆数を示し，老人加入率が平均を下回るほど調整率が大きくなることを意味している。すなわち，老人加入率の小さい保険者が大きな負担をして老人医療費を支える度合いを大きくし

99　吉原健二編・前掲書31頁。
100　以下の叙述は，吉原健二編・前掲書に全面的に負っている。

ている。

　補正係数＝（当該年度におけるすべての各保険者の老人医療費の見込総額）÷（当該年度における各保険者の老人医療費の見込額にそれぞれの粗加入者調整率を乗じて得た額の合計額）

　これは，各保険者1人当たり老人医療費の見込額の違いから発生する全保険者の加入者按分額の合計額と老人医療費の見込総額の0.35（0.7×0.5）相当額の不一致を解消するためにマクロ的につくられる係数である。

拠出金は，社会保険診療報酬支払基金が徴収し，市町村に対して「交付金」として交付された。これについても，概算交付金の交付をしたうえ確定・精算の手続がとられる。

以上のように拠出金及び交付金という仕組みを採用した点に，老人保健制度の最大の特色があった。老人保健法による医療については，「市町村を実施主体として行われる各医療保険制度による70歳以上の加入者等に対する医療の給付等の共同事業」[101]と位置づけられていた。そして，拠出金については，その根拠は，「各保険者が従前の制度において70歳以上の加入者等に対して行っていた医療の給付が本法により事実上市町村長によって肩代わりされることになることから各保険者に受益が生じる点にあり，このような意味で拠出金は広義の受益者負担に該当する」とされ，拠出金負担分を各保険者が被保険者から保険料として一括して徴収することの理由については，市町村長による70歳以上の加入者等に対する医療給付の共同事業的なものであることから保険料としてすべての被保険者に分担させることが妥当であると考えられたものであって，被保険者から見れば，広い意味で保険料的性格のものであるとされた[102]。

ここにおいて，保険者から見た拠出金の位置づけと被保険者から見た拠出金に充てられる保険料部分の位置づけという二つの側面があることがわかる。そして，保険者から見た拠出金に関しては特定の公益的な事業に特別の利害関係をもつ者が法律に基づいて負担する負担金であって，憲法84条の直接

101　吉原健二編・前掲書518頁。
102　吉原健二編・前掲書518頁‐519頁。

の適用はないものの，強制的賦課金であることに鑑み租税法定主義の精神にのっとり法律上必要な定めをしなければならないとされた[103]。この点については理解できるが，老人医療を受けることのない70歳未満の被保険者が追加的負担をする分を広い意味の保険料的性質のものとみることには，論理のすり替えがあるように思われる。老人医療を要するリスクの全くない者が保険料を負担する理由は全くないからである。

　老人保健法は，その施行直後から見直しを余儀なくされた。昭和61年改正により加入者按分率を段階的に引き上げて100％とすることとされた。また，一部負担金については常に改正論議の対象とされた。一部負担を求める趣旨に関しては，①自分の健康は自分で守るという自己責任の考え方，②無料であるとして不適切な受診のないようにする必要，③増大する老人医療費を適切なバランスをもって分かち合うために老人にも無理のない範囲で一部負担を求めることの合理性[104]，などによって説明されてきた。その後，一部負担金制度が頻繁に改正されたほか，老人保健の対象年齢も，段階的に75歳以上にする改正がなされるなど，常に政策的課題であった。

　「高齢者の医療の確保に関する法律」による2段階制度の採用　　老人保健制度をさらに発展させたのが，老人保健法の法律名の改正をも伴った「高齢者の医療の確保に関する法律」（以下，本節において「法」という）である。同法は，高齢者を「前期高齢者」と「後期高齢者」とに分けて，前期高齢者については，各医療保険の保険者の下において被保険者となるとともに，保険者相互に助け合うという従前の仕組み（制度間調整）を基本にしているように見える。すなわち，各保険者が支払基金に前期高齢者納付金及び前期高齢者関係事務費拠出金を納付し（36条），支払基金が前期高齢者交付金を各保険者に交付する制度を採用している（32条）。しかし，老人保健制度とは本質的な違いがあるとされる。すなわち，老人保健制度にあっては，医療の給付と医療費の支払いの実施主体は市町村とされながら，財源は公費と保険者からの拠出金により賄うもので，「誰が財政運営に責任を持っているのか不明確である」という問題点も指摘されていたのに対して，前期高齢者医療制

---

[103]　吉原健二編・前掲書519頁。
[104]　岡光序治『老人保健制度解説』（ぎょうせい，平成5年）206頁。

度にあっては，前期高齢者の偏在による医療費負担の不均衡を調整するため，各保険者がその加入者数に応じて負担する財政調整制度と位置づけられている。財政運営の責任主体は，あくまでも各保険者であることが明確になったというのである[105]。前期高齢者にあっては，基本的に保険料財源により給付費を賄う必要があるという考え方を基礎にしている[106]。

これに対して，後期高齢者については，根本的な仕組みの変更がなされた。

第一に，都道府県の区域ごとに当該区域内のすべての市町村が加入する広域連合（後期高齢者医療広域連合）を設けて（法48条），保険料の決定，賦課決定，医療費の支給等の事務を行なうこととし，後期高齢者独自の保険制度によることとした。被保険者は，広域連合の区域内に住所を有する75歳以上の者及び65歳から75歳未満で政令で定める程度の障害のある旨の認定を受けた者である（50条）。このように医療を要するリスクの極めて高い者に特化した医療保険制度がそもそも成り立ちうるのかという疑問も提起されている。そして，後期高齢者の被扶養者が75歳未満である場合には，独自に医療保険（国民健康保険）に加入することになる。

第二に，このような後期高齢者の特性に鑑み，保険制度といいながら，被保険者の保険料負担は，極端に圧縮されている。

患者負担（一部負担）を除いた費用の負担割合は，公費が約5割（国，都道府県，市町村が3：1：1の割合で負担），現役世代からの支援が約4割，被保険者の保険料1割である。保険料負担が費用全体の1割にとどまっているにもかかわらず，保険だというのである。患者たる被保険者の一部負担金の割合は，原則として1割であるが，現役並みの所得を有する者は3割である。このような現役並みの所得を有する者の一部負担金を高くする制度は，老人保健制度の下においてもすでに採用されていた手法である。

第三に，前述のように現役世代からの支援金が大きな柱をなし，「後期高齢者支援金」と呼ばれる。この制度が後期高齢者の医療費を国民全体で支え合う「社会連帯」の精神に基づくものであること[107]は疑いない。しかし，

---

105 以上，土佐編・解説220頁－221頁。
106 土佐編・解説222頁。
107 土佐編・解説391頁。

立案関係者の説明には，納得しかねるものがある。たとえば，次のような説明がある。

「従来老人医療費を負担してきた国保及び被用者保険の保険者にとって，後期高齢者医療制度の創設により，老人保健制度から移行するという観点からは老人保健拠出金を免れることになる。また，そもそも被保険者としないという観点からは医療給付を免れることになるという意味で，受益に対する負担という意味もある。」[108]

この説明のうち，老人保健拠出金を免れることになるという説明は，従来の制度による負担が当然であるならば成り立つが，当然とはいえないならば「免れる」とすることはミスリードである。また，「医療給付を免れる」という説明も，わずかな後期高齢者のみを有する保険者に対しても現役世代の加入者数に応じた負担を求める制度においては違和感を覚えざるを得ない。筆者には，「各保険者を媒介にした租税」であると評価するほかはないと思われる。もっとも，この租税は，支払基金経由で，徴収と配分がなされるため，全国の後期高齢者医療広域連合の総体の収入目的となり，通常の租税概念では説明仕切れない側面がある。そこで「限りなく租税に近い性質を有する」と述べておきたい。

なお，この制度の各保険者に与える影響は，まちまちである。一般に，後期高齢者固有の保険制度の創設により被用者医療保険の負担が減少することが期待されていたようであるが，実際には，国民健康保険から後期高齢者が除かれる結果，国民健康保険としての負担は減少し，その結果，被用者医療保険の負担は増大したとされる[109]。

[2] 後期高齢者医療制度
保険者＝後期高齢者医療広域連合　　市町村は，後期高齢者の事務を処理す

108　土佐編・解説 391 頁。
109　厚生労働省のまとめによれば，平成 20 年度の前期・後期の高齢者医療への拠出金額は，前年度に比べて健保組合 4,096 億円，政府管掌健保 271 億円，共済組合 1,307 億円の増額であるのに対して，市町村国保は 4,496 億円の減額であったという（朝日新聞平成 20・8・15）。

るために，都道府県の区域ごとに，当該区域内のすべての市町村が加入する広域連合を設ける（法48条）。これが，保険者たる後期高齢者医療広域連合である。後期高齢者医療に関する収入・支出を区分経理するために，広域連合及び市町村に特別会計を設けることとされている（49条）。保険料は，この広域連合の条例の定めるところによるものの（104条2項），市町村が徴収して（104条1項），広域連合に納付する（105条）。広域連合の議会の議員について広域連合の選挙人が投票により選挙する方法があるものの，実際には構成市町村の議会において選挙する方法が採用されている（自治法291条の5第1項参照）。また，広域連合の長についても，広域連合の選挙人が投票により選挙する方法を選択することもできるものの，実際には構成市町村の長の投票による選挙の方法が採用されている（同条第2項参照）。その結果，広域連合は，住民（被保険者）から極めて「見えにくい保険者」になっている。この広域連合の長や議員の名を知っている被保険者は，皆無に近いであろう。

被保険者　後期高齢者医療も保険制度の形式を採用し，原則的な被保険者は，広域連合の区域内に住所を有する75歳以上の者である（50条1号）。しかし，後期高齢者医療の被保険者には，広域連合の区域内に住所を有する65歳以上75歳未満の者であって，「政令で定める程度の障害の状態」にある旨の広域連合の認定を受けたものも含まれる（50条2号）。施行令3条の別表により17号にわたる詳細な定めがなされている。いずれも，相当程度の重い障害状態を示している。ただし，法50条2号が「厚生労働省令の定めるところにより」としているのを受けた施行規則8条が，障害認定を受けようとする者は，障害認定申請書に，施行令別表に定める程度の障害にある状態にあることを明らかにすることができる国民年金の年金証書，身体障害者手帳その他の書類を添付して，広域連合に申請しなければならないとして申請主義を採用し（8条1項），この申請をした者は，いつでも，将来に向かって申請を撤回することができるとしている（8条2項）。これにより，政令に定める程度の障害にある者が，後期高齢者医療に加入するか否かは，その者の選択に委ねられることになる。

　ところで，この選択は，障害のある者が，後期高齢者医療に加入しないときに加入すべき医療保険がどの保険であるか，また，その医療保険において

被扶養者の扱いを受ける者であるかなどにより，有利，不利を生ずる。後期高齢者医療を選択しない場合には，各医療保険に加入することになるが，その場合に，保険料負担は，被用者医療保険と国民健康保険とは大いに異なる。被用者医療保険の被扶養者となっている者は独自の保険料負担はない。国民健康保険にあっては，たとえ所得割がない場合を仮定しても被保険者均等割が確実に存在し，かつ，世帯別平等割，資産割の負担を伴うことがある。そして，被用者医療保険で被扶養者の扱いを受ける者が後期高齢者医療に加入すると独自に保険料を負担しなければならない。しかし，保険診療を受ける際の一部負担金（窓口負担）は，後期高齢者医療にあっては1割であるが，各医療保険の場合は，65歳以上70歳未満は3割，70歳以上75歳未満は2割（平成20年度は1割）である。こうした状況において，障害のある者が，どのような選択をすべきか迷うことがあろう[110]。

病院等への入院，入所又は入居中の扱い　高齢者のなかには，病院に入院し，診療所に入所し又はその他の施設に入居等をせざるを得ないことが多い。このような高齢者が，いずれの広域連合の被保険者となるかという問題がある。もっとも，後期高齢者医療は都道府県を単位とした広域連合が保険者であるので，国民健康保険の場合に比べて問題となる場面は減少するであろうが，大都市圏等を中心に，この調整問題がありうることは国民健康保険と共通である。そして，法55条は，国民健康保険法116条の2と同様に，病院等に入院，入所又は入居中の被保険者で，直前に他の広域連合の区域内に住所を有していたと認められる者については，当該他の広域連合の被保険者として扱うこととしている。

公費負担　後期高齢者医療に関する公費負担は，国庫負担金，国の調整交付金，都道府県の負担金，市町村の一般会計の負担からなる。

　まず，「被保険者に係る療養の給付等に要した費用の額」から，「特定費用

---

[110] こうした選択にさらに問題を投げかけているのが，都道府県の任意的な障害者医療費助成制度であるという。これまで一律に医療費を助成してきた道県のうち，後期高齢者医療制度のスタートに合わせて，後期高齢者医療に加入している障害者にのみ医療費を助成することとした結果，事実上の「強制加入」と受け止められているという（朝日新聞平成20・8・15）。

の額」を控除し（この控除後の額を「負担対象額」という），さらに，療養の給付等に要する費用のための収入額等を控除した額の，国は12分の3（法93条1項），都道府県は12分の1（96条1項），市町村の一般会計は12分の1を（98条），それぞれ負担する。「療養の給付等に要した額」とは，療養の給付に要した費用の額から一部負担金相当額を控除した額に入院時食事療養費等を加算した額である。「特定費用の額」とは，被保険者のうち現役並み所得者に該当する者の療養の給付等に要する費用の額である。

この一般負担金のほかに，高額医療負担金の制度が用意されている（93条2項）。「すべての医療に関する給付に要する費用の額に対する高額な医療に関する給付の割合等を勘案して，高額な医療に関する給付の発生による後期高齢者医療の財政に与える影響が著しいものとして政令で定めるところにより算定する額[111]以上の高額な医療に関する給付に要する費用の合計額」に，負担対象額の12分の1に相当する額を療養の給付等に要する費用の額で除して得た率と後期高齢者負担率との合計を乗じて得た額（＝高額医療費負担対象額）の4分の1相当額を国が負担する（93条2項）。そして，都道府県も，高額医療費負担対象額の4分の1相当額を負担する（96条2項）。

なお，負担金について減額制度が用意されている。広域連合が確保すべき収入を不当に確保しなかった場合においては，国は，政令で定めるところにより国庫負担金を減額することができる（94条1項）。ただし，不当に確保しなかった額を超えることができない（94条2項）。国が減額措置をとった場合には，都道府県も，政令で定めるところにより負担金を減額することができる（97条）。この減額の手続は，まず，知事による「相当の期間を定め，当該収入を確保するために必要な措置を採るべきことを勧告する」ことからスタートする（算定政令5条1項）。この勧告をしたときは，速やかに，厚生労働大臣にその旨を報告しなければならない。広域連合が勧告に応じ必要な措置をとったとき，又は勧告に従わなかったときも同様である（算定政令5条2項）。厚生労働大臣は，広域連合が知事の勧告に従わなかったときは，

---

[111] 被保険者が同一の月にそれぞれ一の病院，診療所，薬局その他の者（＝病院等）について受けた療養に係る費用の額が80万円を超えるものの，当該超える部分の額とされている（算定政令4条3項）。

従わなかったことにつきやむを得ない理由があると認められる場合を除き，国の負担金を減額することができる。この場合に，あらかじめ広域連合に弁明の機会を与えなければならない（算定政令5条3項）。

次に，国は，都道府県間の後期高齢者の所得格差を調整するために，政令で定めるところにより調整交付金を交付することとし（95条1項），その総額は，負担対象額の12分の1相当額とされている（95条2項）。具体的内容は，「後期高齢者医療の調整交付金の交付額の算定に関する省令」により定められている。普通調整交付金と特別調整交付金があることは国保の場合と同様である。いずれの場合も，「調整対象需要額」が算定の基本となる。

調整対象需要額＝【負担対象額×（1/12＋後期高齢者負担率）＋特定費用の額×後期高齢者負担率】×調整係数

　　　　　負担対象額とは，現役並み所得者以外の給付費であり，
　　　　　特定費用の額とは，現役並み所得者の給付費である。

普通調整交付金の額は，調整対象需要額が調整対象収入額（保険者が財政力に応じて保険料として徴収すべき金額）を超える部分の額である。

特別調整交付金は，いくつかの事由に基づいて交付される。

① 市町村ごとに前年度1月1日から当該年度12月31日までの間に災害等により減免措置をとった保険料の額が，調整対象需要額の100分の1相当額以上の場合：当該市町村に係る減免保険料額の10分の8以内。

② 市町村ごとに前年度1月1日から当該年度12月31日までの間に，災害等により一部負担金の額並びに当該減免により加算された保険外併用療養費等の合算額が，同期間の一部負担金総額（減免分を含む）の100分の1相当額以上である場合：当該市町村に係る一部負担金減免額及び当該減免により加算された保険外併用療養費等の額の10分の8以内。

③ 市町村ごとに，調整対象需要額のうち，流行病，災害を原因とする疾病若しくは負傷又は地域的に発生する特殊疾病に係る額の占める割合が調整対象需要額の100分の5を超える場合：調整対象需要額×（当該割合－5/100）×5/10以内の額。

④ 市町村ごとに，調整対象需要額のうち，原子爆弾被爆者に対する援護に関する法律にいう被爆者に係る額の占める割合が100分の3を超える場合：当該被爆者に係る額×8/10以内の額。

⑤ 調整対象需要額のうち，知事が厚生労働大臣の承認を得て別に定めた療養担当手当（暖房料加算額）に係る額がある場合：当該療養担当手当に係る額×3/4以内の額。

⑥ 市町村ごとに，調整対象需要額のうち，結核性疾病及び精神病に係る額の占める割合が100分の15を超える場合：調整対象需要額×（当該割合−5/100）×8/10以内の額。

⑦ その他特別の事情がある場合：交付方針，算定方法等を毎年度定める。

上記の①から⑥までのいずれの交付要件の判定においても，「市町村ごと」の判定であることに注目したい。市町村の規模により，これらのリスクの分散の度合いが異なるので，大都市である場合は，リスクの分散により交付要件を充足しにくいが，逆に，小規模町村の場合にはリスク分散の度合いが低いために事実上交付要件を充足し易い。広域連合を被保険者としながら特別調整交付金の交付要件の充足について市町村単位とすることに伴う問題点といえよう。

後期高齢者支援金の徴収による後期高齢者交付金の交付　公費負担と異なる位置づけの財源として，支払基金が広域連合に交付する後期高齢者交付金が存在する。これは，医療保険の各保険者，すなわち75歳未満の者を加入者とする保険者が支払基金に納付する後期高齢者支援金をもって，後期高齢者を社会連帯の考え方から支援するために支払基金より次の算定式により算定される金額を支払うものである（法100条1項)[112]。

後期高齢者交付金の額＝負担対象額×（1−後期高齢者負担率−50/100)＋特定費用の額×（1−後期高齢者負担率）

平成20年度及び平成21年度については，後期高齢者負担率は100分の

---

[112] 法100条1項は，「政令で定めるところにより」としているが，算定政令11条は，ほぼ同項を繰り返しているにすぎない。

10である。また，平成22年度以降の年度の後期高齢者負担率は，2年ごとに政令で定めることとされ，それは，次の数を基礎とするものとされている。

> 10/100＋（平成20年度における保険納付対象額を同年度における療養の給付等に要する費用の額で除して得た率）×（平成20年度におけるすべての保険者に係る加入者の総数から当該年度におけるすべての保険者に係る加入者の見込総数を控除して得た数を（その数が零を下回る場合は零），平成20年度におけるすべての保険者に係る加入者の総数で除して得た率）（＝A）×1/2

この算定式において，Aは，「若人減少率」と呼ばれている。2分の1を乗じている理由は，今後，後期高齢者人口が増加する一方で，若人人口は減少することが見込まれるなかで，後期高齢者の保険料負担率と後期高齢者支援金の負担率（若人負担率）とを変えないとすると，後期高齢者1人当たり負担の増加割合に比較して支援金を通じた若人1人当たりの負担の割合が大きな割合で増加することになる。そこで，後期高齢者の保険料の負担割合を若人減少率の2分の1の割合で引き上げる一方，支援金の負担率は引き下げることとしている[113]。要するに，「世代間の負担の公平を維持するため，人口構成に占める後期高齢者と現役世代の比率の変化に応じて，それぞれの負担割合を変えていく仕組みを導入する」ことにより，「高齢者の保険料による負担割合（1割）は高まり，現役世代の支援の割合は，約4割を上限として減っていくことになる」[114]というのである。

後期高齢者支援金に充てるための特定保険料については後述する（291頁）。

なお，広域連合が確保すべき収入を不当に確保しなかった場合又は支出すべきでない経費を不当に支出した場合においては，政令の定めるところにより[115]，厚生労働大臣は，支払基金に対し，後期高齢者交付金の額を減額することを命ずることができる（101条1項）。その際に，減額する額は，不当に確保しなかった額又は不当に支出した額を超えることができない（法101

---

113 土佐編・解説395頁図表137による。
114 政府・与党医療改革協議会「医療制度改革大綱」（平成17・12・1）。
115 算定政令12条は，同令5条を準用している。

条2項)。この仕組みは，国の負担金減額と同様のものである。

　後期高齢者交付金に充てる財源は，支払基金が各保険者から徴収する後期高齢者支援金である（118条）。もっとも，支援金は，後期高齢者交付金を交付する業務のほか「これに附帯する業務」にも充てられる（139条1項2号）。総額を，すべての保険者に係る加入者の総数に対する当該保険者に係る加入者の数の割合で按分して算出する。

　その際に，国が示す「特定健康診査等基本指針」（18条）で示す「特定健康診査等の実施及びその成果に係る目標に関する基本的な事項」及び各医療保険者が「特定健康診査等実施計画」で定める「特定健康診査等の実施及びその成果に関する具体的な目標」の達成状況を勘案して，プラス・マイナス10％の範囲内で政令で定める方法により調整がなされる（120条2項，121条2項）[116]。このような仕組みが採用されたのは，医療保険者が生活習慣病対策を推進すれば後期高齢者の医療費の適正化につながるという考え方から，医療保険者の共通負担部分のほかに，医療保険者の努力に応じた加算・減算部分を設定して，医療保険者の特定健康診査（いわゆるメタボ健診）（21条）や特定保健指導（24条）へのインセンティブとするためであるという[117]。かくて，各保険者は特定健康診査の実施率（及び特定保健指導の実施率）を高めることに追われることになる。しかし，このようなパターナリズムとさえいえる方法が果たして本当に国民の幸福に繋がることなのか，あるいは真に医療費の適正化に繋がるのか，じっくり検討する必要がありそうである。

　財政安定化基金　　後期高齢者医療の財政の安定化に資するための基金として，都道府県は，財政安定化基金を設けることを義務づけられている（法116条）。この基金は，貸付事業及び交付事業に必要な資金に充てられる。貸付事業は，保険料収納率の悪化が見込まれ（保険料不足），かつ，資金不足が見込まれる（財政不足）広域連合に対して，広域連合を構成する市町村にお

116　ただし，平成24年度までの調整率は100分の100で（附則15条），平成25年度分から適用される。平成25年度は，平成24年度の特定健康診査の実績データを用いる。平成26年度以降は，前年度比の実績で毎年評価する案が示されているという（土佐編・解説406頁）。

117　土佐編・解説404頁。

ける保険料収納状況等を勘案して交付する事業で，原則として未納分の2分の1を交付する事業である（1項1号）。また，貸付事業は，無利子の貸付事業である。貸付金は，次期財政運営期間で償還する原則であるが，4年又は6年への延長がある。

　都道府県は，この基金に充てるため広域連合から財政安定化基金拠出金を徴収する（3項）。そして，都道府県は，財政安定化基金拠出金総額の3倍に相当する額を財政安定化基金に繰り入れ（5項），国は，都道府県の繰入額の3分の1相当額を負担する（6項）。したがって，広域連合，都道府県，国が各3分の1を拠出ないし負担することになる。

　なお，国は，平成19年度補正予算により，保険料徴収の激変緩和措置にかかる補てん相当額等の基金を広域連合に造成するために，「高齢者医療制度円滑導入臨時特例交付金」を交付し，これを受けて広域連合にこの基金が造成された。ただし，平成22年3月までの時限的な基金である。

　保険料　広域連合を保険者とする後期高齢者保険において，それが保険制度である以上，被保険者から保険料を徴収することになる。高齢者医療確保法は，後期高齢者医療広域連合の全区域にわたって均一の保険料率であることその他の政令で定める基準に従い広域連合の条例で定めるところにより算定された保険料率によって算定された保険料額によって保険料を課すものとしている（法104条2項本文）。ただし，離島その他の医療の確保が著しく困難である地域であって厚生労働大臣が定める基準に該当するものに住所を有する被保険者の保険料については，政令で定める基準に従い別に条例で定めるところにより算定された保険料率によって算定された保険料額を課することができる（同項但し書き）。これらの意味するところは，均一保険料率を原則にしつつ，例外的に不均一保険料率が許容されるということである（経過措置的不均一賦課も含めて後述する）。そして，保険料率に関して，法は，おおむね2年を通じ財政の均衡を保つことができるものでなければならないことを求めている（104条3項）。これは，診療報酬が2年単位で変わり医療費が2年ごとに変動することに鑑みたものであるとされている[118]。したが

118　土佐編・解説328頁。

って，保険料率は，2年ごとに見直しがなされることを意味する。均衡要件については，療養の給付に要する費用の額の予想額，財政安定化基金拠出金，指定法人の行なう特別高額医療費共同事業に拠出する拠出金（117条）の納付に要する費用の予想額，都道府県の財政安定化基金からの借入金の償還に要する費用の予定額，保健事業に要する費用の予定額，被保険者の所得の分布状況及びその見通し，国庫負担金並びに後期高齢者交付金の額等に照らして均衡を保つことが求められている（104条3項）。

施行令18条は，法104条2項本文の基準を次のように定めている。

賦課額は，被保険者につき算定した所得割額及び被保険者均等割額の合計額とする（ただし，被扶養者であった被保険者については被保険者均等割額とする）。賦課総額に対する標準割合は，所得割総額と被保険者均等割総額とが1：1の割合である。

国民健康保険料と異なり，資産割がなく，また，世帯別平等割がなく，完全な個人単位主義が採用されている。資産割がない理由は，同一の都道府県内でも，県庁所在地等の都市部と山村，離島等の地域の不動産の価格に大きな開きがあるため，資産割を課して単一の資産割料率を定めるならば，都市部に負担が偏りすぎることに鑑みたものとされる[119]。この趣旨は十分に理解できるが，高齢者の資産状況に大きな格差がある状態において，次に述べるように応能割が所得割のみであることによる問題があることは否定できない。しかも，所得割額の算定の基礎となる総所得金額等には分離課税の対象となっている利子，配当，株式譲渡所得等が含まれないことも問題点である。本来の所得であるにもかかわらず，所得割額の負担に反映されていないのである。分離課税の対象となる所得を反映させることに事務手続上の困難さがあるためにやむを得ないと判断されているのであろう。

所得割額は，当該被保険者に係る基礎控除後の総所得金額等に所得割率を乗じて得る額である。国保料と異なり，基礎控除後の総所得金額等に限定している。これは，後期高齢者の所得の中心が年金で，それほど開きがなく，なるべく多くの加入者に負担を求め，税制の変更の影響を受けにくい方式に

---

119 土佐編・解説329頁。

する考え方によったものであるという[120]。

　所得割率＝所得割総額÷基礎控除後の総所得金額等

　被保険者均等割額は，被保険者均等割総額を補正被保険者数に按分した額である。補正被保険者数とは，対象となる2年間の各年度について被保険者数の見込額を算定して，2年間について合算した数である。

　賦課限度額50万円が設定されている。この趣旨は，条例も賦課限度額50万円に定めることを一律に強制しているわけではなく，条例でこれよりも低い賦課限度額を設定することは妨げられないと解される。なお，50万円の額は，賦課限度額対象者が全体の3％の水準となる方向で検討された結果であるという[121]。

保険料の減額賦課　施行令18条4項は，所得の少ない被保険者に対して課する保険料の算定に係る法104条2項に規定する「政令で定める基準」を掲げている。しかし，法104条2項は，所得の少ない被保険者に課する保険料の算定に関する委任を一切していないのであるから，この政令の定めの根拠は定かではない。法104条2項の「後期高齢者医療広域連合の全区域にわたって均一の保険料率であることその他の政令で定める基準」の委任に基づくものと見るほかはない。むしろ，法99条1項の市町村の一般会計から特別会計への繰入れ規定に「所得の少ない者について後期高齢者医療広域連合の条例の定めるところにより行う保険料の減額賦課」なる文言が見られる。

　前記施行令18条4項は，世帯単位による判定方式を採用している。平成20年の制度スタート時においては，均等割に関して，「被保険者，その属する世帯の世帯主及びその属する世帯の他の世帯員である被保険者」につき算定した総所得金額等の合算額が基礎控除額を超えない世帯は10分の7，総所得金額等の合算額が基礎控除額に当該世帯に属する者（当該世帯主を除く）の数に24万5,000円を乗じて得た金額を超えない世帯については10分の5，総所得金額等の合算額が基礎控除額に当該世帯に属する被保険者の数に35

120　土佐編・解説331頁。このような制度の問題点について，藤原淳一郎「転換期の行政法学――社会工学への道――」慶應義塾大学法学部編『慶應義塾創立150年記念法学部論集　慶應の法律学　公法II』235頁，258頁以下（平成20年）を参照。

121　土佐編・解説332頁。

万円を乗じて得た金額を加算した金額を超えない世帯については10分の2を減額することとされていた。

しかし,政府・与党は,国民の不満が強いことに配慮して,平成20年度の措置を講ずるとともに,平成21年度についても,措置を講ずることとした。軽減に要する財源に関して,平成20年度に関しては,特別調整交付金により,全額を国が補助することとされた。

平成21年度については,次の措置を講ずることとされた。①7割軽減世帯のうち,被保険者の全員が年金収入で80万円以下(その他の所得はない)の世帯について9割軽減とする。②所得割を負担する者のうち,所得の低いもの(年金収入153万円から211万円までの被保険者)について,所得割を50％程度(所得に応じて軽減率を変えることも検討)軽減する(具体的な基準の設定については広域連合に委ねる)。このような措置を講じてもなお保険料が上昇し,支払うことができない特別の事情がある者については,広域連合条例に基づく個別減免を行なうことも含め,市町村においてよりきめ細かな相談を行なえる体制を整備する[122]。

この場合の総所得金額等の計算に当たっては,分離課税の対象とされる所得の金額も合算する点に注意する必要がある。負担能力を個別に判定する制度であるから,すべて合算する事務負担もやむを得ないという趣旨であろう。分離課税分の所得の有無を調査することに事実上限界があるとするならば,執行上の公平をいかにして達成するかが課題となる。

この減額賦課は,すべて職権によりなされるという。すなわち,申請主義がとられていない。したがって,減額賦課を受けられなかった被保険者は,賦課決定について不服申立てをすることになる。

これと別に,被扶養者であった被保険者に対する減額賦課の制度がある。

---

122 平成20年度については,7割軽減世帯で8月まで年金から特別徴収されている者については,10月からは保険料を徴収しない。7割軽減世帯で普通徴収により納付している者にも同等の軽減措置を講ずる(8.5割軽減。月額保険料は,全国平均で約500円)。所得割負担者のうち所得の低いもの(年金収入153万円から211万円までの被保険者)については,一律50％を軽減する(20年度に実施するかどうかは広域連合に委ねる)。8.5割軽減は,できる限り還付を発生させることのないようにという考慮によるとされている。

施行令18条5項は，被扶養者であった被保険者に対して課する保険料の算定に関する基準を定めている。被扶養者であった被保険者が資格取得の日の属する月以後2年を経過する月までの間に限り，被保険者均等割額につき10分の5を減額した額とする。この政令も，法104条2項に規定する政令で定める基準と述べているが，実質規定は，市町村の一般会計からの繰入れを定める法99条2項である。資格取得日の前日において健康保険法，船員保険法，国家公務員共済組合法（他の法律において準用する場合を含む）又は地方公務員等共済組合法の規定による被扶養者であった被保険者について，資格取得日の属する月以後2年を経過する月までの間に限り，条例の定めるところにより行なう保険料の減額賦課を想定した繰入れ規定である。施行令は，この法99条2項に規定する被保険者のことを「被扶養者であった被保険者」と定義している（18条1項1号）。被用者保険の被扶養者であった者は，それまで保険料を負担してこなかった事情を考慮して，激変緩和の観点から後期高齢者医療制度に加入後2年間は被保険者均等割額の保険料を半額にすることとしたものである[123]。ただし，平成20年9月までは均等制の負担を凍結し，同年10月以降平成22年3月までは，9割を軽減することとされた。

例外的不均一賦課　高齢者医療確保法は，2種類の不均一賦課を許容している。

その一つは，104条2項が定める「離島その他の医療の確保が困難である地域」に係る不均一賦課である。「高齢者の医療の確保に関する法律第104条第2項ただし書の規定に基づき厚生労働大臣が定める離島その他の医療の確保が著しく困難である地域の基準」（平成19・10・31厚生労働省告示第355号）は，①医療機関のない地域であって，当該地域の中心的な場所を起点としておおむね半径4キロメートルの区域内に50人以上が居住しており，かつ容易に医療機関を利用することができない地域，②①に準ずる地域として後期高齢者医療広域連合が認める地域としている。この特定地域被保険者についての保険料算定の基準として，所得割率に代えて特定地域所得割率（地

---

[123] 土佐編・解説339頁。

域の実情その他の事情を勘案して厚生労働省令で定める方法により算定した率。ただし，所得割率の100分の50を下回らない）によること，及び，被保険者均等割額につき「地域の実情その他の事情を勘案して厚生労働省令で定める方法により算定した額」（ただし，一般の被保険者均等割額の100分の50を下回らない）とするとされている（施行令18条2項）。以上のような制度は，きめ細かな扱いとして評価することができるが，地域による利害が対立する事柄であって，かつ，微妙な判断を伴う事柄であることを考えると，「医療の確保の可能性」をめぐる政治問題となる可能性を秘めている。

　もう一つの不均一賦課として，医療費の地域格差についての経過措置がある。当該広域連合の区域のうち，「被保険者に係る療養の給付等に要する費用の額が著しく低い市町村であって厚生労働大臣が定める基準に該当するものの区域内に住所を有する被保険者の保険料」については，平成20年4月1日から起算して6年以内において広域連合の条例で定める期間に限り，「政令で定める基準」に従い条例で定めるところにより算定された保険料率より算定された保険料額によって課することができる（附則14条1項）。「厚生労働大臣の定める基準」は，平成19・10・31厚生労働省告示第356号として定められている。それによれば，平成15年度から平成17年度までの期間に係る1人当たり老人医療費が広域連合内の平均老人医療費に対して20％以上低いこととされている。したがって，過去の実績さえ低ければ，条例で定める期間中の当該市町村に住所を有する被保険者の給付費が増大した場合であっても，不均一保険料が適用されるという[124]。

　「政令で定める基準」を定めるのが，法施行令附則13条である。この不均一保険料を適用する市町村（特定市町村）の被保険者の所得割額は，基礎控除後の総所得金額に「特定市町村所得割率」を乗じることとし，特定市町村所得割率は，地域の実情その他の事情を勘案して厚生労働省令で定める方法により算定した率とされる。被保険者均等割額についても，地域の実情その他の事情を勘案して厚生労働省令で定める方法により算定した額とされる。

　特定市町村所得割率は，当該広域連合の所得割率×［A＋（1－A）×B］

---

[124] 土佐編・解説346頁。

を下回らないものとされている。このAは，当該特定市町村に係る給付費比率であって，当該広域連合の被保険者1人当たりの療養の給付等に要する費用に対する特定市町村区域内被保険者1人当たり療養の給付等に要する費用の額の割合である。経過的調整率は，不均一の度合を段階的に縮小するために，経過期間に応じて設定される比率である。

　　特例期間を6年以内とする場合
　　　　平成20年度・21年度は6分の3，平成22年度・23年度は6分の4，平成24年・25年度は6分の5
　　特例期間を4年以内とする場合
　　　　平成20年度・21年度は4分の2，平成22年度・23年度は4分の3
　　特例期間を2年以内とする場合
　　　　平成20年度・21年度につき2分の1

保険料の徴収手続　　保険料は，市町村が徴収し（法104条1項），広域連合に納付する（105条）。保険料の徴収という最もコストのかかる事務は広域連合を構成する市町村の義務である（審査請求につき，本書第2章5［3］を参照）。

　徴収方法は，特別徴収方式と普通徴収方式による。特別徴収は，老齢等年金給付を受ける被保険者について，その年金保険者に保険料を徴収させ納付させる方法であって（107条1項），いわゆる年金天引きである。施行令は，法107条1項で老齢等年金給付を受ける被保険者から除くものは，介護保険法の規定による特別徴収の対象とならない被保険者としている（19条）。特別徴収については，介護保険法134条から141条の2までの規定を準用することとされ，必要な技術的読替えは，政令に委任されている（110条）。政令により，災害その他の特別の事情があることにより，特別徴収の方法によって保険料を徴収することが著しく困難であると認めるものその他「政令で定めるもの」を除いている（19条）。特別徴収の対象となる年金額は，18万円である（令22条）。前記の「政令で定めるもの」として，同一の月に徴収されると見込まれる保険料及び介護保険料の合計額が当該月に支払われる当該徴収に係る老齢年金等年金給付の額の2分の1相当額として省令で定める額

を超える被保険者,当該市町村から特別徴収の方法で介護保険の保険料を徴収されない被保険者が定められている(令23条1号,2号)。

さらに,平成20年政令第239号による施行令の改正により,次の1又は2のいずれかに該当する被保険者であって,特別徴収の方法によって徴収するよりも普通徴収の方法によって徴収することが保険料の徴収を円滑に行なうことができると市町村が認めるものについては,特別徴収の対象にしないこととされた(令23条3号)。

1　自己の口座からの振替の方法により保険料を納付する旨を申し出た被保険者であって,国民健康保険法の規定による普通徴収の方法による国民健康保険の保険料又は地方税法の規定による普通徴収の方法による国民健康保険税の納付の実績が相当程度あるもの。

2　その属する世帯の世帯主又は配偶者の一方の口座からの振替の方法により保険料を納付する旨を申し出た被保険者であって,当該申出のあった月の属する年の前年(当該申出のあった月が1月から7月までの場合にあっては,前々年)中の公的年金等の収入金額が180万円未満であるもの。

この制度において,市町村に保険料徴収の円滑性についての認定判断権が留保されている点に注目する必要がある。なお,高齢者医療確保法115条2項に基づいて,市町村は,「後期高齢者医療に関する条例」を制定し,納期のほか,不正行為により保険料その他の徴収金を免れた者に対する過料などを規定している。

普通徴収の保険料に関して,世帯主は世帯に属する被保険者の分について[125],配偶者の一方は,他方の配偶者の分について,それぞれ連帯納付義務を負う。

保険料の徴収事務については,収入の確保及び被保険者の便益の増進に寄与すると認める場合に限り,政令で定めるところにより私人に委託することができる。

保険料の減免・徴収猶予　　保険料の減免に関して,高齢者医療確保法は,

---

[125] 国民健康保険料(税)について世帯主をもって納付義務者(納税義務者)としているのとは制度が異なる。

「条例で定めるところにより，特別の理由がある者に対し，保険料を減免し，又はその徴収を猶予することができる」（111条）と規定するのみである。したがって，広域連合の条例により具体化することになる。条例を分析する必要があるが，ほぼ共通に見られる減免・徴収猶予の要件は，次のとおりである。

① 被保険者又はその属する世帯の世帯主が，震災，風水害，火災その他これらに類する災害により，住宅，家財又はその他の財産について著しい損害を受けたこと。
② 被保険者の属する世帯の世帯主が死亡したこと，又はその者が心身に重大な障害を受け，若しくは長期入院したことにより，その者の収入が著しく減少したこと。
③ 被保険者の属する世帯の世帯主の収入が，事業又は業務の休廃止，事業における著しい損失，失業等により著しく減少したこと。
④ 被保険者の属する世帯の世帯主の収入が，干ばつ，冷害，凍霜害等による農作物の不作，不漁その他これに類する理由により著しく減少したこと。

これら以外に，法89条による給付制限（刑事施設，労役場その他これらに準ずる施設に拘禁された場合の給付制限）に該当するにいたったときや原子爆弾被爆者援護法による被爆者健康手帳を交付されているときを含める例も見られる[126]。前記の列挙要件も含めて，減免・徴収猶予は，賦課後の状況悪化に対応したものであるから，最初から負担を求めることができない類型の被保険者に関しては，本来減額賦課によるべきものである。減額賦課事由と減免事由のいずれにも該当しない谷間の問題があるのかも知れない。

減免の割合等は，少なくとも条例に定められていないようである。

後期高齢者支援金に充てるための各医療保険における特定保険料　各医療保険の保険者は後期高齢者支援金を納付しなければならない。そのために各医療保険の保険者は，その保険の被保険者，組合員から支援金の納付に要する保険料を徴収する必要がある。前期高齢者納付金及び後期高齢者支援金に充

---

[126] 京都府後期高齢者医療広域連合後期高齢者医療に関する条例18条1項2号・3号。

てるために各保険者が徴収する保険料は，医療各保険において「特定保険料」と呼ばれている（健保法160条14項）。特定保険料が，各医療保険においていかに扱われるかについては，それぞれの項目において触れておく。

一部負担金　後期高齢者医療における一部負担金は，政令で定めるところにより算定した所得が145万円以上である場合には，100分の30，それ以外は100分の10とする原則であるが，当該療養の給付を受ける者及びその属する世帯の他の世帯員である被保険者について算定した収入の額が520万円（当該世帯に他の被保険者がいない者にあっては，383万円）に満たない者，その世帯に他の被保険者がおらず70歳以上75歳未満の医療保険加入者がいる場合の併せた収入の額が520万円未満のいずれにも該当する場合も，100分の10とされている（法67条，施行令7条）。これは，現役並みの所得者に限り，一部負担金を3割とする趣旨である。

高齢者医療費の助成　後期高齢者医療制度については，高齢者の負担が重いという不満等が噴出した。そうした中にあって，後期高齢者の医療費の自己負担分を全額助成する町が登場した。東京日の出町は，「日の出町高齢者の医療費の助成に関する条例」を制定した。このほか，障害者等の一定の事情にある後期高齢者に限り，「後期高齢者福祉医療費」を支給している市町村がある[127]。

[3]　前期高齢者医療

前期高齢者医療の仕組み　前期高齢者医療は，独自の保険者を設けるわけではなく，既存の各保険者の保険における前期高齢者である加入者（65歳以上75歳未満の加入者）の数の割合に係る負担の不均衡を調整するために，保険者間の調整を加える仕組みである（32条1項）。この「財政調整」が前期高齢者医療の核心であり，前期高齢者交付金の交付と，それに充てる前期高齢者納付金の徴収による。支払基金が，その事務処理の役割を遂行する。実際には，被用者保険の保険者から国民健康保険の保険者に資金の移転がなされる。

---

[127] 尾張旭市，春日井市，刈谷市，高浜市など。

財政調整のために，前期高齢者の医療費の全額を被用者保険及び国民健康保険の各保険者が，74歳以下の加入者数に応じて負担するというものである。加入者の中に負担能力のない者が含まれていても，除外することはしないこととされている。この理由は，負担能力を年齢で分けることはできないこと，国保と被用者保険とを通じた公平な所得把握が困難なことから，共通の物差しとして「加入者数」とせざるをえないという[128]。なお，調整金算定の基礎となる給付費については，全保険者の平均給付費を用いることとされている。これは，①平均給付費を用いると，「地域差部分」が調整されないことから，各保険者の医療費適正化のインセンティブが働きやすいこと，②自己医療費を用いた場合は，平均を超過する部分も調整することになり不適当であること，を考慮しているという[129]。

健康保険組合の負担増加問題　以上のような前期高齢者納付金が，健康保険組合の財政を大きく圧迫しているという[130]。財政圧迫のために健康保険組合を解散して，政府（平成20年10月からは協会）管掌健康保険に移行するものも登場している[131]。その大きな要因は，それまで退職者医療給付金の拠出にとどまっていた75歳未満の高齢者について前期高齢者納付金を納付しなければならなくなったことにあるようである。国保と健康保険組合とが前期高齢者の加入率が同じであると仮定できるならばよいが，実際には，国保の前期高齢者加入率が健康保険組合におけるそれを大幅に上回るために，健康保険組合が国保を支援しなければならない結果になる。さらに，政府（協会）管掌健保にあっては，すでに述べたように前期高齢者医療の給付費及び前期高齢者納付金の納付に要する費用についても1000分の130の国庫

128　土佐編・解説221頁。
129　土佐編・解説221頁。
130　平成20年度の健康保険組合予算によれば，保険料の使われ方は，組合加入者の医療費に49.7％，前期高齢者納付金（退職者給付金を含む）が25.4％，後期高齢者支援金が21.1％，保健事業費などが4.5％であるという（健康保険組合連合会の調査による）。健康保険組合が平成20年度に拠出する金額は，厚生労働省のまとめによれば，平成19年度に比べて約4,100億円，1人当たりで13,920円増加すると報じられた（朝日新聞平成20・8・15）。
131　西濃運輸グループの健康保険組合について，朝日新聞平成20・8・21を参照。

補助があるのに対して，健康保険組合に対しては，それに対応する国庫補助がないことも大きく影響している。このことは，前期高齢者納付金の圧迫度が政府（協会）管掌健保に比べて組合健保の方が深刻であることを意味する。健康保険組合が政府（協会）管掌健保に移行すると，国庫負担も伴うことにも注意する必要がある[132]。

5 介護給付財政法

[1] 介護給付費用とその負担

他の制度による給付の優先　介護給付等（介護給付又は予防給付）について，平成12年の介護保険制度スタート以降は，実態として介護保険法に基づく介護給付等が基本であることはいうまでもないが，法的には，他の法令の基づく給付であって，政令で定めるもののうち介護給付等に相当するものを受けることができるときは，政令で定める限度において，又は当該政令で定める給付以外の給付であって国若しくは地方公共団体の負担において介護給付等に相当するものが行なわれたときはその限度において，行なわないこととされている（介護保険法20条）。それらは，その限りにおいて，介護保険法による介護給付等の財源の対象から除外されることを意味する。介護保険法施行令11条に一覧表形式で，「給付」と「限度」が定められている。

給付についていえば，介護給付又は介護補償給付に限っても，多数の給付が含まれている。主要なものを例示的に掲げておこう。いずれも，介護に要する費用を支出して介護を受けた部分に限ることとしている。

> 労災保険法による介護補償及び介護給付，国家公務員災害補償法による介護補償，地方公務員災害補償法による介護補償，消防組織法による損害の補償，消防法による損害の補償，警察官の職務に協力援助した者の災害給付に関する法律による介護給付。

これらについて注意すべきは，これらの法律に基づいて給付がなされるべき事案であるにもかかわらず，さまざまな理由から介護保険の適用対象とし

---

[132] 西濃運輸グループの以降で，国庫負担が16億円増加する見通しであることが報じられた（朝日新聞平成20・8・27）。

ての手続がなされることがあることである。いわゆる「労災隠し」が，その典型である。

介護保険適用の場合の介護費用の負担　介護給付を確実に受けられるようにするために介護保険法（以下，本節において「法」という）が制定されている。もっとも，法の立法目的に関して，「老人福祉措置制度の廃止による公費支出の削減と医療保険財政の建て直しにあり，あくまで，その中心は，社会保険料による財源確保と公費支出の削減という財政目的におかれている」とし，「財政目的が，社会保障法本来の生存権保障という目的に優先されている」と指摘する見解がある[133]。このような評価によれば，法は，生存権保障を後退させるおそれを内在させていることになろう。

　法による介護給付に関しては，事業者から給付を受けた被保険者がその報酬を事業者に支払ったうえ，被保険者が保険者である市町村から保険給付を受ける建前である。「サービス費用の償還給付」[134]というわけである。サービスの提供を受けた者は事業者に全額を支払わなければならない点において，医療保険と異なっている[135]。ただし，これは，あくまでも建前であって，実際には，「できる」規定により任意とされている，保険者から介護保険事業者への支払いによる方法（たとえば，41条6項・7項，48条4項・5項）が一般化している。すなわち事業者による保険給付の「代理受領」である。介護費用のうち市町村が保険給付をする部分以外は，被保険者の自己負担である。

　保険給付のうち最も典型的なのは，要介護認定を受けた被保険者に対する給付である。このほかに，要支援認定を受けた被保険者に対する予防給付等がある（18条）。

　介護給付費の種類は，14に及んでいる（40条）。給付の割合は，法により9割とされているもの（居宅介護サービス費，施設介護サービス費），原則は9割としつつ，その範囲内の額を条例で定めることができるとされているもの

133　伊藤・介護保険法11頁。
134　伊藤・介護保険法55頁。
135　この点について，伊藤・介護保険法57頁は，「社会保障の必要充足の原則を根底から覆す考え方であり，重大な法理念の変更といえる」と述べている。

（地域密着型介護サービス費），上回ることができるとされているもの（居宅介護福祉用具購入費，居宅介護住宅改修費），法律の定める基準等により市町村が定めるとされているもの（特例居宅介護サービス費，特例地域密着型介護サービス費，特例居宅介護サービス計画費，特例施設介護サービス費），厚生労働大臣が定める基準により算定した費用の額とされているもの（居宅介護サービス計画費）とがある。

　介護保険財政を考えるうえで，介護保険の対象とする費用の範囲をどのように設定するか，及びその費用をいかに算定するかという問題がある。この問題は，保険者（その背後にある一般の被保険者）のみならず，費用負担をする国及び都道府県，一部負担金を支払う受給者たる被保険者，さらに介護報酬で事業を行なう事業者と，多数の主体の利害に直接影響する。いくつかの点を指摘しなければならない。

　第一に，居宅介護サービス費等について，居宅介護サービス費等区分支給限度額が設定され，それを超える金額の部分については保険給付がなされず全額を自己負担しなければならないことである（法43条1項）。市町村は，条例で定めるところにより，この居宅介護サービス費等区分支給限度額に代えて，その額を超える額をもって，当該市町村における居宅介護サービス費等区分支給限度額とすることができるものの（43条3項），限度額が設定されることには変わりがない。この点は，保険給付の膨張を抑制したいという財政的観点によるもので，実際には低い水準に設定されているため，家族介護を期待する制度といわざるを得ず，保険対象外負担に堪えられない要介護者が施設介護を志向する一因にもなっているとの指摘がある[136]。

　第二に，最近の制度改正で，人々の関心を集めざるを得なかったのが，平成17年改正（平成18年度実施）による介護保険施設における居住費（滞在費）及び食費，通所系サービスにおける食費を保険給付の対象外としたことである。法は，「食事の費用，居住に要する費用その他の日常生活に要する費用として厚生労働省令で定める費用」を「指定施設サービス等に要した費用」から除くものとしている（48条1項）。法施行規則79条は，食事の提供

136　伊藤・介護保険法58頁。

に要する費用（1号），居住に要する費用（2号）のほか，理美容代（3号）を掲げ，さらに，その他指定施設サービス等において提供される「便宜のうち，日常生活においても通常必要となるものに係る費用であって，その入所者に負担させることが適当と認められるもの」を加えている（4号）。この改正は，在宅介護と施設介護との利用者負担の公平性の確保などの狙いによるものと説明された。ただし，年金の水準との関係で，低所得者については特例制度を設けることとされた。それが，「特定入所者介護サービス費」の支給である（法51条の3）。

かくて，施設介護の場合には，保険給付の対象外の利用者負担が相当程度不可欠である。どのようなものが利用者負担であるのかが明確にされていなければならない。しかし，先に掲げた法施行規則79条4号「入所者に負担させることが適当と認められるもの」（以下，これを「その他の日常生活費」という）についていえば，「誰の目から見て適当と認められる」のかさえも明らかではない。通常いわれる行政に対する裁量権の付与規定ではないはずである。厚生労働省は，「通所介護等における日常生活に要する費用の取扱いについて」（平成12・3・30老企第54号）において，「その他の日常生活費」は「利用者，入所者，入居者又入院患者（以下，「利用者等」という。）又はその家族等の自由な選択に基づき，事業者又は施設が通所介護等の提供の一環として提供する日常生活上の便宜に係る経費がこれに該当する」と述べている。この通知は，「自由な選択」を強調しており，各サービスごとの「その他の日常生活費」の説明においても，たとえば，通所介護等の場合について，「利用者の希望によって，身の回り品として日常生活に必要なものを事業者が提供する場合に係る費用」，「利用者の希望によって教養娯楽として日常生活に必要なものを事業者が提供する場合に係る費用」を掲げている。そして，「自由な選択」とはいえない「おむつ代を始め，おむつカバー代及びこれらに係る洗濯代等おむつに係る費用は一切徴収できない」としている。

第三に，「生活援助」サービスの審査の問題がある。介護保険の対象となるサービスには，これまで家族が行なってきたものが多い。そこで，家族がサービスをすることができるのに，訪問介護を受けて，その結果，介護保険による給付費を膨張させるという心配がある。そうした心配を背景として，

家族と同居する要介護者の「生活援助」サービスについて厳格に審査する動きがあるという。その結果，過去に支払いを受けた介護報酬の返還を迫られることもあると報じられている[137]。

「生活援助」とは，「単身の世帯に属する利用者又は家族若しくは親族（以下「家族等」という。）と同居している利用者であって，当該家族等の障害，疾病等の理由により，当該利用者又は当該家族等が家事を行うことが困難であるものに対して」なされる「調理，洗濯，掃除等の家事の援助であって，これを受けなければ日常生活を営むのに支障が生ずる」法8条2項に規定する居宅介護者に対して行なわれるものとされている（平成12・2・10厚生省告示第19号）。サービスの内容は，身体介護（食事介助，入浴介助，排泄介助，更衣着脱介助，口腔ケア，体位変換）以外の訪問介護であって，日常生活の援助をするものである。この仕組みには，家族による介護と保険対象になる介護との区別の困難さを内在させている。同居家族がいる場合の「障害，疾病等」に，どのような事由が含まれるのか明らかでない。厚生労働省は，「障害，疾病のほか，障害，疾病がない場合であっても，同様のやむを得ない事情により，家事が困難な場合をいう」としているが（平成18・3・17老計（老振，老老）発第0317001号），これでも明らかではない。川崎市の作成した資料は，「同様のやむを得ない事情」は，あくまで個別判断を要するとしつつ，その例として，「家族が高齢による筋力低下があり困難な家事がある場合」，「家族間に，利用者の今後の生活に影響を及ぼすような深刻な問題があるため家事援助が期待できない場合」，「その他，安全・健康・衛生上の必要性が高い場合」を例示している[138]。

とりわけ難しいのは，同居家族が就労等で日中不在になる場合の扱いである。川崎市の前記資料は，家族が就労等のため日中独居となるケースについても，場合によっては「同様のやむを得ない事情」に該当することがあるとして，日中不在であることにより，どのような家事ができなくなり，どのような家事ならば可能であるかを明確にし，家族が不在の時間帯に行なう必要

137　朝日新聞平成20・6・26。
138　川崎市介護支援専門員連絡会ほか『訪問介護・ケアマネジメントツール～生活援助の考え方～【川崎版】』（平成20年）7頁。

性のあるものか、さらに他の代替手段がないか、を検討することとしている[139]。

なお、この対象にならないサービスについて、地方公共団体が独自の提供をしている場合もある[140]。また、要介護の者を家族が介護していても、それは、介護保険の対象とはならない。そこで、市町村単独で、一定の要件を満たす場合に手当を支給する例がある。たとえば、川崎市は、重度の要介護状態にある高齢者（市町村民税非課税世帯で、65歳以上、市内に住民登録又は外国人登録をしていること、要介護4・5、介護保険のサービス（7日以内のショートステイを除く）を受けなかったことの要件を満たす者）を在宅で介護している同居の家族に対し、年間10万円を支給することとしている。

給付事務の仕組み　介護給付を行なうための財政的仕組みが介護保険財政である。給付の内容自体の検討は、社会保障法の文献に譲らざるを得ないが、事務費等の観点からも、給付に関する事務のシステムについては触れておく必要があろう。以下に述べるように介護保険の保険者は市町村であるが、国民健康保険団体連合会が登場する場面が多い。給付事由が第三者の行為によって生じた場合の第三者に対する損害賠償請求権に基づく損害賠償金の徴収又は収納事務の委託（法21条3項）、指定居宅サービス事業者からの居宅介護サービス費の請求についての審査（41条10項）、年金保険者から市町村に対する通知する場合の経由（134条7項、9項、10項）、特別徴収額に関する市町村からの通知についての経由（135条4項、5項、6項）などがある。なお、連合会の業務は、法176条にも、まとめて掲げられている。そして、法41条10項の規定による委託を受けて介護給付費請求書の審査を行なうため、連合会に介護給付費審査委員会が置かれる（179条）。その委員の数は規約で定めるそれぞれ同数の介護給付等対象サービス担当者を代表する委員、

139　川崎市介護支援専門員連絡会ほか・前掲7頁。
140　名古屋市は、生活援助サービスの対象にならない「生活援助軽サービス」について、名古屋市シルバー人材センターに委託して、1回3時間以内で、簡単な日常生活上の援助（窓ガラス拭き、屋内外の整理・片付け、小さな家具の移動、代読・代筆、カーペット敷き、季節の衣類の入れ替え、粗大ゴミの搬出、建具の簡単な修理など）を240円で行なっている。

市町村を代表する委員及び公益を代表する委員からなり（180条1項），連合会が委嘱する（2項）[141]。そして，その委嘱は，介護給付等対象サービス担当者を代表する委員及び市町村を代表する委員については，それぞれ関係団体の推薦によって行なわなければならない（3項）。

[2] 介護保険財政の仕組み

介護保険の保険者・被保険者 介護保険の保険者は，市町村及び特別区である（法3条1項）。これらが，自治法に基づく広域連合を結成することが可能であり，現に広域連合を結成している例がある。福岡県介護保険広域連合，沖縄県介護保険広域連合があるほか，より狭域の介護保険広域連合は多数存在する[142]。広域連合方式を採用する理由は，保険の規模が大きいほど，リスクを分散することにより保険財政の安定化を図りやすいことにある。なお，これと別に，介護認定（要介護認定，要支援認定）に関する審査事務のみを広域連合で行なっている場合もある[143]。

介護保険の被保険者は，第1号被保険者と第2号被保険者とに分かれている。市町村又は特別区（以下，単に市町村という）の区域内に住所を有する65歳以上の者（法9条1号）のことを「第1号被保険者」と呼んでいる。また，市町村の区域内に住所を有する40歳以上65歳未満の医療保険加入者（9条2号）のことを「第2号被保険者」と呼んでいる。第1号被保険者となるのは，従前から当該市町村の区域内に住所を有していて65歳に到達する場合と，65歳以上の者が外から転入した場合であるが（10条3号・4号），実際には，数の上では圧倒的に65歳到達時である。また，第2号被保険者となるのは，転入の場合のほか，当該市町村の区域内に住所を有する医療保

---

141 同じく連合会に置かれる国民健康保険診療報酬委員会の委員について知事が委嘱するとされている（国保法88条2項）のと異なっている。

142 たとえば，佐賀県の佐賀市，多久市，小城市，神埼市及び吉野ヶ里町を構成団体とする佐賀中部広域連合，愛知県の東海市，大府市，知多市及び東浦町を構成団体とする知多北部広域連合，大阪府の守口市，門真市及び四條畷市を構成団体とする「くすのき広域連合」，福井県のあわら市と坂井市を構成団体とする坂井地区介護保険広域連合などがある。

143 長野県の佐久広域連合，長野県の北信広域連合，青森県津軽広域連合など。

険加入者が40歳に達した場合，当該市町村の区域内に住所を有する40歳以上65歳未満の者が医療保険加入者となった場合である（10条1号・2号・3号）。そして，第2号被保険者は，医療保険加入者でなくなった日から資格を喪失する（11条2項）（審査請求につき，本書第2章5［3］を参照）。

この構造により，40歳以上65歳未満であって医療保険に加入してない者は，第1号被保険者になりえないことはもちろん，第2号被保険者にもなれないことが分かる。この年齢の医療保険未加入者は，法定の要介護状態になったとしても，そのままの状態では全額自己負担をしなければならない。ただし，たとえば国民健康保険未加入の人が，要介護状態になったときに，直ちに国民健康保険の加入手続をとるならば，第2号被保険者となり，介護保険法による給付を受けることができる。

介護保険財政にも微妙に影響する制度として，住所地特例対象施設入所者・入居者の扱いに注意する必要がある。

すなわち，介護保険施設，特定施設（その定義は，法8条11項）及び養護老人施設に入所又は入居することにより当該施設の所在する場所に住所を変更したと認められる被保険者であって，入所（入居）の際に他の市町村の区域内に住所を有していたと認められるものは，当該他の市町村，すなわち従前の住所地市町村が行なう介護保険の被保険者とされる（法13条1項）。複数の住所地特例対象施設を経由する場合は，それらを無視する（13条2項）。このような特例を定めている理由は，これらの施設が建設されるとその入所（入居）者に対する施設所在地市町村の介護給付費が増大して，介護保険財政を圧迫する一方で，従前の住所地市町村は軽減されるという不均衡を生じ，ひいては施設建設を抑制する効果をもたらすからである[144]。この被保険者特例の適用により，同一の施設に入居している者の間において，保険者が異なることにより，一部負担金の軽減措置を受けられるか，どれだけ受けられるかなどが異なることがありうる。なお，住所地特例対象施設は，当該施設所在市町村及び当該住所地特例対象被保険者に対し介護保険を行なう市町村に，

---

[144] 以上，社会保険研究所・実務54頁。
[145] 住所地特例対象被保険者に対して介護保険を行なう市町村が，住所地特例対象施設に対して，自主的な助成措置をすることができるかどうかが問題になる。

必要な協力をしなければならない（13条3項)[145]。

　国民健康保険についての未加入者や保険料滞納者のモラルハザード問題は，そのまま第2号被保険者の介護保険給付についても当てはまる。すなわち，第2号被保険者である要介護被保険者等について，医療保険各法の定めるところにより当該要介護被保険者等が納付義務又は払込義務を負う保険料又は掛金であって未納のものがある場合には，それにつき災害その他の政令で定める特別の事情があると認める場合を除き，被保険者証の提出を求めて保険給付差止めの記載をし，保険給付の全部又は一部の支払いを一時差し止めるものとされている（法68条）。しかし，時効の完成した分を除いた保険料又は掛金を納付すれば，完全に保険給付を受け得るようになるのであるから，医療保険給付又は介護保険給付を必要とする事態に至るまでは，納付しないとする行動をとりやすい。この点は，第1号被保険者に対する厳しい法の姿勢と対照的である。

　政府部門の負担　介護給付（介護保険施設及び特定施設入居者生活介護に係るものを除く）及び予防給付（介護予防特定施設入居者生活介護に係るものを除く）に要する費用については，その100分の20を国が負担し（法121条1項1号），100分の12.5を都道府県が負担する（123条1項1号）。また，介護保険施設及び特定施設入居者生活介護に係る介護給付及び介護予防特定施設入居者生活介護に係る予防給付に要する費用については，100分の15を国が負担し（121条1項2号），100分の17.5を都道府県が負担する（123条1項2号）。市町村は，その一般会計において，介護給付及び予防給付に要する費用の額の100分の12.5相当額を負担する（124条1項）。地域支援事業としての介護予防事業に要する費用については，国が100分の25相当額を交付し（122条の2第1項），都道府県が市町村に対し100分の12.5相当額を交付し（123条3項），市町村が一般会計において100分の12.5相当額を負担する（124条3項）。さらに，介護予防事業を除く地域支援事業については，125条1項の第2号被保険者負担率に100分の50を加えた率を乗じて得た額（＝包括的支援事業等支援額）の100分の50相当額を国が交付し（122条の2第2項），100分の25相当額を都道府県が交付し（123条4項），市町村の一般会計が100分の25相当額を負担する。このように介護関係の各種費

用は，いずれも国，都道府県及び市町村の一般会計が負担することにより介護保険特別会計を支援する仕組みが採用されている。

これと別に，国は，介護保険の財政調整を行なうため，第1号被保険者の年齢階層別の分布状況，第1号被保険者の所得の分布状況等を考慮して，政令の定めるところにより，市町村に対して調整交付金を交付する（122条1項）。調整交付金総額は，121条1項の国庫負担金の対象となる費用総額の100分の5相当額とされている（122条2項）。その結果，全体としての国の負担は，100分の25となる。公費負担の総額の割合が100分の50といわれているのは，この調整交付金を加えることによるものである。

介護給付費交付金等 第2号被保険者に係る介護保険事業も市町村が実施するので，第2号被保険者に係る保険料相当額を市町村の介護保険特別会計に組み入れる仕組みが必要となる。採用されている基本的仕組みは，医療保険者が社会保険診療報酬支払基金に介護給付費・地域支援事業支援納付金を納付し（法150条以下），支払基金が，介護給付費交付金及び地域支援事業支援交付金を市町村介護保険特別会計に交付するという方法である。介護給付費交付金は，市町村介護保険特別会計の負担する介護給付及び予防給付に要する費用の額に第2号被保険者負担率を乗じて得た額である（125条1項）。

第2号被保険者負担率は，「すべての市町村に係る被保険者の見込数の総数」に対する「すべての市町村に係る第2号被保険者の見込数の総数」の割合に2分の1を乗じて得た率を基準として設定するものとし，3年ごとに当該割合の推移を勘案して政令で定めることとされている（125条2項）。これを受けて，「介護保険の国庫負担金の算定等に関する政令」により定められている[146]。これは，公費により全体の2分の1を負担し，残りの2分の1を第1号被保険者と第2号被保険者とが負担することとして，かつ，第1号被保険者と第2号被保険者とが，平均して公平に負担すべきであるという考え方（保険料水準の均等）に基づいて人数により按分する方法を採用したも

---

146 第2号被保険者負担率は，平成12～14年度は33％，平成15～17年度は32％，平成18～20年度は31％，平成21～23年度は30％と算定された（算定政令5条）。
147 社会保険研究所・実務18頁‐19頁。

のである[147]。保険料水準の均等の考え方は，一見すると合理的なように見えるが，保険原理の観点からするならば，介護リスクの相対的に少ない第2号被保険者と介護リスクの著しく高まる第1号被保険者とを均等にすること自体が矛盾である。したがって，第2号被保険者が第1号被保険者を扶ける仕組みであるというべきである。保険原理からすると不合理とさえいえる制度であるが，トータルに見ると，本来第2号被保険者の世代が第1号世代の被保険者の介護をするはずのところを，介護保険制度により第1号世代の被保険者が介護給付を受けられるのであるから，第2号被保険者の世代が受益していると解することもできる。したがって，扶け合うことこそが合理的といってよい。

　納付金は，法160条1項の定める支払基金の業務に要する費用（介護保険関係業務）に充てるための資金であって，支払基金の業務は，介護給付費交付金及び地域支援事業支援交付金のほか，納付金徴収業務及び附帯業務をも含んでいる（160条）。これらに必要な金額を各医療保険者に割り当てて徴収するのが納付金であり，各医療保険者は，その負担分をその医療保険の保険料・掛金として割り当てるという仕組みが採用されている。医療保険を通じたピラミッド型の徴収システムが確立されているのである。第2号被保険者の保険料相当分は，それぞれの医療保険の仕組みを通じて負担配分される。したがって，健康保険にあっては事業主2分の1負担が適用されるし，標準報酬月額，標準報酬賞与額により按分されるので，各被保険者の負担額が均等であるわけではない。また，国民健康保険にあっても，国庫負担が含まれているほか，それぞれの賦課方式に従い配分されていくのである。所得割や資産割の制度によって，ここでも各被保険者の負担額が均等であるわけではない。

　また，市町村の介護保険特別会計において負担する費用のうち，介護予防事業に要する費用の額に第2号被保険者負担率を乗じて得た額については，支払基金が市町村に交付する地域支援事業支援交付金をもって充てる（126条1項）。

　財政安定化の仕組み　　介護保険の財政安定化の仕組みとしては，運営主体としての広域連合を設立する方式がある。それ以外に介護保険法が特別の

制度を用意している。

(1) 財政安定化基金事業

第一に，都道府県が財政安定化基金を設けて，介護保険の財政の安定化に資する事業に必要な費用に充てることとしている。資金交付事業と資金貸付事業とがある。前者は，保険者が通常の努力をしてもなお保険料収納率が悪化して保険料の収納に不足が生じたときに，不足額の2分の1を交付するものである（法147条1項・2項，介護保険の国庫負担金の算定等に関する政令6条）。後者は，介護保険財政における不足が生じたときに貸し付ける事業である。基金事業貸付金は，償還期限までの間は無利子である（算定政令7条7項）。

財政安定化基金の財源は，市町村，都道府県及び国が1：1：1の割合で負担する（法147条3項–6項）。都道府県は，財政安定化基金に充てるため，政令で定めるところにより市町村から財政安定化拠出金を徴収する（法147条3項）。この拠出金が，都道府県及び国の負担に連動する仕組みである。政令の定めは，算定政令12条である。拠出金は，国が標準として定めた割合（標準拠出率）を参考にして，安定化基金の貸付状況や残高等を勘案して条例で定めた拠出率等により算定される。拠出金は，第1号被保険者が負担する保険料により賄われる。

標準拠出率は，第1期（平成12年度〜14年度）は0.5％，第2期（平成15年度〜17年度）は0.1％，第3期（平成18年度〜20年度）は0.1％，第4期（平成21年度〜23年度）は0.04％と設定された（介護保険の医療保険者の納付金の算定等に関する省令4条）。会計検査院が24都道府県の調査を行なったところ，第1期においては，すべて標準拠出率と同じ拠出率が採用されたが，第2期においては，標準拠出率と同じ都道府県は20，1県（宮城県）は0.02，3件が0，第3期においては，標準拠出率と同じ道府県が14，0.03が東京都，1県（宮城県）が0.02，8県が0であったという。そして，会計検査院は，「安定化基金の保有額が多くの都道府県で基金需要に対応した規模を大きく上回り，国，都道府県及び市町村が拠出した財政資金が効果を十分に発現することなく保有されている事態になっていると認められる」として，「必要とする規模を上回るなど当面使用する見込みのない基金については，

拠出者へ返還するなどして，その財政資金を有効活用する必要がある」と指摘した。そして，次の2点についての改善を厚生労働省に要求した。

　　ア　多額の未貸付等基金が発生し，都道府県が基金の一部を拠出者に返還することが適切と判断した場合に，基金規模を縮小できるような制度に改めること

　　イ　標準拠出率の算定の考え方を都道府県に対して明確に示すとともに，各都道府県が拠出率を設定する際に基金の保有状況，貸付状況等を十分に検討するなどして適切な拠出率を定めるよう個々の都道府県に状況に応じて助言すること[148]

　財政安定化基金は，重要なセーフティネットであるが，会計検査院が指摘したように，死蔵資金となることは避けなければならない。会計検査院の指摘を踏まえて，第4期（平成21年度～23年度）については，0.04％に設定された。

(2) 市町村相互財政安定化事業

　第二に，市町村が他の市町村と共同して行なう「市町村相互財政安定化事業」がある。これは，介護保険の財政の安定化を図るため，介護保険特別会計において負担する費用のうち，介護給付及び予防給付に要する費用，地域支援事業に要する費用，財政安定化基金拠出金の納付に要する費用並びに基金事業借入金の償還に要する費用の財源について，政令で定めるところにより，他の市町村と共同して，調整保険料率に基づき，市町村相互間において調整する事業である（法148条1項）。調整保険料率は，参加する特定市町村の3年を1期とする事業実施期間において収納される保険料の額が，特定市町村の所定費用の合計額と均衡を保つことができるものであって，当該特定市町村が政令で定める基準に従い定める（148条2項）。この事業を行なおうとする市町村は，その議会の議決を経てする協議により規約を定めて知事に届け出なければならない（148条3項）。規約には，調整保険料率，事業実施期間，同事業に係る資金の負担及び交付の方法などが規定される（148条4項）。都道府県は，市町村の求めに応じて市町村相互間における必要な調整

---

[148] 以上，平成20年5月の会計検査院「会計検査院法第30条の2の規定に基づく報告書」による。

を行なうものとされ（149条1項），調整保険料率についての基準を示す等の助言又は情報提供をすることができる（同条2項）。

この制度は，市町村相互の扶合いの趣旨によるものであるが，保険料収納水準が少なくとも事業実施期間をならしたときに相互に平準化しているような市町村でなければうまく機能しないであろう。そのような足並みが揃うかどうかが問題であり，足並みが揃う場合には，むしろ広域連合が選択されるかも知れない。

[3] 介護保険料

第1号被保険者の介護保険料率　被保険者に係る介護保険の費用負担のうち第2号被保険者に関しては，医療保険者が介護保険料率を加算した額としての保険料を徴収し，支払基金に前述の納付金を納付する方式が採用されている。これに対して，第1号被保険者からは，保険者である市町村が保険料を徴収する方式となっている。介護保険法は，「政令で定める基準に従い条例で定めるところにより算定された保険料率により算定された保険料額によって課する」ものと規定している（129条2項）。そして，保険料率に関し，市町村介護保険事業計画に定める介護給付等対象サービスの見込量等に基づいて算定した保険給付に要する費用の予想額，財政安定化基金拠出金の納付に要する費用の予想額，都道府県からの借入金の償還に要する費用の予定額並びに地域支援事業及び保健福祉事業に要する費用の予定額，第1号被保険者の所得の分布状況及びその見通し並びに国庫負担等の額等に照らし，「おおむね3年を通じ財政の均衡を保つことができるものでなければならない」としている（129条3項）。ここに示唆されるように，介護保険料率は，3年据置方式によっている（ただし，介護保険法施行令附則12条により，平成21年度から23年度までは，保険料の急激な上昇を抑制するため，基準額を各年度ごとに算定できることとされている）。そして，次の政令の定める基準に従って設定される保険料率は，定額方式である。

政令は，所得段階に応じた保険料率方式を採用している（施行令38条）。その際の重要な数字が「基準額」である。基準額とは，計画期間における介護保険事業に必要な給付費の総額から保険料以外の収入額（国，都道府県及

び市町村の負担金並びに介護給付費交付金等）を控除して得た額を予定保険料収納率で除して得た額を保険料賦課総額とし，それを所得段階を加味した第1号被保険者数（補正第1号被保険者数）で除した額である。その算定式を示すと，次のとおりである。

　　基準額＝（保険料収納必要額）÷（予定保険料収納率）÷（補正第1号被
　　　　　保険者数）

ここにおいて，「予定保険料収納率」とは，計画期間において保険料として賦課すべき総額に対して，実際に収納される保険料の見込額の割合である（施行令38条4項）。予定保険料率で除すことは，収納率が低くなればなるほど基準額が大きくなることを意味する。納付しない被保険者の分を納付する被保険者が按分して負担し合うことになる。「補正第1号被保険者数」とは，計画期間における各年度について各段階ごとの第1号被保険者の見込数として省令で定めるところにより算定した数にそれぞれの標準割合を乗じて得た数を当該計画期間について合算した数である（施行令38条5項）。第4段階の被保険者数に換算することを意味している。各段階ごとの第1号被保険者の見込数は，当該市町村における各年度における段階ごとの被保険者数等を勘案して算出される（施行規則141条1項）。

「標準割合」は，市町村が保険料を賦課する通常よるべき割合であって特別の必要があると認められる場合においては，保険料収納必要額を保険料により確保することができるよう，市町村が各段階区分ごとの第1号被保険者数の見込数等を勘案して設定する割合である（施行令38条1項括弧書き）。このように「標準割合」は，あくまで「標準」であって，特別の必要があると認められる場合は，これによることを要しないものである。

　現在は，6段階原則が採用されている。

段階		標準割合
第1段階	市町村民税世帯非課税の老齢福祉年金受給者要保護者の老齢福祉年金受給者，被保護者，要保護者	基準額の4分の2
第2段階	市町村民税世帯非課税で，前年中の公的年金等の収入金額及び前年の合計所	

得金額の合計額が80万円以下のもの
（第1段階該当者を除く）
要保護者　　　　　　　　　　　　　　　基準額の4分の2
第3段階　市町村民税世帯非課税者（第1段階,
第2段階該当者を除く）
要保護者　　　　　　　　　　　　　　　基準額の4分の3
第4段階　市町村民税非課税者（世帯の中に住民
税課税者あり）
要保護者　　　　　　　　　　　　　　　基準額の4分の4
第5段階　合計所得金額が基準所得金額未満であ
る者
要保護者　　　　　　　　　　　　　　　基準額の4分の5
第6段階　上記のいずれにも該当しない者　　　基準額の4分の6

　なお，第4段階の市町村民税非課税者のうち，平成20年中の公的年金等の収入金額及び同年の合計所得金額の合計額が80万円以下の者については，平成21年度から23年度に関し，特別標準割合を定めることができる（施行令附則9条）。

　この段階区分について，いくつかの確認が必要である。

　第一に，各段階について要保護者と表示したのは，施行令が，「要保護者であって，その者が課される保険料額についてこの号の区分による割合を適用されたならば保護を必要としない状態となるもの」と定めているものである。これを一般に「境界層該当者」と呼んでいる。本来適用すべき所得段階の保険料を負担すると生活保護が必要となるところ，その前の段階の保険料を適用すると保護を必要としなくなる場合を示している[149]。これは，「生活保護ぎりぎりの者についての適用関係を明確にするものであり，また，介護保険料の賦課によって，最低限度の生活水準の維持が困難となり保護を要する状態になってしまうことをできる限り避けるための」措置であると説明されている[150]。

---

[149] 社会保険研究所・実務104頁。
[150] 社会保険研究所・実務104頁。

第二に注目すべきは，第1段階には，生活保護を受けている者が含まれていることである。介護保険料は被保護者も負担し，その分は生活保護において考慮される仕組みが採用されているのである。すなわち，生活保護制度において，第1号被保険者の介護保険料は，普通徴収の場合は，介護保険料実費を生活扶助額に加算し，特別徴収の場合は，収入認定に当たって年金収入から介護保険料実費を控除する扱いがなされている。最高裁平成18・3・28（判例時報1930号80頁）は，要保護者で市町村民税が非課税とされる者について一律に保険料を賦課しないものとする旨の規定（又は保険料を全額免除する旨の規定）を設けていないとしても，著しく合理性を欠くとはいえず憲法25条に違反しないとした。

　第三に，段階区分に当たって，市町村民税について，その者の属する世帯の世帯主及びすべての世帯員が課されていないこと（市町村民税世帯非課税）を一つの基準としていることである。換言すれば，世帯のうちに一人でも課税者がいるかどうかがポイントになるのである。ここには，介護保険料が個人単位の保険料でありながら，負担の程度を世帯単位で考えるという発想が見られる。そして，基準額の4分の4を適用するのが市町村民税非課税者であることにも注目したい。本人は，市町村民税非課税であっても，世帯に市町村民税課税者がいるならば標準的保険料負担を求められるのである。このような構造により，「世帯分離」を行なうことにより負担の軽減を図ろうとする人もでるであろう。真に世帯が分離されているかどうかは，世帯の認定問題である。

　ところで，合計所得金額に関する「基準所得金額」は，厚生労働大臣の定める額である。政令は，全国の市町村の第1段階，第2段階，第3段階の被保険者が第4段階の被保険者より軽減されている保険料額と，第5段階，第6段階の被保険者が第4段階の被保険者より多く負担する保険料額との均衡が図られること等を勘案して定めるものとしている（施行令38条6項）[151]。ただし，大臣の定める基準所得金額によることが適当でないと認められる特別の必要がある場合においては，保険料収納額を保険料により確保すること

---

[151] 平成21年度から23年度までの基準所得金額は，200万円とされている（施行規則143条）。

ができるよう，市町村が各段階の区分ごとの第1号被保険者数の見込数等を勘案して設定する額とすることができる（施行令38条6項ただし書）。

以上の原則的方式に加えて，施行令39条は，「特別の必要がある場合」に7段階の特別基準方式を用意している。原則的方式にあっては，第5段階と第6段階とを区分する基準が基準所得金額であったが，特別基準方式は，第5段階以降を3段階に増やして，第5段階，第6段階，第7段階とするもので，第5段階と第6段階とを区分する合計所得金額，第6段階と第7段階とを区分する合計所得金額は，それぞれ市町村が定めることとされている。そして，市町村は，第6段階を合計所得金額に基づいて更に区分することもできる。その場合に，「更に区分する」の意味が二つに区分することのみを指すのか，広く二つ以上に区分することを指すのか判然としない。たとえば，長野市は，第6段階を二つに区分し，かつ，第4段階を二つに区分した合計9段階方式であるが，横浜市は，第4段階を二つに区分し，第6段階を四つに区分して，合計11段階方式を採用している。後者の方式を否定する積極的理由はないが，政令制定者の意図には合致していない可能性がある。

以上をまとめるならば，市町村は，標準割合と異なる割合の設定，基準所得金額，段階設定の三つのレベルにおいて自主性を発揮しうる仕組みになっている。介護保険料と租税法律主義との関係については，本書第2章3［3］を参照されたい。その結論のみを再度示すならば，介護保険料に関する介護保険法及び同法施行令の仕組みは，「法律」主義にも「条例」主義にも反し，租税法律主義の趣旨に反している。段階区分の弾力化によっても，この結論に影響するものではない。

なお，条例の定め方に関して気になるのは，介護保険法施行令38条1項の「第1号に掲げる者」のように，実体部分をすべて同項に委ねているものがあることである（たとえば，横須賀市，松本市）。これによると「基準所得金額」が明示されず，介護保険法施行規則により確かめる必要が生ずることになる。

介護保険料の賦課期日等　　介護保険料の賦課期日は，当該年度の初日，すなわち4月1日である（130条）。賦課期日の意味は，介護保険料の賦課要件の充足の有無を賦課期日現在の時点に固定して判断することにある。住所

の認定が最も重要である。4月1日とする理由は，国民健康保険と同様に，年度を単位として介護保険に要する費用の見込額を算定して保険料の総額を算定すること，市町村民税の事務処理の日程にも沿うことにある[152]。

もっとも，年度当初には，市町村民税に基づく認定が間に合わないことが多い（実際には6月頃まで確定しない）ことに鑑みて，年度前半の財源の確保の必要性，保険料支出の平準化の必要性により，一般に暫定賦課の制度が採用されている[153]。暫定賦課を行なう場合は，条例の規定が必要であると解されている[154]。

賦課期日に関連して，賦課期日後に被保険者となったり，賦課期日後に死亡したような場合の扱いが問題になるが，このような事態に応える制度として，国民健康保険と同様に月割賦課の制度が採用されている。

また，遡及賦課と呼ばれる事態が生ずることがある。これは種々の理由による賦課漏れになっていた者に対して，後日になってから遡って賦課することをいう。転入した時点において転入届出をせずに居住し後日届け出た場合，当該市町村に住所を有する者が65歳に達したにもかかわらず把握が遅れてしまった場合，住所地特例対象施設への入所（入居）であるにもかかわらず通常の転入と扱っていた場合などである。遡及賦課については，保険料徴収権の消滅時効との整合性を図るために2年を限度とする扱いがなされている[155]。

普通徴収と特別徴収 保険料の徴収には，普通徴収方式と特別徴収方式とがある。特別徴収は，年金受給者の保険料について行なわれる。すなわち，国民年金法による老齢基礎年金，その他の同法，厚生年金保険法，国家公務員共済組合法，地方公務員等共済組合法若しくは私立学校教職員共済法に基づく老齢若しくは退職，障害又は死亡[156]を支給事由とする年金給付で政令

---

152 社会保険研究所・実務 140 頁。
153 社会保険研究所・実務 144 頁。
154 社会保険研究所・実務 145 頁。
155 以上，社会保険研究所・実務 149 頁。
156 当初は，「障害」及び「死亡」は含まれていなかったが，平成17年改正により，障害年金及び遺族年金からも特別徴収することとされた。

で定めるもの（＝老齢等年金給付）の支給者に保険料を徴収してもらい，かつ，それを納入してもらう方式である（法131条参照）。要するに，「年金からの天引き制度」である。これを可能にするために，年金保険者は，毎年厚生労働省令で定める期日までに，当該年の4月1日現在において当該年金保険者から老齢等年金給付の支払いを受けている者であって65歳以上のものの氏名，住所その他省令で定める事項を同日現在において住所を有する市町村に通知しなければならない。ただし，当該年の6月1日から翌年5月31日までの間に支払いを受けるべき額の総額が当該年の4月1日の現況において政令で定める額（施行令41条により18万円）未満である場合，年金を受ける権利を別に法律で定めるところにより担保に供していることその他の省令で定める特別の事情を有する者は除かれる（以上，134条1項）。

　特別徴収を採用した理由は，保険料徴収事務の確実性・効率性の確保及び被保険者による保険料納付の利便性・確実性の向上にあるといわれている[157]。なお，生活保護の扶助費からの特別徴収は認められていないが，被保護世帯の同意を得て委任状を徴したうえで保護の実施機関が代理納付する扱いが行なわれている。本人納付によることは被保護者にとって煩雑であるほか，介護保険料加算相当額を他の用途に費消し，保険料を滞納することがあれば，介護保険料実費分を加算する扱いの趣旨及び目的に反するとともに，介護保険給付を償還払い化する措置をとられるおそれがあることに鑑みた扱いである（平成12・9・1厚生省老人保健福祉局介護保険課長通知「介護保険料に係る生活保護受給者の取扱いについて」）。

　特別徴収の合憲性が問題とされることがある。最高裁平成18・3・28（判例時報1930号80頁）は，特別徴収の制度は，市町村における保険料収納の確保と事務の効率化を図るとともに第1号被保険者の保険料納付の利便を図るために導入されたものであるという認識を示し，次のように述べて，著しく合理性を欠くということはできないし，経済的弱者を合理的な理由なく差別したものではないから憲法14条，25条に違反しないとした。

　「老齢基礎年金等の公的年金制度は，老後の所得保障の柱としてその

---

[157] 社会保険研究所・実務154頁‐155頁。

日常生活の基礎的な部分を補うことを主な目的とするところ，介護保険の第1号被保険者の保険料は，高齢期の要介護リスクに備えるために高齢者に課されるものであり，その日常生活の基礎的な経費に相当するということができる。そして，一定額を下回る老齢退職年金給付を特別徴収の対象としていないことを踏まえれば，老齢退職年金給付から上記保険料を特別徴収することが，上記公的年金制度の趣旨を没却するものということはできない。また，特別徴収の対象は，公租公課禁止規定（国民年金法25条）の趣旨を配慮して，同法による老齢基礎年金及びこれに相当する年金とされている。」

必ずしも明瞭ではないが，老齢基礎年金等が日常生活の基礎的部分を補う趣旨で給付されるものであり，介護保険料も日常生活の基礎的な経費に相当するのであるから，それを老齢基礎年金等から差し引いて支給することは不合理とはいえないという趣旨であろう。泉大津市の事案に関する大阪地裁平成17・6・28（平成14（行ウ）136）（判例集未登載）及びその控訴審・大阪高裁平成18・7・20（平成17（行コ）65）（判例集未登載）は，「介護保険制度が憲法25条を具体化する立法であることからすれば，保険料の徴収方法について，どのような立法措置を講じるかについても，立法府に広い裁量が認められるべきである」と述べたうえ，年金からの天引きの方が保険料を確実かつ効率的に徴収することができるとともに，被保険者にとって保険料納付が簡易になるだけでなく，保険財政の安定化により保険給付の確実な提供という利益を享受することもできると述べている。そして，年金受給権侵害の主張に対しては，老齢退職年金が老後の日常生活の基礎的部分を賄うことにあり介護保険料が日常生活の基礎的な経費に相当するという最高裁と同趣旨の説明をして答えている。さらに，最低限度の生活水準は，生活保護法等を含めた法制度全体で保障していること，施行令41条が老齢退職年金給付額が18万円に満たない場合には特別徴収を行なわないとして年金給付額が少なくなりすぎないように配慮していることなどを挙げている。大阪高裁判決は，最高裁判決を引用しているので，最高裁判決と同様の判断のように見えるが，生存権具体化の立法裁量を保険料徴収方法の立法にも及ぼしている点が，気になるところである。強制保険により要介護のリスク分散の利益を

享受している状態に連動する保険料徴収と，生存権保障のための現金給付などとの間には大きな違いがある。似て非なるものを結び付けている感がする。

さて，最高裁判決についての疑問点は，何といっても，介護保険料をもって「日常生活の基礎的な経費」と述べている点である[158]。任意の火災保険の保険料を日常生活の基礎的な経費と述べるのと，強制保険の介護保険料をそのように述べることとの間には，大きな落差があるように思われる。自動車の強制保険の保険料の感覚で述べているのかも知れないが，自動車を保有するかどうかが自由な選択に委ねられていることを忘れてはなるまい。これとは別の角度から，介護保険の給付を受ける者が医療保険に比べて圧倒的に少なく，大多数の被保険者にとって，保険料は実質的に対価性などなく租税と同じであるから，「多くの高齢者にとって年金天引きによる特別徴収は，年金給付額の実質的な引き下げにほかならない」として，場合によって被保険者の最低限度の生活を侵害するような徴収方法を正当化することはできないとする見解がある[159]。

徴収猶予・減免　法142条は，「市町村は，条例で定めるところにより，特別の理由がある者に対し，保険料を減免し，又はその徴収を猶予することができる」としている。減免及び徴収猶予について条例主義が採用されているのである。青森市の場合は，介護保険条例の本則においては，単に減免を必要とする理由等を記載した申請書の提出（ただし，前年中における第1号被保険者，その属する世帯の世帯主及び配偶者の合計所得金額が1,000万円を超える場合はこの限りでない）を定めたうえ，附則において，年限を限って「世帯がその生計を維持することが著しく困難であると認められる場合についても」減免することができると定めている。さらに，同市は，「特別災害による被害者に対する介護保険料減免の特別措置に関する条例」により，減免事由と割合を明確に定めている。しかし，条例においては，極めて抽象的に定

158　伊藤・介護保険法275頁は，年金から天引きされる介護保険料は，高齢者の手元に行かないのであるから日常生活費として費消されようがないとし，「日常生活の基礎的な経費」とは，強制徴収された保険料がプールされて要介護状態になったときに保険給付として還元される意味に解するほかはないとしている。

159　伊藤・介護保険法275頁-276頁。

めて，規則や要綱によって実施されている例も多い。筆者は，迷いを感じつつも，権利性の付与と批判可能性を確保できるならば，「要綱」であっても，それが公示されるならば（たとえば松戸市），適法であると考えたい（本書第2章3［4］を参照）。

「特別の理由」について明示的な制限が付されていないものの，徴収猶予又は減免は，賦課後における負担能力の著しい変化のため保険料の支払いが困難になった場合になされる措置であって，負担能力の変化によらない低所得者に対する減免は適当でないとされている。その理由について，さらに次のような説明がなされる[160]。

第一に，介護保険は，リスクを有している被保険者はすべて保険料を負担することが前提となっているのであって，高齢者の保険料負担を抑制し，64歳以下の現役世代がすべて保険料を払っている中で，一部とはいえ恒常的に保険料を全く払わないというのでは現役世代の理解を得ることも期待できない。

第二に，段階設定によりすでに低所得者に必要な配慮を行なっているにもかかわらず，それ以外の方法で一定の低所得者に減免を行なうのであれば，本当に負担能力がないことを見極めなければ不公平であり，収入のみに着目して一律に減免措置を講じることは適当でない。

そして，要保護者で市町村民税が非課税とされている者に対して，一律に保険料を賦課しないものとする旨の規定又は保険料を全額免除する旨の規定を設けていないとしても，著しく合理性を欠くとはいえないとするのが最高裁の考え方である（最高裁平成18・3・28判例時報1930号80頁）。

現行の制度としては，このように考えざるを得ないであろう。生活保護を受けている者にも保険料負担を求める制度において，制度の整合的理解としては，このようになろう。しかし，段階設定において，保険料額零の区分を設けていないなかで，著しい低所得者に減免措置を講じようとした動きには自然なものがある。生活保護は受けていないが，極めて苦しい生活を余儀なくされている者が多いなかで，リスクを有している被保険者全員に負担を求めることに無理はないのであろうか。しかも，こうした状況において，市町

---

[160] 社会保険研究所・実務202頁以下。

村に保険料滞納の解消を強く迫ることに無理がないのであろうか。生存権の保障は公的扶助（生活保護）という最後の砦さえあれば満たされるというのであろうか。生活保護の申請を控えて何とか自立の道を模索している生活困窮者が多いなかで，自立の道を閉ざしてよいのであろうか。

　厚生労働省が自主的減免を厳しく批判していたにもかかわらず，①保険料の免除，②収入のみに着目した一律減免，③一般財源による保険料減免分の補塡の措置をとっている保険者が，「単独減免」実施保険者数に占める割合が増加しているという[161]。このような減免が違法となるのかどうかが問題となるが，減免条例主義を満たす限り，減免を適法になしうると解すべきである[162]。

　生活保護を受けていない恒常的生活困窮者に対する減免を認めない解釈による介護保険法が，合憲といえるかどうかが問題になる。生活困窮者でありながら生活保護を受けていない人が多数存在する以上，このような立法は，憲法上の権利である自由権的生存権を侵害するものとして，立法裁量の逸脱・濫用であるとし，また，少なくとも現に生活保護基準以下の生活状態にありながら生活保護を受けていない人に介護保険料を賦課する限りにおいて適用違憲となるとする見解がある[163]。この見解に十分に耳を傾けなければならない。

161　社会保険研究所・実務202頁によれば，平成13年4月1日時点において32.1％であったが，平成18年4月1日時点においては91.0％であったという。ちなみに，同書が「単独減免」と呼ぶのは，「条例参考例」にないという意味の「単独」と思われるが，ここには「条例参考例」に従うのが当然であるという発想が垣間見られるように思われる。

162　前田雅子「分権化と社会福祉サービス」日本社会保障法学会編『社会福祉サービスと法（講座社会保障法第3巻）』（法律文化社，平成13年）287頁，302頁。小西啓文「介護保険法における保険者自治と国の関与」大曽根寛ほか編『社会保障法のプロブレマティーク』（法律文化社，平成20年）160頁，174頁-175頁は，このような減免をなす市町村の存在に着目して，介護保険法において，市町村は，「保険者」としての機能と「住民福祉」の役割の双方を果たしていると述べている。

163　伊藤・介護保険法264頁以下。なお，そこでは，生活保護の捕捉率の調査すらせずに制度設計をしていることも立法の裁量の逸脱・濫用といえる余地があるとしている（268頁）。

保険給付の制限　　保険料の滞納者に対する給付制限措置が制度化されている。それは，給付の問題であると同時に保険料滞納の抑止効果を期待する制度でもある。第1号被保険者に対するものと第2号被保険者に対するものとがある。

第1号被保険者に対しては，①1年間滞納している場合において災害その他特別の事情があるときを除き被保険者証の提出を求めて，サービス提供者に対する全額支払いをしたうえ保険給付額を償還払いとする（法66条1項），②1年6か月滞納した場合は保険給付の全部又は一部を差し止める（67条1項），③保険料徴収権が消滅した場合においては保険給付の割合を7割に減じ，高額介護サービス等の支給を行なわない（69条1項）。

第2号被保険者に対しても，医療保険各法の定めるところにより納付義務又は払込義務を負う保険料（国民健康保険税を含む）又は掛金の滞納がある場合には災害その他特別の事情がある場合を除き，前記②と同様にして保険給付の全部又は一部を差し止める（68条1項）。この制度は，国民健康保険料（国保税）の滞納を想定したものであり，被用者医療保険の事業主が保険料を滞納したとしてもそれを被保険者の保険給付に影響させるのは適当ではないという考え方から，事業主の保険料滞納は，この措置の対象外であるという[164]。

保険料を滞納している第1号被保険者に対する給付制限について，生存権保障の観点（「健康で文化的な最低限度の生活」を営むうえで不可欠な社会保障給付を保険料滞納を理由に制限されることは社会保障法本来の目的や趣旨に反するうえ，介護や医療を必要となりやすい低所得者ほど保険料の負担ができず給付制限の可能性が高い）から必要最小限度にとどめるべきであり，現行の制度は，保険料を徴収する権利が時効消滅した場合にも対象としていること，給付制限の解除される「特別な理由」に恒常的な生活困窮者が含まれていないことなど，必要最小限度の範囲を超えているとして，法66条ないし69条の規定を削除すべきであるとの提案がなされている[165]。

164　社会保険研究所・実務227頁。ただし，同書は，健康保険の特定健康保険組合の被保険者等，自ら保険料負担義務を負う場合は対象になるとする解釈をしている（227頁）。

[4] 一部負担金(利用者負担)の軽減措置

一部負担金(利用者負担)　介護保険制度は，医療保険制度と異なり，保険給付は，現物給付ではなく，介護サービスを受けるのに要した費用を保険者が現金給付をする仕組みである(ただし，実際には事業者の代理受領により現金給付の外観を呈していない)。介護サービスを受けるのは，要介護者と介護サービス事業者との契約によるものである。保険給付分を控除した残額を一部負担金として負担することになる(利用者負担)。そして，医療保険の一部負担金の場合には，保険医療機関等が一部負担金の支払いを受けることに努めたにもかかわらず，なお支払わないときは，保険者は，当該保険医療機関等の請求に基づき，医療保険法の徴収金の例により処分することができるとされているが(健保法74条2項，国保法42条2項)，介護保険法には，それに相当する規定が置かれていない。

ところで，一部負担金制度の存在は，低所得で負担能力を欠くが故に事実上保険給付を受けることを断念せざるを得ない要介護者を発生させる[166]。生活保護制度の存在にもかかわらず，生活保護の決定に先立つ審査の厳格化の動きのなかで，実際には保護の決定に至ることが困難な場合もある。結果的に，負担能力の乏しい要介護者が保険サービスの利用から排除され，負担能力のある者ほど利用できるという事態を生む仕組みとなっている[167]。

一部負担金(利用者負担)の軽減措置とは　介護保険による保険給付は，給付に要した額の9割を原則としている(41条4項，42条2項，42条の2第2項，42条の3第2項，44条3項，45条3項，48条2項，49条2項，53条2項等)。しかし，介護保険制度のスタート時から一部負担金を一律に徴収することについて住民の抵抗が強く，保険者である市町村は，負担軽減措置を講じてきた。そのような措置をとることを国として示したのが，厚生省老人保健福祉局長通知「低所得者に対する介護保険サービスに係る利用者負担額の

165　伊藤・介護保険法280頁。

166　伊藤・介護保険法63頁は，介護保険給付を含め，社会保険の給付は10割給付を原則にすべきであると主張している。

167　伊藤・介護保険法62頁。

実施について」(平成12・5・1老発第474号)である。その後数回にわたり改正され,現在は,平成18老発0331017号による改正後のものである。法律の定める1割負担を,このような通知で緩和しようとする点に,日本の社会保険行政における「法律と行政」に関する認識の一端が示されているように思われる。この通知は,以下の3要綱を別添形式で含んでいる。

① 「障害者ホームヘルプサービス利用者に対する支援措置事業実施要綱」

従前の障害者対策によるホームヘルプサービス事業において所得に応じた費用負担となっていたことから,当該サービスを利用していた低所得の障害者で介護保険の適用対象となった者等について軽減措置を講じて訪問介護,介護予防訪問介護又は夜間対応型訪問介護(＝「訪問介護等」)の継続的利用を可能にしようとするものである。経過措置対象者(生計中心者が所得税非課税である世帯(生活保護受給世帯を含む)に属することが要件)と制度移行対象者(障害者自立支援法によるホームヘルプサービスの利用において境界層該当として定率負担額が0円となっている者であることが要件)とが含まれる。市町村(特別区,広域連合及び一部事務組合を含む)が事業主体であって,対象者には,市町村が「訪問介護等利用者負担額減額認定証」を発行する。この減額認定証を訪問介護等の事業者に提示することにより利用者負担が軽減される。なお,経過措置対象者の利用者負担割合は,経過措置であるため,平成19年6月までは3％,平成20年6月までは6％,平成20年7月以降は原則の10％である。なお,制度移行措置対象者は0％(全額免除)である。

② 「社会福祉法人等による生計困難者に対する介護保険サービスに係る利用者負担額軽減制度事業実施要綱」

低所得で生計が困難である者について,介護保険サービスの提供を行なう社会福祉法人等が,その社会的な役割にかんがみ,利用者負担を軽減することにより介護保険サービスの利用の促進を図ることを目的としている。「社会福祉法人等」という表現には,市町村及び社会福祉法人が実施することを基本に,市町村内に介護保険サービスを提供する社会福祉法人が存在しない地域等において,当該市町村の判断により,社会福祉事業を経営する他の事業主体においても利用者負担の軽減を行ない得ることとされている趣旨が示されている。この場合には都道府県との協議を要する。社会福祉法人等に社

会的役割による負担を求める点に特色がある。ただし、社会福祉法人等が強制されるわけではなく、利用者負担を行なおうとするものが、介護保険サービスを提供する事業所及び施設所在地の都道府県知事及び保険者たる市町村の長に対してその「申出」を行なうこととされている。社会福祉法人等が社会的使命を果たそうとする姿勢を示すことにより、利用者の信頼を獲得することもできるので、経済的負担にもかかわらず、マイナスばかりとはいえないであろう。

軽減対象者は、市町村民税世帯非課税であって、(ア)年間収入が単身世帯で150万円、世帯員が一人増えるごとに50万円を加算した額以下であること、(イ)預貯金等の額が単身世帯で350万円、世帯員が1人増えるごとに100万円を加算した額以下であること、(ウ)日常生活に供する資産以外に活用できる資産がないこと、(エ)負担能力のある親族等に扶養されていないこと、(オ)介護保険料を滞納していないこと、のすべての要件を満たす者のうち、その者の収入や世帯の状況、利用者負担等を総合的に勘案し、生計が困難な者として市町村が認めたものである。原則として、利用者の申請に基づいて市町村が対象者である旨を決定したうえで、「確認証」を交付し、利用者は確認証を提示して利用し、社会福祉法人等は確認証の内容に基づき利用料の軽減を行なう。軽減対象となる費用は、法に基づく数多くの介護保険サービスの費用[168]に係る利用者負担である。特に、指定地域密着型介護老人福祉施設及び指定介護老人福祉施設における食費及び居住費が平成17年10月より介護保険給付の対象外とされたことを踏まえて、食費及び居住費に係る利用者負担を含めて軽減を行なうものとされている。軽減の程度は、利用者負担の4分の1（老齢福祉年金受給者は2分の1）を原則とし、免除は行なわない。申請者の収入や世帯の状況、利用者負担等を総合的に勘案して、市町村が個別に決定し、確認証に記載するものとする。①の措置の適用を行ない、その後

---

168 訪問介護、通所介護、短期入所生活介護、夜間対応型訪問介護、認知症対応型通所介護、小規模多機能型居宅介護、地域密着型介護、老人福祉施設入所者生活介護、介護福祉施設サービス、介護予防訪問介護、介護予防通所介護、介護予防短期入所生活介護、介護予防認知症対応型通所介護、介護予防小規模多機能型居宅介護に係る利用者負担額並びに食費、居住費（滞在費）及び宿泊費に係る利用者負担額。

必要に応じて②の適用を行なうこととされている。

　直接に利用者負担軽減をするのは社会福祉法人等であるが，市町村が社会福祉法人等に対して助成措置を行なうのが一般的である。前記通知は，市町村による助成措置の対象は，社会福祉法人等が利用者負担を軽減した総額（助成措置のある市町村を保険者とする利用者負担に係るものに限る）のうち，当該法人の本来受領すべき利用者負担収入（軽減対象となるものに限る）に対する一定割合（おおむね1％）を超えた部分とし，当該法人の収支状況等を踏まえ，その2分の1を基本としてそれ以下の範囲内で行なうことができるものとする扱いを示している。したがって，助成措置を行なうかどうかは市町村の任意である。なお，指定地域密着型介護老人福祉施設及び指定介護老人福祉施設に係る利用者負担収入に対する割合が10％を超える部分について，全額を助成措置の対象とするとしている。

　③　「離島等地域における特別地域加算に係る利用者負担額軽減措置事業実施要綱」

　離島地域における訪問系の介護サービスについて，15％相当の特別地域加算が行なわれることから，利用者負担についても15％分増額されることにかんがみ，離島地域でない地域の住民との負担の均衡を図る観点から，市町村の判断により，利用者負担の軽減を行なうものである。対象者は，市町村民税本人非課税の者（生活保護受給世帯に属する者を除く）で，前記①及び②の措置の適用を受けていないものである。利用者負担の減免を行なおうとする社会福祉法人等の申出に基づく点は，②と同様である。利用者負担の1割分を減額し（通常10％の利用者負担を9％にする），当該減額分を社会福祉法人等はいったん利用者に代わって負担したうえで，その負担総額の2分の1について，社会福祉法人等の申請によって市町村が助成をする仕組みである。

　以上に述べた3類型の利用者負担軽減制度についての問題点を検討しよう。

　第一に，何といっても疑問を禁じえないのは，利用者，市町村及び社会福祉法人等に影響する重要施策が，局長通知によっていることである。利用者負担1割原則を「軽減」するのであるから，それは授益的な措置であって，「法律による行政の原理」ないしその内容である「法律の留保」原則に反し

ないという形式論をとることができるのであろうか。おそらく，平成12年の最初の通知は経過措置としてスタートし，その限りで通知によることもやむを得ないとするコンセンサスがあったのかも知れない。しかし，半ば恒久的に運用されるようになると，改めて「法律による行政の原理」との関係を意識せざるを得ない。市町村の助成措置も，要綱等により実施されている[169]。

　第二に，これに関連して，①及び②における「認定」やその拒否，②における軽減割合の決定等は，「行政処分」ではないとされて，それに対する利用者の不服は，行政不服審査や取消訴訟の対象とされない可能性が高い。局長通知方式によって，行政争訟の途が閉ざされることを意味する。

　第三に，②の事業に関して，軽減対象者の認定について，(ア)から(オ)までのすべての要件を満たすことを要件としつつ，「その者の収入や世帯の状況，利用者負担等を総合的に勘案し，生計が困難な者として市町村が認めた者」とされ，さらに，軽減の程度についても「申請者の収入や世帯の状況，利用者負担等を総合的に勘案して」個別的に決定するものとされ，市町村の裁量に委ねられている部分が多い。

　第四に，いずれの軽減も，市町村の負担を伴うものであるが，この負担を介護保険特別会計の負担とすべきものであるのか，一般会計の負担とすべきものであるかが問題である。介護保険について特別会計の設置が義務付けられ（法2条4項），一般会計による「負担」が明示されている（124条）。これに対して，一般会計による「補助」の規定はない。こうした状況において，利用者負担の軽減は，介護保険加入者のみの相互負担で賄うべきものなのか，一般行政の責任を負う市町村の住民全体が負担すべきものかという問題である。筆者は，一般会計負担の方が望ましいと考えるが，一般会計による負担をしないで介護保険料を中心とする負担に求めても違法とはいえないと思われる。

　平成17年10月より介護保険給付の対象から除外された食費及び居住費については，収入等に応じた段階ごとの負担軽減措置制度が採用されている。

169　たとえば，東温市介護保険制度における訪問介護等利用者負担額の軽減に関する要綱，大津市社会福祉法人等介護保険サービス利用者負担額軽減補助金交付要綱。

第1段階は，世帯全員住民税非課税で老齢福祉年金を受けている者及び生活保護を受けている者である。第2段階は，世帯全員住民税非課税で合計所得金額と課税年金収入額の合計が80万円以下の者である。第3段階は，世帯全員住民税非課税で第2段階に該当しない者及び住民税課税者がいる世帯で特例減額措置を受けている者である。そして，保険給付の対象外とされたことにより，居住費や食費の具体的な水準は利用者と施設との契約により定まる原則であるが，これらの各段階に属する者については，それぞれのサービスごとに負担限度額が定められている（平成17・9・7厚生労働省告示第413号，平成17・9・7厚生労働省告示第414号）。施設の設定した居住費及び食費が上限額を下回る場合は施設が設定した金額が利用者負担となり，上限額を超える場合は，その超えた分について「特定入所者介護サービス費」（法51条の3）として介護保険財政の負担で施設に支払われることになる（51条の3第4項）。

以上が，国の制度の内容である。これに都道府県又は市町村が上乗せの負担軽減措置を講じている場合がある。それらの全容を把握することは極めて難しい。そして，負担軽減措置の異なる市町村が合併したときは，一定の期間は，不均一の負担軽減措置を採らざるを得ないことがある[170]。

[5] 事業者による保険給付費の不正利得に対する措置

保険給付費を充てた介護報酬の代理支払い　　介護保険の保険給付は，保険者が利用者に給付する建前であるが，法は，利用者の便宜を考慮して，多くの介護サービスについて，保険者が直接事業者に支払うことを認めている。たとえば，指定居宅サービス事業者から指定居宅サービスを受けたときは，市町村は，当該被保険者が当該事業者に支払うべき当該指定居宅サービスに

---

[170] 山口市は，旧小郡町区域について，居宅介護サービスのうち一定のものを受けた利用者（被保護者及び市民税，介護保険料滞納者を除く）に1割の利用者負担額に所定の助成割合を乗じて得た額を助成するとしている。助成割合は，平成18年7月分から平成18年9月分は70％，平成18年10月分から平成19年9月分は50％，平成19年10月分から平成20年9月分は25％である（以上，山口市介護保険利用者負担軽減事業実施要綱による）。

要した費用について，居宅介護サービス費として当該被保険者に対し支給すべき額の限度において，被保険者に代わり，当該事業者に支払うことができる（法41条6項）。実質的には，事業者による保険給付の代理受領である。同様の扱いは，法42条の2第6項，46条4項，48条4項，51条の3第4項，53条4項，54条の2第6項，58条4項，61条の3第4項にも見られる。そして，これらの規定による支払いがあったときは，被保険者に対し介護サービス費の支給があったものとみなされる（41条7項など）。この支払いについては，事業者からの請求とその審査の手続が介在する。請求に関しては，「介護給付費及び公費負担医療等に関する費用の請求に関する省令」が制定されている。請求があったときは，厚生労働大臣の定める基準に照らして審査することとされ（41条9項など），その審査及び支払いに関する事務を国民健康保険団体連合会に委託することができる（41条10項など）。

　前記省令によれば，介護給付費等の請求は，各月分について翌月10日までに行なわなければならないとされている（3条1項）。

　この請求手続に関連して，消滅時効が問題になるが，事業者が受け取るべき介護報酬（9割分）につき，事業者が被保険者を代理して受領する仕組みが採用されていることから，法200条1項の「保険給付を受ける権利」として2年を経過したときは時効により消滅し[171]，また，過払いの場合の返還請求権の消滅時効は，「公法上の債権」であると理解して自治法236条1項の規定により5年の消滅時効となると解されている（平成13・9・19厚生労働省老健局介護保険・老人保健課事務連絡「介護給付費請求書の保管について」）。

事業者による不正利得とそれに対する対処　　このような仕組みにおいて，事業者が「偽りその他不正の行為により」，保険者である市町村から支払いを受けることがあり得る。そこで，法22条3項は，「支払った額につき返還

---

[171]　なお，介護報酬請求権の消滅時効の起算日は，各月分の介護報酬を翌月10日までに請求し（省令3条1項），その審査後，その翌月までに支払うことになっているので（国民健康保険団体連合会介護給付費審査支払規則例11条），サービスを提供した日の属する月の翌々々月1日が起算日となるとされる（平成14・3・1厚生労働省老健局介護保険・老人保健課事務連絡「介護報酬の請求に係る消滅時効の起算日について」）。

させるべき額を徴収するほか，返還させるべき額に100分の40を乗じて得た額を徴収する」と定めている。この条項は，平成20年法律第42号による改正で，従前の「その支払った額につき返還させるほか，その返還させる額に100分の40を乗じて得た額を支払わせることができる」とされていたのを改めたものである。「徴収」の表現を用いたのは，従来は，民事上の債権（民法703条の不当利得）と解されていたため，応じない事業者には民事執行の手続によるほかなかったのを，法144条による「保険料その他この法律の規定による徴収金」として滞納処分が可能となるようにしたものとされている。

この改正により市町村の自力執行が可能になったことは評価できるが，滞納処分の対象にするには，返還命令のような行政処分を介在させるのが自然のように思われる。

「偽りその他不正の行為」につき，事業者の指定を受けたことまで遡ることを肯定する裁判例がある。大阪地裁平成20・1・31（平成17（行ウ）79・143）（判例地方自治311号69頁）は，常勤の不可能な者を常勤管理者として申請して指定を受けたことが，「偽りその他不正の行為」に当たるとし，介護報酬の返還を請求すべきであるとする住民訴訟4号請求を認容した。

なお，事業者の不正が発生しにくい制度が必要である。いわゆるコムスン事件を契機に，指定の更新制（70条の2など），連座制（70条2項6号の3など）などを内容とする立法措置が講じられた（平成20年法律第42号）。

6　社会保険診療報酬支払基金・国民健康保険団体連合会

[1]　社会保険診療報酬支払基金の概要

本来業務　社会保険診療報酬支払基金（以下，「支払基金」という）は，もともとは，社会保険診療報酬の迅速適正な支払いをなし，あわせて診療報酬請求書の審査を行なうことを目的として，社会保険診療報酬支払基金法により設立されている法人である（同法1条参照）。診療報酬請求書の厳格な審査は，医療保険財政の健全性を確保し，医療保険に対する国民の信頼を確保するために不可欠である。そして，同法の定める支払基金の業務（15条1項

〜3項）を行なう場合は，定款の定めるところにより，保険者，国，都道府県，市町村若しくは独立行政法人又は厚生労働大臣若しくは都道府県知事と契約を締結するものとされている（15条4項）。これらの契約は，最高裁判例によれば，「公法上の契約」である（最高裁昭和48・12・20民集27巻11号1594頁）。

　診療報酬等の審査を行なうために，基金は，従たる事務所ごとに審査委員会を設けることとされている（16条1項）。審査委員会の委員は，診療担当者を代表する者，保険者を代表する者及び学識経験者のうちから，定款の定めるところにより，それぞれ同数を幹事長が任命する（16条2項）。利益代表型の構成となっている点が特色である。

　保険者相互間の資金移転業務　　前記の業務を本来業務と称するときに，これと別に高齢者医療確保法，介護保険法には，保険者相互間の資金移転業務が含まれていることがわかる。それらは，本来業務ではないにもかかわらず，医療保障，介護保障を支える財政システムにおいて，極めて重要な役割をもった業務である。

[2]　社会保険診療報酬支払基金をめぐる法律関係

　医療保険者との関係　　支払基金は，医療保険者との間に多様な関係を有している。

　第一に，医療保険者から診療報酬の審査・支払いに関する業務の委託を受けることによる関係である（本章1［2］を参照）。

　第二に，支払基金は，医療保険者から納付金等（前期高齢者納付金，前期高齢者関係事務費拠出金，後期高齢者支援金，後期高齢者関係事務費拠出金，介護納付金）を徴収する立場に置かれている。もっとも，介護納付金は，各医療保険の加入者も被保険者となっているのであるから，「徴収」といいつつも，それは二重の性質をもっているといえよう。すなわち，医療保険者を通じて介護保険の保険者に対する第2号被保険者の保険料を徴収して介護保険の保険者に交付するという意味で，第2号被保険者分の納付の代行と介護保険の保険者の徴収代行機関たる性質を併有しているといえよう。

　納付金等について，保険者が納付すべき期限までに納付しないときは，支

払基金は，督促をし，その指定期限までに完納しないときは，その徴収を厚生労働大臣又は都道府県知事に請求するものとされている。そして，大臣又は知事は，その請求を受けたときは，国税滞納処分の例により処分することができる（高齢者医療確保法44条・124条，介護保険法156条）。大臣と知事との振分けは，政令で定められ，原則は，医療保険者の主たる事務所の所在地の知事に請求する原則の下に，大臣の指定する医療保険者に係る請求は，大臣に対して行なうものとされている（高齢者交付金算定政令3条，介護保険算定政令19条）。これらの大臣指定は，告示の形式で行なわれている。それによれば，健康保険法の規定により医療に関する給付を行なう政府，船員保険法の規定により医療に関する給付を行なう政府，国家公務員共済組合，地方職員共済組合・公立学校共済組合・警察共済組合，日本私立学校振興・共済事業団とされている[172]。政府管掌健康保険は，全国健康保険協会保険への移行に伴い，健康保険法の規定により医療に関する給付を行なう主体は，全国健康保険協会となった。これまでは，厚生労働大臣が保険者たる「政府」に対して滞納処分を執行するという異例事態をも許容する法制度になっていたのである。

支払基金の行政庁性　支払基金の業務に関して，「この法律に基づいてした支払基金の処分に不服のある者」は，厚生労働大臣に対し行政不服審査法による審査請求をすることができる旨が規定されている（高齢者医療確保法154条，介護保険法174条）。高齢者医療確保法や介護保険法との関係で，最も強く「支払基金の処分」と認識される可能性のあるのは，納付金等を徴収する医療保険者及び交付金等を交付する相手方との関係の行為である。

　たとえば，支払基金は，各年度につき各保険者が納付すべき，前期高齢者納付金等の額を決定し，各保険者に対して，納付すべき額，納付の方法及び納付すべき期限その他必要事項を通知しなければならない（高齢者医療確保法43条1項）。同様の手続は，後期高齢者支援金等（同法124条），介護納付金（155条）についても採用されている。これらの通知による決定は，それ

---

[172]「前期高齢者交付金及び後期高齢者医療の国庫負担金の算定等に関する政令第3条に規定する厚生労働大臣の指定する保険者」，「介護保険の国庫負担金の算定等に関する政令第19条ただし書に規定する厚生労働大臣が指定する医療保険者を定める件」。

それの法律の想定する「支払基金の処分」であろう。

　また，交付先との関係においても，類似する手続が定められている。たとえば，前期高齢者交付金についていえば，支払基金は，各年度につき，各保険者に交付すべき前期高齢者交付金の額を決定し，各保険者に交付すべき額，交付の方法その他必要な事項を通知しなければならないとされている（高齢者医療確保法42条）。他方，後期高齢者支援金，介護給付費交付金，地域支援事業支援交付金については，同様の規定が置かれていない。このような違いの存する理由は明らかでないが，前期高齢者交付金の決定は「支払基金の処分」として位置づけられよう。

　以上のような仕組みからするならば，支払基金の処分には，全国健康保険協会，国家公務員共済組合等，国民健康保険の保険者等を含む医療保険者，後期高齢者医療広域連合等に対するものが広く含まれることになる。「処分」というからには，対立関係を生ずる前提で審査請求制度が用意されているのであるが，実態としては，少なくとも従来の政府管掌健康保険の保険者である政府は厚生労働省と一体であるし，全国健康保険協会や支払基金も厚生労働省と密接な関係にある。こうした状況において厚生労働大臣への審査請求制度が十分に機能しうるのか，推移を見守りたい。

　以上述べたように，「支払基金の処分」は，行政不服審査法による審査請求の対象にするという意味で処分性を有するが，行政事件訴訟法における行政処分性が肯定されるかどうかについては別途考察を要する。筆者が賛成するわけではないが，国民健康保険の保険者等が争う訴訟は機関訴訟であるという見解もあり得るからである。

　厚生労働大臣の監督　　厚生労働大臣は，基金の業務又は財産の状況若しくは帳簿書類その他の物件についての検査権限を有する（基金法28条）。さらに，「基金の適正な運営を確保するため必要があると認めるときは，その業務に関し監督上必要な命令をすることができる」（29条）[173]。

---

[173] この権限の発動と思われる例として，平成21年1月に厚生労働省は，神奈川県の審査委員会に対して，具体的な項目を示して審査基準を変更するよう求め，同審査委員会は，いったんこれに応じたが，同年2月には，従前の審査基準に戻したという（朝日新聞平成21・2・17，同平成21・2・19）。

[3] 国民健康保険団体連合会

連合会の設立　国民健康保険団体連合会（以下，「連合会」という）は，国民健康保険の保険者（市町村及び国民健康保険組合）が設立者となって，都道府県知事の設立認可により成立する（国保法84条1項，2項）。都道府県の区域を区域とする連合会に，その区域内の3分の2以上の保険者が加入したときは，当該区域内のその他の保険者は，すべて当該連合会の会員となる（84条3項）。強制会員制ということになる。連合会の規約には，「経費の分担に関する事項」も含まれる（85条）。連合会の経費に充てる財源の主要なものは，手数料と会員の負担金である。

連合会の業務　国民健康保険及び後期高齢者医療の診療報酬審査と支払い，介護給付費の審査と支払い，障害者自立支援法による給付費の審査と支払いという保険料を除く要の業務を，各保険者及び市町村に代わってこなしていることになる。このほか，保険者からの委託を受けて，国民健康保険給付，後期高齢者医療保険給付及び介護保険給付に係る損害賠償請求及び収納事務も行なっている連合会が多い。

さらに，平成20年から，介護保険料，国民健康保険料，後期高齢者医療保険料について，年金からの特別徴収（天引き）が開始されたことに伴い，連合会は，年金保険者と市町村との間の情報経由業務を行なっている。すなわち，年金の保険者から国民健康保険中央会[174]及び連合会を通じて年金受給者のデータが各市町村に送付され，それに基づいて各市町村が特別徴収対象者の確定と特別徴収額の算定を行ない，その特別徴収対象者情報を連合会及び国民健康保険中央会を通じて年金保険者に通知する仕組みである。これに基づいて，年金保険者が保険料の特別徴収を行ない，徴収額を市町村に納入することになる。このように，連合会は，保険料特別徴収の手続において，経由機関としての重要な役割を担っている。

174　国民健康保険中央会は，全国47都道府県に設立されている連合会を会員として設立されている社団法人である。

第4章　年金財政法

1　公的年金の種類と年金財政

[1]　公的年金の種類と財源

国民年金　国民年金事業は，政府が管掌し，国民の老齢，障害又は死亡に関する給付を行なう（国年法3条1項，2条），全国民共通の年金に係る事業である。年金給付は，老齢基礎年金，障害基礎年金，遺族基礎年金が主体であるが，これら以外に付加年金，寡婦年金，死亡一時金がある。被保険者は，被用者年金の被保険者・組合員・加入者（第2号被保険者），第2号被保険者の被扶養配偶者（第3号被保険者），及びこれらに該当しない日本国内に住所を有する20歳以上60歳未満の者（第1号被保険者）からなっている（7条1項）。「国民年金」という名称にもかかわらず，国籍要件はなく日本国内に住所を有し年齢要件に該当する者は，すべて被保険者とされていることに注意する必要がある[1]。したがって，外国人も被保険者となる。ただし，外国人に対しては，「当分の間」の措置として，脱退一時金制度がある（附則9条の3の2）。

国民年金の年金給付の典型は，老齢基礎年金である。しかし，複数の年金給付のなかに障害基礎年金が含まれていることを人々が理解しなければならない。障害基礎年金は，疾病にかかり，又は負傷し，かつ，その疾病又は負傷及びこれらに起因する疾病（＝「傷病」）について初めて医師又は歯科医師の診療を受けた日（＝「初診日」）において，「被保険者」，又は「被保険者であった者であって，日本国内に住所を有し，かつ，60歳以上65歳未満であ

---

[1]　昭和56年までは，国籍要件が採用されていた。障害福祉年金との関係において国籍要件の合憲性が争われた事案に関して，最高裁平成元・3・2判例時報1363号68頁は，立法府の裁量の範囲に属し，在留外国人を自国民と区別することの合理性を否定できないとして，憲法14条1項に違反しないとした。

る」者に該当したものが，初診日から起算して1年6月を経過した日において，その傷病により所定の障害等級に該当する程度の障害の状態にある者に支給される。ただし，初診日の前日において，初診日の属する月の前々月までに被保険者期間があり，かつ，その被保険者期間に係る保険料納付済期間と保険料免除期間とを合算した期間が当該被保険者期間の3分の2に満たないときは，この限りでない（30条1項）。年金給付は，被保険者であれば，要件を満たす限り，若年世代に属する者であっても障害基礎年金を給付されるのである。逆に，被保険者でない，あるいは，保険料納付等の要件を満たしていない者は，労災年金等の給付を受ける場合を除いて，公的年金の給付を受けることができない。若年者は，この点をよく理解しておく必要がある。

明治44年4月1日以前生まれの者等で，拠出制国民年金の老齢年金を受けることができなかったものには，現行の拠出制国民年金とは別に，一定の所得要件の下に，70歳以降に老齢福祉年金が支給されている。

第3号被保険者である被扶養者の要件は，「第2号被保険者の配偶者であって主として第2号被保険者の収入により生計を維持するもの」（第2号被保険者である者を除く）のうち20歳以上60歳未満のものである。この「主として第2号被保険者の収入により生計を維持すること」の認定は，政令の定めに委任され（7条2項），施行令4条の2により，健康保険法，国家公務員共済組合法，地方公務員等共済組合法及び私立学校教職員共済法における被扶養者の認定の取扱いを勘案して社会保険庁長官の定めるところにより，管轄する地方社会保険事務局長又は社会保険事務所長が行なうこととされている。

第3号被保険者に該当するかどうかは，極めて重要な問題である。第3号被保険者に該当するときは，第3号被保険者自身が個別の保険料を負担することなく，当該第2号被保険者が加入している保険者が，その保険者に属する第2号被保険者及び第3号被保険者の保険料相当分をまとめて基礎年金拠出金として拠出し（94条の2），その拠出分は，標準報酬月額・標準賞与額に按分されて，第2号被保険者と事業主が全体で負担することになる。逆に，第3号被保険者に該当しない場合は，配偶者と別個に独自の第2号被保険者又は第1号被保険者としての保険料を負担することになる。パートタイマー

の場合に，配偶者と別個の第2号被保険者となるかどうかは，本人のみならず事業主にとっても重大な関心事である。こうした重要な意味をもつ「主として第2号被保険者の収入により生計を維持すること」の認定が社会保険庁長官の定めるところに委ねられていることは大いに問題である（この点について本書第2章3［2］を参照）。

国民年金給付の財源は，保険料と国庫負担である。従来，国庫負担は3分の1であったが，平成21年度までに2分の1に引き上げることが決定されて（85条），段階的に引上げが実施されてきた。この財源をどのように確保するかが大きな政策的課題とされている。平成21年度及び22年度については，財政投融資特別会計財政融資資金勘定から一般会計に資金を繰り入れることで対処することとされた（いわゆる「埋蔵金」の活用）（国民年金法等の一部を改正する法律（平成16年法律第104号）附則14条の2）。

保険料は，平成17年4月の「基本額」13,580円から毎年度「基本額」を280円ずつ引き上げて，29年度以降月額16,900円で固定する方式が採用されている（87条3項）。これは，平成29年度以降は負担を固定する政策を採用したものである。しかし，これは，平成16年度価格を基準にして，それぞれの法定額の「水準」にする趣旨であって，実際の保険料額を意味するものではない。実際の保険料額は，基本額に「保険料改定率」を乗じて得られる額である（本章2［2］を参照）。

厚生年金保険　厚生年金保険は，政府が管掌する保険である（厚年法2条）。被保険者は，適用事業所に使用される70歳未満の者である（9条）。厚生年金の保険給付は，老齢厚生年金，障害厚生年金・障害手当金，遺族厚生年金である（32条）。

厚生年金保険の保険者たる政府が負担する基礎年金拠出金の額の2分の1相当額は，国庫が負担する（80条1項）。これは，基礎年金の2分の1国庫負担によるものである。国庫は，これと別に，毎年度予算の範囲内で厚生年金保険事業の事務（基礎年金拠出金の負担に関する事務を含む）の執行に要する費用を負担する（80条2項）。「予算の範囲内」という制約であるので，実際には，年度により事務費負担の程度は変動することが許容されている。

保険料は，定額方式ではなく，標準報酬月額及び標準賞与額に保険料率を

乗じて得た額である（81条3項）。平成16年の年金制度改正により，将来の最終的保険料水準を固定して，給付水準は，その財源の範囲内で調整する「保険料水準固定方式」が採用された。平成16年10月を始期にして，1年目は1,000分の139.34とし，その後1年ごとに1,000分の3.54ずつ引き上げて，平成29年9月から1,000分の183.00とされることになっている（81条4項）。

　厚生年金保険は，被用者保険であって，被保険者及び使用者である事業主が，保険料の半額を負担し（82条1項），事業主が保険料全額を納付する義務を負っている（82条2項）。事業主負担の根拠として，社会保険により労働者が安心して働くことができ労使関係を安定させること，特に年金に関して高齢者を退職させて若年労働者を雇うことを可能にするというメリットなどを強調する見解がある[2]。しかし，労働市場の状況により変動があるにせよ，それらは，負担の程度とつり合うようなメリットであるとは思われない。

　厚生年金保険法は，厚生年金基金制度を用意している。第一に，1又は2以上の適用事業所について常時政令で定める数以上の被保険者を使用する事業主は，その1又は2以上の適用事業所について基金を設立することができる。第二に，適用事業所の事業主は，共同して基金を設立することができる。この場合も，被保険者数は，合算して政令で定める数以上でなければならない。このような被保険者数の要件を定めているのは，基金の安定した運営を確保するためである。基金は，固有業務としての老齢年金給付，脱退一時金給付，死亡・障害による年金給付・一時金給付などの業務を行なう（130条）。

日本年金機構　　国民年金，厚生年金は政府管掌の年金制度であるが，それら年金の運営業務を行なう法人として，政府全額出資の特殊法人たる日本年金機構が平成22年1月からスタートする（日本年金機構法については，本章1［3］を参照）。

　日本年金機構の担う厚生年金関係業務を掲げると次のとおりである（27条1項1号）。

2　堀・社会保障法総論59頁。

①厚生年金保険法100条の4第1項に規定する権限に係る事務。厚生労働大臣が機構に委任する権限に係る事務である。この中には，被保険者資格の取得及び喪失の確認（厚年法18条1項），標準報酬月額の決定又は改定（21条1項，22条1項，23条1項，23条の2第1項），標準賞与額の決定（24条の3第1項），資格の得喪に関する確認の請求の受理（31条1項）及びその請求の却下（31条2項），保険給付裁定の請求の受理（33条）など多数のものが含まれる（100条の4第1項は，42号にわたっている）。

②厚生年金保険法100条の10第1項に規定する事務。これは，厚生労働大臣が機構に委託する事務である。この中には，被保険者に関する原簿を備え，これに被保険者の氏名，資格の取得及び喪失の年月日，標準報酬，基礎年金番号その他の事項を記録する事務（28条），保険給付を受ける権利の裁定に関する事務（33条），老齢厚生年金の支給に係る事務（42条等），老齢厚生年金の額の改定に係る事務（43条3項等），保険料の徴収に係る事務（81条1項等）など，社会保険庁が従来行なってきた事務の多くが含まれている。

③厚生年金保険法79条1項各号に掲げる事務（厚生年金保険に関する教育・広報，被保険者等に対し相談その他の援助を行なうこと，被保険者等の利便の向上に資する情報を提供すること）。

④電子情報処理運用事務（79条2項）。

⑤一定の収納事務（100条の11第1項）。

機構は，国民年金関係についても，同様に多数の事務をその業務としている（27条1項2号）。さらに，年金関係のみならず，児童手当関係，健康保険関係，船員保険関係等の多数の事務を業務として行なう（日本年金機構法27条2項）。

機構は，厚生労働大臣の定める基準に従って，その業務の一部を委託することができるとし（31条1項），その委託を受けた者（法人の場合は役員）若しくはその職員その他業務従事者又はこれらの者であった者に，守秘義務を課している（31条2項）。

機構に対する交付金制度が存在する。すなわち，機構の業務に要する費用に相当する金額は，政府が予算の範囲内において機構に交付する（44条1項）。この交付をするときは，機構に対し，「交付に充てるための財源の国庫

負担又は保険料の別ごとの内訳及び当該財産の内訳に対応した交付金の使途」を明らかにしなければならない（44条2項）。

機構に対しては，厚生労働大臣の監督権が用意されている。報告聴取，立入検査（48条）のほか，業務改善命令とその公表（49条），是正命令とその公表（50条）である。

社会保険庁の業務を移行する機構が，果たして国民の信頼を得られるのか，必ずしも安心できるわけではない。とりわけ，業務の実績の評価（36条），中期目標に係る業務の実績に関する評価（37条）をあまりに重視するわけにはいかない。そして，機構の運営の状況如何によっては，機構に対する交付金の増額を余儀なくされるおそれがあるし，逆に，「予算の制約」を理由に交付金を渋るならば，国民に不親切な年金行政となる虞もある。

共済年金　　組合方式の年金制度が，共済年金制度である。国家公務員共済組合法，地方公務員等共済組合法，私立学校職員共済法が制定されている。被用者年金制度である点において厚生年金制度と共通する面が多い（たとえば，掛金の折半負担）。しかし，微妙な違いの見られる点もある。たとえば，厚生年金にあっては，被保険者資格の取得及び喪失に関する「確認」という手続があるが，共済制度にあっては，そのような制度は用意されていない[3]。

以下に述べるように，各種の共済の長期給付に関しては組合民主主義が不徹底であるが，後年度の組合員の負担等を考慮すると国会を通じた財政民主主義を強化する方が合理的であると思われる。

国家公務員等の共済　　国家公務員共済組合は，各省各庁[4]ごとに，原則として，その所属の職員及びその所管する特定独立行政法人の職員をもって組織される。ただし，3条2項により別個の組合が設けられるものがある（3条1項）。共済組合の行なう長期給付が，年金給付に相当する。長期給付に

---

[3]　「私立学校共済組合法」時代の事案で，「私立学校教職員共済組合業務方法書」9条による資格取得確認通知書による通知は，行政処分ではないとする裁判例がある（東京地裁昭和56・11・26判例集未登載，その控訴審・東京高裁昭和58・10・31判例集未登載）。

[4]　「各省各庁」とは，衆議院，参議院，内閣（環境省を含む），各省（環境省を除く），裁判所及び会計検査院をいう。環境省が特別扱いされているのは，もっぱら沿革的な理由による。

は，退職共済年金，障害共済年金，障害一時金，遺族共済年金がある。組合に運営審議会が置かれること等については，すでに述べた（第3章1［1］）。長期給付に関する一定の業務（長期給付の決定及び支払い，長期給付に要する費用の計算，積立金の積立て，積立金及び余裕金の管理・運用，基礎年金拠出金の納付など）は，連合会が行なう（21条2項）。

長期給付に要する費用については，100分の50は掛金，100分の50は国の負担金による（99条2項2号）。掛金は，組合員の標準報酬の月額及び標準期末手当等の額を標準として算定するものとし，掛金率のうち長期給付に要する費用に係るものは，連合会の定款で定める（短期給付に要する費用等については組合の定款で定めるのと異なっている）（100条3項）。連合会の定款については，組合民主主義が不徹底なことが問題である。掛金を徴収し，又はその還付を受ける権利は，2年間行なわないときは，時効によって消滅する（111条2項）。

地方公務員等の共済　地方公務員等共済組合法により，複数の共済組合が設立されている。地方職員共済組合，公立学校共済組合，警察共済組合，都職員共済組合，指定都市ごとの指定都市職員共済組合，都道府県の区域ごとの市町村職員共済組合である（3条1項）。地方職員共済組合，公立学校共済組合及び警察共済組合に運営審議会を，また，都職員共済組合，指定都市職員共済組合，市町村職員共済組合及び都市職員共済組合に組合会を置くこととされている（6条）。長期給付は，退職共済年金，障害共済年金，障害一時金及び遺族共済年金である（74条）。市町村職員共済組合又は都市職員共済組合の事業のうち一定の業務（長期給付の決定及び支払い，長期給付に充てるべき積立金の積立て，業務上の余裕金の管理など）を共同して行なうために全国市町村共済組合連合会（＝市町村連合会）が置かれる（27条1項，2項）。さらに，組合及び市町村連合会の長期給付に関する業務の適正かつ円滑な運営を図るため，すべての組合及び市町村連合会をもって組織する地方公務員共済組合連合会が置かれる（38条の2第1項）。この連合会の業務には，組合の長期給付に係る掛金率を定めること，長期給付金を管理すること，同法116条の2に規定する財政調整拠出金を拠出し又は国家公務員共済組合法102条の2に規定する財政調整拠出金を受け入れることなどが含まれてい

る（38条の2第2項）。連合会の組合民主主義は不徹底である。長期給付に要する費用については、掛金100分の50、地方公共団体の負担金100分の50の財政負担である（113条2項2号）。なお、地方団体関係団体職員も地方職員共済組合の組合員とされている（144条の3）。これに関係して、掛金又は負担金を滞納した団体に対して、地方職員共済組合は、国税滞納処分の例により処分し、又は団体の住所若しくは財産のある市町村に対して処分を請求できるものとしている（144条の14第1項）。この規定により国税滞納処分の例により処分しようとするときは、総務大臣の認可を受けなければならない（144条の14第2項）。

私立学校職員共済制度による年金　私立学校教職員の相互扶助事業を行なうために私立学校職員共済法による共済制度が設けられている。この制度は、日本私立学校振興・共済事業団が管掌する（2条）。加入者は、私立学校法3条に定める学校法人、同法64条4項の法人又は事業団に使用される者で学校法人等から給与を受ける者をもって加入者とする（14条1項）。長期給付として、退職共済年金、障害共済年金、障害一時金、遺族共済年金があることは、他の共済制度と共通である。掛金等の折半負担等、掛金についても共通することが多い。掛金率は、政令で定める範囲内（施行令29条により、1000分の110から230の範囲内）において共済規程で定めることとされている（27条3項）。共済規程の変更は、共済運営委員会の意見を聴いたうえ（13条1項）、文部科学大臣の認可を受けなければならない（4条2項）。共済運営委員会は諮問機関であるうえに、その委員は文部科学大臣が、加入者、加入者を使用する学校法人又は学識経験者のうちから委嘱する。したがって、組合民主主義としても極めて不十分である。掛金を滞納した学校法人等に対しては、事業団が自ら国税滞納処分の例により処分し、又は学校法人等若しくはその財産のある市町村に対して処分を請求することができる（31条）、とされている。

地方公共団体独自の年金制度　地方公共団体には、独自の無拠出年金制度を設けているところがある。

　たとえば、岡山県は、「岡山県福祉年金条例」を制定して、高齢者年金、重度身体障害者年金、母子家庭年金を支給している。高齢者年金は、88歳

以上の者に支給する（3条1項）。重度身体障害年金は，20歳以上の者であって，①両眼の視力を全く失ったもの，②両上肢の機能を全廃したもの，③両上肢の手関節以上で欠くもの，④両下肢の機能を全廃したもの，⑤両下肢の大腿の2分の1以上で欠くもの，⑥体幹の機能障害により座っていることができないもの，⑦その他障害の程度が①から⑥に掲げるものと同等以上と認められるもの，のいずれかに該当する身体上の障害のあるものに支給する（3条2項）。母子家庭年金は，国民年金法61条又は82条の規定により母子福祉年金の支給を受ける者であって，同法61条1項又は82条1項から3項までに規定する子2人以上と生計を同じくするものに支給する（3条3項）。なお，以上の要件に該当する者であっても，日本国籍を有しないもの又は前10年の間において5年以上県内に居住していないものには，年金を支給しない（2条4項）。この居住要件に注目しておきたい。年金額は，3,000円である（4条）。

同様に，岡山県総社市は，「総社市障害者福祉年金条例」に基づいて，重度身体障害者又は重度知的障害者に対して，年額10,000円の障害者福祉年金を支給している。また，東近江市は，月額2,000円の遺児福祉年金を支給している。

[2] 年金財政をめぐる問題

人口の高齢化，少子化と社会保険方式　少子化により現役世代の人口が減少する反面，団塊世代が年金受給を要する世代に突入し，かつ，長寿社会の到来により長期にわたり年金を支給する必要を生ずるようになる。こうした時代にあって，年金給付の財源をどのような方法で確保すべきかをめぐり，主として全額租税方式の主張と社会保険料存続方式の主張とがある。全額租税方式の主張に対しては，どのような租税により財源を捻出するかが問題とされ，消費税の増税が必然的であるとして，その是非をめぐる議論に発展することが多い。現在の年金給付は，租税・社会保険料混合方式である。換言すれば，社会保険料方式といっても，「一部社会保険料方式」にほかならない。そして，誰もが安定的な年金給付を実現したいと思う点においては，共通の出発点にある。

厚生労働省が社会保障審議会年金部会に提出した資料（平成19・11・21配布資料の参考資料1）によると，年金に関する税方式と社会保険方式との基本的な仕組みと特徴は，次のようなものであるという。

　税方式
　　① 個人の保険料拠出を必要とせず，拠出にかかわらず国内在住年数等の要件で一律に給付。
　　② 恩恵的な性格が強い。
　　③ 企業の役割が必ずしも明確ではない。
　社会保険方式
　　① 一定期間にわたって保険料を拠出し，拠出した程度に応じた額の年金を給付（自立自助）。
　　② 権利的な性格が強い。
　　③ 企業の役割を明確に位置づけ（事業主負担）。

以下，若干の検討をしておこう。

第一に，社会保険方式の維持を主張する根拠として，租税方式にあっては財政運営上の都合により給付が削減される虞があるのに対して，社会保険方式にあっては長期的収支計算に基づく安定的財政運営が可能であるとされる。しかし，租税方式にあっても，長期的な見通しの下に基金を積み立てるなどの対策を講ずることは可能である。

第二に，社会保険料の場合の権利性もメリットとして強調される。しかし，権利性は，抽象的な意味であって，具体的な年金額の水準が変動することは法的に許容されるというのであるから，極端に言えば，制度の廃止，すなわち休止が許されないという程度のものにとどまるというべきかも知れない。また，現状の混合方式にあっては，「租税の投入部分についてまで権利性があるといえるのか」という疑問が投げかけられるであろう。

第三に，完全租税方式の主張の根拠には，さまざまな理由があるようである。①国民年金保険料の納付率が低く，将来無年金者が大量に発生することが予想され，これを放置することができないこと，②完全租税方式によって社会保険料徴収のコストを節減できること，③世代間・世代内において保険料負担の格差が生じているので租税方式により是正することが望ましいこと

（高齢者であっても負担能力のある者には租税負担を求め得ること），などである。

　筆者は，この問題に対する解答をするほどに研究しているわけではない。日本の社会保険制度は，主として被用者保険のシステムに依存しており，基礎年金についても，被用者年金の保険者からの拠出金に大きく依存していることは否定できない。その拠出金の算定の基礎になるのは，標準報酬月額，標準賞与額であって，どのような事業主も報酬，賞与額をごまかすことは難しく，所得税や法人税に比べて捕捉しやすい状況にある。まさに，捕捉しやすい被用者保険を媒介にした方式のメリットを維持するかどうかに判断のポイントの一つがあると思われる。もう一つのポイントは，社会保険方式にあっては，国民は人生の長いスパンで年金のあり方を考える必要があるが，現状では将来の給付について信頼をもつことができない状況にある。この将来不安を放置したままにして保険料の滞納を批判しても無理な面がある。

年金一元化への動き　現在の年金制度は，国民共通の国民年金の基礎年金を土台にして，その上に被用者の職域年金としての厚生年金，共済年金（その中も複数の共済年金制度になっている）が分立して存在してきた。そして，複数の被用者年金をどのようにすべきかが大きな政策的課題であった。

　平成元年には，「被用者年金制度間の費用負担の調整に関する特別措置法」が制定された。それは，「被用者年金制度間の給付と負担の両面にわたる調整を図るための被用者年金制度全体の見直しの措置が完了するまでの間において，当面講ずべき措置として，厚生年金保険の管掌者たる政府及び共済組合が支給する老齢又は退職を支給事由とする年金たる給付に要する費用に係る負担に関して各制度の共通性等に配意して算定される金額について被用者年金保険者間において調整するための特別の措置を講じ，もって被用者年金制度全体の安定と整合性のある発展に資することを目的とする」法律であった（1条）。具体的には，現役加入者数に対する年金受給者数の割合の高低の差によって，現役加入者の保険料負担に生ずる不均衡を是正するために，被用者年金各制度の老齢・退職年金給付に関して共通部分を設定し，共通部分に係る費用について政府が調整交付金を交付し，調整交付金の財源は，一定の基準により各年金保険者が負担能力に応じて納付する調整拠出金により賄うという措置を講ずるものであった[5]。

平成13年には,「厚生年金保険制度及び農林漁業団体職員共済組合制度の統合を図るための農林漁業団体職員共済組合法等を廃止する等の法律」により,農林漁業団体職員共済を厚生年金制度に統合した[6]。

さらに,平成19年の通常国会には,「被用者年金制度の一元化等を図るための厚生年金保険法等の一部を改正する法律案」が提出された。この法案は,公務員及び私学教職員も厚生年金制度に加入し一元化しようとするものである。その結果,共済年金の保険料を引き上げて,厚生年金の保険料率に統一する。制度間の差異を解消するために,①公務員の被保険者資格について70歳の年齢制限を設ける,②総報酬月額相当額と老齢厚生年金の基本月額の合計額が支給停止調整額を超えるときに老齢厚生年金の一部又は全部を支給停止する仕組みを,国会議員又は地方議会の議員にも適用する,③公務員に係る障害給付についても保険料納付要件を課す,④公務員等に係る遺族給付の転給制度[7]を廃止する,などの措置を講ずる。

さらに,従来の各保険者を引き継ぐ実施機関を設定して,実施機関が政府の厚生年金勘定に拠出金を納付して保険給付に要する費用等を分担し合うこととし,実施機関が行なう厚生年金の保険給付に要する費用等を政府の厚生年金勘定から交付金として交付するという内容である。拠出金をプールして交付金に充てるという仕組みを採用しようとしている点がポイントである。ただし,当分の間は,激変緩和措置として,支出費(給付費及び基礎年金拠出金)按分も取り入れることとしている。各実施機関からの拠出金の算定式は,次のとおりである。

実施機関からの拠出金＝拠出金算定対象額×[{標準報酬按分率×保険料財源率＋積立金按分率×(1－保険料財源比率)}×50％]＋支出費按分率×50％－基礎年金拠出金(除く国庫・公経済負担)

拠出金算定対象額＝[厚生年金給付費(既定の共済年金給付費(2階部

---

[5] この制度の成立までの経緯については,法研・厚生年金保険法解説1069頁以下を参照。

[6] この経緯については,法研・厚生年金保険法解説1151頁以下。

[7] 遺族共済年金を受給できる遺族の先順位者が失権した場合に次順位者に支給(転給)される制度である。

分に限る））＋基礎年金拠出金－国庫・公経済負担］の総額（合計額）
標準報酬按分率＝実施機関標準報酬／全標準報酬
積立金按分率＝実施機関の１階・２階部分積立金／全１階・２階部分積立金
支出費按分率＝実施機関支出／全支出
保険料財源比率＝保険料財源分／一定期間の支出

この法案は，成立することなく廃案となったが，一元化が課題であることに変わりはない。

年金事務費負担問題　国民年金及び厚生年金保険共通に，事務費を国庫負担により賄うのか，保険料負担により賄うのかが問題とされてきた。国民年金法は「国庫は，毎年度，予算の範囲内で，国民年金事業の事務の執行に要する費用を負担する」（85条2項）と定めている。厚生年金保険法も，同様に，国庫は「毎年度，予算の範囲内で，厚生年金保険事業の事務（基礎年金拠出金の負担に関する事務を含む。）の執行に要する費用を負担する」（80条2項）と定めている。

「予算の範囲内」という制約があることを理由に国庫による事務費負担をゼロにして，保険料負担に求めることが法律に違反しないのかが問題となる。そのように解すると，実質的に任意的補助金になってしまい，「負担」の語がもつ義務的ニュアンスに反することは明らかである。「予算の範囲内」の文言にもかかわらず，「国の財政状況によりその額を加減することができるいわゆる補助金とは，その性格を異にしている」と理解されてきた[8]。

これまでは，国民年金法（平成19年法律第110号による改正前のもの）85条1項の「国民年金事業に要する費用（次項に規定する費用を除く。以下同じ。）」という定め方によって，保険料について定める86条1項の「国民年金事業に要する費用」から85条2項の定める事務の執行に要する費用が除外され，保険料を事務費に充てることはできない仕組みであった。また，厚生年金保険法に関しては，国民年金法のような明示的な規定があったわけではないが，80条2項の存在に着目して，80条2項が事務執行経費の全額国

8　喜多村・国民年金法229頁。

庫負担を定めるものであり，81条の「厚生年金保険事業に要する費用」には，事務執行に要する費用は含まれないと解されていた[9]。しかしながら，実際には，これらの法律の特例を定める方式で，事務費について保険料を充てる措置を講じてきた。厳しい国の財政事情に鑑みて，まず，財政構造改革の推進に関する法律（平成9年法律第109号）による国民年金法附則，国民年金特別会計法附則，厚生保険特別会計法附則の定めにより平成10年度から15年度まで，年金事務費の一部に保険料を充てる特例措置を講じ，さらに，平成16年度以降は，各年度の公債発行特例法に定めを置く方法で，同様の特例措置を講じてきた。たとえば，「平成19年度における財政運営のための公債の発行の特例等に関する法律」に，①平成19年度における国民年金法85条1項の適用については，同項中「国民年金事業に要する費用（次項に規定する費用を除く。以下同じ。）」とあるのは，「国民年金事業に要する費用（次項に規定する費用を除く。）」とする（3条1項），②この場合における「特別会計に関する法律」114条5項の規定の適用については，同項中「国民年金事業の福祉施設に要する経費」とあるのは，「国民年金事業の業務取扱費若しくは福祉施設費に要する経費」とする，③平成19年度における「特別会計に関する法律」114条6項の規定の適用については，同項中「厚生年金保険事業の福祉施設に要する経費」とあるのは，「厚生年金保険事業の業務取扱費若しくは福祉施設に要する経費」とする，というものであった。

　この立法技術は，国民年金に関しては，国民年金法の保険料規定が明らかに事務費を除外している（85条1項括弧書きの「以下同じ」の文言により86条1項の「国民年金事業に要する費用」から事務費が除かれる）ので，それを当該年度については，「国民年金事業に要する費用」という制約のない状態にする必要があるとするとともに，「特別会計に関する法律」の中の年金特別会計に関する規定において，国民年金勘定から業務勘定への繰入れ項目の中に「国民年金事業の業務取扱費」を入れ，同じく，厚生年金勘定から業務勘定への繰入れ項目の中に「厚生年金保険事業の業務取扱費」を入れるというものであった。

---

[9] 喜多村・厚生年金保険法234頁。

そうした状態において，職員宿舎，公用車，研修等の経費までも保険料負担とされていたことが，「年金保険料の事務費流用問題」として政治問題となり[10]，事務費のうちの一部については国庫負担としたものの，事務費全体を国庫負担とする措置をとることはなかった。逆に，平成19年6月に成立した社会保険庁改革関連法である「国民年金事業等の運営の改善のための国民年金法等の一部を改正する法律」（平成19年法律第110号。平成20・4・1施行）により，国民年金法85条1項括弧内の「以下同じ。」を削除することにより，保険料を充てることができるように改正された。また，「特別会計に関する法律」の114条5項に「国民年金事業の業務取扱費」を，6項に「厚生年金保険事業の業務取扱費」を加えることにより，年度ごとの特例の形式ではなくなった。これにより，年金事務費の社会保険料による負担が「恒久化」されたと言われている。

　事務費を一般会計負担にするか，保険料負担に求めてよいかは，政策決定の問題であって，国民が選択すればよい問題である。しかし，強いていえば，いずれの方法の方が，事務費の内容等に関する統制，あるいはその前提としての事務費の内容の公開がよりよく担保されるのかという点を考慮する必要があろう。このことは，今後，年金業務が社会保険庁から日本年金機構に移管されても変わることのない要考慮事項である。

年金積立金の運用　公的年金において保険料を財源とし，積立ての割合はともかくとして積立方式を採用する場合には，積立金の管理・運用が重要

10　民主党は，平成19年に「年金流用禁止法案」を参議院に提出した。なお，「内閣総理大臣は，社会保険庁が別紙社会保険庁不正支出一覧表記載のとおり合計38億9,009万1,573円の不正支出をしたことにより国庫に同額の損害を与えたことについて同庁に対し，また，厚生労働省が別紙グリーンピア無駄一覧表記載のとおり合計1,951億8,000万円の不正支出をしたことにより国庫に同額の損害を与えたことについて同省に対し，それぞれ内閣法6条に基づく指揮監督権を行使せよ。」，そのような指揮監督権を行使する義務があることの確認，及び，そのような指揮監督権を行使しないことが違法であることの確認を求めた訴訟が提起されたが，東京地裁平成19・1・12判例集未登載は，いずれも，原告らと内閣総理大臣との間における具体的な紛争を離れて，裁判所に対して，内閣法6条に基づく内閣総理大臣の指揮監督権の行使の義務付け等を求めるものに帰し，裁判所法3条1項にいう「法律上の争訟」に当たらないとした。

である。かつては、年金資金は、資金運用部に預託されて財政投融資を通じて運用されていた。その中には、還元融資と呼ばれて、地方公共団体等に融資されて、さまざまな施設建設などにも使用された。厚生年金住宅といって、地方公共団体が事業主に従業員用の住宅を貸し付けるための住宅の建設にも充てられた。また、旧年金福祉事業団に貸し付けて、住宅融資や年金福祉施設の建設にも充てられた。しかし、財政投融資制度の改革により、大きく転換が図られた。

　国民年金法も厚生年金保険法も、「積立金の運用」に関する章を設けている。国民年金法に即してみておこう。同法75条は、「積立金の運用は、積立金が国民年金の被保険者から徴収された保険料の一部であり、かつ、将来の給付の貴重な財源となるものであることに特に留意し、専ら国民年金の被保険者の利益のために、長期的な観点から、安全かつ効率的に行うことにより、将来にわたって、国民年金事業の運営の安定に資することを目的として行うものとする」として、積立金運用の原則を定めている（厚年法79条の2も同趣旨）。そして、運用は、厚生労働大臣が、この目的に沿った運用に基づく納付金の納付を目的として、年金積立金管理運用独立行政法人に対し、積立金を寄託することにより行なうものとされ（76条1項。厚年法79条の2も同趣旨）、具体的な運用については、年金積立金管理運用独立行政法人法の定めるところによる（80条。厚年法79条の7も同趣旨）。管理運用法人の運用収益が国庫に納付されることになる。

　この独立行政法人法は、平成18年に施行されたものであり、この方式の評価を現段階ですることは難しい。「経済又は金融に関して高い識見を有する者その他の学識経験を有する者のうちから、厚生労働大臣が任命する」委員からなる運用委員会が置かれて（17条1項）、業務方法書の作成・変更、中期計画の作成・変更について、この委員会の議を経るほか（15条2項）、委員会は、年金積立金の運用状況その他の管理運用業務の実施状況を監視し（15条3項）、そのほか、理事長の諮問に応じて重要事項について意見を述べ、又は必要と認める事項について理事長に建議することができる（15条4項）。業務方法書で定めるところにより、金融機関その他政令で定める法人に対し、独立行政法人の業務の一部を委託することが許容されている（19条1項）。

中期計画には，年金積立金の管理及び運用の基本的な方針，長期的な観点からの資産の構成に関する事項，管理運用に関し遵守すべき事項を定めるものとされ（20条1項），それらの事項は，「資産の管理及び運用に関し一般に認められている専門的な知見並びに内外の経済動向を考慮するとともに，年金積立金の運用が市場その他の民間活動に与える影響に留意しつつ，安全かつ確実を基本とし，年金積立金の運用が特定の方法に集中せず」かつ，国民年金法等の目的に適合することを求めている（20条2項）。ここには，「安全かつ確実」原則及び運用方法分散主義が示されている。長期的に維持すべき資産構成割合の「基本ポートフォリオ」を策定して運用している。

積立金の管理運用については，その方法を限定列挙して，安全かつ効率的に行なわなければならないとしている（21条1項）。金融商品取引法に規定する有価証券であって政令で定めるもの（株式を除く）の売買（1号），預金又は貯金（厚生労働大臣が適当と認めて指定したものに限る）（2号），信託（3号），債券オプションの取得又は付与（6号），先物外国為替の売買（7号）などが列挙されている。株式が除外されているとはいえ，一定のリスクを抱えていることは否定できない。特に，リーマン・ショックに端的に示されるように，金融市場がグローバルに変動する今日，世界の金融市場の動向に左右されるリスクを運用にどのように織り込むかが課題である。一部は，管理運用法人が国内債券を直接運用しているが，大部分は，民間の運用機関（信託銀行や投資顧問会社）に運用を委託し，民間運用機関が金融市場で上げた運用益を還流させる方式が主流である。運用受託機関は，株主議決権も行使している。

厚生労働大臣は，年金積立金の安全かつ効率的な運用を行なうために特に必要があると認めるときは，管理運用法人に対し，管理運用業務に関し必要な措置をとることを求めることができ（27条1項），その求めがあったときは，正当な理由がない限り，その求めに応じなければならない（2項）。したがって，管理運用法人は，「独立」とはいえ，大臣の広い意味の監督下にあるといえる。

制度変更の問題　被用者年金の一元化も含めて，年金財政にあっては，制度変更時の扱いをどのようにするかが常に問題になる。制度変更あるいは

新制度発足の際には経過措置を必要とし，それが制度を複雑にする。たとえば，厚生年金保険法は，老齢厚生年金の支給開始年齢を65歳とする改正に対応して，60歳以上65歳未満で一定の要件を満たす者に特別支給の老齢厚生年金を支給することとし（附則8条），かつ，生年月日による段階的な支給開始年齢の経過措置を設けている（附則8条の2）。その結果，国民は自らの給付がどのようになるのかを知ることが容易ではない。まして，現在の時点において見込まれる将来の給付が，制度変更により変動するかも知れないことを国民は覚悟しなければならない。

　立法の形式から見ても，極めて複雑な方法が採用されている。各改正時の附則を後の改正法によって改正するために，たとえば，「国民年金法等の一部を改正する法律等の一部を改正する法律案」の形式で国会に提出されることがある。それに対応して，「国民年金法等の一部を改正する法律の一部を改正する法律附則第2項に規定する還付額の算定に関する政令」のような名称の政令も登場している。

［3］　年金行政法

年金行政法における裁定請求と裁定　年金行政において重要な意味をもつのが裁定請求及び裁定である。国民年金法16条は，給付を受ける権利は，その権利を有する者（受給権者）の請求に基づいて，社会保険庁長官が裁定する，と定めている。厚生年金保険法33条も，ほぼ同趣旨を規定している。この場合の請求制度のことを「請求主義」とか「申請主義」と呼んでいる。この条文を形式的にみて，職権主義は否定されていると解されている。請求主義を採用している理由は，「裁定者が広範な対象者について受給権が発生したかどうかを把握することが不可能であるとともに，年金の受給権のような権利は，権利者の意思の発動を待つことにして差し支えないと判断される」ことによるとされる[11]。

年金行政における受理　行政法学において，かつては行政行為の分類にあたり，準法律行為的行政行為の一つの類型として「受理」が掲げられてい

11　喜多村・国民年金法44頁。

た。たとえば，代表的な学説として，田中二郎博士によれば，受理は，「他人の行為を有効な行為として受領する行為」であって，「単純な事実たる到達と異なり，受動的な意思行為」であり，受理によってどのような法律効果を生ずるかは，法律の定めるところによるとされていた[12]。しかし，近年は，行政行為の一類型として受理を掲げることについて消極的と思われる見解が広まりつつある。この傾向は，行政手続法との関係において，受理を独立に掲げる意味がないとする見解が主流となっていることと無関係ではない。申請に対する審査応答義務は，申請が到達したときに生ずるのであるから，実務上行なわれてきた受理行為は行政手続法上の観念として位置づけられていないばかりでなく，「受理（拒否），受付（拒否），返戻といった事実上の行為が行われなくなることを期待している」というのである[13]。

日本年金機構法附則の分析　ところが，日本年金機構法（平成 19 年法律第 109 号）附則による厚生年金保険法及び国民年金法の一部改正条項には，厚生労働大臣の権限の日本年金機構への委任規定が置かれて，その中に，「受理」なる文言が多数登場している。国民年金法に追加される 109 条の 4 第 1 項には 38 号に及ぶ列挙がなされている。そのうち何と 23 の号に及び「受理」の文言がみられる。たとえば，年金行政の根幹をなす裁定請求（国年法 16 条）の受理も含まれている。「第 16 条（附則第 9 条の 3 の 2 第 7 項において準用する場合を含む。）の規定による請求の受理」（5 号）と表現している。このような請求の受理のほか，受理の対象は各種の申出・届出・申請・報告に及んでいる。なお，これと別に「受領」の文言も見られる。同様の委任規定は，厚生年金保険法に追加される 100 条の 4 にも見られる。

日本年金機構法附則による前記諸規定の追加前の国民年金法や厚生年金保険法は，「受理」についてどのような定めをしていたのであろうか。国民年金法には，資格の取得及び喪失並びに種別の変更に関する事項並びに氏名及び住所の変更に関する事項の届出（12 条 5 項）が 2 号被保険者を使用する事業主又は国家公務員共済組合等に受理されたときは，その受理されたときに社会保険庁長官に届出があったものとみなす規定（12 条 9 項），12 条 5 項の

12　田中二郎『新版行政法上巻［全訂第 2 版］』（弘文堂，昭和 49 年）125 頁。
13　塩野宏『行政法 I［第 5 版］行政法総論』（有斐閣，平成 21 年）295 頁。

規定により3号被保険者の資格の取得に関する届出を受理したとき等において国民年金手帳を作成し交付する規定（13条1項）及び国民年金基金から銀行等の金融機関による業務受託規定（128条6項）に見られる。最後の業務受託規定は，改正後の受理規定に繋がるものであるが，他の規定は，「届出があったとき」を「受理されたとき」とか「受理したとき」と表現したものと解することもできるような軽い規定であったと思われる。

　もちろん，これらの規定が，田中二郎説の受理観念を前提にできていたと解することもできる。たとえば，資格の取得及び喪失並びに種別変更に関する事項並びに氏名及び住所の変更に関する事項の届出[14]について，事業主又国家公務員共済組合等が，届出の効力を生じさせてよい内容のものである，すなわち有効なものであると判断して受領する行為であると解することは十分できる。そして，有効なものと判断できないときは，返戻し又は是正を求めることになるのであろう。これに対して，受理という行政行為が介在していないとみるときは，有効な届出がなされたかどうかが問題なのであって，受理という判断行為により届出の効力の発生が左右されることはないということになろう。

　以上のように，追加前の規定の解釈は，二通りありえたと思われる。

　追加による規定は，注意深く読むと，「次に掲げる厚生労働大臣の権限に係る事務は，機構に行わせるものとする」という表現を用いている（改正後の厚年法100条の4，改正後の国年法109条の4）。「権限に係る事務」を「行わせる」のであって，「権限を委任する」としているのではない。いずれの条文見出しも，「機構への厚生労働大臣の権限に係る事務の委任」としている。これらの規定が，権限自体の委任を定めたものなのか，それと区別された「単なる事務の委任」を定めたものであるのかは，少なくとも条文のみによって判断できない。しかし，これらの規定と別に，「機構への事務の委託」という条文見出しを付した規定も置かれていることにより，「権限に係る事務の委任」と「事務の委託」とを区別していることが窺われる。

　すなわち，改正後の国民年金法109条の10第1項は，厚生労働大臣は，

---

[14] 事業主は，特別の規定がない限り行政庁たる立場にあるわけではないが，当時の国民年金法により行政庁たる立場を付与されたものとみることができる。

機構に,「次に掲げる事務」を「行わせるものとする」として,多数の号を掲げている。それらのなかには,「第16条(附則第9条の3の2第7項において準用する場合を含む。)の規定による裁定に係る事務(第109条の4第1項第5号に掲げる請求の受理及び当該裁定を除く)」(3号)という事務も掲げられている。

条文見出しに手がかりを求めて,109条の4第1項を権限に係る事務の委任規定であると理解し,併せ読むならば,次のような区分がなされることになる。

①請求の受理の権限に係る事務は機構に委任される。②それを除く事務のうち,「当該裁定」は厚生労働大臣に留保される。③残りの裁定に係る事務は機構に委託される。

ところで,さらに問題を複雑にするのは,伝統的な権限の委任に関する規定(改正後の国民年金法109条の5第1項による財務大臣への権限の委任,109条による地方厚生局長への委任)が存在することである。なお,これらと別に,機構は,厚生労働大臣の定める基準に従って機構法27条に掲げる機構の業務(その中には,①及び③の業務も含まれる)の一部を委託することができる(機構法31条1項)。これが,いわゆる民間委託に関する規定である。

以上のような法律の仕組みを前提にして,③は,裁定にかかる内部事務を機構に委託する趣旨であって,外部に向けられる裁定は,②により厚生労働大臣の名において行なわれる。そして,①の受理は外部との接触のある事務であるので,事務の委任として整理されているのであろう。

そこで,「受理」は,田中二郎博士のような行政行為の観念を前提にした規定であるのか,「単なる事務の委任」にすぎないのかが問題である。

この問題を検討するには,日本年金機構がいかなる法人として位置づけられているのか見ておく必要がある。日本年金機構を設立するのは,社会保険庁を廃止し,厚生労働大臣が公的年金に係る財政責任・管理運営責任を担うこととするとともに,新たな非公務員型の年金公法人を設置し,厚生労働大臣の直接的な監督の下で,一連の業務を担わせることにある[15]。健康保険に関する全国健康保険協会と決定的に異なる点は,年金にあっては,保険者はあくまで政府であって(その管理運営責任は厚生労働大臣),日本年金機構に

あるわけではないという点である。したがって，年金手帳及び年金証書は，国（厚生労働大臣）の名義で発行される。このような全体の仕組みからするならば，先に掲げた受理に関する事務の権限も，厚生労働大臣の管理運営権限の一部をなすものであることは疑いない。

受理を独立の行政行為と見る見解によれば，受理によって法律の定める効果を生ずることになる。裁定申請についていえば，受理により裁定申請がなされたことになる。そして，不受理の段階においては，裁定申請がなされていないことになる。したがって，裁定すべきか否かについての判断をする義務も生じていないといえよう。しかし，そのような解釈の妥当性については大いに疑問がある。

保険給付の制限　　年金関係各法は，保険給付の制限に関する規定をおいている。それらをすべて年金行政法としてよいかは問題であるが，一括して説明しておこう。

第一に，被保険者等が保険事故の発生や程度の拡大について責めに帰すべき事由のある場合である。法は，①被保険者又は被保険者であった者が，故意に，障害又はその直接の原因となった事故を生ぜしめたときに，その障害を支給事由とする年金等を支給しないこと（国年法69条，厚年法73条），②被保険者又は被保険者であった者が，自己の故意の犯罪行為若しくは重大な過失により，又は正当な理由なくて療養に関する指示に従わないことにより，障害若しくは死亡若しくはこれらの原因となった事故を生じさせ，若しくは障害の程度を増進させ，又は回復を妨げたときは，保険給付の全部又は一部を行なわないことができること（厚年法73条の2。国年法70条もほぼ同趣旨），③被保険者又は被保険者であった者を故意に死亡させた者，並びにその者の死亡によって年金等の受給権者となるべき者を故意に死亡させた者には，年金等を支給しないこと（国年法71条1項，厚年法76条1項），④遺族基礎年金又は遺族厚生年金の受給権は，受給権者が他の受給権者を故意に死亡させたときは消滅すること（国年法71条2項，厚年法76条2項）を定めている[16]。

15　「日本年金機構法案の概要」による。

第二に、行政上負っている所定の義務に違反する場合である。法は、①受給権者が調査のための命令に従わず又は職員の質問に応じなかったときは全部又は一部につき支給を停止することができること（国年法72条，厚年法77条），②受給権者が正当な理由がなくて届出をせず又は書類その他の物件を提出しないときは年金給付の支払いを一時差し止めることができること（国年法73条，厚年法78条）などを定めている。

[4] 保険料通則

年金保険料の時効制度　年金保険料には、いずれも時効制度が用意されている。国民年金法について見ると次のとおりである。

①基本規定は、「保険料その他この法律の規定による徴収金を徴収し、又はその還付を受ける権利及び死亡一時金を受ける権利は、2年を経過したときは、時効によって消滅する」とする同法102条4項の規定である。②さらに、「保険料その他この法律の規定による徴収金についての第96条第1項の規定による督促」は、民法153条の規定にかかわらず、時効中断の効力を有するとされている（102条5項）。③「保険料その他この法律の規定による徴収金」については、会計法32条の規定は適用されない（102条6項)[17]。

以上のような一見すると単純な規定であるが、問題は多い。

第一に、「保険料その他この法律の規定による徴収金」の意味である。国民年金法95条の規定により、「この法律」という中に、同法第10章は含まれていない。国民年金基金は、基金が支給する年金及び一時金に関する事業に要する費用に充てるため掛金を徴収し、掛金について国税滞納処分の例により処分をすることもできるが（134条の2第1項による96条4項の準用)[18]，

---

[16] 国民年金法と厚生年金保険法との間には微妙な違いがあるが、それを無視して本文には叙述した。

[17] 共済関係の法律における掛金等について見ると、「掛金その他この法律の規定による徴収金」の徴収、還付を受ける権利は、2年間行なわないとき、あるいは2年を経過したときは時効により消滅する旨を定める点において共通する（国公共済法111条2項，地公共済法144条2項，私立学校共済法34条1項）。そのほかに、地方公務員等共済組合法144条の23第4項及び私立学校職員共済法34条には、督促が時効中断の効力を有する旨の規定がある。

2年の時効規定の適用はないことになる。

　第二に，死亡一時金は，保険給付であるのに，なぜ102条1項の5年の消滅時効と別にしたのであろうか。この点は，おそらく沿革的理由によると思われる。すなわち，平成19年に成立した「厚生年金保険の保険給付及び国民年金の給付に関する時効の特例等に関する法律」が，102条1項に「当該権利に基づき支払期日ごとに又は一時金として支払うものとされる給付の支給を受ける権利を含む。第3項において同じ」とする括弧書きを加えたように，従前の「年金給付を受ける権利」は基本権を指し，支分権の消滅時効は会計法によっていたとする理解に基づき，会計法と異なる時効を定めるには，特別規定を置く必要があったのである。そして，死亡一時金については，保険料の還付的性格が強いということで，保険料等と同様に2年の短期消滅時効にした旨の説明がなされている[19]。

　第三に，96条1項の規定による督促に時効中断の効力を認める旨の規定を置きつつ（5項），なぜ会計法32条の規定（それは，法令の規定による納入告知は時効中断の効力を有する旨の規定である）を適用しない（6項）としているのであろうか。この点は，なぜか厚生年金保険法92条3項との立法上の違いとなっている。厚生年金保険に関して，同項は，「保険料その他この法律の規定による徴収金」の「納入の告知」又は同法86条1項の規定による督促は，時効中断の効力を有するものと定めているからである。なぜ，国民年金法は，「納入の告知」が時効中断の効力を有する旨を同法自体に定めないばかりか，会計法32条の規定をも排除したのであろうか。

　この点についての一つの説明として，元厚生省年金局長の職にあった者の著作によれば，「国民年金制度の対象中拠出能力の乏しい者に過度の重圧の加わることを避ける趣旨」であったという[20]。しかし，過度の重圧を避ける必要があるのであれば，通常は納入の告知よりも後からなされる督促にも時効中断の効力を認める必要はないはずである。また，別の元厚生省年金局に

18　基金が滞納処分をしようとするときは，厚生労働大臣の認可を受けなければならない（134条の2第2項）。

19　喜多村・国民年金法255頁。

20　小山進次郎『国民年金法の解説』（時事通信社，昭和34年）330頁。

勤務した者の著作において、次のような説明がなされている。

「厚生年金保険の場合には被保険者は賃金収入を有する労働者であり、また納付義務者はこれを雇用する事業主であるから滞納はむしろ例外的なケースである。これに対し国民年金の被保険者はその所得が千差万別であり、また個々の被保険者が納付義務者であることから滞納する事例も相当数予想せざるをえない。その場合に、被保険者に対し保険料の納入告知をするたびに時効が中断し新たに2年の消滅時効が進行することになると、会計整理の上から債権債務関係をできるだけ速やかに処理しようとした時効制度の意義が失われる。このため時効中断の効力を排除しているのである。」[21]

この説明は、保険料の滞納者に対して、督促に先立って納入の告知がなされるかのような響きをもっている。しかし、現行の会計法及びその委任に基づく予決令は、国民年金保険料について納入の告知の手続を求めていない[22]。したがって、無数の納入の告知がなされるという前提自体が存在しない。そこで、そのような会計法令の建前を前提にして、念のために会計法32条の規定を適用しないと述べているに過ぎないとする見方も可能である。形式的には、このような見方が可能であるが、国民年金保険料について、納付方法の制度変更に伴い、今日においては、本来ならば納入の告知の手続を要するものとすることが制度的一貫性であるように思われる。

なぜならば、納入の告知を要しないことにした当初の立法趣旨は、国民年金保険料は、国民年金印紙を購入して国民年金手帳の所定欄に貼り付けて納期限までに市町村長に提出し検認を受けることによって行なうこととされていた。この時期にあっては、「被保険者の自発的な意志に基づいて保険料を納入することを期待し、被保険者の都合のよい時に毎月あるいは3月分をまとめて納入が簡易にできるようにするとともに徴収事務の簡素化をはかり、

---

21 喜多村・国民年金法 255頁 - 256頁。
22 会計法6条は、歳入の調査決定に続いて、「政令で定めるものを除き、債務者に対して納入の告知をしなければならない」とし、予決令28条の2が、納入の告知を要しない歳入の一つとして、国民年金法87条1項の規定により徴収する保険料を掲げている。

また,現金の取扱いの確実化をねらったものである」[23]とする説明が妥当しえたのであろう。当時は,毎年度の保険料は,翌年の4月30日までは印紙納付方式であるが[24],4月30日を過ぎると現金徴収に切り替えられ,その切り替えに伴い,初めて被保険者に納入告知書が発行される扱いであった[25]。しかし,今日においては,印紙納付制度は廃止されている。しかも,申告納税制度の租税のような自主申告が求められているわけではない。むしろ,被保険者にとっては納入の告知を要すると受け止める方が自然である。にもかかわらず,後述するように,現在の扱いは,「納入の告知」ではなく「納付案内書」の形式によっている。その理由は,おそらく,法律により定まっている定額制の国民年金保険料に関しては,特別の確定手続を要しないので,納付義務の履行の便宜のために「納付案内書」を送付して通知しているにすぎない,とする理解に基づくと推測される。

現在は,毎年度,被保険者に対し,各年度の各月に係る保険料について,保険料の額,納期限その他厚生労働省令で定める事項を通知するものとされ(国年法92条1項),省令である同法施行規則70条により,保険料前納期間・前納の場合の割引額,前納の場合の納期限,保険料を納付することができる場所及び保険料を納付する方法が通知事項として掲げられている。この通知には,納付書を添付して(施行規則70条の2第1項),実際には,「国民年金保険料納付案内書」が被保険者に送付されている。法的性質はともかくとして,表題は異なるものの,被保険者にとっては「納入の告知」の実質を

---

23 小山進次郎・前掲注20,139頁。

24 具体的には,1月分から3月分までは4月末日,4月分から6月分までは7月末日,7月分から9月分までは10月末日,10月分から12月分までは,翌年1月末日を納期限としつつ,国民年金印紙による納付は,納期限前の納付及び4月分から12月分までの各保険料を納期限の経過後翌年の4月30日までの間に納付するときとされていた。昭和60年改正前の国民年金法は,納期限前の納付,及び過去の分を納期限の経過後の5月1日以降に納付する場合には,印紙納付によることとしつつ(92条1項),4月分から12月分までを翌年4月30日までに納付するとき,1月分から3月分までの4月30日までに納付するという最も納付の割合の多い時期の納付については,現金納付原則が採用されていた(92条2項)。

25 小山進次郎・前掲注20,143頁。

もっているといってよい。

　結局,「納入の告知」の実質をもつと受け止められても不思議ではない納付通知の手続が存在しているが,それは納付期限前になされるので,時効の期間が納付期限の翌日から進行を開始すると解するのが自然である以上,それ以前になされる納付通知に時効中断の効力を認める意味がないということに尽きると思われる。

　なお,以上の国民年金法の仕組みと異なり,厚生年金保険法は,保険者が,被保険者について決定された標準報酬月額に基づいて保険料額を計算し事業主に告知する制度の建前になっているとされる[26]。しかし,納入告知による時効中断の効力が意味ある場面が,どのようなものであるのか明らかではない。

　時効完成のもたらす問題　　年金保険料に関して時効が完成した場合には,保険者及び被保険者の両者とも大きな影響を受ける。

　第一に,保険者にとっては,徴収不能となることが行政上あるいは保険財政上の深刻な問題となる[27]。時効の完成は,将来の年金給付を縮減するのであるから,深刻な問題ではないという主張も成り立つが,実際には,年金保険料は,現在の受給権者をも支える財源であるから,それが減少することは,やはり深刻である。

　第二に,被保険者にとって,2年よりも前に遡った分の納付ができないので,年金額が減少するのみならず,国民年金にあっては「保険料納付済期間」の要件の不足を生じて,年金を受給できない事態も生ずる。

　国民年金の場合は,政府の広報活動の問題は別にして,被保険者の自己責任の問題である。しかし,厚生年金や船員保険にあっては,納付義務者と被保険者とが異なるだけに法的な構造を吟味する必要がある。厚生年金保険法は,「保険料を徴収する権利が時効によって消滅したときは,当該保険料に

26　法研・厚生年金保険法解説 1010 頁。
27　社会保険庁の調査によると,平成 18 年度は,保険料収入額 1 兆 9,038 億円,時効による徴収不能額 9,864 億円という深刻な事態であったという。そして,昭和 61 年度以降の時効による徴収不能額の累計額は 11 兆 9,891 億円に達したという(朝日新聞平成 19・10・3)。

係る被保険者であった期間に基く保険給付は，行わない」としている（75条1項本文）。この保険給付の制限は，「保険財政に関連する制限」として説明されている。すなわち，保険料とその積立金の運用利子で保険給付を賄う保険の仕組みにおいて，財政均衡の破綻を生じることは致命的であるから，保険料を徴収できない範囲において保険給付を制限することは，保険財政の安定化を図る措置として当然であるというわけである。そして，最終的には，全被保険者が被るであろう不利益を排除し，かつ，結果的に義務違反に対する制裁的な意味をももつことになるというのである[28]。なお，同法75条1項但し書きにおいて，「当該被保険者であった期間に係る被保険者の資格の取得について第27条の規定による届出又は第31条第1項の規定による確認の請求があった後に，保険料を徴収する権利が時効によって消滅したものであるときは，この限りでない」と定めている。保険料徴収権が時効消滅しないうちに事業主の届出や被保険者の請求がなされたにもかかわらず，行政上の事務遅滞のために徴収権がなくなったもので，被保険者の責めに帰すべきではないという理由によるとされる[29]。

厚生年金保険の被保険者期間は，国民年金第2号被保険者及び第3号被保険者の保険料納付済期間とする原則（同法5条2項）にもかかわらず，厚生

---

[28] 以上，法研・厚生年金保険法解説616頁。名古屋高裁金沢支部平成19・11・28判例時報1997号26頁が全く同趣旨を述べている。同判決は，戦時下において，船員保険の資格喪失届が提出されて，それに起因して保険料徴収権の時効消滅が生じた事案に関して，国家総動員法18条の統制のための経営を目的とする特別法人で，実質的に企業管理の国策代行機関であり，政府の代行機関であると解される船舶運営会が行なった資格喪失届出に起因して生じた時効消滅は，政府の事務懈怠等政府に責任があると認められる場合に該当するというべきであるから，厚生年金保険法75条但し書きの趣旨を類推して，保険料徴収権が時効により消滅しなかった場合と同様に保険給付を行なうべきものと解するのが相当であると判示した。この事件の1審判決が，75条但し書きについて，保険料徴収権が時効消滅したことについて被保険者本人に責任がないことに着目したものではなく，行政庁に責任の一端があることに着目したもので，本件において，行政庁に責任の一端があると認めることはできないとして，類推適用の主張を排斥していたのに対して，控訴審判決は，代行機関の行為によるとして政府の責任による場合であると認定したものである。

[29] 法研・厚生年金保険法解説617頁。名古屋高裁金沢支部平成19・11・28判例時報1997号26頁も同趣旨。

年金保険法による保険料を徴収する権利が時効によって消滅したときは，厚生年金保険法75条1項但し書きの場合を除き，その基礎となった期間は保険料納付済期間に算入しないこととされている（国年法附則7条の2）。

ところで，平成19年には，事業主が厚生年金保険料を源泉控除しながら納付しなかった場合についての救済策が政策的検討課題となり，「厚生年金保険の保険給付及び保険料の納付の特例に関する法律」が制定された。年金記録確認第三者委員会が，事業主が保険料を控除した事実があるにもかかわらず納付義務を履行したことが明らかでない場合に該当すると判断した者（未納保険料の徴収権が時効消滅している者に限る）について，その旨の確認等を受けた場合は，事業主（過去の事業主を含む）は，「特例納付保険料」として，未納保険料に相当する額に省令で定める額を加算した額を納付することができることとされた（2条1項）。そして，納付の勧奨（2条2項），公表（3条）などを介在させたうえで，公表にもかかわらず，納付の申出が行なわれなかった場合等においては，国が特例保険料相当額を負担することとした（2条9項）（この点については，本書第2章3［4］を参照）。ただし，この特例法は，「保険料を控除した事実がある」ことが要件であるから，「当社は厚生年金の保険料を納付しています」と被保険者に告げながら納付せずに，保険料が時効に帰した場合は救済されないことに注意する必要がある。

2　国民年金財政の法

［1］　概　要

国庫負担　　国民年金事業に関する「国庫負担」は，「社会保障の中核である年金事業を円滑に遂行するために，政府が責務として年金事業に繰り入れる一般会計からの支出」である[30]。原則的な国庫負担は，各年度における基礎年金（老齢基礎年金，障害基礎年金及び遺族基礎年金をいう）の給付に要する費用の2分の1である（国年法85条1項）（その財源対策については，本章1［1］を参照）。また，保険料免除期間を有する者の老齢基礎年金の給付に

30　喜多村・国民年金法229頁。

要する費用の額についても，所定の算定式による割合を乗じて得た額の合算額を負担する（85条2項）。

（4分の1免除期間の月数×1／8＋半額免除期間の月数×1／4＋4分の3免除期間の月数×3／8＋全額免除期間の月数×1／2）÷(27条各号に掲げる月数の合算した数

さらに障害基礎年金の給付に要する費用の100分の20相当額を負担する（85条3項）。

さらに，国庫は，毎年度，予算の範囲内で，国民年金事業の事務の執行に要する費用を負担する（85条2項）（この規定に関して，事務費の保険料負担問題があることについては，本章1［3］を参照）。

市町村に対する事務費の交付　市町村長は，国民年金法（以下，本節において「法」という）及び同法施行令の規定によって種々の事務を行なっている。被保険者の資格の取得・喪失・種別変更，氏名・住所変更の届出を受け，厚生労働大臣に報告する事務（法12条1項・4項）が典型的事務である。そのような事務の処理に必要な費用は，政令の定めるところにより，政府が市町村に交付する（法86条）。これに基づき「国民年金法に基づき市町村に交付する事務費に関する政令」が制定されている。それによれば，基礎年金等事務（福祉年金事務以外の事務）の執行に通常要する被保険者1人当たりの費用の額として1,345円を基準として定める額に平均被保険者見込数を乗じて得た額と福祉年金事務の執行に通常要する福祉年金受給権者1人当たりの費用の額として52円を基準として定める額に平均福祉年金受給権者の見込数を乗じて得た額との合算額をもって事務費交付金の総額とする（1条）。この総額の下において，各市町村ごとの事務費交付金の額は，基礎年金等事務の執行に要する費用及び福祉年金事務の執行に要する費用のそれぞれについて，人件費及び物件費対応部分を算定して合算される（2条）。人件費及び物件費ともに，市町村の地域の区分が反映される方式となっている。

保険料　国民年金の財源のもう一つの柱は，国民年金保険料である。これについては，後に詳しく述べる。

基礎年金拠出金　被用者年金保険の保険者である厚生年金保険の管掌者たる政府，共済組合等は，毎年度基礎年金の給付に要する費用に充てるため

「基礎年金拠出金」を負担又は納付する（法94条の2第1項・2項）。基礎年金拠出金の額は，「保険料・拠出金算定対象額」に，当該年度における被保険者の総数に対する当該被用者年金保険に係る被保険者（第2号被保険者及び第3号被保険者）の総数の比率に相当するものとして，毎年度政令で定めるところにより算定した率を乗じて得た額とされる（94条の3第1項）。この委任に基づく施行令11条の2が率（＝拠出金按分率）の算定方法を定めている。

被保険者の届出義務等　被保険者（第3号被保険者を除く）は，その資格の取得及び喪失並びに種別の変更に関する事項並びに氏名及び住所の変更に関する事項を市町村長に届け出なければならない（法12条1項）。被保険者の属する世帯の世帯主は，被保険者に代わって，この届出をすることができる（同条2項）。そして，住民基本台帳法22条から24条までの規定により届出があったときは，その届出を同一の事由に基づく第1項の規定による届出があったものとみなすこととしている（同条3項）。市町村長は，これらの届出を受理したときは，厚生労働大臣にこれを報告しなければならない（同条4項）。なお，法12条1項の届出について，「国民年金事務組合」の構成員となっている被保険者は同組合に委託して行なうことができる。この組合は，同種の事業又は業務に従事する被保険者を構成員とする団体等で，厚生労働大臣の認可を受けたものである（109条）。

厚生労働大臣は，この規定による資格取得の届出及び次に述べる第3号被保険者の資格取得の届出を受理したときは，国民年金手帳を作成して交付する。

第3号被保険者未納問題　第3号被保険者は，その資格の取得及び喪失並びに種別の変更に関する事項並びに氏名及び住所の変更に関する事項を厚生労働大臣に届け出なければならない（12条5項）。また，そのほか，配偶者の転職等により被用者年金制度の被保険者等としての資格が変更したときは，その旨の届出をしなければならない（国年法105条，国年規則6条の3）。第3号被保険者の資格の取得（種別変更による取得も含む）又はその配偶者の資格変更に関する届出が2年以上遅れたときは，届出の前々月から遡って2年以内にない前の期間については，第3号被保険者の期間でありながら保険

料納付済期間とはならない（法附則7条の3第1項）。なぜ第3号被保険者の届出が重視されているのかというと，被用者保険の保険者から基礎年金拠出金が納付されず「未納」と評価せざるを得ないからである。そこで，この問題は，「第3号被保険者未納問題」と呼ばれている。一般に，第3号被保険者は主婦であることが多いので，「主婦の年金空白」と呼ばれた。

　第3号被保険者未納問題は，深刻な問題であるので，届出をしていない者を救済するために期間を限定して特例届出を認める措置を複数回講じてきた（その最後の措置は平成6年改正法附則10条）。そして，平成16年改正法により恒常的な制度とされた。すなわち，第3号被保険者又は第3号被保険者であった者は，その者の第3号被保険者としての被保険者期間のうち，前記の保険料納付済期間とされない期間について，届出を遅滞したことについて「やむを得ない事由があると認められるとき」は，厚生労働大臣にその旨の届出をすることができる（法附則7条の3第2項）。この届出がなされると，届出が行なわれた日以後，当該届出に係る期間は保険料納付済期間に算入する（3項）。また，平成17年4月1日前の期間については，「やむを得ない事由があると認められる」という要件なしに，届出の日以後納付済期間に算入する措置が講じられている（平成16年法律第104号改正附則20条，21条）[31]。なお，第3号被保険者資格の取得等の届出については，平成12年に，事業主又は共済組合等を通じて行なうこととする改正がなされた結果（法12条6項），以前に比べて届出漏れを生じにくい仕組みになっている。そして，この届出が事業主又は共済組合等に受理されたときは，その受理されたときに届出があったものとみなされるので（法12条9項），握りつぶしの場合でも，届出書のコピーなどで証明できるならば，被保険者は救済されることになる。

---

[31] ただし，届出のあった日以後納付済期間として扱われるにとどまるので，①すでに老齢基礎年金の受給権が生じている者が，過去の年金額を再計算して追加支給を受けることはできず，以後の年金額に反映されるにすぎないし（加茂・社会保険法13頁），老齢基礎年金の支給要件である25年の期間を満たしていなかった者がこの届出により25年期間を満たすこととなった場合にも，過去に遡って給付を受けることができるわけではない。

［2］ 保険料の納付義務・免除

保険料納付義務者　国民年金の保険料の納付義務者は，被保険者である（法88条1項）。しかし，確実な保険料の納付を確保するために，世帯主は，その世帯に属する被保険者の保険料について連帯して納付する義務を負っている（88条2項）。さらに，配偶者の一方は，被保険者たる他方の配偶者の保険料を連帯して納付する義務を負う（88条3項）。これらの連帯納付義務者自身は，必ずしも被保険者であることを要しない。

国民年金に関しては，法7条1項による強制加入被保険者のほかに，任意加入被保険者制度が設けられている（法附則5条1項など。本章4［1］を参照）。その中には，「日本国内に住所を有する60歳以上65歳未満の者」（同条2号）が含まれている。これは，保険料納付済期間が不足する者に60歳以上に達しても保険料納付により納付済期間の積増しを認める制度である。もっとも，社会保険庁の広報の不徹底などにより，満額の老齢基礎年金を受給できるようになってからも納付し続けた事案が報じられ，社会保険庁は，その払過ぎの保険料を返還する旨を知らせる措置をとった（平成20・5・15）。これについて，還付請求権として正式に位置づける立法措置が講じられた（法22条の2）。

ところで，保険料を納付しても，老齢基礎年金の受給資格期間を満たさないことが明らかである者が保険料納付義務を負うのかどうかが問題になる。この点について，納付義務肯定説にたったうえで，強制徴収の対象にしない扱いがなされている[32]。納付義務肯定説は，保険料は，老齢基礎年金のみならず，障害基礎年金の財源にもなっていることも考慮するからであろう。

保険料の額　国民年金の保険料は，被保険者の所得等に関係のない定額により定められている。その意味において「均一保険料」制を特色としている。平成17年4月の「基本額」13,580円から毎年度「基本額」を280円ずつ引き上げて，29年度以降月額16,900円で固定する方式が採用されている（87条3項）。これは，平成29年度以降は負担を固定する政策を採用したも

---

[32] 「国民年金保険料に係る強制徴収の取扱いについて」（平成16・9・10庁保険発第0910001号，地方社会保険事務局長宛社会保険庁運営部年金保険課長通知）。

のである．しかし，この金額は平成16年度価格であって，実際の保険料額は，基本額に「保険料改定率」を乗じて得られる額である．保険料改定率は，平成17年度を1として（87条4項），次の算定式により算定される（87条5項）．

（前年度の保険料改定率）×（前々年の物価指数／3年前の年の物価指数）×［（3年前の年の標準報酬等平均額／6年前の年の標準報酬等平均額）／（3年前の年の物価指数／6年前の年の物価指数）］の3乗根

物価指数及び標準報酬等平均額により同一の水準の保険料額にしようとしていることがわかる．

この改定の措置は政令で定める（87条6項）．実際に，各年度について改定率が定められている[33]．改定率を乗ずる結果，各年度の実際の保険料額は，法87条3項の定める額とは異なる[34]．

納付義務を負わない者　被保険者が，次のいずれかに該当するに至ったときは，その該当するに至った日の属する月の前月からこれに該当しなくなる日の属する月までの期間に係る保険料は，すでに納付されたもの及び前納されたものを除き，納付することを要しない（89条）．これは，「法定免除」と呼ばれることがある．

1　障害基礎年金又は被用者年金各法に基づく障害を支給事由とする年金たる給付その他障害を支給事由とする給付であって政令で定めるものであるとき．

2　生活保護法による生活扶助その他の援助であって省令で定めるものを受けるとき．

3　1及び2のほか，省令で定める施設に入所しているとき．

一般の保険料免除　国民年金の保険料免除制度は，次第に整備されてきた．現在は，全額，4分の3，半額，4分の1の各免除制度が用意されている．多段階免除制度が特色となっている．いずれも申請に基づいて行政処分

33　平成19年度については，0.997，平成20年度については0.999，平成21年度については0.997であった（国民年金法による改定率の改定等に関する政令2条）．

34　平成21年度については，法定保険料額14,700円に改定率0.997を乗ずる結果，14,660円である．

として免除が行なわれる。89条の場合に「法定免除」と称するのに対応して、「申請免除」あるいは「一般申請免除」と呼ばれることがある。納付することを要しないこととするとともに、それぞれの割合の免除期間に算入することができる。

これらの免除は、行政処分によりなされる。法90条2項が「前項の規定による処分」、同条3項が「第1項の規定による処分」と表現している点に表れている（同趣旨の表現は、90条の2第4項にも見られる）。したがって、申請に対する処分は、法101条1項にいう「徴収金に関する処分」として扱われ、不服申立ての対象となる。

ところで、保険料免除の申請に対する処分について行政手続法の適用があるかどうかが問題になる。国民年金法自体には、特別の適用除外規定は置かれていない。そして、免除申請も、「法令に基づき、行政庁の許可、認可、免許その他の自己に対し何らかの利益を付与する処分」を求める行為であって「当該行為に対して行政庁が諾否の応答をすべきこととされているもの」（行政手続法2条3号）に該当すると解される。とするならば、行政庁は、審査基準を定めるものとされ（5条1項）、審査基準を定めるに当たっては、その性質に照らし「できる限り具体的なものとしなければならない」（5条2項）。そして、何よりも、「行政上特別の支障があるときを除き」、「申請の提出先とされている機関の事務所における備付けその他の適当な方法により審査基準を公にしておかなければならない」（5条3項）。さらに、標準処理期間を定めるよう努めるとともに、これを定めたときは「申請の提出先とされている機関の事務所における備付けその他の適当な方法により公にしておかなければならない」（6条）。

行政手続法を国民年金保険料の免除に当てはめた場合には、どのようになるであろうか。後述する免除要件規定との関係において、概ね法律及び政令により審査基準が明確になっているものの、政令が省令に委任している「保険料を納付することが著しく困難な場合」の事由については、省令においても、列挙事由の一つに「その他前2号に掲げる事由に準ずる事由により保険料を納付することが困難と認められるとき」の表現により、なお明確にされていない事由がある（これを「列挙外納付困難事情」と呼んでおこう）。このよ

うな事由については，行政運営上の審査基準を設定しなくてよいのであろうか。

また，理由の提示が問題になる。すなわち，行政手続法8条は，申請により求められた許認可等を拒否する処分をする場合は，申請者に対し，同時に，当該処分の理由を示さなければならないとし，但し書きによって，「法令に定められた許認可等の要件又は公にされた審査基準が数量的指標その他の客観的指標により明確に定められている場合であって，当該申請がこれらに適合しないことが申請書の記載又は添付書類その他の申請の内容から明らかであるときは，申請者の求めがあったときにこれを示せば足りる」とされている。これを適用するならば，所得基準による免除については，一見すると求めがあった場合に示せば足りるように見えるが，所得の認定についての判断が申請者と異なることを理由にするような場合は但し書きの適用はないであろう。さらに，列挙外納付困難事情に関しては，但し書きを適用することができない。

(1) 全額免除（法90条）　次のいずれかに該当する被保険者又は被保険者であった者（被保険者等）。ただし，世帯主又は配偶者のいずれかが次のいずれにも該当しないときは，この限りでない。それは，負担能力を被保険者本人のみならず，連帯納付義務者である世帯主及び配偶者にも拡張して判定する趣旨である。この点は，4分の3免除，半額免除，4分の1免除の場合も同様である。

　　1　前年の所得（1月から6月までの月分については前々年度の所得）がその者の扶養親族の有無及び数に応じて，政令で定める額（＝扶養親族等の数に1を加えた数を35万円に乗じて得た額に22万円を加算した額（施行令6条の7））以下であるとき。

　　2　被保険者又は被保険者の属する世帯の他の世帯員が生活保護法による生活扶助以外の扶助その他の援助であって省令で定めるもの[35]を受

35　施行規則76条の2が，「生活保護法による生活扶助以外の扶助」と定めている。法律は，生活保護法による扶助以外の援助を拾い出すことを省令に委任しているように読めるにもかかわらず，省令は，「生活扶助以外の扶助」に限定する趣旨である。法律の委任の趣旨に反する省令といわざるを得ない。

け取るとき。
3　地方税法に定める障害者であって，前年の所得が政令で定める額（施行令6条の8により125万円）以下であるとき。
4　地方税法に定める寡婦であって，前年の所得が3の額以下であるとき。
5　保険料を納付することが著しく困難である場合として天災その他の省令で定める事由があるとき。

　以上のうち，4が地方税法に定める「寡婦」に限定している点は，今日の国民の置かれている状況に鑑みると，男女平等に反する制度といわざるを得ない。地方税法は「寡婦」と「寡夫」との各要件を定めている（292条1項11号・12号）。それらの要件は，微妙に異なるが，いずれも，それに該当することにより所得控除を認めている（314条の2第1項8号）。これに対して，国民年金の保険料免除に関しては，「寡夫」を「寡婦」と差別して対象外としているのである。

　なお，平成18年7月から平成27年6月までの期間において30歳に達する日の属する前月までの被保険者期間がある第1号被保険者についても，法90条各号の要件を満たす場合に全額免除を認めている（平成16年法律第104号附則19条，平成16年措置令22条・6条の7）。「若年者の特例措置」（若年者特例）といわれている。法90条にあっては，世帯主又は配偶者がいずれにも該当しないときにつき「この限りでない」とされているところ，この年齢特例全額免除の場合は，配偶者についてのみの消極要件とされている。10年間の措置とされているのは，収入のある親と同居しているが，本人の失業等により所得が低い若年層に低年金や無年金が発生するのを防止するために，後に実際に保険料を納付することができるようになった時点で追納（後払い）することができるように設けられた制度である[36]。この追納に着目して，一般に「若年者納付猶予制度」と呼ばれている。

　ところで，所得の算定に関して住民税に準拠する方式が採用されているが，社会保険審査会の裁決例には，実質的考察により一定の場合には住民税と異

36　加茂・社会保険法364頁。

なる扱いをすべきであるとするものがある（平成16・1・30（平成15国99））。具体的事案は，世帯主の所得の源泉である土地売却代金が抵当権者により世帯主の借入金と相殺されているので，「当該土地売却取引は，実質的には抵当権者の抵当権行使による資金の取立てと異ならないというべきであって，少なくとも，保険料の免除基準としての所得税の判定上は，当該売買代金は所得から除外するのが相当である」とした。

(2) 4分の3免除（法90条の2第1項）

1 前年の所得が，その者の扶養親族等の有無及び数に応じて，政令で定める額以下であるとき。施行令により，扶養親族等がないときは78万円，扶養親族等があるときは，78万円に扶養親族等1人につき38万円（老人控除対象配偶者又は老人扶養親族であるときはそれらの者1人につき48万円，特定扶養親族等については63万円）を加算した額とされている（6条の8の2）。

2 前記全額免除の2から4に該当するとき。

3 保険料を納付することが著しく困難である場合として天災その他の省令で定める事由があるとき。

(3) 半額免除（法90条の2第2項）

1 前年の所得が，その者の扶養親族等の有無及び数に応じて，政令で定める額以下であるとき。施行令により，扶養親族等がないときは118万円，扶養親族等があるときは，118万円に扶養親族等1人につき4分の3免除の場合と同じ額を加算した額とされている（6条の9）。

2 前記全額免除の2から4に該当するとき。

3 保険料を納付することが著しく困難である場合として省令で定める事由があるとき。

(4) 4分の1免除（法90条の2第3項）

1 前年の所得が，その者の扶養親族等の有無及び数に応じて，政令で定める額以下であるとき。施行令により，扶養親族等がないときは158万円，扶養親族等があるときは，158万円に扶養親族等1人につき4分の3免除の場合と同じ額を加算した額とされている（6条の9

の2)。
2 前記全額免除の2から4に該当するとき。
3 保険料を納付することが著しく困難である場合として天災その他の省令で定める事由があるとき。

4分の3免除, 半額免除, 4分の1免除の要件にある「保険料を納付することが著しく困難である場合」の免除事由は「特例的免除事由」と呼ばれている[37]。特例的免除事由を定める省令は, 施行規則77条の7である。それぞれに共通に, ①申請のあった日の属する年度又はその前年度における震災, 風水害, 火災その他これらに類する災害により, 被保険者, 世帯主, 配偶者又は被保険者, 世帯主若しくは配偶者の属する世帯の他の世帯員の所有に係る住宅, 家財その他の財産につき被害金額(保険金, 損害賠償金等により補充された金額を除く)が, その価格のおおむね2分の1以上である損害を受けたとき, ②申請のあった日又はその前年度において, 失業により保険料を納付することが困難と認められるとき, ③「その他前2号に掲げる事由に準ずる事由により保険料を納付することが困難と認められるとき」が掲げられている。この③が, 列挙外納付困難事情である。

保険料免除規定の問題点 このような要件規定について若干の問題点がある。

第一に, それぞれの2号要件と3号要件が, 4分の3免除, 半額免除, 4分の1免除に共通になっていることを, どのように理解すべきであろうか。共通免除要件にあっては, その免除割合の選択を被保険者の申請するところに委ねる趣旨であろうか。もしも, そのように解すると, 所得基準の場合に詳細な区分がなされているのと余りにも対照的である。申請書には,「保険料の4分の3, 半額又は4分の1を納付することを要しない者であることを明らかにすることができる所得の状況その他の事実」を記載することとされているので(施行規則77条の3第1項3号), 一部免除の割合が申請者の意思を基礎にしていることは明らかであろう。したがって, 4分の1免除の申請について職権で4分の3免除をするようなことは想定されていない。では,

---

[37] 加茂・社会保険法373頁。

逆に，4分の3免除の申請について，これらの共通要件を満たすときは，申請において示されている免除割合の免除をすることを義務づけられているのか（申請者意思拘束説），それとも，共通免除要件を満たしていると判断される場合に，なお，納付の困難な状況を勘案して4分の1免除にとどめる裁量権を有している（効果裁量肯定説）のであろうか。筆者としては，申請者意思拘束説をとりたいが，行政運営の実態は効果裁量肯定説によっているのかも知れない。

条文の「納付することを要しないものとし」の部分には，「算入することができる」の部分の「できる」もかかっているとみて，全体としての効果裁量を肯定するという見解が全くありえないわけではない[38]。しかし，全額免除，4分の3免除，半額免除，4分の1免除と細分化されている今日において，所得基準に関して金額による振り分けをしながら，申請免除のすべてが完全な自由裁量であると解することはできない。共通要件による免除について，免除割合の選択に関して裁量が肯定されるとする説によるときは，免除割合の振分け基準を明らかにしておかなければならない。

第二に，前記省令の②にある「失業」の意味ないしその認定方法が問題となる。「失業」の意味を厳格に解すると，収入の原因となる仕事を全く有していない状態ということになろうが，極端に就労時間が限られ給与額も著しく低い場合は，失業が継続しているとする社会保険審査会裁決例がある（平成15・5・30）。他方，複数の学校からの出講依頼により時間講師をしている者は，特定の学校との契約がなくなったとしても，「失業」とはいえない（社会保険審査会裁決平成17・6・30）。また，失業の認定方法として，社会保険庁は，原則として公的機関の発行した離職証明書等に限定することとしているが（平成15・3・31庁保発第16号社会保険庁運営部年金保険課長通知），証明力の点において公的機関による証明書に準ずるものと見ることのできるものであれば足りるとして，私立学校発行の証明書に証明力を認めた社会保険審査会裁決例がある（平成15・8・29）。公的機関発行の証明書に限られないことは当然である。

---

38 一部免除制度が存在しなかった時点において，申請免除について，その決定は「自由裁量行為」であるとする見解が存在した（喜多村・国民年金法238頁）。

第三に，先の省令の要件である列挙外納付困難事情，すなわち「その他前2号に掲げる事由に準ずる事由により保険料を納付することが困難と認められるとき」の意味及びこの要件の規定が社会保険庁長官の要件裁量を肯定する趣旨かどうかである。

　まず，列挙外納付困難事情について，「事業の休止又は廃止により厚生労働省が行なう離職者支援資金貸付制度による貸付金の交付を受けたとき」とする社会保険庁運営部長通知がある（「国民年金法施行規則第77条の6第3号等の取扱いについて」（平成14・3・11庁保発7））。しかし，そのような限定的な解釈を導くことはできないし[39]，そのような限定をなす裁量権が付与されていると解することもできない。もっとも，前記通知は，「なお」書きを付して，「この通知の事例と異なるような場合は，当職まで協議すること」と述べているので，個別に判断して免除される可能性を完全に否定しているわけではない。

　国民年金保険料の強制徴収対象性等に鑑みると，正面から要件裁量の肯定と述べることには無理があるが，法解釈上納付困難事情と認めなければならない必須の事情と，厚生労働大臣がそれと同じに扱うことを相当と認めることのできる追加的事情とを認識してよいと思われる。必須事情も追加的事情も事前に網羅的に示すことはできないので，先例を公表する努力が重要であろう。

　第四に，要件規定との関係において，申請者が主位的申請と予備的申請とを合わせて行なうことができるのかが問題となる。たとえば，主位的に全額免除を，予備的に4分の3免除を，というような申請ができるかどうかである。このような申請を認めても何ら弊害はないと思われるので肯定されるべきである[40]。

39　加茂・社会保険法374頁。世帯主の所得額が130万2,900円で全額免除の基準額（129万円）以下とはいえないが，74歳の年金生活者であること，妻は1級の障害基礎年金を受給している障害者であること，申請人も障害者で難病の患者であって就労困難であること，世帯主の所得額も全額免除の基準額に近いことなどを考慮すると列挙外納付困難事情にあるとして，免除を認めた裁決例がある（社会保険審査会平成16・7・30）。

学生の保険料免除　学生には，一般の保険料免除と別に特別の免除制度が用意されている[41]。次のいずれかに該当する学生等である被保険者又は学生等であった被保険者から申請があったときは，納付を要しないものとし，その期間を保険料全額免除期間に算入することができる（90条の3）。法90条の3第1項には，90条第1項及び90条の2第1項の各但し書き（「ただし，世帯主又は配偶者のいずれかが次の各号のいずれにも該当しないときは，この限りでない」）に相当する規定がないので，あくまで学生本人についてのみ各号該当性を判断することになる。

1　前年の所得が，その者の扶養親族の有無及び数に応じて，政令で定める額（施行令6条の9により，半額免除の場合と同じ額に定められている）以下であるとき。

2　法90条の全額免除に関する2から4に該当するとき。

3　保険料を納付することが著しく困難である場合として天災その他の省令で定める事由があるとき。

なお，申請については，特例として，「学生納付特例事務法人」が，その設置する教育施設の学生等である被保険者の委託を受けて行なう制度が設け

---

[40] 裁決例には，全額免除又は半額免除を求める旨の申請に対して，半額免除の申請には理由があるとして半額免除がなされたものがある（社会保険審査会平成17・6・30（16国122））。

[41] 平成元年法改正前は，学生は負担能力が乏しいということで任意加入制度であった。その結果，任意加入していない学生が障害を負ったときに障害基礎年金を受給できない事態を生じた。これが無年金障害者の問題とされて，いくつかの訴訟が提起された。立法の不作為を違法として国家賠償請求を認容する裁判例（東京地裁平成16・3・24判例時報1852号3頁（後掲最高裁平成19・9・28の1審），新潟地裁平成16・10・28判例集未登載，広島地裁平成17・3・3判例タイムズ1187号165頁）や，個別具体の事案の特殊性に着目して改正前の国民年金法30条の4に規定する「初診日」の要件を満たすとして救済する判決（東京地裁平成17・10・27（平成13年（行ウ）第201号事件及び平成13年（行ウ）第222号事件。いずれも判例集未登載），仙台高裁平成19・2・26判例タイムズ1248号130頁）が見られた。最高裁平成19・9・28民集61巻6号2345頁は，立法府は広範な裁量を有し，憲法25条，14条1項に違反しないとした（最高裁平成19・10・9裁判所時報1445号4頁も同趣旨）。全体の状況について，堀・原理・法・政策399頁以下，法政策的検討として，阿部泰隆『政策法務からの提言』（日本評論社，平成5年）132頁以下を参照。

られている。学生納付特例事務法人とは，国及び地方公共団体並びに国立大学法人，公立大学法人及び学校法人その他の政令で定める法人で，その申請に基づき厚生労働大臣が指定するものである（109条の2第1項）。

免除処分が申請日になされたものとみなす場合　申請による全額免除及び学生の保険料免除の場合には，免除処分があったときは，年金給付の支給要件及び額に関する規定の適用については，その処分は，申請のあった日にされたものとみなす制度になっている（法90条2項，90条の3第2項）。これは，申請に対する応答が遅れることにより不利益とならないようにするためのみなし規定である[42]。ただし，一部免除の場合には，同種のみなし規定が置かれていない。

全額免除と半額免除との制度であった時点において，全額免除についてのみ申請がなされた日に免除されたものとみなして遡及的効果を認めているのに対して，半額免除の場合に遡及を認めていない趣旨は，「半額免除申請の場合は保険料の半額を納付しなければならないという性格を有することから，事後的に半額免除処分の効果を遡及させたとしても，半額免除処分の後に保険料の半額を納付したという事実までを遡及させることはできないことを理由とするものと考えられ」るとする裁判例がある（名古屋地裁平成19・11・15判例集未登載）。

この事件におけるポイントは，免除決定の遡及ではなく，免除申請者が保険料の納付を保留して，その判断がなされるまでの間に傷病により障害を負った場合に，保険料納付要件を満たさないこととなる場合を生ずるという点である。判決は，免除承認に要する期間等によっては，免除の判断がされるまでの間に免除承認期間が経過する（保険料の納付期限までに免除の可否の判断がなされない）場合があるが，そのリスクを被保険者が負うとすることは，保険方式の年金制度に保険料免除制度を取り入れた場合に不可避のものであると述べている。具体の事案において原告が主張したのは，保険料の納付を保留して免除承認期間が経過していく間に傷病により障害を負った場合には，後に免除承認が得られないと保険料納付要件を満たさなくなってしまうとい

---

[42]　加茂・社会保険法360頁。

う点にあった。判決の理解が現行法の解釈としては正当であろう。

しかし、免除申請をしている者に納付を期待することには無理もある。むしろ、免除申請に対する決定後一定期間内に納付した場合には、申請日に納付があったものとして、保険料納付要件等を判断するような制度に改めるべきであろう。

保険料の前納・追納　将来の一定期間の保険料を前納する制度がある（93条）。また、法定免除をはじめ、一般の保険料免除、学生の免除のいずれに関しても、免除を受けた者は、厚生労働大臣の承認を得て、免除された保険料（10年以内の分に限る）の全部又は一部を追納することができる（94条1項）。この場合は、政令で定める額を加算する（94条3項）。

保険料未納等の問題　国民年金をめぐる問題点の一つは、加入強制であるにもかかわらず、加入手続をしない者、保険料を納付しない者が多いことである。しかし、この点についての問題意識は、必ずしも一様ではない。

社会保障国民会議の中間報告（平成20・6・19）は、「現行制度の最大の問題は未納問題である」と述べながら、「未納はマクロ的には年金財政に大きな影響を与えるものではない。しかしながら、継続的な未納者は将来無年金者となり、生活保護受給者となる可能性があるという意味で未納の増加（とそれによる無年金者・低年金者の発生）は、皆年金制度の理念を脅かす大きな問題である」とし、「未納者の増大は真面目に納付する人々の不公平感を増大させ、制度への信頼を低下させ、更なる未納の増大を招く危険がある。その意味でも未納問題は基礎年金制度にとって重大な問題である」と述べている。ここには、未納問題は、将来無年金者が多くなり、生活保護受給者が増加する可能性のある点にあって、マクロ的な年金財政には大きな影響を与えないとする見方が示されている。おそらく、未納者には年金給付がなされないのであるから、その分の財源を用意することがないという理解に基づいていると思われる。もしも、完全な積み立て方式が採用されているのであれば、このように述べることもできようが、賦課方式の度合いを強めている現行制度において、このように述べることは、大きな誤解を招くように思われる。現在の受給者の年金財源を負担する者が少ないということになれば、必然的に保険料を高めるか租税財源を高める必要が生ずるはずである。

社会保障国民会議の中間報告は，前記のような問題意識に立って，未納者の属性を分析し，属性に対応した実効ある対策を早急に実施することが必要であるとし，①低所得者については，免除制度の積極的活用（事実上の税方式による最低保障）を行なう，②非正規雇用者・非適用事業所雇用者については，厚生年金の適用を拡大するとともに，雇用主による代行徴収を行なう，③確信的不払い者（多くは中高額所得者）については，徹底した強制徴収を実施する等，制度的対応を含めた措置を講じ，納付率の向上に真剣に努めるべきである，と述べている。これらの措置のうち，③は，法律の建前としては当然のことであろう。①については，事実上の税方式の拡大の側面を有している。また，②は，厚生年金に関しても問題を生じやすい雇用主に期待するものであって[43]，改善効果はあまり大きくないともいえよう。

　保険料未納問題は，税方式への移行の議論と深くかかわっている。未納はマクロ的に年金財政に大きな影響を与えるものではないという論調は，保険料方式の堅持への布石の議論である。これに対して，未納問題を年金財政の根幹にかかわるものと見る者は，税方式への移行，それも，ほ脱の生じにくい税財源への移行を主張することが多い。

　保険料の強制徴収　　国民年金保険料の滞納に対しては，法96条が，督促及び滞納処分について規定している。すなわち，「保険料その他この法律の規定による徴収金を滞納する者があるときは，厚生労働大臣は，期限を指定して，これを督促することができる」（1項）。この指定期限は，督促状を発する日から起算して10日以上を経過した日でなければならない（3項）。この督促を受けた者が，指定期限までに納付しないときは，国税滞納処分の例によってこれを処分し，又は滞納者の居住地若しくはその者の財産所在地の市町村に対して，その処分を請求することができる（4項）。市町村は，こ

43　社会保障国民会議中間報告の資料は，すべての「常用雇用」の者を厚生年金制度の対象とすると，滞納者のうち「常用雇用」の者は全て解消され（滞納者全体の14.1％→0％），また，「臨時・パート」の者のうち週労働時間20時間以上の者（それは週労働時間30時間未満のパート労働者の約63％）を厚生年金制度に適用すると，滞納者全体の29.2％が10.8％に減少し，さらに，厚生年金の適用対象とならない者についても企業の代行納付等により半数の者が新たに納付者になると仮定すれば，さらに減少する（10.8％→5.4％）としている。

の請求を受けたときは，市町村税の例によってこれを処分することができ，この場合に，厚生労働大臣は，徴収金の100分の4相当額を当該市町村に交付しなければならない（5項）。他の保険料の滞納処分と併せて，本書第2章3［4］において検討しているので参照されたい。とりわけ，日本年金機構の設立に伴い，複雑な仕組みになっている。

［3］ 特別障害給付金と財政

特別障害給付金とは 国民年金法の被保険者（又は被保険者であった者であって，日本国内に住所を有し，かつ，60歳以上65歳未満であるもの）が，一定の障害の状態にあるときは，障害基礎年金の支給を受けることができるが（国年法30条），国民年金制度の発展過程で生じた特別の事情に鑑み，障害基礎年金等の受給権を有していない障害者に給付金を支給するために「特定障害者に対する特別障害給付金の支給に関する法律」（平成16年法律第166号）が制定されている[44]。同法は，国民年金法の制度拡充の過程で，初診日において被保険者でなかったために，傷病により国民年金法30条に該当する程度の障害の状態にあったにもかかわらず，障害基礎年金の受給権を有しない者（特定障害者）に対して，特別の給付金，すなわち「特別障害給付金」を支給するものである。実際には，昭和61年3月以前の被用者年金の被扶養者が任意加入していなかった者（妻である場合は専業主婦）又は昭和61年4月1日から平成3年3月末までに任意加入していなかった者（いわゆる学生無年金者）が障害基礎年金を受給できないことに対する救済立法である特別障害給付金は，月を単位として，1月につき4万円（障害の程度が障害等級の1級に該当する特定障害者にあっては，5万円）を支給する（4条）。物価指数による自動改定措置がある（5条）。

手続としては，65歳に達する日の前日までに，厚生労働大臣に対し認定の請求をすることが必要とされ（6条1項），認定の請求は，請求者の住所地の市町村長を経由してしなければならない（6条3項）。

特別障害給付金をめぐる財政 特別障害給付金の支給に要する費用は，全

---

[44] 堀・原理・法・政策411頁以下を参照。

額を国庫が負担する（19条1項）。また，国庫は，毎年度，予算の範囲内で，特別障害給付金に関する事務の執行に要する費用を負担する旨が定められている（19条1項）。この事務費用負担は，「予算の範囲内」とされる不安定要因を抱えている。これと別に，政令で定めるところにより，市町村に対し，事務費が交付される（20条）。

3　厚生年金財政・共済年金財政の法

[1]　厚生年金財政の概要

国庫負担　厚生年金についても，国庫負担制度が存在する。その中には，厚生年金保険の管掌者たる政府が負担する基礎年金拠出金の額の2分の1相当額の負担がある（厚年法80条1項）。これは，基礎年金の2分の1国庫負担を厚生年金保険について定めるものにほかならない。したがって，これは，厚生年金保険に特別な国庫負担ではない。

厚生年金法（以下，本節において「法」という）は，これ以外に，「毎年度，予算の範囲内で，厚生年金保険事業の事務（基礎年金拠出金の負担に関する事務を含む。）の執行に要する費用を負担する」と定めている（80条2項）。これは，社会保険の公益性・特殊性に基づく負担であると説明されている。しかし，法律上は，「予算の範囲内」とされているので，必ずしも全額の負担義務があるわけではない。そこで，事務執行に要する費用は，予算の都合がつかない場合には，保険料負担に求めてよいものなのか，あくまで政府負担を原則にすべきものであるのかが問題になる。従来は，法80条2項は，事務費全額国庫負担の原則を示すものであるとする解釈が通用していながら[45]，毎年度特別会計の繰入れの特例規定を設けることにより，保険料による事務費の負担を認めてきた（本章1［2］）。しかし，もしも法自体が，事務費全額国庫負担原則を示すものであるとするならば，保険料負担を肯定するには，法80条2項についても，当該年度については「要する費用の全部又は一部を負担する」のような一部負担にとどまることがある趣旨を示すべきであっ

---

[45]　喜多村・厚生年金保険法234頁。

たと考えるが、いかがなものであろうか。そして、年金事務費保険料負担の恒久化を図るための平成19年法律第110号による改正に際しても、従来の立法技術の延長上において、「特別会計に関する法律」114条6項における厚生年金勘定から業務勘定への繰入れ規定の中に「厚生年金保険事業業務取扱費」を加えるにとどめて、法80条2項は、そのままとされた。

厚生年金保険事業に要する費用（基礎年金保険事業に要する費用）に充てるため、保険料が徴収される（法81条1項）。保険料については、次の項目において、詳しく述べる。

基礎年金拠出金　厚生年金の保険料は、法81条1項の括弧書きに明示されているように、基礎年金拠出金にも充てられる。ということは、厚生年金財政において、基礎年金拠出金が歳出項目として大きなウエイトを占めることを意味する。

[2]　保険料

保険料率　厚生年金の保険料は、標準報酬月額・標準賞与額に保険料率を乗じて得た額である（法81条3項）。平成16年の法改正により、「保険料水準固定方式」が採用された。従来は、5年ごとに、給付と負担との双方を見直す方式であったが、そのような方法ではなく、最終的な保険料水準を法律で決めて、給付は、その範囲内で行なうという方式である。一挙に最終的な保険料水準に引き上げることを避けて、次のように段階的に保険料率を定めている（81条4項）。

平成16年10月から平成17年8月まで	1000分の139.34
平成17年9月から平成18年8月まで	1000分の142.88
平成18年9月から平成19年8月まで	1000分の146.42
平成19年9月から平成20年8月まで	1000分の149.96
平成20年9月から平成21年8月まで	1000分の153.50
平成21年9月から平成22年8月まで	1000分の157.04
平成22年9月から平成23年8月まで	1000分の160.58
平成23年9月から平成24年8月まで	1000分の164.12
平成24年9月から平成25年8月まで	1000分の167.66

平成25年9月から平成26年8月まで	1000分の171.20
平成26年9月から平成27年8月まで	1000分の174.74
平成27年9月から平成28年8月まで	1000分の178.28
平成28年9月から平成29年8月まで	1000分の181.82
平成29年9月以後の月分	1000分の183.00

このような制度を採用したのであるが，法律の改正をもってすれば，最終的な保険料水準を引き上げることも可能であると解さざるを得ない。この点に，年金制度の制度的脆弱さがある。

免除保険料率　次に述べるように，厚生年金基金は，政府の厚生年金保険事業の一部を代行している。したがって，その部分については，保険料率から控除することとされる。この部分を免除保険料率と呼んでいる。免除保険料率は，一律ではなく，「代行保険料率」を基準として，政令の定めるところにより，厚生年金基金ごとに厚生労働大臣により決定される（法81条の3第1項）。したがって，免除保険料率は，個別料率制度である。基準とされる代行保険料率は，当該厚生年金基金の加入員の標準報酬月額の総額及び標準賞与額の総額に，それぞれ当該代行保険料率を乗じることにより算定した額の収入を，代行給付費（加入員のすべてが加入員でないとして保険給付の額を計算した場合において増加することとなる保険給付に要する費用の相当する費用）に充てることとした場合において，当該代行給付費の予想額及び予定運用収入の額に照らし，将来にわたって，財政の均衡を保つことができるものとして，政令の定めるところにより算定する（81条の3第2項）。各厚生年金基金が代行保険料率とその基礎となる事項を厚生労働大臣に届け出て（81条の3第3項，第4項），それを基準にして厚生労働大臣が免除保険料率を決定し，当該厚生年金基金に通知する（81条の3第5項）。

要するに，厚生年金基金は，政府の厚生年金事業のすべてを代行するわけではないので，代行部分に相当する免除保険料率を控除した部分については，事業主が，依然として厚生年金保険料として納付する義務を負う仕組みになっている。

保険料の強制徴収　厚生年金保険料の強制徴収の仕組みは，ほぼ国民年金保険料の場合と共通である。本書第2章3［4］を参照されたい。

[3] 厚生年金基金

厚生年金基金の概要　厚生年金保険は，政府が管掌する年金社会保険であるが，その例外として，その事業の一部を政府に代わって行なうことのできる民間企業が一定の基準を満たして設立する厚生年金基金の制度が用意されている。厚生年金基金に関する政令として「厚生年金基金令」が，省令として「厚生年金基金規則」が制定されている。

　厚生年金基金は，政府の厚生年金事業の一部を代行するとともに（代行部分），独自の年金事業を加えて行なうことができる（加算部分）。厚生年金基金は，適用事業所の事業主及び適用事業所に使用される被保険者をもって組織される（法107条）法人であって，加入員の老齢について給付を行ない，もって加入員の生活の安定と福祉の向上を図ることを目的とする。適用事業所が単独又は共同で設立することができるが，常時500人以上の被保険者が加入していなければならない（110条）。基金を設立しようとする事業主は，適用事業所に使用される被保険者の2分の1以上の同意を得て，規約をつくり，厚生労働大臣の認可を受けなければならない（111条1項）。被保険者の3分の1以上で組織する労働組合があるときは，事業主は，前記の同意のほか，当該労働組合の同意を得なければならない（111条2項）。

　基金には，代議員をもって組織する代議員会が置かれる（117条1項，2項）。代議員の定数は偶数で，その半数は，設立事業所の事業主において事業主（その代理人を含む）及び設立事業所に使用される者のうちから選定し，他の半数は，加入員（基金の設立事業所に使用される被保険者）において互選する（117条3項）。基金には，役員として理事及び監事が置かれる（119条1項）。理事の定数は偶数で，その半数は，設立事業所の事業主において選定した代議員において，他の半数は，加入員において互選した代議員において，それぞれ互選する（119条2項）。理事長1名が置かれ，理事長は，設立事業所の事業主において選定した代議員である理事のうちから，理事が選挙する（119条3項）。監事は2人とされ，そのうち1名は設立事業所の事業主において選定した代議員のうちから，もう1名は加入員において互選した代議員のうちから，それぞれ代議員会において選挙する（119条4項）。設立事

業所の事業主と加入員の双方を考慮した意思決定方式と役員構成が採用されている。代議員会は，規約の変更，毎事業年度の予算，毎事業年度の事業報告・決算などの重要事項について議決権限を有している（118条1項）。

基金の業務は，加入員又は加入員であった者の老齢年金給付の支給，加入員の脱退に関する一時金の支給を行なうものとされ，加入員又は加入員であった者の死亡又は障害に関する年金給付又は一時金給付の支給を行なうこともできる。また，加入員及び加入員であった者の福祉を増進するため必要な施設をすることができる（以上，130条1項）。

掛　金　基金が支給する年金給付及び一時金給付に関する事業に要する費用に充てるため，基金は掛金を徴収する（法138条1項）。代行部分と加算部分とを合わせた費用を賄うことになる。代行部分は，免除保険料率制度を通じて厚生年金保険料率から控除される（81条4項括弧書き）。掛金の額は，政令の定めるところにより，加入員の標準給与の額を標準として算定する（138条3項）。これを受けて，厚生年金基金令は，基金が徴収する掛金は，加入員のうち特定の者につき不当に差別的な取扱いを行なうものであってはならないとし（32条），年金給付及び一時金給付に要する費用の予想額並びに予定運用収入の額に照らし，省令で定めるところにより，「将来にわたって，財政の均衡を保つことができるように計算されるものでなければならず，かつ，少なくとも5年ごとにこの基準に従って再計算されなければならない」（33条2項）としている。

掛金も，厚生年金保険料と同様に，労使折半で，事業主が納付義務を負い，加入員の負担分は，賃金から源泉控除される。

特別掛金　基金の事業は，恒常的な加入員の数が継続することによって成り立つ。そこで，法は，基金の設立事業所が減少する場合において，当該減少に伴い他の設立事業所に係る掛金が増加することとなるときは，当該増加する額に相当する額として省令で定める計算方法のうち規約で定めるものにより算定した額を，当該減少に係る事業所の事業主から掛金として一括して徴収するものと定めている（138条5項）。この掛金は，特別掛金と呼ばれる。この制度の趣旨は，基金から脱退した設立事業所の加入員及び元加入員において，基金に残った他の設立事業所の事業主又は加入員に財源不足分を

負担させることによって，自らの年金等の給付を受けることは不公平であるとの観点から，脱退事業所の事業主に対し，同事業所の加入員及び元加入員に係る年金等の給付のための財源不足分の補塡を求める趣旨であるとされる[46]。「設立事業所の減少」は，設立事業所の脱退を意味し，特別掛金の賦課には租税法律主義の趣旨が及ぶので，脱退していない特定の設立事業所の加入員が著しく減少したとしても，特別掛金を課すことはできないが，加入員を減少させる際にそれほど期間を空けずに基金から脱退することを予定していたなど，加入員の減少に関し，もっぱら法138条5項の適用を潜脱する目的で行なわれたと認められるような特段の事情がある場合には，準用して特別掛金を賦課徴収することも許されるものと解されるとする裁判例がある（岐阜地裁平成18・10・26判例集未登載）。分社化などの場合に，このような問題が顕在化する[47]。この特別掛金は，もっぱら設立事業所の事業主の負担であって，加入員に負担させることはできない（139条括弧書き）。

掛金等の徴収・時効・不服申立て　厚生年金基金の掛金等について，強制徴収の対象になるのかどうかが問題になる。適用事業所が1事業所のみである場合にあっては，事業主と基金との実質的接近度により，強制徴収などを問題にする余地はほぼないといってよい。これに対して，複数の適用事業所を抱える基金にあっては，特定の事業所が掛金等を納付しない事態が生じうる。法141条1項は，86条の規定を「掛金その他この節の規定による徴収金」について準用するとし，同条3項は，1項において準用する86条5項の規定により国税滞納処分の例により処分しようとするときは，厚生労働大臣の認可を受けなければならない，としている。したがって，厚生労働大臣

---

[46] 岐阜地裁平成18・10・26判例集未登載。法138条5項は，平成14年4月1日施行の改正法によるもので，それ以前は，法律自体に根拠規定が置かれていなかった。そのような時点において，各基金が規約に「掛金及びその負担区分に関する事項」（115条1項10号）として特別掛金の定めを置いて徴収することは許容されるとする裁判例が存在した（横浜地裁平成17・7・6判例集未登載及びその控訴審・東京高裁平成17・12・14判例集未登載）。

[47] 本文に掲げた岐阜地裁平成18・10・26判例集未登載は，別会社への分社化により従業員を転籍させたことは，「専ら」事業所の脱退に係る特別掛金を免れることを目的として行なわれたものであるとはいえないとし，特別掛金の賦課を違法とした。

の認可があれば，基金が掛金等について，国税滞納処分の例により処分することができる。

次に，掛金等の徴収金を徴収し，又はその還付を受ける権利は，2年を経過したとき，年金たる給付及び一時金たる給付を受ける権利は，5年を経過したときは，時効により消滅する（170条1項）。

不服申立てについて見ると，「標準給与若しくは年金たる給付若しくは一時金たる給付に関する処分又は掛金その他この章の規定による徴収金の賦課若しくは徴収の処分」若しくは，法141条1項及び164条2項の準用する法86条の規定による処分に不服がある者については，第6章の規定が準用される（169条）。したがって，掛金等の賦課若しくは徴収の処分については，社会保険審査会に審査請求をすることができる（91条）。ところが，社会保険審査会の裁決には，特別掛金について，不服申立ての対象となる国税徴収の例による徴収が認められる法9章1節の規定による徴収金に該当しないとして，審査請求を却下したものがあるという[48]。その理由はわからないが，他の裁決例から推測できるのは，特別掛金のうち不服申立ての対象になるのは，直接法律の定めによるものに限られ，個別基金の規約に基づく基金独自のものは含まれないという考え方である[49]。一つの考え方として理解できるが，せっかく社会保険審査会が設けられており，厚生年金基金が厚生年金保険制度に組み込まれているのに，不服申立ての対象を分けることに合理性があるのか疑問を感じざるを得ない。もし，解釈上無理であるというのであれ

---

[48] 東京地裁平成19・10・25判例集未登載を参照。ちなみに，この事件は，特別掛金の納入告知を設立事業所の事業主が争った審査請求を社会保険審査会が本文に述べた理由で却下した裁決について，厚生年金基金がその取消しを求めた訴訟である。判決は，厚生年金基金である原告は，そもそも裁決行政庁に対して審査請求をする権利を有しないし，仮に原告の求めるように審査会が実体審査を行ない審査請求を棄却したとしても，当該裁決は，原告が本件特別掛金について滞納処分の認可申請をした場合において，厚生労働大臣の判断を拘束するものではないから，この意味においても，審査請求についての実体審査を求める法律上の利益はないとして，却下した。控訴審の東京高裁平成20・3・19判例集未登載も，この理由を引用して控訴を棄却した。

[49] 加茂・社会保険法399頁に紹介されている平成18・9・29裁決，同じく同書397頁に紹介されている平成18・10・31裁決を参照。

ば，立法的に解決されるべきであろう。

解散に伴う負担　厚生年金基金は，永久不滅ではない。解散には，代議員の定数の4分の3以上の多数による代議員会の議決，基金による事業継続の不能，及び179条5項の厚生労働大臣による解散命令によるものがある（145条1項）。実際にも，その運営が困難であると判断して，解散された基金が多い。解散の際に，適用事業所の負担が生ずることがある。その仕組みは，次のとおりである。

まず，解散した場合に，加入員又は加入員であった者に係る年金給付及び一時金の支給に関する義務のうち代行部分については，厚生年金基金連合会が引き継ぐ（161条2項）。これを可能にするために，基金連合会は，その支給に要する責任準備金相当額（85条の2）を基金から徴収する（161条1項）。

このような引継ぎを可能にするために，基金解散の場合の掛金徴収が行なわれることがある。すなわち，基金が解散する場合において，解散の日における年金給付等積立金の額が，政令で定める額（厚生年金基金令33条の3により最低積立基準額相当額とされている）を下回るときは，当該基金は，当該下回る額を，設立事業所の事業主から掛金として一括して徴収する。通常の掛金と異なり，この解散時掛金は，もっぱら設立事業所の事業主の負担である（139条1項括弧書き）。かくて，基金の廃止にも事業主負担を伴うことがある。

なお，逆に，解散した基金に残余財産がある場合には，規約の定めるとこ

50　東京高裁平成18・9・14判例時報1969号47頁において，基金から退職による年金の支給を受けていた者が，基金の解散に伴って残余財産の分配を受けた場合の分配金の所得税法上の所得分類が問題とされた。退職所得扱いの退職手当等とみなされる所得税法31条2号の厚生年金保険法第9章の規定に基づく一時金で加入員の退職に基因して支払われるものに該当するかどうかが争われたものである。東京高裁は，基金の解散という事実が支払いの原因であって，退職を原因としたものではないから退職所得に該当しないとして，一時所得扱いをした更正処分は適法であるとした。この事件の1審・東京地裁平成18・2・24判例時報1969号50頁は，分配金のうち，加算年金の選択一時金に相当する部分は，所得税基本通達（平成14年課個2-22ほか3課合同による改正前）に定める「将来の年金給付の総額に代えて支払われるもの」に該当するとして，所得税法31条2号の「加入員の退職に基因して支払われるもの」に該当し，その余の部分は該当しないとしていた。

ろにより，解散した日において当該基金が年金たる給付の支給に関する義務を負っていた者に分配しなければならない（147条4項）[50]。その際に，支給する義務を負っていた者に全額を支払うものとされ，残余財産を事業主に引き渡してはならない旨が，わざわざ規定されている（147条5項）。

[4] 共済年金財政の法

共済年金の概要　共済年金は，国家公務員共済組合法，地方公務員等共済組合法，私立学校職員共済法に基づく長期給付のことである。共済年金の仕組みは，厚生年金の仕組みに準じたものであるので，特別に論ずべき点は少ない[51]。

国家公務員共済を例にとって概観しておこう（地方公務員に関しては，地公共済法111条）。長期給付に要する費用は，組合員の掛金と国の負担とが各2分の1である（国公共済法99条2項2号）。また，公務等による障害基礎年金又は公務等による遺族共済年金の費用は国が全額を負担する（同項3号）。いずれも，長期給付の権利を有する者の請求に基づいて給付の決定がなされる。

給付の制限の多くは，厚生年金と同様であるが，犯罪の場合の支給停止のみは，特別のものである。①組合員若しくは組合員であった者が禁錮以上の刑に処せられたとき又は組合員が懲戒処分（減給若しくは戒告又はこれに相当する処分を除く。したがって免職又は停職の処分）を受けたときは，退職共済年金ののうち職域加算額又は障害共済年金の額のうち障害共済年金の職域加算額に相当する部分の全部又は一部を支給しないことができる（97条1項）。②遺族共済年金の受給権者が禁錮以上の刑に処せられたときは，遺族共済年金の額のうち遺族共済年金の職域加算額に相当する金額の一部を支給しないことができる（97条2項）。③禁錮以上の刑に処せられてその刑の執行を受

51　ただし，財政の観点からの最大の問題は，地方議会の議員年金である。同年金は，地方公務員等共済組合法により共済会を設けて，掛金と地方公共団体の負担金とを財源として支給されるが，平成の大合併により，議員の「退職」の増加に伴う支給所要額の増大と議員数の減少に伴う掛金収入の減少により非常事態を招来している。碓井・政府経費法精義444頁以下を参照。

ける者に支給すべきその組合員期間に係る退職共済年金の額のうち退職共済年金の職域加算額又は障害共済年金の額のうち障害共済年金の職域加算額に相当する金額は，その刑の執行を受ける間，その支給を停止する（97条3項）。このような給付制限は，共済制度には，一般社会保険の代行としての性格のほかに，特殊な職域保険としての性格も有していることによるもので，①は，公務員の身分上の制約等の特殊な立場を考慮した扱いである[52]。

組合員の掛金は，組合員の標準報酬の月額及び標準期末手当等の額を標準として算定し，その割合（掛金割合）は，連合会の定款で定める（100条3項）。注意すべきは，短期給付に係る掛金割合は単位組合の定款で定めることとされているのに対して，長期給付に係る掛金割合は連合会の定款によるとされていることである。地方公務員共済組合の場合も，長期給付に係る掛金割合は，地方公務員共済組合連合会定款で定める（地公共済法114条3項）。私立学校教職員共済にあっては，政令で定める範囲内で共済規定で定める（私立学校共済法27条3項）。国家公務員共済組合に関して組合民主主義の観点からの問題があることは，短期給付に関して述べた（本書第3章1［1］）。国家公務員共済及び地方公務員共済の長期給付の場合に「連合会」の定款とされていて，一層民主主義が希薄になっていることに注意する必要がある[53]。

国及び都道府県の補助に関する規定に注目したい。国家公務員共済組合，地方公務員共済組合に対する国の補助は，いずれも予算の範囲内において特定健康審査等の実施に要する費用の一部に限られている（国公共済法90条の2，地公共済法113条の2）。したがって，長期給付に関する業務について補助することは予定されていない。これに対して，私立学校教職員共済法は，国は，予算の範囲内で事業団の共済業務に係る事務及び特定健康審査等の実施に要する費用を補助することができるとして，広く「共済業務に係る事

---

52 以上，山口公生編『逐条国家公務員共済組合法』（学陽書房，昭和63年）419頁。
53 木村弘之亮「社会保障制度と租税法――憲法84条からみた社会保障と租税の統合――」租税研究711号111頁，114頁（平成21年）は，国家公務員に係る国民年金に要する掛金及びその料率について，法律，政省令によることなく，定款によらせていることを，議会によるコントロールの希薄さとして問題にしている。

務」に要する費用の補助も可能であるとし（35条3項），都道府県も，予算の範囲内において，事業団の共済業務に要する経費について補助することができるとしている（35条4項）。

負担金の払込み　国家公務員共済の仕組みにおいて，まず，各省各庁の長，特定独立行政法人又は職員団体は，それらが負担すべき金額を単位組合に払い込まなければならない。単位組合は，国とは独立の法人であるので，この払込みは，単なる内部的な経理ではない。しかも，事業主としての国の払込みであるにもかかわらず，「負担金」の名称が用いられていることにより，補助金適正化法が適用され（同法2条1項2号），同法に基づく交付申請，交付決定及び負担金の額の確定などの手続が必要とされるという[54]。事業主の立場を無視したこの解釈には疑問がある。

長期給付の保険者は，国家公務員等にあっては連合会である。したがって，単位組合は，国，特定独立行政法人又は職員団体が負担すべき負担金を連合会に払い込まなければならない（国公共済法102条4項）。地方公務員等にあっては，市町村職員共済組合及び都市職員共済組合は，地方公共団体，特定地方独立行政法人又は職員団体が負担すべき負担金を市町村連合会に払い込まなければならない（地公共済法116条4項）。

財政調整拠出金　国家公務員共済組合連合会と地方公務員共済組合連合会は，互に財政調整の目的で財政調整拠出金を拠出する制度が設けられている。国家公務員共済組合の長期給付に要する費用の負担の水準と地方公務員共済組合（＝地方の組合）の地方公務員等共済組合法74条に規定する長期給付（＝地方の組合の長期給付）に要する費用の負担水準との均衡及び国家公務員共済組合の長期給付と地方の組合の長期給付の円滑な実施を図るため，当該事業年度において独自給付費用の負担割合において国が下回る場合，及び当該事業年度において国の長期給付の収支が黒字で地方の長期給付の収支が赤字である場合には，国家公務員共済組合連合会は，地方公務員共済組合連合会への拠出金の拠出を行なう（国公共済法102条の2，102条の3）。逆に，当該事業年度において独自給付費用の負担割合において地方が下回る場合，

---

[54]　山口公生編・前掲注51，453頁。

及び当該事業年度における国の長期収支が赤字で地方の長期収支が黒字である場合は，地方公務員共済組合連合会は，国家公務員共済組合連合会に拠出金を拠出する（地公共済法116条の2，116条の3）。

このようにして，国家公務員共済組合連合会と地方公務員共済組合連合会との間における財政調整の仕組みが用意されている。

4　年金支給と法

[1]　年金の支給要件

老齢基礎年金の支給要件　国民年金の老齢基礎年金は，保険料納付済期間又は保険料免除期間を有する者が65歳に達したときに支給するものとされる。それらの期間を合算した期間が25年以上であることが必要である（国年法26条）。ただし，年金支給要件の保険料納付済期間の計算において，国民年金第2号被保険者及び第3号被保険者については，第1号被保険者と異なり，現実の納付があった期間ではなく，被保険者期間とされているので（国年法5条2項，厚年法3条1項1号），保険料の滞納は影響しない。

国民年金の被保険者資格のうち，第1号被保険者の資格には，20歳以上60歳未満という年齢要件が含まれている（7条1項1号）。したがって，この要件をそのまま適用すると，保険料納付済期間と保険料免除期間とを合算した期間が25年に達しない者が生じ得る。保険加入義務がありながら年金の支給を受けられないという問題を生ずる。そこで，いくつかの例外措置が設けられている。

第一に，保険料納付済期間，保険料免除期間及び「合算対象期間」を合算した期間が25年以上である者は支給要件を満たすものとして扱われる（国年法附則9条）。「合算対象期間」とは，強制加入前の制度において任意加入をしなかった期間（被用者年金加入者の被扶養配偶者で昭和61年3月以前に任意加入していなかった期間），海外居住期間のうち20歳以上60歳未満の期間，平成3年3月までの期間のうち20歳以上の昼間部学生で任意加入しなかった期間などをいう。一般に「カラ期間」と呼ばれている。「カラ期間」は，老齢基礎年金の受給資格期間には算入されるが，年金額計算上は算入されな

い。

　第二に、日本国内に住所を有する60歳以上65歳未満の者及び日本国籍があり日本国内に住所を有しない20歳以上65歳未満の者は、任意加入の被保険者となることができる（附則5条1項2号・3号）。これは、「高齢任意加入」と呼ばれている。したがって、保険料納付済期間が足りないと思う者は、この制度を活用することができる。

　第三に、さらに、昭和34年4月2日から昭和40年4月1日までの間に生まれた者で、老齢基礎年金の受給資格期間を満たしていないもののうち、①日本国内に住所を有する65歳以上70歳未満の者、②日本国籍があり日本国内に住所を有しない65歳以上70歳未満の者は、老齢基礎年金の受給資格期間を満たすまでの間を限り、任意加入することができる（平成16年法律第104号による改正附則23条)[55]。この任意加入は、「特例高齢任意加入」と呼ばれている。

　これらの任意加入の場合は、正当な事由のある場合のほかは、口座振替の納付によらなければならない。

　なお、高齢者任意加入及び特例高齢任意加入の者が、保険料納付済期間の要件を満たしているにもかかわらず納付を継続して超過納付となっている場合について、従来は返還に応じていなかったが、平成20年5月から行政上の措置として本人の申出により返還することとし、さらに平成21年の法改正により、還付請求を正式な制度とした。

　このような例外措置があっても、なお支給要件を満たさない者が登場する。年金事務担当者は、保険料納付が老齢基礎年金との関係において無駄に終る人に対してどのような対応をしているのであろうか。法律の建前は、所定の年齢要件等を充足する者は、あくまでも加入義務を負い（本章2［2］を参照）、かつ、加入しているならば、障害基礎年金の支給を受けることができる。逆に、加入していない人は、障害を負っても障害基礎年金の支給を受けられないというリスクを負っている。このような仕組みを十分に説明することは、限られた人員と時間では容易ではない。

---

[55] この措置が、経過措置又は適用期間を限定されてもいないのに、改正附則の中に置かれている理由を理解することができない。

年金記録問題　前記の加入状況を確認するには，年金記録が正確な内容で記載され，確実に保管されていることが不可欠である。ところが，平成19年から20年にかけて，年金記録が真実を反映していないことが大きな政治上，行政上の問題になった。転記ミス，入力ミスのようなもののほか，経営難等で保険料の納付を避けたい事業主と保険料滞納の外観をなくしたい社会保険庁職員の合作による改ざんの疑いも報じられた。しかも社会保険事務所等が組織的に関与した事実までもが明るみになって，年金行政に対する信頼は，極限まで揺らいでしまったといわざるを得ない。「ねんきん特別便」や「ねんきん定期便」などによる対策も，経費の割に成果を上げることができない。

　おそらく過去の記録の確認には膨大なコストを要するであろう。それはそれで重要であるが，将来に向けた制度的対応を早急に検討しなければならない。事業主は，1年ごとに標準報酬月額，保険料納付額などを従業員に通知し，従業員は個々の通帳式の記録簿に貼付するなどの方式を考える必要がある。あるいは，通帳式の記録簿に事業主が印字する方式でよい。いずれにせよ，被保険者の手元に確実に記録が残るシステムが必要とされよう。

障害基礎年金の受給要件　障害基礎年金の支給要件には，次の3種類がある。

　第一に，原則的な支給要件は次のとおりである（国年法30条）。①傷病（疾病にかかり，又は負傷し，かつ，その疾病又は負傷及びこれらに起因する疾病）について初めて医師又は歯科医師の診療を受けた日（初診日）において，(ア)被保険者であること又は(イ)被保険者であった者であって，日本国内に住所を有し，かつ，60歳以上65歳未満であることのいずれかに該当すること。②初診日から起算して1年6月を経過した日（その期間内にその傷病が治った場合においては，その治った日（その症状が固定し治療の効果が期待できない状態に至った日を含む））（＝障害認定日）において，障害の程度に応じて重度のものから1級及び2級とし政令で定める障害の状態の等級に該当する程度の障害の状態にあること。そして，初診日の前日において初診日の属する月の前々月までに被保険者期間があり，かつ，当該被保険者期間に係る保険料納付済期間と保険料免除期間とを合算した期間が当該被保険者期間の3分の2

に満たないことが消極要件とされている。保険料免除期間を除き，保険料納付状況の悪い被保険者の給付資格を認めない趣旨である。

　第二に，前記(ア)又は(イ)のいずれかに該当し，障害認定日において障害等級に該当する程度の障害の状態になかった者が同日後65歳に達する日の前日までの間において，その傷病により障害等級に該当する程度の障害の状態に該当するに至ったときも，請求により障害基礎年金が支給される（30条の2）。

　第三に，ある傷病（基準傷病）による障害認定日以後65歳に達する日の前日までの間において，初めて基準傷病による障害と他の傷病による障害とを併合して障害等級に該当する程度の障害の状態に該当するに至ったとき（基準傷病の初診日は他の傷病の初診日以降であるときに限る）は，併合した障害の程度による障害基礎年金が支給される（30条の3）。

　第四に，疾病にかかり又は負傷し，その初診日において20歳未満であった者が，障害認定日以後に20歳に達したときは20歳に達した日において，障害認定日が20歳に達した日後であるときはその障害認定日において，障害等級に該当する程度の障害の状態にあるときは，障害基礎年金が支給される（30条の4第1項）（1項要件）。さらに，疾病にかかり又は負傷し，その初診日において20歳未満であった者（同日において被保険者でなかった者に限る）が，障害認定日以後に20歳に達した日後において，障害認定日が20歳に達した日後であるときはその障害認定日において，その傷病により，65歳に達する日の前日までの間に，障害等級に該当する程度の障害の状態に該当するに至ったときは，その期間内に障害基礎年金の支給を請求することができる（30条の4第2項）（2項要件）。1項要件が，20歳に達した日又は障害認定日における障害等級に該当する程度の障害の状態にあることであるのに対して，2項要件は，20歳に達した日後又は障害認定日後において障害等級に該当する程度の障害の状態に該当するに至ったことが要件である。

　初診日をめぐり争われる事件が，学生無年金訴訟において多数見られる。かつて，20歳前に障害基礎年金の受給要件としての障害が発生していれば保険料の拠出なしに年金を受給できたのに，20歳を過ぎて保険料を納付していないと無年金となる制度において，初診日が20歳前であったかどうか

が争われたのである。とくに統合失調症の場合には，症状が表れていても診療を受けるのが遅れることが多く，訴訟事件になった事案が多い。「初診日」は，文字通りに医師等の診療を初めて受けた日と解するのが自然な解釈であることは疑いない[56]。しかし，統合失調症の特性等に照らして，事実としての初診が20歳を超えていても，「初診日」は20歳前とすべきであるとした裁判例がある[57]。

しかし，最高裁平成20・10・10（判例タイムズ1285号57頁）は，「『その初診日において20歳未満であった者』とは，その疾病又は負傷及びこれらに起因する疾病について初めて医師等の診療を受けた日において20歳未満であったものをいうものであることは，その文理上明らかである」とし，その理由は「国民年金事業を管掌する政府において個々の疾病につき発症日を的確に認定するに足りる資料を有しないことにかんがみ，医学的見地から裁定機関の認定判断の客観性を担保するとともに，その認定判断が画一的かつ公平なものとなるよう，当該疾病につき医師等の診療を受けた日をもって障害基礎年金の支給に係る規定の適用範囲を画することとしたものである」と説明している。

この判決には，今井功裁判官の反対意見が付されており，一般の疾病については，発病すれば何らかの自覚症状があり，発病後遅くない時期に医師の診療等を受けるのが通例であるのに対し，統合失調症にあっては，その性質から類型的に見て発症後速やかに医師の診療を受けることが期待しがたいため，発症したからといって早期に医師の診療を受けるという実態は少なく，医師の診療を受けるのは，発病後ある程度の期間をおいてからであるのが通

---

56 そのような裁判例として，札幌地裁平成17・7・4判例集未登載，札幌高裁平成19・3・30判例集未登載，東京高裁平成18・10・26判例集未登載がある。

57 福岡地裁平成17・4・22判例集未登載，東京地裁平成17・10・27（平成13（行ウ）222）判例集未登載，その控訴審・東京高裁平成18・11・29判例集未登載（最高裁平成20・10・10の原審），盛岡地裁平成18・3・27判例集未登載，その控訴審・仙台高裁平成19・2・26判例タイムズ1248号130頁。最後の事件に関しては，最高裁平成20・10・15判例集未登載が上告を棄却しているが，胃腸の不調で診断を受けたことをもって20歳前の診断の要件を満たしているとする判断によると推測されている（朝日新聞平成20・10・16）。

例であると述べ，一般の疾病と同様に初診日を基準として受給要件を定めることは医学的な根拠を欠くとして，社会福祉原理に基づく無拠出制の年金については，発症の時期が20歳前であることが事後的にでも医学的に確定できれば支給要件を満たすとすることに十分合理性があり，立法趣旨に合致するとした。同裁判官は，この解釈が「拡張解釈」であることは否定できないとしつつも，「法律の文言を厳格に遵守することによって，制度本来の趣旨に大きく反する結果を招く場合に，その結果を回避するために拡張解釈が許される場合があることも事実である」と述べている。

以上の法廷意見と反対意見とは，ある意味において「合理性と合理性との対立」であって，いずれの合理性を重視するかという問題である。あるいは，どのような拡張解釈までが許されるのか，換言すれば，どのような限界を超えると立法的解決に委ねるべきものであるのか，という問題でもある。もし，法律の文言上無理というのであるならば，立法的な対応を考えるほかはない。特別障害給付金（本章2〔3〕）は，そのような立法措置によるものである。

遺族基礎年金の受給要件　遺族基礎年金は，被保険者又は被保険者であった者が，次のいずれかに該当する場合に，その者の「妻又は子」に支給する（37条）。「妻又は子」であるから，妻と子の双方に支給することはない。

① 被保険者が死亡したとき。
② 被保険者であった者であって，日本国内に住所を有し，かつ，60歳以上65歳未満であるものが，死亡したとき。
③ 老齢基礎年金の受給権者が，死亡したとき。
④ 国民年金法26条但し書き（保険料納付済期間と保険料免除期間とを合算した期間が25年に満たないとき）に該当しない者が死亡したとき。

以上のうち，①又は②に該当する場合にあっては，死亡した者につき，死亡日の前日において，死亡日の属する月の前々月までに被保険者期間があり，かつ，当該被保険者期間に係る保険料納付済期間と保険料免除期間とを合算した期間が当該被保険者期間の3分の2に満たないときは，この限りでない。

「妻又は子」については，被保険者又は被保険者であった者の死亡の当時その者によって生計を維持し，かつ，①妻については，被保険者又は被保険者であった者の死亡の当時その者によって生計を維持し，かつ，次の②に掲

げる要件に該当する子と生計を同じくすること，②子については，18歳に達する日以後の最初の3月31日までの間にあるか又は20歳未満であって障害者等級に該当する障害の状態にあり，かつ，現に婚姻していないこと，の要件に該当したものである（37条の2第1項）。

遺族基礎年金の支給を受ける者に「夫」が含まれていない点が気になるが，妻に対する遺族基礎年金も，妻が所定の要件を備えた子と生計を同じくすることが要件とされているので，結局は子の生活を保障するための年金であると理解されるので，平等原則違反の問題は生じないといってよい。子の生活を保障するという考え方から，子の数が年金額に反映される仕組みになっている（39条1項，39条の2第1項）[58]。

未支給保険給付の支給　　保険給付の受給権者が死亡した場合において，その死亡した者に支給すべき保険給付でまだその者に支給しなかったものがあるときは，その者の配偶者，子，父母，孫，祖父母又は兄弟姉妹であって，その者の死亡の当時その者と生計を同じくしていたものは，自己の名で，その未支給の保険給付の支給を請求することができる（国年法19条1項，厚年法37条1項）（訴訟承継につき，本書194頁を参照）。

[2]　年金受給権の具体化と消滅時効

請求に基づく裁定・決定により具体化　　年金の給付を受ける権利，すなわち基本権は，抽象的には，支給要件を満たすことにより成立している。しかし，権利を有する者（受給権者）の「請求」に基づいて「裁定」によって具体化される仕組みが採用されている（国年法16条，厚年法33条）。共済組合から長期給付を受ける権利も，受給権者の「請求」に基づいて組合（国家公務員共済にあっては国家公務員共済組合連合会，市町村共済組合又は都市職員共済組合にあっては全国市町村職員共済組合連合会）の「決定」により具体化される（国公共済法41条1項，地公共済法43条1項）。その権利に基づいて支払期月ごとに又は一時金として支払うものとされる給付の支給を受ける権利は支分権と観念されている。

---

[58] 胎児であった子が生まれた場合についてのみなし規定も用意されている（37条の2第2項，39条2項）。

年金支給の期月　　年金の支給は，年金を支給すべき事由が生じた月の翌月から始め，権利の消滅した月で終わる（国年法18条1項，厚年法36条1項）。年金給付の支払いは，毎年2月，4月，6月，8月，10月及び12月に行なう（国年法18条3項本文，厚年法36条3項）。

年金受給権と時効　　平成19年にいわゆる年金時効特例法，すなわち「厚生年金保険の保険給付及び国民年金の給付に係る時効の特例等に関する法律」（以下「年金時効特例法」という）が制定された。この改正前の国民年金法102条1項は，「年金給付を受ける権利は，その支給事由が生じた日から5年を経過したときは，時効によって消滅する」と規定していた。厚生年金保険法92条1項も「保険給付を受ける権利」について同様に規定していた。そして，行政等において通用していた見解によれば，これらの時効規定は，年金の給付を受ける権利，すなわち基本権についての規定であると解されていた[59]。他方，各支払期に年金の支給を受ける権利，すなわち支分権の時効については，会計法30条の適用があるとする解釈が行政等において通用していたようである[60]。消滅時効に関する基本権と支分権との二分説である[61]。このような区別に基づいて，支分権の時効については会計法31条の規定が適用されるので，援用を要せず，放棄することができないとされ[62]，他方，基本権についても，時効を援用しないのに給付を受ける権利が絶対的に消滅

59　小山進次郎『国民年金法の解説』（時事通信社，昭和34年）329頁，園部逸夫ほか編『社会保障行政法』（有斐閣，昭和55年）495頁（執筆＝山上賢一），喜多村・国民年金法254頁，喜多村・厚生年金保険法256頁。もっとも，25年以上の資格期間を満たしているのに5年の期間の経過によって時効消滅するとする解釈に反対して，年金各法が定める時効規定は支分権の時効であると解する有力説も存在した（小西国友『社会保障法』（有斐閣，平成13年）106頁）。

60　小山進次郎・前掲書329頁，園部逸夫ほか編・前掲書495頁（執筆＝山上賢一），喜多村・国民年金法254頁，喜多村・厚生年金保険法256頁，岩村・社会保障法108頁，法研・厚生年金保険法解説1043頁。

61　労災保険における保険給付についても，支給決定請求権と支給決定に基づく支払請求権との二分説として行政解釈が定着している。労災保険法42条は支給決定請求権に関する規定であって，支払請求権は会計法30条によるというのである（昭和41・1・31基発73号）。

62　喜多村・国民年金法254頁，喜多村・厚生年金保険法257頁。

するというのでは受給者の保護に欠けるという観点から時効の援用を要するとする見解が見られた[63]。この見解は，援用に限った議論であるが，さらに時効の利益を放棄できるとする見解につながる可能性を秘めていた。社会保険庁も基本権について時効の利益を放棄する扱いをしてきたという[64]。ただし，このような考え方が正当であったのかどうかは，なお検討を要する。労災補償に関する支給決定請求権について，それ自体は「金銭の給付を目的とする」権利ではないが，支給決定によって金銭債権（給付支払請求権）を取得するのであるから，支給決定請求権には会計法31条1項の規定が適用されるとする説が存在する[65]。年金の裁定請求権と労災の支給決定請求権との間において，このように区別すべき理由があるのであろうか[66]。

　平成19年の年金時効特例法附則による国民年金法及び厚生年金保険法改正により，基本権と支分権とに共通の時効規定が採用された。すなわち，国民年金法についてみると，「年金給付を受ける権利（当該権利に基づき支払期月ごとに又は一時金として支払うものとされる給付の支給を受ける権利を含む。第3項において同じ。）は，その支給事由が生じた日から5年を経過したときは，時効によって，消滅する」（102条1項）とされた。厚生年金保険法92

63　喜多村・国民年金法254頁，喜多村・厚生年金保険法257頁，岩村・社会保障法112頁。

64　加茂・社会保険法71頁。

65　山口浩一郎『労災補償の諸問題［増補版］』（信山社，平成20年）394頁。そこに引用されている裁判例として，岐阜地裁平成2・4・23労民集42巻2号342頁，東京高裁平成3・6・27労働判例608号79頁，東京地裁平成7・10・19労働判例682号28頁がある。

66　災害補償という点で共通性のある地方公務員災害補償法63条の定める「補償を受ける権利は2年間（障害補償及び遺族補償については，5年間）行なわないときは，時効によって消滅する」旨の規定についても，補償の支給決定の請求権であると解されているが，支分権たる支払請求権については同条の適用はなく，民法167条又は169条の規定が適用され，10年又は5年で時効により消滅するとされている（地方公務員災害補償制度研究会編『［改訂版］地方公務員災害補償法逐条解説』（ぎょうせい，平成13年）343頁）。地方公共団体の代行機関たる地方公務員災害補償基金は，「地方公共団体」ではないため，基金に対する金銭債権は自治法236条1項にいう「普通地方公共団体に対する権利で，金銭の給付を目的とするもの」に該当しないので，民法の適用となるというわけである。立法政策としては検討の必要があろう。

条1項も,「保険給付を受ける権利」について同趣旨を規定した。前記の改正条項の括弧内が支分権を指していることは明らかである。それに対応して「年金給付を受ける権利」及び「保険給付を受ける権利」が基本権を含んでいることも明らかである。5年の時効期間のみであるならば会計法も5年であるから,従来と異なるものではないが,「年金給付を受ける権利」,「保険給付を受ける権利」について会計法31条の規定を適用しないとする規定（国年法102条3項,厚年法92条4項）が挿入されたことの意味が大きい。すなわち,会計法31条は,時効の援用を要せず,利益を放棄することができないという規定である。今回の改正により,政府は,基本権のみならず,支分権についても時効の利益を放棄できることになったことを意味する。なお,平成19年改正は,国民年金法及び厚生年金保険法のみについてなされた。国家公務員共済組合法111条1項及び地方公務員等共済組合法の「長期給付については5年間行わないときは,時効によって消滅する」旨の規定は,そのままである。このままの状態が継続し,かつ,従前の国民年金法等に関する解釈が通用すると仮定するならば,これらの共済組合法による長期給付の支分権については依然として時効の利益を放棄できない状態が継続することになる。これらの共済組合にあっては支分権の時効が問題になるような場面を考えにくいというのであれば,それなりに納得できるが,果たして単純に断言できるかどうかは疑問である。

　時効の利益を放棄できる制度における大きな問題は,時効の利益の放棄がいかなる基準に基づいてなされるのかという点にある。そもそも会計法が時効の利益を放棄できないと定める一つの理由は,国の意思の自由を認めるべきではないということである。年金の給付を受ける権利についても,その都度の判断で政府が時効の利益を放棄するかどうかを適宜に判断してよいというのでは,国民は極めて不安定な状態に置かれる。強く抗議した者あるいは逆に窓口で担当者に好印象を与えた者に対してのみ利益を放棄するというのでは納得できない。逆にいえば,政府が,どのような場面において時効による消滅を主張するのかということが明らかにされていなければならない。

　時効の利益の放棄を認めることは,それなりに保険料を納付してきた者を保護することになるが,さらに一歩を進めて消滅時効の対象から除外するこ

とにより[67]，時効制度からの訣別を目指すべきであろう[68]。

ところで，年金給付（保険給付）を受ける権利が基本権であるとするならば，基本権は裁定によって具体化されるはずである。そして，消滅時効の対象となる基本権とは「裁定を受ける権利」，あるいは「裁定請求権」にほかならないという見解が通用してきた[69]。「裁定を受ける権利」ないし「裁定請求権」自体は，金銭の給付を求める権利とは一定の距離があるので，会計法30条の適用がないとすることにも一理があるといえる。そして，裁定のなされた後に基本権が消滅することはないと説かれてきた[70]。かくて，基本権に関する時効期間は，受給要件の充足時から進行を開始する。そして，裁定請求をせずに受給要件充足時から5年を経過したときは時効により消滅する。ただし，厳密にいえば，裁定請求をしたからといって，それは「裁定を受けた」ことにはならない。裁定請求をしても時効期間の進行を妨げることはできない。そこで，裁定請求は明示的に時効中断事由とされているわけではないが，裁定請求をもって時効中断事由と解するのが正当であろう[71]。もっとも，労災補償保険法42条が定める障害補償給付・遺族補償給付・障害給付・遺族給付についての5年の「時効」については，保険給付請求書の提出があっても支給決定までは時効が進行するというのは不合理であるから，その対象になるのは支給決定請求権であって，保険給付請求書の提出があったときは，もはや基本権の時効の問題はなくなるとされている[72]。これを年金各法に当てはめるならば，同様にして，裁定請求をなした以上は，それ以

---

67 西村・社会保障法74頁。なお，基本権につき，成田頼明「行政法の側面からみた社会保障法（下）」ジュリスト302号22頁，27頁（昭和39年）を参照。

68 碓井光明「公的年金の給付に係る時効問題——年金時効特例法の制定を契機として」ジュリスト1341号118頁，121頁（平成19年）。

69 喜多村・国民年金法254頁，喜多村・厚生年金保険法256頁。

70 喜多村・厚生年金保険法256頁は，いったん裁定を受ければ，別途の失権事由に該当しないかぎり，受給権を喪失することはない，としている。法研・厚生年金保険法解説1043頁は，「いったん裁定が行われた年金の受給権は永久に消滅しないものと解される」と述べているが，失権により消滅することは当然である。

71 西村・社会保障法77頁。これに対して，藤田恒雄「公的年金の消滅時効について」季刊社会保障研究26巻3号283頁（平成2年）は，裁定の請求は催告としての効果を有し，裁定は時効中断事由としての「承認」に当たるとする。

後は「時効」の問題は生じないとの解釈もあり得よう[73]。

年金時効特例法による特例　平成19年に制定された年金時効特例法は，正式な法律名が示すように，厚生年金法による保険給付に係る時効及び国民年金法による給付に係る時効について，それぞれ特例を定めている。その実質的内容は共通であって，同法の施行日において保険給付（国民年金にあっては給付。以下同じ）を受ける権利を有する者又は施行日において当該権利を有していた者（未支給の保険給付（国民年金にあっては年金）の支給を請求する権利を有する者を含む）について，原簿に記録した事項の訂正がなされたうえで当該保険給付を受ける権利に係る裁定（裁定の訂正を含む）が行なわれた場合においては，その裁定による当該記録した事項の訂正に係る保険給付を受ける権利に基づき支払期月ごとに，又は一時金として支払うものとされる保険給付の支給を受ける権利について当該裁定の日までに消滅時効が完成した場合においても，当該権利に基づく保険給付を行なうものとしている（1条，2条）。簡単に繰り返すならば，年金記録の訂正がなされて裁定が行なわれたときは，支分権について時効が完成した場合においても，保険給付を行なう趣旨である。支分権の消滅時効期間が5年と解されてきた状況を改めて，5年よりもさらに前に遡り得ることになる[74]。

この法律は，年金記録の訂正がなされ，かつ，裁定（その訂正を含む）がなされた場合の特例を規定するものである。したがって，裁定の申請がなさ

72　厚生労働省労働基準局労災補償部労災管理課編『七訂新版　労働者災害補償保険法』（労務行政，平成20年）662頁。この説にあっては，「時効」の文言にもかかわらず，請求の「除斥期間に近い」ものとなる。しかし，最高裁平成2・10・18労働判例573号6頁は，消滅時効説を採用して，消滅時効の起算点については民法166条1項を準用することとしている。

73　しかし，労災補償保険法42条について，それが除斥期間に近いといっても，不支給決定がなされ，これが審査請求等で争われて原処分が取り消されたのになお支給決定がなされないときとか，給付請求に対して支給・不支給等何らの決定もないときは，その違法確認（不作為の違法確認）を求めることができるのであるから，支給決定請求権を申請権にすぎないと割り切ることはできないとの指摘がある（山口浩一郎『労災補償の諸問題［増補版］』（信山社，平成20年）393頁）。

74　年金時効特例法により年金の支払いを決めた件数は，平成20年12月末時点で158,000件，総額902億円に達したという（日本経済新聞平成21・4・15）。

れないときは、年金記録の訂正の有無にかかわりなく、特例の対象にならない。この点は、裁定申請主義を維持していることの限界といえようか。

なお、年金時効特例法により裁定が行なわれた場合には、適正な年金記録に基づいて裁定が行なわれたならば支払うこととされた日よりも大幅に遅延して支払われる年金給付等の額について、その現在価値に見合う額となるようにするための加算金（給付遅延特例加算金）を支払うとする立法措置が講じられた（厚生年金保険の保険給付及び国民年金の給付の支払の遅延に係る加算金の支給に関する法律）。

裁定の取消し・変更等　　裁定の取消し・変更で相手方の不利益になるものについては、制限があると解される（本書第2章5［2］を参照）。

第5章　公的扶助・社会手当・社会援護と財政法

1　公的扶助と財政法

［1］　公的扶助をめぐる財政の諸相

公的扶助とは　公的扶助の定義は，学説上必ずしも一致しているわけではない。しかし，一般に，生活が困窮して援助なしには最低限度の生活を維持できない者に対して，その資力を調査して不足分につき租税を財源として援助することを公的扶助と呼んでいるようである[1]。日本国憲法 25 条 1 項が，「すべて国民は，健康で文化的な最低限度の生活を営む権利を有する」と定めていることを実現するために生活保護法（以下，本節において「法」という）を制定して公的扶助を実施している。

生活保護と財政の基本問題　生活保護は，生活に困窮する国民に対して，その困窮の程度に応じて必要な保護を行なうものである（法1条参照）。それは，無償の給付である。それだけに，財政との関係においては，要件を明確にして，要件に該当しない場合には給付しないことが要請される。この財政上の要請が，保護を求める国民に不必要な負担を課し，総合的に見て国民の福祉を損うことがあってはならない[2]。保護を求める国民の負担は，保護決定又は実施のために実施機関がなす調査等（28条）の場面において登場する。被保護者の義務としては，届出義務（61条）もある。保護要件の遵守を確保するためにどれだけの負担を課すことができるのか，それは，公金を尊重す

1　ほぼ同趣旨，西村・社会保障法 29 頁 - 30 頁。
2　財政上の要請は，生活保護法 27 条による指導・指示にも関係する。「行政の行為の行為形式特定」の観点から論じた研究として，太田匡彦「生活保護法 27 条に関する一考察」塩野宏先生古稀記念『行政法の発展と変革下巻』（有斐閣，平成 13 年）595 頁がある。指導・指示を行政処分とし，その無効確認請求を認容した裁判例として，秋田地裁平成 5・4・23 判例時報 1459 号 48 頁がある。

る財政原則をどこまで追求するかの問題につながっている。そして，後述のように，単なる公金尊重を越えた違法な行政が行なわれていることもあるとされている。

補足性原理　　この点に係わる，最も注目しなければならない原理は，「補足性原理」である[3]。法4条1項は，「保護は，生活に困窮する者が，その利用し得る資産，能力その他あらゆるものを，その最低限度の生活の維持のために活用することを要件として行われる」と定めている。法4条1項の補足性原理は，保護の要件として定められている。これに対して法4条2項は，民法に定める扶養義務者の扶養及び他の法律に定める扶助が優先されるべきことを定めている。これも補足性の原理を示すものであるが，通常は資力認定の問題となる。

補足性原理を貫徹するために，後述のように収入認定が厳格になされ，それが訴訟に発展する場合もある。海外渡航費用について補足性原理を適用した保護変更処分の適否が争われた事件に関し，最高裁平成20・2・28（裁判所時報1454号7頁）は，少なくとも渡航費用を支出することができるだけの額の，本来その最低限度の生活の維持のために活用すべき金銭を保有していたことは明らかであるとして，適法とした。また，障害基礎年金を遡って受給することになった被保護者について，障害基礎年金が最低限度の生活の維持（障害者の特別の需要も考慮したもの）以外の目的で活用することが予定されているとはいえないとして，保護費から年金相当額を控除する変更決定及び過去の分についての費用返還命令（ただし電子レンジ及び洗濯機購入費用の控除を認めている）を適法とした裁判例がある（京都地裁平成17・10・20判例集未登載及びその控訴審・大阪高裁平成18・12・21判例集未登載）。

資力認定を確実に行なうために，生活保護の申請者は，「関係先照会に同意する旨を記し署名捺印した書面」の提出を求めている（「生活保護の適正実施の推進について」（昭和56・11・17社保第123号，各都道府県指定都市民生主管部（局）長宛，厚生省社会局保護・監査指導課長連名通知）。親戚や周囲の者

---

[3] 補足性原理をめぐる諸問題については，日本弁護士連合会生活保護問題緊急対策委員会編『生活保護　法的支援ハンドブック』（民事法研究会，平成20年）117頁以下が詳しく検討している。

に知られたくないという者は、このような調査を怖れて福祉事務所に行くことを躊躇するのも無理はない[4]。

外国人と生活保護　財政の論理は、国等の義務に属しない公的扶助をなるべく排除しようとする方向に働く。この点において、外国人の扱いが問題となる。

法1条は、日本国憲法25条の理念に基づき生活に困窮するすべての「国民」に対し、その最低限度の生活を保障することを、法の目的として宣言している。憲法25条1項も「すべて国民は」の主語を用いた生存権保障規定であるから、法も、これに平仄を合わせたものである。もっとも、最高裁平成13・9・25（判例時報1768号47頁）は、法が不法残留外国人を保護の対象とするものではないとし、そのことが憲法25条に違反しないと判断するに当たり、憲法25条1項の「国民」の文言を重視することなく、不法残留者を保護の対象に含めるかどうかが立法府の裁量の範囲に属することは明らかというべきである、と述べている（この判決は、不法残留外国人が交通事故により負傷し入院した場合に医療扶助を求めた事案に関するものである）。立法府の裁量により、外国人を保護の対象としても違憲の問題を生じるわけではない。

法2条は、「すべて国民は、この法律の定める要件を満たす限り、この法律による保護（以下「保護」という。）を、無差別平等に受けることができる」と定めている。この規定は、「国民」に対して無差別平等の保護をすることを定めるのであって、国民でない者、すなわち外国人については触れるところがない。これらの規定を通じて、外国人についてまで生存権を保障するための給付を行なおうとするならば、外国人の流入を招き、財政も大きな影響を受けてしまい、結果として、国民も含めた生存権の保障が危うくなるという考え方が底流として存在する。しかし、このことは、日本国と特別の

---

[4] 阿部・行政法解釈学Ⅰ494頁。そこでは、事前調査はできるだけ控えて、違反に対する措置について丁寧に教示しておいたうえで、不正受給が発覚した場合には厳罰に処することで対応すべきであると主張している。なお、同書は、福祉事務所は、同意がなくても本人の預金の調査をすることができるようにすべきであるとしている（492頁）。

関係のある外国人に保護を与えることを禁ずる趣旨を含むものではない。一般的扱いは，昭和29・5・8厚生省社会局長通知「生活に困窮する外国人に対する生活保護の措置について」によっている。同通知は，法1条により，外国人は法の適用対象とならないものであるが，「当分の間，生活に困窮する外国人に対しては一般国民に対する生活保護の決定実施の取扱に準じて左の手続により必要と認める保護を行うこと」と述べている。そして，「日本国に居住する大韓民国国民の法的地位及び待遇に関する日本国と大韓民国との間の協定」（昭和40年条約第28号）に定める手続により日本国に永住することを許可された大韓民国国民に対する生活保護については，前記通知による保護の扱いをすることとしている（昭和41・1・6厚生省社会局保護課長通知「外国人保護の取扱いについて」）。

国民に対する生活保護の実施と，この取扱いによる生活保護との違いはどこにあるのかが問題になる。前記の昭和29・5・8厚生省社会局長通知は，次のように述べている。

「外国人に対する保護は，これを法律上の権利として保障したものではなく，単に一方的な行政措置によって行っているものである。従って生活に困窮する外国人は，法を準用した措置により利益を受けるものであるが，権利としてこれらの保護の措置を請求することはできない。日本国民の場合には，法による保護を法律上の権利として保障しているのであるから，保護を受ける権利が侵害された場合にはこれを排除する途（不服申立の制度）が開かれているのであるが，外国人の場合には不服の申立をすることはできないわけである。」

ここにおいては，外国人に対する保護の実施は，行政措置による恩恵である旨が強調されている。日本国に居住する外国人がすべて法の適用を受ける権利があるとするならば，多数の外国人労働者の存在を考えても，無理というほかはない。しかし，一定の期間，日本に居住し日本国に納税もしている人が，常に生活保護を求める「権利」を有しないと見ることには抵抗感がある。しかも，外国人に保護を与えるかどうかが完全な行政の裁量事項であるとすることにも納得できない。どのような要件を備えたときに保護を実施するかの基準に関しては，法的に整備する必要がある。そのような法的整備を

経て，一定の者の生活保護を受ける地位を法的権利に高める必要があると思われる。

行政権の判断に委ねることの問題性　生活保護に関して法の定めるところを補充するものとして告示及び「通知」が多用されている。通知行政といってもよい。そこには，形式的に行政権の判断に委ねることの是非という問題のほか，実質的に見て，生活保護の要否や水準に関する判断という国民の利害調整の根幹に係わる部分が国会の意思決定ではなく行政権でよいのかという問題がある。租税に関して租税法律主義の下において，課税要件法定主義が強く求められるのと対照的であるといってよい。生活保護を受ける者との関係において授益的であるから，法律による規律の密度は粗くてよいという考え方は，憲法が人権として生存権を保障しているときに妥当するものではない。また，生活保護の原資は国民の租税負担であるから，生存権を保障するのにどのような場合に，どの程度の給付をするかについて国民の合意形成を必要とする。にもかかわらず，現行の仕組みにおいては，法律自体は原則を述べるにとどめて，具体的な定めは行政権に委ねられている。必要な最低限の給付を行なうようにし，かつ，厳格な審査をして保護の決定をすべきであるとする考え方が，底流として流れている。このことに正面から異を唱えることはできないのであるが，実際には，生活保護の水準を低くとどめようとする傾向になりやすい。しかも，法の仕組みから，法律自体ではなく，行政権レベルの判断による部分が極めて大きい。

まず，いわゆる生活保護基準，正式には，「生活保護法による保護の基準」（昭和38・4・1厚生省告示第158号）である。これは，法8条1項の「厚生労働大臣の定める基準」であり，同条2項が「前項の基準は，要保護者の年齢別，性別，世帯構成別，所在地域別その他保護の種類に応じて必要な事情を考慮した最低限度の生活の需要を満たすに十分なものであって，且つ，これをこえないものでなければならない」という定めに従うことが求められている。このような基準の設定は，立法府よりも行政府の判断に委ねた方がよいという考え方に立っている。しかし，生活保護基準の設定に当たり，「財政の論理」と「生存権」の保障という高度に政治的な判断を行なうこと自体に問題があるように思われる。「最低限度の生活の需要を満たす」程度の判

断は，行政権が専門的に判断できることであって国会の判断になじまないという議論が予想されるが，その論理によれば，所得税における課税最低限も国会の判断になじまないことになってしまうであろう。行政権の収集した検討結果が立法の際の参考資料として提供されるならば，国会が判断できない事項ではない。

　生活保護基準において存続してきた高齢者に対する老齢加算及び一人親世帯に対する母子加算は，特別の消費需要がなく合理性を基礎づける事情もほぼ失われたとして，段階的減額を経て，それぞれ平成18年度及び平成21年度に廃止された。厚生労働大臣の裁量的な判断に委ねられていることには納得がいかない。ちなみに，前者の廃止について東京地裁平成20・6・26（判例時報2014号48頁）は，「保護基準の改定に関しては，厚生労働大臣が，現実の生活条件を無視して著しく低い基準を設定するなど，憲法及び生活保護法の趣旨・目的に反し，法によって与えられた裁量権の範囲を逸脱し，又は裁量権を濫用した場合に，それが違法と判断されるものというべきである」とし，法56条の不利益変更の禁止との関係について，同条は，現実の生活条件を無視して著しく低い基準を設定するなど憲法25条や法の規定の趣旨・目的に反する事態を回避する担保として機能することが予定されているのであるから，その限度で，保護基準の変更についても適用があるとした。ただし，変更の内容・程度のみならず，変更の検討及び実施の過程も含めて吟味し，56条の趣旨を十分に斟酌すべきであるとして，具体的事案について，「正当な理由」を欠き厚生労働大臣が裁量権の範囲を逸脱し又は濫用したとまで認めることはできないとした。

　次に，各種の厚生労働省通知が存在する。そのうち，「生活保護法の施行に関する件」（昭和25・5・20厚生省発社第46号）は，各都道府県知事宛の厚生事務次官通知であって，形式的に見ると最も上位の通知で，内容的には現行の生活保護法制定時に旧法との違いを意識して基本的事項を通知したものである。しかし，実質的により重要と思われるものは，「生活保護法による保護の実施要領について」（昭和38・4・1社発第246号，各都道府県知事等宛厚生省社会局長通知）である。さらに，「生活保護法による保護の実施要領の取扱いについて」（昭和38・4・1社保第34号，各都道府県・各指定都市民

生主管部（局）長宛，厚生省社会局保護課長通知）も発せられている。これらの通知は，かつては機関委任事務の処理に関する上級庁の通達の意味をもっていたが，地方分権改革により生活保護事務が法定受託事務とされたので，自治法245条の9第1項及び第3項の規定による「処理基準」とされている。

水際作戦　生活保護行政の現場における保護抑制の状況を示すものとして，「水際作戦」と呼ばれることがあるようである。その定義があるわけではないが，生活保護の申請窓口において，担当者がさまざまな言辞により申請書も渡すこともなく申請を断念させてしまう「違法な追い返し」のことをいうようである（記録上は単なる相談扱いである）[5]。このような水際作戦がなぜ横行するのか，筆者には必ずしも理解することができない。よくいえば先に述べた公金尊重主義によるものであるが，財政負担を抑制したいという国の願望が全国の生活保護行政の窓口に伝わって，違法な行政を生んでいるものと推測される。

申請に対する違法な水際作戦といえるかどうかが裁判で問題とされた例もある。大阪地裁平成13・3・29（訟務月報49巻4号1297頁）は，生活保護の申請のために福祉事務所に出向いた原告に対して父親の扶養意思の確認ができないなどとして保護制度利用申請書を交付せず，また，利用申請を受理しなかったことは違法であるとして，受給できなかった1年間の生活保護費相当額約150万円及び慰謝料30万円の支払いを命じた。しかし，控訴審の大阪高裁平成13・10・19（訟務月報49巻4号1280頁）は，生活保護の利用申請の意思があっても，その意思表示が明確でなければ申請とは認められないとして，本件において真摯かつ明確に申請の意思を表示していなかったとして，1審判決を取り消して請求を棄却した。証拠を見ていない者がコメントする限りではないが，窓口において，真に困っている人に保護の利用を認めようとする国民の目線で臨むのか，逆に，強い態度で「容易には生活保護の利用はできない」旨を告げて威圧的に臨むかによって，窓口における人々の応答は異なってくるはずである。強い心臓をもっている人は申請と認められ，気弱な人は申請と認められないという結果にならないような窓口対応が

5　日本弁護士連合会生活保護問題緊急対策委員会編・前掲注3，72頁，113頁。

強く望まれるところである。

生活保護の給付の種類　生活保護の給付自体は，社会保障財政法の検討目的ではない。しかし，給付の種類により，たとえば，財政に影響する不正受給の可能性等が指摘される。あるいは，他の法律による給付との関係がどのようになるかにより，その負担者が異なることになる。そこで，念のために，給付の種類を確認しておきたい。生活保護法の定める生活保護には，多様な種類がある。同法は，保護の種類として，次の8種類を掲げている（11条1項）。

①生活扶助　困窮のため最低限度の生活を維持することのできない者に対して，衣食その他日常生活の需要を満たすために必要なもの（12条1号），及び移送（12条2号）を，原則として被保護者の居宅において（これによることができないとき，保護の目的を達し難いとき，被保護者が希望したときは適当な施設への入所により）行ない（30条1項），原則として金銭給付によって（これによることができないとき，適当でないとき，その他保護の目的を達するために必要があるときは現物給付によって）行なう（31条1項）。

②教育扶助　困窮のため最低限度の生活を維持することのできない者に対して，義務教育に伴って必要な教科書その他の学用品，通学用品，学校給食などの扶助を（13条），原則として金銭扶助により（これによることができないとき，適当でないとき，その他保護の目的を達するために必要があるときは現物給付によって）行なう（32条1項）。

③住宅扶助　困窮のために最低限度の生活を維持することができない者に対して，住居，補修その他住宅の維持のために必要な事項を行なう扶助で（14条），原則として金銭給付によって（これによることができないとき，適当でないとき，その他保護の目的を達するために必要があるときは現物によって）行なう（33条1項）。住居の現物給付は，宿所提供施設を利用させ，又は宿所提供施設にこれを委託して行なう（33条2項）。

④医療扶助　困窮のため最低限度の生活を維持することができない者に対して，診察，薬剤・治療材料，医学的処置，手術，その他の治療・施術などを（15条），原則として現物給付によって（これによることができないとき，これによることが適当でないとき，その他保護の目的を達するために必要がある

ときは金銭給付によって）行なう（34条1項）。現物の給付による医療の給付は，医療保護施設を利用させ，又は医療保護施設又は指定医療機関に委託して行なう（34条2項）。一定の施術については指定施術者に委託して給付を行なうことを妨げない（34条3項）。急迫した事情のある場合においては，指定を受けない医療機関について医療の給付を受け，又は指定を受けない施術者について施術の給付を受けることができる（34条4項）。

⑤介護扶助　困窮のため最低限度の生活を維持することができない要介護者に対しては居宅介護，福祉用具，住宅改修，施設介護及び移送の範囲内で，要支援者に対しては介護予防，介護予防福祉用具，介護予防住宅改修及び移送の範囲内で行なわれる（15条の2）。原則として現物給付であるが，これによることができないとき，適当でないとき，その他保護の目的を達するために必要があるときは，金銭給付によって行なうことができる（34条の2）。

⑥出産扶助　困窮のため最低限度の生活を維持することのできない者に対して，分娩の介助，分娩の前後の処置などの範囲内で行なわれ（16条），原則として金銭給付によって（これによることができないとき，適当でないとき，その他保護の目的を達するために必要があるときは現物によって）行なう（35条1項）。現物の給付のうち，助産の給付は指定助産師に委託して行なう（35条2項）。

⑦生業扶助　困窮のため最低限度の生活を維持することのできない者又はそのおそれのある者に対して，生業に必要な資金・器具又は資料，生業に必要な技能の修得，就労のために必要なものの範囲内で行なわれる。ただし，これによって，その者の収入を増加させ，又はその自立を助長することのできる見込みのある場合に限られる（17条）。金銭給付が原則であるが，これによることができないとき，適当でないとき，その他保護の目的を達するために必要があるときは，現物給付によって行なうことができる（36条）。現物給付のうち，就労のために必要な施設の供用及び生業に必要な技能の授与は，授産施設若しくは訓練を目的とするその他の施設を利用させ，又はこれらの施設にこれを委託して行なう（36条2項）。

⑧葬祭扶助　困窮のため最低限度の生活を維持することのできない者に

対して，検案，死体の運搬，火葬又は埋葬，納骨その他葬祭のために必要なものの範囲内で行なう（18条）。原則として金銭給付によるが，これによることができないとき，適当でないとき，その他保護の目的を達するために必要があるときは，現物給付によって行なうことができる（37条）。

このような扶助の種類の区分をしていることについて，札幌地裁平成16・11・25（判例集未登載）によれば，扶助の種類ごとに保護の範囲を決定することによって被保護者の生活の各分野で最低限度の生活の需要を満たしつつこれを超えないものとする趣旨であるとされる[6]。

他の給付との関係　以上のような多様な扶助のなかで，医療扶助及び介護扶助については，医療保険，介護保険及び障害者自立支援給付との関係が問題となる。

まず，国民健康保険法は，生活保護法による保護を受けている世帯（保護を停止されている世帯を除く）を被保険者から除外しているので（6条9号），被保護者は保険料を納付する必要はない。もっぱら医療扶助によることになる（医療扶助原則）。

これに対して，介護保険法は，被保護者を被保険者から除外することなく，同法施行令38条及び39条は，被保護者を想定した保険料の基準設定をしている。保険料相当額は，生活扶助の給付に織り込まれているのである。そして，介護保険による保険給付の仕組みを前提にして，介護保険給付によりカバーされない部分，すなわち自己負担分を介護扶助によりカバーする考え方に立っているといえよう。要するに，「被保護者が介護保険の被保険者であって保険給付を受けることができる場合には，法第4条第1項に規定する補足性の原理により，保険給付が優先し，自己負担部分が生活保護の対象になる」[7]というわけである。

---

[6] この判決は，被保護者の転居先の家賃額が家賃基準額を超えているにもかかわらず，超えていないとの虚偽の申告をして不正に住宅一時扶助（敷金等）及び生活一時扶助（移送費）を受給したとして受給額全額の返還を求める費用徴収決定処分を適法とした。

[7] 平成11・11・16厚生省社会・援護局長通知「介護保険法施行法による生活保護法の一部改正等について」第2（3）。

次に，介護保険の被保険者に係る介護扶助と障害者自立支援法に基づく自立支援給付としての介護給付費等との関係については，厚生労働省の通知によれば，自立支援法7条の規定及び平成19・3・28の通知「障害者自立支援法に基づく自立支援給付と介護保険制度との適用関係について」の規定に基づき，「介護保険給付と介護給付費等との適用関係と同様，介護保険給付及び介護扶助が介護給付費等に優先するものである」とされる（平成19・3・29厚生労働省社会・援護局保護課長通知「介護扶助と障害者自立支援法に基づく自立支援給付との適用関係等について」第1.1)[8]。しかし，自立支援法7条の委任に基づく政令には介護扶助は明示されていない。したがって，この扱いの根拠は明確ではない。なお，被保険者以外の者に係る介護扶助と介護給付費等及び訪問入浴サービス事業との適用関係については，生活保護法の補足性の原理により介護給付費等及び訪問入浴サービス事業が介護扶助に優先され，それらで賄うことのできない不足分について介護扶助がなされる（平成19・3・29前記通知愛1.2（1））。

受給権をめぐる問題　　財政法の観点から間接的に問題になるのは，受給権の性質である。

判例に登場した問題として，生活保護受給権が相続の対象になるかどうかの問題がある。有名な朝日訴訟事件の最高裁大法廷昭和42・5・24（民集21巻5号1043頁）は，生活保護受給権は，一身専属の権利であって相続の対象となりえないから，訴訟承継は許されないとした[9]。

このことの当否は別にして，世帯単位の原則により，世帯主を被保護者とする保護決定処分の取消訴訟の係属中に当該世帯主が死亡した場合に，他の世帯員がその訴訟を承継できないとする裁判例（福岡地裁平成7・3・14判

8　ただし，介護保険制度における居宅介護サービスのうち訪問看護，訪問リハビリテーション及び通所リハビリテーション（医療機関により行われるものに限る）並びに介護予防サービスのうち，介護予防訪問看護，介護予防訪問リハビリテーション及び介護予防通所リハビリテーション（医療機関により行われるものに限る）に係るものの自己負担相当額については，自立支援医療（厚生医療）の給付を受けることができる場合には，自立支援医療（厚生医療）が介護扶助に優先して給付されることとなる，と述べている。

9　最高裁昭和63・4・19判例タイムズ669号119頁も同趣旨。

例タイムズ896号104頁)については疑問を禁じえない。世帯主は，生活保護の要否及び程度を判定した上で，いわば手続上の主体として存在するのであって，保護，特に生活扶助は，世帯主及び世帯員の共同の利益のために給付されるはずのものである。給付されるべきであったものが，世帯主の死亡により他の世帯員との関係において何らの権利義務を生じさせない無の存在であるとすることは，世帯主の形式的・便宜的地位を余りに重視する見方であるといわざるを得ない。

利用可能資産，収入認定等と費用返還義務　冒頭にも述べたように，財政の論理からするならば，給付の必要がないのに生活保護給付がなされた場合には，その費用の返還を求めるべきである。法63条は，被保護者が，急迫の場合等において資力があるにもかかわらず，保護を受けたときは，保護に要する費用を支弁した都道府県又は市町村に対して，すみやかに，その受けた保護金品に相当する金額の範囲内において保護の実施機関の定める額を返還しなければならないとしている。ここにおいて，「資力があるにもかかわらず，保護を受けた」ことになるかどうかをめぐる問題は，具体的には，法4条1項の「その利用し得る資産」に該当するか否か，あるいは収入金といえるかという問題として顕在化する[10]。

「利用し得る資産」該当性が問題となった訴訟として，生活保護費等を原資とした預貯金をめぐる事件がある。最高裁平成16・3・16（民集58巻3号647頁）は，保護金品又は被保護者の金銭若しくは物品を貯蓄等に充てることは法の予定するところではないとしつつ，保護金品等を要保護者の需要に完全に合致させることは，事柄の性質上困難であり，法は，世帯主等に当該世帯の家計の合理的な運営をゆだねているものと解するのが相当であるとし，支出の節約の努力等によって貯蓄等に回すことの可能な金員が生ずることも考えられないわけではなく，法も，保護金品等を一定の期間内に使い切ることまでは要求していないものというべきである，と述べた。そして，「生活保護法の趣旨目的にかなった目的と態様で保護金品等を原資としてされた貯蓄等は，収入認定の対象とすべき資産には当たらないというべきであ

---

[10] この点の諸問題について，日本弁護士連合会生活保護問題緊急対策委員会編・前掲注3，137頁以下。

る」とした。具体の事案について，被保護世帯において，最低限度の生活を維持しつつ，子弟の高等学校修学のための費用を蓄える努力をすることは，法の趣旨目的に反するものではないとして，学資保険の満期返戻金の一部について収入認定して保護の額を減じた処分を違法とした。この最高裁判決は，世間の常識に合致する判断というべきであろう。これに対して，民間生命保険会社の養老保険及び終身保険に加入していた場合に，利用し得る資産があったとしてなされた保護廃止決定及び不正受給を理由とする費用返還請求が適法とされた例がある（横浜地裁平成 12・9・20 判例地方自治 219 号 89 頁）。

　交通事故にあった被害者が法 4 条 3 項により医療扶助を受けた場合に，法 63 条による費用返還義務があることを理由に，加害者との間の訴訟において損害賠償の額に含まれるとして争われた訴訟がある。法 4 条 3 項は，法 4 条 1 項及び 2 項の規定は，急迫した事由がある場合に，必要な保護を行なうことを妨げるものではない，という条文である。また，法 63 条は，「被保護者が，急迫の場合等において資力があるにもかかわらず，保護を受けたときは，保護に要する費用を支弁した都道府県又は市町村に対して，すみやかに，その受けた保護金品に相当する金額の範囲内において保護の実施機関の定める額を返還しなければならない」と定めている。

　東京高裁昭和 42・8・17（民集 25 巻 4 号 700 頁）は，「資産」の中に債権を含めることができるとしても，それは当面の生活維持のために直ちに活用できるものに限られ，名目上観念的な権利は存在しても，相手方の無資力のため実現不可能なものはもとより，たとえ将来において給付を受けることは期待できても，現に相手方との間に範囲，数，額等について争いがあって直ちに実現困難なものは，現在の困窮から脱するための資源としては全く無力であるから，「利用し得る財産」から除外されるべきであるとした[11]。これに対して，上告審・最高裁昭和 46・6・29（民集 25 巻 4 号 650 頁）は，福祉事務所長から，本件医療扶助は法 4 条 3 項により開始されたものである旨，

11　東京高裁昭和 48・7・22 判例時報 716 号 43 頁は，被害者が医療扶助を受けた場合に，4 条 1 項にいう「資産」の中には，交通事故による損害賠償債権も含まれるが，加害者との間に権利の存否，範囲，数額等に争いがあって訴訟係属中であるものは，除外されるべきである，とした。

及び賠償の責任程度等について争いがやみ、賠償を受けることができるに至った場合には法63条により医療扶助の費用の返還義務があるので賠償が支払われたときはその額を申告されたい旨の指示があったという認定事実からみて、本件医療扶助は法4条3項により開始されたものである事実をうかがい得るとし、次のように述べた。

「同法63条は、同法4条1項にいう要保護者に利用し得る資産等の資力があるにかかわらず、保護の必要が急迫しているため、その資力を現実に活用することができない等の理由で同条3項により保護を受けた保護受給者がその資力を現実に活用することができる状態になった場合の費用償還義務を定めたものであるから、交通事故による被害者は、加害者に対して損害賠償請求権を有するとしても、加害者との間において損害賠償の責任や範囲等について争いがあり、賠償を直ちに受けることができない場合には、他に現実に利用しうる資力がないかぎり、傷病の治療等の保護の必要があるときは、同法4条3項により、利用し得る資産はあるが急迫した事由がある場合に該当するとして、例外的に保護を受けることができるのであり、必ずしも本来的な保護受給資格を有するものではない。それゆえ、このような保護受給者は、のちに損害賠償の責任範囲等について争いがやみ賠償を受けることができるに至ったときは、その資力を現実に活用することができる状態になったのであるから、同法63条により費用償還義務が課せられるべきものと解するを相当とする。」

この判決は、被害者と加害者との間の民事訴訟に係るものであって、医療扶助相当額を損害賠償額に含めることについては一応納得できる[12]。しかし、この判決をもって、費用を支弁した都道府県又は市町村との間の訴訟において、どのように扱われるかを断定的に述べることはできない。

前記最高裁判決を法63条の適用場面に移す場合に気になるのは、「資力があるにもかかわらず」という要件の「資力」は、保護を受けた時点における

---

[12] 交通事故民事損害賠償請求事件において、この最高裁判決にならう裁判例が続いている。奈良地裁昭和50・3・31判例タイムズ324号287頁、東京高裁昭和59・4・25判例タイムズ530号150頁、大阪地裁昭和60・5・24判例タイムズ565号178頁。

ものであるはずであるのに，その時点の抽象的損害賠償請求権が後の時点において現実に活用できる状態になったときは返還義務を負うというのである。現実に活用できる状態との間の時間的懸隔を問題にしないというのである。この考え方が通用するとするならば，加害者に対する損害賠償請求の可能性のある場合のみならず，一般的に損害賠償請求権の存在の可能性のある場合に，法4条3項による給付であることを告げておくならば，後日損害賠償請求権が具体化されて活用できる状態になったときは返還義務を負うことになるおそれがある。そこまで損害賠償請求権の実現を追いかけて，返還義務を負わせることが立法趣旨であるのか，疑問のあるところである。実現までの間の生活困難な状況があったことの事実は消えないのである。

この点について，厚生省社会局保護課長通知「第三者加害行為による補償金，保険金等を受領した場合における生活保護法第63条の適用について」（昭和47・12・5）は，まず，法63条にいう資力の発生時点としては，加害行為発生時点から被害者に損害賠償請求権が存するので，加害行為発生時点となり，その時点以後支弁された保護費については返還対象となるとしつつ，「返還額の決定に当たっては，損害賠償請求権が客観的に確実性を有するに至ったと判断される時点以後について支弁された保護費を標準として世帯の現在の生活および将来の自立助長を考慮して」定められたいとしている。

学説には，現実に賠償を受けるに至らない状態でなされた保護は本来的保護というべきであるが，現実に賠償金が支払われたときは，支払われた賠償金と保護費に現実的重複が生ずる限りにおいて，相互調整の観点から費用返還義務が生ずることを肯定しつつ，その返還義務の履行を求める場合に，被保護者の最低限度の生活を営む権利を侵害してはならないとして，返還額の決定について裁量判断をする際に十分に考慮することで問題を解決するという見解がある[13]。これは，説明は異なるが，結論においては，前記の厚生省通知に近いともいえよう。確かに，損害賠償がなされた時点において，その履行された損害賠償を除いても最低限度の生活を確保できる状態になっている場合がありうることを考慮すると，このような学説が相当であるようにも

13　良永弥太郎「公的扶助費用の法関係」日本社会保障法学会編『住居保障法・公的扶助法（講座社会保障法第5巻）』（法律文化社，平成13年）287頁，296頁-297頁。

思われる。しかし，条文の「資力」が，長期にわたる訴訟により決着のつけられるような時間的懸隔のあるものまで含むようには解されない。筆者としては，紛争解決に長期間を要した後に損害賠償金を活用できるようになったときは，その時点の生活扶助等の必要性の判断に生かすことで足りると解釈したい。要するに，損害賠償請求権発生時に近接した時点において損害賠償を受けた場合にのみ，「資力」に含めるべきであろう。

「利用し得る資産」及び活用との関係において，実施機関の裁量判断を肯定する裁判例がある。大阪地裁平成13・9・7（判例集未登載）は，「一定の財産についてはその保有が認められるべきではあるが，いかなる財産につきどの程度保有を認めるかは，法の目的と補足性の原理との調整如何の問題であって政策的な判断を必要とする部分が多くあり，また，いかなる資産が法8条の『金銭又は物品』あるいは法4条1項の活用しうる資産に該当しないのかについては法の文言上明確な要件を定めておらず，結局，法は，前記の政策的価値判断の性質に鑑み，上記要件の充足の判断を原則として行政庁の裁量に委ねる趣旨であると解される」と述べている。ただし，同判決は，「収入として認定することが，法が目的とする最低限度の生活保障若しくは要保護者の自立助長という目的に反する場合には，裁量権の逸脱・濫用として，許されないものと解され，法の目的に反しないかどうかについては，個々の財産の内容・性質・取得の経緯・使用態様等を総合的に考慮して判断すべきである」として，裁量権の逸脱・濫用となる場合がありうることを肯定している[14]。

借入金を収入として認定することが許されるとするのが裁判例である。

---

14 この判決は，財産的損害のうち積極損害を塡補するための賠償金を収入金として認定することは，他に手当がなされない限り法の趣旨に反するが，精神的損害により生活水準が低下するわけではないとし，当該事案における交通事故の補償金として保険会社から受け取った金銭は精神的損害に対する慰謝料であり，生活に活用することが十分ありうるので，収入認定することが最低限度の生活を保障するという法の目的に反するということはできないと述べた。さらに，原告が補償金でパソコン・カメラ等を購入すると希望していることについて，判決は，そのような理由で保有を認めることが自立助長に資すると認めうる証拠はないとして，要保護者の自立助長を図るという法の目的に反するとはいえないとした。

札幌地裁平成20・2・4（判例集未登載）は，生活保護法は特に限定していないので，「将来返済が予定されている借入金についても，当該借入れによって，被保護者の最低限度の生活を維持するために活用可能な資産は増加するのであるから，保護受給中に被保護者が借入れをした場合，これを原則として収入認定すべきである」とする原則論を展開した。しかし，それは「原則」であるとして，次のような論旨を展開している。すなわち，「補足性の原則を貫徹し，生活保護世帯に対する金銭給付等のすべてを収入として認定することは，生活保護法の目的である自立助長の観点から，あるいは社会通念上適当でない場合も生じ得る」ので，生活保護行政の実務においては，補足性の原則についての一定の例外が設けられ，判断の統一性，被保護者の公平の観点から特定の金銭について収入として認定しない場合の統一的基準として「生活保護法による保護の実施要領について」（昭和36・4・1厚生事務次官通知）及び「生活保護法による保護の実施要領について」（昭和38・4・1厚生省社会局長通知）により，収入として認定する場合の具体的な指針や収入として認定しない一定の公的扶助や貸付金等を定めていることを述べている。同次官通知において，「他法，他施策等により貸し付けられる資金のうち当該被保護世帯の自立更生のために当てられる額」と定め，これを受けた局長通知において，「貸付けを受けるについて保護の実施機関の事前の承認があること等を要件として，収入認定をしない貸付資金として，事業の開始又は継続，就労及び技能修得のための貸付資金，一定範囲の就学資金，医療費又は介護費貸付金，結婚資金，国又は地方公共団体により，若しくはその委託事業として行われる一定範囲の貸付資金を掲げていること」が認められると述べている。そして，判決は，このような取扱いには相応の合理性があるというべきであるとしている。

具体的事案に関しては，事前の承認を得ていないことはもとより，借入金の使途が生活費の補足のほか，子供との旅行費用，子供の野球チームの年会費，スナックやメンズパブの飲食代等，クレジット利用によるネックレス購入であったとし，借入れに係る金銭及びクレジット利用による購入物品は「資産」ないし「金銭又は物品」に該当し，それらの合計金額3,579,000円は保護費から控除されるべき収入認定の対象となるとしている。

札幌地裁平成20・7・31（判例集未登載）も，ほぼ同趣旨の一般論を展開している。ただし，「生活保護法は，借入れに係る金銭のうち，どの部分を収入として認定し，どの部分を収入として認定しないかを，保護の実施機関の専門技術的裁量に委ねている」とする見解を示している点が微妙に異なっている。「保護の実施機関の専門的技術的裁量」と「被保護者の公平を図るための統一的基準」との関係が問題になるが，実際には，統一的基準が保護の実施機関の裁量を統制していることになろう。同判決も，4回で合計17万円の借入金について，保護の実施機関の事前の承認を得ていないうえ，この借入れは局長通知が収入認定から除外するとしているいずれの事由にも当たらないことを理由に，収入認定することを肯定している。

これらの裁判例において，仮に裁量権を肯定するにしても，局長通知がいう保護の実施機関の事前承認が持ち出されていることには，少なからぬ抵抗を覚える。

国から取得する金銭を収入認定する例もある。源泉徴収により生じた所得税の過納分に係る還付金を収入として認定したことを適法とした東京地裁平成12・10・18（判例集未登載）の例は，収入認定が当然とされる事案であろう。被保護者が，訴訟等により国から損害賠償金等を得ても，収入金認定を通じて保護の変更決定により，結果的に損害賠償金等を取得したことの意味が帳消しになることもあり得ることになる。

いかなる使途に充てているかを重視する裁判例がある。たとえば，大阪地裁平成19・1・15（判例地方自治292号60頁）の事案は，世帯主として生活保護を受けていた原告が，その母が，「戦没者等の妻に対する特別給付金支給法」により交付された国債を特別買上償還の方法により償還した償還金を収入認定してなされた生活保護廃止処分の適法性が争われたものである。判決は，買上償還の方法により支払われた金銭が直ちに最低限度の生活維持に活用されるものでないということはできず，戦没者の慰霊等の費用など特別給付金の趣旨に沿うような使途に充てられたり，要保護者の自立厚生のために充てられることが予定されている場合には，「資産」（4条1項）ないし「金銭」（8条1項）には該当しないと解されるとしつつ，特段の事情がない限り「資産」ないし「金銭」に当たると解するのが相当であるとした。

また，京都地裁平成17・10・20（判例集未登載）は，障害基礎年金を遡って受給することとなった場合に，その全額を収入認定して，年金相当額を減額する保護変更決定を行なうとともに，支給済みの生活保護費のうち遡及受給の障害基礎年金に相当する金額から一部控除した額の返還を命じたことを適法とした。

地方公共団体が心身障害者扶養共済制度条例に基づいて給付する年金を収入認定すべきかどうかが争われた事例がある。金沢地裁平成11・6・11（判例時報1730号11頁）は，他人介護特別基準の金額的限界を少しでも埋め合わせ，介護の不足を補って，自律的生活の実現を助けるのに充てられるべきものであり，生活保護費の上乗せ的性格のものであって，自立助長，福祉増進の趣旨に合致するとして，収入認定をすべきではないとした。控訴審の名古屋高裁金沢支部平成12・9・11（判例タイムズ1056号175頁）も，本件年金は，重度障害者にとって生活保護の面よりも福祉増進，自立助長の面が強く，障害者の自立を助けるために必要な金銭として収入認定から除外するのが相当であるとした（最高裁平成15・7・17判例集未登載により確定）。

[2] 保護金品の交付をめぐる問題

交付の方法　保護金品の交付の方法は，保護の種類によって異なっている。

居宅において生活扶助を行なう場合の保護金品は，世帯単位に計算し，世帯主又はこれに準ずる者に交付するものとされている。ただし，これによりがたいときは，被保護者に対して個々に交付することができる（31条3項）。教育扶助のための保護金品は，被保護者，その親権者若しくは未成年後見人又は被保護者の通学する学校の長に対して交付する（32条2項）。住宅扶助のための保護金品は，世帯主又はこれに準ずる者に対して交付する（33条4項）。

これらの場合の「交付」の方法については明示的規定が置かれていない。この点に関して，保護の実施機関の被保護者に対する指導・指示の権限（27条1項）と，これに従わない場合の保護の変更，停止又は廃止等の処分の許容規定（62条3項）の存在を根拠にして，保護の実施機関が，指示権限に基

づいて，生活扶助費の交付場所を区の生活福祉課が所在する地域行政センターにおいて直接交付を受けることを被保護者に指示することは，「行政の効率的運営のみならず，保護金品が被保護者等に確実に交付され，不正受領などの問題が生じにくいという効果も期待できるものであるから，合理的なものというべきである」と述べた裁判例がある（東京地裁平成16・6・23判例集未登載）。

不正受給と費用徴収・処罰　生活保護に関して，不正受給は厳に排除する必要がある。法85条は，「不実の申請その他不正な手段により保護を受け，又は他人をして受けさせた者は，3年以下の懲役又は30万円以下の罰金に処する」としている[15]。

また，法78条は，「不実の申請その他不正な手段により保護を受け，又は他人をして受けさせた者があるときは，保護費を支弁した都道府県又は市町村の長は，その費用の全部又は一部を，その者から徴収することができる」と規定している。このような法状況において，しばしば不正受給が発覚する。

最近のニュースにおいても，滝川市の生活保護医療扶助の通院移送費不正問題が報じられた。同市の「滝川市生活保護費詐欺事件検証第三者委員会報告書」（平成20年4月）によれば，ストレッチャー対応型タクシーを利用した通院移送費として平成18年3月から19年11月までの間に，夫妻に対し合計約2億3,900万円の保護費が支払われた事案で，1回のタクシー料金は20万円ないし25万円以上であり，1日に2回利用されることもあったという。そして，平成20年4月時点までの警察の捜査で，少なくとも架空請求額が3,460万円にのぼり，タクシー業者に入金された金員のうち多額が夫妻に渡っていたという。検証第三者委員会は，そもそも滝川市で受けることが不可能な治療を札幌市で受けているわけではなく，医学的には滝川市内の通院で十分治療が可能であり，医師の判断のみで多額の移送費を継続的に認めたことには疑問の余地があるとし，医師の判断があり，本人が希望しているというだけで，ほぼ毎日の移送費を支払うことがやむを得なかったと結論付

15　不正受給処罰の問題点について，小田中聰樹「公的扶助・福祉と刑法――生活保護費不正受給処罰を中心に――」小川政亮編『扶助・福祉の法学』（一粒社，昭和53年）259頁以下。

けることは疑問であると述べている。そして、福祉事務所が病状調査や検診命令等の手続をとるべきであったにもかかわらず、それらを行なわないまま移送費の支給を継続したことは不相当であったと結論を下している。これに先立って、平成20年3月の市議会定例会において、市長は法78条により不正受給額を徴収する旨を表明していた[16]。

深谷市においては、県が実施した事務監査結果による指摘を踏まえて市が調査・確認作業を行ない、警察に告発するとともに、調査をさらに進めた結果、生業扶助費の不正受給、交通事故保険金額などを確認し、時効分を除き、併せて1,800万余円（内訳は、生活扶助費699万余円、住宅扶助費375万余円、医療扶助費722万余円、生業扶助費10万余円）の徴収を通知したという。

「不実」は、積極的な虚構の事実を構成することのほか、消極的に真実を隠蔽することを含み、人を欺もうすることよりも広いとされる。不正の手段も、故意に自傷行為をして医療の給付を受けること、調査に対して黙していて保護を受けた場合等を含むとされる[17]。法78条の適用が妥当とされる状況として、(ｱ)届出又は申告について口頭又は文書による指示をしたにもかかわらず、それに応じなかったとき、(ｲ)届出又は申告に当たり明らかに作為を加えたとき、(ｳ)届出又は申告に当たり特段の作為を加えない場合でも、実施機関又はその職員が届出又は申告の内容等の不審について説明を求めたにもかかわらずこれに応じず、又は虚偽の説明を行なったようなとき、が挙げられている[18]。

このような事例が法78条に該当することは疑いない。先に収入認定に関して紹介した札幌地裁の2判決は、いずれも、不正受給と認定しているが、そのうち平成20・2・4の判決は、「不実の申請その他不正な手段」とは、

---

16 この事例に関して、タクシー代金の支給・決定が違法であるとする住民監査請求がなされたが、一連の事務手続は医療扶助運営要領に従い通常の事務処理がなされているなどを理由に、違法・不当は認められないとした。なお、検診命令、生活状況の把握など福祉事務所の保護の実施上の対応や判断は、財務会計上の行為に該当しないから監査の対象にならないと述べられている。

17 小山・生活保護法の解釈と運用823頁。

18 厚生労働省社会・援護局保護課長通知「生活保護行政を適正に運営するための手引について」（平成18・3・30）。

「積極的に虚偽の事実を申告することのみならず，消極的に本来申告すべき事実を隠匿することも含まれる」とする解釈に基づいて，保護の開始の際の説明等により届出・申告すべきことを理解していたにもかかわらず保護を受けていたことは，「本来申告すべき事実を申告せず，不正な手段により保護を受けていたものといわざるを得ない」とした。これに対し，平成20・7・31の判決は，原告の主張がなかったために，結論のみを述べた。どの程度の認識がある場合に不正と認定できるかという問題が残されているように思われる。

　法78条の徴収制度についてみると，不正受給を認定できるにもかかわらず不正受給者に保有させておく理由のないことはいうまでもない。しかし，この「全部又は一部を……徴収することができる」の部分についての解釈が問題になる。行政においては，全部が不正受給であるときは全額を徴収すること，一部が不正受給であるときはその額を徴収することを意味し，結局不正受給額の全額を徴収すべきものであり，実施機関の裁量の余地はないとする考え方が通用している[19]。

　これに対して，徴収額を費用の一部に限る裁量が認められるとする裁判例がある。保護費の支給が法10条（世帯単位の原則）及び4条（補足性の原則）に違反するとして，自治法の住民訴訟により被保護者に法78条に基づく返還請求をすることを求めた訴訟に関する仙台地裁平成17・6・30（判例集未登載）である。同判決は，不正な手段により生活保護費の支給を受けた場合には，受給資格がないのであるから，全額を徴収する原則であるはずのところ，法78条は，被保護者の困窮状態や不正の程度等の事情によっては，徴収額をその費用の一部に限る余地がある場合を考慮した規定と解される，と述べ，78条は，「不当利得に基づく返還請求権又は不法行為に基づく損害賠償請求権とは別個の，法が特に定めた公法上の返還請求権」であるとした。そして，住民訴訟4号請求の対象となる債権は，不当利得の返還請求権又は損害賠償請求権に限定され，執行機関等に裁量の余地がなく，命ずる内容が一義的に明確なものが対象とされているのであるから，「法78条のように，

19　厚生労働省社会・援護局保護課長通知・前掲。

相手方の地位についての配慮から地方公共団体の長に裁量を認めた徴収権については，これを4号訴訟の対象とすれば徴収権者の裁量や相手方の地位を害するおそれがあることから，4号訴訟の対象にはならないと解するのが相当である」として，請求を却下した。判決主文において，不当利得返還を求めるべき金額又は損害賠償を求める金額を明示しなければならない以上，4号請求との関係においては，このように判断することもやむを得ないかも知れない。しかし，不当利得返還請求権や損害賠償請求権の行使について，裁量的行為であることを肯定するとしても，完全に住民訴訟の対象性を否定してよいのかどうかについては検討を要する。筆者は，このような場合には，3号の財産の管理を怠る事実の違法確認請求の対象となることを肯定したいと考える。しかし，そのことは，常に不正受給額の全額を徴収すべきことを求めるものではない。

前記行政解釈によれば，裁量を認める本判決は解釈を誤ったものであると評されるであろう。行政解釈によれば，78条に基づく費用の徴収は，損害追徴としての性格をもち，徴収額の決定について相手方の資力（徴収に応ずる能力）が考慮されるものではなく，財政支出の適正の見地から行われるものであり，徴収の猶予又は免除を行なうかどうかは，地方公共団体の徴収債権に関する自治法等の一般の扱いによると説明されている[20]。

このような考え方に依拠した裁判例として，札幌地裁平成16・11・25（判例集未登載）を挙げることができる。生活保護を受けていた原告が，転居の費用の援助の生活保護変更申請書を提出して，転居に伴う住宅一時扶助（敷金及び仲介料）及び生活一時扶助（移送費）として合計138,390円の支給を受けたものの，札幌市保健福祉部長が，原告は転居先の家賃額が月額58,000円であるのに家賃基準額である月額42,000円の住居に転居するなど真実に反する記載の重要事項説明書を添付して申請行為をしたとして法78条に基づき，前記支給額の全額を徴収する旨の処分をしたため，これを不服として提起された処分取消請求訴訟，裁決取消請求訴訟及び債務不存在確認請求訴訟である。この債務不存在確認請求訴訟について，「法78条は，本来

20　厚生労働省社会・援護局保護課長通知・前掲。

正当に保護を受けることができない者が不正に保護を受け又は他人をして保護を受けさせることを防止するため，不実の申請その他不正な手段により保護を受けた者から保護費を徴収することを認めたものである」として，真実に反する記載をした重要事項説明書を添付して生活保護変更申請書を提出して保健福祉部長が原告の転居先の家賃額を誤信し本件扶助を支給するに至ったのであるから，「不実の申請その他不正な手段により保護を受け」たものであるとして，請求を棄却すべきものとした。この判決は，明示的に全額徴収を述べているわけではないが，判決全体のニュアンスは，それを是認するものである。

この問題に関しては，二つの段階で振り分ける必要がある。

第一段階は，行政解釈も認めるであろう不正受給部分の振り分けである。

第二段階は，かりに不正受給に該当しても，そのどこまでの部分について返還を求めるべきかについては，生活保護行政の根本，すなわち人の生存を脅かさないように保護する視点に立って判断すべきであろう[21]。

なお，法78条には，利息相当額の徴収規定がないが，私法の適用を排除する趣旨まで含むとはいえないとして，利息の徴収が可能であるとする見解がある[22]。

法78条による費用徴収と63条による費用返還との違い　　法63条と78条とは，別の要件規定であるが，実際には，その振り分けは微妙である[23]。一般的には，被保護者に不正受給の意図があったかどうかによって判断される。行政実務においては，法63条による場合は，実施機関の裁量により返還額の全部又は一部の免除が可能であるのに対して，法78条による場合は，前

21　勤労収入における基礎控除は，真に必要な経費であり，勤労したことが不正ではないから認められるべきであるとの主張がある。尾藤廣喜ほか編『これが生活保護だ：福祉最前線からの検証［改訂新版］』（高菅出版，平成18年）219頁（執筆＝吉永純），日本弁護士連合会生活保護問題緊急対策委員会編・前掲注3，99頁。

22　阿部・行政法解釈学I 232頁。

23　両者の違いについて，尾藤廣喜ほか編・前掲書217頁の一覧表を参照。

24　厚生労働省社会・援護局保護課長通知・前掲注18，厚生労働第5回生活保護費及び児童手当に関する関係者協議会（平成17・10・19）の資料5「生活保護関係資料」。

述のように生活保護行政において免除することはできないとされている[24]。

なお，63条による場合は，費用支弁をした都道府県又は市町村に「保護の実施機関の定める額」を返還するので，その金額の決定権限が保護の実施機関に属するのに対して，78条による場合は，徴収権限が「保護費を支弁した都道府県又は市町村の長」にある点も違いとして注意すべきであろう[25]。

扶養義務者からの費用徴収　被保護者に対して，民法の規定により扶養義務を履行しなければならない者があるときは，その義務の範囲内において，保護費を支弁した都道府県又は市町村の長は，その費用の全部又は一部を，その者から徴収することができる（77条1項）。この場合において，扶養義務者の負担すべき額について，保護の実施機関と扶養義務者との間に協議が調わないとき，又は協議することができないときは，保護の実施機関の申立てにより家庭裁判所が定める（77条2項）。協議が調った場合は，費用徴収の行政処分をすることができるが，協議が整わない場合は，家庭裁判所が額を定めるまでは，費用徴収の行政処分をなすことはできない[26]。なお，法77条による費用徴収については，2項による家庭裁判所への申立て事例をほとんど見ることができないなどにより，その運用が不透明であるとの指摘がなされている。保護の申請に先立って扶養請求を行なうよう指導し，結果的に要保護者に申請を思いとどまらせ，あるいは，保護開始後に77条2項の手続をとることは煩瑣であるとして費用徴収権限が回避されているのではないかと危惧する見方がある[27]。制度と運用との間に乖離がありそうである。

生活保護以外の給付の許容性　生活保護法は，最低限度の生活を保障しようとして，生活扶助をはじめとする給付を用意している。しかし，地方公共団体等が，これら以外の給付をすることが妨げられるものではない。そして，それらを直ちに収入認定すべきものではない。たとえば，住居のない生計困

25　厚生労働省社会・援護局保護課長通知・前掲注18。

26　これに対して，保護費の支弁者は，費用徴収を命ずることはできるが，強制処分ができるためには，家庭裁判所による扶養額の決定が必要であるとして，家庭裁判所の扶養額の決定は，強制処分の要件ではあるが，費用徴収命令の要件ではないとする趣旨の見解がある（小山・生活保護法の解釈と運用820頁，良永弥太郎「公的扶助費用の法関係」前掲注13，298頁）。

27　良永弥太郎「公的扶助費用の法関係」前掲注13, 299頁‐300頁。

難者に対して、簡易宿泊施設、一時宿泊施設を提供すること（神戸市）、生活扶助を受けている者が所有し、現に居住する住宅の水洗化を促進するために、生活雑排水の排水管設備の設置・改造、既設の汲取り便所の水洗便所への改造、し尿浄化槽処理の便所を公共下水道等に接続替えする工事費用を助成すること（山口市、草津市、越谷市、高島市、北本市、笠岡市、那須塩原市など）は、収入認定の対象にすべきではない。

[3] 生活保護と政府間関係等
費用の支弁及び負担　生活保護法による費用負担は、多岐にわたっている。

まず、保護費について考察したい。

都道府県知事、市長及び福祉事務所を管理する町村長が、(ア)その管理に属する福祉事務所の所管区域内に居住地を有する要保護者、(イ)居住地がないか又は明らかでない要保護者であって、その管理に属する福祉事務所の所管区域内に現在地を有するものについて、保護の実施機関として行なう保護の実施に要する費用は、それぞれの実施機関の帰属する都道府県、市町村が支弁する（70条1号イ、71条1号）。前記(イ)について市町村が支弁した保護費については、政令の定めるところにより都道府県が4分の1を負担しなければならない（73条1号）。国は、政令の定めるところにより、市町村及び都道府県が支弁した保護費に4分の3を負担しなければならない（75条1項）。保護施設事務費、委託事務費についても、ほぼ同様の支弁及び負担の仕組みである（70条1号ロ・ハ、71条1号、73条1号、75条）。これらの仕組みにより、(イ)を除くと、実施機関の帰属する都道府県又は市町村と国との二本建て負担とされている。福祉事務所の所管に着目した方式であるといってよい。

このような負担区分がなされている理由について、生活保護の事務を国の事務とし、その執行について機関委任事務とされていた時点において、①保護が国家事務であることを貫けば、その費用も国が全額を負担すべきことになるが、都道府県及び市町村もその住民の保護について責任を負うべきであること、②長の事務処理の適否が地方公共団体の財政に影響を及ぼすようにしておくことによって、取扱いが慎重になり濫救が自ずから抑制されること、

が挙げられていた[28]。この二つの理由は，明示的に語られるかどうかはともかく，現在も底流として存在する。特に，地方公共団体の財政負担が軽いと，生活保護の要否及び程度等に関する審査（24条1項参照）が甘くなり，国の財政負担を不必要に増大させるという見方がある。これに対しては，地方公共団体の費用負担が過重となるときは，「漏給」という法の目的に反する事態を招く原因となるとして，「濫給防止と併せ，漏給防止という観点が必要である」とする指摘もなされている[29]。

なお，具体的な負担方法の決定の理由については，昭和25年の法制定時（当然に，機関委任事務時代）において，①国は事務的財政的に能力のある地方公共団体に保護の実施を委任せざるを得ないが，生活保護事務は少なくとも都道府県又は市の事務にまで引き上げる線で考えざるを得ないこと，②行政上の実施責任と費用負担の責任とを分離することは不合理であり，かつ，保護の濫救又は濫救の温床となること，③福祉事務所すら設置する能力のない町村に対して生活保護に要する莫大な費用まで負担させることは過酷に失し，町村財政を著しく圧迫すること，④福祉事務所を設置する市町村に対する都道府県の負担を廃止したのは，長の保護の実施機関としての立場は，都道府県と市町村で同等の地位にあること，⑤従来の経験に徴すると，都市は町村に比較すると，とかく濫救に流れやすい傾向があるので，市の負担分を従来の2倍とすることは，市における濫救を未然に防止し，保護の適正を期する上に効果的であること，などが挙げられていた[30]。ここにおいても，「濫救」の防止を負担に結びつける議論がなされている。

保護施設の設備に要する費用は，設置する主体が支弁する（70条4号，71条4号）。これと別に，都道府県は，法41条により社会福祉法人又は日本赤十字社が設置した保護施設で，①その保護施設を利用することがその地域に

---

28 小山・生活保護法の解釈と運用772頁。
29 良永弥太郎「公的扶助費用の法関係」前掲注13, 293頁。法23条の監査との関係（日本弁護士連合会編『検証　日本の貧困と格差拡大』（日本評論社，平成19年）140頁以下）や水際作戦との関係（日本弁護士連合会生活保護問題緊急対策委員会編・前掲注3, 42頁）においても，漏給の防止の必要が説かれている。
30 小山・生活保護法の解釈と運用774頁。

おける被保護者の保護のため極めて効果的であるとき，②その地域に都道府県又は市町村の設置する同種の保護施設がないか，又はあってもこれに収容若しくは供用の余力がないときには，その修理，改造，拡張又は整備に要する費用の4分の3以内を補助することができる（74条1項）。都道府県がこの補助を行なった場合に，国は，政令の定めるところにより，都道府県の補助した金額の3分の2以内を補助することができる。

以上のような「支弁」，「負担」及び「補助」について法定する立法方式の法の下において，法定外の補助金を交付できるかどうかが問題になる。

たとえば，神奈川県，横浜市，川崎市，横須賀市及び相模原市は，5県市協調事業として，社会福祉法人が運営する救護施設及び更生施設の自主的で柔軟な経営を促進し，神奈川県内における福祉施設のサービス水準の維持・向上，地域間の均衡を図ることを目的として，具体的には国が示す最低配置基準人員に加えて別に指定する直接処遇職員を雇用することにより入所者の処遇の向上を図るために，補助金を交付している。大阪市は，生活保護施設高齢障害者加算補助金を交付している。このような補助金の交付が禁止される根拠はないと思われる。国も，社会福祉施設整備費補助金として，法38条の保護施設を設置する社会福祉法人等に対して，国が整備費の2分の1，都道府県・指定都市・中核市が4分の1を補助している。また，施設整備関係借入金利息等に対して補助している地方公共団体もある。法に規定する救護施設，更生施設その他生計困難者を無料又は低額な料金で入所させて生活の扶助を行なうことを目的とする施設を経営する事業及び生計困難者に対して助葬を行なう事業が「第1種社会福祉事業」とされていること（社会福祉法2条2項1号）との関係において，「保護施設」が，社会福祉施設と位置づけられていることによるものであろう。ここには，法による規律が完結的でないことが示されているといえる。

国庫負担引下げをめぐる論争　地方分権の推進との関係において，生活保護費国庫負担制度の見直しが，政治問題となった。平成17年11月に，厚生労働省は，①生活扶助に関して，都道府県が生活扶助額の基準を設定し，国2分の1，都道府県4分の1，保護の実施機関の属する地方公共団体4分の1とする，②住宅扶助に関しては，保護の実施自治体が住宅扶助額の基準を

設定し，国庫負担を廃止し保護の実施自治体の一般財源とする，③医療扶助・介護扶助に関しては，新たに都道府県の負担を導入し，国2分の1，都道府県4分の1，保護の実施機関の属する地方公共団体4分の1の負担とする案を公表した。同省の資料によれば，同省の考え方は，①憲法25条に基づく他の社会保障制度も，国・都道府県・市町村が重層的に役割・責任を分担し，それに応じて費用を負担する，②地域事情の的確な反映こそが公平である（地方にできることは地方に），③他法他施策を活用し，自立を助長することこそ生活保護の要である（公助から共助，さらに自助へ），④被保護者の実情把握や評価，自立させるための支援・指導の方法は，自治体ごとに工夫することが望ましいし，自立助長に活用できる社会資源やネットワークは地域ごとに区々である，⑤地域の産業育成，若者定着は街づくり政策として地域にも責任がある，というものである。そして，今後の生活保護の方向は，都道府県や保護の実施自治体への権限委譲や役割・責任を拡大するとともに，これに併せて地方の財政負担を拡大する必要があるというものである[31]。

これに対して，地方公共団体の全国組織や地方公共団体は猛反発を示し，厚生労働省との間において議論の応酬が見られた[32]。そして，厚生労働省は，その後，生活扶助についての提案を撤回し，医療扶助・介護扶助に関して国3分の2，都道府県6分の1，保護実施機関の属する地方公共団体6分の1とする案に修正した[33]。結果的には，生活保護費の分担の仕組みは，当分凍結するという政治決着が図られた。

---

31 以上，厚生労働省「生活保護及び児童扶養手当の見直し案」（平成17・11・4）による。
32 第7回生活保護費及び児童扶養手当に関する関係者協議会（平成17・11・10）の資料1「厚生労働省の『生活保護及び児童扶養手当の見直し案』に対する意見」（全国知事会・全国市長会）及び資料5「『生活保護及び児童扶養手当の見直し案』に関する地方団体の意見に対する厚生労働省の考え」，第8回生活保護費及び児童扶養手当に関する関係者協議会（平成17・11・18）における資料2「第7回協議会における『厚生労働省の考え』に対する意見」（全国知事会・全国市長会）及び資料2-2「生活保護等の地方への負担転嫁に反対する特別決議」（地方六団体，地方分権推進連盟）。
33 第9回生活保護費及び児童扶養手当に関する関係者協議会（平成17・11・25）。

この論争における地方公共団体の主張の骨子は、生活保護制度が国民生活のナショナル・ミニマムを保障する制度であり、その役割は国が担うものであるということに尽きるであろう。その主張の中には、「三位一体の改革に名を借りて、地方分権を推進する、あるいは地方自治体の裁量を拡大するという美名の下に、法定受託事務たる生活保護事務等について国庫負担率を見直すことは、地方への単なる負担転嫁」であるとの表現も見られた[34]。ここに登場する「法定受託事務」の点については、生活保護が法定受託事務であるから国の財政負担を重くすべきであるという主張と捉えて、法定受託事務であるか否かと国の財政負担とは直接にリンクしていないとし（たとえば、戸籍事務は法定受託事務であるが、その費用は全額が市町村負担である）、費用負担は、個々の事務の目的や性格に照らし、国と地方の全体的財政配分を踏まえて、政策的に判断されるべきではないかと、強く批判する見解がある[35]。

筆者は、地方の主張を「法定受託事務」であるが故に国庫負担を重くすべきであると読むことに疑義があるが、個々の事務の目的・性格に照らして政策的に決定すべきである、という考え方に賛成である。そのうえで、生活保護のうちのほとんどの保護費は、基本的に国の負担とすべきであると考えている。その理由は、大きく二つある。第一に、生活に苦しい人たちが均等に分散して生活しているならば別であるが、どうしても偏りを生ずる。その結果、被保護者が多く税収が少ないため財政力の弱い地方公共団体ほど、より多くの保護費を支出しなければならないという矛盾を生じてしまう。第二に、居住移転の自由の保障されている日本において、何らかの事情により生活困窮者が他の地方公共団体から集中的に流入してくる場合には、その原因に当該地方公共団体が関係していないにもかかわらず、保護の財政責任のみを負ってしまうことになる。これらは、いずれも地方公共団体中心の財政負担方式の不合理性を示すものである。

厚生労働省・都道府県の指導監査　すでに述べてきたように、財政の論理

---

[34] 前掲注32の第8回生活保護費及び児童扶養手当に関する関係者協議会における資料2「第7回協議会における『厚生労働省の考え』に対する意見」（全国知事会・全国市長会）。

[35] 京極髙宣『生活保護と地方分権化』（ミネルヴァ書房、平成20年）59頁以下。

は，生活保護を通じて財政資金の水漏れを生じさせてはならないという要請となって，生活保護行政の適正化を求める。それが，行政面における政府間関係にも反映されて，生活保護の適正化目的の「施行事務監査」が実施されている。根拠となる条文は，法23条である。すなわち，「厚生労働大臣は都道府県知事及び市町村長の行うこの法律の施行に関する事務について，都道府県知事は市町村長の行うこの法律の施行に関する事務について，その指定する職員に，その監査を行わせなければならない」（1項）。そして，指定職員は，「都道府県知事又は市町村長に対し，必要と認める資料の提出若しくは説明を求め，又は必要と認める指示をすることができる」（2項）。この条文自体は，機関委任事務の時代とほとんど変わるところがないが，地方分権推進の一環として，法23条1項及び2項により都道府県知事が行なう事務監査の事務は，法定受託事務とされた（法84条の4の別表）。これに伴い，自治法245条の9の定める「処理基準」として，「生活保護法施行事務監査の実施について」（平成12・10・25社援第2,393号　各都道府県知事・各指定都市長宛厚生省社会・援護局長通知）が発せられている。その実質的内容は，その別添「生活保護法施行事務監査実施要綱」に示されている。

　まず，監査について，「単に監察的見地から事務の執行又は会計処理の状況を検査し，その適否を調査する等の消極的な機能に止まらず，更に生活保護行政がより効率的に運営されるよう援助・指導する積極・建設的な機能を果たすべきものである」としている。監査は，一般監査と特別監査に分かれている。一般監査は，保護の決定手続及び方法の適否並びに被保護者の自立助長等個別的援助の適否の検討を行なう。また，特別監査は，特定の事項に問題がある福祉事務所に対して行なう特別な監査，保護動向等に特異な傾向を示す福祉事務所に対して行なう特別な監査，監査後の状況を確認するための監査とされている。別紙の「生活保護法施行事務監査事項」には，「主眼事項」とそれに対応する「着眼点」が細かに掲げられている。都道府県は，この処理基準により市町村の事務を監査するのであるが，その監査が適正になされているかを厚生労働省が法23条により監査するという二重構造となっていることになる。したがって，都道府県は，適正に事務監査をすることを迫られているのである。

ところで，この監査に関しては，ややもすれば「適正化」と称して財政の論理が支配し易く，濫給と不正受給の監視のみに終始し扶助額を減らすことに主眼が置かれていることを批判し，法に従ってなされているかどうかの観点から，受給者の権利擁護になる指摘を行なうことも重要である旨の指摘がなされている[36]。

保護施設・指定医療機関・医療費の審査・指定介護機関　生活保護を実施するには，保護の実施機関以外の，さまざまな機関の協力を必要とする。

まず，保護施設として，救護施設，更生施設，医療保護施設，授産施設，宿泊所提供施設があって（38条），その設置主体も，都道府県，市町村，地方独立行政法人，社会福祉法人，日本赤十字社と多様である。そして，保護施設は，保護の実施機関から保護のための委託を受けたときは，正当の理由なくして，これを拒んではならない（47条1項）。最高裁平成19・1・25（民集61巻1号1頁）の趣旨に従えば，保護施設において職員の違法な行為（かつ，故意又は過失）により，施設入所者が損害を被ったときは，保護の実施機関の属する地方公共団体が国家賠償責任を負うことになろう。社会福祉法人及び日本赤十字社の設置した保護施設についての補助制度については前述した（428頁）。

次に，医療扶助のための医療を担当させる機関については，指定制度が採用されている。知事が指定する病院，診療所若しくは薬局又は医師若しくは歯科医師については，「開設者又は本人の同意」を要する（49条）。したがって，同意がないのに指定することはできない。また，いったん指定を受けた指定医療機関は，30日以上の予告期間を設けて，その指定を辞退することができる（51条1項）。介護機関，助産機関等についても指定制度が採用されている（中国残留邦人等支援法による医療支援給付を行なうための指定医療機関及び介護支援給付を行なうための指定介護機関の指定も，生活保護法による指定と併せて行なわれている）。医療機関等の指定は，現在はともかく，かつては「公法上の契約」と解されていた[37]。

ところで，指定医療機関の診療報酬に関しては，ほぼ医療保険の診療報酬

36　尾藤廣喜ほか編・前掲注21，324頁以下（執筆＝下村幸仁）。
37　小山・生活保護法の解釈と運用530頁。

と同様の仕組みが採用されている。指定医療機関の診療報酬の支払いに関する事務について社会保険診療報酬支払基金等に委託できる点も共通である（53条4項）。ただし、指定医療機関は、請求することができる診療報酬の額について都道府県知事のなした決定に従わなければならないとする規定が存在する（53条2項）。この規定の意味に関して、生活保護法立案者の見解は、次のようなものであった。

> 「都道府県知事が行った審査の決定に対して不服であっても本法上これを争うことは出来ないものであって、指定医療機関は決定された診療報酬額を受領するだけの能力を有するに止まる。前項の都道府県知事の決定権及び本項の指定医療機関の服従義務は、指定契約の絶対的内容をなすものであり、又指定契約は前述した通り公法上の契約であって公法関係は特別な規定のない限り裁判上争い得ぬものである。」[38]

何とも徹底した見解である[39]。この最後の一般論の部分は、今日においては通用しない議論といわなければならない。下級審ではあるが、診療報酬額の決定について抗告訴訟により争うことを肯定する裁判例がある（京都地裁平成7・2・3判例タイムズ884号145頁、その控訴審・大阪高裁平成9・5・9判例タイムズ969号181頁[40]）。

診療報酬の額を決定するに当たって、社会保険診療報酬支払基金法に定める審査委員会又は医療に関する審査機関で政令で定めるものの意見を聴かなければならないとされている（53条）。京都地裁平成7・2・3（判例タイムズ884号145頁）は、社会保険診療報酬支払基金が指定医療機関の診療報酬請求の審査をする場合において、指定医療機関から提出された診療報酬請求書類に不備があって補正が可能なものである場合は、審査委員会は、補正の

---

38 小山・生活保護法の解釈と運用580頁。
39 公法上の契約説を採用した裁判例として、大阪地裁昭和56・3・23判例時報998号11頁がある。
40 この事件において、決定の内容が外部に表示され被処分者が了知し得る状態に置かれなければ行政処分とはいえないと主張したが、1審判決は、診療報酬の仮払い、過誤調整の仕組みから、指定医療機関は、診療月の翌月分の診療報酬の仮払いがなされた時点において、診療月の診療報酬についての決定内容を了知することができる、とした。控訴審判決も、ほぼ同趣旨を述べた。

機会を与え,これに応じて任意に審査資料を提出するときは,この審査資料を含めて審査しなければならないところ,このような審査をしないまま全部又は一部の減点査定をし,これが基金の意見として提出されて格別の調査をすることなく同一内容の診療報酬額の決定がなされたときは,当該決定は違法となるとした。控訴審の大阪高裁平成9・5・9(判例タイムズ969号181頁)も,ほぼ同趣旨の判断をした。

2　社会手当と財政法

[1]　社会手当とその財源

社会手当とは　社会保障の一分野として,「社会手当」と呼ぶ給付がある。もっとも,社会手当の文言を直接に用いる法律がないこともあって,この観念は,もっぱら講学上のものであり,定義が必ずしも一致しているわけではない。しかし,ほぼ共通している特色として,無拠出制の給付であって(この点で社会保険と区別される),補足性の原理の適用や資力調査を伴わない金銭給付(この点で公的扶助と区別される)という点を挙げることができる[41]。ただし,所得が一定限度を超えると給付を制限すること(所得制限)は,社会手当の性質を否定するものではない。

このような社会手当として,現在の日本には,法律によるものとして,児童手当,児童扶養手当,特別児童扶養手当,特別障害給付金などが存在する。また,臨時的な措置として,平成20年度補正予算に基づき,国の10割補助事業として,市町村により「子育て応援特別手当」が第2子以降の子どもで小学校入学前3年間であるものを対象に1人につき36,000円が支給されている。平成21年度補正予算により第1子にも拡大する措置が講じられる予定である。予算措置のみによる手当の支給がなされているのである。

なお,地方公共団体が独自の社会手当を給付していることがある。たとえば,名古屋市は,児童を3人以上(3歳未満児を1人以上含む場合に限る)を監護し,かつ,これらの児童と生計を同じくするその父又は母などに対して,

---

[41]　角田豊『社会保障法の課題と展望』(法律文化社,昭和43年) 13頁,堀・社会保障法総論14頁注13,西村・社会保障法425頁。

支給対象児童1人につき月額2万円を支給している（名古屋市子育て支援手当条例）。また，同市は，児童を監護するひとり親家庭の父若しくは母等に対して，ひとり親家庭手当を支給している（名古屋市ひとり親家庭手当条例）。また，新潟県は，「新潟水俣病地域福祉推進条例」を制定し，同条例5条に基づく保健福祉施策として，未認定患者に対して月額7,000円の福祉手当を支給している。

社会手当の財源　社会手当の財源は，前記の定義からいって，社会保険方式は除外される。したがって，租税を財源とすることになる。もっとも，この場合の租税とは，形式的意味の租税に限られるものではないし，現在の租税ではなく将来の租税に期待する方式もある。児童手当の財源には，租税のほか事業主の拠出金が含まれている。この拠出金は，その名称にもかかわらず，租税の実質を有している。また，戦没者遺族等関係の給付については，国債を交付し（交付国債），将来，その償還を受けることにより，金銭給付と同様の結果を実現する方式が採用されている。

社会手当について租税を財源とする場合に，どのレベルの政府が負担するかは，他の社会保障と同様に問題になる。

[2]　児童手当

児童手当の支給　社会手当の代表格は，児童手当である。児童手当法によっている。同法は，児童を養育している者に児童手当を支給することにより，家庭における生活の安定に寄与するとともに，次代の社会をになう児童の健全な育成及び資質の向上に資することを目的としている（1条）。

児童手当の支給要件は，同法4条に規定されている。次のいずれかに該当する者（＝監護者）が，日本国内に住所を有するときに支給するとされている（4条1項）。①3歳未満の児童又は3歳未満の児童を含む2人以上の児童（＝支給要件児童）を監護し，かつ，これと生計を同じくするその父又は母，②父母に監護されず又はこれと生計を同じくしない支給要件児童を監護し，かつその生計を維持するもの，③児童を監護し，かつ，これと生計を同じくするその父又は母であって，父母に監護されず又はこれと生計を同じくしない児童を監護し，かつ，生計を維持するもの（これらの児童が支給要件児

童であるときに限る）である。①又は③において，父及び母がともに当該父及び母の子である児童を監護し，かつ，これと生計を同じくするときは，当該児童は，その児童の生計を維持する程度の高い者によって監護され，かつ，これと生計を同じくするものとみなすこととされる（4条2項）。

児童福祉法の本則における支給要件児童は3歳未満児であるが，附則7条及び8条が「当分の間」3歳以上小学校修了前の児童を監護する者についても，本則4条1項と同様の要件の下に児童手当に相当する給付を行なうものとしている（特例給付）。

これらの要件で注意すべき点を挙げると，次のとおりである。

第一に，日本国籍を有することは要件とされてない。児童福祉法制定当初は，国籍要件があったが，昭和57年の難民の地位に関する条約への日本国の加入に伴い，撤廃されたものである。

第二に，住所要件は，監護者に関する要件であって児童に関するものではない。したがって，児童が外国に居住しても，そのことの故に要件を充足しないわけではない[42]。

第三に，住所要件の結果，日本国籍を有する監護者であっても外国に住所を有する間は，児童手当の支給要件を満たさない。この関係で，誰が監護者であるかが問題になる。特に，4条2項のみなし規定が問題になる。「監護」，「生計を同じくする」及び「生計を維持する」の観念が複雑にからんでいる。たとえば，生計を維持している父が海外駐在を命じられて海外に住所を有するに至ったときは，監護者たる父が日本国内に住所を有しないとして支給要件を満たさなくなるのか，それとも国内に母がいて児童と生計を同じくしているならば母が監護者であって支給を受けるのであろうか。この点は，「監護」とは，児童の生活について通常必要とされる監督，保護を行なっていると社会通念上考えられる主観的意思と客観的事実とが認められることをいい，児童の生計費負担のような経済的要素は含まないとされる。とするならば，この場合には，母が監護者として要件を満たしているといえそうである。しかし，勤務，修学，療養等の事情により，児童と起居を共にしていな

---

[42] 児童手当制度研究会・児童手当法の解説59頁。

[43] 児童手当制度研究会・児童手当法の解説61頁。

い場合であっても，監督・保護を行なっている限りにおいては「監護」の要件を満たすものと扱って差し支えないとされている[43]。これによれば，父も「監護」者となり得るのであって，父の方が生計を維持する程度が高い場合に，4条2項を形式的に適用するならば，監護者が海外に住所を有することになって支給要件を満たさないことになる。運用上は，当然，母を監護者として支給されていると推測されるが，「監護」と「生計の維持」という別次元の要素とが乖離する場面があることを示すものである。

第四に，「監護」の意味を緩やかに解する場合に，監護者の判定が微妙な場合が少なくない。たとえば，離婚した後に，その子が父又は母の一方と生活を共にしている場合，同じく，離婚後に，その子が父母と離れて父又は母のいずれかの親と生活を共にしている場合などである。

児童手当は，児童を監護する者の所得が一定額以上である場合には支給されない（5条）。給付を行なうことにより経済的支援を行なう必要性の小さい者には支給しない趣旨である。ところで，この所得制限規定の適用において，監護者本人の所得のみに着目し，配偶者や扶養義務者の所得を考慮していないことに注目する必要がある。これは，「本制度が広く一般家庭を対象としているものであり，児童と一定の生計関係のある養育者本人が最多収入者であることが通常と考えられるため，その所得のみを審査すれば足りる」という理由によっているとされる[44]。先に述べた離婚後の監護者が誰であるかという問題は，この所得制限規定との関係で大きく影響する。

児童手当の受給資格及び額についての認定（7条），支給（8条）は，いずれも市町村長が行なうこととされている。

児童手当の財源　児童手当の財源確保については，極めて特色ある方式が採用されている。通常であるならば，国，都道府県，市町村という三つのレベルの政府が費用を分担しあうところ，児童手当については，公務員，公務員以外の被用者，被用者でない者に分けて，費用負担を定めている。国家公務員については国が全額を負担し，地方公務員については，当該地方公務員の帰属する地方公共団体が全額負担する（18条2項）。公務員以外の被用

44　児童手当制度研究会・児童手当法の解説71頁。

者については，その10分の7は，法20条による事業主拠出金をもって充て，国庫，都道府県及び市町村が各10分の1を負担する（18条1項）。公務員，被用者でない者については，国庫，都道府県及び市町村が各3分の1を負担する。公務員以外の被用者及び被用者以外の者についての国庫，都道府県，市町村の負担割合は，平成17年度までは，4：1：1であったが，国から地方への税源移譲などの改革の一環として，前記のように，平成18年度から1：1：1に改められたものである。国の負担割合を半減させ，その分を，都道府県と市町村とが同じ割合で負担しあう改正である。本法附則による特例給付についても，これと同様の負担割合に改められた。

事業主拠出金は，厚生年金保険の事業主，各種共済組合の団体等に納付義務を負わせるもので（20条），厚生年金保険の保険料その他の徴収金の例によることとされている（22条）。拠出金の額は，それぞれの賦課標準（標準報酬月額，標準賞与額等）に拠出金率を乗じて得た額である（21条1項）。拠出金率は，毎年度被用者に対する児童手当の支給に要する費用の予想総額の10分の7に相当する額を当該年度における賦課標準の予想総額をもって除して得た率に児童育成事業のうち拠出金をもって充てる額の予定額を当該年度における賦課標準の予想総額をもって除して得た率を加えた率を基準として，政令で定めることとされている（21条2項）。これを受けて，毎年度拠出金率を定める政令が制定されている（たとえば，「平成21年度における児童手当法に基づき一般事業主から徴収する拠出金に係る拠出金率を定める政令」。平成20年度及び21年度は，ともに1000分の1.3である）。

児童育成事業費により加算される拠出金率の部分を「事業費充当額相当率」と呼んでいる。ここに登場する児童育成事業は，児童手当法29条の2が「政府は，児童手当の支給に支障がない限りにおいて，児童育成事業（育児に関し必要な援助を行い，又は児童の健康を増進し，若しくは情操を豊かにする事業を行う者に対し，助成及び援助を行う事業その他の事業であって，第1条の目的の達成に資するものをいう。）を行うことができる」と定めているのを受けたものである。この点については，二重の意味において疑問がある。

第一に，極めて裁量的な施策の費用を拠出金により賄おうとしていることである。同法21条3項は，「毎年度の事業費充当額相当率は，当該年度の前

年度の事業費充当額相当率を標準とし，当該前年度以前5年度の各年度における事業費充当額相当率を勘案して設定しなければならない」として，急激な負担増に歯止めをかけているものの，裁量性は否定できないであろう。

　第二に，予算との関係において，十分な審議が及ぶ構造であるのかを問題にしなければならない。児童手当関係の予算は，年金特別会計のなかの「児童手当勘定」によっている。この勘定の歳入は，児童手当法20条1項1号から4号までの者からの拠出金，一般会計からの繰入金，積立金からの受入金などからなり，歳出には，児童手当交付金，児童手当の業務取扱費などと並んで児童育成事業費も含まれている。かくて，児童育成事業費は，年金特別会計の児童手当勘定の歳出であることがわかる[45]。児童育成事業費が，育児に関し必要な援助を行ない又は児童の健康を増進し若しくは情操を豊かにする事業を行なう者に対し，助成及び援助を行なう事業その他の事業である（実際に行なわれている事業については，本書第6章2［1］を参照）。それは，本来ならば，その歳出の必要性を他の歳出との関係において吟味すべき性質の事業であるにもかかわらず，特別会計の歳出としてややもすれば，十分な審議が行なわれ難いという問題を内在させている。

　児童手当の財源確保の仕組みにおいて特色のあるのは，事業主拠出金にある。事業主に拠出を求める理由は何であろうか。一般に，次代の社会をになう児童を健全に育成することは，将来の労働力の維持，確保に繋がる効果を期待でき，事業主の立場に密接に結びつくものであるから，事業主に負担を求めるものであると説明されている[46]。また，児童育成事業については，現在の労働力（女性労働力の確保）及び将来の労働力の確保という意義を有するので，事業主の事業遂行に伴うコストであるとも考えられるとされている[47]。このような意義を抽象論として唱えることは可能であろう。しかし，

45　平成21年度特別会計予算において，児童育成事業費として，地域子育て支援に必要な経費107億6,095万円，児童の健全育成に必要な経費351億2,261万円，特別保育等に必要な経費101億2,742万円が計上されている。そのほとんどが補助金である。ちなみに，被用者児童手当交付金等に必要な経費は3,462億7,582万円が計上されている。

46　児童手当制度研究会・児童手当法の解説129頁。

47　児童手当制度研究会・児童手当法の解説183頁。

それは事業主が自己の使用する被用者の標準報酬月額，標準賞与額等を標準に拠出義務を負うことの直接の論拠になるものではない。現に児童手当の支給対象となる被用者のいない事業主も拠出金納付義務を負っているのである。旭川市国民健康保険料事件に関して，最高裁平成18・3・1（民集60巻2号587頁）が述べた「国又は地方公共団体が，課税権に基づき，その経費に充てるための資金を調達する目的をもって，特別の給付に対する反対給付としてでなく，一定の要件に該当するすべての者に対して課する金銭給付は，その形式のいかんにかかわらず，憲法84条に規定する租税に当たるというべきである」という租税の定義に従えば，疑いもなく租税である。結局，事業主拠出金は，その名称に関係なく，前述した名目の下に事業主に課される一種の租税であると解さざるを得ない[48]。しかも，事業主拠出金率は，自動的に算定される性質のものではない。そうであるとするならば，現在の事業主拠出金率の定め方は，租税法律主義に違反すると言わざるを得ない。

[3] 児童扶養手当・特別児童扶養手当等

児童扶養手当　児童扶養手当は，児童扶養手当法により，父と生計を同じくしていない児童が育成される家庭の生活の安定と自立の促進に寄与するために支給される現金給付である（1条）。それは，次に掲げる所定の児童を，その母が監護するとき，又は母がないか若しくは母が監護しない場合において当該児童の母以外の者が児童を養育する（その児童と同居して，これを監護し，かつ，その生計を維持する）ときに，その母又は養育者に対して支給される。対象児童は，(ｱ)父母が婚姻を解消した児童，(ｲ)父が死亡した児童，(ｳ)父が政令で定める程度の障害の状態にある児童，(ｴ)父の生死が明らかでない児童，(ｵ)その他これらに準ずる状態にある児童で政令で定めるもの，である（4条1項）。児童及び母（又は養育者）が日本国内に住所を有しないとき

---

[48] 租税説として，甲斐素直「租税法律主義と社会保障関係課徴金」日本法学61巻1号39頁，67頁-68頁（平成7年），同『財政法規と憲法原理』（八千代出版，平成8年）332頁，堀・総論59頁，碓井光明「社会保障財政における社会保険料と租税」国立社会保障・人口問題研究所編『社会保障財源の制度分析』（東京大学出版会，平成21年）89頁，93頁。

など，多くの消極要件がある（4条2項，3項）。父又は母の死亡について支給される公的年金給付を受けることができるとき（2項2号）又は労働基準法による遺族補償その他政令で定めるこれに相当する給付を受けることができる場合であって，給付事由が発生した日から6年を経過していないとき（2項3号）も含まれている。

消極要件のなかに，父と生計を同じくしているとき（父が政令で定める程度の障害の状態にあるときを除く）（2項6号）が含まれていることに注目したい。おそらく，児童を育成する家庭生活の安定・自立の観点から見て，児童が父と生計を一にする場合と母と生計を一にする場合との間には違いがあるという認識によると思われる。このような傾向を認識することには反対しないが，およそ母による監護よりも父による監護の方が，安定した監護状態にあるという見方は誤っていると思われる。この点は，児童手当法9条の定める受給資格者の所得金額による支給制限規定を適用することで十分なのではないかと思われる。

手当の額は，月単位で，1月につき41,100円で，監護・養育児童の数が2人以上であるときは，2人目について5,000円，3人目以上については3,000円が加算される（5条）。手当の額は，平成5年を起点として，全国消費者物価指数による自動改定がなされ，政令で定められる（5条の2）。しかし，「児童扶養手当法による児童扶養手当の額等の改定の特例に関する法律」及び同法第2項の規定に基づき児童扶養手当等の改定額を定める政令により，平成18年4月以降は，41,720円である。

児童扶養手当に関しては，かつての手当中心の施策から「就業・自立に向けた総合的な支援」へと政策転換がなされて，それが，母が受給資格者である場合に，一定期間の経過により支給を制限する制度の創設につながっている。平成14年法律第119号による改正後の13条の2である。母に対する手

49　経過措置により，すでに認定を受けている者については，平成15年4月1日から起算して5年を経過したとき（同日において3歳未満の児童を監護する受給資格者にあっては，当該児童が3歳に達した日の属する月の翌月の初日から起算して5年を経過したとき）とされている（平成14年法律第119号附則4条）。この経過措置により，実際の支給制限は平成20年からである。

当は，支給開始月の初日から起算して5年又は手当の支給要件に該当するに至った日の属する月の初日から起算して7年を経過したとき（認定請求の日に3歳未満の児童を監護する母にあっては当該児童が3歳に達した日の属する月の翌月の初日から起算して5年を経過したとき）[49]は，政令の定めるところにより（施行令7条により，この規定の適用がないとした場合の額の2分の1の額），その一部を支給しないという措置である。ただし，経過した日の属する月の翌月に支払うべき額の2分の1相当額を超えることはできない（1項）。

児童手当の支給義務者は，都道府県知事，市長（特別区の区長を含む）及び福祉事務所を管理する町村長（これらを「都道府県知事等」と総称）である（4条1項）。受給資格の認定及び手当の額については，都道府県知事等が認定する（6条1項）。これに対応して，手当の支給に要する費用は，3分の1相当額は国であるが，3分の2相当額は，都道府県，市（特別区を含む）及び福祉事務所を設置する町村が負担する（21条）。費用負担を，福祉行政機構に合致させている例である。なお，国と地方との負担割合は，平成17年に生活保護費に係る負担割合の在り方とともに見直しが協議され，平成18年の法改正により，従来の国4分の3，都道府県等4分の1の割合から大きく逆転したものである。もっとも，この負担割合の改正に理論的根拠があるのかは，判然としない。厚生労働省の見直し案においては，母子家庭の自立支援の課題として，子育て支援，就業支援策を積極的に活用することが母子家庭の自立に直結する（自立のための支援方法は自治体ごとの工夫，自立支援に活用できる社会資源やネットワークは地域ごとにさまざまであり，個々の母子家庭の状況に応じて経済的支援と子育て・就業支援とを有機的に組み合わせるなど，総合的なコーディネートが不可欠）という認識に立って，就業・自立に向けた地方の役割・責任の拡大に対応して財政負担も拡大させるべきであるということが強調された[50]。このような地方の役割・責任を強調すること

---

50 厚生労働省「生活保護及び児童扶養手当の見直し案」（平成17・11・4）。なお，この見直し案は，児童扶養手当の負担割合を国2分の1，都道府県等2分の1にするものであったが，生活保護費の負担の改正が進まないため，政治決着の過程で，国3分の1，都道府県等3分の2とされた。ここにも，理論的根拠のないことが示されている。

は差し支えないが，地方公共団体がいかに就業機会の増大に努力しても，地域経済の状況が悪化してしまうことも多い。所得による給付制限制度などとの関係においても，経済状況・雇用状況の悪い地域ほど，相対的に多くの児童扶養手当費の負担を背負い込むことになる。

特別児童扶養手当・障害児福祉手当・特別障害者手当　「特別児童扶養手当等の支給に関する法律」は，特別児童扶養手当，障害児福祉手当及び特別障害者手当の3種類の手当を定めている。

①　特別児童扶養手当　国は，障害児（20歳未満であって，所定の障害等級に該当する者）（2条1項）の父若しくは母がその障害児を監護するとき，又は父母がないか若しくは父母が監護しない場合において，当該障害児の父母以外の者がその障害児を養育する（その障害児と同居して，これを監護し，かつ，その生計を維持する）ときに，その父若しくは母又はその養育者に対し支給する（3条1項）。父及び母が監護するときは，主として当該障害児の生計を維持する者（いずれも生計を維持しないものであるときは，父又は母のうち，主として介護する者）に支給する（3条2項）。受給資格者の前年の所得による支給制限がある（6条）。受給資格及び手当の額については都道府県知事の認定を受けなければならない（5条1項）。

②　障害児福祉手当　都道府県知事，市長（特別区の区長を含む）及び福祉事務所を管理する町村長は，その福祉事務所の所管区域内に住所を有する重度障害児（障害児のうち，政令で定める程度の重度の障害の状態にあるため，日常生活において常時の介護を必要とする者）（2条2項）に対し，障害児福祉手当を支給する（17条1項）。受給資格の認定は都道府県知事等が行なう（19条）。障害児福祉手当の支給に要する費用については，その4分の3を国，4分の1を都道府県，市（特別区を含む）又は福祉事務所を設置する町村が負担する。

③　特別障害者手当　都道府県知事，市長（特別区の区長を含む）及び福祉事務所を管理する町村長は，その福祉事務所の所管内に住所を有する特別障害者（20歳以上であって，政令で定める程度の著しく重度の障害の状態にあるため，日常生活において常時特別の介護を必要とする者）（2条3項）に対し，特別障害手当を支給する（26条の2）。受給資格の認定や費用の負担は，障

害児福祉手当と同様である。

3 社会援護

[1] 戦傷病者・戦没者遺族等の援護，未帰還者留守家族の援護

戦傷病者戦没者遺族等援護関係の法制度 太平洋戦争は，今もなお人々に大きな傷跡を残している。国は，複数の法律を制定して，社会的援護措置を講じている。軍人軍属等の公務上の負傷若しくは疾病又は死亡に関し，国家補償の精神に基づき，軍人軍属であった者又はこれらの遺族を援護するために「戦傷病者戦没者遺族等援護法」（昭和27年法律第127号）が制定されて，援護として，障害年金・障害一時金の支給，遺族年金・遺族給与金の支給，弔慰金の支給を行なってきた。これらは，すべて国庫の負担においてなされる。財政法の観点から注目されるのは，弔慰金の交付が交付公債によってなされたことである。法律の条文上，10年以内に償還すべき記名国債の交付（37条1項）をもってなされた（交付国債）。

次に，複数の特別給付金，特別弔慰金制度が存在する[51]。

まず，「戦没者の妻に対する特別給付金支給法」（昭和38年法律第61号）が制定されている。一心同体ともいうべき夫を失ったことによる精神的痛苦を慰謝するために支給される。この特別給付金の支給についても，10年以内に償還すべき国債の交付による方法が採用された（4条1項）。さらに，「戦没者の父母等に対する特別給付金支給法」（昭和42年法律第57号）が制定され，5年以内に償還すべき記名国債の交付をもって支給することとされた（5条1項）。「当該死亡した者の死亡の当時その死亡した者以外には子も孫もいなかった者」に対し，その最後の子又は孫を失ったことによる精神的痛苦を慰謝するために支給される給付金である（2条）。これらの特別給付金は，法改正を繰り返して，前者は10年[52]，後者は5年ごとに，法律に項

---

51 以下の叙述に当たっては，厚生労働省のホームページを参照した。なお，旧軍人軍属の恩給欠格者，終戦後に旧ソ連・モンゴルに強制抑留され本邦に帰還した者及び引揚者に対して，独立行政法人平和祈念事業特別基金による特別慰労品贈呈事業が実施された（平成21・3・31で受付終了）。

を追加して更新する方式が採用されている[53]。法律の定め方は異なるが，戦傷病者等の妻に対する特別給付金も，「戦傷病者等の妻に対する特別給付金支給法」により，障害者である夫の日常生活上の看護，家庭の維持等のために払ってきた精神的痛苦を慰謝するために，同様に記名国債をもって支給される（4条）。

　これらの特別給付金については，3年の時効の定めがある（父母特別給付金法8条，戦没者妻特別給付金法6条，戦傷病者妻特別給付金法6条）。したがって，制度の周知が重要なことはいうまでもない（本書第1章3［2］注53を参照）。この3年の時効の意味は，各回の特別給付金を受け取る権利の時効であって，いわゆる基本権の時効ではないから，それまでの特別給付金国債について申請をせずに時効が完成した場合であっても，新たに発行される特別給付金国債は期間内に申請することにより受けることができると解されている。

　これらと別に，「戦没者の遺族に対する特別弔慰金支給法」による弔慰金がある。戦没者の遺族の中に戦傷病者戦没者遺族等援護法に定める遺族年金等の年金給付を受ける権利を有する遺族がいない場合における給付金制度である。戦後20周年，30周年，40周年，50周年，60周年という特別な機会を捉えて（基準日），国として戦没者の遺族等のうち先順位者1名に弔意の意を表するために特別弔慰金として国債を交付している。特別弔慰金を受ける権利の裁定は厚生労働大臣が行なう（4条）。大阪地裁平成19・11・30（判例地方自治305号105頁）が述べるように，特別弔慰金請求権は，戦没者の遺族等のうち先順位者1名が有する金銭債権といってよいが，基準日ご

---

52 「前項の特別給付金を受ける権利を取得した者であって，特別給付金を受ける権利を取得した日から10年を経過した日において第2項各号に掲げる給付を受ける権利を有するものには，特別給付金を支給する」（戦没者等の妻に対する特別給付金支給法3条5項）というスタイルである。

53 前項の特別給付金を受ける権利を取得した者であって，当該給付金を受ける権利を取得した日から5年を経過した日において第5項各号のいずれかに該当し，かつ，当該特別給付金を受ける権利を取得した日から5年を経過した日の前日までの間にその者と氏を同じくする子又は孫を有するに至らなかったものには，特別給付金を支給する」（戦没者の父母等に対する特別給付金支給法3条12項）というスタイルである。

とに先順位者が変わることがあって，受給権者が特別弔慰金請求権を有することに気づかないこともあり得る。しかも，時効は，3年である。したがって，教示ないし広報が重要であろう[54]。

未帰還者留守家族等援護法は，未帰還者の留守家族に対し，月額方式により留守家族手当を支給することとしている（5条，8条，10条）。

[2] 被爆者援護

被爆者援護　太平洋戦争末期の原子爆弾投下による被爆被害について，国は，「原子爆弾被爆者の医療等に関する法律」（以下，原爆医療法という）及び「原子爆弾被爆者に対する特別措置に関する法律」（以下，原爆特別措置法という）（併せて，原爆二法という）を制定して，医療の給付，医療特別手当等の支給などの施策を講じてきた。平成6年には，これらの措置を踏まえて，高齢化の進行している被爆者に対する保健，医療及び福祉にわたる総合的な援護対策を講じるために「原子爆弾被爆者に対する援護に関する法律」（以下，被爆者援護法という）が制定された（同法前文を参照）。原爆症の認定など，同法の適用に関する課題は尽きない状況にある[55]。

被爆者援護法の性質については，原爆医療法についての最高裁昭和53・3・30（民集32巻2号435頁）[56]が，社会保障と国家補償との性質を併有する

54　平成7年法律第34号による改正後の特別弔慰金支給法による第6回特別弔慰金の受給権者であった者の受給権の時効の起算日について，大阪地裁平成19・11・30判例地方自治305号105頁は，施行令3条により弔慰金請求に係る具体的事務は戦没者等が除籍された当時の本籍地の都道府県知事が行なうものとされているので，特別弔慰金請求権は，普通地方公共団体に対する権利であるとして，自治法236条3項により民法の規定が適用され，「権利を行使することができる時」（民法166条1項）であるとした。この結論には異論がないが，国債の交付を受けるにもかかわらず「普通地方公共団体に対する権利」（自治法236条3項）と説明することに違和感を覚える。同判決は，知事には教示義務はないとした。

55　尼子真央「原爆被爆者援護の現状と課題」立法と調査283号69頁（平成20年）を参照。

56　不法入国した外国人被爆者について，不法入国者であるがゆえに救済を否定することは，原爆医療法の人道的目的を没却するとして，同法の適用をすべきであるとした判決である。

と述べたことが妥当するとされている（後述の在外被爆者に係る裁判例を参照）。

被爆者援護法において，「被爆者」とは，㈦原子爆弾が投下された際，当時の広島市若しくは長崎市の区域内又は政令で定める隣接する区域内に在った者，㈦原子爆弾が投下された時から起算して政令で定める期間内に政令で定める区域内に在った者，㈦そのほか原子爆弾が投下された際又はその後において身体に原子爆弾の放射能の影響を受けるような事情の下にあった者，㈢それらの者がそれらの事由に該当した当時その者の胎児であった者，のいずれかに該当する者で，「被爆者健康手帳」の交付を受けたものである（1条）。したがって，「被爆者」としての援護を受けるには，被爆者健康手帳の交付を申請し交付を受けなければならない（2条）。しかし，被爆者健康手帳の交付を受けているからといって，それだけで被爆者としての援護を受けられるわけではない。援護の大きな柱は，医療，手当等の支給及び福祉事業である。

被爆者に対する医療の給付　医療の給付に関しては，原子爆弾の傷害作用に起因する負傷・疾病に係る医療と「一般医療」とに大別される。

前者の医療給付を受けるためには，実体要件の充足とそれに関する厚生労働大臣の「認定」という手続要件を必要とする（11条1項）。実体要件は，原子爆弾の傷害作用に起因して負傷し，又は疾病にかかり（放射線起因性），現に医療を要する状態にあること（要医療性）である。ただし，当該負傷又は疾病が原子爆弾の放射能に起因するものでないときは，その者の治癒能力が原子爆弾の放射能の影響を受けているため現に医療を要する状態にある場合に限られる（10条1項）。

実体要件の充足を認定することが「原爆症の認定」と呼ばれる。そして，原爆症認定申請の却下をめぐる訴訟が提起されてきた。最高裁平成12・7・18（判例時報1724号29頁）は，「行政処分の要件として因果関係の存在が必要とされる場合に，その拒否処分の取消訴訟において被処分者がすべき因果関係の立証の程度は，特別の定めがない限り，通常の民事訴訟における場合と異なるものではない」とし，「訴訟上の因果関係の立証は，一点の疑義も許されない自然科学的証明ではないが，経験則に照らして全証拠を総合

検討し，特定の事実が特定の結果発生を招来した関係を是認し得る高度の蓋然性を証明することであり，その判定は，通常人が疑いを差し挟まない程度に真実性の確信を持ち得るものであることを必要とする」という一般論を展開し，放射線起因性についても，「相当程度の蓋然性」さえ立証すれば足りるとすることはできない，と述べた。最高裁は，このように述べつつも，当時の基準の機械的適用で足りるものではなく，直接には原子爆弾の爆風によって飛来したかわらの打撃により生じた脳損傷であるが，「原子爆弾の放射線を相当程度浴びたために重篤化し，又は右放射線により治ゆ能力が低下したために重篤化した結果，現に医療を要する状態にある，すなわち放射線起因性があるとの認定も可能であって，それが経験則上許されないものとまで断ずることはできない」とした。

この判決は，極めて難解な判決のようにも思われる。「相当程度の蓋然性」では足りないとしつつ，経験則を重視して放射線起因性を肯定した判決である。後の裁判所は，この判決を基礎にしつつ，具体の事案を処理している[57]。

厚生労働大臣の認定に当たっては，当該負傷又は疾病が原子爆弾の傷害作用に起因すること又は起因しないことが明らかである場合を除き，手続要件として，審議会等で政令で定めるものの「意見を聴かなければならない」（11条2項）。施行令9条により「疾病・障害認定審査会」とされている。

原爆症の認定を厳格に行なうことは，公の財政の観点あるいは財政の論理からするならば，公金尊重の趣旨にほかならない。しかし，その厳格さが，人々の苦痛を増大させコストを生じさせているうえ，訴訟等に対応する地方公共団体や国のコストも生じさせている。何か迷路に陥っているように思われてならない。

医療の給付は，厚生労働大臣の指定する医療機関が行なう原則である（10

---

[57] 原爆症認定訴訟の状況，及び平成20年度からの新審査方針については，尼子・前掲注55，71頁以下。高裁レベルにおいて認定申請却下処分を違法としたものとして，東京高裁平成17・3・29判例集未登載，仙台高裁平成20・5・28判例タイムズ1283号74頁，大阪高裁平成20・5・30判例時報2011号8頁がある。これらのうち，仙台高裁判決は，処分後に放射線起因性の基準を緩和して策定された「新しい審査の方針」の下で認定をした者との間で不均衡を生じさせると不合理であるとして，「新しい審査の方針」に従い判断することとしている。

条2項)。したがって，所定の医療（10条2項）であって指定医療機関において医療の給付を受ける限りにおいて，医療の給付を受ける者に現金が支給されることはない。その例外として，緊急その他やむを得ない理由により，指定医療機関以外の者から所定の医療を受けた場合に，厚生労働大臣は，必要があると認めるときは，医療の給付に代えて医療費を支給することができる（17条）。指定医療機関による医療の給付がなされた場合に残るのは，指定医療機関に対する診療報酬の支払いである。診療報酬の支払いに関する事務は，社会保険診療報酬支払基金，国民健康保険団体連合会その他省令で定める者に委託することができる（15条4項）。

　診療報酬の額が問題になる。まず，指定医療機関の診療方針及び診療報酬は，健康保険のそれらの例による（14条1項）。指定医療機関の診療内容及び診療報酬の請求については，厚生労働大臣が随時審査し，かつ，診療報酬の額を決定することができる（15条1項）。この診療報酬額の決定に関する規定には，法的検討を要する点がある。指定医療機関は，厚生労働大臣の決定に従わなければならないとされ（15条2項），診療報酬の額の決定については，行政不服審査法による不服申立てをすることができないとされている（5項）。厚生労働大臣が診療報酬の額を決定するに当たっては，社会保険診療報酬支払基金法に定める審査委員会，国民健康保険法に定める国民健康保険診療報酬審査委員会の意見を聴かなければならないとされているので（15条3項），大臣の決定が慎重な手続による判断であるので，敢えて行政不服審査法による不服申立てを認める必要はないという政策判断は理解することができる。しかしながら，この仕組みが，違法な診療報酬の額の決定について指定医療機関が訴訟を提起して争うことまで否定したものと解すべきではない。

　一般医療費の支給は，次のとおりである。厚生労働大臣は，被爆者が，負傷又は疾病（10条1項の医療の給付を受けることができる負傷又は疾病，遺伝性疾病，先天性疾病及び厚生労働大臣の定めるその他の負傷又は疾病を除く）につき，知事の指定する被爆者一般疾病医療機関から10条2項所定の医療を受け，又は緊急その他やむを得ない理由により被爆者一般疾病医療機関以外の者から医療を受けたときは，その者に対し，当該医療に要した費用の額を限

度として，一般医療費を支給することができる（18条1項本文）。ただし，他の法令による医療に関する給付相当分を控除する（18条1項但し書き）。この規定についての根本的な疑問は，「できる」とする規定が，厚生労働大臣の自由な効果裁量を肯定する趣旨であるのかという点にある。そのように解するならば，一般医療費の支給は，完全に行政の恩恵的な性質のものになってしまうであろう。

被爆者に対する手当等の支給　被爆者援護法は，さまざまな手当等の支給について規定している。11条1項の認定を受けた者で当該認定に係る負傷又は疾病の状態にあるものに対する医療特別手当（月額135,400円）（24条），11条1項の認定を受けた者（医療特別手当の支給を受けている場合を除く）に対する特別手当（月額50,000円）（25条），被爆者であって原子爆弾の放射能の影響による小頭症の患者に対する原子爆弾小頭症手当（月額46,600円）（26条），被爆者であって造血機能障害，肝機能障害その他の省令で定める障害を伴う疾病にかかっている者に対する健康管理手当（月額33,300円）（27条），被爆者のうち原子爆弾が投下された際爆心地から2キロメートルの区域内に在った者又はその当時その者の胎児であった者に対する保健手当（月額16,700円）（28条）の各手当については，いずれも都道府県知事の認定を要し，これらの手当の額は，平成5年の物価指数を基準とした物価指数の比率により自動改定される（29条）。また，被爆者であって省令で定める範囲の精神上又は身体上の障害により介護を要する状態にあり，かつ，介護を受けているものに対しては，介護手当が支給される（31条）。被爆者が死亡したときは，葬祭料が支給される（32条）。

以上の手当等については，いずれも「都道府県知事が……支給する」という条文構成となっている。これは，これらの支給に要する費用の都道府県支弁（42条1項）に連動するものである。国は，政令で定めるところにより，都道府県の支弁する費用のうち介護手当を除く医療特別手当，特別手当，原子爆弾小頭症手当，健康管理手当，保健手当及び葬祭料の支給並びにこの法律又はこの法律の規定により都道府県が行なう事務の処理に要する費用を交付することとされている（43条1項）。介護手当の支給に要する費用については，10分の8，その事務の処理に要する費用については，国が2分の1

を負担する（2項）。また，福祉事業の費用については，都道府県が支弁したうえ（42条2号），国は，予算の範囲内において，その費用の一部を補助することができる。なお，この法律の「都道府県知事」及び「都道府県」は，広島市及び長崎市については，「市長」又は「市」と読み替えるので，支弁の義務も，両市になる。

また，被爆者であって，所定の要件のいずれかに該当する死亡者の遺族に対しては，特別葬祭給付金が支給される（33条1項）。この支給を受ける権利の認定は，請求に基づいて厚生労働大臣が行なう（33条3項）。この請求は，平成9年6月30日までに行なわなければならないとされ（33条4項），この期間内に請求しなかった者には，支給されない（33条5項）。そして，特別葬祭給付金の額は，10万円とし，2年以内に償還すべき記名国債をもって交付する。

福祉事業　福祉事業として，相談事業（37条）のほか，居宅生活支援事業及び養護事業が定められているが，いずれの事業も，都道府県が行なうことが「できる」旨の定め方であって，事業を行なうか否かは都道府県の裁量判断に委ねられている。

居宅生活支援事業は，被爆者の居宅における日常生活を支援するための次の事業である（38条）。

① 被爆者であって，精神上又は身体上の障害があるために日常生活を営むのに支障があるものにつき，その者の居宅において入浴，排せつ，食事等の介護その他の日常生活を営むのに必要な便宜を供与する事業。

② 被爆者であって，精神上又は身体上の障害があるために日常生活を営むのに支障があるものを，都道府県知事が適当と認める施設に通わせ，入浴，食事の提供，機能訓練その他の便宜を供与する事業。

③ 被爆者であって，その介護を行なう者の疾病その他の理由により，居宅において介護を受けることが一時的に困難となったものを，都道府県知事が適当と認める施設に短期間入所させ，必要な養護を行なう事業。

居宅生活支援事業に関しては，介護保険との関係をどのように構成するか

により，介護保険財政も影響を受ける。すなわち，もしも，居宅生活支援事業として，これらの費用の全額を当該都道府県が負担するならば，介護保険の保険者（市町村）は，介護保険からの支給（保険給付）を逃れるからである。他方，介護保険の適用対象となる者である場合に，その者の自己負担分を都道府県が支給する方式であるならば，介護保険の保険者からの保険給付は変動を受けるものではない。実際の運用は，後者のようである[58]。なお，居宅生活支援事業のすべてが介護保険の適用対象となるわけではない。

なお，前述したように「できる」規定とされているのであるが，それは，地方公共団体がさらに自主的な被爆者援護事業を実施することを禁止する趣旨を含むものではない。実際にも自主的事業が実施されている[59]。

在外被爆者についての判決と法改正　被爆者が我が国の領域を越えて居住地を移した場合に失権の取扱いとする昭和49年の厚生省公衆衛生局長通達（昭和49年衛発第402号）（いわゆる402号通達）に依拠した扱いが継続されてきた。しかし，この扱いをめぐる訴訟が何件も提起された[60]。

注目される判決として，大阪高裁平成14・12・5（判例タイムズ1111号194頁）がある。同判決は，まず，被爆者援護法は，社会保障と国家補償双方の性格を併有するとし（複合的性格），被爆者が被った特殊の被害にかんがみ，一定の要件を満たせば，「被爆者」の国籍も資力も問うことなく一律に援護を講じるという人道的立法であることに照らすと，その社会保障的性質のゆえに我が国に居住も現在もしていない者への適用を当然に排除するという解釈を導くことは困難であると述べた。そのうえで，国外に在ることによ

58　広島県ホームページ，長崎県介護保険等利用被爆者援護事業実施要綱，北海道介護保険等利用被爆者助成事業実施要綱，愛媛県被爆者介護保険等利用助成事業実施要綱。「神奈川県における被爆者援護対策の概要について」も同趣旨を示している。ただし，そこでは，食費・居住費という介護保険適用対象外の費用は，助成の対象外とされている。

59　たとえば，広島県は，被爆者就職支度金，被爆者雇用奨励金，特別検査促進手当，介護手当付加金，認定被爆者死亡弔慰金等を支給している。

60　この問題を早い時点において論じた文献として，田村和之「国外居住被爆者への被爆者法の適用」南博方先生古稀記念『行政法と法の支配』（有斐閣，平成11年）237頁がある。

り各援護を受けられない事態があり得るとしても，そのことが「被爆者」としての権利主体となりえないものではないこと，被爆者が日本に居住も現在もしないことにより，事実上医療給付を受けられない状況にあるからといって健康管理手当の支給を否定する根拠にならないことなどを挙げて，明文の規定がないにもかかわらず，いったん適法・有効に「被爆者」たる地位を得た者が，日本に居住も現在もしなくなることにより，その適用対象から外れ，当然に「被爆者」たる地位を喪失するという解釈を是認することはできないとした。このように述べて，被爆者たる地位の確認請求及び健康管理手当支給請求を認容した。なお，国家賠償法1条に基づく国家賠償請求については，故意又は過失を認めることができないとして棄却した。この判決を受けて，平成15年3月に，政省令の改正により，国内で健康管理手当等の支給を受けていた者は，出国しても引続き手当を受給できるよう運用の改善がなされた。

さらに，福岡高裁平成17・9・26（判例タイムズ1214号168頁）は，国外からの葬祭料支給申請が許されないことを理由とする支給申請却下処分を違法として取り消した。直接には，施行令19条の「葬祭料は，被爆者の死亡の際における居住地の都道府県知事が支給する」旨の定め，支給申請書を「被爆者の死亡の際における居住地の都道府県知事に提出しなければならない」とする施行規則71条の定めが問題とされた事案である。被爆者援護法32条の「都道府県知事は……葬祭料を支給する」との定めの「都道府県知事」を被爆者死亡の際の「居住地ないし現在地の都道府県知事」と限定解釈することはできず，在外被爆者からの申請を認めない施行令19条及び施行規則71条は，法の委任の範囲を超え，その限度で無効であるとした1審・長崎地裁平成17・3・8（判例時報1930号85頁）の判断を維持するものである。また，別の健康管理手当をめぐる事案についても，長崎地裁平成16・9・28（判例タイムズ1228号153頁〈参考〉）が，同法27条の「都道府県知事」と施行規則52条1項との関係について，ほぼ同様の判断を示し，それが福岡高裁平成17・9・26（判例タイムズ1228号150頁）において維持された。これらの判決を受けて，平成17年11月には，在外公館を通じて健康管理手当等及び葬祭料の支給申請を可能とする政省令等の改正がなされた。

上記の福岡高裁の2判決に先立って，福岡高裁平成15・2・7（判例タイムズ1119号118頁）は，韓国籍を有する者が被爆者と認定され健康管理手当を支給されていたが，韓国に帰国したことを理由に支給を打ち切られた事案を扱ったものである。判決は，まず，原爆二法と被爆者援護法を併せた原爆三法について，「被爆者が被った健康被害が一般の戦争被害者のそれと比較して特異かつ深刻なものであるとの認識の下に，人道的な見地に立って，既存の福祉医療制度だけでは救済が不十分であるとして，公費負担による新たな被爆者救済制度を設けることを目的として制定されたものと認めるのが相当であって，その立法の根底には戦争遂行主体であった国が自らの責任において被爆者の救済を図るという国家補償的配慮があったものと考えられる」として最高裁昭和53・3・30（民集32巻2号435頁）を引用した。そして，原爆三法の解釈に当たっては，被爆による健康被害に苦しむ被爆者を広く救済するという立法目的に沿うようにすべきであるとし，非拠出制の社会保障法に属するとしても，その根底には国家補償的配慮から戦争という国家行為に起因して生じた被爆者を広く救済する目的をもつもので，社会保障法と国家補償法の二つの性格を併有するものであるので，社会保障法的性格を有するからといって在外被爆者に適用されないとの結論を導くことはできないとした。そのほか，前記の大阪高裁判決と同趣旨のことも述べ，結論として，未支給分の国に対する支給請求を認容した。

　この事件において，支給義務を負うのが国であるのか長崎市であるのかも争点となったが，判決は，各種手当等の支給は国の機関委任事務として知事（広島市及び長崎市については各市長）が処理するものとされているが，その事務を行なう権限や責任は国に留保され，その効果も国に帰属していたと解され，狭義の在外被爆者に対する支給については法令に特段の規定がなかったのであるから，国が支給義務を負うとした。この点が，上告審・最高裁平成18・6・13（民集60巻5号1910頁）において争点となり，最高裁は，被爆者援護法等は，機関委任事務についての費用支弁原則に従い，都道府県知事が機関委任事務として処理する健康管理手当の支給に要する費用は都道府県が支弁する旨を定め国が支給義務を負っていなかったところ，国外への居住地の移転に伴い支給義務が他に移転する旨の定めはないのであるから，

「日本国外に居住地を移転した被爆者に対しては，従前支給義務を負っていた最後の居住地の都道府県が支給義務を負うものであって，国がその支給義務を負うと解すべき理由はない」とした。

402号通達に依拠する扱いによる国家賠償請求についても，最高裁平成19・11・1（民集61巻8号2733頁）が認容判決を下した。昭和49年の402号通達発出の前は，職務上通常尽くすべき注意義務を尽くすことなく漫然と違法な運用を行なっていたものとまでいうことは困難であるとしつつ，402号通達発出の時点においては，次のような事情により，担当者は従前の解釈・運用が法の客観的解釈として正当なものといえるか否かを再検討する必要に迫られ，現に検討を行ない，従前の解釈を改め，一定の要件の下で在外被爆者に各種手当の受給権を取得することがあり得ることを認めるに至りながら，なお，法律に明記されていない事由によって権利が失われることになるという法解釈の下に402号通達を発出したのであるから，職務上通常尽くすべき注意義務を尽くしていれば当然に認識が可能であったとし，この通達に従い失権の扱いを継続した担当者の行為は公務員の職務上の注意義務に違反し国家賠償法1条の適用上違法であり，担当者に過失があることも明らかであるとした。事情とは，昭和49年3月の孫振斗訴訟1審判決（不法入国した在韓被爆者について適用を認めたもの）を受けて，治療目的で適法に入国し1か月以上滞在している者について日本国内に居住関係があるとして適用を認める扱いをし，昭和49年法律第86号による原爆二法の一部改正を機に出されたものであり，受給権者が都道府県の区域を越えて居住地を移した場合に受給権をいったん失うとする従前の厚生省令の扱いを改める省令改正に関連する形で失権の取扱いを定めたものであるという事情である[61]。

最高裁平成19・2・6（民集61巻1号122頁）において，この扱いと，時効が問題とされた。平成3年にブラジルから一時帰国して健康管理手当証書の交付を受けて健康管理手当の支給を受けていた者が，間もなくブラジルに出国したところ，402号通達を根拠に平成7年7月分以降の支給を打ち切られた。平成15年3月に402号通達が廃止され，被爆者援護法施行令，被爆者援護法施行規則に，被爆者健康手帳の交付を受けた者であって国内に居住地及び現住地を有しないものも健康管理手当の支給を受けることを前提とす

る規定が設けられた。この改正に伴い，広島県は健康管理手当を支給したが，被上告人らが健康管理手当の支払いを求めるこの訴訟を提起した時点で各支給月の末日から5年を経過した分については，自治法236条により時効消滅したとして支給しなかった。この事案に関して，最高裁は，「402号通達の明確な定めに基づき健康管理手当の受給権について失権の取扱いをされた者に，なおその行使を期待することは極めて困難であったといわざるを得ない」とし，「上告人の消滅時効の主張は，402号通達が発出されているにもかかわらず，当該被爆者について同通達に基づく失権の取扱いに対し訴訟を提起するなどして自己の権利を行使することができる事情があったなどの特段の事情のない限り，信義則に反し許されないものと解するのが相当である」と述べた。そして，本件においては特段の事情を認めることはできないので，消滅時効を主張して支払義務を免れることはできないとした。

こうした判例の展開と並行して，国会においては，被爆者援護法の規定が在外被爆者等に適用があることを明らかにし，国外からの申請を可能にするための法改正が模索された[62]。とりあえず平成20年法律第78号による改正で，被爆者健康手帳の交付を受けようとする者であって，国内に居住地及び

---

61 その後，広島地裁平成20・7・31判例集未登載も，外国で居住し手帳の交付を申請した者であっても，身体的又は経済的事情から来日が困難で，関係書類を請求するなどして本人確認や被爆時の具体的状況を調査して「被爆者」と認められる特段の事由が認められる場合に，国内に居住しないことのみを理由に申請を却下したのは裁量権の濫用で違法であるとした。却下処分の取消しとともに，国に国家賠償責任を認めた。県の国家賠償責任に関して，機関委任事務あるいは受託事務を行なう立場で国の指示に従わざるを得ない立場にあったといえるから過失があったとはいえないとした。この判決に対して，国は控訴しなかったが，県は，処分取消し判決について控訴した。その事情が極めて興味深い。すなわち，被爆者健康手帳の交付事務は法定受託事務で，当時は法定外の申請を県単独の判断で受理できなかったのであって，裁量権の濫用とは言い難いという理由による控訴であるが，法定受託事務全般への影響等を懸念した国からの強い要請があったのを受けたものと推測されている（中国新聞20・8・13，同平成20・8・14）。同じく，長崎地裁平成20・11・10判例集未登載も，来日しないことを理由に被爆者健康手帳の交付申請を却下した処分を違法として取り消した。

62 第162回国会において，民主党が参議院に改正法案を提出した。また，第168回国会には，民主党案が参議院に，また，与党から衆議院に，それぞれ提出され，与党案は継続審議されたが第169回国会で撤回された。

現住地を有しないものは，政令で定めるところにより，第1条各号に規定する事由のいずれかに該当したとする当時現に所在していた場所を管理する都道府県知事に申請することができる（改正後の2条2項）とした。そして，改正附則に検討条項が置かれている。

最高裁平成19・11・1を受けて，厚生労働省は，平成20年8月，402号通達に依拠して在外被爆者が援護を受けられなかった者に対して，そのような者が国家賠償請求を提起し，裁判所が事実認定することを条件に慰謝料と裁判費用に相当する金額として120万円を支払う方針を明らかにした。これは，事実認定がなされたときは，争わずに迅速に和解する趣旨のようである[63]。この120万円という金額は，前記判決の認めた金額に合わせたものである。

被爆者援護条例・要綱等による援護措置　地方公共団体には，被爆者援護条例を制定しているところがある。これらには，被爆者援護法において都道府県の任意措置とされているものを実施するための規定も含まれている。たとえば，「東京都原子爆弾被爆者等の援護に関する条例」は，被爆者援護法1条の被爆者であって東京都の区域内に住所を有する者を「被爆者」と定義して，被爆者及びその子に対する必要な援護措置を講ずるものである。援護措置の内容は，多岐にわたるが，被爆者に対する介護手当については，費用を支出して介護の受けた場合の一般介護手当のほか，規則で定める家族等により介護を受けた場合の家族介護手当も支給することとしている（4条）。そのほか，被爆者に対する健康診断受診奨励金の支給（5条），被爆者の子に対する健康診断の実施（6条），被爆者の子に対する医療費の助成（7条）などからなっている。

見舞金として，毎年定額を支給する条例（日野市，みどり市）が多いが[64]，市民税の減免，入院見舞金，葬祭費の支給を定めるものもある（所沢市）。また，「鎌倉市原子爆弾被爆者の援護に関する条例」は，援護手当の支給，施設の使用料等の減免，市営住宅の優先入居，市民税の軽減，国民健康保険

63　以上，中国新聞平成20・8・9，同平成20・8・12。
64　熱海市は，「熱海市特定疾患見舞金支給要綱」により，所定の特定疾患療養者と並んで原爆被災者に毎年見舞金を交付する旨を定めている。

料の軽減などを掲げているが（4条），それらの具体化は，別の条例・要綱等によっている[65]。

要綱による援護措置は多いと推測されるが，全容を知ることはできない。たとえば，川崎市は，東京都の被爆者の子に対する医療費の助成に相当する援護を「原子爆弾被爆者の子どもに対する医療費支給要綱」により実施している[66]。長崎市原子爆弾被爆者援護措置要綱は，認定被爆者年末見舞金，死亡弔慰金，温泉保養所利用補助金，介護手当付加金を支給することとしている。

[3] 犯罪被害者等の支援

犯罪被害者の支援制度の概要　犯罪の被害者あるいは遺族等は，犯罪により精神的打撃を受けるほか，犯罪の種類によっては，身体的，財産的な損害を受ける。これらの損害は，犯罪者（加害者）に対して民事訴訟を提起することにより償うことが可能であるが，実際には，加害者に見るべき財産がないなどの事情から賠償義務が履行されることは少ない。こうした問題を国が放置すべきではないという考え方にたち，いくつかの法律により対応しようとしている。昭和55年制定，翌年施行の犯罪被害者等給付金法の法律名を改正して継承する「犯罪被害者等給付金の支給等による犯罪被害者等の支援に関する法律」（以下，犯罪被害者等支援法という）が[67]，代表的な法律である。

65　たとえば，援護手当については，「鎌倉市原子爆弾被爆者の援護手当の支給に関する要綱」によっている。

66　神奈川県の「神奈川県における被爆者援護対策の概要について」によれば，横浜市及び神奈川県も同様の援護措置をしているというので，神奈川県下において欠落している区域はないことになる。

67　そのほかに，「犯罪被害財産等による被害回復給付金の支給に関する法律」も，犯罪被害者支援の制度といってよいであろう。組織的犯罪処罰法13条2項各号に掲げる罪の犯罪行為により財産的被害を受けた者に対して，没収された犯罪被害財産，追徴されたその価額に相当する財産及び外国譲与財産により被害回復給付金を支給するものである（1条）。「外国譲与財産」とは，外国犯罪財産等又はその換価若しくは取立てにより得られた金銭であって，外国から譲与を受けたものである（2条6号）。平成20年には，五菱会ヤミ金融事件の外国譲与財産を被害者に被害回復給付金として支給する「外国譲与財産支給手続」がとられた。

平成16年には，犯罪被害者等基本法が制定された[68]。同法は，犯罪被害者等のための施策の基本となる事項を定めるなどにより，犯罪被害者等の権利利益の保護を図ろうとする法律である。その中には，犯罪被害者等基本計画の策定（8条）のほか，基本的施策として，相談・情報の提供，損害賠償請求についての援助，給付金支給制度の充実，保健医療サービス・福祉サービスの提供，安全の確保，居住の安定，雇用の安定などの多数の施策が掲げられている。そして，内閣府に特別の機関として「犯罪被害者等施策推進会議」を置くとしている。この法律に基づいて，平成17年12月には，基本計画が閣議決定された[69]。

地方公共団体にも，宮城県犯罪被害者支援条例のように，被害者等の支援に関する基本理念，県，市町村，県民の責務などの総則規定，犯罪被害者支援連絡会議の設置，警察署単位の推進体制，犯罪被害者支援審議会，犯罪被害者支援推進計画及び基本的施策など，どちらかといえば基本条例的な定めを置く例もある[70]。国の犯罪被害者等支援法と同様に，支援金の支給などを

---

[68] 基本法制定の経緯について，高井康行ほか『犯罪被害者保護法制解説［第2版］』（三省堂，平成20年）2頁以下。基本法の概要については，同書5頁以下。

[69] 番敦子ほか『犯罪被害者等基本計画の解説』（ぎょうせい，平成18年）は，基本計画の解説にとどまらない幅広い叙述を含んでいる。

[70] 基本条例の名称を付した条例を制定しているものとして，大仙市，大館市などがある。

[71] たとえば，守山市は，守山市犯罪被害者支援条例を制定して，「自らの責めに帰すべき事情がないにもかかわらず，人の生命または身体を害する犯罪行為により，不幸にして不慮の死を遂げた市民の遺族または障害を受けた市民を支援することにより，その精神的被害の軽減を図ることを目的」として（1条），遺族支援金と障害支援金を交付している（7条）。その他，赤穂市，相生市，野洲町，神崎町，嵐山町，多古町などが同趣旨の支援金を交付し，大津市，近江八幡市，東近江市，愛荘町なども見舞金を支給している。東京杉並区は，杉並区犯罪被害者等支援条例を制定して，犯罪被害者等に対する一時的な住居の提供等，家事等の援助者の派遣，資金の貸付けなどの支援をすることとしている。摂津市は，摂津市犯罪被害者等支援条例を制定して，支援の総合窓口の設置，見舞金の支給，介護・家事・保育等の日常生活に必要なサービスの提供，家賃等の補助，就業の支援などを行なうとしている（この条例の解説として，杉浦徹「摂津市犯罪被害者等支援条例」自治体法務研究2008冬60頁（2008））がある）。

含めて支援する条例を制定する動きがある[71]。これらは、犯罪被害者等基本法が、「地方公共団体は、基本理念にのっとり、犯罪被害者等の支援等に関し、国との適切な役割分担を踏まえて、その地方公共団体の地域の状況に応じた施策を策定し、及び実施する責務を有する」(5条)としているのを具体化するものと位置づけることができる。

犯罪被害者等給付金　犯罪被害者等支援法は、「犯罪行為により不慮の死を遂げた者の遺族又は重傷病を負い若しくは障害が残った者の犯罪被害等を早期に軽減するとともに、これらの者が再び平穏な生活を営むことができるよう支援する」ことを目的として(1条)、犯罪被害者等給付金の支給等について定める法律である。同法は、犯罪行為による死亡、重傷病又は障害(犯罪行為の時又はその直後における心身の被害であってその後の死亡、重傷病又は障害の原因となり得るものを含む)をもって「犯罪被害」とし(2条2項)、犯罪被害を受けた者を「犯罪被害者」(2条3項)、犯罪被害及び犯罪行為により不慮の死を遂げた者の遺族が受けた心身の被害を「犯罪被害等」と定義している(2条4項)。

そして、国は、犯罪被害者又はその遺族に対して犯罪被害者等給付金を支給するものとし(3条)、その種類は、遺族給付金、重傷病給付金、障害給付金の3種類として、それぞれ一時金として支給する(4条)[72]。国が支給するのであって、地方公共団体の負担を伴うものではない。

法は、①被害者と加害者との間に親族関係(事実上の婚姻関係を含む)があるとき、②被害者が犯罪行為を誘発したとき、その他当該犯罪被害につき、被害者にも、その責めに帰すべき行為があったとき、③これらの場合のほか、被害者又はその遺族と加害者との関係その他の事情から判断して、犯罪被害者等給付金を支給し、又は第9条の規定による額を支給することが社会通念上適切でないと認められるときにおいては、国家公安委員会規則で定めるところにより給付金の全部又は一部を支給しないことができる、としている(6条)。これはある程度の裁量を認める趣旨であるが[73]、裁量権の逸脱濫用となる場合があり得よう。

72　この法律とは別に、特別法として、「オウム真理教犯罪被害者等を救済するための給付金の支給に関する法律」が制定されている。

犯罪被害者給付金の性質に関しては,「損害の一部塡補の要素を含む見舞金的なもの」[74]との説明がなされている。解釈論上の問題点は多いが[75],論点を絞って検討する。

犯罪被害者等給付金は,損害賠償との関係が問題になるが,犯罪被害を原因として犯罪被害者又はその遺族が損害賠償を受けたときは,その価額の限度において,支給しない（8条1項）[76]。また,犯罪被害者等給付金を支給したときは,その額の限度において,当該犯罪被害者等給付金の支給を受けた者が有する損害賠償請求権を取得する（8条2項）。このような仕組みの規定の下において,すでに犯罪被害者等給付金が支給されている場合に,民事の損害賠償請求において,どのような判決をすべきかが問題になる。大阪地裁平成16・6・10（判例集未登載）は,犯罪被害者等給付金は,犯罪被害者が加害者に対して現に請求できる損害賠償を一部でも早期に塡補するためのものと解されるから,民事訴訟の原告らが支給を受けた犯罪被害者等給付金は加害者の負担すべき額から損益相殺されるべきである,とした。この考え

73　猟銃の発射による狙撃死亡事案に関して,加害者と被害者とが隣家同士の関係にあって約20年間にわたりトラブルを続けていた状況にあり,そのトラブルの積み重ねによる感情的対立が背景にあるとして,施行規則の「犯罪行為が行われた時において,被害者等と加害者との間に密接な関係があったとき」に当たるとして,施行規則にいう「一部を支給しないことが社会通念上適切でないと認められる特段の事情にあるとき」にも当たらないとして,3分の1相当額を減額した例がある（宇都宮地裁平成19・5・24判例集未登載を参照）。

74　宮澤浩一・國松孝次監修『犯罪被害者対策の現状（講座被害者支援2）』（東京法令,平成12年）80頁-81頁（執筆＝吉田敏雄）。

75　主要な論点を考察した研究として,栗原宏武「犯罪被害者等給付金に関する若干の考察」『鈴木茂嗣先生古稀祝賀論文集　上巻』（成文堂,平成19年）729頁がある。

76　平成20年の法改正による「犯罪被害者等の権利利益の保護を図るための刑事手続に付随する措置に関する法律」に損害賠償命令の申立て制度が組み込まれたことが注目されるべきである。故意の犯罪行為により人を死傷させた罪若しくはその未遂罪,強制わいせつ罪等が対象となる。

77　損害賠償請求権の消滅時効との関係においては,被害者等が損害賠償請求をしたことにより,時効が中断した状態の損害賠償請求権を取得したものと解すべきであろう。そうでないと,損害賠償請求訴訟に要した期間によっては,その判決時にすでに時効消滅してしまうことになる。

方によれば，国は改めて加害者に対して損害賠償請求権を行使しなければならないことになる[77]。この問題を解決する仕組みを考案する必要があろう。なお，適切な警察権限を行使していたならば，殺人を避けることができたとして国家賠償請求をする場面も起こりうる。そのような場合の調整をどのようにするかも問題になる[78]。

犯罪被害者等給付金の額については，同法9条に定められている。遺族給付金の額は，政令で定めるところにより算定する遺族給付基礎額に遺族の生計維持の状況を勘案して政令で定める倍数を乗じて得た額とする（9条1項）。重傷病給付金の額は，犯罪行為により生じた負傷又は疾病の療養についての犯罪被害者負担額（保険診療の自己負担額）を原則とするが，重傷病の療養のため休業を余儀なくされた場合は，一定額を限度として，収入を得ることができない期間等を勘案して算定した額を加算する（9条2項～4項）。障害給付金の額は，政令で定めるところにより算定する障害給付基礎額に，障害の程度を基準として政令で定める倍数を乗じて得た額とする（9条7項）。

手続を見ると，支給を受けようとする者の都道府県公安委員会に対する裁定申請（10条1項）と公安委員会による裁定とからなる（11条1項）。裁定申請は，当該犯罪行為により死亡，重傷病若しくは障害の発生を知った日から2年を経過したとき，又は当該死亡，重傷病若しくは障害が発生した日から7年を経過したときは，することができない（10条2項）。ただし，当該犯罪行為の加害者により身体の自由を不当に拘束されていたことその他のやむを得ない理由により同項に規定する期間を経過する前に申請をすることができなかったときは，その理由のやんだ日から6月以内に限り，申請をすることができる（10条3項）[79]。そして，「支給する旨の裁定があったときは，当該申請をした者は，当該額の犯罪被害者等給付金の支給を受ける権利を取得する」という規定（11条2項）をも勘案するならば，10条2項は，時効に関する規定ではなく，除斥期間であると解される[80]。そのうえで，支給を

---

78 犯罪被害者等給付金の給付義務は国が負っているところ，警察権限を適切に行使しなかった場合の国家賠償責任は，第一次的には都道府県で，国は費用負担者（警察法37条1項参照）としての賠償責任（国賠法3条）を問われることがあるにとどまる。

受ける権利には，2年間行なわないときは，時効により消滅する旨の時効規定が置かれている（16条）。ここにいう「支給を受ける権利」は，支分権に相当するものである。申請があった場合に，加害者を知ることができず，又は犯罪被害者の傷害の程度が明らかでない等当該犯罪被害に係る事実関係に関し，速やかに裁定をすることができない事情があるときは，仮給付金を支給することができる制度がある（12条）。

申請主義が採用されているので，明文規定が置かれていないとしても，警察職員による適切な教示がなされなければならない。今後，教示がなされなかった場合の処理が法的課題（立法論，解釈論，国家賠償の成否）となると思われる。そして，立法論として，裁定申請について除斥期間制度を存続させるべきかどうかを検討する必要があると思われる。同一犯罪による被害者が多数に及ぶなどの特別な犯罪についてのみ，政令により一定の除斥期間を設けることができることとするなどの政策の是非も検討されるべきであろう。

裁定が行政処分であることはいうまでもない。裁定の取消しを求める訴えについては，当該裁定についての審査請求に対する国家公安委員会の裁決を経た後でなければ提起することができないとして（21条），審査請求前置主義が採用されている。

財政の観点において，犯罪被害者等給付金の財源をいかに確保するかが課題である。これまで，罰金や交通反則金を財源とすること，刑事裁判で加害者に課徴金を科す判決を行ない財源とすることなどが検討課題として指摘され[81]，犯罪被害者等基本計画に基づき設置された「経済的支援に関する検討

---

79 北九州市小倉北区監禁殺人事件において，自身も犯人により監禁されていた女性が，殺害された父親（平成8年2月に殺害と認定）に係る給付金の支給について，女性が犯罪被害を証明できるようになったのは1審判決（平成17年9月）後であるとして平成18年2月に裁定申請をしたが，10条2項の期間を経過しているとして不支給の裁定を受け審査請求をしたのに対して，国家公安委員会は棄却したという（西日本新聞平成20・8・1）。10条3項は，平成20年施行の追加規定であり，この事件に関しては適用の余地はなかったのであろう。

80 高井康行ほか・前掲注68，103頁。

81 九州弁護士会連合会・大分県弁護士会編『犯罪被害者の権利と救済』（現代人文社，1999）214頁を参照。

会」は、平成19年11月の「最終取りまとめ」において、「新たな経済的支援制度の財源については、まずは原因者負担による制度設計を検討することとし、責任保険制度の導入、罰金の特定財源化、有罪判決を受けた者に対する課徴金の徴収等の可能性を追求した上、これが困難な場合に一般財源による制度設計を検討すべきである」とする考慮事項を踏まえた検討の結果、①殺人、傷害等の故意の犯罪行為については、その性質上、事前に原因者となり得る集団を特定することができず、原因者負担の制度を構築することは困難である、②罰金が既に一般財源として運用されており、それを犯罪被害者等に関してだけ特定財源化する論拠を見出すことが困難であり、罰金の特定財源化は、特定財源枠を可能な限り縮小していこうとする国の大方針と逆行する感を否めない、③有罪判決を受けた者から一定額を徴収する課徴金制度の導入に関しては、主たる負担者と原因者が一致しないうえ、徴収コスト面の問題もあり、犯罪被害者等の支援に特化した形で検討することは困難である、とした。結局、この検討会は、「犯罪被害者等に対する経済的支援は、社会の連帯共助の精神に則り、一般財源からの給付を行うことをもって原則とすべきである」と結んでいる。筆者も、この検討会の結論に賛成である。

民間被害者支援団体に対する財政援助　政府部門が犯罪被害者を支援する方式には、給付金のように政府部門が被害者を直接に支援するもののほか、民間の支援団体を政府が財政援助することにより間接的に援助するものがある。後者について、基本方針に基づく「民間団体への援助に関する検討会」は、平成19年11月の「最終取りまとめ」において、民間団体は、支援の提供者として不可欠な存在であり、その活動の意義の大きさにかんがみると、その活動を促進し犯罪被害者等が望む場所でニーズに応じた支援を安定的に受けられるようにするため、民間団体に対し、国を始めとする公的な財政的援助を充実させる必要性は大きいとしている。そのうえで、基本的な考え方として、①援助の対象となる事務に関しては、事業費の援助等、事業を適切に推進できるような援助とすること、②対象団体の範囲については、援助対象となる事業の性格・内容等に応じ当該事業を適切かつ確実に実施できるような一定の体制がとられていることが必要であり、活動実績、財政運営等の透明性や会計処理方法、個人情報の管理状況等が考慮される必要があること、

③援助対象事業については，犯罪被害者等の視点に立った適切な評価が行なわれること，を掲げている。そして，検討の方向として，犯罪被害者等早期援助団体及びその指定を目指す団体への援助の拡充（都道府県警察費補助金の活用を始めとした財政的援助の充実等），全国的な傘団体（全国被害者ネットワーク）[82]への援助（国による財政的援助の拡充等），民間資金の活用（民間団体における活動費用確保に対する支援）等を挙げている。

これらの財政援助の重要なことは否定できない。しかしながら，財政資金の有効な使用の観点から見た場合には，たとえば，業務の「委託」に名を借りて適切な対価をはるかに超える委託料が支払われることがあってはならない。

なお，前記検討会の「最終取りまとめ」は，注意深く都道府県警察費補助金と国による財政援助とを区別している。犯罪被害者等早期援助団体は，犯罪行為の発生後速やかに被害者等を援助することにより当該犯罪被害等の早期の軽減に資することを目的として設立された営利を目的としない法人で，当該都道府県の区域において，①被害者等に対する援助の必要性に関する広報活動及び啓発活動を行なうこと，②犯罪被害者等に関する相談に応ずること，③犯罪被害者等給付金の支給を受けようとする者が行なう裁定の申請を補助すること，④物品の供与又は貸与，役務の提供その他の方法により被害者等を援助すること，を事業として適正かつ確実に行なうことができると認められるものを公安委員会が指定したものである（23条1項，2項）。このような支援活動を都道府県の区域内で行なう団体であるから，都道府県警察費による補助金の交付に合理性があると思われる。これに対して，たとえば，財団法人犯罪被害者救援基金は，全国的規模で犯罪被害者の子弟で経済的理由により修学が困難な者に対し奨学金を支給する活動をする団体である。このような団体に対しては，国の資金により援助することの合理性があろう。所得税法及び法人税法において特定公益増進法人として，寄附の受入れを促進する措置が講じられている。奨学金の支給は，同基金の奨学規程によっているとされ，実務上は，被害者に対する犯罪被害者等給付金の給付決定がな

---

82 現在活動しているものとして，NPO法人・全国被害者支援ネットワークが存在する。各県の被害者支援センターなどのネットワーク組織である。

されたことを原則としているという[83]。

オウム真理教犯罪被害者等救済給付金　平成7年に発生した地下鉄サリン事件等のオウム真理教による無差別大量殺傷などによるオウム真理教被害者等を救済するための法律として,「オウム真理教犯罪被害者等を救済するための給付金の支給に関する法律」が平成20年に制定された。その主要な内容は,法律名にあるように,オウム真理教犯罪被害者等に給付金を支給することにある。対象犯罪行為を限定列挙し(2条1項),給付金の額を次のように定めている(5条)。

　死亡した者の遺族には,2,000万円

　障害が残った者

　　介護を要する障害として国家公安委員会規則で定める障害には3,000万円

　　それ以外の重度の障害として国家公安委員会規則で定める障害には2,000万円

　　上記以外の障害として国家公安委員会規則で定める障害には500万円

　傷病を負った者

　　重傷病(通院加療の期間が1月以上であった傷病)を負った者には100万円

　　それ以外の傷病には10万円

支給の手続に関しては,申請に基づく裁定主義が採用されている(6条1項)。申請には2年の除斥期間が設けられている(6条2項)。ただし,「やむを得ない理由により」前記期間を経過する前に申請することができなかったときは,その理由のやんだ日から6月以内に限り,申請をすることができる(6条3項)。報道によれば,被害者等がこの制度を知ることができるかどうかが危ぶまれており[84],周知のための措置その他申請に関し利便を図るための措置(6条4項)が適切に講じられるかどうかが最大の関心事である。裁

83　高井康行ほか・前掲注68,108頁。
84　朝日新聞平成20・12・17。なお,同紙は,裁定についても,カルテの保存期間との関係で診断書を用意できない人も予想されるなどの問題点を指摘している。

定を受けた後の給付金の支給を受ける権利の時効は2年である。申請の除斥期間と受給権の時効とが区別されている。なお、給付金を支給したときは、国は、その額の限度において、当該受給者が有する対象犯罪行為に係る損害賠償請求権を取得する（11条）。この仕組みは、犯罪被害者等給付金の仕組みにならったものである[85]。

[4] 災害弔慰金の支給等

災害弔慰金の支給等に関する法律　　災害は、死亡等の犠牲者を生む。それにより受ける損失は甚大である。そこで、災害により死亡した遺族に対して支給する災害弔慰金、災害により精神又は身体に著しい障害を受けた者に対して支給する災害障害見舞金及び災害により被害を受けた世帯の世帯主に対する災害援護資金の貸付けについて定める法律が「災害弔慰金の支給等に関する法律」である。以下に述べるように、被害を受けた者に対する窓口になるのは市町村であり、いずれも当該市町村の条例が必要とされているが、支給の財源の面においては、都道府県及び国を巻き込んだ国家的施策である。市町村は、制度を導入するかどうかの自由があるのみで、導入する以上は、法及び政令によりほとんど完全に拘束されているのである。

災害弔慰金　　災害弔慰金の支給義務を負うのは、市町村（特別区を含む）である。市町村は、条例の定めるところにより、政令で定める災害により死亡した住民の遺族に対し、災害弔慰金を支給する（3条1項）。施行令1条により、「政令で定める災害」は、一の市町村（特別区を含む）の区域内において生じた住居の被害が厚生労働大臣が定める程度以上の災害その他これに準ずる程度の災害として厚生労働大臣が定めるものとされている。これを受けて、「災害弔慰金の支給が行われる災害の範囲等」（平成12・3・31厚生省告示第192号）が災害の範囲等を定めている。遺族の範囲は、死亡した者の死亡当時における配偶者、子、父母、孫及び祖父母とされている（3条2項）。災害弔慰金の額は、死亡者1人当たり500万円を超えない範囲内で死

---

[85] 裁定の取消しを求める訴えについて、裁定についての審査請求に対する国家公安委員会の裁決を経た後でなければならないとされている点（19条）も、まったく同じである。

亡者のその世帯における生計維持の状況等を勘案して政令で定める額以内とされている（3条3項）。施行令は，死亡者が死亡当時においてその死亡に関し災害弔慰金を受けることができることとなる者の生計を主として維持していた場合にあっては500万円とし，その他の場合にあっては250万円と定めている（1条の2本文）。ただし，死亡者がその死亡に係る災害に関しすでに災害障害見舞金の支給を受けている場合は，これらの額から当該支給を受けた災害障害見舞金の額を控除した額とする（同条但し書き）。これだけ拘束的な政令の下において，金額につき条例により定める事項はないといってよい[86]。

災害弔慰金の費用は，都道府県が4分の3を負担し，その都道府県負担分の3分の2は国が負担する（7条）。したがって，国，都道府県，市町村の負担割合は，2：1：1となる。

災害障害見舞金　市町村は，条例の定めるところにより，災害により負傷し，又は疾病にかかり，治ったとき（症状が固定したときを含む）に精神又は身体に別表に掲げる程度の障害がある住民に対し，災害障害見舞金を支給する（8条1項）。災害障害見舞金の額は，障害者1人当たり，250万円を超えない範囲内で障害者のその世帯における生計維持の状況を勘案して政令で定める額以内とされている（同条2項）。そして，施行令は，障害者の当該災害により負傷し又は疾病にかかった当時においてその属する世帯の生計を主として維持していた場合にあっては250万円とし，その他の場合にあっては125万円としている（2条の2）[87]。

災害援護資金の貸付け　市町村は，条例の定めるところにより，その区域内において災害救助法による救助の行なわれる災害その他の政令で定める災害により，所定の被害（療養に要する期間がおおむね1月以上である世帯主の負傷又は政令で定める相当程度の住居若しくは家財の損害）を受けた世帯で政令の定めるところにより算定したこれに属する者の所得の合計額が政令で定める額（施行令5条により，世帯に属する者が1人であるときは220万円，2人

86　仙台市の災害弔慰金の支給に関する条例5条は，施行令1条の2の内容を繰り返すのみである。

87　仙台市の前記条例9条は，政令とまったく同趣旨を規定している。

であるときは430万円，3人であるときは620万円，4人であるときは730万円，5人以上であるときは730万円に4人を超える人数1人につき30万円を加算した額とされ，住居が滅失した場合にあっては1,270万円とされている）に満たないものの世帯主に対し，生活の立て直しに資するため，災害援護資金の貸付けを行なうことができる（10条1項）。1災害における1世帯あたりの限度額は，法律10条2項の委任を受けて，施行令7条1項により350万円（ただし，厚生労働大臣が被害の種類及び程度を勘案して定める場合は，270万円，250万円，170万円，150万円とする）とされている。償還期間（据置期間を含む）は，10年を超えない範囲内で政令で定めることとされ，施行令7条2項により，10年とし，据置期間は，そのうち3年（厚生労働大臣が被害の程度その他の事情を勘案して定める場合にあっては5年）とされている。据置期間中は無利子とし，据置期間経過後はその利率を延滞の場合を除き年3％とする（10条4項）。

　この市町村の貸付けの実施を前提に，市町村（指定都市を除く）が貸付財源として必要な金額について都道府県が市町村に無利子で（延滞の場合を除く）貸し付け（11条），さらに，国は，指定都市が貸付財源として必要とする金額又は都道府県が市町村に貸し付けるのに必要な金額の3分の2相当額を，延滞の場合を除き無利子で貸し付けることとされている（12条）。

地方公共団体独自の見舞金　災害弔慰金の支給等に関する法律に基づく弔慰金等の支給と別に，地方公共団体が独自に見舞金等の名称の給付を行なっている場合がある。たとえば，東京日の出町は，「日の出町災害見舞金支給条例」を制定して，町内に災害があった場合に，被害者又はその遺族に対し予算の範囲内で見舞金又は弔慰金を贈ることとしている（2条）。災害とは，暴風，豪雨，地震その他異常な自然現象又は火事，爆発その他これらに類する事故から生ずる被害である（1条）。見舞金又は弔慰金を贈る範囲及び額は，①家屋が全壊・全焼又は流失したときは1世帯について3万円以内，②家屋が半壊・半焼又は床上浸水のときは1世帯について15,000円以内，③死亡したときは1人について3万円以内，④負傷したとき（1か月以上の入院加療を要するとき。ただし，町長が必要と認めたときは，この限りでない）は1人について5,000円以内である（3条）。同町の「災害弔慰金の支給等

に関する条例」による災害弔慰金の支給を受けた者については，死亡したときの見舞金又は弔慰金は支給しない（4条）。

[5] 社会援護としての医療費の助成

社会援護としての医療費等助成　特定の医療費等について，特別に負担を軽減する必要があるとして医療費等の助成がなされることがしばしば見られる（児童の医療費助成について，本書第6章2［3］を参照）。すでに掲げた施策にも含まれているが，以下においては，その他の医療費助成について見ておこう。もっとも，地方公共団体の施策は多様であって，その全容を把握し整理することは至難である。小児医療，心身障害者医療，母子家庭医療，老人医療，大気汚染医療などに対する助成が典型的なものである。

東京都の例　東京都は，以下のような医療費等の助成を行なっている。

第一に，難病患者等に係る助成がある。これは，「東京都難病患者等に係る医療費等の助成に関する規則」に基づく，難病等，小児精神病又はB型ウイルス肝炎若しくはC型ウイルス肝炎に罹患した者に対する助成である。

第二に，「東京都光化学スモッグの影響によると思われる健康障害者に対する医療費の助成」が，同名の規則に基づいてなされている。

第三に，「大気汚染に係る健康障害者に対する医療費の助成に関する条例」に基づいて，大気汚染の影響を受けると推定される疾病（気管支ぜん息及びその続発症。18歳未満の者については，これに加えて，慢性気管支炎，ぜん息性気管支炎，肺気しゅ及びそれらの続発症）（2条）にかかった者に対し医療費を助成している。

昭和44年に「公害に係る健康被害の救済に関する特別措置法」が制定され，大気汚染の深刻な地域を対象とする医療費助成が開始されたが，東京都内は指定されなかったため，東京都は，この国の制度と別に，年少者の重症化防止の観点からの健康障害者救済策として医療費助成制度をスタートさせたという。そして，自動車等の移動発生源による大気汚染の健康被害に係る損害賠償を求める東京大気汚染訴訟が提起され，平成19年8月に，その和解条項の柱として，国，首都高速道路株式会社及び自動車メーカー7社の拠出を得て，東京都が都内の気管支ぜん息患者に対する医療費助成を行なうこ

ととされた。従来の年少者を対象とする医療費助成に加えて，気管支ぜん息及びその続発症については，小児から成人までの全年齢を対象とする一貫した医療費助成制度とされた[88]。

　知事は，申請（4条）に基づいて，大気汚染障害者認定審査会の意見を聞いて，当該申請に係る疾病が大気汚染の影響を受けると推定される疾病である旨の認定をする（5条1項）。認定がなされたときは，被認定者に医療券が交付される（7条1項）。被認定者が認定に係る疾病について医療を受け又は投薬を受ける際には，この医療券を提示する（7条2項）。「推定される疾病」であれば対象になる点が特色である。

---

[88] 以上，東京都大気汚染医療費助成検討委員会「大気汚染医療費助成制度の拡大に関する報告書」（平成20年7月）による。

第 6 章　社会福祉財政法

1　社会福祉財政法総説

[1]　社会福祉と費用負担

社会福祉の意味　「社会福祉」の意味に関しては，必ずしも定説がない。憲法25条2項は，「国は，すべての生活部面について，社会福祉，社会保障及び公衆衛生の向上及び増進に努めなければならない」と定めている。この条文においては，「社会福祉」と「社会保障」とが並列的に扱われている。ここにおいて，「社会保障」は，社会保険を中心として安心な生活を確保するシステムであり，「社会福祉」は，経済的に生活困難な者に対する公的扶助のほか心身に支障のある者に対し救護を与えることを指しているようである。しかし，社会保障法学においては，社会保障を広義に用いる代わりに，「社会福祉」については，たとえば，「身体障害，知的障害，老齢，母子家庭など生活を営む上での身体的・社会的ハンディキャップを要保障事故として捉え，それに対して厚生あるいは育成の医療，施設への入所，居宅介護その他のサービスなど，主に非金銭的な給付を与えることにより，生活上のハンディキャップを軽減・緩和，除去することを目指す制度」とする見解がある[1]。この見解にあっては，経済的な生活困難者に対する金銭的給付である公的扶助は除外されている。

　筆者も，おおむね，この見解に賛成したい。しかし，実際の法制度についてみると，若干注意すべき点がある。

1　西村・社会保障法444頁。小林弘人「社会福祉と財政」日本財政法学会編『財政の適正管理と政策実現（財政法講座2）』（勁草書房，平成17年）147頁は，「社会保障の補完的，補充的，かつ並列的な性格をもち，その人のニードに対応する各種の必要な給付・サービスをもっぱらその内容とする」ものと定義して，社会福祉財政全般について法的考察を加えている。

第一に，実際の制度について見ると，公的扶助を定める生活保護法の内容と社会福祉を定める社会福祉各法の内容とは，連続線上にあって，両者を区別する明確な線を引き難いところがある。前記の説明において「主に金銭的給付」という文言が使われているところに暗示されているように，社会福祉に属するとされる制度にも，児童手当のように金銭的給付が含まれているし，他方，生活保護法にも非金銭的給付が含まれている。

　第二に，「福祉」の名称の法制度のなかには，見方によって，必ずしもハンディキャップと位置づけることが適当でない場合がある。たとえば，保育は，児童福祉法による典型的なサービスであるが，男女共同参画社会で夫婦ともに外に出て働くことが一般化した場合に，それによる保育をもってハンディキャップ状態に対する対応と見ることは，もはや自然ではない。地方公共団体が独自に実施している乳幼児の医療費助成制度も，同様である（後述の児童福祉の項目を参照）。この点は，社会福祉の定義の問題であるのか，社会福祉のなかに「消極的社会福祉」と「積極的社会福祉」とがあるのか，検討を要する点である。「積極的社会福祉」の推進は，長期的には国民経済を豊かにし，社会福祉財源の確保に貢献するが，短期的には限られた財政資金のなかにおいて財源確保に苦労することになる。全体的な流れとして，消極的社会福祉にとどまらず，積極的社会福祉を包摂するようになりつつあるといってよい。

　積極的社会福祉の典型は，地方公共団体に広まりつつある，乳幼児医療費助成制度である（義務教育就学児の医療費まで助成する地方公共団体も増加しつつある）。また，国の助成を受けている財団法人21世紀職業財団が「育児・介護雇用安定等助成金（両立支援レベルアップ助成金）」を支給するのも，受給者が事業主等であり，かつ，国と受給者との関係が間接的ではあるものの，ここに入れてよいであろう。

　第三に，「社会福祉」の施策を実施するに当たり，社会保険制度を活用することがある。典型的には，介護サービスを受け易いように介護保険制度を設け，高齢者の医療を確保するために高齢者を対象にする医療保険を設けるといった点に見られる。

　第四に，国又は地方公共団体の契約の相手方の選定に社会福祉目的の政策

が取り込まれることがある。一般競争優先主義の下において，社会福祉目的により，一定の要件を備えた者を優先して発注する仕組みを可能にする措置が導入されてきた。その一例は，平成16年政令第344号改正後の自治法施行令167条の2第1項3号の規定に見ることができる。例外的な随意契約の許容要件の中には，①障害者自立支援法に規定する障害者支援施設，地域活動支援センター，障害福祉サービス事業を行なう施設若しくは小規模作業所において製作された物品を地方公共団体の規則で定める手続により買い入れる契約，②高年齢者等の雇用の安定等に関する法律に規定するシルバー人材センター連合若しくはシルバー人材センターから地方公共団体の規則で定める手続により役務の提供を受ける契約，③母子及び寡婦福祉法に規定する母子福祉団体が行なう事業でその事業に使用される者が主として配偶者のない女子で現に児童を扶養しているもの及び寡婦であるものに係る役務の提供を当該母子福祉団体から地方公共団体の規則で定める手続により受ける契約，が含まれている。規則を制定することにより，このような福祉目的の政策を公共契約において推進することができるのである。これは，筆者が公共契約における「付帯的政策の遂行」と呼ぶものの一分野であり[2]，ハンディキャップのある人たちの自立を促進する重要な政策と位置づけることができる。

このような立法による対応は，一面において正面から随意契約を許容するものとして積極的に評価できると同時に，限定列挙が却って他の同様の事情の場合における随意契約を否定することになるのではないかという消極的機能を営む可能性がある。地方公共団体の機敏な対応を可能にする政令の仕組みを考案する必要がある。岡山地裁平成16・2・25（判例地方自治267号55頁）は，平成16年の政令改正前の事案で，県が庁舎の清掃業務委託契約について，母子家庭の母及び寡婦の雇用促進及び雇用機会の確保のため，県庁舎内外の清掃業務を受託するために設立された県の外郭団体と随意契約を締結したことの適否の問題を扱った事例である。判決は，予算決算及び会計令が契約に付随する政策目的が競争入札に適さない場合も挙げていることを指摘して，「合理的な政策目的があり，かつ，その目的に必要な限度内である

---

2 碓井・公共契約法精義332頁以下。

ならば，一般競争入札の原則の例外を認めることも許されるものと解される」のであって，この趣旨は地方公共団体の契約についても妥当するとした。そして，次のように述べた。

「母子及び寡婦福祉法29条1項は，地方公共団体も，母子家庭の母等の雇用の促進を図るため，公共的施設における雇入れの促進等必要な措置を講ずるように努力するものと規定しており，社会的弱者である母子家庭の母及び寡婦の就業場所を提供するため，比較的軽作業である清掃業務の委託を，母子家庭の母及び寡婦という特定の相手方に対して行うことは同法の趣旨にかなうものである。

そして，当該契約を競争入札によるのでは，母子家庭の母及び寡婦に対して就業場所を提供するという目的を達することが不可能又は著しく困難となることが予想される。

このような母子及び寡婦福祉法の趣旨に沿った政策目的は合理的なものであって，これを実現するために随意契約の方法によることの必要性も認められ，本件清掃業務委託契約を随意契約の方法で締結することが，その目的達成のために必要な限度を超えたものであるとは認められない。」

判決は，このような判断に基づいて，母子家庭の母及び寡婦に対して就業場所を提供するという目的が付随した清掃業務委託契約は，随意契約の可能な「目的が競争入札に適しない」ものに該当するとした。筆者も，「当該契約の目的自体が保護・奨励にある場合は，『競争入札に適しない』と認めることができる」とする見解をとってきた[3]。もちろん，保護・奨励政策が法律等により合理性のあるものと認められていることが必要である。かくて，政令の限定列挙にもかかわらず，列挙外でも「競争入札に適しない」契約に該当する場合のあることを否定すべきではないと思われる。

第五に，社会福祉は，一般的には，生活上のハンディキャップを個別の人について軽減・緩和，除去することを念頭に置いているが，近年は，社会の総体として推進される施策も，社会福祉に含められるようになっている。後

3　碓井・公共契約法精義226頁。

に述べるバリアフリー化の助成（本章1［2］）は，その典型である。弱者の住みやすい「まちづくり」を目指すことも社会福祉の一環に含めることができる（宮城県の「だれもが住みよい福祉のまちづくり条例」，「三重県ユニバーサルデザインのまちづくり推進条例」，「だれもが住みたくなる福祉滋賀のまちづくり条例」など）。

　社会福祉と費用負担　社会福祉の中心は，非金銭的給付，すなわちサービスである。このサービスを可能にするための施設を要するものと，もっぱらサービスのみのものとがある。たとえば，介護についてみると，居宅介護サービスはもっぱらサービスであるが，施設介護サービスは，サービスを可能にする施設が必要である。確実な施設介護サービスを確保するには，施設の整備財源を確保する必要がある。このような財政については，次の「社会福祉施設等の整備に関する費用負担」として検討する。

　これと別に，社会福祉各法は，社会福祉サービスに応じた費用負担の定めを置いている。もちろん，施設の整備のみを社会的制度として行ない，そこで受けるサービスの費用の全額を自己負担に求めることもありうるが，社会福祉各法が定める費用負担は，サービスの現場にある地方公共団体（その中心は，基礎的地方公共団体たる市町村である）の支弁と，他の地方公共団体及び国の負担・補助を定めることが多い。具体的な内容については，それぞれの社会福祉の分野ごとに検討することにする。

　なお，明示的な費用負担の観念になじまないが，社会福祉関係の施設用の土地，建物について，公課の禁止をする法律が多いことにも注目しておきたい。たとえば，児童福祉法57条は，主として児童福祉施設のために使う建物，それら建物の敷地その他主として児童福祉施設のために使う土地について，都道府県，市町村その他の公共団体は，租税その他の公課を課することができないとしている。ただし，有料で使用させるものについては，この限りでないとされている（同条但し書き）。

　［2］　社会福祉施設等の整備に関する費用負担
　多様な社会福祉施設　社会福祉各法は，それぞれの目的に即した社会福祉施設を想定している。

児童福祉法によれば，都道府県は，政令の定めるところにより，児童福祉施設を設置しなければならないとして（35条2項），設置を義務づけられている。これに対して，市町村は，予め厚生労働省令で定める事項を都道府県知事に届け出て，児童福祉施設を設置することができるとして（3項），設置は任意とされている。このような違いにもかかわらず，市町村の方が，行政需要に応えるために，より多くの児童福祉施設を設置している。また，国は，政令の定めるところにより，児童福祉施設（助産施設，母子生活支援施設及び保育所を除く）を「設置するものとする」として（1項），義務づけに至らない任務規定となっている。なお，これらの政府間における設置義務等に関する規定の使い分けと別に，「国，都道府県及び市町村以外の者」も，厚生労働省令の定めるところにより，都道府県知事の認可を得て，児童福祉施設を設置することができる（4項）。実際に社会福祉法人の設置する施設の多いことは，周知のとおりである。児童福祉施設は，助産施設，乳児院，母子生活支援施設，保育所，児童厚生施設，児童養護施設，知的障害児施設，知的障害児通園施設，盲ろうあ施設，肢体不自由児施設，重症心身障害児施設，情緒障害児短期治療施設，児童自立支援施設，児童家庭支援センターと，極めて多岐にわたっている（36条以下）。

老人福祉法による老人福祉施設の種類は，やや少なく，老人デイサービスセンター，老人短期入所施設，養護老人ホーム，特別養護老人ホーム，軽費老人ホーム，老人福祉センター，老人介護支援センターが法律に列挙されている（20条の2の2以下）。施設の設置主体と，それに対応した施設の種類についての規律がなされている。まず，都道府県は，種類を限定することなく，老人福祉施設を設置することができる（15条1項）。それ以外の主体については，手続と施設の種類が定められている。国及び都道府県以外の者は，あらかじめ厚生労働省令で定める事項を都道府県知事に届け出て，老人デイサービスセンター，老人短期入所施設又は老人介護支援センターを設置することができる（15条2項）。市町村及び地方独立行政法人は，あらかじめ，厚生労働省令で定める事項を都道府県知事に届け出て，養護老人ホーム又は特別養護老人ホームを設置することができる（3項）。社会福祉法人は，都道府県知事の認可を受けて，養護老人ホーム又は特別養護老人ホームを設置す

ることができる（4項）。さらに，国及び都道府県以外の者は，社会福祉法の定めるところにより，軽費老人ホーム又は老人福祉センターを設置することができる（5項）。

介護保険法は，「介護保険施設」として，指定介護老人福祉施設（特別養護老人ホームであって，入所定員が30人以上のものの申請に基づき知事が指定）（86条。介護老人福祉施設については8条24項），介護老人保健施設（知事の許可）（8条25項，94条），指定介護療養施設（療養病床等を有する病院又は診療所で開設者の申請に基づき知事が指定）（107条）について規定している。このほか，地域密着型特定施設（8条19項），地域密着型介護老人福祉施設（8条20項）などが登場する。地域密着型サービスの中には，認知症対応型共同生活介護，地域密着型特定施設入居者生活介護，地域密着型老人福祉施設入所者生活介護などが含まれている。認知症対応型共同生活介護とは，要介護者であって認知症であるもの（認知症の原因となる疾患が急性の状態にある者を除く）について，その共同生活を営むべき住居において，入浴，排せつ，食事等の介護その他の日常生活上の世話及び機能訓練を行なうことをいい（8条18項），この「共同生活を営むべき住居」を一般にグループホームと呼んでいる[4]。

社会福祉施設の設置費用の支弁と負担（政府間関係）　　以上，児童福祉施設，老人福祉施設及び介護保険施設を例にして，設置主体と施設の種類及び手続について述べた。こうして設置する場合に，設置費用の負担がどのようになるのかが気になる。

児童福祉法は，児童相談所の設備並びに都道府県の設置する児童福祉施設の設備及び職員の養成施設に要する費用は都道府県が（50条9号），市町村の設置する児童福祉施設の設備及び職員の養成施設に要する費用は市町村が

---

[4] 高松高裁平成19・11・29判例集未登載によれば，市町村が定める介護保険事業計画の中に市町村又は日常生活圏域を単位とした地域密着型サービスの事業量を盛り込ませ（117条），サービス事業者について市町村長が指定権限を有し（42条の2第1項本文，78条の2第1項）コントロールを及ぼす制度を採用した理由の一つは，グループホームの急増に伴う介護保険財政の圧迫を回避しようとすることであったという。

（51条6号），それぞれ支弁するものとしている。また，身体障害者福祉法は，市町村又は都道府県の設置する身体障害者社会参加支援施設及び養成施設の設置及び運営に要する費用は，それぞれ市町村又は都道府県が支弁することとしているが（35条3号，36条4号），これは，当然のことを規定しているにすぎない。

児童福祉施設等の場合について述べたが，他の社会福祉施設の設置については，「支弁」及び「負担」に関する規定が登場しないことが多い。たとえば，母子及び寡婦福祉法は，市町村及び都道府県の支弁すべき費用をそれぞれ列挙し（42条，43条），さらに，都道府県及び国の「補助」についても定めているが（44条，45条），それらの中には母子福祉施設の設備費等は含まれていない。

障害者支援施設の設置に関する障害者自立支援法の規定について検討してみよう。国は，同施設を設置しなければならない（83条1項）。都道府県は，同施設を設置することができる（同条2項）。市町村は，あらかじめ厚生労働省令で定める事項を都道府県知事に届け出て，同施設を設置することができる（同条3項）。三つのレベルの政府についての定め方を変える方式は，他にも見られるものである。このほか，国，都道府県及び市町村以外の者も，社会福祉法の定めるところにより同施設を設置することができる（同条4項）。ところで，地方公共団体の設置する障害者支援施設に関して，「支弁」，「負担」，「補助」といった定めを見出すことができない。この法律の一つの理解の仕方は，障害福祉計画の中に障害者支援施設の事項も盛り込まれて，その盛り込まれた事項については国も財政的に支援するというものであろう。もっとも，そのことを同法91条が「国は，市町村又は都道府県が，市町村障害福祉計画又は都道府県障害福祉計画に定められた事業を実施しようとするときは，当該事業が円滑に実施されるように必要な助言その他の援助の実施に努めるものとする」と定めている点に求めるのは，やや無理がある。もう一つの理解の仕方は，障害者支援施設の設置主体は政府部門に限られないのであるから，地方公共団体特有の支援をする必要はなく，民間をも含めての支援とすべきであるというものである。

ところで，平成18年法律第20号による改正前は，保育所を含めた児童福

祉施設の設備に要する費用等について政令で定めるところにより国がその2分の1を負担するものとされていた（改正前の52条）。他にも，多くの施設について「負担」制度が存在した。しかし，地方分権推進のための三位一体改革の一環として国庫補助負担金の改革が掲げられ，社会福祉施設に対する国及び都道府県の負担金は，「国の補助金等の整理及び合理化等に伴う児童手当法等の一部を改正する法律」（平成18年法律第20号）により，縮減された。主要な内容は，次のとおりである。

① 都道府県及び市町村が設置する児童福祉施設の設備に要する費用に係る国庫負担の廃止。
② 市町村の設置する児童福祉施設の設備に要する費用に係る都道府県の負担の廃止。
③ 市町村が設置する身体障害者更生援護施設の設置に要する費用に係る都道府県の負担の廃止。
④ 都道府県及び市町村が設置する身体障害者更生援護施設の設置に要する費用に係る国庫負担の廃止。
⑤ 市町村が設置する保護施設の設備に要する費用に係る都道府県の負担の廃止。
⑥ 市町村又は都道府県が設置する保護施設の設備に要する費用に係る国庫負担の廃止。
⑦ 市町村が設置する知的障害者更生施設又は特定知的障害者授産施設の設置に要する費用に係る都道府県の負担の廃止。
⑧ 市町村又は都道府県が設置する知的障害者更生施設又は特定知的障害者授産施設の設置に要する費用に係る国庫負担の廃止。

これらは，いずれも大きな制度改正である。とりわけ保育所等の児童福祉施設の整備に関する費用の国庫負担制度が廃止されたことは，大転換である。有名な摂津訴訟（東京地裁昭和51・12・13行集27巻11・12号1790頁，東京高裁昭和55・7・28行集31巻7号1558頁）において問題とされた負担金は，もはや存在しないのである。後述のように交付金制度があるにしても，法律が国庫負担割合を定める制度と，法律の改正をせずに交付金の内容を変えることのできる制度との間の違いは，大きいといわなければならない。

このような規定の廃止が，国又は都道府県が任意に補助することまで禁止する趣旨を含むのかどうかは検討を要する。一般論はともかく，個別の社会福祉関係法律の規定の体裁から見て，補助について法律の根拠を要するという考え方は十分に成り立ちうる。それに従えば，根拠規定がない以上，禁止されるということになろう。

なお，前記の縮減措置は，地方公共団体の施設設置に対するものを対象としているので，民間における施設設置に対して地方公共団体が補助した場合に，国又は都道府県が補助することができる旨の規定は存続している（児童福祉法56条の2第3項，生活保護法75条2項）。

民間による社会福祉施設設置についての補助金等　社会福祉法人等の民間が社会福祉施設を設置する場合に，どのような財政的仕組みが用意されているのであろうか。この点は，明確な法令が存在しないために，外部から知ることは意外に難しい[5]。まして，国，都道府県，市町村という異なるレベルの政府の補助金等を正確に把握することは極めて困難である。とくに，国庫補助金の整理の動きが急ななかで，個別の補助金等が廃止されることも多く，現状の把握は一層困難である。国庫補助制度は，「社会福祉施設等施設整備費補助金」，「次世代育成支援対策施設整備交付金」及び「地域介護・福祉空間整備等交付金」に分かれているようである。このほか，災害により被災した場合の「社会福祉施設等災害復旧費補助金」がある。

---

[5]　奈良県橿原市の平成19年3月30日改正後の三つの補助金交付要綱を目にした。民間社会福祉施設等整備費補助金は，身体障害者福祉法27条4項の規定により社会福祉法人が設置する身体者障害者授産施設（身体障害者小規模授産施設を除く）及び知的障害者福祉法19条2項の規定により社会福祉法人が設置する知的障害者授産施設（知的障害者小規模授産施設を除く）の施設整備に対して，基準額と国・県補助金を差し引いた額とを比較していずれか少ない方の額を補助する。障害者授産施設建設用地購入費補助金は，「社会福祉施設等施設整備費及び設備整備費国庫負担（補助）金交付要綱」に基づき補助金の交付決定を受けた授産施設を整備する社会福祉法人に対して，授産施設を建設するために購入した用地代金の2分の1の額と1,000万円とを比較して，少ない方の額を補助する。老人福祉施設整備費補助金は，老人福祉法15条4項の規定により社会福祉法人が同市の区域に設置する養護老人ホームで奈良県が補助を採択したものを対象に県補助金の3分の1以内の額を補助する。これは，市の単独補助金のように見える。

国の「社会福祉施設等整備費補助金」は，社会福祉法人等が設置する生活保護法38条に基づく救護施設等，児童福祉法7条に基づく知的障害児施設等，障害者自立支援法5条に基づく障害福祉サービス事業・施設入所支援及び共同生活援助を行なう施設，社会福祉法2条2項に基づく社会事業授産施設等の整備に要する費用の一部（原則として2分の1）を国が補助するもので，都道府県・指定都市・中核市が4分の1を補助することとしている[6]。したがって，設置者である社会福祉法人等は4分の1の負担ですむことになる[7]。

　一例として，千葉県の『老人福祉施設建設の手引き（平成19年度版）～平成20年度新規整備分～』の内容を見ておきたい。すでに述べた老人福祉法の規定する老人福祉施設の種類を紹介したうえ，千葉県は，千葉県高齢者福祉保健福祉計画に基づいて，特別養護老人ホーム（定員30人以上）の創設，増築，改築及びこれに併設される老人短期入所用居室の創設を整備することにしているという。すなわち，公的資金による県の助成措置を利用できるかどうかは，高齢者福祉保健福祉計画がスタートになっていることに注目する必要がある。そして，特別養護老人ホーム及び老人短期入所用居室（特養併設）についての平成19年度の補助基準額が定員1人当たりの「基準単価」により示されている。特別養護老人ホーム整備費について，独立行政法人福祉医療機構による社会福祉法人に対する融資制度の紹介がなされている[8]。機構基準事業費から補助金等の公費助成額を控除した額，すなわち設置者負担分の75％を限度額としている。融資対象には，建築資金のみならず，既設の社会福祉法人の土地取得資金も含まれる。

　国の補助金の交付金化の影響　国において補助金の交付金化を図ったことに伴い，民間設置の社会福祉施設に対する助成も，その中に組み込まれたものがある。すなわち，国が地方公共団体に対して交付金を交付し，地方公共

6　厚生労働省社会・援護局の資料による。

7　三位一体改革により，公立の施設に対する国庫補助相当分については一般財源化が図られて，補助制度が廃止された。

8　これと並んで，福祉医療機構と協調融資の覚書を締結した金融機関による融資（協調融資）についても説明されている。

団体が交付金の範囲内で一定の範囲の施策のために弾力的に執行することを可能にし，その中に民間社会福祉施設の整備に対する助成も含めるというのである。

その典型は，次世代育成支援対策推進法11条1項に基づく次世代育成支援対策交付金のハード交付金である。同交付金に関する省令（平成17年厚生労働省令第79号）が制定されている。それによれば，交付金は，「次世代育成支援対策施設整備交付金」と「次世代育成支援対策交付金」に分かれており（1条），前者は，通称で「ハード交付金」と呼ばれている。このハード交付金は，同法8条1項に規定する市町村行動計画又は同法9条1項に規定する都道府県行動計画に基づく措置のうち，児童福祉法に規定する児童相談所，児童福祉施設の設備及び児童福祉施設の職員の養成施設並びに売春防止法に規定する婦人相談所及び婦人保護施設その他の次世代育成支援対策に資する施設の新設，修理，改造，拡張又は整備に要する経費に充てることを目的として交付するものである（1条2項）。交付金化は，地方公共団体にとっては意味があるが，社会福祉法人等にとっては，従来とあまり変化はないと推測される[9]。

次に，「地域介護・福祉空間整備等施設整備交付金及び地域介護・福祉空間推進交付金」もスタートした。「地域における公的介護施設等の計画的な整備等の促進に関する法律」（平成元年法律第64号）の実施のための交付金である。まず，同法の仕組みについて簡単に見ておこう。厚生労働大臣は，公的介護施設等の整備に関する基本方針を策定することとされ（3条），市町村は，この整備基本方針に基づき，当該市町村における公的介護施設等の整備に関する計画（市町村整備計画）を作成することができる（4条）。市町村は，交付金を受けて市町村整備計画に基づく事業・事務を実施しようとす

---

[9] たとえば，浜松市民間社会福祉施設次世代育成支援対策施設整備費補助金交付要綱は，国庫補助金及び交付金対象事業の施設整備に要する費用を対象に国庫補助金及び交付金基本額に2分の1を乗じて得た額の範囲内で市長が必要と認める額を補助するとし，霧島市次世代育成支援対策施設整備補助金交付要綱は，保育所を設置する社会福祉法人又は子育て支援施設を設置する法人（社会福祉法人又は民法法人）に対し，4分の3以内を補助するとしている。なお，保育園建設経費補助金交付要綱，保育所施設建設費補助要綱など，従来からの名称を引き継ぐ要綱によっている例も多い。

るときは，市町村整備計画を都道府県知事を経由して厚生労働大臣に提出しなければならない（5条1項）。国は，提出された市町村整備計画に基づく事業等の実施に要する経費に充てるため，公的介護施設等の整備の状況その他の事項を勘案して厚生労働省令で定めるところにより，予算の範囲内で，交付金を交付することができる（5条2項）。従来の補助金にあっては，個々の施設ごとに助成がなされ，主として法定施設の新増設を対象とし，交付は，個別施設ごとに内容を審査し採否を決定するものであった。「交付金」にあっては，市町村の策定する整備計画に係る事業全体を単位とした助成であり，改修を含めて幅広い施設を対象とし，整備計画案全体について審査し，交付予定額を決定する仕組みである。交付金のメリットは，市町村は，交付金の範囲内で弾力的な執行が可能な点にあるとされている。すなわち，市町村は，交付予定額の範囲内において配分内容を決定し，整備事業計画の事業内容を確定でき，かつ，整備計画に定める事業内容に変更がない限り，その後の変更協議は不要とされる。

この交付金は，前記委任による同法施行規則8条においては，「市町村整備計画交付金」と呼ばれている。しかし，施行規則8条は，「市町村整備計画交付金は，法第3条第1項に規定する整備基本方針において定める市町村整備計画の種別ごとに，別に厚生労働大臣が定める交付方法に従い，予算の範囲内で交付する」として，「別に厚生労働大臣が定める交付方法」に，ほぼ丸投げに近い形で委ねている。

これを受けたものが，「地域介護・福祉空間整備等施設整備交付金及び地域介護・福祉空間整備推進交付金実施要綱」である[10]。この要綱は，次に述べる施設整備交付金（ハード交付金）のほか，空間整備推進交付金（ソフト交付金）及び先進的事業支援特例交付金についても定めている。後者の中には，

---

10 平成17年度には，特別養護老人ホーム等で大規模・広域型の施設整備，既存施設の改修などに関して，都道府県整備計画に基づいて交付する施設環境改善交付金が都道府県に交付されたが，平成18年度から，これを廃止し，いわゆる「一般財源化」が図られた。わずか1年で廃止という短命の政策の是非は，それ自体問題とされよう。各都道府県がどのように対応したのか調査するゆとりがないが，たとえば，三重県は，平成18年度に，老人福祉施設の施設整備事業を行なう市町・社会福祉法人に対し，県単独事業として「老人福祉施設整備事業費補助金」を交付した。

市町村が介護療養型医療施設転換整備計画を策定して，従来の介護療養型医療施設（療養病床を有する病院，老人性認知症疾患療養病棟を有する病院，療養病床を有する診療所）から老人保健施設，ケアハウス等[11]への転換を行なうための整備に助成する「介護療養型医療施設転換に係る市町村交付金」も含まれている[12]。

　この交付金も，法自体に明示されているように，直接には地方公共団体を相手方とする交付金である。要綱のうちの「地域介護・福祉空間整備等施設整備交付金」が，通称で「ハード交付金」と呼ばれている。これは，地域密着型サービス，介護予防拠点など市町村内の日常生活圏域で利用されるサービス拠点を整備するために交付されるもので，「面的整備計画」に基づく点に特色がある。多様な施設等（小規模多機能型居宅介護拠点，小規模（29人以下）の特別養護老人ホーム，小規模（29人以下）の老人保健施設，小規模（29人以下）の特定施設入居者生活介護の指定を受けるケアハウス，認知症高齢者グループホーム，認知症対応型デイサービスセンター，夜間対応型訪問介護ステーション，介護予防拠点，地域包括支援センター，生活支援ハウス（離島，山村等の特別措置法に基づくものに限る））の面的整備が対象となる。定額補助金である。この交付金の採択基準を見ると，整備を行なう必要性が高い面的整備計画から優先して採択することとし，具体的には，客観的指標により面的整備計画の評価点を算定したうえ，その点数に政策的指標による加算点を加えた総合評価点に基づいて，予算の範囲内で優先順位の高い面的整備計画から順に採択することとされている。この交付金をもって民間事業者による面的整備に対する補助金の交付に充てることも許されるばかりでなく，実際には，その例が多い。

　市町村は，この交付金を充てる補助金の交付のために，一般に要綱を制定している[13]。それらの要綱によれば，地域密着型サービスの場合には，民間

11　有料老人ホーム（居室は原則個室とし，1人当たりの床面積が概ね13 ㎡以上であること），特別養護老人ホーム及び併設されるショートステイ用居室，認知症高齢者グループホーム，小規模多機能型居宅介護事務所，生活支援ハウス，適合高齢者専用賃貸住宅になりうる高齢者専用賃貸住宅である。

12　補助単価は，創設は100万円，改築は120万円，改修は50万円である。

事業者を公募し事業者を決定するに当たり、選定委員会（選考委員会）の審査を経て長が決定する2段階方式が主流であるが、なかには3段階方式の手続を経る市町村もある[14]。

　都道府県は、市町村に対する総合補助金等のメニューの中に社会福祉施設の整備関係を含めていることがある。独自の補助金方式もある。

　次に、市町村の補助制度を見ておこう。社会福祉施設整備に係る包括的な補助金交付要綱を定めている例がある。

　まず、もっぱら国の交付金又は補助金のある場合に限定して補助金を交付することとしている市町村がある。守谷市の社会福祉施設整備補助金は、保育所については国の次世代育成対策施設整備交付金を、また、老人福祉施設、知的障害者援護施設及び身体障害者厚生援護施設については厚生労働省の社会福祉施設等整備費及び社会福祉施設等設備整備費の国庫負担（補助）に関する事務次官通知に依拠した負担金（補助金）を、それぞれ前提にした制度設計をしている。「宮代町老朽民間社会福祉施設整備事業費補助金交付要綱」は、その名称にもかかわらず民間保育所に限定したもので、次世代育成支援対策推進法による国の交付金及び厚生労働省の「社会福祉施設等整備費国庫負担金（補助金交付要綱）」（平成17年厚生労働省発社援第1005003号）[15]の対象となる事業に限定している。「四街道市社会福祉施設整備補助金交付要綱」も、「地域介護・福祉空間整備等交付金実施要綱」、「次世代育成支援対策施

13　橿原市地域介護・福祉空間整備等補助金交付要綱（平成19・3・30告示第66号）。市の補助金額は、国の交付金実施要綱の規定により算定された交付金の額を基準額とし、予算の範囲内で市長が定める額とされている。

14　たとえば、佐倉市は、庁内委員会である地域密着型サービス事業者選定委員会の審査と外部委員で構成される地域密着型サービス運営委員会（高齢者保健・福祉・介護計画推進懇話会）の意見を踏まえて選定することとしている。志摩市も、庁内委員会である地域密着型サービス事業者審査委員会による審査・選定と地域密着型サービス運営委員会の意見に基づき決定することとしている。この運営委員会の委員は、介護保険運営協議会委員をもって充てることとされている。

15　もっぱらこの要綱による事業を対象にするものの例として、浜松市民間社会福祉施設整備費補助金交付要綱がある。

16　「橿原市民間社会福祉施設等整備費補助金交付要綱」は、もっぱらこの要綱による施設整備を対象にしている。

設整備費交付金交付要綱」又は「社会福祉施設等施設整備費国庫負担（補助）金交付要綱」[16]のいずれかに基づく交付金又は補助金が交付される施設整備に限定している。

　次に，国又は都道府県の補助がある場合を想定した補助金制度を設けている市町村がある。その中には，国庫補助事業のほか，国庫補助対象事業としての補助協議を行なったものの不採択となった事業で県の補助制度において補助対象とされたものを含めるものが見られる（彦根市障害者社会福祉施設整備事業費補助金交付要綱）。

　群馬県沼田市は，「沼田市社会福祉施設設置事業補助金交付要綱」なる名称の要綱により，社会福祉法人又は学校法人が設置する生活保護法の保護施設，児童福祉施設，身体障害者厚生援護施設，知的障害者援護施設，母子福祉施設を対象とし，新設経費のうち国庫補助対象のものについては国庫補助基本額を対象に県の補助率以内（ただし，国，県及び市の補助金合計額が国庫補助基本額を上回る場合は国庫補助基本額から国，県補助金の合計額を差し引いた額。限度額1億円），新設経費のうち国庫補助対象額以外の経費で県が単独補助対象とした補助金額については県の補助率以内（ただし，県及び市の補助金合計額が県補助基本額を上回る場合は，県補助基本額から県補助金を差し引いた額。国庫補助基本額との合計額が1億円以内）としている。したがって，市の単独補助金を含んでいないと見られる。長野県東御市は，同様の社会福祉施設整備事業補助金交付要綱により，老人デイサービスセンター，老人短期入所施設及び障害者厚生援護施設については国及び県補助金を前提に，また，宅老所及び知的障害者グループホームについては，県補助金の存在を前提にした制度設計を示している。さらに，国，県又は公益法人から補助を受けて実施する社会福祉施設整備事業を対象とする例もある（飯田市社会福祉施設整備事業補助金交付要綱，坂東市社会福祉施設整備費等補助金交付要綱，ひたちなか市民間社会福祉施設整備費補助金交付要綱）。

　市町村独自の補助金の存在を否定しない趣旨の要綱も見られる。

17　特別養護老人ホーム，養護老人ホーム，老人短期入所施設，デイサービスセンター，生活支援ハウス，認知性老人グループホーム，ケアハウス，児童福祉施設，障害者福祉施設（身体障害，知的障害，精神障害）。

たとえば，竹田市社会福祉法人施設整備費補助金交付要綱（平成18年告示第20号）は，対象施設として9施設[17]を掲げて市長が必要と認めた施設としている（2条）。1施設当たり500万円を限度とし（4条本文），地域介護・福祉空間整備等交付金及び県交付金により施設整備を行なう場合は，国の基準により施設種別ごとに算定した基礎額に別表に掲げる補助率を乗じた額を補助するとしている（4条1号）。したがって，建前としては独自補助金の存在を認めているが，その割合がどの程度であるかを知ることはできない。

　また，民間団体からの補助金の存在も前提し，かつ，独自補助金の存在を否定しない市町村もある。安来市社会福祉施設等整備費補助金交付要綱は，社会福祉法人，医療法人又は財団法人が行なう社会福祉施設及び医療施設に対する補助金の交付を定めているが，補助対象事業の要件として，「国，県又は民間団体の補助を受けて行う施設設備の新設等及び市長が必要と認めた事業」とし，その「民間団体」の補助は，日本自転車振興会補助金，日本小型自動車振興会補助金，財団法人日本財団補助金，中央競馬協会福祉財団補助金，雇用促進事業補助金を列挙している（別表）。

　社会福祉施設整備借入金利息等に対して補助金（利子補給）を交付している市町村もある（山口市，沼田市，市原市，天草市）[18]。主として，独立行政法人福祉医療機構からの借入金に係る利子について利用されているものと推測される。

　社会福祉法人に対する助成措置についての制約　社会福祉法58条は，社会福祉法人に対する助成及び監督について規定している。それらは，社会福祉事業法時代の規定を引き継ぐものである。

　まず，第1項本文は，「国又は地方公共団体は，必要があると認めるときは，厚生労働省令又は当該地方公共団体の条例で定める手続に従い，社会福祉法人に対し，補助金を支出し，又は通常の条件よりも当該社会福祉法人に有利な条件で，貸付金を支出し，若しくはその他の財産を譲り渡し，若しくは貸し付けることができる」と定めている。ここには，省令又は条例の定める手続に従うという手続要件が示されているのみである。

18　三重県も，児童福祉施設整備費利子補給補助金を交付している。

そして，第2項は，第1項の規定により，社会福祉法人に対する助成がなされたときは，厚生労働大臣又は地方公共団体の長は，その助成の目的が有効に達せられることを確保するため，当該社会福祉法人に対して，①事業又は会計の状況に関し報告を徴すること，②助成の目的に照らして，社会福祉法人の予算が不適当であると認める場合において，その予算について必要な変更をすべき旨を勧告すること，③社会福祉法人の役員が法令，法令に基づいてする行政庁の処分又は定款に違反した場合において，その役員を解職すべき旨を勧告すること，の権限を有するとしている。

さらに，第3項は，社会福祉法人が第2項の規定による措置に従わなかったときは，交付した補助金若しくは貸付金又は譲渡し，若しくは貸し付けたその他の財産の全部又は一部の返還を命ずることができる，としている。この規定は，補助金の交付や財産の譲渡等が私法上の契約であっても，行政処分として返還命令をなしうることを定めたものと解される。

なお，第4項は，解職勧告及び返還命令について，同法56条5項から7項までの規定を準用するとしている。これにより，弁明の機会の付与（それに先立つ書面による通知を含む）（5項），代理人の出頭・有利な証拠の提出の許容（6項），及び徴取書・報告書の作成と提出（7項）の手続規定が及ぶことになる。

これらの規定が，沿革的に見て憲法89条を強く意識して定められていることは否定できない。すなわち，社会福祉の事業が「公金その他の公の財産は，宗教上の組織若しくは団体の使用，便益若しくは維持のため，又は公の支配に属しない慈善，教育若しくは博愛の事業に対し，これを支出し，又はその利用に供してはならない」とする同条の「慈善」若しくは「博愛」の事業に該当するので，「公の支配」に属していない限り社会福祉事業に助成することができないとする解釈に基づいている。筆者は，憲法25条2項に基づく「社会福祉」の事業は，「慈善」や「博愛」の事業に該当しないと考えている[19]。したがって，憲法89条の「公の支配」の規律を受けるものではないと解すべきである。慈善・博愛の事業に該当するか否かについて，堀勝

---

19 早い時点における学説として，佐藤功『憲法 下 [新版]』（有斐閣，昭和59年）1170頁以下。大阪高裁平成6・7・20行集45巻7号1553頁をも参照。

洋教授は，社会福祉各法の「福祉の措置」として行なわれる事業は，かつては民間の慈善団体によって行なわれ，慈善・博愛の事業の性格をもっていたとされつつ，現時点の考え方として次のような見解を示される。

「社会福祉各法の福祉の措置は公的責任により行われるべきものであり，民間団体が自主的・自発的に行う事業ではない。また，福祉の措置に係る費用は利用者負担を除き国・地方公共団体が負担し，サービスの提供についてのみ社会福祉法人等に委託されるにすぎない。したがって，社会福祉各法によって公的責任で行われる事業は，たとえ社会福祉法人等によってサービスが提供されるものであっても，憲法89条後段の慈善・博愛の事業にあたらないと解すべきである。」[20]

しかし，通説的には，社会福祉事業も慈善・博愛の事業に含まれるとみたうえで，同事業を「公の支配」に服せしめる立法措置を講じることによって，助成措置が憲法違反とならないようにしてきたものであるという認識を示している[21]。前述の社会福祉法58条2項以下が，「公の支配」を示す規定というわけである（大阪高裁平成6・7・20行集45巻7号1553頁）。

しかし，このように解する場合に，社会福祉法人以外の団体等に対して，その社会福祉目的の事業に着目して助成する場合に，なお「公の支配」があるといえるかが問題になる。最近は，「執行統制説」と称すべき学説・判例が有力になりつつある。必ずしも社会福祉事業に対する助成に限定した議論ではなく，教育の事業も包含した議論である。その代表的学説は，高橋和之教授のそれである。同教授は，「公の支配」の下に置かれるべきは，事業主体ではなく，事業そのものであるから，教育事業等の事業主体は，自主性を維持したままでよく，「国がどのような具体的事業に助成するかの決定権を有し，支出された公金が現実に助成目的に従って利用されたかを監視し，違反があれば是正を指示できる権限を有している必要がある」とともに，「このような監視が現実に行われる体制になっていれば，その事業に対する助成は本条に反しない」とされている。教授は，公金支出に関するこの程度の監視は，あらゆる助成について要求されることであり，わざわざ慈善，教育，

20　堀・社会保障法総論168頁－169頁。
21　堀・社会保障法総論166頁。

博愛の事業について特別に規定した理由を説明できないという想定されうる疑問に対して，これらの助成対象事業を「公の支配」の下に置く目的は，公金支出が宗教に対する助成の意味をもたないよう気をつけることにあり，これらの事業への助成に際して，国による監視が宗教との関連で厳格になされなければならず，それを要求することに憲法89条の意味があるとされる[22]。

裁判例においても，幼児教室に対する援助の事件に関して，東京高裁平成2・1・29（高民集43巻1号1頁）が，理解の仕方如何では，執行統制説を示唆していたといえる。この事件は，直接には，「教育」の事業に関するもので，教育事業に対する助成が私立学校法，私立学校振興助成法による以外には許されないと解すべきものではなく，憲法89条による「公の支配」が法律によることまで求められるわけではないとしている。この判決の論理からすれば，仮に社会福祉の事業が慈善・博愛の事業に該当するとして，社会福祉法等の法律による規制が要求されるわけではないことになろう。

そして，同判決は，町の「補助金などの交付手続等に関する規則」により補助事業の適格性についての調査を経て，補助金を受けた者には，状況報告義務，実績報告義務が課せられ，さらに，計画通りの義務が遂行されない場合には遂行命令が出され，交付決定の内容・条件に違反した場合には，交付決定の全部又は一部の取消しと返還命令があり，また，「幼児教室入室奨励費補助金交付要領」により，補助事業完了後30日以内に実績を報告するとされていること，町は，毎年幼児教室に対し予算書及び決算書の提出をさせ，監査し，毎月，月別収支表を提出させていること，自治法による監査を受けていること，町の「福祉課」職員が月1，2回程度見回り指導していること，を列挙して，次のように判示した。

「本件教室について町の関与が，予算，人事等に直接及ばないものの，本件教室は，町の公立施設に準じた施設として，町の関与を受けているものということができ，右の関与により，本件教室の事業が公の利益に沿わない場合にはこれを是正しうる途が確保され，公の財産の濫費を避

---

22 以上，高橋和之「公金支出制限の趣旨と『公の支配』の意味」杉原泰雄先生古稀記念論文集刊行会編『21世紀の立憲主義──現代憲法の歴史と展開──』（勁草書房，平成12年）473頁，485頁-486頁。

けることができるものというべきであるから,右の関与をもって憲法89条にいう『公の支配』に服するものということができる。」

この判決のどこを重視するかにより判決の理解の仕方が異なる可能性がある。

一つは,「公立施設に準じた施設」の部分を強く見るものである。この判示部分に先行する事実認定によれば,教室の開設時に町が土地を賃借して建物を建て,土地の賃料・建築経費を負担するとともに,教室の設備・遊具のほとんども町の費用で設置されて,本件教室(一部は学童保育室と共用)に利用され,町が運営資金の相当割合を補助金として支出している。「公立施設に準じた施設」と認める余地があろう。

もう一つの見方は,「公の利益に沿わない場合にはこれを是正しうる途が確保され,公の財産の濫費を避けることができる」点を重視して,執行統制が働いているというものである。大阪地裁平成6・3・30(判例タイムズ860号123頁)は,「幼稚園まつり」に対する補助金の交付について,「教育の事業に対して公の財産を支出し,又は利用させるためには,その教育事業が公の支配に服することを要するが,その程度は,国又は地方公共団体等の公の権力が当該教育事業の運営,存立に影響を及ぼすことにより,右事業が公の利益に沿わない場合にはこれを是正しうる途が確保され,公の財産が濫費されることを防止しうることをもって足りるものというべきである」と述べて,この東京高裁判決を引用している。この事案の幼稚園まつりにつき,市の行事に準じた行事である旨の説明がないところからすれば,東京高裁判決が強調した「公立施設に準じた施設」に相当することまでは要求していないと解される。とするならば,もっぱら執行統制に着目した判決と理解することも可能である。

個別法による制約　社会福祉法以外の個別の福祉関係法律が,助成について制約を設けていることがある。たとえば,児童福祉法56条の2は,民間が設置する児童福祉施設について,新設等に要する費用の4分の3以内を都道府県及び市町村が補助することができるとしているが,次のような要件を課している。

　① その児童福祉施設が社会福祉法31条1項の規定により設立された

社会福祉法人，日本赤十字社又は公益社団法人若しくは公益財団法人の設置するものであること。
② その児童福祉施設が主として利用される地域において，児童福祉法の規定に基づく障害児施設給付費の支給，入所させる措置又は保育の実施等を必要とする児童，その保護者又は妊産婦の分布状況からみて，同種の児童福祉施設が必要とされるにかかわらず，その地域に，国，都道府県又は市町村の設置する同様の児童福祉施設がないか，又はあってもこれが十分でないこと。

なお，この補助がなされたときは，厚生労働大臣，都道府県知事及び市町村長は，「その補助の目的が有効に達せられることを確保するため」当該児童福祉施設に対して，児童福祉法46条及び58条の一般的権限のほか，次に掲げる権限を有するとされている（56条の2第2項）。
① その児童福祉施設の予算が，補助の効果をあげるために不適当であると認めるときは，その予算について必要な変更をすべき旨を指示すること。
② その児童福祉施設の職員が，児童福祉法若しくはこれに基づく命令又はこれらに基づいてする処分に違反したときは，当該職員を解職すべき旨を指示すること。

さらに，都道府県及び市町村は，一定の場合に，補助金の交付を受けた児童福祉施設の設置者に対して，交付した補助金の全部又は一部の返還を命ずることができる（56条の3）。一定の場合とは，①補助金の交付条件に違反したとき，②詐欺その他不正な手段をもって，補助金の交付を受けたとき，③児童福祉施設の経営について，営利を図る行為があったとき，④児童福祉施設が児童福祉法若しくはこれに基づく命令又はこれらに基づいてする処分に違反したとき，である。

交付申請に対する応答のない場合の救済方法 補助金交付申請をしたにもかかわらず，何ら応答がない場合に，どのような争い方があるのか。これは，補助金一般の問題ではあるが，裁判例の事案には社会福祉施設に係わるものが多い。不作為の違法確認の訴えとの関係においては，たとえ間接補助金の交付であっても，地方公共団体の補助金交付要綱によるものは，交付申請に

対する交付決定・拒否のいずれも行政処分とはいえないので，交付申請は，行政事件訴訟法3条5項の「法令に基づく申請」に該当せず不適法とするのが裁判例である（大阪高裁平成18・11・8判例集未登載）[23]。補助金の支払いを求める当事者訴訟も考えられるが，補助金交付請求権の存在を認めることのできる場面を想定しにくいので，請求が認容される可能性は極めて低い[24]。交付申請に対して公正な審査を受ける権利をいかにして確保するかは，社会福祉関係補助金のみならず，地方公共団体の補助金をめぐる大きな課題である。

そこで，地方公共団体が条例を制定することが最も現実的な解決である。

まず，条例自体において交付申請と交付決定を定めている場合[25]には，交付決定の行政処分性を肯定できることに疑問はない。

次に，規則により定めている場合の扱いが問題になる[26]。長の規則には，規則違反に対し過料さえ規定することができるのであるから（自治法15条2項），委任がなくても「法令に違反しない限りにおいて，その権限に属する事務に関し」制定する規則（同条1項）には，補助金に関係する私人の権利義務に係る規範も設けることができると解される。

仮に法令又は条例の委任を要するという考え方の場合も，次のような解釈

---

[23] このほか，国に対して身体障害者養護施設整備費補助金の申請をした事案に関して，国と間接補助事業者等が間接補助金等の交付申請の当事者となることは予定されていないとして，間接補助事業者となろうとする者が国に対して補助金交付の申請権を有している者ではないとして，不作為の違法確認の訴えを不適法とした事例がある（東京地裁平成17・3・24判例集未登載）。

[24] 碓井・公的資金助成法精義256頁。ただし，施設関係ではなく，独立行政法人雇用・能力開発機構が雇用安定事業として行なう中小企業基盤人材確保助成金の支給・不支給決定は「処分」に当たらないとしつつ，助成金の支給を受けられる地位にあることの確認を求める訴えを，公法上の法律関係に関する確認の訴えとして適法として，請求を認容した裁判例がある（東京地裁平成18・9・12判例集未登載）。この判決について，碓井光明「公法上の当事者訴訟の動向(1)」自治研究85巻3号17頁，25頁（平成21年）を参照。

[25] たとえば，東京都の「社会福祉法人に対する助成の手続に関する条例」2条，3条，多摩市の「社会福祉施設への非常通報装置整備に対する補助金の交付に関する条例」4条，5条。

[26] 碓井・公的資金助成法精義181頁以下を参照。

論を展開することができる。

まず、条例の委任に基づく規則において交付申請、交付決定の手続を定めている場合の扱いが問題になる。たとえば、光市は、「光市社会福祉施設整備関係借入金償還元金に係る補助金交付条例」を制定し、その施行規則において、補助金の交付申請及び補助金の交付決定等の手続を定めている。また、社会福祉法人の助成に関する条例の委任に基づく規則において、交付申請書提出、助成決定通知などの手続を定めていることも多い（栃木県、川崎市、小山市、江南市、能代市、足利市、奥多摩町）。このように条例の委任に基づく規則に交付決定に関する規定がある場合にも交付決定の行政処分性を肯定できるであろう。これに対して、社会福祉法人の助成に関する条例において、申請手続のみを定めている場合に（たとえば、神奈川県）、交付決定の存在及びその行政処分性を解釈により導くことができるかどうかは微妙であるが、それに対する応答は当然に予定されていると見ることができるであろう[27]。

また、補助金適正化法に類する規範を規則で定めている場合は、自治法施行令173条の2が「普通地方公共団体の財務に関し必要な事項は、規則でこれを定める」としていることから、その系列の規範であると位置づけて、行政処分性を肯定してよいと思われる。

行政手続の問題　社会福祉施設の整備のための補助金交付申請に基づく交付決定が地方公共団体の機関によりなされる場合において、もし、交付決定が「処分」といえない場合は、行政手続法における「申請に対する処分」の手続規定は適用されない。また、かりに「処分」であるとしても、根拠となる規定が条例又は規則に置かれているものについても、行政手続法第2章は適用されない（3条3項）。補助金交付規則に基づく交付決定を「処分」と認識できるときは、行政手続条例の申請に対する処分の手続規定が適用される。行政手続条例が行政手続法と同じ手続規定を有しているとすると、審査基準を定め、拒否処分には理由の提示が必要とされる。たとえば、東京都は、「社会福祉施設整備費補助対象法人審査要領」を公表している。

施設整備の契約方式等の規制　社会福祉法人等が公的資金の助成を受けて

---

[27] 規制行政の分野における事案であるが、食品衛生法違反通知の行政処分性を肯定した最高裁平成16・4・26民集58巻4号989頁などを参照。

福祉施設を整備する場合には，その契約方式等について規制を加えていることが多い。すなわち，平成3年の厚生事務次官通知は，社会福祉施設整備費及び社会福祉施設等設備整備費の国庫負担（補助）に関して，規制を加えてきた。それを廃止して平成17年に発せられた厚生労働事務次官通知「社会福祉施設等施設整備費の国庫負担（補助）について」（厚生労働省発社援第1005003号）は，従来の通知と同様に，間接補助事業を行なうために締結する契約については一般競争入札に付するなど，地方公共団体が行なう契約手続の取扱いに準拠することを求めている。これを受けて，社会福祉法人の実施した入札の結果を公表する地方公共団体も増加している（たとえば，神奈川県）。また，前記通知は，建設工事の完成を目的として締結する契約の相手方が当該工事を一括して第三者に請け負わせることを承諾してはならないとしている。さらに，公正性を確保するために，間接補助事業者が事業を行なうために締結する契約の相手方及びその関係者から，寄付金等の資金提供を受けてはならないとされている（共同募金会に対してなされた指定寄付金を除く）。これは，工事請負代金が社会福祉法人等の役員等に還流することを防止する趣旨によるものである。しかし，筆者は，この寄付金等の資金提供を受けることを禁止する政策を継続することが合理的であるといえるか疑問を感じている。

社会福祉法人設立準備中における補助金の交付　社会福祉法人の設立と社会福祉施設の建設準備とが並行して進められることが多いと思われる。社会福祉法人を設立中の団体に補助金を交付することが適法といえるかどうかが問題になる。横浜地裁平成14・6・12（判例地方自治246号76頁）によれば，厚生省の通達により，国の補助金を受領して社会福祉施設を設置して社会福祉法人を設立するには，当該国の補助金の交付が確実になった後でなければ設立が認められない扱いがなされ，国庫補助が確実になるというのは国庫補助の内示があることまで必要とされ，しかも，内示を受けるためには設計図面の作成が必要とされているという。そこで，設計図面については，法人となる前の権利能力なき社団が地方公共団体から設計費用の補助を受けて作成し，その設計図を用いて国庫補助の内示を受け，その後に社会福祉法人として国庫補助金を利用して施設を建設するという経過をたどる。判決は，この

ような運用実態を踏まえて，市の補助金交付要綱が，新設法人に対する補助金交付について，社会福祉法人設立の認可が確実に見込まれるものを含むとしていることは合理性を有するとして，このような運用及び具体の法人に対する補助金交付を適法とした。なお，社会福祉法人設立時における不正行為に伴う問題については後述する（次頁）。

広域利用可能施設の設置に対する助成措置　市町村は，その区域内の施設において必ずしも住民の福祉施設利用の需要を満たすことができない。とするならば，他の市町村の区域内における施設の設置に対して助成することにより，将来の需要を賄いたいと考えるのも自然である。こうした場合に考えられる一つの解決策は，他の市町村との共同設置である。一部事務組合方式を活用することもできる。それ以外に，民間法人の設置費用を助成することも考えられる。

ところが，津地裁平成14・7・4（判例タイムズ1111号142頁）は，町が特別養護老人ホームに対して，ベッドの一部（20床）を町民が20年間優先的に使用できる旨の覚書を締結して補助金を交付したことについて，違法と判断した。その理由は，介護保険法に基づく厚生省令6条2項が「指定介護老人福祉施設は，正当な理由がなく，指定介護福祉サービスの提供を拒んではならない」と規定していることを根拠に，「特別養護老人ホームの利用は，特定の市町村の住民に限定されてはならず，広域的に利用されるべきことが定められている」として，覚書が違法であり，違法な覚書に基づく補助金交付も違法であるとした。もしも，覚書を根拠に当該指定介護老人福祉施設が正当な理由がなく（たとえば，ベッドに空きがあるのに，それが20床分であるとして）サービスの提供を拒んだとすれば，それは介護保険法違反となるであろう。そのような行動を義務付けるおそれのある覚書は違法であるかも知れない。しかし，それを補助金交付の違法性の直接の根拠にすることには賛成できない。もし，補助金交付の違法性を導くと仮定すれば，むしろ，覚書の介護保険法違反により，補助金交付の目的である20床20年間のベッドの確保ができないから，補助金交付の有効性を欠き違法であると説明するほかはないと思われる[28]。

一部とはいえ排他的に利用できるようにすることは違法のおそれがあるに

せよ，将来におけるごく常識的な住民の利用可能性に着目して，施設所在市町村と共同して民間による施設設置を補助することが否定されるべきではない。

この判決が取り上げた提供拒否の禁止規定は，いくつかの厚生労働省令に見られるところである[29]。いずれも，「正当な理由なく……サービスの提供を拒んではならない」としたうえ，直後の条項において，自ら必要なサービスを提供することが困難であると認めた場合は，適切な施設を紹介する等の適切な措置を速やかに講じなければならない，旨を定めている。これらの規定が，特定施設の整備に補助金を交付して将来の住民の施設利用の確保を禁ずる趣旨まで含むとするのは行き過ぎであろう。前記のような覚書は，具体的なサービスの提供を拒む理由にすることができないと解することで十分と思われる。

民間事業者の違法行為等と補助金交付・受給の適法性との関係　社会福祉法人等の民間事業者が社会福祉施設を設置するために補助金の交付を申請し，それに対して補助金を交付した場合に，後に民間事業者の違法行為等が判明して，補助金交付の適法性が争われることがある。

第一に，社会福祉法人の設立時の法人に対する贈与（寄附）の契約書があるにもかかわらず，それがないものとして申請されて補助金を交付した場合について，贈与契約の履行により賄うべきであったとして，償還費補助金の交付を違法とした判決がある（前橋地裁平成14・5・24判例集未登載）。社会福祉法人の理事長が実質的に支配する会社に建設を請け負わせ，工事代金水増しにより間接補助金を違法に県から取得したものとして，住民訴訟の損害賠償請求が認容された事例もある（さいたま地裁平成18・3・22判例地方自治299号9頁）。

第二に，工事代金の水増しによる補助金交付申請に基づいて補助金の交付を受けたことが補助金適正化法等に違反するとされる例がある（国の間接補

28　碓井・公的資金助成法精義145頁。

29　指定介護老人福祉施設の人員，設備及び運営に関する基準4条の2，介護老人保健施設の人員，施設及び設備並びに運営に関する基準5条の2，指定介護療養型施設の人員，設備及び運営に関する基準6条の2。

助金について補助金適正化法違反の罪と詐欺罪との観念的競合とし，県単独補助金について詐欺罪とした神戸地裁平成14・3・20判例集未登載，虚偽の預金通帳を提出して自己資金があるかのように装い，かつ工事代金水増しにより補助金交付を受けた場合に，補助金適正化法違反の罪を認めた，さいたま地裁平成14・10・8判例集未登載)[30]。

国有財産，公有財産の無償貸付，減額譲渡等 社会福祉法58条が国又は地方公共団体による社会福祉法人に対する助成を定めている中に，通常の条件よりも社会福祉法人に有利な条件による財産の譲渡又は貸付けを含めていることはすでに述べた。これと連動する形で，国有財産特別措置法は，これに対応した規定を有している。ただし，社会福祉法人のみならず，地方公共団体及び更生保護法人も含む内容となっている。

第一に，地方公共団体，社会福祉法人又は更生保護法人に対し，次の場合は普通財産を無償で貸し付けることができる（2条2項）。

①地方公共団体において，生活保護法38条の保護施設のうち政令で定めるものの用に供するとき，又は社会福祉法人において生活保護法の規定に基づき知事又は市町村長の委託を受けて行なう当該委託に係る保護の用に主として供する施設の用に供するとき（同項1号）

②地方公共団体において，児童福祉法7条1項に規定する児童福祉施設のうち，政令で定めるものの用に供するとき，又は社会福祉法人において，次に掲げるいずれかの用に主として供する施設の用に供するとき（同項2号）。

　イ　児童福祉法の規定に基づき都道府県又は市町村の委託を受けて行なう当該委託に係る措置の用
　ロ　児童福祉法の規定に基づき都道府県又は市町村の委託を受けて行なう当該委託に係る助産又は母子保護の実施の用
　ハ　児童福祉法の規定に基づき市町村の委託を受けて行なう当該委託に係る保育の実施の用
　ニ　児童福祉法の規定による障害児施設給付費の支給に係る者に対する障害児施設支援の用

30　他の裁判例及び解釈論については，碓井・公的資金助成法精義231頁以下を参照。

③地方公共団体において，障害者自立支援法5条12項に規定する障害者支援施設のうち政令で定めるものの用に供するとき，又は社会福祉法人において，次に掲げる用のうち一若しくは二以上の用に主として供する施設の用に供するとき（ハに掲げる用に供する場合には，ハに掲げる用に併せてイ又はロに掲げる用に供するときに限る）（同項3号）

　　イ　身体障害者福祉法の規定に基づき市町村の委託を受けて行なう当該委託に係る措置の用

　　ロ　知的障害者福祉法の規定に基づき市町村の委託を受けて行なう当該委託に係る措置の用

　　ハ　障害者自立支援法の規定による介護給付費，特例介護給付費，訓練等給付費又は特例訓練等給付費の支給に係る者に対する障害福祉サービス（限定がある）の用

④地方公共団体において，老人福祉法5条の3に規定する老人福祉施設のうち，政令で定めるものの用に供するとき，又は社会福祉法人において次に掲げる用のうち一若しくは二以上の用に主として供する施設の用に供するとき（同項4号）

　　イ　老人福祉法の規定に基づき市町村の委託を受けて行なう当該委託に係る措置の用

　　ロ　介護保険法の規定による通所介護若しくは短期入所生活介護に係る居宅介護サービス費の支給に係る者に対する居宅サービス，認知症対応型通所介護に係る地域密着型介護サービス費の支給に係る者に対する地域密着型サービス，介護予防通所介護若しくは介護予防短期入所生活介護に係る介護予防サービス費の支給に係る者に対する介護予防サービス費の支給に係る者に対する介護予防サービス又は介護予防認知症対応型通所介護に係る地域密着型介護予防サービス費の支給に係る者に対する地域密着型介護予防サービスその他これに類するものとして政令で定めるものの用

　　ハ　介護保険法の規定による地域密着型介護老人福祉施設入所者生活介護に係る地域密着型介護サービス費の支給に係る者に対する地域密着型サービス又は介護福祉施設サービスに係る施設介護サービス費の支

給に係る者に対する施設サービスその他これに類するものとして政令で定めるものの用

また，同法3条は，一定の場合に普通財産を地方公共団体又は法人に対し，時価からその5割以内を減額した対価で譲渡し，又は貸し付けることができるとしているが，その中には，地方公共団体が社会福祉事業のように供する施設の用に供する場合を掲げている（1項1号ロ）。

以上の国有財産の扱いに比べて，地方公共団体の場合は，適正な対価によらない譲渡若しくは貸付けは，条例又は議会の議決によることになる（自治法237条2項）。したがって，条例に規定を欠く場合であっても，議会に個別議案として社会福祉法人に対する普通財産の適正な対価によらない譲渡又は貸付けをなすことが可能である。「適正な対価によらない」とは，低額の対価のみならず無償を含むものである。

横浜市の「財産の交換，譲渡，貸付け等に関する条例」について見ると，普通財産の無償譲渡又は減額譲渡（3条1号）についても，無償貸付又は低額の対価による貸付け（4条1項1号）についても，「公共的団体」が「公益事業の用に供する」場合を掲げている。この条例との関係において，社会福祉法人が「公共的団体」に含まれるか，社会福祉施設が「公益事業の用に供する」施設といえるかどうかが問題になる。また，神戸市の「財産の交換，譲与，無償貸付等に関する条例」も，「公の支配に属する公共的団体（宗教団体を除く）」において「公益の用に供する」ための譲渡又は貸付けについては，無償又は低額の対価によることができる旨を規定している（5条1号，6条）。ここにおいても，「公共的団体」や「公益の用」の解釈が問題になる。自治法157条が「公共的団体」の語を用いており，これらの条例が，それと異なる意義で用いているものとは考えにくい。そうであるとすれば，古い時点の行政実例により農業協同組合，漁業協同組合，生活協同組合，商工会議所等の産業経済団体，養老院・育児院・赤十字社等の更生社会事業団体等，いやしくも公共的な活動を営むものはすべて含むとされていた（昭和24・1・13）。この考え方によれば，社会福祉法人は「公共的団体」であり，社会福祉事業は「公益事業」に該当すると解される。現行法の解釈論は，これに尽きるが，国有財産特別措置法との比較において，あまりに包括的な「公

益的団体」及び「公益事業」と定めることにより，個別議決を要しないとすることには大いに疑問がある。

　次に，東京都の「財産の交換，譲与，無償貸付等に関する条例」は，「都の指導監督を受け，都の事務・事業を補佐し，又は代行する団体において，補佐または代行する事務・事業の用に供するため，当該団体に譲渡するとき」には，普通財産の低額譲渡（3条2項）又は無償若しくは低額貸付け（4条1項2号）をすることができるとしている。社会福祉法人をもって，都の事務・事業を補佐又は代行する団体といえるかどうか，あるいは社会福祉事業が都の事務・事業を補佐する事業といえるかどうかについては検討の余地がある。この条例との関係においても，もし個別議決を要しない意図をもつのであれば，社会福祉法人が社会福祉施設の用に供する場合についての扱いを明示することが望ましい。

　ところで，社会福祉法58条1項と，これらの財産管理規定との関係をどのように見るべきかが問題になる。同項は，有利な条件で財産を譲り渡し若しくは貸し付けることを許容しつつ（本文），国有財産法及び自治法237条2項の規定の適用を妨げないとしている（但し書き）。この本文が「厚生労働省令又は当該地方公共団体の条例で定める手続に従い」と定めている部分は，本来は，社会福祉法人に対する所定の助成行為に限定した手続の定めを要するとする必要を認めたものである。しかし，但し書きの「適用を妨げない」という部分の存在を理由に，ほとんどの地方公共団体が，一般的な前記の条例に該当する場合には個別議決を要しない扱いをしていると推測される。それが，社会福祉法人と政府との関係を緊張関係に置こうとした社会福祉法の趣旨に合致するものであるのか大いに疑問である。むしろ，公有財産についていえば，自治法237条2項の適用に加えて強度の統制手続が求められると見るのが自然である。しかるに，たとえば，公立保育所の民間移管に際して，財産の移管に関する議会のコントロールがなきに等しいといわざるを得ない。横浜地裁平成18・5・22（判例タイムズ1262号137頁）の事案においては，4保育所の民間移管に際して，建物は有償譲渡，土地は無償貸与，備品は無償譲渡されたと認定されているが，土地の無償譲渡について議会の議決手続はとられていないようである。このような状態を存続させてよいのか

検討の必要があろう。

バリアフリー化の助成　社会福祉施設ではないが，社会福祉施策の重要な一角を占めるのが，バリアフリー化である。法律として，「高齢者，身体障害者等が円滑に利用できる特定建築物の建築の促進に関する法律」（平成6年法律第44号）（いわゆる「ハートビル法」）及び「高齢者，身体障害者等の公共交通機関を利用した移動の円滑化の促進に関する法律」（平成12年法律第68号）（いわゆる「交通バリアフリー法」）が制定され，平成18年には，これらを廃止して「高齢者，障害者等の移動等の円滑化の推進に関する法律」（平成18年法律第91号）（いわゆる「バリアフリー新法」）が制定されている。本則のみでも64か条に及ぶ大法典である。その仕組みの全容を示すことはできないし，同法の財政に関する条項は極めて少ない。市町村が移動円滑化に係る事業の重点的かつ一体的な推進に関する基本的な構想を作成して，それを達成するために行なう事業に要する経費に充てるために起こす地方債については，法令の範囲内において，資金事情及び当該地方公共団体の財政事情が許す限り，特別の配慮をすること（40条），国は，移動円滑化を促進するために必要な資金の確保その他の措置を講ずるよう努めなければならないこと（52条）が定められているにすぎない。一方，政府は，「バリアフリーに関する関係閣僚会議」（平成12年設置），同会議による「バリアフリー化推進要綱」（平成16年6月），「バリアフリー・ユニバーサルデザイン推進要綱」（平成20年3月）などにより，施策の促進を図ってきた。具体的には，たとえば，鉄道・軌道駅のバリアフリー化設備の整備（エレベーター，エスカレーター，誘導・警告ブロック，障害者対応型トイレ等の整備）については，国及び地方公共団体が各3分の1の助成措置が講じられている。鉄道駅周辺のバスターミナルのバリアフリー化についても，同様である。低床式路面電車システム（LRT）の整備，ノンステップバス等の購入についての助成措置もある。

[3] 施設整備以外の事業に対する補助金等

国のソフト交付金　すでに述べたように三位一体改革により補助金の交付金化が図られ，そのなかには，いわゆるソフト交付金も含まれている。

まず，次世代育成支援対策交付金がある。これは，次世代育成支援対策推

進法11条1項の交付金の一種である。具体的には,「次世代育成支援対策推進法第11条第1項に規定する交付金に関する省令」(平成17年厚生労働省令第79号)に定められている。それによれば,次世代育成支援対策交付金は,市町村行動計画に基づく措置のうち,ハード交付金の対象事業以外の次世代育成支援対策に資する事業に充てることを目的として交付される(1条1項1号)。市町村が策定した行動計画に掲げられた次世代育成支援対策に関する事業であって,市町村が地域の実情に応じた各種の子育て支援事業などを実施し,又は民間が実施する事業に対して市町村が助成する事業を対象に交付される。市町村の自主性・裁量を尊重した柔軟な執行を可能にする点は,ハード交付金と共通である。具体的な事業としては,次に掲げる特定事業ばかりでなく,「子ども・子育て応援プラン」に掲げる重点事業を中心に,各種の子育て支援事業などの次世代育成支援対策について,地域の特性や創意工夫を活かした子育て支援サービスの提供を行なうための取組みにより,次世代育成支援対策の推進に資するものが広く対象とされる。総合施設モデル事業として,就学前の教育と保育を一体として捉えた教育・保育活動をモデル的に実施し,当該活動を通じて教育・保育の内容や職員配置,施設整備の在り方などの調査研究を行なう事業のうち,幼稚園実施型における運営に要する経費も含まれる。当初の特定事業には,つどいの広場事業,子育て短期支援事業(短期入所生活支援事業,夜間養護等事業),乳幼児健康支援一時預かり事業,ファミリー・サポート・センター事業,延長保育促進事業,育児支援家庭訪問事業が含まれていた。交付額の算定に当たっては,評価基準により事業計画を総合的に評価する方式が採用されている。

「地域介護・福祉空間推進交付金」は,地域における介護サービス基盤の実効的な整備を図るため,面的整備計画に基づき地域密着型サービス等の導入に必要不可欠な設備やシステムに要する経費に対して助成する交付金である。具体的には,夜間対応型訪問介護の実施のために必要な事業,高齢者と障害者や子どもとの共生型サービスを行なう事業,「高齢者活力創造」地域再生プロジェクトの推進のための地域における包括的なサービスを推進する事業,その他高齢者が居宅において自立した生活を営むことができるよう支援する事業に対して,事業立上げの初年度に必要な設備整備等の経費を補助

する。

地方公共団体の補助金等　　施設整備以外の事業に対して地方公共団体がどのような助成措置をしているのかを外部から知ることは相当困難である。各県の市町村に対する総合補助金，統合補助金の中にも，社会福祉目的のものが含まれている。

　たとえば，三重県の市町村振興総合補助金には，乳幼児医療費市町村事務費，障害児保育事業，重度身体障害者ケア付き住宅運営事業，在宅酸素療法者酸素濃縮器利用助成事業，心身障害者通所援護事業，精神障害者通所授産施設等運営費補助事業，知的障害者グループホーム体験ステイ推進事業，重介護型グループホーム支援事業，知的障害児（者）レスパイト支援事業などが含まれている。

　東京都は，「民間社会福祉施設サービス推進費補助金」（社会福祉法人等の保育所の運営経費の一部を補助するもので，年齢別・定員別・延長保育事業の実施の有無による基準単価に当該年齢区分に応じた各月初日の在籍児童数を乗じて得た額の合計額を基本補助額として，これに施設の努力・実績加算を行なう），「保育対策等促進事業」（区市町村又は保育所経営者の乳児保育等促進事業，休日・夜間保育事業，待機児童解消促進事業，保育環境改善事業）などに助成している。

　また，「一時保育・特定保育等事業」は，3種類の事業からなっている。①一時保育事業は，児童福祉法24条の規定による保育の実施の対象とならない就学前児童であって，保護者の傷病・入院，災害・事故，育児等に伴う心理的・肉体的負担の解消等により緊急・一時的に保育が必要となる児童を対象にする保育事業である。②特定保育事業は，区市町村が定めた事由により，児童の保護者のいずれもが，一定程度（1か月当たりおおむね64時間以上）の日時について当該児童を保育することができないと認められ，かつ，同居の親族その他の者が当該児童を保育することができないと認められる就学前児童の保育事業である。③在宅子育て家庭一時預かりパイロット事業は，就学前児童について，駅周辺，商業施設内等の利便性の高い場所又は需要の高い場所等で必要な時間，安全な体制の中で利用できる「一時預かり」を行ない，利用者のニーズ・評価の把握，児童の安全等適切な援助の確保，安定

的かつ効率的な事業の実施（時間単位補助での運営の可否等）について検証する事業である。

　前記のうち，民間社会福祉サービス推進費補助金について，詳しく見ておこう。「東京都民間社会福祉施設サービス推進費補助金交付要綱（保育所）」によるものである。平成11年度以前に開設した社会福祉法人等立保育所，平成12年度以降開設した社会福祉法人，日本赤十字社及び民法34条の規定により設立された法人立保育所で適正な運営が確保されているものを対象にしている。①基本補助単価（月額）は，延長保育実施施設と延長保育事業未実施施設に分けて，それぞれ年齢を0歳児，1歳児，2歳児，3歳児，4歳以上児に分け，かつ，定員を20人，21～30人，31～45人，46～60人，61～90人，91～120人，121～150人，151人以上に分けて，それらの組み合わせにより定めている。いずれも，年齢が高くなるにつれ，また，定員が多くなるにつれ，単価が逓減する仕組みである。延長保育事業実施施設の0歳児20人の場合の単価は13,590円，延長保育未実施施設の4歳以上児151人以上の場合の単価は1,120円である。②次に，努力・実績加算は，特別保育事業等推進加算と保育所地域子育て支援推進加算とに分けて，多数の加算項目が掲げられている[31]。脚注に示す加算項目から，中には，東京都自らが実施しても不思議ではない事業も，補助金の加算により民間保育所を通じて推

31　特別保育事業等推進加算の項目には，「零歳児保育特別対策事業実施かつ産休明け保育実施」，「零歳児保育特別対策事業実施かつ産休明け保育の未実施」，延長保育業の「零歳児受入れ」・「2時間・3時間延長」・「4時間以上延長」，病後時保育事業，休日保育事業，一時・特定保育事業（4時間未満），一時・特定保育事業（4時間以上），障害児保育事業（特児対象），「障害児保育事業（その他）」の「知的」・「身体」，分園設置，アレルギー児対応，夜間保育，零歳児保育（市部・小規模），零歳児保育（町村部），延長保育事業（町村部），育児困難家庭への支援，外国人児童受入れ，年末保育がある。保育所地域子育て支援推進加算には，世代間交流（お年寄りとの交流），異年齢児交流，在宅支援活動，地域拠点活動支援，その他（「自主的取組」）に大別し，さらに，たとえば，在宅支援活動は，パートナー保育登録（育児講座，保育所体験，出産を迎える親の体験学習，子育てサークル支援，子育て情報誌の発行，家庭訪問），家庭的保育を行なう者との連携，出前保育，健康増進支援を含んでいる。「自主的取組」は，保育所独自の先駆的取組で，「東京都民間社会福祉施設サービス推進費補助金取扱要領（保育所）」により事前承認が必要とされている。

進しようとする姿勢が見られる。③さらに，サービス評価・改善計画加算は，第三者評価受審及び利用者に対する調査の実施を対象にしている。

　埼玉県の「社会福祉施設利用者サービス事業費補助金」や京都府の「民間社会福祉施設安心・安全レベルアップ対策費補助金」も，東京都の前記補助金に類似する補助金である。

　東京都は，従来の子育て関係の補助金の交付金化を図る「子育て推進交付金」への移行を進めている。従来の都単独補助金や都の加算補助のうちで既定経費化しているものを，「交付金」として一括し，市町村の自由度を高め，地域の実情に応じた独自の取組みを可能にするというもので，国の補助金の交付金化と似た目的による，一種の統合補助金である。基本額は，単位費用に児童数を乗じ，さらに補正係数（測定単位児童数に占める保育所入所児童数の割合等）を乗じて算定する。ただし，その際に，都の政策誘導度を高めるために「政策誘導項目」を設けて，政策誘導指標及びポイントを設定している。この政策誘導項目により，実質的には，従来の個別補助金が優先される仕組みである。政策誘導項目は，多数の項目に及び，しかも，その要件には，都の従来の個別補助金の交付対象事業の要件や，国の基準が取り込まれている[32]。

　そして，これを受けて市町村が，都の子育て推進交付金制度に併せた補助要綱を制定する方式が広まっている。たとえば，多摩市は，「多摩市民間保育所子育て推進交付金にかかわる補助要綱」（平成18年告示第495号）を制定した。多摩市が保育の実施を行なった児童の在籍する民間保育所（児童福祉法24条の規定により多摩市内において保育を実施する民間保育所）における東京都保育所事業実施要綱に掲げる特定の事業[33]及び東京都産休等代替職員制度実施要項に基づく産休代替事業をもって，補助対象事業としている。そ

32　たとえば，子育てひろば事業C型は，都の「子育てひろば事業実施要綱」別表第3に定める事業とし，トワイライトステイについては，厚生労働省局長通知「次世代育成支援対策交付金の交付対象事業及び評価基準について」の1の(4)の①のイに定める事業，としている。

33　零歳児保育特別対策事業，零歳児保育推進事業，11時間開所保育対策事業，障害児保育事業，一般保育所対策事業が列挙されている。

して，東京都の要綱の基準が多摩市の事業の基準に取り込まれているので，その限りでは，市町村の自由度を高めたというのは，各事業の内容に関しては妥当しない。事業の選択についての自由度というべきであろう。

社会福祉施設の運営費について，利用者サービスの向上などを要件にしないで補助する地方公共団体がどれだけあるのかは容易に把握できない[34]。

[4] 社会福祉施設利用・サービス提供の費用負担

社会福祉施設利用関係 社会福祉施設の利用関係は，社会福祉施設設置者と利用者との契約関係と，いわゆる「措置」による利用関係とに大別される。前者には，行政が直接関与することがないのに対して，後者は，行政による「措置」により利用関係が発生する。その場合の措置は，行政処分である。保育所の利用については，やや複雑な問題がある。すなわち，保育所への入所の申込みは市町村に対して行ない，市町村が入所決定を行なう。この入所決定は行政処分であると考えられている。「措置から契約へ」といわれても，入所は契約によるものではない。これに対して，介護保険法や障害者自立支援法による施設への入所は，原則として施設設置者との契約によるものである。

---

34 船橋市の社会福祉施設運営費補助金は，指定障害者支援施設，指定障害福祉サービスを行なう施設等の運営費を補助するものである。

35 阿部・行政法解釈学Ⅰ 18頁，415頁は，入所拒否を認める違憲の立法であるとしている。さらに，阿部泰隆『政策法学講座』(第一法規，平成15年)194頁以下を参照。なお，「措置」については，又坂常人「『福祉の措置』の法律問題」雄川一郎先生献呈論集『行政法の諸問題 下』(有斐閣，平成2年)757頁を，また，「契約」については，又坂常人「契約による福祉と行政の責任」塩野宏先生古稀記念『行政法の発展と変革 下巻』(有斐閣，平成13年)839頁，品田充儀「福祉サービスの利用形式」日本社会保障法学会編『社会福祉サービス法 (講座社会保障法第3巻)』(法律文化社，平成13年)54頁などを参照。「措置から契約へ」の動きの中でなされた共同研究の成果が，岩村正彦編『福祉サービス契約の法的研究』(信山社，平成19年)として刊行されている。同書には，日本法に関するものとして，岩村正彦「社会福祉サービス利用契約をめぐる法制度と課題」，同「社会福祉サービス利用契約の締結過程をめぐる法的論点」，丸山絵美子「ホーム契約規制論と福祉契約論」が収録されている。

「措置から契約へ」の動きについて，施設の不足から施設設置者の側の「契約しない自由」が拡大し生存権を脅かしているとの強い批判が出されている[35]。

複数レベルの政府負担及び費用徴収　社会福祉施設の利用や社会福祉サービス提供の費用については，複数レベルの政府の負担を定める立法が一般化している。その場合に，他の政府の負担・補助や利用者等の負担のあることを前提にして，第一次的に外部との関係において費用を支出する義務を負うことを「支弁」と称している。支弁は，最終的な負担を意味するものではない。たとえば，市町村が費用を支弁し，その一定割合を国又は都道府県が「負担」するというスタイルの立法が定着している。なお，利用者の負担は，後述の費用徴収である。

保育所を例にとってみよう。「市町村の設置する保育所における保育の実施に要する費用」（児童福祉法51条3号）及び「都道府県及び市町村以外の者の設置する保育所における保育の実施に要する費用」（51条4号）は，いずれも市町村が支弁する（51条柱書き）。また，都道府県の設置する保育所における保育の実施に要する費用（50条6号の2）については，都道府県が支弁する。そして，国は，児童福祉法51条4号の費用について，政令の定めるところにより2分の1を負担する（53条）。また，都道府県は，同法51条4号の費用について，政令の定めるところにより，その4分の1を負担しなければならない（55条）。

以上から，市町村又は都道府県の設置する保育所における保育の実施に要する費用（＝保育所運営費）については，他の政府の負担はなく（いわゆる国分寺訴訟（東京地裁昭和55・3・4行集31巻3号353頁，東京高裁昭和57・9・14行集33巻9号1789頁）において争われた国の負担は，もはや存在しない），社会福祉法人等の設置する保育所における運営費については，国が2分の1，都道府県が4分の1の負担をすることになる。そして，何よりも注目しなければならないのは，社会福祉法人等の設置する保育所における運営費についても，市町村が支弁義務を負っていることである。国及び都道府県の負担も，支弁者である市町村に対するものであって，保育所設置者である個別の社会福祉法人等は，まったく登場していないのである。平成9年の法

改正により保育所入所が措置制度から契約に変わったとされるが、市町村が保育の実施責任を負うことには変わりがなく、したがって、保育所運営費の支弁義務を負うのであって、従前の措置費制度の場合と同様の扱いが維持されている[36]。

こうした仕組みにおいて、児童福祉法施行令には、負担金の返還に関する独特の規定がある。すなわち、同法53条及び55条の規定により交付した国庫及び都道府県の負担金は、次に掲げる場合には、その全部又は一部を返還させることができるとされている（43条）。①同法46条4項の規定により事業の停止を命ぜられたとき、②同法58条の規定により認可を取り消されたとき、③同法若しくは同法に基づいて発する命令又はこれらに基づいてする処分に違反したとき、④事業の全部若しくは一部を停止し、又は当初予定した目的以外の用途に利用されるようになったとき、⑤負担金交付の条件に違反したとき、⑥詐欺の手段で負担金の交付を受けたとき、である。他の社会福祉関係の法律とそれに基づく政令を見ても、同種の規定を見出すことができない。このような仕組みは、従来から施行令に存在したものであって、市町村の設置する保育所の運営費についての国の負担制度があった時点においても、同様の内容であった。そして、補助金適正化法の規定の適用がある場合は、この政令に優先すると説明されていた[37]。地方公共団体の設置する保育所運営費についての国の負担については、そのようにいえたであろう。しかし、現在は、負担の対象がもっぱら支弁義務を負う地方公共団体以外の社会福祉法人等の設置に係る保育所運営費であり、社会福祉法人等に対して交付される保育所運営費は委託費であって、間接補助金等に該当するものではない。したがって、それらの設置主体が前記①から④に該当する事態に陥ったとしても、補助金適正化法の適用の余地はない。

保育費用を支弁した市町村又は都道府県の長は、本人又はその扶養義務者から、「当該保育費用をこれらの者から徴収した場合における家計に与える

---

[36] 児童福祉法規研究会・解説347頁－348頁。保育費用に関する制度の変遷について、田村和之「保育所利用関係と財政」日本財政法学会編『財政の適正管理と政策実現（財政法講座2）』（勁草書房、平成17年）207頁、212頁以下を参照。

[37] 児童福祉法規研究会・解説351頁。

影響を考慮して保育の実施に係る児童の年齢等に応じて定める額を徴収することができる」(児童福祉法56条3項)。ここにおいても，社会福祉法人等設置の保育所においても社会福祉法人等はまったく登場していないのである。費用徴収の法律関係は，本人又は扶養義務者と市町村との間に存するのであって，社会福祉法人等との間に生ずるものではない。

管外施設入所者に対する地方公共団体の負担・補助　社会福祉施設の入所者・利用者に対する地方公共団体の負担・補助は，人的帰属主義によれば，当該地方公共団体の住民が管外の他の地方公共団体の区域内の施設を利用する場合にも及ぶべきである。もし，施設の所在する地方公共団体が，その施設入所者・利用者に対して，当該地方公共団体の住民であるか否かを問わず負担・補助することになれば（施設帰属主義），負担・補助している地方公共団体としては，社会福祉施設が他の地方公共団体の住民を受け入れることに消極的にならざるを得ない。この点についての包括的な調整原則は存在していない。

保育所に関しては，平成9年法律第74号により挿入された児童福祉法56条の6第1項を根拠に，「広域入所」の方式として広がっている。同項は，保育の実施等が適切に行なわれるように，地方公共団体は「相互に連絡及び調整を図らなければならない」旨を定めている。自宅が行政境にあって隣接市町村の保育所入所の方が便宜な場合はもとより，保育を要する児童の保護者の勤務先が住所地以外にあって児童の送迎等の事情がある場合，家族の介護の必要から住所地以外の方が送迎に便利である場合などがある。このような要請に応えて広域入所を推進する場合の財政負担の仕方が問題になる[38]。

市町村が「保育所広域入所実施要綱」とか「保育所広域入所実施要領」などを定めて実施している。予め協定を締結している市町村相互間に限定する方式と，広域入所の申し込みを受けた市町村が，初めて当該他の市町村との協議を開始する場合とがあり得る[39]。予め協定が締結されている場合は，委

---

[38] この問題の指摘は，碓井・公的資金助成法精義458頁において行なった。
[39] みなかみ町の保育児童広域入所実施要綱は，広域入所の対象市町村は，協定書に基づく協定団体とし，特に町長が必要と認める場合は，協定団体以外の市町村との協定等に基づき実施することができる，としている（3条）。

託しようとする市町村から相手市町村に協議の文書を送り，相手先市町村から承諾の回答を得る。協定が締結されていない場合は，「保育の実施委託契約書」などの名称の契約が締結される。前記協定やこの委託契約書は，行政上の契約として位置づけられる。そして，運営費の支払いは，公立保育所に広域入所したときは，受託市町村長が委託市町村長に請求して委託市町村が受託市町村に支払い，私立保育所への広域入所にあっては，私立保育所が受託市町村長を経由して委託市町村長に請求し，それを受けて委託市町村が私立保育所に支払う方式が一般的なようである。そして，保育料は，委託市町村が保護者から徴収する。

このような広域化は，他の社会福祉施設の場合にも必要性が認められる。たとえば，母子生活支援施設に関しては，家庭内暴力（DV）等による利用が多く，心の傷を癒しながら自立生活を目指すには，住所地よりも，むしろ離れた地域にある施設の利用の方が望ましいことがあると指摘されている[40]。

費用徴収制度とその問題点　社会福祉関係法律において，費用徴収制度が広く採用されている。支弁した市町村の長，支弁した都道府県の長及び国が支弁した場合の厚生労働大臣は，本人又はその扶養義務者から，その負担能力に応じ，費用の全部又は一部を徴収することができる，と定める形式が最も多い（児童福祉法56条1項・2項，身体障害者福祉法38条1項・2項，知的障害者福祉法27条，老人福祉法28条1項）[41]。「費用を負担することができると認めたときは」費用の全部又は一部を徴収することができる，という規定例も存在する（精神保健福祉法31条）。

これらの規定における問題点を検討したい[42]。

第一に，支弁した市町村の長等が「全部又は一部を徴収することができ

40　東京都社会福祉協議会母子部会の提言。

41　児童福祉法は，本文に述べた「措置の場合の費用徴収」と「保育の実施の場合の費用徴収」（56条3項）とを分けて規定するに至っている（児童福祉法規研究会・解説357頁以下）。

42　現在と法律状態が同じとは限らないが，小川政亮ほか編『社会福祉の利用負担を考える』（ミネルヴァ書房，平成5年）が，幅広く検討している。保育料をめぐる裁判について，同書7章の「保育料裁判の争点」同書171頁以下（執筆＝秋元美世）が詳しい。

る」という意味は、完全に費用徴収を行なうかどうかを支弁した市町村の長等の行政裁量に委ねる趣旨なのであろうか。「市町村等の裁量」というのであれば、市町村等の意思決定の方式に従うことになるが、「市町村長等の裁量」ということになると、裁量基準の設定が必要なことは別として、地方公共団体における条例、国における法律の規定による必要はないという結論に到達し易い。しかし、徴収するかどうかまで、これらの行政庁の裁量に委ねられるというのは、民主主義の原則に反する運用といわなければならない。最低限、徴収するのであれば、その旨は条例（国にあっては法律）によって定めるべきであろう。しかし、後述のように、地方公共団体にあっては、規則によっているものばかりが目につく。

ただし、規則方式が主流の保育料についても、条例方式を採用する例もある。たとえば、高崎市は、早くから保育所費用徴収条例を制定してきたようである（昭和34年条例第7号）。現行の条例2条1項は、児童の保護者は、法による国庫負担金の交付基準に基づいて市長が定めた額を毎月末（12月にあっては25日）までに納付しなければならない、としている。相当包括的な委任であるにせよ、費用徴収を行なう旨を条例に定めることには、それなりの意義が認められよう。

第二に、徴収するとして、徴収に関する定め方の問題がある。現状は、条例（国にあっては法律）による必要はないという解釈に基づいて運用されている。市町村は、法律の「施行規則」又は「施行細則」という規則を制定していることも多い。

たとえば、横浜市の、身体障害者福祉法38条の費用徴収について見ると、同市の「身体障害者福祉法施行細則」21条が、「市長は、法第38条第1項の規定に基づき、法第18条の規定による行政措置に要する費用の全部又は一部を徴収するときは、当該被措置者等に対し、毎月分をその翌月の末日までに納付するように通知するものとする」とし（21条1項）、「前項の規定により徴収する費用の額は、市長が別に定める」としている（21条2項）にとどまる。この規則の予定する「別に定める」費用の額がどのようになっているのかを直ちに確認することは容易ではない[43]。

これに対して、同市の、老人福祉法28条1項の費用徴収について見ると、

同じく「老人福祉法施行細則」という規則によっているが，規則により詳細な定めが置かれている。すなわち，徴収すべき費用の額を，措置した者については収入申告書により，その扶養義務者については所得の証明書等により決定し，及びその旨を当該措置した者及びその扶養義務者に通知する（8条1項）という手続規定と並んで，徴収する費用の額を別表方式で定めている（8条2項）。また，費用の全部又は一部を徴収しないことができる事由も列挙している（8条4項）。名古屋市老人福祉法施行細則も，別表方式で徴収金を定めたうえ（14条の2第1項），徴収金の減額事由についても定めている（14条の2第3項）。

　これまでに頻繁に議論されてきた保育料に関しても，一般に規則により定められている[44]。たとえば，独立の規則形式のものとして，「横浜市児童福祉施設入所者等の措置費等の徴収に関する規則」がある。別表方式の徴収金額表によっている（2条。同別表については，本章2［2］を参照）。減免事由についても定めている（3条）。「名古屋市保育所入所に関する規則」は，児童福祉法56条3項の規定に基づいて入所児童又はその扶養義務者から徴収する額について別表方式で定め（13条），保育料決定通知（14条），納期限（15条），納付方法（16条），減免事由（17条），減免の手続（18条）について定めている。この規則は，「名古屋市保育所入所に関する条例」の施行のための規則である。同条例は，わずか3か条で，実質的には入所の基準と申込手続を定めているにすぎない。もっとも，条例方式を採用する地方公共団体も見られる（渋谷区保育料等徴収条例，熊本県西原村の「児童福祉法に基づく保育料徴収条例」）。

　第三に，費用徴収の対象となる費用の範囲が問題とされる。学説には，事務費，とりわけ人件費まで徴収すべきものではないとする主張などが見られる[45]。しかし，判例を見ると，昭和61年改正前の児童福祉法56条1項の事

43　知的障害者福祉法27条の規定に基づき徴収する費用についても，同様の内容の知的障害者福祉法施行細則が制定されている（3条）。

44　保育所における保育料は規則で定めつつ（たとえば，所沢市保育料の徴収に関する規則），市立幼稚園の保育料については条例で定めるという不均衡な制度ができあがっている（たとえば，所沢市立幼稚園保育料条例）。

案で，東京地裁昭和62・7・29（判例時報1243号16頁）は，市町村長は，負担能力のある扶養義務者等から基準維持費用（その中には児童福祉施設の職員の給与費も含まれる）の全額を（全額徴収原則），負担能力が不足するものからはそれに応じて費用から軽減した額を徴収し，負担能力に欠ける者については全額を免除することになっている（応能負担原則）と解されるとしたうえ，憲法25条を具体化する内容を法律でいかに定めるかについては，「立法府の広い裁量に委ねられているところであり，制定された法律の内容が健康で文化的な最低限度の生活を営むうえで，著しく合理性を欠き，明らかに立法裁量の範囲を逸脱し，又はその濫用と認められる場合は格別，そうでない限り，当該法律を違憲とすることはできないものと解するのが相当である」とした。そして，旧法56条1項，2項は，それ自体合理性を損うものではなく，憲法25条との関係で著しく合理性を欠き立法裁量の逸脱，濫用に当たるものと解し難いことは明らかである，とした（56条1項は，地方財政法27条の4にも違反しないとした）。この判決は，控訴審の東京高裁平成元・1・26（保育情報146号28頁）及び上告審の最高裁平成2・9・6（保育情報165号34頁）によって是認された。この考え方によれば，「負担能力に応じ，その費用の全部又は一部を徴収することができる」旨を定めている現行児童福祉法56条1項の「費用」に人件費等を含まないと解することは困難である。筆者も，「費用」に職員給与を含まないと解することは困難であると考える。

第四に，すでに規則の紹介において述べたように，減免事由について規則に定める例が多いが，減免の割合までは定められていないことが多い。減免について行政裁量が肯定されるという考え方である。

ところで，費用徴収について収入の認定を誤って規則に定める所定の額よりも下回る金額で徴収したことが判明したため，規則を改正して，「保護者の責に帰さない保育料の増額更正は遡及しない」と定めた処理について，保育料の賦課徴収を怠る事実の違法確認を求める住民訴訟が提起されて，福岡

---

45 児童福祉法の費用徴収規定が異なっていた時点を前提にした文献ではあるが，小川・社会事業法制154頁。田村和之『保育所行政の法律問題』（勁草書房，昭和56年）138頁は，地方財政法27条の4の住民への負担転嫁禁止規定違反であるとする。

地裁平成19・10・18（判例集未登載）は，その請求を認容した。その理由として，二つ挙げている。

① 保育を受けたことの反対給付たる保育料の性質を考慮すれば，同内容の保育の実施を受けた扶養義務者は，負担能力が同程度である限り，同額の保育料を負担することが平等原則によって要請されるところ，本件において保護者の責に帰さない事由により所定額よりも低額の保育料決定を受けた者は，負担能力を問わず，そうでない者が負担する保育料の支払義務の全部又は一部を免れることになるから，平等原則の観点から問題がある。

② 改正規則によれば，本件のように個々の保護者の収入の認定を誤った場合のみならず，保育料の算定自体の理解を誤った場合や算定に用いる計算式の設定・入力を誤った場合など，算定が多額に上るときであっても，規則に基づく額の保育料を徴収できないことになり，市町村の責務である保育の実施に必要となる財政的基盤を脅かすおそれがある。

規則による規定であるから，このような判断もあり得ると思われるが，条例により同種の定め方をした場合には，どのようになるのであろうか。自治法96条1項10号が「法律若しくはこれに基づく政令又は条例に特別の定めがある場合を除くほか，権利を放棄すること」について，議会の議決事件としていることに関係して，許容されるとする見方もあろう。

第五に，費用徴収制度により費用を徴収しようとしても，納付しない者があるときに，滞納処分をなすことができるかどうかは，個別の法律により確認するほかはない。児童福祉法には滞納処分規定があるが（56条10項），身体障害者福祉法，知的障害者福祉法，老人福祉法，精神保健精神障害者福祉法には，滞納処分規定がない。滞納処分規定がない場合には，強制徴収をすることができない（自治法231条の3第3項)[46]。

第六に，納付しない者に対して，当該福祉サービスの提供を拒否できるかどうかが問題になる。保育所に関して，厚生労働省は，児童福祉法24条1

---

[46] 精神保健福祉研究会監修『三訂　精神保健福祉法詳解』（中央法規，平成19年）292頁。

項が「保護者から申込みがあったときは、それらの児童を保育所において保育しなければならない」と定めていることを根拠に、拒否できないという見解をとっているようである[47]。

費用徴収についての条例等の要否　以上のような運用を肯定する説は、社会福祉各法による費用徴収は、租税の徴収ではなく、また、地方公共団体の場合に、自治法の「公の施設」の利用についての使用料（自治法225条、228条1項）としての徴収金でもないことを論拠としていることが多い。以下、地方公共団体の場合に着目して、条例によることを要しないとする見解の当否について検討してみたい。

「租税」とは、特定の給付に対する反対給付たる性質を有しない点に特色があるのに対して、これらの費用徴収は反対給付性を有していることから、租税ではないとされる。

まず、公の施設の設置及び管理に関する事項は、条例で定めなければならない（自治法244条の2第1項）。そして、公の施設の使用料に該当するときは、その使用料については条例で定めなければならない（自治法228条1項）。ただし、指定管理者を指定して、指定管理者に利用料金を収入として収受させるときは、公益上必要があると認める場合を除くほか、条例の定めるところにより指定管理者が定めるものとされている（自治法244条の2第9項）。しかし、公の施設との関係において、社会福祉施設は、サービスの提供が大きなウエイトを占めるのであって、その利用料は、公の施設の「使用料」とはいえないとする考え方がある。

堀勝洋教授は、次のような理由で「使用料」に当たらないと主張する。

①自治法の使用料に関する規定は、地方公共団体の設置する「公の施設」についてのものであって、社会福祉法人等の設置した施設の費用徴収の根拠にならない。②自治法の使用料の規定は、国立の社会福祉施設の費用徴収の根拠にはならない。③使用料は契約の反対給付的要素がより強いのに対して、

47　山形市が、滞納していた保護者が入所の継続を申請する際に誓約書を提出させ、誓約書通りに保育料を支払わないと自主退園とする方法をとっていたことに対して、厚生労働省は、違法の疑いがあるとして、口頭注意したという（読売新聞平成19・5・15）。

社会福祉各法の費用徴収は，それを支払わない者に対しても施設サービスを提供しなければならないなど，要した費用を事後的に徴収するものである。④一般に使用料は，社会福祉各法の費用徴収のように負担能力に応じて徴収するものではない。⑤使用料は，費用徴収のように利用者本人のほか扶養義務者まで徴収の対象となしえない[48]。

これらは，いずれも，重要な指摘である。しかし，たとえば，④や⑤は，対価的性質のものに比べて，民主的統制の必要性を高めることはあっても，低める理由にはならない。また，一般の使用料についても，④や⑤の要素を持ち込むことが禁止されるものではない。それらは，傾向としていえることであって，使用料たる性質を喪失させるほどのことではない。

おそらく，「租税」や「公の施設」の利用についての使用料に当たらないとされる最大の論拠は，社会福祉各法が費用徴収の対象にしているのは，地方公共団体の設置する福祉施設における福祉サービスばかりでなく，社会福祉法人等の民間の施設も含まれているのであって，地方公共団体固有の法制度とは別系統の法制度が組み立てられているということであろう（共通法による規律）。筆者も，この点を出発点に考察する必要があると考える。その際に，社会福祉各法が存在する場合に，地方公共団体の設置する施設が，社会福祉施設に該当するときは，同時に自治法等の規律も及ぶと考えるのか（重畳的規律説），もっぱら社会福祉各法の中の規律のみを探究すればよいのか（社会福祉各法分離説）という解釈方法の分れを生ずる。

残念ながら，このいずれかに割り切ることは困難である。第一に，地方公共団体の設置する社会福祉施設も，「住民の福祉を増進する目的をもってその利用に供するための施設」（自治法244条1項）であるから，「公の施設」であることに変わりはない。したがって，法令に特別の定めがある場合を除き，その設置及び管理に関する事項は，条例で定めなければならない（自治法244条の2第1項）。実際の運用においても，この考え方に従って，条例設置主義によっている。この点については重畳的規律説になるであろう。第二に，地方公共団体の設置する社会福祉施設についても，指定管理者制度を活

---

[48] 堀・社会保障法総論186頁。

用することができる。この点においても，重畳的規律説でよい。第三に，指定管理者の利用料金制度については，社会福祉各法の仕組みからして，その利用は困難と思われる。社会福祉各法は，それぞれの施設ごとに異なる「利用料金」の存在することを想定していないと解されるからである。自治法に即していえば，利用料金を指定管理者に収受させることが適当と認められない（244条の2第8項），あるいは利用料金を指定管理者が定めることを認めない「公益上必要」がある（同9項）ということになろうか。この点においては，社会福祉各法分離説といってもよい。

　このようにして，重畳的規律説又は社会福祉各法分離説のいずれにも割り切れないとするならば，費用徴収の根本に遡って問題を考察する必要がある。そして，措置による場合はもとより，措置によらない保育の実施の場合も，地方公共団体設置の施設以外の施設も含めて，個別施設の個別の費用徴収ではなく，同一の地方公共団体内であるときは，共通のルールによる費用徴収がなされることを重視しなければならない。

　まず，利用者にとって，費用を徴収されるかどうか，どれだけ費用を徴収されるかどうかが，包括的に定められるシステムである。この場合に通常の対価の議論を当てはめることはできない（公益事業における総括原価主義のような考え方が明示されているわけでもない）。先にも述べたように，負担能力による差を設ける費用徴収については，対価的な負担に比べて，より民主的統制の必要性が高いといわなければならない。そして，住民一般にとって，費用徴収の程度如何は，地方公共団体の財政に影響する事項として重大な関心事であって，民主的に決定すべき財政事項というべきである。さらに忘れてならないのは，費用徴収制度の内容が，委託費の支払い等を通じて，社会福祉施設の設置者には，その経営に相当な影響を与えることである。かくて，はなはだ法的根拠は不明確であるが，敢えて求めるとすれば，財政民主主義を定める憲法83条の精神に照らして，地方公共団体の場合も，条例により規定することが原則とされなければならない。そして，公の施設の使用料について条例主義が採用されているときに，その条例主義を社会福祉法人の設置している社会福祉施設の利用者からの費用徴収に及ぼしても，何ら問題はないと考えられる。

筆者は，これまで，自治法の「使用料」に直接該当するとして条例主義を主張してきたが[49]，むしろ，費用徴収は，使用料よりも民主的統制の必要性の一層高い負担であることを理由に条例主義に服することを主張したい。

費用徴収以外の利用料制度　社会福祉施設のなかには，費用徴収ではなく，利用料等を予定する施設がある。たとえば，母子及び寡婦福祉法は，母子家庭の母及び児童が，その心身の健康を保持し，生活の向上を図るために利用する施設を母子福祉施設とし（38条），母子福祉センター及び母子休養ホームを掲げている（39条1項）。いずれも，「無料又は低額な料金で」利用できることを予定している（39条2項）。なお，母子福祉施設の運営に要する費用については，利用料等をもって充てるものとし，利用料等については，母子福祉施設の利用者は，低所得層の母子家庭その他の家庭の母子であるから，「その者の負担能力を勘案のうえ低廉なものとすること」を求める通知が発せられている（「母子福祉施設の設備及び運営について」昭和40・6・12）。同通知は，母子相談，生業指導，内職あっせん，保育の事業については利用者から手数料その他これに類するものを徴収しないよう求めている。

[5]　社会福祉施設における事故等と国家賠償等

問題の所在　社会福祉施設において，しばしば事故等が起こり入所者が損害を被った場合に，その損害の賠償が問題とされる。社会福祉各法に基づき設置されている社会福祉施設には，地方公共団体や国の設置したものもあるが，社会福祉法人等が設置したものが多い。また，地方公共団体の設置したものについても，公の施設としつつ民間事業者を指定管理者として指定する方式，公の施設とすることなく民間事業者に貸し付けて社会福祉施設の用に供する方式もある。多様な設置運営形態と社会福祉各法の仕組みの組み合

49　碓井光明『要説自治体財政・財務法［改訂版］』（学陽書房，平成11年）154頁-155頁。早い段階における使用料説として，田村和之『保育所行政の法律問題』（勁草書房，昭和56年）134頁，同「保育所の保育費負担のあり方——その法的側面の検討——」ジュリスト766号21頁（昭和57年）が存在した。田村教授は，『保育所行政の法律問題［新版］』（勁草書房，平成4年）153頁以下，同「保育所利用関係と財政」前掲注36，218頁においても，使用料説を維持している。

わせにより，救済の方式を整理する必要性がある。

　第一に，地方公共団体や国の設置した施設で自ら運営している施設（公設公営の施設）に関しては，①「公権力の行使」に着目して国家賠償法1条の適用を考える方法，②施設の瑕疵による事故については「公の営造物の設置管理の瑕疵」として同法2条の適用を考える方法[50]，さらには，③債務不履行責任を追及する方法などが考えられる。いずれの場合も，ほぼ確実な救済を得られるであろう。財政に影響するのは，①及び②により国家賠償法の適用を肯定する場合には，費用負担者も賠償責任を負うことである（国賠法3条）。

　第二に，指定管理者制度を採用している施設において事故があった場合はどうであろうか。

　第三に，社会福祉施設用の財産を民間事業者に貸し付けて，民間事業者が社会福祉施設の用に供している場合には，貸付け自体に特別の意味を見出す必要はない。民間事業者が自己の有する施設において事故があった場合と同じに扱うことで足りる。

　問題は，民間事業者の社会福祉施設において起きた事故についても，地方公共団体等が国家賠償責任を負うとされる場合があることである。

いわゆる措置入所中の事故と国家賠償責任　　社会福祉各法は，かつては広く監護，援護等の目的で，監護，援護等を要する者を社会福祉法人等の設置運営する施設に措置入所させる制度を採用していた。「措置から契約へ」の動きのなかで措置の場面が減少したとはいえ，依然として措置入所の仕組みを残している。

　措置入所中の者が事故に遭った場合の損害賠償責任に関して，最高裁平成19・1・25（民集61巻1号1頁）が，極めて注目すべき判断を示した。児童福祉法（平成16年法律第153号による改正前のもの）27条1項3号は，保護

---

[50] 小学校敷地内のプールとそれに隣接する児童公園との間の金網フェンスが幼児でも乗り越えられるような構造になっていたため幼児が立ち入ってプールに転落し死亡した事案に関する最高裁昭和56・7・16判例時報1016号59頁をはじめ，学校事故関係の裁判例がある。このような事故は，公設公営の社会福祉施設についても起こりうる。

者がないか又は保護者による適切な養育監護を期待できない児童（要保護児童）について，都道府県は，児童相談所の長の報告を受けて児童養護施設に入所させるなどの措置を採るべきことを定めていた（3号措置）。3号措置により社会福祉法人の設置運営する児童養護施設に入所していた児童が同施設内にて入所中の他の児童らより暴行を受けて後遺症が残る障害を負った場合の損害賠償責任を扱った事案である。原審判決は，法人の職員等は国家賠償上の公務員に該当するので県が国家賠償法1条の責任を負うとともに，法人の職員等は組織法上の公務員ではないから法人の使用者責任まで排除するものではないとして法人も民法715条の損害賠償責任を負うとした。

これに対して，最高裁は，3号措置により入所した児童に対する施設の職員等による養育監護行為は，都道府県の公権力の行使に当たる公務員の職務行為と解されるとして，県の責任を肯定した部分の原審の判断を是認できるとした。その理由は，児童福祉法が，保護者による児童の養育監護について国又は地方公共団体が後見的な責任を負うことを前提に，要保護児童に対して都道府県が有する権限及び義務を具体的に規定する一方で，児童養護施設の長が入所児童に対して監護，教育及び懲戒に関し児童の福祉のために必要な措置を採ることを認めているところから，「3号措置に基づき児童養護施設に入所した児童に対する関係では，入所後の施設における養育監護は本来都道府県が行う事務であり，このような児童の養育監護に当たる児童養護施設の長は，3号措置に伴い，本来都道府県が有する公的な権限を委譲されてこれを都道府県のために行使するものと解される」ということである。

次いで，職員の使用者である法人は，民法715条に基づく損害賠償責任を負わないとした。「国又は公共団体以外の者の被用者が第三者に損害を加えた場合であっても，当該被用者の行為が国又は公共団体の公権力の行使に当たるとして国又は公共団体が被害者に対して同項に基づく損害賠償責任を負う場合には，被用者個人が民法709条に基づく損害賠償責任を負わないのみならず，使用者も同法715条に基づく損害賠償責任を負わない」とする一般論に基づく結論である。

この最高裁判決のポイントは，おそらく「本来都道府県が有する公的な権限」の児童福祉施設の長への「委譲」という理解にあるといえよう。児童福

祉法46条の2が，児童福祉施設の長の受託拒絶を禁止することの裏返しとして，委託を受けるのは児童福祉施設の長であることを示していること，同法47条2項が「監護，教育及び懲戒」の措置権限を児童福祉施設の長に付与していることを前提にした判断である。国家賠償法の分野においては，制定法主義の日本でありながら，実質的に判例法の役割が極めて大きい。筆者は，この判決に疑問を抱きながらも，むしろ，この判決の射程範囲を検討する方が有益であろうと考える。

　まず，現行児童福祉法であっても，27条1項3号による入所措置，27条の2による入所措置，31条による在所措置，33条による一時保護等の場合には，最高裁判決の論理が妥当しそうである（もっとも，都道府県知事により27条2項の規定する指定医療機関への治療等の委託がなされて，当該指定医療機関において医療過誤が発生した場合に，同様に都道府県が国家賠償責任を負うことになるのかについては疑問がある。すなわち，包括的には，都道府県の公的な権限の委譲があるといえるが，他方において，医療過誤という小さな単位で考察した場合には，通常の医療過誤と異なるところがないからである）。

　しかし，他の社会福祉関係法律における措置入所者についても，同じ結論になるのかどうかは慎重な検討が必要である。鹿児島地裁平成18・8・29（判例タイムズ1269号152頁）が，この検討の素材を提供している。県の福祉事務所長が知的障害者福祉法（平成12年法律第111号による改正前のもの）16条1項2号に基づいて，社会福祉法人の設置する知的障害者厚生施設の施設長に援護委託の依頼をし，その受諾の回答を得て援護委託措置決定をして入所させた場合に，同施設に入所中の知的障害者が保護訓練中に行方不明となった事案である。判決は，援護委託措置決定は，社会福祉法人との関係においては，受託義務の存在により強制的契機を含むとしつつも，当該知的障害者の親である原告らが入所させることを希望して入所申請を行ない希望が受け容れられたものであり，退園させたい場合は，援護委託措置の解除の申出ができるので（17条の2），援護委託措置決定は知的障害者本人や原告らとの関係において強制的契機を含むとはいえないと述べている。また，知的障害者福祉法には，施設長等が入所者の監護や懲戒のために何らかの強制的な措置をとり得る旨の定めが一切存在せず，援護委託措置決定に基づい

て施設に入所したからといって，施設内で何らかの強制的措置を受けることも同法は予定していないこと，都道府県が知的障害者福祉施設を設置する義務までは定めていないこと，都道府県が自ら知的障害者の日常的な厚生援護に当たることが責務とされているものではないことなどを挙げている。そして，本件施設において日常的に行なわれる厚生援護の業務が被告県のための公権力の行使ということはできないとして，国家賠償請求を棄却すべきものとした[51]。この判決は，前記最高裁判決に先立って出されたものであるが，等しく「措置」といっても，最高裁判決が摘示した児童福祉法の構造とは異なるところが多い。この鹿児島地裁判決の頭で最高裁判決を読むならば，単に「委託措置」の形式に着目するのではなく，施設における監護，援護，養育等の実質を考察する必要があることになりそうである。

措置による委託者と施設内監護との関係　児童養護施設において施設長による入所者に対する体罰・虐待の不法行為が問題とされた千葉地裁平成19・12・20（判例集未登載）は，措置による委託をしている地方公共団体（具体的には政令指定市である千葉市）の国家賠償責任と施設内の養育監護について行政責任を負う地方公共団体（具体的には県）との二重の国家賠償責任を肯定している。すなわち，児童福祉法47条の規定（養護施設の長の監護・教育・懲戒の権限等）は，政令指定市が入所措置した児童との関係でも養護施設の長に当然に適用され，当該施設の職員等の養育監護行為は，当該政令指定市の公権力の行使に当たる公務員の職務行為としての側面を有する

---

[51] この判決に先立って，社会福祉法人の設置する知的障害者厚生施設の職員らによる暴行事案に関して，千葉地裁平成17・6・16判例集未登載及びその控訴審・東京高裁平成18・7・27判例集未登載は，「私人が公共団体等の公権力を行使しているというためには，公共団体等が本来自己において行うべき業務を私人に委託している場合や公共団体等の処分の執行を私人に委ねている場合など，当該公共団体等が当該業務の主体といえる程度に私人の業務に関与している必要がある」とし，当該施設における職員の知的障害者に対する介助，支援等が県の公権力の行使に該当するということはできないとした。なお，社会福祉施設以外で，家庭裁判所の決定により民間補導委託施設において試験観察中の少年が，同施設に収容されている他の少年から集団暴行を受けて負傷した事故について，浦和地裁平成8・2・21判例時報1590号114頁は，国家賠償法1条を適用して，受託者を「公務員」に当たるものとして国家賠償責任を認めた。

としつつ,「県知事は,養護施設に関しては,社会福祉法人一般に対して有する社会福祉事業法上の監督権限のみならず,特に,法46条に基づき,法45条の最低基準を維持するための監督権限を有し,さらに,法58条に基づき,法35条4項の規定により設置した養護施設が法若しくは法に基づいて発する命令又はこれに基づいてなす処分に違反したときは,同項の認可を取り消す権限を有している」ことから,政令指定市である千葉市が児童の入所措置をした本件においても,各権限は県知事に留保されているので,県も養護行為の事務の主体としての責任から完全に開放されるものではないと述べている。そして,児童の養育監護に当たる養護施設の長は,本来千葉市が有する公的な権限を委譲されて千葉市のために行使するのみでなく,入所後の児童に対して千葉県が有する公的な権限を委譲されてこれを県のために行使するものと解するのが相当であり,したがって,同養護施設の長の養育監護行為は,千葉市の公権力の行使に当たる公務員の職務行為であるとともに,千葉県の公権力の行使に当たる公務員の職務行為でもあるとした(なお,原告が千葉市を被告としていなかったので,判決は千葉県に対してのみ国家賠償を命じた)。養護施設の長につき二重の地位を肯定した判決である。

契約による入所者の事故と損害賠償責任 以上は,「措置」による入所者に係る事故を念頭に述べたが,契約による入所者の場合の扱いが問題になる。その場合に,二つの典型場面を分けて検討する必要がある。

第一は,保育に欠ける児童を市町村が入所決定して,当該児童を社会福祉法人等に委託して保育を実施している場合の事故である。必ずしも確立しているわけではないが,保育所利用関係は公法上の契約によるという理解があることはすでに述べた。この場合も児童福祉法は,「委託」(46条の2)の用語を「措置」児童と共通に使用している。そして,「入所中」の用語についても,措置による場合と区別するところがない(47条)。これらの条項との関係のみでいえば,児童養護施設の事案と区別する理由はない。しかし,児童養護施設に入所した児童に対する関係で入所後の施設における養育監護は本来都道府県が行なう事務であると述べた論理は,保育所に入所した児童との関係においても同じであるとはいえないように思われる。あくまでも,保育の実施は本来保護者が担うべきものであって,市町村は,保護者からの入

所希望に応えて，調整したうえ個別の保育所に委託しているのであって，「市町村を媒介にした保育の委託関係」と理解するのが自然である。したがって，前記判例は直ちに社会福祉法人等の設置する保育所にまで及ぶと考えるべきではない。このことは，入所決定が行政処分であると解されるとしても変わるものではない[52]。

　第二に，社会福祉施設の中には，施設利用者と施設の設置者との直接契約による利用関係のものも少なくない。たとえば，介護保険法による施設介護サービス費は，要介護被保険者が指定介護老人福祉施設により行なわれる介護福祉施設サービス等を受けた場合に支給されるが（48条），この場合のサービスを受ける関係は，要介護被保険者と施設設置者との契約関係によるのであって，介護保険の保険者の措置によるのではない。指定介護老人福祉施設等において生じた事故による損害は，第一次的に施設設置者により賠償される。もちろん，指定介護老人福祉施設等に対する監督権（91条の2・92条，102条・103条・104条，113条の2・114条）の不行使により損害を生じたと認められる場合に，監督権を有する知事の帰属する都道府県が不作為（監督権限の不行使）の違法を理由とする国家賠償責任を追及されることはあり得るが，その可能性によって施設設置者の賠償責任が排除されることはない。

　第三に，以上に述べた措置による委託入所者と契約による入所者が，同一の施設を利用する場合が生じる。たとえば，老人福祉法による特別養護老人ホームは，同法11条1項2号の措置[53]に係る者又は介護保険法の規定による地域密着型介護老人福祉施設入所者生活介護に係る地域密着型介護サービ

---

[52] 仮に児童福祉法24条により入所している児童の事故について国家賠償法の適用を肯定する見解（たとえば，西埜章『国家補償法概説』（勁草書房，平成20年）36頁）によるときには，認定こども園の場合に，同じ施設に入所していながら，国家賠償法の適用を受ける児童と，民法の規定の適用を受ける児童との二重構造を招来する。

[53] 65歳以上の者であって，身体上又は精神上著しい障害があるために常時の介護を必要とし，かつ，居宅においてこれを受けることが困難なものがやむを得ない事由により介護保険法に規定する地域密着型介護老人福祉施設又は介護老人福祉施設に入所することが著しく困難であると認められるときに，その者を当該市町村の設置する特別養護老人ホームに入所させ，又は当該市町村以外の者の設置する特別養護老人ホームに入所を委託する措置。

ス費若しくは介護福祉施設サービスに係る施設介護サービス費の支給に係る者その他の政令で定める者を入所させ養護することを目的とする施設である（20条の5）。「措置」の形式のみに着目する考え方に従えば，特別養護老人ホームにおいて職員の過失により事故が起こった場合に，老人福祉法11条1項2号による措置入所者の事故については，市町村の委託によるものであるから委託した市町村の国家賠償責任が問題になるのに対して，介護福祉施設サービス受けるために任意の選択により当該施設に入所している者に係る事故に関しては，当該施設の設置者が損害賠償責任を負うという[54]違いが生じる。「入口が違えば中も異なる」と見ることになる。このような違いを認めることは不合理であるという主張が当然出されるであろう。そして，前記の鹿児島地裁判決の考え方で老人福祉法を見ると，特別養護老人ホーム内の日常の業務に公権力性を見出すことができないという理由で，国家賠償法の適用を否定すべきであろう。

　第四に，同一の入所者が二重の立場に置かれることもある。ある児童が市の委託した民間保育所に入所している場合に，基本的な保育は市の委託によるものであるが，たとえば延長保育は，入所児童の保護者と当該保育所設置

---

[54] 東京地裁平成19・5・28判例時報1991号81頁は，介護保険法制定前の事案で，契約による特別養護老人ホーム入所者が食物の誤嚥事故について，介護職員の過失があるとして不法行為を認め設置者の使用者責任を認めた。浜松市より在宅老人福祉対策事業として老人デイサービスE型の運営を委託されて老人デイサービスの一環として在宅の要援護老人が社会福祉法人の設置する施設を訪問参観した際に施設を脱出して行方不明となり後日死体で発見された事案について法人の使用者責任を認めた事例（静岡地裁浜松支部平成13・9・25判例集未登載），特別養護老人ホームにおける介助を得ての食事中に喉に食物を詰まらせて窒息死した事故について設置者である社会福祉法人の使用者責任を認めた事例（名古屋地裁平成16・7・30判例集未登載），特別養護老人ホームのショートステイを利用した際に，他の利用者に車椅子を押されて転倒し後遺症を負った事故について，ホーム設置者にショートステイ利用契約上の債務不履行に基づく損害賠償を認めた事例（大阪高裁平成18・8・29判例集未登載）がある。逆に，特別養護老人ホームにおける食物の誤嚥による窒息死について過失がないとして不法行為責任が否定された事例（神戸地裁平成16・4・15判例集未登載），軽費老人ホームに入居中の者が体調不良となり，病院に搬送されて緊急手術をし，後遺症を患い，かつ数か月後に死亡した事案について債務不履行責任を負わないとした例（名古屋地裁平成17・6・24判例集未登載）がある。

者との契約関係によるものである。

監督権限不行使による国家賠償責任　社会福祉施設における事故についての国家賠償請求訴訟には，監督権限の不行使をもって，国家賠償法1条の責任を追及するものが見られる。児童福祉法による認可外保育施設に対する事業停止又は施設閉鎖の権限不行使をもって違法と判断するについては，園児に対しその生命又は身体に対し重大な危害を加える加害行為をするおそれが切迫していたか否か，行政においてその危険が切迫していることを知り又は知り得たか否か，監督権限を行使するための要件及び手続等について定めた指針等に則り権限を適正かつ妥当に行使していたか否か等の事情を総合して，事業停止又は施設閉鎖の権限の不行使が著しく不合理と認められる場合に，違法と評価されるとして，これらの事情を総合して，「著しく合理性を欠く」として県の国家賠償法1条1項の賠償責任を肯定した裁判例がある（高松高裁平成18・1・27判例集未登載）。また，横浜地裁平成18・10・25（判例タイムズ1232号191頁）は，認可外保育所における暴行による園児死亡の事案に関して，県知事が事業停止又施設閉鎖命令等の権限を行使しなかったことが著しく不合理であったとまではいえないとして，県に対する賠償請求を棄却した。高松高裁判決で注目されるのは，内部的な指針等も国家賠償責任判断の一要素とされていることである。

　純粋な施設というべきかは別として，東京都世田谷区が児童福祉法24条1項但し書きにいう「その他適切な保護」を行なうために，要綱及び取扱要領に基づいて保育ママ事業を運営し，保育ママに対して保育に要する経費を予算の範囲内で補助していた。この制度を利用していた幼児が保育ママの虐待により障害を負った場合について，東京地裁平成19・11・27（判例時報1996号16頁）は，世田谷区の国家賠償責任を認めたが，次のような論理によっている。

　まず，区の要綱は区長の権限を定め，取扱要領は保育課長等の権限を定めているところ，いずれも区の内部規律であるから，それらの権限の不行使について要綱ないし取扱要領違反があったとしても，それのみでは国家賠償請求をしている原告らとの関係において直ちに違法となるものではないことを認めている。

しかし，要綱ないし取扱要領による権限の不行使につき，具体的事情の下において，その権限の趣旨・目的に照らして著しく不合理と認められる場合には，国家賠償法1条1項の適用上違法の評価を受けるとした。その理由は，乳幼児は保育ママからの虐待を回避したり防御することは事実上不可能であって，身体・生命に対する危険回避努力を期待することは困難であるから，保育ママ制度を運用する区は，保育ママとしての不適格者を排除して危険を回避すべき義務があり，区は，児童福祉法の趣旨に従って保育ママ制度の適切な運営を行なう義務を負い，その履行のために要綱ないし取扱要領を定めているとする点に求められている。

福祉施設賠償責任保険　民間の社会福祉施設等における賠償責任に備えて，施設損害賠償責任保険も活用されつつあるようである。各地の社会福祉協議会がその活用を推進しようとしている。そして，地方公共団体がそれを支援する例もある。たとえば，川崎市においては，社会福祉法人川崎市社会福祉協議会が行なう賠償責任保険加入事業に対して，市が予算の範囲内の補助金を交付することとされている。「川崎市民間児童福祉施設賠償責任保険事業補助事業要綱」によれば，里親（児童委託中に限る），ふるさと里親（児童委託中に限る），家庭保育福祉員及び家庭保育福祉員補助者，助産施設をもって加入施設とし，いずれも身体賠償について1人3,000万円，1事故1億円，財物賠償について200万円を限度としている。このように，損害保険会社，社会福祉協議会及び地方公共団体の連携が進みつつあるといえよう。

［6］　福祉資金等の貸付けと財政

生活福祉資金貸付事業　国は，「生活福祉資金の貸付けについて」（平成2・8・14厚生省社第398号）なる都道府県知事宛の厚生事務次官通知により，「生活福祉資金貸付制度要綱」を示して，同資金貸付事業を展開している。「生活福祉資金貸付制度の運営について」（平成16・3・31社援発第0331020号）なる都道府県知事宛厚生労働省社会・援護局長通知及び「生活福祉資金貸付制度の運営について」（平成12・3・28社援地発第13号）なる都道府県民生主管部（局）長宛厚生省社会・援護局地域福祉課長通知も発せられている。多くの社会保障制度が法律の定めに基づいているのに対して，

「通知」行政の手法が採用されている点に特色がある。都道府県社会福祉協議会が実施する貸付事業であって（要綱第2第1項），市町村社会福祉協議会に委託できるとされている（同第2項）。以下，同要綱に従い説明しておこう。

貸付けは，世帯を単位に設計されている。低所得世帯（資金の貸付けに併せて必要な援助及び指導を受けることにより独立自活できると認められる世帯であって，独立自活に必要な資金の融通を他から受けることが困難であると認められるもの），障害者世帯（療育手帳の交付を受けている者（これと同程度と認められる者を含む），又は精神障害者保健福祉手帳の交付を受けている者（これと同程度と認められる者を含む）の属する世帯）及び高齢者世帯（日常生活上療養又は介護を要する65歳以上の高齢者の属する世帯）が対象となる（第3）。資金の種類は，厚生資金，福祉資金，修学資金，療養介護等資金，緊急小口資金，災害援護資金，自立支援対応資金の7種類である（第4）。

各資金の内容と貸付限度額　資金ごとの内容と貸付限度額等は，次のとおりである。なお，限度額については，特に必要と認められるときは，厚生労働大臣が特別の措置を講ずることができるものとされている。

　厚生資金　低所得世帯又は障害者世帯に対し貸し付ける資金である。

　　生業費　生業を営むのに必要な経費に充てるための貸付け。限度額は280万円（障害者世帯にあっては460万円）。

　　技能習得費　生業を営み，又は就職するために必要な知識，技能を習得するのに必要な経費及びその技能習得期間中の生計を維持するために必要な経費に充てるための貸付け。限度額は，知識・技能を習得する期間が6月を超えないときは110万円（障害者世帯にあっては130万円）。法令等において，知識・技能を習得する期間を6月以上と定めている場合であって，3年の範囲内において6月を超える期間については月額15万円。

　福祉資金　低所得世帯，障害者世帯又は高齢者世帯に貸し付ける資金である。

　　福祉費　結婚・出産及び葬祭に際し必要な経費，機能回復訓練器具

及び日常生活の便宜を図るための用具の購入等を行なうのに必要な経費，住居の移転等に際し必要な経費及び給排水設備・電気設備若しくは暖房設備を設けるのに必要な経費，住宅の増築・改築・拡張・補修・保全又は公営住宅の譲受けに必要な経費（住宅増築等経費），低所得世帯に属する者又は障害者が就職又は技能を習得するために必要な支度をする経費，その他，帰省用費用・年金の掛金等低所得世帯の日常生活上一時的に必要であると認められる経費に充てるための貸付け。限度額は，50万円（住宅増築等経費にあっては250万円）。

障害者等福祉用具購入費　障害者又は高齢者が日常生活の便宜を図るための高額な福祉用具等の購入等に特に必要な経費に充てるための貸付けである。限度額は，120万円。

障害者自動車購入費　障害者が自動車運転免許を取得した場合であって，当該障害者自らが運転する自動車又は障害者と生計を一にする者が，専ら当該障害者の日常生活の便宜又は社会参加の促進を図るために自動車の購入を行なうのに必要な経費に充てるための貸付けである。限度額は，200万円。

中国残留邦人等国民年金追納費　「中国残留邦人等の円滑な帰国の促進及び永住帰国後の自立の支援に関する法律施行令」9条の規定に基づき，国民年金の旧保険料免除期間又は新保険料免除期間とみなされた期間を有する者が，当該期間について保険料の追納を行なう場合において，当該追納に要する経費に充てるための貸付けである。限度額は，4,704,000円。

修学資金　低所得世帯に貸し付ける資金である。

修学費　低所得世帯に属する者が高等学校，大学又は高等専門学校に就学するために必要な経費に充てるための貸付けである。限度額は，月額で，高等学校（専修学校高等課程を含む）は35,000円，高等専門学校は60,000円以内，短期大学（専修学校専門課程を含む）は60,000円，大学は65,000円。

修学支度費　低所得世帯に属する者が高等学校，大学又は高等専門

学校への入学に際し必要な経費に充てるための貸付けである。限度額は，50万円。

療養・介護等資金　低所得世帯，障害者世帯又は高齢者世帯に対する貸付けである。

療養費　低所得世帯に属する者及び高齢者の負傷又は疾病の療養に必要な経費（療養期間は原則として1年以内とし，特に必要と認められるときは1年6月の範囲内とする）及びその療養期間中の生計を維持するために必要な経費に充てるための貸付けである。限度額は，療養期間が1年を超えないときは170万円，療養期間が1年を超え1年6月以内であって世帯の自立のために必要と認められるときは230万円。

介護等費　低所得世帯に属する者，障害者及び高齢者が介護保険法による介護給付（予防給付を含む）の対象となる介護サービスを受けるために必要な経費（当該介護サービス受給期間は原則として1年以内とし，特に必要と認められるときは1年6月の範囲内とする），障害者自立支援法の対象となる障害者福祉サービス若しくは自立支援医療を受け，又は補装具を購入若しくは修理する（以下「障害福祉サービス等受給」という）ために必要な経費（障害福祉サービス等受給期間は原則として1年以内とし，特に必要と認められるときは1年6月の範囲内とする）及びその介護サービス受給期間中又は障害福祉サービス等受給期間中の生計を維持するために必要な経費に充てるための貸付けである。限度額は，期間が1年を超えないときは170万円，1年を超え1年6月以内で世帯の自立のために必要と認められるときは230万円。

緊急小口資金　低所得世帯に対し，緊急的かつ一時的に生計の維持が困難となった場合（医療費又は介護費の支払等臨時の生活費が必要なとき，給与等の盗難又は紛失によって生活費が必要なとき，火災等被災によって生活費が必要なとき，その他これらと同等のやむを得ない事由によるとき）に貸し付ける少額資金貸付であ

災害援護資金　　低所得世帯に対し，災害を受けたことによる困窮から自
　　　　　　　　　　立更生するのに必要な経費に充てるための貸付けである。限
　　　　　　　　　　度額は，150万円。
　　　自立支援対応資金　　低所得世帯，障害者世帯又は高齢者世帯のうち自立
　　　　　　　　　　支援サポート事業[55]における自立支援プラン対象世帯に対し，
　　　　　　　　　　自立支援プラン実行中に必要な経費に充てるための貸付けで
　　　　　　　　　　ある。限度額は，月額10万円。
　据置期間と償還期間が定められ，また，貸付利率は，据置期間経過後，年
3％とし，修学資金及び療養・介護等資金の貸付金については無利子とされ
ている。

　福祉資金貸付の財政構造　　生活福祉資金の貸付財源は，どのようになっ
ているのであろうか。要綱を見ると，「国は，予算の範囲内において，都道
府県が資金の貸付原資として都道府県社協に交付する金額の3分の2以内の
額を都道府県に補助することができる」と述べるのみである。しかし，ここ
から財政構造の基本的仕組みを読み取ることができる。要するに，貸付原資
は都道府県が交付すること，その3分の2以内を国が補助すること，の二点
である。そして，都道府県による原資の交付は，社会福祉法58条1項によ
る，地方公共団体が条例で定める手続に従い社会福祉法人に対する補助金の
支出又は通常の条件よりも社会福祉法人に有利な条件による貸付金の支出で
ある。この規定は，手続の条例を定めることのみで足りると解されているた
めに，都道府県が都道府県社会福祉協議会の福祉資金貸付事業に対し貸付原
資を補助する実体的内容を定める条例が制定されていないことが多いようで
ある（独自の条例を制定している例として，石川県の「生活福祉資金貸付事業の
補助に関する条例」がある）。

　離職者支援資金貸付　　生活福祉資金（離職者支援資金）貸付けは，失業に
より生計の維持が困難となった世帯に対し，再就職までの間の生活資金とし
て資金を貸し付けることにより，失業者世帯の自立を支援するものである。

---
[55]　「セーフティネット支援対策事業の実施について」（平成17・3・31社援発第
　　0331021号社会・援護局長通知）による事業。

都道府県知事宛厚生労働事務次官通知「生活福祉資金（離職者支援資金）の貸付けについて」により実施されているもので，詳しくは，同通知の別紙「生活福祉資金（離職者支援資金）貸付制度要綱」によっている。この資金の取扱いについては，「生活福祉資金（離職者支援資金）の取扱いについて」（平成13・12・17社援発第2002号）なる都道府県知事宛の厚生労働省社会・援護局長通知が発せられている。また，「生活福祉資金（離職者支援資金）貸付制度の運用について」（平成13・12・17社援地発第29号）なる都道府県民生主管部（局）長宛の厚生労働省社会・援護局地域福祉課長通知が発せられている。ここにも，「通知」行政の実態がある。

　貸付業務の主体は，前記の生活福祉資金の場合と同様に，都道府県社会福祉協議会である。次のいずれにも該当する世帯が貸付対象となる。①生計中心者の失業により生計の維持が困難となった世帯であること，②当該生計中心者が就労することが可能な状態にあり，求職活動等仕事に就く努力をしていること，③当該生計中心者が就労することにより世帯の自立が見込めること，④生計中心者が離職の日から2年（特別の場合は3年）を超えていないこと，⑤生計中心者が雇用保険の一般被保険者であった者に係る求職者給付を受給中でないこと。貸付期間は，貸付けを希望する月から12月以内の期間である。貸付限度額は，月額20万円（単身世帯にあっては月額10万円）である。据置期間は貸付期間終了後12月以内，貸付金の償還期限は据置期間経過後7年以内，利率は，据置期間経過後，年3％である。

生活福祉資金（長期生活支援資金）　生活福祉資金（長期生活支援資金）貸付けは，一定の居住用不動産を有し，将来にわたりその住居に住み続けることを希望する高齢者世帯に対し，当該不動産を担保として生活資金の貸付けを行なうことにより，その世帯の自立を支援する貸付けである。厚生労働事務次官通知の別紙の制度要綱等によって実施されている点も，他の生活福祉資金貸付と同様である。

　実施主体は，すでに述べた貸付事業と同様である。貸付対象は，次のいずれにも該当する世帯である。①借入申込者が単独で所有している不動産（同居の配偶者とともに連帯借受人となる場合に限り，配偶者と共有している不動産を含む）に居住している世帯であること，②借入申込者が居住している不動

産に賃借権等の利用権及び抵当権等の担保権が設定されていないこと，③借入申込者に配偶者又は借入申込者若しくは配偶者の親以外の同居人がいないこと，④借入申込者の属する世帯の構成員が原則として 65 歳以上であること，⑤借入申込者の属する世帯が市町村民税非課税程度の低所得世帯であること。

貸付限度額は，対象不動産のうち土地の評価額に基づき都道府県社会福祉協議会の会長が定めた額とされている。貸付利率は，年 3 ％であるが，都道府県社会福祉協議会会長は，年度ごとに年 3 ％又は当該年度の 4 月 1 日時点の銀行の長期プライムレートのいずれか低い方を基準として定める。担保措置として，対象不動産に根抵当権を設定する。

生活福祉資金（要保護世帯向け長期生活支援資金）　生活福祉資金（要保護者世帯向け長期生活支援資金）貸付けは，一定の居住用不動産を有し，将来にわたりその住居を所有し，又は住み続けることを希望する要保護の高齢者世帯に対し，当該不動産を担保として生活資金の貸付けを行なうことにより，その世帯の自立を支援し，併せて生活保護の適正化を図る貸付けである。この貸付けも，厚生労働事務次官通知の別紙の制度要綱等によって実施されている。

実施機関は，都道府県社会福祉協議会であって（市町村社会福祉協議会に貸付業務の一部を委託することができる），同協議会は，生活保護の実施機関と緊密な連携を図るよう努めるものとされている。貸付対象は，次のいずれにも該当する世帯である。①借入申込者が単独で概ね 500 万円以上の資産価値の居住用不動産（配偶者とともに連帯して資金の貸付けを受けようとする場合に限り，当該配偶者と共有している不動産を含む）を所有していること，②借入申込者が所有している居住用不動産に賃借権等の利用権及び抵当権等の担保権が設定されていないこと，③借入申込者及び配偶者が原則として 65 歳以上であること，④借入申込者の属する世帯が，本制度を利用しなければ，生活保護の受給を要することとなる要保護世帯であると保護の実施機関が認めた世帯であること。

貸付限度額は，対象不動産の評価額の 7 割（集合住宅の場合は 5 割）を標準として都道府県社会福祉協議会の会長が定めた額とする。貸付金の利率は，

生活福祉資金（長期生活支援資金）の場合と同じである。

生活福祉資金貸付けの手続　生活福祉資金運営要領によれば，借入れの申込み，民生委員の調査書の作成，市町村社協の調査（貸付けの適否等について意見を付する。その際に，一定の資金を除いて，市町村社協に設置される調査委員会の意見を聞く），貸付けの決定，貸付決定通知書の交付，借用書の提出，貸付金の交付の諸行為からなっている。借用書の提出により金銭消費貸借が成立し，貸付金の交付により効力を生ずることになろう。貸し付けるかどうかの決定に際しては，都道府県社会福祉協議会に設置される貸付審査運営委員会の意見を聞くこととされている。運営委員会は，関係行政機関の職員，都道府県社協の役員及び職員，民生委員，医師，弁護士，地方社会福祉協議会身体障害者福祉専門分科会委員，学識経験者等をもって構成するものとされている。

なお，「生活福祉資金（要保護世帯向け長期生活支援資金）の運営について」（平成19・3・30社援発第0330025号，厚生労働省社会・援護局長通知）の別紙「生活福祉資金（要保護世帯向け長期生活支援資金）運営要領」によれば，貸付決定と貸付契約の締結とは，明確に別個の段階として位置づけられている。すなわち，借入申込者に対して資金を貸し付ける旨を決定したときは，貸付決定書に貸付限度額その他所定の事項を記載し，借入申込者及び保護の実施機関に通知する。同じく，貸付けを認めない旨を決定したときは，貸付不承認決定書に所定の事項を記載し，借入申込者及び保護の実施機関に通知する。次いで，貸付決定書の通知を受けた借入申込者は，継続的金銭消費貸借契約及び根抵当権等設定契約証書に署名捺印し，自己の印鑑登録証明書を添えて都道府県社会福祉協議会会長に提出し，都道府県社会福祉協議会と貸付契約を締結する。このような手続がとられる場合に，貸付不承認決定を争う方法が問題になる。貸付決定が契約締結の準備行為にすぎないとするならば，その反対場面の不承認決定も，特別に法律の規定がない限り行政処分と解することは困難であろう。

しかしながら，社会保障法学者のなかには，行政処分性肯定説が存在する。長くなるが，母子福祉資金の貸付決定に関する小川政亮教授の見解を引用しておきたい。

「そもそも本法に定める資金貸付制度自体が本法の原理規定（1条），基本理念規定（2条），国と地方自治体の責務規定（3条）の明らかにするように，母子世帯の成員や寡婦等について，憲法25条にいう，生存権を保障するための具体的施策の一環であるからには，これらの者としては，資金の貸付を受けうるか否かが，その生存権実現上に重大な関心事とならざるをえないものであり，かようにその利害に重大なかかわりをもつものである以上，手続が申請者の側からみて納得のいくやり方で進められるよう要求する権利があるというべく，したがって，法定要件をみたした申請は必ず受理さるべく，相当の期間内に適切な応答を受けうるのでなければならず，貸付の可否に関する決定，とくに貸付けない旨の決定の通知に納得するに足るだけの理由が附されているよう要求しうるものというべきである。かくて，貸付自体は契約であるとしても，その契約関係に入るか否かの前提となる貸付に関する決定自体は行政処分として行政不服審査法および行政事件訴訟法による争訟の対象となしうるというべきである。たとえば貸付事務取扱に関する当該自治体の規則ないし要綱にもとづき貸付申請をしたのに相当の期間内に何の応答もないときは，行政不服審査法や行政事件訴訟法にいう『不作為』にあたるものとして争いうるというべきであろう。」[56]

これは，二段階説的な考え方である。筆者は，少なくとも条例が貸付決定と貸付契約とを区別しているときは，このような解釈が可能であると述べたことがある[57]。母子福祉資金の貸付けの場合に，法律はもとより，条例にも「貸付決定」は登場していないようであるが，都道府県の規則に登場している場合がある。たとえば，神奈川県の「母子福祉資金及び寡婦福祉資金の貸付けに関する規則」は，貸付けの申請（申請書の提出）に関する規定を置いた後に，知事は，申請書等の提出があったときは，その内容を審査し，貸付けの可否及び貸付金額を決定するとし（4条1項），貸付けを決定したときは，「母子（寡婦）福祉資金貸付決定書」を申請者に交付し（2項），貸付け

---

56 小川・社会事業法制 416 頁 - 417 頁。
57 碓井・公的資金助成法精義 262 頁。そのような裁判例として，福岡地裁昭和51・8・10行集27巻8号1564頁。

をしないと決定したときは，その旨を申請者に通知するものとしている（3項）。「貸付契約の締結」なる文言が別に登場しないとしても，借用証書の提出（10条）などから，貸付決定と契約とを別個に構成しているという解釈は十分に可能であろう。そのような行政処分を法律又は条例の明示の規定なしに，規則により創設できるかという問題はあるが，法律の規定に基づく福祉資金の性質上，そのような手続が当然に予定されていると解することもできる（労災就学援護費に関する最高裁平成15・9・4判例時報1841号89頁を参照）。規則形式のものについては，自治法施行令173条の2を媒介にした説明も可能である。

地方公共団体独自の福祉資金貸付け　地方公共団体が独自に福祉資金の貸付けを実施している例もある。東京都は「東京都女性福祉資金貸付条例」を制定して，①25歳以上の「配偶者のない女子」で，現に引き続き6月以上都内に居住し，かつ，直系の親族又は兄弟姉妹を扶養しているもの，②母子及び寡婦福祉法6条3項に規定する寡婦で，25歳以上のもののうち，現に引き続き6月以上都内に居住し，かつ，扶養する直系の親族又は兄弟姉妹のいないもの（収入が規則で定める収入基準を超える者を除く），③婚姻をしたことのある40歳以上の配偶者のない女子（寡婦を除く）で，現に引き続き6月以上都内に居住し，かつ，扶養する直系の親族又は兄弟姉妹のいないもの（収入が規則で定める収入基準を超える者を除く），④都内に居住している女子で，行動又は環境に照らし，援護及び指導を必要とすると知事が認めたもの，のいずれかに該当し，他から同種の資金を借り入れることが困難と認められる者に対して，事業開始資金，事業継続資金，技能習得資金，就職支度金，住宅資金，転宅資金，医療介護資金，生活資金，結婚資金，修学資金，就学支度資金という広い範囲の貸付けを行なっている（3条）。これは，母子及び寡婦福祉法に基づく寡婦福祉資金貸付け（本章2［4］を参照）に代えて実施されている独自のもののようである。

生活保護の収入認定との関係　福祉資金の貸付金が生活保護のうえで収入認定されるのかどうかが問題となる。この点について，「生活保護法による保護の実施要領について」（昭和38・4・1社発第246号，厚生省社会局長通知）は，貸付資金のうち当該被保護世帯の自立更生のために充てられること

により収入として認定しないものは，次の資金のいずれかに該当し，かつ，貸付けを受けるについて保護の実施機関の承認があるものであって，現実に当該貸付けの趣旨に即し使用されているものに限ること，とされている。この「保護の実施機関の承認」は便宜上も受けられている手続であって，これが要件とされるものではないと解すべきである。

①事業の開始又は継続，就労及び技能修得のための貸付け資金，②就学資金，③医療費又は介護等被貸付資金，④結婚資金，⑤国若しくは地方公共団体により行なわれる貸付資金又は国若しくは地方公共団体の委託事業として行なわれる貸付資金であって，㈦住宅資金又は転宅資金，㈦老人又は身体障害者等が機能回復訓練器具及び日常生活の便宜を図るための器具を購入するための貸付資金，㈦配電設備，給排水設備又は暖房設備のための貸付資金，㈣国民年金の受給権を得るために必要な任意加入保険料のための貸付資金。

これは，生活保護の目的を補完する貸付金を収入認定することは不合理であるという考え方による扱いである。

2　児童福祉・母子福祉財政法

[1]　児童福祉財政法

児童福祉の意味　児童福祉法1条1項に示されている「児童が心身ともに健やかに生まれ，且つ，育成される」ための施策を児童福祉と呼んでいる[58]。このように児童福祉を定義するときに，従来の常識的な社会福祉の観念との間には開きがあるように見える。すなわち，すでに紹介したように，社会福祉は，「身体障害，知的障害，老齢，母子家庭など生活を営む上での身体的・社会的ハンディキャップ」[59]に着目した施策として捉えられていたことからすれば，児童福祉法は，児童の積極的な育成を目的としていることがわかる（積極的社会福祉）。そして，児童に対する教育は，児童福祉の側面をも有しており，その限りで児童に対する教育と児童福祉とは重なり合って

58　西村・社会保障法 463 頁。
59　西村・社会保障法 444 頁。

いる。従来，児童福祉系列の保育所と教育系列の幼稚園とは別系統とされていたが，「就学前の子どもに関する教育，保育等の総合的な提供の推進に関する法律」（以下，本節において「保育総合提供推進法」という）は，保育所と幼稚園との融合化を率直に認めた政策を推進しようとするものである。

なお，児童福祉の施策という意味において，離婚後の子の養育費をいかに確保するかが大きな政策課題である。外国には，この目的で政府機関が関与する政策を導入している国がある[60]。日本においても，平成16年に，日本弁護士連合会が養育費立替払制度，すなわち，養育費が支払われない場合に，国が義務者に代わって子の監護者に養育費を支払い，国が義務者から回収する制度の提言をするなど，徐々に動きが強まっている。同提言は，養育費立替払制度は，「私的な扶養請求権を実効化するとともに，国家が積極的な関与により子どもの生活を保障していくという社会福祉的機能を果すことができる」と述べている[61]。

児童福祉の法体系　前述のような児童福祉の施策に関する法律は，児童福祉法のみではない（児童福祉法の非完結性）[62]。前述の保育総合提供推進法，次世代育成支援対策推進法，児童扶養手当法，特別児童扶養手当等の支給に関する法律，児童手当法などを含んでいる。

本書において，児童扶養手当，児童手当などは，社会手当として第5章において扱っている。また，「母子及び寡婦福祉法」，母子保健法，「母子家庭の母の就業の支援に関する特別措置法」なども，広義の児童福祉の範疇に入るであろうが，本章の別の項目（本節［4］）において扱うことにする。ただし，法律名とその内容との間に完全な一致があるわけではない。たとえば，児童手当法は，児童手当に関する規定が中心であるが，児童育成事業に関して定める29条の2は，児童手当自体と関係するものではない。そして，同事業の内容と児童福祉法との関係も必ずしも明確ではない。「児童環境づく

60　文献等も含めて，碓井光明「行政組織を通じた養育費の取立て」岩村正彦＝大村敦志編『融ける境超える法1　個を支えるもの』（東京大学出版会，平成17年）169頁を参照。
61　日本弁護士連合会「養育費支払確保のための意見書」（平成16年）11頁。
62　児童福祉法規研究会・解説37頁。

り基盤整備事業費の国庫補助について」(平成9・6・5厚生省発児第72号)によれば,児童手当法29条の2に規定する児童育成事業として,この事業を実施し,児童の福祉の増進に寄与することを目的とするとし,県立児童厚生施設事業(ネットワークづくり事業),児童環境づくり推進機構事業,児童育成事業推進等対策事業,健全育成推進事業,民間児童館活動事業,児童福祉施設併設型民間児童館事業,地域組織活動育成事業,児童ふれあい交流促進事業,放課後児童健全育成事業,放課後児童クラブ等支援事業を掲げている。そして,それぞれの事業についての通知が発せられている。また,「児童厚生施設等整備費の国庫補助について」(昭和61・5・15厚生省発児第107号)も,児童手当法29条の2に規定する児童育成事業として児童厚生施設等の整備の促進を図ることにより児童の福祉の増進に寄与することを目的とするとし,各所定の児童館,児童センター,放課後児童クラブ室創設などの施設整備に補助することとしている[63]。

次世代育成支援対策推進法に見られるように,積極的福祉の範囲を超えて,福祉の側面と少子化対策との連携が進められており,政策目的の融合化現象が見られる。

[2] 児童福祉法と財政

児童福祉の保障 児童福祉法(以下,本節において「法」という)は,福祉の保障のための措置等のメニューを多数用意している。また,そのための児童福祉施設も多岐にわたって用意している。施設の種類は以下のとおりである。後述するように要保護児童の児童福祉施設への保護措置等が行なわれる。

①助産施設 保健上必要があるにもかかわらず,経済的理由により,入院助産を受けることができない妊産婦を入所させて,助産を受けさせることを目的とする施設(36条)。

②乳児院 乳児(保健上,安定した生活環境の確保その他の理由により特に必要のある場合には,幼児を含む)を入院させて,これを養育し,あわせて退

---

[63] 具体的な内容は,各年版で発行される児童手当制度研究会監修『児童手当健全育成ハンドブック』(中央法規)により確認することができる。

院した者について相談その他の援助を行なうことを目的とする施設（37条）。

　③母子生活支援施設　　配偶者のない女子又はこれに準ずる事情にある女子及びその者の監護すべき児童を入所させて，これらの者を保護するとともに，これらの者の自立の促進のためにその生活を支援し，あわせて退所した者について相談その他の援助を行なうことを目的とする施設（38条）。

　④保育所　　日日保護者の委託を受けて，保育に欠けるその乳児又は幼児を保育することを目的とする施設（39条1項）。特に必要があるときは，日日保護者の委託を受けて，保育に欠けるその他の児童を保育することができる（39条2項）。法において「児童」とは，満18歳未満のものをいい（4条柱書），乳児は満1歳未満の者（4条1号），幼児は満1歳から小学校就学の始期に達するまでの者とされているのであるから（4条2号），ここにいう「その他の児童」は，小学校就学の始期に達した後満18歳未満の者ということになる。

　⑤児童厚生施設　　児童遊園，児童館等児童に健全な遊びを与えて，その健康を増進し，又は情操をゆたかにすることを目的とする施設（40条）。

　⑥児童養護施設　　保護者のない児童（乳児を除く。ただし，安定した生活環境の確保その他の理由により特に必要のある場合には，乳児を含む），虐待されている児童その他その環境上養護を要する児童を入所させて，これを養護し，あわせて退所した者に対する相談その他の自立のための援助を行なうことを目的とする施設（41条）。

　⑦知的障害児施設　　知的障害のある児童を入所させて，これを保護し，又は治療するとともに，独立自活に必要な知識技能を与えることを目的とする施設（42条）。

　⑧知的障害児通園施設　　知的障害のある児童を日日保護者の下から通わせて，これを保護するとともに，独立自活に必要な知識技能を与えることを目的とする施設（43条）。

　⑨盲ろうあ児施設　　盲児（強度の弱視児を含む）又はろうあ児（強度の難聴児を含む）を入所させて，これを保護するとともに，独立自活に必要な指導又は援助をすることを目的とする施設（43条の2）。

　⑩肢体不自由児施設　　肢体不自由のある児童を治療するとともに，独立

自活に必要な知識技能を与えることを目的とする施設（43条の3）。

⑪重症心身障害児施設　重度の知的障害及び重度の肢体不自由が重複している児童を入所させて，これを保護するとともに，治療及び日常生活の指導をすることを目的とする施設（43条の4）。

⑫情緒障害短期治療施設　軽度の情緒障害を有する児童を，短期間，入所させ，又は保護者の下から通わせて，その情緒障害を治し，あわせて退所した者について相談その他の援助を行なうことを目的とする施設（43条の5）。

⑬児童自立支援施設　不良行為をなし，又はなすおそれのある児童及び家庭環境その他の環境上の理由により生活指導等を要する児童を入所させ，又は保護者の下から通わせて，個々の児童の状況に応じて必要な指導を行ない，その自立を支援し，あわせて退所した者について相談その他の援助を行なうことを目的とする施設（44条）。

⑭児童家庭支援センター　地域の児童の福祉に関する各般の問題につき，児童，母子家庭その他の家庭，地域住民その他の相談に応じ，必要な助言を行なうとともに，26条1項2号及び27条1項2号の規定による指導を行ない，あわせて児童相談所，児童福祉施設等との連絡調整その他厚生労働省令の定める援助を総合的に行なうことを目的とする施設（44条の2第1項）。厚生労働省令の定める児童福祉施設に付置する（第2項）。

このような多種類に及ぶ施設とあわせて，多様な給付が定められている。給付メニューの主要なものは，次のとおりである。

①療育の給付　骨関節結核その他の結核にかかっている児童に対する療育の給付であって（20条1項），医療並びに学習及び療養生活に必要な物品の支給を内容とし（2項），指定療育機関（厚生労働大臣又は都道府県知事が指定する病院）に委託して行なわれる（4項）。

②居宅生活支援　障害者福祉サービスの措置（障害者自立支援法5条1項に規定する障害福祉サービスを必要とする障害児の保護者が，やむを得ない事由により同法に規定する介護給付費又は特例介護給付費の支給を受けることが著しく困難であると認めるときにおける障害福祉サービスの提供又はその委託）（21条の6）と子育て支援事業とからなる。子育て支援事業は，児童の健全な育成

に資するための事業で市町村の努力義務として規定されており，放課後児童健全育成事業，及び子育て短期支援事業並びに所定の事業[64]であって主務省令で定めるものとされている（21条の9）。実際には，法施行規則19条に10号にわたり事業が列挙されている。それらの中には，「保護者の疾病その他の理由により家庭において保育されることが一時的に困難となった児童につき，その家庭において保育を行う事業」（2号）や「おおむね3歳未満の児童であって，その保護者の労働その他の理由により，1月間に相当程度，家庭において保育されることに支障が生ずるものにつき，保育所等において，適当な設備を備える等により，保育を行う事業」（7号）などが含まれている。これらの列挙は，単なる列挙ではなく，補助金等の交付事業などに連動することが多い。

　③助産施設，母子生活支援施設及び保育所への入所　　(ア)都道府県，市及び社会福祉事務所を設置する町村（都道府県等）がそれぞれ，その福祉事務所所管区域内における妊産婦が，保健上必要があるにもかかわらず，経済的理由により入院助産を受けることができない場合に，その妊産婦からの申込みに基づいて助産施設において助産を行なうこと（22条），(イ)都道府県等がそれぞれ，その福祉事務所所管区域内おける保護者が，配偶者のない女子又はこれに準ずる事情にある女子であって監護すべき児童の福祉に欠けるところがある場合に，その保護者からの申込みに基づいて，保護者及び児童を母子生活支援施設において保護すること（23条），(ウ)市町村が，保護者の労働又は疾病その他の政令で定める基準に従い条例で定める事由により，その監護すべき乳児，幼児又はその他の児童の保育に欠けるところがある場合に，保護者からの申込みに基づいて，児童を保育所において保育すること（24条）が列挙されている。

　これらのうち，最も件数の多いのは，(ウ)の保育所における保育（＝保育の実施）である。「保育に欠けるところがある場合において，保護者から申込みがあったとき」に，市町村は保護を実施しなければならないのであるが

---

[64] (ア)居宅において保護者の児童の養育を支援する事業，(イ)保育所その他の施設において保護者の児童の養育を支援する事業，(ウ)地域の児童の養育に関する各般の問題につき，保護者からの相談に応じ，必要な情報の提供及び助言を行なう事業。

(24条)，どのような場合に，「保育に欠ける」と判断するかが問題である。法施行令27条は，保育の実施は，児童の保護者のいずれもが，次のいずれかに該当することにより当該児童を保育することができないと認められる場合であって，かつ，同居の親族その他の者が当該児童を保育することができない場合に行なうものとしている。

 ① 昼間労働することを常態としていること（1号）。
 ② 妊娠中であるか又は出産後間がないこと（2号）。
 ③ 疾病にかかり，若しくは負傷し，又は精神若しくは身体に障害を有していること（3号）。
 ④ 同居の親族を常時介護していること（4号）。
 ⑤ 震災，風水害，火災その他の災害の復旧に当たっていること（5号）。
 ⑥ ①〜⑤に類する常態にあること（6号）。

これらのうち，①の「昼間労働することを常態としていること」は，必ずしもフルタイムを要件としていることを意味するものではないが，実際にはパート勤務（短時間勤務）を排除してきたという。また，「昼間労働」との関係において，早朝勤務や夜間勤務も排除してきたという。しかし，そのような限定に疑問が投げかけられ，これらも「保育に欠ける」ことの認定を妨げないよう改める動きが進行中である。

 ④障害児施設給付費の支給，障害児施設医療費等の支給 申請により都道府県から障害児施設給付費の支給決定を受けた保護者が知事の指定する知的障害児施設，知的障害児通園施設，盲ろうあ児施設，肢体不自由児施設若しくは重症心身障害児施設又は指定医療機関に入所又は入院する申込みを行ない，障害児施設支援を受けたときに，施設給付決定保護者に，指定施設支援に要した費用（食事の提供に要する費用，居住又は滞在に要する費用その他の日常生活に要する費用のうち省令で定める費用及び治療に要する費用を除く）について，「障害児施設給付費」を支給する（24条の2第1項）。施設給付決定保護者が受けた指定施設支援に要した費用の額の合計額から当該費用につき支給された障害児施設給付費の合計額を控除して得た額が著しく高額であるときは，「高額障害児施設給付費」を支給する。施設給付決定保護者のうち

所得の状況その他の事情をしん酌して省令で定めるものに係る障害児が指定施設支援を受けたときは，当該施設において食事の提供に要した費用及び居住に要した費用について，政令で定めるところにより，「特定入所障害児食費等給付費」を支給する（24条の7第1項）。「所得の状況その他の事情」をしん酌して，支給する費用の範囲を拡大する措置である。

　施設給付決定に係る障害児が，指定知的障害児施設等から障害児施設医療を受けたときは，その障害児施設医療に要した費用について，障害児施設医療費を支給する（24条の20第1項）。

　⑤要保護児童の保護措置等　　要保護児童を発見した者は，これを市町村，都道府県の設置する福祉事務所若しくは児童相談所又は児童委員を介して市町村，都道府県の設置する福祉事務所若しくは児童相談所に通告しなければならない（罪を犯した満14歳以上の児童については家庭裁判所に通告しなければならない）（25条）。この通告を受けた児童及び相談に応じた児童又はその保護者等について採るべき措置が法定されている（25条の7以下）。

　保育所の利用関係　　保育所の利用関係を中心に「措置から契約へ」ということが世上語られている。平成9年法律第74号による改正で，「措置」でなくなったことを意識したものである。「措置」が廃止されたことについては疑問の余地はない。保育所への入所を希望する者（実際は保護者）は，市町村に，入所を希望する保育所その他の所定の事項を記載した申込書を提出することとされ（24条2項），実際は，「保育所入所申込書」を提出し，それに対して，市町村長が「保育所入所承諾書」又は「保育所入所不承諾通知書」を交付する扱いのようであり，この文言のみからすれば，「申込み」と「承諾」により利用関係が成立するように見える[65]。児童福祉行政関係者の執筆になると推測される書物においても，次のような説明がなされている。

　　「保護者と市町村の関係は，措置という行政処分の行政庁と対象者という関係から，意思表示を前提とした申し込みとこれに対する保育サー

65　厚生省児童家庭局長通知「児童福祉法等の一部を改正する法律の施行に伴う関係政令の整備に関する政令等の施行について」（平成9・9・25）の第1号様式，第3号様式及び第4号様式（保育法令研究会監修『保育所運営ハンドブック（平成20年版）』（中央法規，平成20年）297頁以下）。

ビスの提供，利用者がこれに対して市町村の定める方式によって保育料を支払うという双務関係に立つ利用契約関係に変更されるものである。これにより，利用者の意思表示を前提として保育所入所が行われ，保育所入所・選択の権利が明確になるなど，利用者の立場を尊重した制度となる。

なお，利用者と市町村の関係は，このように利用契約関係に立つものであるが，その権利の設定・内容が児童福祉法という公法によって規定され，サービス水準も最低基準により担保されることから，一種の附合契約であり，『公法上の契約』といえるものである。」[66]

裁判例においても，利用関係を「公法上の契約」関係と見るものがある。保育所の民間への引継ぎの仕方について，公法上の契約に基づく信義則上の義務に違反するとして損害賠償請求を認容した大阪高裁平成18・4・20（判例地方自治282号55頁），公立保育所廃止条例の行政処分性を肯定する論拠として，廃止が裁量権の逸脱濫用に当たるような場合は当該保育所における保育を受けることを内容とする利用契約（公法上の契約）に基づく保育を受ける権利を侵害することを挙げるもの（大阪地裁平成16・5・12判例地方自治283号44頁〈参考〉），あるいは通常は就学まで保育を受けることのできる権利利益に直接影響することを挙げるもの（大阪地裁平成17・10・27判例地方自治280号75頁）がある。「契約へ」と表現しないで，「選択方式へ」と表現されることもある（横浜地裁平成18・5・22判例タイムズ1262号137頁）。保護者が入所させることを希望する保育所を順位付けて入所申込書に記載し，なるべく希望に沿うように入所決定がなされるからである。この場合には，「選択方式イコール契約」とは断言できない（以上の裁判例については，本書第1章2［2］を参照）。

前述のような「契約」説の存在にもかかわらず，入所決定を行政処分と解する見解が有力である。まず，行政手続法との関係においては，申請に対する処分に関する手続（5条以下）が適用されるとされる[67]。さらに行政事件

---

66 児童福祉法規研究会・解説168頁。なお，藤本知彦「児童福祉法改正と保育所利用の契約関係（1）（2・完）」日本法学69巻2号451頁，69巻3号675頁（平成15年）を参照。

訴訟法との関係においても行政処分性を有するとされる[68]。

　厚生労働省雇用均等・児童家庭局長通知「行政事件訴訟法の一部改正等に伴う保育所入所不承諾通知書及び保育実施解除通知書の様式の変更について」（平成17・6・3）は，次のように述べて，保育所入所不承諾等について取消訴訟の対象となることを肯定している。

　　「保育所の入所については，保護者の意思表示を前提とした申込みを受け，市町村が保育サービスを提供し，当該サービスの提供を受けた利用者が市町村の定める保育料を支払うという双務関係に基づく利用契約と位置づけられている。

　　この契約については，市町村には，保育の実施責任を負っていることによる締結義務が課されている一方，保育所利用申込者が保育の実施基準に該当するか否かを判断し，やむを得ない場合には保育所入所児童を公正な方法で選考する権限が児童福祉法上認められているところであり（児童福祉法第24条第1項及び第3項），こうした性質にかんがみ，保育所入所の不承諾又は保育の実施の解除は，行政事件訴訟法上の取消訴訟の対象となる。」

　そして，裁判例においても，入所不承諾，入所承諾を行政事件訴訟法上の行政処分に該当することを前提にしたものが登場した。東京地裁平成18・10・25（判例時報1956号62頁）である。保育園入所申込みに対して，当該児童が気管切開をして痰の吸引措置が必要とされる健康状態であるため適切

67　桑原洋子・田村和之編『実務注釈児童福祉法』（信山社，平成10年）142頁‐143頁（執筆＝田村和之）。

68　桑原洋子・田村和之・前掲書142頁（執筆＝田村和之），田村和之「1997年児童福祉法改正による保育所入所制度改革について」桑原洋子教授古稀記念論集『社会福祉の思想と制度・方法』（永田文昌堂，平成14年）227頁，同「保育所利用関係と財政」日本財政法学会編『財政の適正管理と政策実現（財政法講座2）』（勁草書房，平成17年）207頁，211頁，西村・社会保障法469頁。なお，厚生省児童家庭局長通知・前掲も，保育所の入所申込みに関しては，従来と同様，行政不服審査法の規定による不服申立ての対象となる，と述べている。堀勝洋『現代社会保障・社会福祉の基本問題』（ミネルヴァ書房，平成9年）178頁以下は，行政処分説を展開するとともに，手続的権利としての申請権及び保育所入所に係る実体的請求権をもつようになったことを指摘している。

な保育を確保することが困難であるとして2回にわたり承諾しない旨の「処分」をした事案である。判決は，事実の認定において「処分」とし，行政処分性について争点になっていなかったこともあって，格別に言及することなく，法24条1項但し書きが「付近に保育所がない等やむを得ない事由があるときは，その他の適切な保護をしなければならない」と定める「やむを得ない事由」に該当するか否かを判断し，本件処分当時，痰等の吸引と誤嚥への注意の点について格別の配慮を要するものの，保育所に通う障害のない児童と身体的，精神的状態及び発達の点で同視することができるものであって，保育所での保育が可能であったと認めるべきであるとし，「やむを得ない事由」があるとした入所不承諾処分は違法であるから取り消すべきであるとした。さらに，複数の保育園のうちのいずれかへの入園を承諾すべき旨を命ずる義務付け判決をした。

　社会保障財政法を扱う本書の範囲を逸脱することになるが，この判決が，法1条1項及び2条の条文を引用して，法において児童の健やかなる育成の重要性が強調されていることを指摘したうえで，法24条1項について述べた次の部分を紹介しないわけにはいかない。

　　「同法24条1項に基づいて，児童の保育に欠けるところのある保護者から申込みがあったときは，市町村は，当該児童を保育所において保育する際に，当該児童が心身ともに健やかに育成する上で真にふさわしい保育を行う責務を負うものというべきであり，このことは，当該児童が障害を有する場合であっても変わりはない。そして，真にふさわしい保育を行う上では，障害者であるからといって一律に保育所における保育を認めないことは許されず，障害の程度を考慮し，当該児童が，保育所に通う障害のない児童と身体的，精神的状態及び発達の点で同視することができ，保育所での保育が可能な場合には，保育所での保育を実施すべきである。」

　この事件は，本判決に先行して，仮の義務付け決定（東京地裁決定平成18・1・25判例時報1931号10頁）もなされており，平成16年改正行政事件訴訟法の適用例として注目されている。

　さらに，東京地裁平成19・11・19（判例タイムズ1279号132頁）も，保育

所入所不承諾の処分性を前提にして，不承諾処分を適法と判断した。ちなみに，法24条3項の「公正な方法」とは，「保育に欠けるところが大きい児童，すなわち，保育の必要性が高い児童から順次入所させるという方法であることを要する」とし，次のように述べている。

「保育の必要性を適切に判断するには，保護者及び児童に関する様々な要素を考慮するに当たり，いかなる事項をどの程度考慮するかということについて，一義的な判断基準を観念することができないことに照らすと，保育所への入所を希望する児童の中から入所する児童を選考するに当たり，いかなる判断基準によるべきかという点については，市町村の合理的な裁量にゆだねられているものと解するのが相当である。

そして，保育の必要性の優劣の判断につき，当該市町村において，一定の判断基準を定めており，当該判断基準に従って判断がされた場合においては，当該判断基準自体あるいは当該判断基準に基づく判断において，著しく不合理な点がある場合に限り，裁量権の範囲の逸脱又は濫用があるとして，当該判断が違法となるものと解するのが相当である。」

そして，具体の事案に関して，「保育所入所選考基準表」に基づき，優先指数が劣後しているとしてなされた不承諾処分を適法とした。

さて，以上のような「公法上の契約」説と「行政処分」説とが，対立するものであるのか，整合的に理解できるのかどうかが問題である。一つの可能な理解は，いわゆる二段階説であろう。入所決定は行政処分であるが，それにより成立した後の関係は契約関係と見るものである。また，その延長としての退所の決定も行政処分とみることができよう。いずれにせよ，入所決定行政処分説に賛成したい[69]。

もっとも，社会保障審議会少子化対策特別部会第1次報告（平成21・2・

---

[69] 小早川光郎「契約と行政行為」岩波講座『基本法学4―契約』（岩波書店，昭和58年）115頁，127頁が，行政的給付の法律関係を形成しあるいは変動させる行為が，人為的に行政行為としての取扱いを受ける場合であっても，契約の観念を当然に排除するものではない，と述べている点も参照されるべきであろう。なお，阿部・行政法解釈学Ⅰ 415頁は，指定管理者などで民営化されると，行政不服審査，行政訴訟による保護がなくなる趣旨の記述をしているが，入所決定が指定管理者との契約ではないとするならば，依然として行政不服審査，行政訴訟は可能と解すべきであろう。

24）は，市町村に対し，保育を必要とする子どもに質の確保された公的保育が着実に保障されるための実施責務（その中には保育費用の支払義務も含まれる）を課したうえ，「利用者が保育所と公的保育契約を結び，より向合う関係にする」ことを提言している。このような考え方が採用されるかどうかは，未だ不確実である。

　市町村の入所決定に基づいて社会福祉法人等の設置する保育所に入所する場合における市町村と社会福祉法人等との関係は，「委託」関係である（法46条の2を参照）。他方，市町村の入所決定に基づかないで，個別保育所の設置者との契約に基づいて児童を入所させる場合がある。このような児童は，一般に「私的契約児」とか「私的契約児童」と呼ばれる。国は，構造改革特別区域法（平成14年法律第189号）に基づく構造改革特別区域基本方針（平成15・1・24閣議決定）の構造改革特別区域における「保育所における私的契約児の弾力的な受入れの容認事業」により特例措置として容認してきた。そして，「就学前の子どもに関する教育，保育等の総合的な提供の推進に関する法律」（平成18年法律第77号）に基づく「認定こども園」（本書562頁以下）の活用により構造改革特別区域外においても可能となった[70]。

　もっとも，「私的契約児」の観念が実際上の存在がいつまで遡るのかについては，実証的検討を要する。保育の実施基準に該当しない児童に対して施設の定員の範囲内で私的契約児童として入所させた場合の保育料を助成する制度が昭和50年代に見られた[71]。さらに，一時預かり保育について「私的契約児」とする例も早くから存在した。たとえば，日向市は，「日向市保育所における私的契約児の一時預かり事業実施要綱」（平成6年告示第58号）により，市保育所設置条例に掲げる保育所以外の保育所（すなわち市立保育所は除外される）で，㈠定員割れの状態にあること，㈡職員以外に加配保母がいること，㈢施設運営が適正であること，の要件を満たすもので，地区の保育需要，地理的条件，措置児童数の状況等を検討して，適当と思われる保

70　厚生労働省雇用均等・児童家庭局長通知「保育所における私的契約児の弾力的な受入れに係る取扱いについて」（平成19・3・30）。

71　海津町保育所の私的契約児に対する助成金規則（昭和52規則第8号），南濃町保育所の自由契約児童に対する助成金交付規則（昭和52年規則第8号）。

育所を指定保育所とし，非定型的保育サービス事業（保護者の労働，職業訓練，就学等により，平均週3日を限度として断続的に家庭保育が困難となる児童に対する保育サービス）及び緊急保育サービス（保護者の傷病，災害，事故，出産，看護，介護，冠婚葬祭等社会的にやむを得ない事由により緊急又は一時的に家庭保育が困難となる児童に対する保育サービス事業）の2種の事業を行なうものとしている。そして，指定保育所の長は，私的契約児の保護者から1日当たり同告示別表の額の保育料を徴収するとしている。このような保育は，厚生労働省雇用均等・児童家庭局長通知「保育対策等促進事業の実施について」（平成20・6・9）により実施されているものに含まれるのであって，少なくとも現在は，私的契約児の範疇には入れていないようである。同通知は，一時保育・特定保育，休日保育・夜間保育，病児・病後児保育（病児対応型保育・病後時対応型保育・体調不良型保育）等を掲げている。おそらく，狭義の私的契約児は，法24条1項の規定により保育を実施する児童と同様の時間帯で保育所に入所することを内容とする私的契約による入所児童ということであろう。なお，前記通知は，国は，これらの事業については，(ｱ)市町村が実施する事業又は助成する事業に対して都道府県が補助する事業，(ｲ)指定都市及び中核市が実施する事業又は助成する事業に対して，補助するものとしている。

保育料　保育料は，児童福祉法においては，保育費用を支弁した都道府県又は市町村の長による本人又は扶養義務者からの費用徴収として位置づけられている。その金額については，「当該保育費用をこれらの者から徴収した場合における家計に与える影響を考慮して保育の実施に係る児童の年齢等に応じて定める額」とされている（56条3項）。費用徴収制度一般については既に述べたので，保育料に限定して，現状を見ておくことにする。

まず，保育料の額の決定の基礎とされてきたのは，厚生事務次官通知「児童福祉法による保育所運営費国庫負担金について」（昭和51・4・16厚生省発児第59号の2）である。もっとも，かつては，地方公共団体設置の保育所についても国庫負担がなされていたので，その通知が徴収金基準額として定める額は，すべての保育所との関係において意味をもっていた。これに対し，現在は地方公共団体以外の設置する保育所についてのみ国庫負担がなされて

いるので，地方公共団体設置の保育所との関係において直接に関係をもつ通知ではない。しかし，市町村が社会福祉法人等の設置する保育所に対する保育の実施の委託と自ら設置する保育所における保育の実施を併せ行なっている場合は，両者の保育料に差を設けるわけにはいかないので，すべての保育所との関係において国庫負担制度の「事実上の力」が働くことになる。もっとも，「事実上の力」という意味は，徴収基準額及び国庫負担額を前提にして委託先に委託料を支払うことで摩擦を回避できるという意味である。保護者との関係においては，徴収基準額に従っていれば，保護者ないし住民を説得し易いということになる。この点は，実証分析を要する点である。

ところで，徴収基準額は，それを保育単価等による積算額から控除して国庫負担金の算定基礎にするにすぎず，拘束力の弱いものであるはずであるのに，それに反する通知が出されている。「保育所の費用徴収額制度の取扱いについて」（平成7・3・31児企第16号，各都道府県・各指定都市民生主管部（局）長宛，厚生省児童家庭局企画課長通知）は，階層区分の例外措置として，「前年に比して収入が著しく減少したり不時のやむを得ざる支出が必要になる等の事情により世帯の負担能力に著しい変動が生じ，費用負担が困難であると市町村長が認めた場合は，当該課税額を推定し階層区分の変更を行って差し支えない」としている。現在も，この通知が効力を有するかどうかは明らかではないが，現在も『保育所運営ハンドブック』という地方公共団体の関係者がバイブルとして愛用する資料集に登載されているのは，効力存続説であろう。このような通知があることが，階層区分の変更が許容される根拠ではないということを確認しなければならない。

前記通知の示す「保育所徴収金（保育料）基準額表」は，次頁のとおりである。この基準額表は，7段階の階層を設けて，かつ，3歳未満児と3歳以上児に分けて月額の基準額を定めている。最高の所得税額413,000円以上の課税世帯にあっては，3歳未満児80,000円，3歳以上児77,000円で，これが限度額となっている。横浜市の徴収金額表（横浜市児童福祉施設入所者等の措置費等の徴収に関する規則2条3項による別表第4）は，後掲のとおりである。いずれも，租税連動方式が採用されているため，所得の捕捉率の格差が保育料にも反映されてしまう。

保育所徴収金（保育料）基準額表

各月初日の入所児童の属する世帯の階層区分			徴収金（保育料）基準額（月額）	
階層区分	定　　義		3歳未満児の場合	3歳以上児の場合
第1階層	生活保護法による被保護世帯（単給世帯を含む）及び中国残留邦人等の円滑な帰国の促進及び永住帰国後の自立の支援に関する法律による支援給付受給世帯		0円	0円
第2階層	第1階層及び4〜第7階層を除き，前年度分の市町村民税の額の区分が次の区分に該当する世帯	市町村民税非課税世帯	9,000円	0円
第3階層		市町村民税課税世帯	19,500円	0円
第4階層	第1階層を除き，前年分の所得税課税世帯であって，その所得税の額の区分が次の区分に該当する世帯	40,000円未満	30,000円	0円
第5階層		40,000円以上103,000円未満	44,500円	0円
第6階層		103,000円以上413,000円未満	61,000円	0円
第7階層		413,000円以上	80,000円（保育単価限度額）	0円

備考
1　この表の第3階層における地方税法（昭和25年法律第226号）第292条第1項第2号の所得割を計算する場合には，同法第314条の7及び同法附則第5条第3項の規定は適用しないものとする。
　　また，この表の第4階層〜第7階層における「所得税の額」とは，所得税法（昭和40年法律第33号），租税特別措置法（昭和32年法律第26号）及び災害被害者に対する租税の減免，徴収猶予等に関する法律（昭和22年法第175号）の規定によって計算された所得税の額をいう。
　　ただし，所得税額を計算する場合には，次ぎの規定は適用しないものとする。
　(1)　所得税法第92条第1項，第95条第1項，第2項及び第3項
　(2)　租税特別措置法第41条第1項，第2項，及び第3項，第41条の2，第41条の19の2第1項並びに第41条の19の3第1項
　(3)　租税特別措置法等の一部を改正する法律（平成10年法律第23号）附則第12条
2　この表の「保育単価」とは，乳児，1〜2歳児，3歳児及び4歳以上児の保育単価から民間施設給与等改善費加算額，単身赴任手当加算額，入所児童（者）処遇特別加算費，除雪費，降灰除去費及び施設機能強化推進費を控除した額をいう。
3　児童の属する世帯が次に掲げる世帯の場合で，次表に掲げる階層に認定された場合は，この表の規定にかかわらず，それぞれ次表に掲げる徴収金（保育料）基準額とする。
　(1)　「母子世帯等」…母子及び寡婦福祉法（昭和39年法律第129号）第17条に規定する配偶者のない者で現に児童を扶養しているものの世帯。
　(2)　「在宅障害児（者）のいる世帯」…次に掲げる児（者）を有する世帯をいう。

① 身体障害者福祉法（昭和24年法律第283号）第15条に定める身体障害者手帳の交付を受けた者。
② 療育手帳制度要綱（昭和48年9月27日厚生省発児第156号）に定める療育手帳の交付を受けた者。
③ 精神保健及び精神障害者福祉に関する法律（昭和25年法律第123号）第45条に定める精神障害者保健福祉手帳の交付を受けた者。
④ 特別児童扶養手当等の支給に関する法律（昭和39年法律第134号）に定める特別児童扶養手当の支給対象児，国民年金法（昭和34年法律第141号）に定める国民年金の障害基礎年金等の受給者。
(3) 「その他の世帯」…保護者の申請に基づき，生活保護法（昭和25年法律第144号）に定める要保護者等特に困窮していると市町村の長が認めた世帯。

階層区分	徴収金（保育料）基準額（月額）	
	3歳未満児の場合	3歳以上児の場合
第2階層	0円	0円
第3階層	18,500円	15,500円

4 第2階層から第7階層までの世帯であって，同一世帯から2人以上の就学前児童が保育所，幼稚園，認定こども園，特別支援学校幼稚部，知的障害児通園施設，難聴幼児通園施設，肢体不自由児施設通園部，情緒障害児短期治療施設通所部に入所又はデイサービスを利用している場合において，次表の第1欄に掲げる児童が保育所に入所している際には，第2欄により計算して得た額をその児童の徴収金（保育料）の額とする。
　ただし，児童の属する世帯が3に掲げる世帯の場合の第2階層から第3階層の第2欄については，3に掲げる徴収金（保育料）基準額により計算して得た額とする。

第1欄	第2欄
ア　上記4に掲げる施設を利用している就学前児童のうち，年長者（該当する児童が2人以上の場合は，そのうち1人とする。）	徴収金（保育料）基準額表に定める額
イ　上記4に掲げる施設を利用しているア以外の就学前児童のうち，年長者（該当する児童が2人以上の場合は，そのうち1人とする。）	徴収金（保育料）基準額表×0.5
ウ　上記4に掲げる施設を利用している上記以外の就学前児童	徴収金（保育料）基準額表×0.1

（注）10円未満の端数は切り捨てる。

2　徴収金（保育料）基準額の特例
　その市町村の全地域又は相当地域にわたる災害等の特別な理由により1による基準額により難いときは，都道府県知事又は指定都市若しくは中核市の市長の申請に基づいて厚生労働大臣の定めるところによることができること。

保育実施児童に係る徴収金額表（横浜市）

階層区分	保育実施児童に属する世帯の階層区分			徴収金額（月額）					
				3歳未満児			3歳以上児		
				基準額	第2子適用額	第3子以降適用額	基準額	第2子適用額	第3子以降適用額
A階層	生活保護法による被保護世帯（単給世帯を含む。）			円 0	円 0	円 0	円 0	円 0	円 0
B階層	A階層を除き，前年度分の市町村民税及び前年分（1月1日から3月31日までの間の保育の実施については，前々年分。この表において同じ。）の所得税が非課税の世帯	第1階層	ひとり親世帯等	0	0	0	0	0	0
		第2階層	ひとり親世帯等以外の世帯	3,000	1,200	0	2,000	800	0
C階層	A階層及びB階層を除き，所得税が非課税の世帯	第1階層	前年度分の市町村民税のうち，均等割のみ課税世帯（所得割非課税世帯）	6,400	2,500	0	4,700	1,800	0
		第2階層	前年度分の市町村民税のうち，所得割課税額が10,000円未満である世帯	7,800	3,100	0	6,100	2,400	0
		第3階層	前年度分の市町村民税のうち，所得割課税額が10,000円以上である世帯	9,500	3,800	0	7,300	2,900	0
D階層	A階層を除き，前年分の所得税が課税されている世帯	第1階層	前年分の所得税課税額が1,500円未満である世帯	11,900	4,700	0	9,100	3,600	0
		第2階層	前年分の所得税課税額が1,500円以上7,500円未満である世帯	13,700	5,400	0	10,500	4,200	0
		第3階層	前年分の所得税課税額が7,500円以上15,000円未満である世帯	15,500	6,200	0	12,200	4,800	0
		第4階層	前年分の所得税課税額が1,5000円以上30,000円未満である世帯	19,100	7,600	0	15,000	6,000	0

階層	定義					
第5階層	前年分の所得税課税額が30,000円以上45,000円未満である世帯	23,600	9,400	0	18,800	7,500	0
第6階層	前年分の所得税課税額が45,000円以上60,000円未満である世帯	27,600	11,000	0	20,800	8,300	0
第7階層	前年分の所得税課税額が60,000円以上75,000円未満である世帯	32,400	12,900	0	22,300	8,900	0
第8階層	前年分の所得税課税額が75,000円以上90,000円未満である世帯	36,100	14,400	0	23,500	9,400	0
第9階層	前年分の所得税課税額が90,000円以上113,000円未満である世帯	39,600	15,800	0	24,300	9,700	0
第10階層	前年分の所得税課税額が113,000円以上143,000円未満である世帯	42,600	17,000	0	25,100	10,000	0
第11階層	前年分の所得税課税額が143,000円以上173,000円未満である世帯	45,400	22,700	0	25,800	12,900	0
第12階層	前年分の所得税課税額が173,000円以上203,000円未満である世帯	48,100	24,000	0	26,500	13,200	0
第13階層	前年分の所得税課税額が203,000円以上233,000円未満である世帯	50,800	25,400	0	27,500	13,700	0
第14階層	前年分の所得税課税額が233,000円以上263,000円未満である世帯	52,800	26,400	0	28,500	14,200	0
第15階層	前年分の所得税課税額が263,000円以上293,000円未満である世帯	54,400	27,200	0	29,800	14,900	0
第16階層	前年分の所得税課税額が293,000円以上323,000円未満である世帯	55,900	33,500	0	31,000	18,600	0
第17階層	前年分の所得税課税額が323,000円以上353,000円未満である世帯	57,400	34,400	0	31,900	19,100	0
第18階層	前年分の所得税課税額が353,000円以上443,000	59,700	35,800	0	33,000	19,800	0

層							
	円未満である世帯						
第19階層	前年分の所得税課税額が443,000円以上703,000円未満である世帯	61,000	36,600	0	34,000	20,400	0
第20階層	前年分の所得税課税額が703,000円以上である世帯	62,500	37,500	0	35,500	21,300	0

備考
1 保育実施児童のその月の在籍日数（当該児童の在籍する保育所におけるその月の休所日数を除く。以下同じ。）が当該保育所の開所日数より少ないときは，次の算式により算出した金額をその月の徴収金額とする。ただし，その金額に100円未満の端数があるとき，又はその全額が100円未満であるときは，その端数金額又はその全額は，徴収しない。
（徴収金額（月額）／25）×その月の保育実施児童の在籍日数
（その在籍日数が25日を越える場合には，25日）
2 この表において「第2子適用額」とは，同一世帯から2人以上の就学前児童（小学校就学の始期に達するまでの者をいう。以下同じ。）が保育所，知的障害児通園施設，難聴幼児通園施設，肢体不自由児通園施設，情緒障害短期治療施設通所部，学校教育法（昭和22年法律第26号）第1条に規定する幼稚園若しくは特別支援学校の幼稚部若しくは就学前の子どもに関する教育，保育等の総合的な提供の推進に関する法律（平成18年法律第77号）第6条第2項に規定する認定こども園（以下「保育所等」という。）に在籍し，又は障害者自立支援法（平成17年法律第123号）第5条第1項に規定する児童デイサービス（以下「児童デイサービス」という。）を利用している場合であって，当該在籍児童又は利用児童のうち第2子が保育所に入所している場合において，当該第2子について徴収する金額をいう。
3 この表において「第3子以降適用額」とは，同一世帯から3人以上の就学前児童が保育所等に在籍し，又は児童デイサービスを利用している場合であって，当該在籍児童又は利用児童のうち第3子以降の就学前児童が保育所に入所している場合において，当該第3子以降の保育所入所児童について徴収する金額をいう。
4 この表において「ひとり親世帯等」とは，配偶者のない者で現に児童を扶養しているものの世帯その他市長が定める世帯をいう。

A階層は1階層，B階層は2階層，C階層は3階層，D階層は20階層からなり，極めて小刻みな階層設定となっている。また，3歳未満児と3歳以上児に分ける点は，国と同じであるが，それぞれについて基準額のほかに，第2子適用額，第3子以降適用額を定めて，子どもの数が増えるほど金額を減少させている。そして，階層区分を増やすと同時に，階層区分の打ち止め金額を高く設定しつつ，限度額は低く設定されている。前年分の所得税課税

額が 703,000 円以上で，3 歳未満児の基準額は 62,500 円，3 歳以上児の基準額は 35,500 円であるから，国の基準額表よりも相当低くなっている。このような政策を採用する場合に，保育の実施に要する費用そのものを特に節減できる特別の事情はないと思われるので，当然のことながら市の持出し分が増加することになる。

無認可保育所（認可外保育所）　　児童福祉法は，保育所の業務を目的とする施設であって，認可を受けていないもの，すなわち無認可保育所（認可外保育所）についても，知事への届出義務（59 条の 2），一定の事項の掲示義務（59 条の 2 の 2），契約内容等の説明義務（59 条の 2 の 3），利用契約締結の場合の書面交付義務（59 条の 2 の 4），知事への運用状況報告（59 条の 2 の 5）を定めている。届出義務等の手続を要するようになっているものの，無認可保育所の利用関係は，あくまでも保護者と個別の無認可保育所設置者との間の契約関係により生ずるものである。

　無認可保育所についても，地方公共団体が助成措置を講じる動きが強まっている。

　たとえば，東京都は，「東京都認証保育所事業実施要綱」に基づいて，独自の制度を設けている。これは，無認可保育施設のうち，区市町村の設置計画に基づき区市町村の推薦を受け，要綱の定める要件を満たしたものを知事が認証して，一定の助成措置を講ずるものである。大都市の特性に応じて独自の基準を設定し，企業の経営感覚の発揮により，多様化する保育ニーズに応えることのできる新しいスタイルの保育所を設けることを目的としている[72]。同要綱によれば，A 型と B 型とがある。A 型は，民間事業者等であって，月 160 時間以上の利用が必要な 0 歳から小学校就学前の都内在住の児童を対象とし，定員は 20 人から 120 人までで 3 歳未満児を定員の半数以上保育するものとし，利用者の立場に立った良質な保育サービスを提供するために運営委員会を設置するなどの要件がある。これに対して，B 型は，個人が設置主体となり，対象児童は 0 歳から 2 歳までの都内在住児童で，定員は 6 人から 29 人までと小規模であるが，0 歳児保育を必ず実施することとされ

72　東京都ホームページによる。

ている。これら以外にも，さまざまな要件が定められている。保育料は，設置者が自由に設定できる建前ではあるが，月220時間以下の利用の場合の月額は，国の徴収基準額である3歳児未満80,000円，3歳児以上77,000円という上限がある。なお，認定こども園の認定を受ける認証保育所については特別の定めがある。

　認証保育所については，要綱上は，区市町村が要した(ア)運営費及び(イ)A型を駅前に開設するために必要な改修経費等，について，別に定める基準に基づき予算の範囲内で補助することとしている（実施要綱19）。したがって，都の補助金は，民間事業者等との関係においては間接補助金である。別に定められた基準によると，前記(ア)，(イ)とも，補助率は2分の1である。基準額は，(ア)に関しては，年齢と定員との組み合わせによる基本額（年齢は高くなるにつれ逓減，定員も多くなるにつれて逓減）に定員に応じた加算額を加える方式を採用している。また，(イ)については，個別施設ごとに，設置者の実支出額の2分の1の額，当該施設の補助対象経費に係る区市町村の実支出額，3,000万円のうちの最も少ない額を選定し，それらを合計した額の2分の1を区市町村に補助する。したがって，(イ)については，個別の施設に都の補助金がどれだけ間接補助されるかが明らかにされているわけではない。以上のように，区市町村との連携による助成措置である点に特色がある。

　宮城県は，3歳未満の低年齢児保育に着目して認可外保育施設に対する助成目的で，市町村に補助金を交付している。交付対象市町村は，当該市町村内の公立・認可保育所の3歳未満児の定員基準人員（総定員の概ね2割）が，当該市町村内の3歳未満児の要保育児童数に満たない市町村である。低年齢児保育施設を利用する3歳未満児のうち，保育に欠ける児童であって，かつ，当該市町村内に居住する児童の保育に係る経費を交付対象とし，基準額（60人定員の保育所運営費における「一般生活費」相当額）と対象経費に係る実支出額とを比較して少ない方の額の2分の1を補助額としている。

　川崎市の「かわさき保育室実施要綱」は，保育室の構造設備及び面積・職員配置に関する基準，業務内容について詳細な定めをして，それらを満たすものとして認定された保育室について助成する内容である。保育料についても詳細な規律を加えている。助成の内容は，次のとおりである。

基本助成費（助成対象児童の基本保育時間の保育に要する経費を助成するもので，児童1人当たり月額 74,000 円），多子減免加算（助成対象児童のきょうだいが，他の認可保育所，認可外保育施設，家庭保育福祉員等を利用している場合に保護者の負担軽減のための経費に充てるもので，1人当たり月額 15,000 円である。月額保育料から多子減免加算助成費相当分は控除する），障害児加算（助成対象児童が障害児である場合にその保育に要する経費につき助成するもので，1人当たり月額 54,600 円），延長保育加算（基本保育時間の他に 20 時までの延長保育を実施するための経費を助成するもので，1施設当たり月額 103,600 円），リフレッシュ保育加算（在宅で保育する保護者を援助するための一時保育を実施するための経費を助成するもので，1施設当たり月額 56,250 円），家賃補助（賃借料を支払って保育室を運営している場合に助成するもので，1施設当たり月額 30 万円を上限として賃借料の2分の1を補助），施設整備費補助（選定通知の交付を受けた施設が開設時の施設改修，備品購入の費用を助成するもので，1施設当たり開設時のみ 500 万円の4分の3を上限として補助）。以上のうち，多子減免加算は，保育室を経由して，実質的に保護者に助成する措置である。

　川崎市の要綱を見て感じられるのは，要綱による助成措置とはいいながら，保育室の内容そのものについて相当な規律効果を発揮する内容となっていることである。「第2認可保育所」と称してもよい内容となっている。

　新潟市も認可外保育施設に対して，施設割（1施設年額 100,000 円），職員割（園長・有資格保育士1人当たり年額 58,300 円，無資格保育者・調理員1人当たり年額 46,600 円），児童割（3歳未満児1人当たり年額 36,000 円，3歳以上児1人当たり年額 24,000 円）のほか，各種の加算（ぎょう虫卵検査費加算，乳児保育加算，延長保育加算，障害児保育加算）措置をしている。

　無認可保育所の利用者（保護者）に対して助成措置を講じている地方公共団体もある。

　たとえば，八王子市は，保護者の保育料負担軽減の観点から，対象施設（認証保育所，認定こども園，保育室，家庭福祉員）と月極めの利用契約を結んでいる保護者に対して，所得制限なしに，入所児童1人につき月額 15,000 円（家庭奉仕員にあっては 10,000 円）の定額助成を実施している（認可外児童入所施設保護者助成金）。さらに，認可外児童入所施設等多子軽減補助金制度

も設けている。武蔵野市も，3歳児未満月額20,000円，3歳児以上月額10,000円の認可外保育施設入所児童保育助成金を交付している。

認定こども園　就学前の子どもについて，これまでは児童福祉法に基づく児童福祉施設である保育所と学校教育法に基づく学校である幼稚園との間に厳然たる壁が存在した[73]。設置主体や保育者の資格（保育所は保育士，幼稚園は教諭）のほか，次のような違いがある。①対象児童が，保育所は保育に欠ける乳児・幼児であるのに対し，幼稚園は3歳以上の就学前の幼児である。②保育時間に関し，保育所は1日8時間を原則とするが，幼稚園は1日4時間を標準にしている。③入所の方法は，保育所にあっては市町村との契約であるのに対して，幼稚園にあっては個別の設置者との契約である。④利用者の負担が，保育所にあっては市町村の定める徴収額であって保護者の所得税額等に対応しているのに対し，幼稚園は一律の額である。

このような壁を取り除くために制定されたのが，「就学前の子どもに関する教育，保育等の総合的な提供の推進に関する法律」（平成18年法律第77号）である。この法律の主たる内容は，「認定こども園」[74]の制度と，それに伴う学校教育法及び児童福祉法の特例規定にある。

認定こども園は，幼稚園又は保育所等であって次の要件を満たすものとし

---

[73]　川崎市は，「幼稚園類似の幼児教育施設」で所定の基準（幼稚園教育を目的として設置された施設であることが明示されている）を満たすものを，申請により「幼児園」と決定し，入園している3歳児から小学校入学までの幼児について，1人当たり年額22,000円を助成することとしている（川崎市幼児園児保育料補助金交付要綱）。基準は，公開性の原則，所定事項を含む園則の設定，1学級の幼児数の限度，同年齢幼児による学級編成原則，教員配置，保育日数，保育時間，施設・設備等にわたっている。

[74]　この法律は，一般的には「子ども」の表現を用いているものの，認定を受けた施設については「認定こども園」として平仮名の「こども」の語を用いている。

[75]　「保育所等」には，保育所のほか，法59条1項に規定する同法39条1項に規定する業務（保育所の業務）を目的とするものを含むので（2条4項），無認可保育所も認定こども園の主体となりうる。文部科学省・厚生労働省の『認定こども園パンフレット』は，「幼稚園・保育所いずれの認可もない地域の教育・保育施設が，認定こども園として必要な機能を果たすタイプ」があって，それを「地方裁量型」と呼んでいる。以下における叙述に際して，前記『認定こども園パンフレット』のほか，宮城県のホームページを活用した。

て認定を受けたものである（3条1項）。

① 幼稚園にあっては，幼稚園教育要領に従って編成された教育課程に基づく教育を行なうほか，当該教育の時間の終了後，当該幼稚園に在籍している子どものうち法39条1項に規定する幼児に該当する者に対する保育を行なうこと。

② 保育所等[75]にあっては，法39条1項に規定する幼児に対する保育を行なうほか，当該幼児以外の満3歳以上の子どもを保育し，かつ，満3歳以上の子どもに対して学校教育法23条各号に掲げる目標が達成されるよう保育を行なうこと。

③ 子育て支援事業のうち，施設所在地域における教育及び保育に対する需要に照らし当該地域において実施することが必要と認められるものを，保護者の要請に応じ適切に提供し得る体制の下で行なうこと。

④ 文部科学大臣と厚生労働大臣とが協議して定める施設の設備及び運営に関する基準を参酌して都道府県の条例で定める認定の基準に適合すること。

以上のうち，①と②は，それぞれ，教育と保育とが融合して行なわれる施設であることを求めているものである。①によるものが「幼稚園型」，②によるものが「保育所型」である。幼稚園型にも，幼稚園が保育に欠ける子どものための保育時間を確保するなど保育所的な機能を備えるタイプ（単体タイプ），構成する認可外保育施設において，幼稚園と緊密な連携協力体制の下，幼稚園的な機能を備えるタイプ（連携タイプ），認可外保育施設の児童を引き続き構成する幼稚園に入園させ，一貫した教育・保育を行なうタイプ（一貫タイプ）があるとされる。

③にいう「子育て支援事業」とは，「地域の子どもの養育に関する各般の問題につき保護者からの相談に応じ必要な情報の提供及び助言を行う事業，保護者の疾病その他の理由により家庭において養育を受けることが一時的に困難となった地域の子どもに対する保育を行う事業，地域の子どもの養育に関する援助を受けることを希望する保護者と当該援助を行うことを希望する民間の団体若しくは個人との連絡及び調整を行う事業又は地域の子どもの養育に関する援助を行う民間の団体若しくは個人に対する必要な情報の提供及

び助言を行う事業であって文部科学省令・厚生労働省令で定めるもの」である（2条6項）。③の要件の「保護者の要請に応じ適切に提供し得る体制の下で行うこと」を高度なものと位置づけて，その充足を求めるならば，認定こども園の認定を受けられるのは，極めて限定されるであろう。

　これと別に，幼保連携施設の認定を受けた「幼保連携型認定保育園」が認められる。幼稚園及び保育所等のそれぞれの用に供される建物及びその附属設備を一体的に設置するもので，次の要件のいずれかを満たし，かつ，前記認定こども園の要件の③及び④を満たすものである（3条2項）。

　　(ア)幼保連携施設を構成する保育所等において，満3歳以上の子どもに対し学校教育法23条各号に掲げる目標が達成されるよう保育を行ない，かつ，当該保育を実施するに当たり当該幼保連携施設を構成する幼稚園との緊密な連携協力体制が確保されていること（連携タイプ）。(イ)当該幼保連携施設を構成する保育所等に入所していた子どもを引き続き当該幼保連携施設を構成する幼稚園に入園させて一貫した教育及び保育を行なうこと（一貫タイプ）。

　幼保連携型には，幼稚園の設置者と保育所等の設置者とが同一である場合と，異なる場合とがある。異なる場合には，認定の申請は，両施設の設置者が共同して行なわなければならない（4条2項）。

　私立認定保育所（認定こども園である保育所又は認定こども園である幼保連携施設を構成する保育所で，都道府県及び市町村以外の者が設置するもの）に係る保育費については特例規定が用意されている。すなわち，私立認定保育所の保育費用については，児童福祉法56条の3項を適用せず，児童の保護者は，保育料として当該私立認定保育所の設置者が定める額を当該私立認定保育所に支払わなければならない（13条4項）。その保育料の額は，児童福祉法56条3項の保育費用を勘案し，かつ，当該保護者の家計に影響を与える影響を考慮して当該児童の年齢等に応じて定めなければならない（13条5項）。市町村長は，保育料の額がこの規定に適合しないと認めるときは，その変更を命ずることができる。保育料の額の自主決定の仕組みが採用されている点が，通常の保育所保育料の決定の仕組みと異なっている。

　私立保育所の保育料と私立保育所が認定こども園となった場合とを比較す

ると，前者にあっては，保護者は市町村の定めた保育料を市町村に納付するのに対して，後者の利用料金は当該認定こども園が設定した額を保護者が直接当該認定こども園に納付する仕組みとなっている。これは，私立保育所利用の法律関係は，保護者と市町村との契約関係であるのに対して，認定こども園にあっては，保護者と個別の認定こども園との間の直接契約であることによっている。これに対応して，市町村からの運営費支弁額は，保育の実施に要する費用（最低基準維持費用）から当該認定こども園が保護者から徴収した保育料を控除した額（保護者から徴収した額が市町村で定める保育料よりも下回った場合には，最低基準維持費用の額から市町村で定める保育料の額を控除した額）となる。保育料の額を認定こども園が自ら決定できる点は評価できるが，逆に保育料の徴収事務を負担しなければならない。

また，認定こども園である幼保連携施設を構成する幼稚園及び保育所を設置する社会福祉法人で私立学校振興助成法附則2条1項の規定に基づき同法9条又は10条の規定による補助金の交付を受けるものについては，同法附則2条5項の規定は適用しない（15条）。同法附則2条5項は，学校法人以外の私立学校の設置者で補助金の交付を受ける者は，当該交付を受けることとなった年度の翌年度の4月1日から起算して5年以内に，当該補助金に係る学校が学校法人によって設置されるように措置しなければならないとする規定である。この結果，幼保連携施設を構成する幼稚園及び保育所を設置する社会福祉法人にあっては，社会福祉法人のままで，私立学校振興助成法による補助金の交付を受け続けることができることを意味する。私立幼稚園施設整備費補助金及び運営費が，社会福祉法人に対しても交付される。学校法人が幼保連携施設を設ける場合には，学校法人に対して次世代育成支援対策として施設整備費が交付される。財政措置のうえで，保育所と幼稚園との間の垣根が取り除かれていることを意味する。なお，地域裁量型について，国の財政措置はなく，地方公共団体の独自の財政措置に委ねられているという。

このように幼稚園と保育所との「垣根を取り除く」目的の認定子ども園制度ではあるが，保育所と幼稚園の設置根拠が異なることが，会計処理を別々

76　朝日新聞平成20・12・26。

にする必要があること，県や国の窓口が異なること，保育士と幼稚園教諭との給与体系が違うことなど，普及を妨げる「壁」もあるという[76]。

[3] 法律によらない児童福祉のための施策と財政

児童の医療費助成　児童福祉の施策は，必ずしも法律の定めを起点とするものばかりではない。特に「積極的社会福祉」の顕著な傾向として，地方公共団体が独自の施策として，児童の医療費を助成する動きを挙げなければならない。独自の施策であるがために，医療費助成の対象児童の年齢等が地方公共団体で異なるほか，都道府県と区市町村との関係において，複雑な内容をもたらしている。年齢についていえば，従来は小学校就学前が圧倒的であったが，次第に小学校在学中まで，さらに義務教育終了までと，拡充する動きが強まっている。

たとえば，八王子市は，所得制限なしに，6歳就学前の児童の医療費のうち保険診療の自己負担分を助成することとしている（入院時の食事療養費は対象外）。また，同市は，小中学生の医療費のうち保険診療の自己負担額の3分の1を助成することとしている。

これに対して，横浜市は，小学校就学前の児童については通院・入院ともに保険診療の一部負担金を助成するが，小中学生については入院のみを対象に保険診療の一部負担金を助成することとし，かつ，0歳児を除き，扶養親族等の数に応じた保護者の所得制限を設けている。大阪市も，ほぼ同様の扱いである。

宮崎県は，入院は小学校入学前まで，通院については3歳未満までとし，一部負担金から自己負担額を控除した額について，県と市町村が各2分の1負担して助成しているが，市町村別の助成内容（平成20・4・1現在）は，次のように多様である。入院については，西米良村を除き小学校入学前までであるが，通院については，3歳未満（宮崎市，延岡市，日南市をはじめ10市町村），4歳未満（日向市はじめ4市町），5歳未満（都城市，西都市），小学校入学前まで（小林市はじめ13市町），中学校卒業まで（西米良村）となっている。ここにも示されているように，児童の医療費の助成に関しては，県と市町村との関係の問題がある。

最も充実した児童医療費助成をしている代表格は、東京 23 区である。平成 19 年より中学生まで無料化を図った。

[4] 母子・寡婦福祉財政法，母子保健財政法
母子福祉・母子保健関係の法制度　社会福祉関係法の一つとして，「母子及び寡婦福祉法」が制定されている。同法は，母子家庭等及び寡婦の福祉に関する原理を明らかにするとともに，母子家庭等及び寡婦に対し，その生活の安定と向上のために必要な措置を講じ，もって母子家庭等及び寡婦の福祉を図ることを目的としている（1条）。このように，母子家庭等と寡婦の二つの側面の福祉を図ることが目的とされていることから，母子家庭等にあっては，「児童が，その置かれている環境にかかわらず，心身ともに健やかに育成されるために必要な諸条件と，その母等の健康で文化的な生活とが保障されるものとする」とされ（2条1項），「寡婦には，母子家庭等の母等に準じて健康で文化的な生活が保障されるものとする」とされている（2条2項）。

この法律において中核となるのが「配偶者のない女子」である。法は，「配偶者のない女子」について，「配偶者（婚姻の届出をしていないが，事実上婚姻関係と同様の事情にある者を含む。以下同じ。）と死別した女子であって，現に婚姻（婚姻の届出をしていないが，事実上婚姻関係と同様の事情にある場合を含む。以下同じ。）をしていないもの」及びこれに準ずる所掲の女子をいうとしている（6条1項）。これに準ずる女子として，①離婚した女子であって現に婚姻をしていないもの，②配偶者の生死が明らかでない女子，③配偶者から遺棄されている女子，④配偶者が海外にあるためその扶養を受けることができない女子，⑤配偶者が精神又は身体の障害により長期にわたって労働能力を失っている女子，⑥これらに準ずる女子であって政令で定めるもの，を掲げている。また，「寡婦」とは，配偶者のない女子であって，かつて配偶者のない女子として民法877条の規定により児童を扶養していたことのあるものをいう（6条3項）。

母子家庭関係の法律として，もう一つ「母子家庭の母の就業の支援に関する特別措置法」が制定されている。同法は，平成15年制定の法律であって，

「最近の経済情勢の変化により母子家庭の母の就業が一層困難となっていることにかんがみ，支給開始後一定期間を経過した場合等における児童扶養手当の支給が制限される措置の導入に際して，母子家庭の母の就業の支援に関する特別の措置を講じ，もって母子家庭の福祉を図ることを目的」としている（1条）。施行日から平成20年3月31日までの対象期間に係る母子及び寡婦福祉法11条1項に規定する基本方針について，母子家庭の母の就業に関する状況を踏まえて，その就業の支援に特別の配慮をしなければならないこと，同法11条2項3号に規定する自立促進計画を策定する都道府県等は，前記対象期間に係る自立促進計画については，「基本方針に即し，母子家庭の母の就業の支援に特別の配慮がなされたものとしなければならない」こと（2条3項），を求めている。また，同法6条6項に規定する母子福祉団体その他母子家庭の母の福祉を増進することを主たる目的とする社会福祉法人，一般社団法人若しくは一般財団法人又は特定非営利活動法人であって，「その受注に係る業務を行う者が主として母子家庭の母であるものの受注の機会の増大が図られるように配慮するものとする」とされている（6条）。これは，筆者が公共契約における付帯的政策として論じてきた政策手法である[77]。母子福祉資金貸付金についての特別の配慮（4条）については，後述する。

　母子保健法も，目立たないが重要な法律である。少子化の時代にあって母子の健康を守ることが極めて重要である。地方公共団体が母子健康手帳（16条）の交付を受けている妊産婦に対する助成措置を講じていることがある。また，乳幼児に対する健康審査は，法律により市町村の義務とされている（12条1項）。この健康審査の費用は，市町村が支弁する（21条1項）。省令の定め（同法施行令2条）のほか，通知行政の実態がある[78]。特に重要な施策は，養育医療（20条）である。

母子福祉資金・寡婦福祉資金の貸付け　　母子及び寡婦福祉法（以下，本節

---

[77] 碓井・公共契約法精義 332 頁以下。
[78] 「母性，乳幼児に対する健康審査及び保健指導の実施について」（平成8・11・20児発934号，都道府県知事等宛厚生省児童家庭局長通知），「乳幼児に対する健康審査の実施について」（平成10・4・8児発285号，都道府県知事等宛厚生省児童家庭局長通知）などによっている。

において「法」という)の定める福祉の施策のうちで，財政の観点からは，母子福祉資金及び寡婦福祉資金の貸付けが重要である。

　母子福祉資金の貸付けは，配偶者のない女子で現に児童を扶養しているもの又はその扶養している児童に対し，配偶者のない女子の経済的自立の助成と生活意欲の助長を図り，あわせてその扶養している児童の福祉を増進するため，①事業を開始し又は継続するのに必要な資金（事業開始資金・事業継続資金），②配偶者のない女子が扶養している児童の修学に必要な資金（修学資金），③配偶者のない女子又はその者が扶養している児童が事業を開始し又は就職するために必要な知識技能を習得するのに必要な資金（技能習得資金），④以上に掲げるもののほか，配偶者のない女子及びその者が扶養している児童の福祉のために必要な資金であって政令で定めるもの，の貸付けである。貸主は，都道府県である（以上，法13条1項）。この規定は，寡婦について準用されている（32条1項）。ただし，民法877条の規定により現に扶養する子その他これに準ずる者のない寡婦については，その者の収入が基準額（施行令34条1項により前年の所得2,036,000円）を超えるときは貸付けを受けられない（32条2項）。

　④の資金に関して，施行令3条が，多数の資金を列挙している。(1)配偶者のない女子又は配偶者のない女子が扶養している児童の就職に際して必要な資金，(2)これらの者が医療を受けるのに必要な資金又は配偶者のない女子が介護保険法に規定する保険給付に係るサービスを受けるのに必要な資金，(3)配偶者のない女子が知識技能を習得している期間又は配偶者のない女子が医療若しくは介護を受けている期間中の生活を維持するのに必要な資金，(4)配偶者のない女子が当該配偶者のない女子となった事由の生じたときから7年を経過する日までの期間中の生活を維持するのに必要な資金，(5)配偶者のない女子が失業している期間中の生活を維持するのに必要な資金，(6)住宅の建設・購入・補修・保全・改築・増築に必要な資金，(7)住居を移転するために必要な住宅の賃借に際して必要な資金，(8)特に経済的に困難な事情にある配偶者のない女子が扶養している児童の小学校・中学校への入学又は配偶者のない女子が扶養している児童の高等学校・大学・高等専門学校・専修学校への入学若しくは修業施設への入所に際し必要な資金，(9)配偶者のない女子が

扶養している児童の婚姻に際し必要な資金。

なお，貸付けの目的が児童の修学，知識技能の習得等に係る資金であって政令で定めるものを配偶者のない女子で現に児童を扶養しているものに貸し付けている場合において，その修学，知識の技能の習得等の中途において当該配偶者のない女子が死亡したときは，政令で定めるところにより，当該児童（20歳以上である者を含む）がその修学，知識技能の習得等を修了するまでの間，当該資金を貸し付けることができる（13条3項。この規定は，32条1項により寡婦に準用されている）。これは，母子家庭の母が死亡した場合に，母子家庭よりも厳しい孤児の状況に至ったときに，母子家庭でなくなったという理由で貸付けが打ち切られることは酷であるという理由により，特例を定めたものである[79]。対象になる資金は，貸付けの目的を達成するために一定の期間継続して貸し付ける必要のある資金で，児童の修学に必要な資金，知識の技能を習得するのに必要な資金である（法13条2項，施行令4条・5条）。

法16条の委任を受けて，法施行令において，貸付金の限度，貸付方法・利率などが規定されている。限度額についてみると，たとえば，事業開始資金は283万円，事業継続資金は1回につき142万円のごとくである（7条）。また，貸付金の据置期間及び償還期限について，事業開始資金は据置1年間，償還期限は据置期間経過後7年以内のごとくである（8条1項）。貸付金の償還は，年賦，半年賦又は月賦の方法によるとして，選択可能な仕組みが採用されている（8条2項）。貸主である都道府県の財政の観点から，母子福祉資金の貸付けを受けようとする者は，保証人を立てなければならないとされ，連帯保証とされている（9条1項，2項）。また，法14条は，政令で定める事業を行なう母子福祉団体であってその事業に使用される者が主として配偶者のない女子で現に児童を扶養しているものであるもの又はその者の自立の促進を図るための事業として政令で定めるものを行なう母子福祉団体に対しても母子福祉資金の貸付けを行なうことができるとしているところ，施行令は，母子福祉団体に対する事業開始資金又は事業継続資金の貸付けにつ

79　児童福祉法規研究会・解説 437頁。

いては，当該母子福祉団体の理事の全員が連帯債務を負担する借主として加わらなければならないとしている（9条4項）。前記の保証人を立てることが求められる点については，貸付けを受けようとする女子の置かれている状況に鑑みると，厳しいものがあるように思われる。ここには，「福祉の論理」と「財政の論理」との矛盾が現れているといわざるを得ない。

貸付けの停止には，2種類がある。修学資金，技能習得資金・生活資金，修業資金に関しての停止（施行令12条）と目的外使用等の場合の停止（13条）である。後者は，①母子福祉資金貸付金の貸付けを受けた者が同貸付金を貸付けの目的以外の目的に使用したとき，②同貸付けを受けた者が偽りその他不正な手段により貸付けを受けたとき，③同資金の貸付けの目的を達成する見込みがないとき，における停止であって，都道府県児童福祉審議会の意見を聴いて，停止するものである。

一定の要件を充足する場合には償還を免除することができる。すなわち，都道府県は，貸付金の貸付けを受けた者が死亡したとき，又は精神若しくは身体に著しい障害を受けたため，当該貸付金を償還することができなくなったと認められるときは，議会の議決を経て，当該貸付金の償還未済額の全部又は一部の償還を免除することができる（法15条1項）。ただし，保証人又は当該貸付けを受けた者と連帯して償還の債務を負担した，若しくは負担する借主がある場合であって，その借主が当該貸付金の未済額を償還することができるときは，この限りでない（15条1項但し書き，施行令20条）。また，法13条1項4号に掲げる資金のうち政令で定めるものの貸付けを受けた者が，所得の状況その他政令で定める事由（施行令22条により，貸付けを受けた者が死亡したとき又は精神若しくは身体に著しい障害を受けたときとされている）により償還することができなくなったと認められるときは，条例で定めるところにより，償還未済額の一部の償還を免除することができる（15条2項）。これらの規定における「条例で定めるところにより」の部分が条例にどの程度の規定を設けることを期待しているのか明らかでなく，条例ではほとんど法律の条文内容を繰り返すにすぎない例もある（宮城県の母子福祉資金貸付金及び寡婦福祉資金貸付金償還免除条例）。

なお，施行令22条は，「この章に定めるもののほか，母子福祉資金貸付金

の貸付けの申請，貸付けの決定の通知，借用書の提出，償還の手続その他母子福祉資金貸付金に関する業務の実施について必要な事項は，都道府県知事が定める」としている。これを受けて，実際に都道府県の「規則」が制定されている。このような施行の細則について知事に委任している理由について，「本来貸し付け業務は都道府県の固有事務であり，また貸し付け決定とは貸し付け契約の締結行為であり，民法上の契約手続きについてとくに法令で定める必要はないからである」と説明されている[80]。しかし，これが都道府県の条例制定権を否定する趣旨を含むものではない。

　貸付けの言葉が，貸付契約を意識している限りにおいて，貸付決定は，申込みに対する承諾にほかならないのであって，取消訴訟の対象となる行政処分ではないとする見解が通用するのも無理はない（本章1［6］を参照）。

　都道府県の貸付けを受けた者に対して利子補給をする市町村も存在する（綾瀬市）。

　福祉資金貸付金に関する財政措置　都道府県が母子福祉資金貸付金及び寡婦福祉資金貸付金（福祉資金貸付金と総称）の貸付けを行なうについては，特別会計の設置を義務付けられている（法36条1項）。国は，都道府県が福祉資金貸付金の財源として特別会計に繰り入れる金額の2倍に相当する金額を，当該繰入れが行なわれる年度において，無利子で当該都道府県に貸し付けるものとされている（37条1項）。無利子としているのは，母子及び寡婦の福祉の重要性に鑑み，国もその財源の一部を負担すべきであること，できるだけ貸付けを受ける者に有利な貸付方法をとることが望ましいこと等によるとされている[81]。国への償還方法等についても定められている（37条2項以下）。

　地方公共団体の上乗せ貸付け等　地方公共団体のなかには，母子福祉資金，寡婦福祉資金の上乗せ貸付けを実施しているところがある。たとえば，神奈川県は，母子福祉資金又は寡婦福祉資金の貸付けを受けている者に対して，神奈川県特別母子福祉資金（事業開始資金，就職支度資金，就学支度資金）を

80　児童福祉法規研究会・解説438頁。しかし，機関委任事務を想起させる定め方を批判するものとして，小川・社会事業法制415頁がある。

81　児童福祉法規研究会・解説484頁。

貸し付けるとし，貸し付ける資金は，現に貸付けを受けている福祉資金と同一種類の資金としている（神奈川県特別母子福祉資金貸付条例3条）。滋賀県は，修学資金のうち高等学校に就学する者に係るものの貸付けを受けている者に上乗せ的な無利子貸付けを行なっている（滋賀県母子家庭通学資金貸付条例）。また，大阪府は，母子家庭又は寡婦が緊急に必要な資金について，社会福祉法人大阪府母子寡婦福祉連合会を通じて，母子福祉小口資金の貸付けを行なっている。

母子家庭自立支援給付金とその財源　貸付金とは別に給付金の制度も用意されている。支給をするのは都道府県等（都道府県，市，特別区及び福祉事務所を設置する町村）である。配偶者のない女子で現に児童を扶養しているものの雇用の安定及び就職の促進を図るため，政令で定めるところにより，配偶者のない女子で現に児童を扶養しているもの又は事業主に対し，母子家庭自立支援給付金を支給することができる（法31条）。この給付金の種類は，①配偶者のない女子で現に児童を扶養しているものの求職活動の促進とその職業生活の安定とを図るための給付金（31条1号）（施行令27条により常用雇用転換奨励給付金とされている），②配偶者のない女子で現に児童を扶養しているものの知識及び技能の習得を容易にするための給付金（同条2号）（施行令27条により自立支援教育訓練給付金，高等職業訓練促進給付金及び高等職業訓練修了支援給付金とされている），③これら以外の給付金であって政令で定めるもの，である。

母子家庭自立支援給付金の支給に要する費用については，当該市町村が支弁したうえ（42条2号，43条3号），国が，4分の3以内を補助することができるとされている（45条1項，2項）。

母子家庭等日常生活支援事業・寡婦日常生活支援事業とその財源　都道府県又は市町村は，母子家庭等日常生活支援事業及び寡婦日常生活支援事業を行なうことができる。母子家庭等日常生活支援事業とは，配偶者のない女子で現に児童を扶養しているもの又は配偶者と死別した男子で現に婚姻していないもの及びこれに準ずる者として政令で定める者であって民法877条の規定により現に児童を扶養しているものが，それらの者の疾病その他の理由により日常生活等に支障を生じたと認められるときに，政令で定める基準に従い，

それらの者につき，それらの者の居宅その他省令で定める場所において，乳幼児の保育若しくは食事の世話若しくは専門的知識をもって行なう生活及び生業に関する助言，指導その他の日常生活等を営むのに必要な便宜であって省令で定めるものを供与し，又は他の者に当該便宜の供与を委託する措置をいう（法17条）。寡婦日常生活支援事業も，ほぼ同様の措置である（33条1項）。これらの費用については，当該都道府県又は市町村が支弁したうえ，市町村が支弁した費用について都道府県は4分の1以内を補助することができ（44条），また，国は2分の1以内を補助することができる（45条1項）。

母子保健法と財政　母子保健法のうち財政法の側面から二つを取り上げておきたい。

一つは，養育医療である。養育のため病院又は診療所に入院することを必要とする未熟児に対してなされる，その養育に必要な医療のことを「養育医療」と呼び，都道府県，保健所設置市又は特別区は，養育医療の給付を行ない又はこれに代えて養育医療に要する費用を支給することができるとされている（20条1項）。費用の支給は，養育医療の給付が困難であると認められる場合に限り行なうことができる（20条2項）。これは，養育医療の給付が厚生労働大臣又は都道府県知事が指定した病院若しくは診療所又は薬局，すなわち「指定養育医療機関」に委託して行なう関係で（20条4項），指定医療機関における現物給付を原則とするものの，特に現物給付により難い場合に例外的に費用の支給をなしうることとしたものである[82]。現在の運用によれば，当分の間の措置として，指定養育医療機関による医療を受ける場合の看護及び移送に限り認めることとされ，かつ，知事又は保健所設置市の市長の承認したもののみについて支給するという[83]。

養育医療（又はこれに代える費用の支給）は，条文の体裁からすれば，これらの地方公共団体の任意的な事務である。しかし，この「措置」に要する費用は当該都道府県，当該保健所設置市又は当該特別区の支弁とされ（21条2項），この支弁費用の2分の1を国が負担する仕組みが採用されているので

---

[82]　母子保健推進研究会監修『六訂　母子保健法の解釈と運用』（中央法規，平成20年）70頁。

[83]　母子保健推進研究会監修・前掲書71頁。

（21条の3），これらの地方公共団体が養育医療の給付施策を実施しない自由は事実上存在しないといえよう。国の負担は，各年度において厚生労働大臣が定める基準によって算定した養育医療の給付に要する費用の額から厚生労働大臣が定める基準によって算定した本人又はその扶養義務者から徴収する徴収金の額その他その費用のための収入の額を控除した額とされている（施行令2条）。明示的な条文はないが，養育医療の給付に要する費用の額とは，被扶養者又は被保険者が医療保険各法に基づいて負担すべき自己負担額を指している[84]。

　費用を支弁した地方公共団体の長は，「当該措置を受けた者又はその扶養義務者から，その負担能力に応じて，当該措置に要する費用の全部又は一部を徴収することができる」（21条の4第1項）。この規定に関して，どれだけの額を徴収するかについてそれぞれの地方公共団体の裁量に委ねられているとされる[85]。しかし，前述の国庫負担に関しての基準が大きく影響を与える。児童の属する世帯の前年分の1か月平均所得税額等に応じて月額によって決定することとし，徴収月額に関する徴収基準額表が定められている[86]。

　もう一つは，母子保健法の施策を実施する一環として母子保健医療対策等総合支援事業である。「母子保健医療対策等総合支援事業の実施について」（平成17・8・23雇児発0823001号，各都道府県知事等宛厚生労働省雇用均等・児童家庭局長通知）の別紙「母子保健医療対策等総合支援事業実施要綱」によるものである。複数の事業について，事業目的，実施機関，事業内容等を通知している。たとえば，「特定不妊治療費助成事業」について見ると，その目的は，不妊治療のうち，体外受精及び顕微授精（＝特定不妊治療）については，1回の治療費が高額であり経済的な負担が重いことから十分な治療を受けることができず，子どもを持つことを諦めざるを得ないことから，特定不妊治療に要する費用の一部を助成することにより経済的負担の軽減を図ることであるとしている。事業の実施主体は，都道府県等（＝都道府県，指定都市及び中核市）である。事業の実施に当たっては，都道府県知事等は，

84　母子保健推進研究会監修・前掲書94頁。
85　母子保健推進研究会監修・前掲書96頁。
86　母子保健推進研究会監修・前掲書97頁。

指定基準を定めて，これに基づき特定不妊治療を実施する医療機関として適当と認められるものを指定するとしている。指定医療機関において特定不妊治療のために要した費用の一部を助成することとし，1回の治療につき10万円まで，1年度当たり2回を限度に通算5年間助成するとしている。支給要件に関しては，所得要件として，夫及び妻の前年の所得（1月から5月までの申請については前々年の所得）の合計額が730万円未満である場合に助成を行なうとしている。なお，「本事業は，保険診療と保険外診療を組み合わせて行う混合診療を認めるものではなく，保険外診療である特定不妊治療を受けた場合の自己負担の一部を助成するものであること」がわざわざ述べられている。

このように細部にわたる事項を拘束的に述べる通知の根拠は明らかでないが，この実施要綱の最後に「母子保健医療対策等総合支援事業の各事業に要する経費については，国は予算の範囲内において別に定めるところにより補助することができるものとする」と述べて，国庫補助の可能性があることに伴うものであると理解することもできる。それにしては，あまりに「監督的色彩の強い通知」といわざるを得ない。もし，単に国庫補助との関係の要綱であるとするならば，この要件によらない助成措置を，横出し，ないし上乗せで実施することが妨げられるものではない。

3　高齢者福祉財政法

[1]　老人福祉法による措置と財源

老人福祉法　老人福祉に関する基本的法律として，老人福祉法（以下，本節において「法」という）が制定されている。同法2条は，「老人は，多年にわたり社会の進展に寄与してきた者として，かつ，豊富な知識と経験を有する者として敬愛されるとともに，生きがいを持てる健全で安らかな生活を保障されるものとする」と，基本的理念を高らかに宣言している。

福祉の措置　この基本的理念を実現するために，同法は，次のような「福祉の措置」を定めている。

第一に，65歳以上の者に対して必要に応じて採ることのできる居宅介護

等の措置である（10条の4第1項）。以下の措置が列挙されている。

　①身体上又は精神上の障害があるために日常生活を営むのに支障があるものが，やむを得ない事由により介護保険法に規定する訪問介護，夜間対応型訪問介護又は介護予防訪問介護を利用することが著しく困難であると認めるときは，市町村は，居宅において入浴，排せつ，食事等の介護その他の日常生活を営むのに必要な便宜であって厚生労働省令で定めるものを供与し，又は当該市町村以外の者に当該便宜を供与することを委託すること（1号，5条の2第2項）（居宅介護等）。

　②身体上又は精神上の障害があるために日常生活を営むのに支障があるものが，やむを得ない事由により介護保険法に規定する通所介護，認知症対応型通所介護，介護予防通所介護又は介護予防認知症対応型通所介護を利用することが著しく困難であると認めるときは，その者（養護者を含む）を当該市町村の設置する老人デイサービスセンター若しくは法5条の2第3項の厚生労働省令で定める施設に通わせ，同項の省令で定める便宜を供与し，又は当該市町村の設置する老人デイサービスセンター等に通わせて当該便宜を供与することを委託すること（2号，5条の2第3項）（デイサービス等）。

　③養護者の疾病その他の理由により，居宅において介護を受けることが一時的に困難となったものが，やむを得ない事由により介護保険法に規定する短期入所生活介護又は介護予防短期入所生活介護を利用することが著しく困難であると認めるときは，その者を当該市町村の設置する老人短期入所施設若しくは法5条の2第4項の厚生労働省令で定める施設に短期間入所させ，養護を行ない，又は当該市町村以外の者の設置する老人短期入所施設等に短期間入所させ，養護することを委託すること（3号，5条の2第4項）（短期入所）。

　④身体上又は精神上の障害があるために日常生活を営むのに支障があるものが，やむを得ない事由により介護保険法に規定する小規模多機能型居宅介護又は介護予防小規模多機能型居宅介護を利用することが著しく困難であると認めるときは，その者の居宅において，又は法5条の2第5項の厚生労働省令で定めるサービスの拠点に通わせ，若しくは短期間宿泊させ，当該拠点において，省令で定める便宜及び機能訓練を供与し，又は当該市町村以外の

者に当該便宜及び機能訓練を供与することを委託すること（4号，5条の2第5項）（小規模多機能型介護）。

⑤認知症であるために日常生活を営むのに支障があるもの（その者の認知症の原因となる疾患が急性の状態にある者を除く）が，やむを得ない事由により介護保険法に規定する認知症対応型共同生活介護又は介護予防認知症対応型競争生活介護を利用することが著しく困難であると認めるときは，法5条の2第6項に規定する住居において入浴，排せつ，食事等の介護その他の日常生活上の援助を行ない，又は当該市町村以外の者に当該住居において入浴，排せつ，食事等の介護その他の日常生活上の援助を行なうことを委託すること（5号，5条の2第6項）（認知症対応型老人共同生活援助）。

以上に掲げた措置について注意すべきは，措置を採るかどうかは市町村の裁量に委ねられていること，及び，介護保険法による介護サービス優先の仕組みになっていることの2点である。

次に，65歳以上の者であって，次の場合における老人ホームへの入所等の措置については，市町村が必要に応じて採ることが義務づけられている（11条1項）。

①環境上の理由及び経済的理由（政令で定めるものに限る）により居宅において養護を受けることが困難なものを当該市町村の設置する養護老人ホームに入所させ，又は当該市町村以外の者の設置する養護老人ホームに入所させ，又は当該市町村以外の者の設置する養護老人ホームに入所を委託すること（1号）。

②養護者がないか，又は養護者があってもこれに養護させることが不適当であると認められるものの養護を養護受託者（老人を自己の下に預って養護することを希望する者であって，市町村長が適当と認めるもの）のうち政令で定めるものに委託すること（2号）。

市町村の支弁と都道府県・国の補助　以上の措置についての費用負担を見ておこう。

法10条の4第1項1号から4号までの規定により市町村が行なう措置に要する費用については市町村が支弁し（法21条1号），都道府県が，政令の定めるところによりその4分の1以内（居住地を有しないか，又は明らかでな

い5条の4第1項に規定する65歳以上の者については，その2分の1以内）を補助することができる。さらに，国は，市町村が支弁する費用について2分の1以内を補助することができる（26条1項）。これらにより，市町村の支弁義務の下に，都道府県及び国は「補助することができる」という任意の補助規定にとどまっていることがわかる。

　法10条の4第1項5号の規定により市町村が行なう措置に要する費用，11条1項2号の規定により市町村が行なう措置に要する費用についても，市町村が支弁する義務を負う（21条1号の2，21条3号）。しかし，法10条の4第1項各号又は11条1項2号の措置に係る者が，介護保険法の規定により当該措置に相当する介護サービスに係る保険給付を受けることができる者であるときは，市町村は，その限度で支弁義務を負わない（21条の2）。

　法11条1項1号及び3号並びに11条2項の規定により市町村が行なう措置に要する費用についても，市町村が支弁義務を負う。

　費用徴収　法10条の4第1項及び11条の規定による措置に要する費用について支弁した市町村長は，当該措置に係る者又はその扶養義務者から，その負担能力に応じて，当該措置に要する費用の全部又は一部を徴収することができる。この定め方が，他の福祉の措置に係る費用徴収規定と共通している。「徴収することができる」という文言から，費用徴収制度を置くか否かは，市町村の裁量に委ねられている。実際に費用徴収制度を設けていない市町村もある。

　費用徴収制度を設けている場合は，一般に被措置者についての「負担能力」は，収入（前年の収入（社会通念上収入として認定することが適当でないものを除く）から租税，社会保険料，医療費等の必要経費を控除した後のもの）による階層区分をして，階層ごとの額を定めているようである[87]。また，扶養義務者については，租税連動方式により階層区分をして徴収額を定めているようである。また，養護老人ホーム等の室を利用している場合は，一般に，その室の定員による差を設けている（横浜市，京都市，仙台市など）。

　都道府県・国の一般的補助　都道府県は，市町村又は社会福祉法人に対

---

[87] 収入金額認定方式の問題点について，堀勝洋「老人ホーム費用徴収制度改正の意義と問題点」ジュリスト766号47頁，51頁以下（昭和57年）を参照。

し，老人の福祉のための事業に要する費用の一部を補助することができる（24条2項）。また，国は，都道府県又は市町村に対し，法に定める老人福祉のための事業に要する費用の一部を補助することができる（26条2項）。いずれも，任意的補助金である。

老人健康保持事業の促進と指定法人　法28条の2第1項によれば，厚生労働大臣は，老人健康保持事業を実施する者の活動を促進すること等により老人の健康の保持を目的とする一般社団法人又は一般財団法人で，所定の老人健康保持関係の業務に関し所定の基準に適合すると認められるものを，申請により，全国を通じて1個に限り指定することができるとされている。いわゆる指定法人の活用である。実際には，長寿社会開発センターが指定されている。指定法人の行なう所定業務とは，老人健康保持事業に関する啓発普及を行なうこと，老人健康保持事業を実施すること，老人健康保持事業を実施する者に対して援助を行なうこと，などが含まれている（28条の3）。長寿社会開発センターの寄附行為5条の2によれば，各都道府県において高齢者の生きがいと健康づくりを総合的に実施する団体であって，各都道府県に一を限り設立されたもので理事会で承認されたものを「明るい長寿社会づくり推進機構」と呼び，センターは，この団体と連携してセンターの目的を達成するために必要な事業を行なうこととされている。

　この指定法人を社会保障財政法の側面から取り上げる理由は，独立行政法人福祉医療機構を媒介にして，国の資金が指定法人（センター）に配分されることがあるからである。すなわち，独立行政法人福祉医療機構法12条1項7号の規定による助成の業務（社会福祉振興事業を行なう者に対する助成の業務）のうち，老人保健保持事業の振興上必要と認められる事業を行なう者に係るもの（助成業務）の全部又は一部を指定法人に行なわせることとされている（法28条の4第1項）。さらに，福祉医療機構は，予算の範囲内において，指定法人に対して，助成業務に必要な資金に充てるため，機構法23条1項の基金の運用によって得られた収益の一部を交付金として交付することができる（法28条の8）。機構法23条1項の基金は，政府の追加出資においてそれに充てるべき旨を示した金額をもって充てられるので（同法23条1項，5条3項後段），資金源は政府からの追加出資である。

[2] 多様な高齢者福祉施策と財政

高齢者の居住の安定確保　高齢者の福祉施策は，老人福祉法に限られるものではない。後述する高齢者雇用の促進以外にも，国が法律を制定して実施している高齢者の福祉施策として，居住安定化施策を挙げることができる。その法律が「高齢者の居住の安定確保に関する法律」（平成13年法律第26号）である。この法律には，良好な居住環境を備えた高齢者向けの賃貸住宅の供給を促進するため，整備事業の補助制度が定められている。良好な居住環境を備えた高齢者向けの賃貸住宅の整備計画について知事の認定を受けた認定事業者に対して，地方公共団体は，高齢者向け優良賃貸住宅の整備に要する費用の一部を補助することができる（41条1項）。それを前提に，地方公共団体が補助金を交付する場合には，国は，予算の範囲内において，政令で定めるところによりその費用の一部を補助することができる[88]。認定事業者は，住宅の質のみならず，補助金の交付を受けた場合は，家賃についての制約を受ける。すなわち，その住宅の整備に要した費用，利息，修繕費，管理事務費，損害保険料，地代に相当する額，公課その他必要な費用を参酌して国土交通省令で定める額を超えて，契約し，又は受領してはならないとされている（42条1項）。認定事業者が高齢者向け優良賃貸住宅の家賃を減額

---

[88] 同法施行令1条によれば，次のとおりとされている。①地方住宅供給公社その他の省令で定める者が行なう建設については，建設に要する費用（土地の取得及び造成に要する費用を除く）に対して地方公共団体が補助する額（その額が建設費用の3分の1相当額を超える場合には，3分の1相当額）の2分の1の額，②前記①の者が行なう整備であって既存の住宅等の改良（用途の変更を伴うものを含む）によるものについては，整備に要する費用のうち加齢対象対応構造等並びに共同住宅の共用部分及び入居者の共同の福祉のため必要な施設であって省令で定めるものに地方公共団体が補助する額（その額が加齢対応構造等及び共同住宅の共用部分等に係る費用の3分の2相当額を超える場合においては3分の2相当額）の2分の1の額，③前記①の者以外の者が行なう高齢者向け優良賃貸住宅の整備については，その整備費用のうち加齢対応構造等及び共同住宅の共用部分等に係る費用（建設の場合は，加齢対応構造等を有する賃貸住宅とするために追加的に必要となる費用に限る）に対して地方公共団体が補助する額（3分の2相当額を超える場合においては，3分の2相当額）の2分の1の額。

する場合についても，地方公共団体及び国の補助金交付を予定する条項が置かれている（43条）[89]。なお，この制度は，「高齢者向け優良賃貸住宅制度」と呼ばれているが，平成19年度からは，国土交通省の「地域優良賃貸住宅制度要綱」により，特定優良賃貸住宅助成制度[90]と統合再編された地域優良賃貸住宅の「高齢者型」として助成され，かつ，整備に要する費用の補助については，「地域住宅交付金制度」等によっている。

　また，地方公共団体が基準に適合する賃貸住宅の整備及び管理を行なう場合には，国は，予算の範囲内において政令で定めるところにより，その整備に要する費用の一部を補助することができる（49条1項）。地方公共団体が入居者の居住の安定を図るために家賃を減額する場合における国の補助金についても同様の定めがある（49条2項）。施行令によれば，整備に係る補助金の額は，建設に要する費用の額の2分の1であり（4条），家賃減額に係る補助金の額も2分の1である（5条）。

　さらに，地方公共団体が自ら高齢者向けの優良な賃貸住宅の整備及び管理を行なうことが困難であり，又は自ら整備及び管理を行なうのみではその不足を補うことができないと認めるときは，都市再生機構又は地方住宅供給公社に対し高齢者向けの優良な賃貸住宅の整備及び管理を行なうよう要請することができ（50条)，その要請に基づいて機構が整備及び管理を行なうときは，その要請をした地方公共団体に対し，その利益を受ける限度において，政令で定めるところにより整備に要する費用の一部又は減額に要する費用の一部の負担を求めることができる（51条1項）[91]。この場合の負担する費用の額及び負担の方法は，機構と地方公共団体とが協議して定めることとされている（51条2項）。しかし，協議が成立しないときには，当事者の申請に基づく国土交通大臣の裁定制度が用意されている（51条3項）。この裁定につ

---

[89] 施行令2条によれば，その所得が省令で定める基準以下の入居者に係る家賃の減額に要する費用に対して地方公共団体が補助する額（限度額がある）の2分の1の額とされている。

[90] 特定優良賃貸住宅の供給の促進に関する法律による制度である。碓井・公的資金助成法精義305頁において，簡潔な説明を行なっている。

[91] 負担金の限度について施行令6条。

いては，大臣が当事者の意見を聴くとともに総務大臣と協議する手続を要する（同項）。「裁定」がどのような効力を有するかは解釈論的検討を要するが，機構と地方公共団体という特別な主体間であることに配慮すると，両当事者は，裁定に従うべき義務を負い，かつ，裁定を争うことはできないと解すべきであろうか。なお，この制度により機構が整備又は家賃の減額をする場合にも，国が費用の一部を補助することができる（51 条 4 項）[92]。公社が要請に基づいて整備及び管理をする場合においては，地方公共団体の負担制度はなく，地方公共団体の補助，及びその補助金交付があった場合における国の補助が定められている（52 条）[93]。公社との関係において，地方公共団体は設立団体としての支援が当然と考えられているので，「負担」というに及ばないという考え方であろう。機構に対しては，要請に基づく整備及び管理によらない場合にも，国が補助することができる旨が規定されている（53 条）[94]。

以上の補助金を通じた施策と別に，指定法人たる高齢者居住センター[95]を活用した死亡時一括償還方式による住宅改良資金貸付に係る債務保証制度が存在する。高齢者居住センターは，高齢者（施行規則 67 条により 60 歳以上）が，自ら居住する住宅について行なう改良（改良後の住宅が加齢対応構造等を有するものを主たる目的とするものに限る）に必要な資金の貸付けであって，当該高齢者の死亡時に一括償還をする方法によるものを行なった金融機関の要請に基づき，その債務を保証することができる（77 条）。「リフォーム債務保証」と呼ばれている。この高齢者居住センターは，一般社団法人又は一般財団法人であるから，この仕組みのみで「社会福祉財政」と呼ぶことはできないかも知れない。しかし，高齢者居住センターとして指定されている法人の高齢者住宅財団は，都道府県，政令指定都市，独立行政法人都市再生機構，民間企業 70 社の共同出えんにより設立された。したがって，地方公共団体

---

[92] この補助金について施行令 7 条。
[93] この補助金について施行令 8 条。
[94] この補助金について施行令 9 条及び 10 条。
[95] 高齢者居住センターは，高齢者居住安定法 11 条に基づく家賃債務保証事業も実施している。しかし，平成 20 年 3 月現在の累計で，保証件数は 560 にとどまっている（ホームページによる）。

の共同法人に準ずる法人である。このリフォーム債務保証は，重要な仕組みであるし，今後の高齢化の進展が，その必要性を高めるかも知れない。しかしながら，これまでの利用実績は必ずしも多くない[96]。制度の周知が不十分なのかも知れない。

地方公共団体の多様な施策　地方公共団体は，老人福祉法による措置以外の多様な老人福祉施策を実施している。それらを網羅的に調査することは，現在の筆者には望むべくもない。鳥取県三沢町について見ると，敬老記念行事補助金の交付，長寿者に対する記念品交付，老人クラブ活動費補助金，高齢者住宅改良事業助成（要介護認定を受けている者で，介護保険の対象とならない住宅改修事業を実施したものに対する補助），緊急通報体制整備事業（地域包括支援センターが中心となり，緊急時の対応及び虚弱老人の不安解消を図る目的で緊急通報システムの給付を行なう）などの事業が見られる。老人福祉車や老人杖の購入に要した費用について補助金を交付する地方公共団体もある（北名古屋市）。このように老人の交通手段の確保は大きな課題である。家族に自動車の所有者がなく高齢などの理由により自らも交通手段を持たない者が村内の移動のための交通手段としてタクシーを利用する場合の費用を助成する「福祉タクシー乗車券」制度を設けている村もある（長野県白馬村）。後述の敬老乗車証の交付などの施策も含まれる。豪雪地域にあっては，高齢者にとって屋根の雪下ろしが問題である。そこで，自己の資力及び労力をもって屋根の除雪ができない高齢者等の世帯に対し，救助員の派遣を仲介し，除雪に伴う費用の一部を補助する村もある（長野県白馬村）。自宅で訪問理美容を利用した場合に助成する措置を設けている村もある（長野県白馬村）。

高齢者の外出支援策の実施　自家用車の普及は，自ら自家用車を保有せず，又自家用車を保有して乗車できる家族をもたない高齢者にとって，交通格差をもたらしている。その意味や程度は，都市部と山間部との間において違いがあろうが，とりわけ公共交通のバス料金を支える主体が，高齢者を含む弱者，児童などになるにつれて，利用者が減少し，その結果料金が高まり，ますます高くなった料金を高齢者を含む弱者，児童などが負担しなければな

96　平成20年3月現在の保証契約件数は，123にとどまっている（ホームページによる）。

らないという悪循環を生んでいる。したがって、このような状況は、福祉政策のみならず交通政策としても無視できない。

こうした状況において、高齢者の外出を支援するために敬老乗車証等を交付する事業が行なわれてきた。ただし、福祉施策の見直しの動きのなかで、その仕組みについては、かつての高齢者に一律かつ全面無料の制度は次第に姿を消しつつある。その理由は必ずしも共通ではないが、今後高齢者が増えることによる費用の増大が理由となっている場合もある[97]。そして、敬老乗車証等の事業を行なっている多くの地方公共団体は、その目的として高齢者の「社会参加」を掲げている。いくつかの例を見ておこう。

まず、仙台市は、「仙台市敬老乗車証条例」を制定して、70歳以上の者で市の住民基本台帳に記録されているもの又は外国人登録原票に登録されているものを対象に（3条）、2種類の敬老乗車証のうちのいずれかを、その者の選択により交付する方式を採用している（2条）。第1種敬老乗車証は、運賃を支払うことなく対象交通機関を利用することのできる乗車証で（2条2項1号）、その交付を受ける際に敬老乗車証に係る事業に要する費用に充てるため5,000円の範囲内で市長が定める額を負担しなければならない（4条2項)[98]。第2種敬老乗車証は、運賃を支払うことなく1万円に達するまで対象交通機関を利用することができる乗車証である（2条2項2号）。この場合は、利用限度額があるかわりに、費用負担を要しない。かくて、仙台方式は、費用負担方式と限度額方式とを利用者の選択に委ねつつ、一定の抑制を図っているといえよう。

見直しには、ここにも示されているように、「利用者負担の導入」と「利

---

97 神戸市敬老優待乗車制度検討懇話会『～安定的に維持・継続可能な敬老優待乗車制度をめざして～敬老優待乗車制度検討懇話会報告書』（平成19年）。

98 条例施行規則により、仙台市介護保険条例3条1項1号から3号まで（介護保険料率の区分を定める介護保険法施行令39条1項1号から3号までに対応）に掲げる者に該当する者並びにこれらの者に相当すると市長が認める者は1,000円、それ以外は、有効期間が10月1日から翌年9月30日までとされていることとの関係で、申請日以降どれだけ利用できるかに着目して、申請日に応じて2,000円、3,000円、4,000円及び5,000円の区分をしている（7条）。

99 神戸市敬老優待乗車制度検討懇話会・前掲注97。

用回数の制限」の大きな二つの方向があるようである[99]。そして，利用者負担方式にも，大きく分けて乗車時負担方式と乗車証交付時負担方式とがある。乗車証交付時負担方式は，所得等に応じた負担を求めることが可能であるので，所得等の差による公平を確保することが可能となる[100]という長所がある反面，利用頻度が少ないほど1回当たり負担が大きくなり，また，利用回数が増えても財源が増えないという不安定要因があるといわれる[101]。他方，乗車時負担方式は，利用頻度の差による負担の不公平感がない，利用者が増加した場合にも利用実績に見合って財源が増加するという長所の反面で，低所得者などで利用頻度の多い者には負担感が大きいという問題があるとされている[102]。これを解決するには，乗車時負担と乗車証交付時負担の選択方式が考えられる。

　神戸市は，懇話会が乗車時負担方式が望ましいとしたことを受けて，それまで無料であったのを，平成20年10月からバスは1回につき50円，地下鉄・ポートライナー・六甲ライナーは1回につき子ども料金の半額を負担する方式とし，2年後からは，その2倍にすることとした。新しい敬老パスには，ICカードにチャージする方法が採用されている。技術の進展が新しい方式を容易にする例を示しているともいえる。

　次に，東京都は，「東京都シルバーパス条例」を制定して，高齢者がバスを利用することにより一般乗合旅客自動車（東京都交通局の運行する電車，地下高速電車，東京都日暮里・舎人ライナーを含む）に乗車できるようにする事業を行なう者として知事が指定する「指定団体」に対して，都が支援する形

---

[100] たとえば，横浜市敬老特別乗車証条例は，乗車証交付申請者の費用負担額について，①生活保護の被保護者，老齢福祉年金の受給権を有している者でその属する世帯の世帯主及びすべての世帯員が市町村民税非課税であるもの，これらに準じると市長が認める者は0円，②①以外で市町村民税非課税の者及びこれに準じると市長が認める者は2,500円，③①及び②以外で前年の合計所得金額が700万円未満の者及びこれに準じると市長が認める者は5,000円，④①から③までのいずれにも該当しない者は15,000円としている（条例別表）。

[101] もっとも，敬老優待乗車証が一種の乗車券交付の実体を有する場合には，利用頻度を利用者負担に反映させることができる（札幌市敬老優待乗車証交付規則を参照）。

[102] 神戸市敬老優待乗車制度検討懇話会・前掲注97（平成19年）。

式を採用している。指定団体は，東京都の区域内に住所を有する70歳以上の者（寝たきりの状態等でパスの利用が困難な者を除く）（3条）に対してパスを発行する（2条2項）。パスの発行を受ける際には，パスの利用及びパスの発行に要する費用として規則で定める額を負担する（4条）。指定団体は，パスの発行を受けた者がパスを提示することにより運送事業者が運行する一般乗合旅客自動車に乗車できるようにしなければならない（5条）。そして，知事は，指定団体に，その事業に必要な費用について予算の範囲内で補助金を交付することができる（8条）。

この仕組みについて若干の検討をしよう。

第一に，この仕組みの特色は，東京都と直接の法律関係をもつのは指定団体であることにある。パスの発行を受ける高齢者及び運送事業者との法律関係をもつのは，もっぱら指定団体である。運送事業者に対してどのような補てんがされるのかは条例自体には何ら示されることなく，単に同条例施行規則における指定団体の業務の中に，「運送事業者（電車，地下高速電車及び東京都日暮里・舎人ライナーに係る東京都交通局を除く。）を支援すること」（6条1項5号）[103]が掲げられているにすぎない。これのみでは，東京都から指定団体への補助金の算定方法，指定団体の運送事業者に対する支援の内容が条例及び施行規則の上で明確になっているわけではない。

第二に，パスの発行を受ける際の費用負担に注目したい。条例の委任を受けて，施行規則は，20,510円を原則とする定め方をしている（有効期間6月以下のパスは10,255円と半額にしている）（2条1項）。その上で，地方税法の規定による市町村民税非課税又は特別区若しくは市町村の条例の定めるところにより市町村民税を免除された者の費用負担額は1,000円としている。この間には何ら中間の負担額の設定がないので，いずれになるかは，高齢者にとって最大の関心事である。そして，地方税制度の改正の影響を受けるほか，区市町村の住民税免除制度の影響も受けることになる。

第三に，指定団体にパスの発行を申請した者と指定団体とが費用負担額規定の適用をめぐり争いが生じたときに，どのような争い方になるのであろう

---

[103] 東京都交通局に対しては，指定団体を通じないで，直接都の一般会計から補助金が交付されるのであろう。

か。本来東京都の行なうべき事務が指定団体に委託されているとみるならば，東京都に代わり行政処分権限を行使していると解することができる。これに対して，条例の形式に従って，東京都は，あくまでも指定団体の支援をするにすぎないとみるならば，パスの発行は，指定団体の行なっている事業であって私法上の関係ということになる。

「川崎市高齢者外出支援乗車事業に関する条例」による「フリーパス」も，ほぼ同様の仕組みで，かつ，指定団体を活用しているが，費用負担の仕組みが異なっている。原則的な負担額は，フリーパスの通用期間に応じて，1月1,000円，3月3,000円，6月6,000円，12月12,000円である（条例施行規則6条）。そして，身体障害者手帳の交付を受けている者，精神障害者保健福祉手帳の交付を受けている者，知的障害者と判定された者，児童扶養手当の支給を受けている者，戦傷病者手帳の交付を受けている者，公害医療手帳（公害健康被害の補償等に関する法律によるもの又は川崎市公害健康被害補償条例施行規則によるもの）の交付を受けている者，被爆者健康手帳の交付を受けている者，これらのほか市長が別に定める者については，この限りでないとして，費用負担を求めないこととしている（条例5条3項，条例施行規則7条）。

ところで，指定団体経由方式であれ直接方式であれ，交通事業者に対しては，運賃減収分が補てんされなければならない。しかし，東京都の例で指摘したように，必ずしもどれだけの補てんがなされているかは明らかでない。都市によっては，財政状況もあり，本来支払われるべき額の3〜4割にとどまっているとの指摘もなされている[104]。高齢者福祉施策のためとはいえ，交通事業者に不当な負担を強いることは許されないと思われる。それは，民間交通事業者の場合は，「隠れた租税」になるであろう。

老人福祉医療費の助成　　高齢者医療確保法の施行により高齢者医療は大きな波を受けているが，地方公共団体が独自に高齢者の医療費を助成する事業を実施している場合がある。たとえば，米原市は，市の区域内に居住する

---

[104] 神戸市について，神戸市敬老優待乗車制度検討懇話会・前掲注97。交通事業者が，社会的責任を果たすために寄附しているとする理解も可能であるが，真に自発的な寄附とはいえないと推測される。

低所得老人（市町村民税非課税世帯に属する者で，65歳以上70歳未満のもの）で，医療保険各法の規定による被保険者又は被扶養者の疾病又は負傷について保険給付が行なわれた場合に助成を行なっている（米原市老人福祉医療費助成条例）。この福祉医療費の助成は，滋賀県内の保険医療機関等において医療の給付を受けた場合は，予め市長から交付を受けている「老人福祉医療費受給券」を提示したときは，その医療に関し助成すべき金額を，その者に代わり当該保険医療機関等に支払うことができるとされている。このような助成措置は，要件はまちまちであるものの，相当程度広がっているようである（阪南市，大垣市など）。

高齢者雇用の促進　高齢者の雇用を促進するために，さまざまな施策が講じられている[105]。その代表的なものとして，雇用保険法による雇用安定事業のなかに，高年齢者雇用安定法9条に規定する継続雇用制度の導入等により高年齢者の雇用を延長し又は同法2条2項に規定する高年齢者等に対し再就職の援助を行ない若しくは高年齢者等を雇い入れる事業主その他高年齢者等の雇用の安定を図るために必要な事業主に対して必要な助成及び援助を行なうことが含まれている（62条3号）。これは，「高年齢者等の雇用の安定等に関する法律」49条1項1号の「定年の引上げ，継続雇用制度の導入，再就職の援助等高年齢者等の雇用の機会の増大に資する措置を講ずる事業主又はその事業主の団体に対して給付金を支給する」ことを具体化したものである。実際には，独立行政法人高齢・障害者雇用支援機構を通じて助成がなされている。その内容は，必ずしも固定的ではない。平成20年度には，定年引上げ等奨励金（70歳まで働ける企業奨励金）として，次の3種類の奨励金が用意された。間接給付方式の社会保障施策である（本書第1章1［2］を参照）。申請書の提出は，都道府県雇用開発協会を経由することとされている。

①　中小企業定年引上げ等奨励金　雇用保険の常用被保険者数が300人以下で，高年齢者雇用安定法8条及び9条を遵守していること，事業主が平成20年4月1日以降に，就業規則等により，65歳以上への定年の引上げ，

105　資金助成措置に関して，碓井・公的資金助成法精義450頁以下。

希望者全員を対象とする70歳以上までの継続雇用制度の導入，定年の定めの廃止のいずれかを平成9年4月1日以降初めて実施したことなどが要件とされている。一定の要件を満たす法人の設立についても適用される。奨励金の額は，企業規模と定年引上げ等の措置の内容との組合せによって定められている。

② 70歳定年引上げ等モデル企業助成金　70歳以上まで働くことができる新たな職域の拡大等を行なうモデル的な取組み，又は地域における波及効果のある取組みを実施した事業主に対し，実施に要した費用の2分の1相当額を助成する。

③ 中小企業高年齢者雇用確保実現奨励金　事業主団体が，傘下の雇用保険の適用事業の中小事業主に対して，高年齢者雇用安定法9条1項に規定する高年齢者雇用確保措置の導入やその他必要な雇用環境の整備に関する相談・指導等を実施した場合に，それに要した経費を奨励金として交付する。事業開始時の構成事業主の確保措置が80％未満の事業主団体については，事業実施後における確保措置の導入率に応じた助成率とされ，また，事業開始時の構成事業主の確保措置が80％以上の団体については，事業実施後における確保措置導入率と事業開始時における当該率の差に応じた助成率が定められている。効果を挙げた事業主団体ほど助成率を高くする仕組みである。

4　障害者福祉財政法

[1]　障害者基本法と福祉財政

障害者基本法　障害者福祉に関する基本的な法律として，障害者基本法が存在する。この法律は，身体障害，知的障害又は精神障害をもって「障害」と総称し，障害があるため，継続的に日常生活又は社会生活に相当な制限を受ける者をもって「障害者」と定義している（2条）。この法律は，基本的理念として，「すべて障害者は，個人の尊厳が重んぜられ，その尊厳にふさわしい生活を保障される権利を有する」（3条1項）とし，あらゆる分野に障害者の参加機会が与えられるべきことが宣言されている（3条2項）。この「参加機会」が重要な理念となっているといえる。また，障害を理由と

する差別その他の権利利益の侵害行為をしてはならないこと（3条3項）と並んで実質的平等の確保を目指している。

政府は，障害者の福祉に関する施策及び障害の予防に関する施策の総合的かつ計画的な推進を図るため，障害者のための施策に関する基本的な計画，すなわち「障害者基本計画」を策定しなければならない（9条1項）。この障害者基本計画を踏まえて，都道府県障害者計画及び市町村障害者計画が策定される（9条2項・3項）。

同法は，障害者の福祉に関する基本的施策として，医療の給付・リハビリテーションの提供を行なう必要な施策（12条1項），医療・介護・生活支援その他自立のための適切な支援を受けられる必要な施策（同条2項），福祉用具・身体障害者補助犬の給付又は貸与その他障害者が日常生活を営むのに必要な施策（同条5項）等を講じなければならないものとしている。さらに，障害者の雇用促進，住宅の確保など多岐にわたる基本的施策が掲げられている（同法第2章）。それらの中には，公共的施設のバリアフリー化に関する定めも置かれている。すなわち，「国及び地方公共団体は，障害者の利用の便宜を図ることによって障害者の自立及び社会参加を支援するため，自ら設置する官公庁施設，交通施設その他の公共的施設について，障害者が円滑に利用できるような施設の構造及び設備の整備等の計画的推進を図らなければならない」とされている（18条1項）。バリアフリー化（本章1［2］を参照）は，新設の公共的施設に限定されるわけではないので，既存施設の改良には相当な財政資金を要することになる。

施策の実施と財政　障害者基本法は，同法の目的を達成するため，「必要な法制上及び財政上の措置を講じなければならない」としている（10条）。財政措置は，法律の制定を媒介とするもの，法律を媒介とせずに，予算措置によるものがありうることになる。補助金についても，いわゆる法律補助方式と予算補助方式とがある。

［2］　身体障害者福祉法と財政

障害福祉サービス等の措置　身体障害者福祉法（以下，本節において「法」という）は，更生援護の施策として，いくつかの施策を実施することとして

いる。援護の原則的実施機関は，当該身体障害者の「居住地」の市町村（特別区を含む）であり（9条1項），居住地を有しないか又は明らかでない者であるときは，「現住地」の市町村が行なう（同項但し書き）。

更生援護の施策の中には，障害福祉サービス及び障害者支援施設等への入所措置が用意されている。前者は，障害者自立支援法5条1項に規定する障害者福祉サービスを必要とする身体障害者が，やむを得ない事由により介護給付費等の支給を受けることが著しく困難であると認めるときに，市町村が行なう措置であって，市町村は，政令で定める基準に従い，障害福祉サービスを提供し，又は当該市町村以外の者に障害福祉サービスの提供を委託することができる（法18条1項）。後者は，障害者支援施設又は障害者自立支援法5条5項の厚生労働省令で定める施設（＝「障害者支援施設等」）への入所を必要とする身体障害者が，やむを得ない事由により介護給付等の支給を受けることが著しく困難であると認めるときに，市町村が行なう措置であって，市町村は，その身体障害者を当該市町村の設置する障害者支援施設等に入所させ，又は国，都道府県若しくは他の市町村若しくは社会福祉法人の設置する障害者支援施設若しくは国立高度専門医療センター若しくは独立行政法人国立病院機構の設置する医療機関であって厚生労働大臣の指定するものにその身体障害者の入所若しくは入院を委託しなければならない（18条2項）。

障害福祉サービス等の財源　法18条により市町村が行政措置を行なうのに要する費用については，市町村の支弁とされ（35条2号），法18条2項の規定により国の設置する障害者支援施設等に入所した身体障害者の入所後に要する費用は国が支弁するものとされている（36条の2）。

支弁と負担とが区別されることは，他の社会保障財政の場合と同様である。法35条2号の費用について見ておこう。

まず，都道府県の負担がある。法18条の規定により市町村が行なう行政措置に要するものに関して，法9条1項に規定する居住地を有しないか又は明らかでない身体障害者について行なう行政措置に要する費用の10分の5，それ以外の法18条の規定により市町村が行なう行政措置に要する費用の4分の1を都道府県が負担する。居住地を有しないか又は明らかでない身体障害者について，都道府県の負担割合を高めているのは，現住地ということで

支弁義務を負っている市町村に，居住地のある身体障害者と同様の負担を求めることは適切ではないという配慮による。

次に，国の負担がある。法35条2号の費用（17条の2の規定により市町村が行なう行政措置に要する費用を除く）については，国が10分の5を負担する。国の負担と前述の都道府県の負担とを併せると，法18条の規定により市町村が行なう行政措置に要する費用については，国が10分の5，都道府県が4分の1を負担することになる。また，居住地を有しないか又は明らかでない身体障害者についての費用は，国と都道府県が各10分の5を負担することになる。

法18条の規定により市町村が行なう行政措置に要する費用については，国及び都道府県以外に負担を求めることができないと仮定すると，費用の支弁義務を負っている市町村が残りの4分の1を負担することになる。しかし，法は，費用徴収制度を用意している。すなわち，当該身体障害者又はその扶養義務者から，「その負担能力に応じ，その費用の全部又は一部を徴収することができる」（18条1項）。この規定ぶりからすれば，費用徴収は，市町村の政策判断に委ねられているといえる。

グループホーム家賃補助等　障害者がグループホーム等に入居している場合に，地方公共団体がその家賃を補助する制度を設けていることが多い。家賃補助の方式には，入居者に補助する方式と設置者に補助する方式とがある。

これとは別に，グループホーム等の運営費について事業者に補助する制度を設けている場合もある。

たとえば，東京港区は，同区内のグループホームを運営する事業に対して，施設等借上等経費，社会活動訓練費，防犯関係設備費，設備整備費を補助している。このうち，施設等借上等経費には，家賃補助（利用者居室及び世話人室分の半額＋共有スペース1室分の全額），契約更新料（2か月分を限度に全額補助），空室補助（利用者退所日を含む月の所属する月から3か月以内の賃料）が含まれている。また，設備整備費は，2,400万円を限度額として8分の1を補助するものである。東村山市も，非営利法人精神障害者グループホーム運営費補助金制度を設けている。

［3］　障害者自立支援法

「措置から契約へ」と支援費制度　　障害福祉のサービスについて，従来は，他の福祉サービスと同様に措置制度が採用されていた。それは，障害者への福祉サービスの内容や施設を行政が決定する方式であった。平成12年の社会福祉増進のための一括改正法により事業者と利用者との契約方式に改められたこと（「措置から契約へ」）に伴い，障害者の福祉サービスについても，障害者自らが福祉サービスを選択し，かつ，施設や在宅も選択し，その費用について公費によって支援する「支援費制度」が平成15年度より導入された[106]。制度の運営主体は市町村であるが，国及び都道府県が市町村を応援する方式であった。

　基本的な仕組みは，次のとおりである。①支援費の支給を希望する者は，市町村に対し支援費の支給申請を行なう。②市町村は，支給を行なうことが適切と認めるときは申請者に支援費の支給決定を行なう。③支給決定を受けた者は，指定事業者又は施設と利用契約を締結してサービスの提供を受ける。④サービスの提供を受けた本人又は扶養義務者は，サービスの利用に要する費用のうち本人及び扶養義務者の負担能力に応じて定められた利用者負担額を指定事業者・施設に支払う。⑤市町村は，サービスの利用に要する費用の全体額から利用者負担額を控除した残額を支援費として支給する（ただし，指定事業者・施設が，市町村に対し支援費の代理請求をして代理受領する）。利用者負担額は，利用者本人又はその扶養義務者の負担能力に応じ（応能負担），厚生労働大臣が定める基準を超えない範囲内で市町村が定めるものとされていた。支援費の対象となる障害福祉サービスは，身体障害者福祉法，知的障害者福祉法による一定のサービスと児童福祉法の障害児関係のサービスであった。

　なお，「支援費制度」という呼称が一般化していたが，支援費制度を定める統一法典が存在したわけではない。制度的には，個別の社会福祉法律及びそれらの政省令による制度が統一的考え方で構成されていたことによる呼称であった。より具体的には，それらの扱いを一体的に示す厚生労働省社会・

---

[106]　障害者自立支援法制定前の状況について，障害者福祉研究会・障害者自立支援法2頁以下を参照。

援護局障害保健福祉部長通知「支援費支給決定について」（平成15・3・28）が，詳細な取扱いを示していたことによるといってよい。次に述べる障害者自立支援法への移行期において，個別法により対応する制度であったということができる。

障害者自立支援法による支援制度への移行　支援費制度により，利用者が急増しサービス費用も増大した。しかも，サービス量の決定に関する全国共通のルールがなかったことにより，サービス水準について地域格差が生じ，しかも，精神障害者の福祉サービスが制度の対象になっていなかったことによる障害種別間の格差などの問題が認識されるようになった。そこで，障害者自立支援法（以下，本節において「法」という）を制定して，精神障害者も対象にすることによって障害の種別にかかわらない自立支援のための福祉サービスを共通の制度により提供することとし（一元化），障害福祉サービスの運営主体を住民に最も身近な市町村に統一するとともに，自立支援給付と地域生活支援事業を柱とする支援を行なうこととした[107]。

移行に伴う臨時的措置　法の施行に伴う激変緩和，及び，新たな事業に直ちに移行できない事業者の経過的な支援を目的として，国は，都道府県に対して，「障害者自立支援対策臨時特例交付金」を交付した。この交付金は，平成18年度中に都道府県が基金を造成することを目的として交付し，その基金を活用して平成20年度末までに支出を終えるものである（その後，平成20年度補正予算により追加され，平成23年度末まで支出できることとされた）。終了年度の末に残余財産が生じた場合には，国庫に納付することが条件とされている。「交付金」の名称を付与しているのは，基金の対象事業のうちから，都道府県と市町村との間の配分割合の決定を都道府県と管内市町村との協議に委ね，かつ，管内市町村が選択した事業についての実施計画を都道府県に提出し，都道府県が実施計画を審査のうえ適当と認められる事業を助成する仕組みであることによる。その限りにおいて，事業選択に関する地方公共団体の自由度が認められているのである。そして，「障害者自立支援対策臨時特例基金管理運営要領」によって詳細を定めた。

107　障害者福祉研究会監修『障害者自立支援六法平成20年版』（中央法規，平成20年）109頁の「障害者自立支援法の概要」を参照。

障害者自立支援対策臨時特例交付金の算定は，次のように行なわれた。
① 事業者に対する激変緩和分（次の(ア)及び(イ)により算定された額の合計額）

(ア) $195 \text{ 億円} \times \dfrac{（当該都道府県の施設訓練等支援費給付実績（通所施設及び入所施設））}{（全都道府県の施設訓練等支援費給付実績（通所施設及び入所施設））}$

(イ) $105 \text{ 億円} \times \dfrac{（当該都道府県の通所施設及び入所施設の通所分の施設数）}{（全都道府県の通所施設及び入所施設の通所分の施設数）}$

② 新法への移行等のための緊急的な経過措置分（次の(ア)，(イ)及び(ウ)の合計額）

(ア) 定額分　5 億円

(イ) 人口割分　$235 \text{ 億円} \times \dfrac{（当該都道府県の人口）}{（全都道府県の人口）}$

(ウ) 厚生労働大臣が必要と認めた額

これを受けて，都道府県は，基金条例を制定するとともに，補助金交付については障害者自立支援基金特別対策事業費補助金交付要綱などの名称の要綱を制定した。市町村以外の民間団体の行なう事業に対する補助の例もある[108]。市町村も，同事業を実施するための要綱等を制定したところが多い。市町村の場合，自ら事業を実施するものと民間団体の実施する事業に対する補助との双方を含んでいる[109]。

障害者自立支援法による給付　法は，他の障害者福祉関係諸法律と相まって，「障害者及び障害児がその有する能力及び適性に応じ，自立した日常生活又は社会生活を営むことができるよう，必要な福祉サービスに係る給付その他の支援を行い，もって障害者及び障害児の福祉の増進を図るとともに，

108　たとえば，栃木県は，「グループホーム・ケアホーム整備推進事業実施要領」によって，社会福祉法人，医療法人，特定非営利活動法人等が一般住宅等を借り上げてグループホーム等を実施する際の借上げに伴う敷金等に対して補助するものである。

109　川崎市を例にとると，民間団体が実施できる事業は，障害者自立支援基盤整備事業，地域移行・就労支援推進強化事業，相談支援体制整備特別支援事業，障害児を育てる地域の支援体制整備事業とされ，実施事業は，このほか，事業運営円滑化事業，通所サービス利用促進事業，就労意欲促進事業，その他法施行に伴い緊急必要な事業とされている（同市実施要綱による）。

障害の有無にかかわらず国民が相互に人格と個性を尊重し安心して暮らすことのできる地域社会の実現に寄与することを目的とする」法律として（1条），平成17年に成立，翌18年より施行された。それは，100か条を超える大法典である。個別給付の包括的名称を「自立支援給付」とし，多数の支給類型を掲げている（6条，28条以下）。介護給付費等の支給は，償還払い方式の原則であるが（29条1項），実際には事業者の代理受領（29条5項）が活用されている。

これに関連して，事業者が不正をしないように，また不正を発見する必要がある。厚生労働省は，「指定障害福祉サービス事業者等の指導監査について」（平成19年障発第0426001号）なる通知を発して，徹底しようとしている[110]。

自立支援給付と他の法令による給付との調整　自立支援給付に関して，介護保険法の規定による介護給付，健康保険法の規定による療養の給付その他の法令に基づく給付であって政令で定めるもののうち自立支援給付に相当するものを受けることができるときは政令で定める限度において，当該政令で定める給付以外の給付であって国又は地方公共団体の負担において自立支援給付に相当するものが行なわれたときはその限度において，この法律による給付を行なわないとされている（法7条）。この規定は，給付を受ける者との関係もさることながら，誰が給付に係る財政負担をするかにも影響する条項である。「政令で定める給付」は，施行令2条に一覧表方式で掲げられている。介護保険法について見ると，介護給付，予防給付及び市町村特別給付が，また，健康保険法について見ると，療養の給付並びに入院時食事療養費，入院時生活療養費，保険外併用療養費，療養費，訪問看護療養費，移送費，家族療養費，家族訪問看護療養費，家族移送費，高額療養費及び高額介護合算療養費が掲げられ，いずれも，「受けることができる給付」を限度とされている。これに対して，船員保険法の規定による介護料，労災補償保険法の規定による介護補償給付及び介護給付等についての「政令で定める限度」は，

110　これを実施するための解説書として，障害者福祉研究会監修『障害者自立支援法指導監査ハンドブック——指導監査における主眼事項及び着眼点』（中央法規，平成19年）がある。

「受けることができる給付（介護に要する費用を支出して介護を受けた部分に限る）」と定められている。

このような仕組みの解釈に影響を与える判決が，支援費制度時点の事案に関して出された。大阪高裁平成19・9・13（判例集未登載）である。身体障害者福祉法（平成17年法律第123号による改正前のもの）（以下，この説明において「福祉法」という）17条の9が，生活支援費の支給は，介護保険法（以下，この説明において「保険法」という）の規定によって受けた給付の限度において，行なわないと定めていたので，厚生省課長通知が全身性障害者以外は，福祉法のホームヘルプサービスにつき介護保険法の訪問介護で対応できない部分は存在しないとする解釈を示し，市長がこの通知に依拠して居宅生活支援費の支給申請に対して不支給決定処分をしたことの適否が争われた事案である。判決は，福祉法17条の9は，同法による厚生援護と保険法による保険給付とが，少なくとも同一でないことを前提にした規定であるとし，両者の比較をしている。すなわち，福祉法において，受けるサービスは障害者が選択して申請し，その申請に基づいて市町村が生活支援費支給の要否を決定する際に決める支給量について法律上明確な上限額はなく障害者の実情に応じて定められ，1年1か月未満の範囲内で定められる支給期間ごとに見直しがなされ，併せて申請又は職権で随時変更することが予定されている。これに対して，保険法では，要介護者の実情にかかわらず要介護度ごとに予め決められている限度額の範囲内で要介護者が必要なサービスを選択し，1年ごとに（サービスの必要性ではなく）要介護度の見直しがなされる。そして，次のような説明を展開した。

「以上によれば，福祉法のホームヘルプサービスと保険法の訪問介護は，受けることができるサービスの内容は共通するものの，福祉法による障害者に対する援助は，その基礎となるノーマライゼーションの思想に基づき，障害者の社会経済活動への参加という目的を見据えてなされるべきものであるのに対し，保険法による保険給付は，これまでもっぱら家族によって担われてきた高齢者介護を，社会的介護により支援していくという観点からなされるものであるというように，両者の目的及び機能は異なっており，それぞれの必要性の認定についても，同一の観点

からなされるとは言い難い。

　また，サービスを受けることができる量についても，福祉法のホームヘルプサービスが障害者の実情に応じて定められ，随時支給量について見直しがなされるのに対し，保険法の訪問介護では，限度額の範囲内で，要介護者の選択によってサービスを受けることができるが，原則として限度額を超えるサービスは，そのサービスを受ける必要があっても受けることができない仕組みになっているということができる。そうすると，福祉法と保険法で同一内容のサービスが提供されるとしても，福祉法による支給量は，保険法による保険給付と常に同一であるといえないことは勿論のこと，特別の場合（全身性障害者）でない限り，これを下回ると断じることもできないといわなければならない。」

　判決は，以上の分析に基づいて，福祉法17条の9は，福祉法によるホームヘルプサービスに係る生活支援費と保険法による訪問介護との間に差異があることを当然の前提として，その重複する部分について，保険法による訪問介護が優先することを定めたにすぎない規定と理解すべきであるところ，福祉法に基づき本来なすべきホームヘルプサービスの支給量を具体的に認定することなく，本件通知に基づいて，保険法の訪問介護で対応できない部分は存在しないと認めて不支給処分にした本件処分は違法であるとして，これを取り消した。

　この判決が正当であるとするならば，法による介護給付費等についても，後述するように，支給決定における総合勘案により障害福祉サービスの量が決定されるのであるから，保険法による介護給付等との関係を同様に見なければならないであろう。

　介護給付費等　　自立支援給付のうち，介護給付費，特例介護給付費，訓練等給付費及び特例訓練等給付費（＝「介護給付費等」）の支給は，市町村の支給決定に基づいてなされる（19条）。この支給決定は，申請（20条）に基づく行政処分である。申請があったときは，市町村に設置される介護給付費等の支給に関する審査会の障害程度区分に関する審査及び判定の結果に基づき，障害区分の認定を行なう（21条）。審査会は自治法252条の7第1項の規定に基づき共同設置することもできる[111]。

財政法の観点からは，審査会を共同設置する場合の費用負担の方法に興味がある。新潟県南魚沼地域介護認定及び障害者介護給付費等支給審査会（南魚沼市と湯沢町の共同設置）は，その名称のとおり，介護認定と介護給付費等の両方の審査会権限を行使するものであるところ，審査会経費は，人口割47.5％，前年度地方交付税基準財政需要額割45％，平均割7.5％とされている（同審査会規約別表）。これに対して，伊万里市と有田町の共同設置になる障害程度区分認定審査会にあっては，平等割20％，障害者人口割20％，総人口割60％とされている（同規約8条2項）。北海道豊浦町，洞爺湖町及び壮瞥町の共同設置による審査会の経費については，均等割10％，審査件数割90％とされている（規約別表）[112]。さらに，香南市及び香美市の共同設置規約は，審査会事務を補助する職員に要する経費は均等割とし，それ以外の経費については審査会による審査及び判定の数による「審査及び判定数割」によることにしている（別表）。岐阜県不破郡の垂井町及び関ヶ原町の2町の共同設置による審査会の経費については，両町の町長が協議により決定する，というおおらかな規約の定めである（規約6条1項）[113]。

　障害程度区分の認定の次に，その区分，当該障害者等の介護を行なう者の状況，福祉サービスの利用に関する意向その他の省令で定める事項を勘案して，支給の要否の決定を行なう（法22条1項）。支給決定に際しては，障害福祉サービスの種類ごとに月を単位として厚生労働省令で定める期間において介護給付費等を支給する障害福祉サービスの量を定める（22条4項）。支

---

[111] 都道府県は，審査会を共同設置しようとする市町村の求めに応じ，市町村相互間における必要な調整を行なうことができる旨（17条1項），及び共同設置した市町村に対し都道府県が技術的な助言その他援助をなしうる旨の規定（17条2項）は，介護保険法16条にならったものである。

[112] このような例は，毛呂山町・越生町・鳩山町の共同設置規約8条1項にも見られる。

[113] このような方式は，奥州市・金ヶ崎町共同設置規約8条1項，行田市・加須市・羽生市・騎西町・北川辺町・大利根町の共同設置規約5条1項，袋井市・森町の共同設置規約6条2項，阪南市・泉南市・美岬町の共同設置規約6条1項，筑紫野市・春日市・大野城市・太宰府市・那珂川町の共同設置規約6条2項など多数に及び，規約上は，大勢を占めているのかも知れない。協議により定められるルールは，やはり，本文に述べたいずれかに落ち着いているのであろう。

給決定には，有効期間が付される（23条）。

　この仕組みにおいて，障害程度区分の認定に微妙な判断を伴うことがあることは別にして，支給の要否に関する決定が，諸要素の総合勘案によるとされている点が気になるところである。このような制度は，支給の要否の決定に相当程度の裁量が働くことを予定しているのであろうか。もし，裁量を広く認めるならば，地方公共団体の財政事情が裁量権の行使に反映しないという保証はない。介護給付費等の支給額の増大が見込まれるからといって，そのことを正面から裁量基準にすることは裁量権の逸脱・濫用とされるであろう。しかし，そのような力学が，現場に暗黙に働かないとは限らない。

　自己負担（利用者負担）　　介護給付費又は訓練等給付費の額は，障害福祉サービスの種類ごとに指定障害福祉サービス等に通常要する費用（特定費用を除く）につき，厚生労働大臣が定める基準により算定した費用の額（その額が現に要した費用の額を超えるときは，当該現に要した費用の額）の100分の90に相当する額である（法29条3項）。これにより，1割の自己負担（利用者負担）（一部負担金）の仕組みが採用されていることになる。また，特例介護給付費又は特例訓練等給付費については，100分の90相当額を基準として市町村が定めることとされている（30条2項）。一部とはいえ自己負担を求めることは憲法や障害者基本法に違反するとして不服申立てがなされているという[114]。目下，家計の負担能力その他の事情をしん酌して政令で定める額（1割を超えるときは1割相当額）とする法案が提出されている。

　自己負担金の軽減・免除　　自己負担金の軽減措置には，二つのレベルのものがある。

　一つは，原則的な利用者負担額では，「当該支給決定障害者等の家計に与える影響その他の事情をしん酌して政令で定める額」を超える場合に，支給割合を増やすことによって，自己負担金を軽減するものである（法29条4項，58条3項1号但し書き，70条2項）。

　法29条4項の委任を受けた施行令17条は，負担上限月額について，一般の37,200円を原則にしつつ，生活保護0円，市町村民税非課税世帯で本人

---

[114] 朝日新聞平成20・7・16。

年収80万円以下（低所得1）15,000円，市町村民税非課税世帯で低所得1以外（低所得2）24,600円としている（58条3項1号但し書きの委任を受けた政令は施行令35条である）。従来は，住民基本台帳上の世帯により判断することとされていたが，平成20年7月以降は，入所施設を利用する場合は20歳以上の者について，当該障害者とその配偶者とに限定して世帯として扱うなど，世帯の範囲を限定することとされた。このような上限設定にもかかわらず，地方公共団体によっては，独自の月額上限額を設定している[115]。

もう一つの軽減策として，「災害その他の厚生労働省令で定める特別の事情があることにより，障害福祉サービスに要する費用を負担することが困難であると認めた支給決定障害者等」については，これらの，100分の90の割合を「100分の90を超え100分の100以下の範囲内において市町村が定めた割合」とすることが認められている（法31条）。この規定は，形式的には支給額の割合を高めうることを定めているが，実質的には自己負担（一部負担金）の軽減措置を定めるものである。

この規定について検討すべき点として，以下5点を取り上げる。

第一に，軽減措置を行なう「特別の事情」に関する確認である。施行規則32条は，特別の事情として，以下の事情を掲げている。

① 支給決定障害者等又はその属する世帯の生計を主として維持する者が，震災，風水害，火災その他これらに類する災害により，住宅，家財又はその財産について著しい損害を受けたこと（災害による財産損害）。

② 支給決定障害者等の属する世帯の生計を主として維持する者が死亡したこと，又はその者が心身に重大な障害を受け，若しくは長期間入院したことにより，その者の収入が著しく減少したこと（生計維持者の死亡等による収入減少）。

③ 支給決定障害者等の属する世帯の生計を主として維持する者の収入が，事業又は業務の休廃止，事業における著しい損失，失業等に

---

[115] 仙台市は，月額上限額を平成18年度は4分の1，19年度は4分の2，20年度は4分の3に引き下げている。したがって，月額負担上限額を4分の1にしたうえで，徐々に高める政策が採用されていることになる。

より著しく減少したこと（生計維持者の事業休廃止等による収入減少）。
④　支給決定障害者等の属する世帯の生計を主として維持する者の収入が，干ばつ，冷害，凍霜害等による農作物の不作，不漁その他これに類する理由により著しく減少したこと（生計維持者の農作物不作等による収入減少）。

　これらの事情は，各種社会保険料の免除の場合とほぼ共通である。
　第二に，具体的な給付の割合は，市町村が定めるとされている。この給付割合を，条例・規則等の正式な規範の設定なしに決めることができるのかどうかが問題である。
　第三に，特別の事情があるとして自己負担（一部負担金）の軽減を求める手続は，法律自体には規定がない。市町村によっては，条例はもとより規則にも手続規定を置かないようである。札幌市の規則の一種である札幌市障害者自立支援法施行細則は，特例の適用を受けようとする者は，「障害福祉サービス利用者負担額減額・免除申請書」に市長が必要と認める書類を添えて，区保健福祉部長に申請しなければならないとし（8条1項），この申請があったときは，区保健福祉部長は，速やかに特例の適用の可否を決定し，「障害福祉サービス利用者負担額減額・免除決定通知書」により申請者に通知するとしている（8条2項）[116]。また，「横浜市障害者自立支援法の施行に関する条例等施行規則」は，法31条に規定する介護給付費等の額の特例の適用を受けようとするときは，特例認定申請書に省令32条に規定する特別の事情に該当することを示す書類その他必要な書面を添付して，市長に申請しなければならない旨（13条1項），及びその申請について特例を適用すると認定したときは，「介護給付費等の額の特例認定証」を交付する旨（13条2項）を規定している。これらは，規則の定めではあるが，法31条が特例に関する判断行為の手続を予定し，その判断行為には行政処分性を付与することを暗黙の前提にしていると見てよい。札幌市の決定通知書による決定は，明示

116　特例の規定の適用の決定・変更をしたときは，「障害福祉サービス利用者負担額・免除認定証」を交付する（8条4項）。これは，障害福祉サービス提供事業者に提示するためのものである。

的な判断行為であり，行政処分であることに疑問はない。横浜市の特例認定証は，直接には障害福祉サービス事業者に提示するための認定証の交付にすぎないが[117]，それは特例適用の決定行為を併有するものと見て，同様に行政処分であると解してよいと思われる。札幌市の決定通知書には，「承認する」及び「承認しない」の欄があって，前者には，給付率を記載することとしている（様式13）。横浜市の特例認定証には，「減額・免除認定事項」の欄があって，「給付率　　／100」として給付率が記載される（第7号様式）。したがって，両市とも，給付率に不服のある場合は，不服申立て，訴訟の提起が認められると解される[118]。横浜市の場合に，申請を拒絶する場合の書式が見られないが，当然，交付拒絶も行政処分性が認められるべきである。

　第四に，虚偽の申請に基づいて特例給付を受けた場合の扱いが問題になる。法は，自立支援給付に関する通則規定において，不正利得の徴収に関する規定を置いて，「偽りその他の不正手段により自立支援給付を受けた者があるときは，その者から，その自立支援給付の額に相当する金額の全部又は一部を徴収することができる」と規定しているので（8条1項），この場合にも適用があると解される。

　第五に，いったん特例の適用認定を受けた者について，その後経済状態の回復が見られた場合に，決定の「取消し」や変更が認められるかどうかが問題になる。行政法の一般論に従えば，授益的行政行為の撤回の可否に関する問題となる。たとえば，横浜市の規則は，「資力の回復その他の事情の変化により介護給付費等の額の特例の認定が不適当であると認められるときは，直ちに，当該認定を取り消し，かつ，当該事情の変化があった日から当該認定の変更を行った日の前日までの間に支払を免れた額の徴収を行わなければならない」と規定している（14条）。ちなみに，この規定は，偽りその他不正の行為により特例の適用認定を受けた者と共通の定めである。「当該事情

---

[117] 認定証の「注意事項」欄には，「障害福祉サービスを受けるときは，必ず事前に，この認定証を事業者又は施設の窓口に提出してください」という記載がある。

[118] 札幌市の決定通知書の「備考」には，「この処分に係る北海道障害者介護給付費等不服審査会に対する審査請求及び取消訴訟の提起に関する事項の教示文について記載すること」と記されている。

の変化があった日」まで遡った効力の除去ということになる。

　ところで，この制度と別に独自に自己負担分について補助金を交付する制度を設けている市町村も存在する。八潮市は，「八潮市障害者自立支援自己負担補助金交付要綱」を制定して，障害福祉サービス等にあっては，障害者等及びその者と同一の世帯に属する者の住民税所得割の額が16万円未満であることを要件に，補装具等にあっては市町村民税世帯非課税者であること，生活保護の被保護者でないことを要件にして，補助金を交付することとしている[119]。

　障害者自立支援法の制定に伴う児童福祉法の改正　法の制定に伴い児童福祉法が改正されて，平成18年10月から，障害児施設に係る利用者負担が，従来の応能負担から定率負担に改められた。これは，利用が「措置から契約へ」と改められ，障害児施設の利用については，障害児施設支援の種類ごとに指定施設支援に通常要する費用の100分の90を「障害児施設給付費」として支給する制度となった（24条の2第2項）ことによるものである。この制度にあっては，食費等の実費も負担しなければならない。そこで，地方公共団体のなかには，この改正によりサービス利用の断念や抑制にならないよう，利用者負担を軽減する措置を講じているところがある[120]。知的障害児通園施設支援サービスの場合に，保育所の保育料相当額の4分の3を上回る

119　ちなみに，この要綱の定める様式「八潮市障害者自立支援自己負担補助金交付決定（却下・取消）通知書」によれば，欄外に，「1　不服申立てについて」と「2　取消訴訟について」の記載がなされ，前者は異議申立てについての教示であり，後者には，取消訴訟についての教示であって，「この処分の取消しの訴えは，この処分があったことを知った日（1の異議申立てをした場合は，当該異議申立てに対する決定があったことを知った日）の翌日から起算して6月以内に，八潮市を被告として提起しなければなりません。この場合に，当該訴訟において八潮市を代表する者は，八潮市長です。」と記載されている。もしも，この補助金がもっぱらこの要綱あるいは補助金交付規則のみに基づく措置であるとするならば，これまでの通説に従えば決定通知に行政処分性はないはずである（参照，碓井・公的資金助成法精義181頁以下）。他の条例等の根拠の有無を確認できないので，仮定的な問題提起をしておきたい。

120　たとえば，横浜市は，平成18年の制度改正に合わせて，国基準の利用者負担額と従前の負担額との差額を経過措置として助成することとした。尼崎市は，利用者負担額の2分の1を助成する措置をとった。

部分を助成する措置を講じている例もある（御殿場市）。

なお，児童福祉法24条の2第3項は，第2項の規定による利用者負担の額が，「当該施設給付決定保護者の家計に与える影響その他の事情をしん酌して政令で定める額を超えるときは」障害児施設給付費を100分の90を超え100分の100以下の範囲内において政令で定める額とする旨を規定している。これは，法20条4項，58条3項但し書きなどと同列の利用者負担軽減の仕組みである。そして，児童福祉法施行令27条の2は，法施行令17条と同様の上限月額を定めている。利用者の負担軽減のために，地方公共団体が独自の上限額を設定している場合もある[121]。

自立支援医療費　自立支援医療費についても，申請に基づく「支給認定」に基づいて実施される。この支給認定も，諸事情を総合勘案してなされる。すなわち，申請に係る障害者等が，「その心身の障害の状態からみて自立支援医療を受ける必要があり，かつ，当該障害者等又はその属する世帯の他の世帯員の所得の状況，治療状況その他事情を勘案して」「政令で定める基準」に該当する場合には，自立支援医療の種類ごとに支給認定を行なう（54条1項本文）。さらに，支給認定をしたときは，知事が指定する指定自立支援医療機関の中から，当該障害者等が自立支援医療を受けるものを定める（法54条2項）。医療保険の保険診療，介護保険の介護サービスに関して，診療機関，介護サービス事業者の選択は，被保険者に委ねられているのと対照的である。

ところで，前記の「政令で定める基準」を定めるのが施行令29条である。障害者等及び当該障害者等と生計を一にする者として省令で定めるもの（「支給認定基準世帯員」）について地方税法の規定による市町村民税所得割の額を省令で定めるところにより合算した額が235,000円未満と定めている（1項）。経済状況を勘案して支給認定をする趣旨は理解できるが，極めて重要な基準が政令に委任され，かつ，支給認定基準世帯員の範囲及び合算の方

---

[121] 仙台市は，この上限月額を平成18年度は4分の1，19年度は2分の1，20年度は4分の3としている。埼玉県は，世帯の主たる生計者が資産等を有していないことを条件に，低所得1は7,500円，低所得2は12,300円，所得割16万円未満の一般は18,600円とする半額軽減の措置を講じた。

法について，省令に再委任する立法方法には俄かに賛成することができない。委任の必要性を見出すことができないからである。支給認定に係る障害者が支給認定基準世帯員の扶養親族（配偶者を除く）及び被扶養者に該当しないときは，支給認定基準世帯員を，当該障害者の配偶者のみであるものとすることができる（2項）。支給認定基準世帯員については施行規則 38 条に定められている。

　これらを通じて，市町村民税所得割額が登場する。その場合に，いくつかの問題点がある。第一に，所得割額の算定基礎に入らない利子，配当等の収入は，支給認定基準には反映されていないことである。簡便性の観点から所得割に限定する制度に理解できるが，個別的経済状況を探索しようとする法レベルの姿勢が，政令レベルにおいて簡便性重視に転化されているように思われてならない。第二に，所得割に関して市町村が超過課税を実施する場合には，標準税率の場合に比べて税引き後の金額が少ないにもかかわらず，基準額以上となってしまうという不合理を内在させている。現在，市町村民税所得割に関して実際に超過課税が実施されていないことによって救われているにすぎない。

　療養介護医療費についても，同様に支給認定に基づいて支給される（70条）。

障害者自立支援法における費用負担　　法における費用負担の仕組みは，複雑である。

　第一に，障害福祉サービス費等（＝介護給付費等，サービス利用計画作成費，高額障害福祉サービス費，特定障害者特別給付費及び特例特定障害者特別給付費）の支給に要する費用の扱いを見よう。市町村が支弁するものとしつつ（92条1号），施行令 44 条 3 項に定める障害福祉サービス費等負担対象額の 100 分の 25 を都道府県，100 分の 50 を国が負担する（94 条 1 項 1 号，95 条 1 項 1 号）。この国の「負担」は，国の経費負担の義務化であって，法制定の意義として強調されている[122]。

122　京極高宣『障害者自立支援法の解説』（全国社会福祉協議会，平成 17 年）16 頁，笠木映里「医療・介護・障害者福祉と地方公共団体」ジュリスト 1327 号 24 頁，30 頁（平成 19 年）。

第二に，自立支援医療費（8条1項の政令で定める医療に係るものを除く）・療養介護医療費・基準該当療養介護医療費の支給に要する費用及び補装具費の支給に要する費用についても市町村の支弁としつつ（92条2号・3号），その100分の25は都道府県が，100分の50は国が，それぞれ負担するとされている（94条1項2号，95条1項2号）。なお，自立支援医療費のうち政令で定めるものについては，都道府県が支弁し（93条1号），その100分の50を国が負担する（95条1項3号）。

　第三に，地域生活支援事業に関しては，それぞれの事業実施主体となる市町村又は都道府県が支弁しつつ（92条4号，93条2号），市町村の実施する事業に関して都道府県は100分の25以内，国は100分の50以内を，また都道府県の実施する事業について国は100分の50以内を，それぞれ予算の範囲内で「補助」することができるとされている（94条2項，95条2項2号）。「負担」と区別された「補助」であることに注目したい。これは，補助するかどうかが任意であるうえ，割合も最高限度である。地域生活支援事業こそが「障害者自立支援」の名称に相応しい内容の事業であるものの，地域生活支援事業には，多様な事業内容が含まれ（77条，78条），かつ，その実施は，厚生労働大臣の定める基本指針（87条）に即して定められる市町村障害福祉計画（88条）及び都道府県障害福祉計画（89条）に基づいて，徐々に実施される性質のものであることに配慮しているのかも知れない。

［4］　障害者雇用の促進

　障害者雇用の促進　　障害者の雇用促進施策は，雇用施策と福祉施策の連携としてとらえられている。その中核をなす法律として，「障害者の雇用の促進等に関する法律」が制定されている。同法は，身体障害者又は知的障害者の雇用義務等に基づく雇用の促進等のための措置，職業リハビリテーションの措置その他障害者がその能力に適合する職業に就くこと等を通じてその職業生活において自立することを促進するための措置を総合的に講じ，もって障害者の職業の安定を図ることを目的としている（1条）。厚生労働大臣の策定する「障害者雇用対策基本方針」において，障害者の雇用の促進及びその職業の安定に関する施策の基本となるべき方針が示される（7条）。同

法の採用している障害者雇用促進策の大きな柱は，障害者雇用調整金の支給と障害者雇用納付金の徴収の制度である。これは，理念としては，「障害者を雇用することは，事業主が共同して果たしていくべき責務であるとの社会連帯責任に立って，事業主間の障害者の雇用に伴う経済的負担を調整する」ことにあるが，財政の面から見るならば，障害者を雇用する事業主に対して助成，援助を行なうため，事業主の共同拠出の制度を設けたものと説明することができる[123]。障害者雇用調整金は，保障を要する者との関係において，間接給付方式の社会保障施策である（本書第1章1［2］を参照）。

---

[123] 独立行政法人高齢・障害者雇用支援機構編『障害者雇用ハンドブック（平成19年版）』（雇用問題研究会，平成19年）365頁。

事項索引

あ行

明るい長寿社会づくり推進機構　580
旭川市国民健康保険料事件　85〜, 205, 254, 440
朝日訴訟　196
安心こども基金　42
育児・介護雇用安定等助成金　473
石綿による健康被害の救済　8, 65, 133〜
遺族基礎年金　393
委　託　290, 335, 551
委託費　510, 519
一時差止め　139, 172, 263, 302
一事不再理　174
一部事務組合　68
一部租税方式　71
一部負担金　216, 218, 230, 273, 292, 319
一部保険方式　71, 339
一身専属性　195
一般会計　40, 205, 277, 302, 323
一般拠出金　65, 134
一般財源　13
一般財源化　67
一般事業主　138
一般処分　132, 213
一般申請免除　365
一般租税方式　63, 64
一般保険料　124, 224
委　任　89, 251, 335
医薬品医療機器総合機構　25, 40, 131
医薬品副作用被害救済拠出金　131
医療費の職権告示　212
医療費の助成　470, 566

医療費の地域格差　288
医療扶助　218, 408, 410
内払調整　149, 150
運営業務委託方式　31
運営審議会　201, 337
援護委託措置決定　523
延滞金　101, 102
延長保育　527
応益負担　52
応益割　249
応能主義　52
応能負担　19, 52, 605
応能割　249
オウム真理教犯罪被害者等救済給付金　466
公の施設　27〜, 517〜
公の支配　489
汚染者負担原則　130
汚染負荷量賦課金　65, 128, 130

か行

外国人　203, 331, 403, 404
介護給付　294, 295, 302, 410, 599
介護給付費交付金　303
介護給付費審査委員会　299
介護給付費・地域支援事業支援納付金　303
介護認定　300
介護納付金賦課額　252
介護扶助　409
介護報酬　157
介護保険　295〜
介護保険施設　296, 478

介護保険審査会　184
介護保険特別会計　303, 323
介護保険料　50, 93, 307～
介護保険料額　224
介護保険料率　224
介護療養型医療施設転換に係る市町村交付金　485
学生納付特例事務法人　372
学生の保険料免除　372
学生無年金者　376
学生無年金訴訟　391
掛　金　381, 385
合算対象期間　388
加入者按分率　271
カネミ油症事件　10
過払金返還請求権　149
寡　婦　367, 567
寡婦福祉資金　15, 569
カラ期間　388
仮給付金　463
仮徴収　113, 266
仮の救済　188～
過　料　269
環境再生保全機構　25, 40, 43, 129, 133
関係先照会　402
還元融資　346
監　護　436
勧　告　175
監　査　141, 154, 430～
間接給付方式　14, 589, 609
間接補助金　493, 496
完全租税方式　62, 340
完全保険方式　62
監督権限の不行使　526, 528
還付決定　168
還付請求訴訟　171
管理経費　16
議員年金　385

機関委任事務　66, 407, 426
基準超過費用　235, 243
擬制世帯主　89, 246
基礎年金　359
基礎年金拠出金　333, 360, 377
基礎賦課額　250
基礎賦課総額　248
基本権　395, 396, 445
義務付け訴訟　111, 186, 194
記名国債　444
休業補償給付　159, 192
求職者給付　123
給付請求書の提出期間　157
給付請求訴訟　190
給付遅延特例加算金　400
給付つき税額控除制度　22
給付停止決定　140
給付の制限　138, 139, 352, 385
給付の停止　144
教育扶助　408
境界層該当者　309
共済運営委員会　338
共済組合　199, 201
共済年金　336
強制会員制　330
強制加入　71
行政処分　35, 36, 132, 165, 190, 215, 232, 329, 404, 508, 536, 547, 550, 599, 603
強制徴収　98, 143, 144, 145, 375, 382
行政手続法　55, 138
共同拠出　65, 135, 609
共同設置　600
共同法人　584
業務の民間開放　26
居住安定化施策　581
居住費　296
拠出金按分率　361
拠出金率の決定　132

居宅介護サービス費　196, 296
居宅生活支援事業　451
均一保険料方式　259
均一保険料率　283
組合会　202, 207, 223, 259
組合管掌健康保険　222
組合国保　206, 258
組合民主主義　91, 93, 202, 203, 208, 223, 258, 336, 337, 338, 386
グループホーム　478, 593
クレジットカードによる納付　112
経過措置対象者　320
継続雇用制度　589
敬老乗車証　585
原因者　131, 135
減額譲渡　499
減額賦課　252, 285
健康管理手当　162, 167, 450
健康保険　75, 198
健康保険組合　198, 199, 200, 222, 227, 293
源泉控除　75, 115, 116, 228, 359
現存利益　149, 151
減点査定　215
原爆症の認定　446, 447
原爆二法　446
現物給付　13
減　免　108, 252, 290, 315, 364, 515
けん連性　87, 89
広域化支援事業　244
広域化等支援基金　41, 205, 244
広域入所　511
広域利用可能施設　497
公益事業　501
公害医療手帳　588
公害健康被害の救済　8, 38, 65, 128
公害健康被害補償不服審査会　134
公害保健福祉事業　129

高額医療費共同事業　75
高額医療負担金　278
高額介護合算療養費　218
高額療養費　218
公課の禁止　19, 155, 476
後期高齢者　221, 274
後期高齢者医療　275〜
後期高齢者医療広域連合　198, 208, 274, 275
後期高齢者医療財政安定化基金　41
後期高齢者医療審査会　184
後期高齢者医療保険　74, 97, 198, 276
後期高齢者関係事務費拠出金　74
後期高齢者交付金　280〜
後期高齢者支援金　74, 221, 274, 280, 291
後期高齢者福祉医療費　292
公共的団体　501
公金・公財産尊重主義　48
公金尊重　448
公金尊重主義　407
口座振替　112, 113, 117, 389
恒常的生活困窮者　253, 317
厚生年金　71, 72, 377〜
厚生年金基金　334, 379, 380, 384
厚生年金住宅　346
厚生年金保険　75, 333
厚生年金保険料　359
交通バリアフリー法　503
公的医療保険　198
公的介護施設等の整備に関する計画　483
公的扶助　401
高年齢者多数雇用奨励金　127
公費負担　62
公　表　116, 175, 359
交付金　335, 480, 482
交付国債　444
公法上の契約　36, 210, 213, 214, 327,

432, 525, 547, 550
公法上の当事者訴訟　143, 172, 190, 233
公法人　138, 199
公立保育所の民間移管　31
高齢者医療　221, 270
高齢者医療制度円滑導入臨時特例交付金　283
高齢者居住センター　583
高齢者雇用　14, 589
高齢者住宅財団　583
高齢者の居住の安定確保に関する法律　581
高齢者福祉保健福祉計画　482
高齢・障害者雇用支援機構　124, 589
高齢任意加入　389
告示　405
国分寺訴訟　509
国民健康保険　74, 198, 230
国民健康保険組合　198, 199, 205, 233, 243
国民健康保険事業の安定化に関する計画　242
国民健康保険審査会　107, 184, 268, 269
国民健康保険診療報酬審査委員会　214
国民健康保険税　258
国民健康保険団体連合会　74, 213, 214, 299, 330, 449
国民健康保険中央会　330
国民健康保険における一部負担金　218
国民健康保険料　52, 85, 245〜
国民年金　71, 331, 359
国民年金保険料　171, 363〜
子育て応援特別手当　48, 434
子育て支援　6
国家公務員共済組合　201, 336
国家公務員災害補償　190
国家賠償　6〜, 432, 455, 521
国家補償　444, 446, 452, 454

国庫負担　63, 236, 277, 278, 333, 428, 480
国庫補助負担金　67, 480
子ども・子育て応援プラン　504
雇用安定事業　122, 123, 589
雇用継続給付　123
雇用2事業　121
雇用福祉事業　124
雇用保険　118, 121, 123
雇用保険審査官　182
雇用保険率　124, 126
混合財源方式　216
混合診療　48
コンビニ納付　113

さ 行

災害援護資金　468
災害救助基金　41
災害障害見舞金　46, 468
災害弔慰金　46, 467
災害被害者減免法　108
在外被爆者　452
災害補償請求権　190
財政安定化基金　41, 68, 282, 305
財政安定化基金拠出金　68, 283
財政調整　73, 225, 274, 292
財政調整拠出金　337, 387
財政調整交付金　237
財政投融資　346
財政の論理　17, 49, 54, 403, 405, 430, 448, 571
裁定　348, 394, 398, 399, 582
裁定申請（請求）　348, 398, 400, 462, 463
裁定の取消し　148
再度の申請　173, 174
債務保証　583
差止め訴訟　188
3事業率分　127
暫定賦課　266, 312

3年据置方式　307	指導監査　430, 597
三位一体改革　480	自動車安全特別会計　136
参　与　182	自動車事故対策機構　25
C型肝炎感染被害者の救済　9	自動車損害賠償保障事業賦課金　136
支援費制度　594	児童生徒の無保険問題　264
支給決定　599	児童手当　24, 66, 145, 435〜
支給認定　606	児童手当勘定　439
事業主拠出金　138, 438, 438	児童手当拠出金　138
事業主負担　334	児童手当交付金　439
資金移転業務（支払基金の）　327	児童手当の業務取扱費　439
時　効　114〜, 158, 162, 353, 357, 383, 395, 397	児童の医療費助成　566
	児童福祉　539〜
自己負担　61, 216, 319, 601	児童福祉施設　477, 479
資産割　249, 252	児童扶養手当　440
自主的減免　317	児童養護施設　522
次世代育成支援対策交付金　483, 503	支分権　395, 396, 463
次世代育成支援対策施設整備交付金　66, 70, 483	支　弁　66, 479, 509
	死亡一時金　354
次世代育成支援対策推進法　70, 483, 503	死亡時一括償還方式　583
市町村国民健康保険　203, 204	社会援護　444〜
市町村整備計画交付金　48	社会手当　434〜
市町村相互財政安定化事業　68, 306	社会福祉　2, 472〜, 489
失　権　166, 452	社会福祉各法分離説　518
執行停止　32, 188	社会福祉事業　501
執行統制説　490	社会福祉施設　68, 476, 481
実施機関（保護の）　426	社会福祉施設整備費補助金　428
実質的条例主義　95, 96	社会福祉施設等の民間移管　31
実質的平等　56	社会福祉の原理　49
指定医療機関　432, 449	社会福祉法人　320, 496, 499, 501
指定介護機関　432	社会負担　61
指定管理者　27〜, 517, 518	社会保険　13
指定市町村　242	社会保険財政法　45
指定代理納付者　112	社会保険審査会　107, 181
指定法人　580, 583	社会保険審査官　181
指定養育医療機関　574	社会保険診療　208
私的契約児童　551	社会保険診療報酬　212
児童育成事業費　438, 439	社会保険診療報酬支払基金　74, 213, 272, 326, 433, 449
自動改定措置　376	

事項索引

社会保険方式　70～, 340
社会保険料　49, 57, 85～
社会保険料控除　21, 117
社会保険料の時効　114～
社会保障　1
社会保障基金　24
社会保障給付に係る過誤払い　147
社会保障財政　11
社会保障財政行政法　137
社会保障財政法　18
社会保障受給権　155
社会保障の民間化　62
社会保障目的税　63, 64
若年者納付猶予制度　367
若年者の特例措置　367
住所地特例対象施設　301
住所要件　436
住宅改良資金貸付　583
住宅扶助　408
住宅融資　346
集団的原因者負担論　134
周知徹底義務　49
重度障害者福祉手当　39
収入認定（等）　402, 412, 417, 538
収納の委託　111
受給資格期間　388
受給権の消滅時効　155
受給権の保護　154
趣旨支配説（租税法律主義の）　87, 90, 93
受託拒絶の禁止　523
出産扶助　409
主婦の年金空白　362
受理　348, 349
障害基礎年金　331, 360, 376, 390
障害児施設給付費　605
障害児福祉手当　443
障害者医療費助成　235

障害者介護給付等不服審査会　184
障害者基本法　590
障害者雇用　14, 608～
障害者雇用調整金　609
障害者雇用納付金　609
障害者支援施設　479
障害者自立支援対策臨時特例交付金　42, 595
障害者自立支援法　594
障害認定　276
障害福祉サービス　592
障害補償給付請求権　159
償還払い方式　597
消極的社会福祉　473
傷病手当金　159
使用者責任　522
情報の提供　177
消滅時効　155, 158, 325, 456
常用的使用関係　77
常用労働者　78
使用料　517
条例設置主義　518
職業転換給付金　155
初診日　391
除斥期間　463
所定労働時間　78
所定労働日数　78
所得控除　21
所得制限規定　437
所得割　249, 250, 284
私立学校職員共済制度　338
自立支援医療費　606
自立支援給付　411, 595, 597
私立認定保育所　564
資力認定　402
信義則　36, 162, 456
審査請求　178
審査請求前置主義　107, 178

心身障害者共済制度　39	世帯主賦課　245
心身障害者扶養共済　419	世帯分離　310
申請主義　348	世帯別平等割　249
申請保護の原則　156	世帯別平等割額　252
申請免除　365	積極的社会福祉　473, 539
身体障害者手帳　588	摂津訴訟　70, 480
身体障害者福祉法　591	説明義務　49
診療報酬　432, 449	船員保険　222
診療報酬請求権　209	全額保険方式　71
診療報酬の不正請求　140	全額免除　366
垂直的協調関係　65, 67	前期高齢者　221, 273
垂直的調整　73, 74	前期高齢者医療　273, 292
水平的協調関係　68	前期高齢者関係事務費拠出金　74, 273
水平的調整　74	前期高齢者交付金　292
税額控除方式　21	前期高齢者納付金　74, 221, 273, 292
生活援助　298	全国健康保険協会　5, 25, 198, 199, 222, 229
生活福祉資金　15, 47, 529～	
生活扶助　408	全国健康保険協会管掌健康保険　91, 97, 222
生活保護　65, 310, 401～, 538	
生活保護基準　405	全国市町村共済組合連合会　337
生活保護受給権　196, 411	戦傷病者戦没者遺族等援護法　444
生活保護費国庫負担制度　428	戦傷病者手帳　588
請求主義　348	戦傷病者等の妻に対する特別給付金支給法　445
請求に基づく裁定　394	
生業扶助　409	先進的事業支援特例交付金　484
精神障害者保健福祉手帳　588	前年所得主義　52, 251
生存権保障　49	前納報償金　266
制度間調整　68, 73	戦没者等の遺族に対する特別弔慰金支給法　159, 445
制度周知徹底義務　49	
制度的批判可能性　110	戦没者の妻に対する特別給付金支給法　444
制度変更　16, 65, 347	
政府間関係　65, 138, 426, 478	戦没者の父母等に対する特別給付金支給法　444
政府間財政法　45	
政府管掌健康保険　199, 222	総合補助金　486, 505
責任準備金　384	葬祭扶助　409
世代間公平　59	葬祭料　453
世帯単位の原則　411	遡及適用　268
世帯主　80	遡及賦課　312

訴訟承継　194, 411
租税・社会保険料混合方式　339
租税方式　62
租税法律主義　19, 85, 93, 440
租税法律主義の趣旨支配説　→趣旨支配説
租税・保険料混合方式　71
租税連動方式　553, 579
措置から契約へ　35, 508, 521, 546, 594, 605
ソフト交付金　→地域介護・福祉空間推進交付金
損害賠償　4, 6, 461, 520
損害賠償請求権　414

た 行

代議員会　380
代行部分　380
代行保険料率　379
第3号被保険者未納問題　361
第三者に対する損害賠償請求権　152
退職者医療制度　219
退職被保険者　220
第2号被保険者負担率　303
第二次納付義務　106
滞納処分　98, 104, 180, 262, 326, 516
代理受領　133, 295, 319, 325, 597
多段階免除制度　364
脱退一時金　331
単位組合　387
短期消滅時効　115
短時間就労者　78
単純過誤払い　147
単独減免　317
弾力条項　127
地域介護・福祉空間推進交付金　483, 484, 503, 504
地域介護・福祉空間整備等施設整備交付金 483, 485
地域支援事業　302
地域支援事業支援交付金　303
地域住宅交付金　582
地域生活支援事業　595, 608
地域福祉基金　41
地域別方式　130
地域保険　97, 198
地域優良賃貸住宅　582
地方公共団体職員健康保険組合　227
地方公務員共済組合　202
地方公務員共済組合連合会　337
地方公務員災害補償基金　121
地方公務員の災害補償　190
地方職員共済組合　337
中小企業緊急雇用安定助成金　14
中小企業高年齢者雇用確保実現奨励金　590
中小企業定年引上げ等奨励金　589
超過納付　389
長期給付　336, 385
長期生活支援資金　534
徴収基準額　552〜
徴収の委託　26, 98, 111
徴収猶予　108, 252, 290, 315
調整交付金　74, 237, 279, 303
調整保険料率　306
直接給付　14
追徴金　124
追納　367, 374
通勤災害率　125
通知行政　405, 530
月割課税　265
定額方式　307
定時決定　85
定率負担　605
手続加入方式　71
等級区分　82

事項索引　ix

東京大気汚染訴訟　7, 470
統合補助金　505
当事者訴訟　167, 190, 494
当然加入方式　71
透明性の原則　48
特定健康診査　282
特定公共サービス　26
特定審査請求手続　185
特定入所者介護サービス費　297
特定賦課金　65, 128, 131
特定保険料　281, 292
特定優良賃貸住宅の供給の促進に関する法律　582
特別遺族給付金　135
特別慰労品贈呈事業　444
特別会計　40, 41, 205, 276
特別掛金　381, 383
特別加入　72
特別基準方式　311
特別給付金　444
特別拠出金　65, 135
特別高額医療費共同事業　284
特別児童扶養手当　443
特別障害給付金　376
特別障害者手当　443
特別葬祭給付金　451
特別弔慰金　159, 444〜
特別徴収　51, 98, 113, 289, 312, 330
特別調整交付金　279
特別標準割合　309
特別療養費　263
独立行政不服審査機関　181
特例高齢任意加入　389
特例的免除事由　369
特例納付保険料　116, 359
都道府県雇用開発協会　589
都道府県社会福祉協議会　533, 534, 535
都道府県調整交付金　239

都道府県の負担金　277

な　行

内部事務　351
ナショナル・ミニマム　430
21世紀職業財団　47
二段階説　55, 537
日本私立学校振興・共済事業団　338
日本年金機構　100, 229, 334, 349
入所決定　508, 547, 550
乳幼児医療費助成　235, 473
任意加入　72, 389
任意加入被保険者　363
任意継続被保険者　222
任意保険　72
認可外保育所　559
認証保育所　560
認　定　54, 156
認定こども園　551, 562
年金一元化　341
年金からの特別徴収　113
年金記録　390
年金記録確認第三者委員会　116, 359
年金記録の訂正　399
年金・健康保険福祉施設整理機構　69
年金裁定の取消し　148
年金時効特例法　395, 399
年金施設　69
年金支払請求訴訟　172
年金事務費負担問題　343
年金受給権　394〜
年金積立金管理運用独立行政法人　44, 346
年金積立金の運用　345
ねんきん定期便　390
年金特別会計　40, 344, 439
ねんきん特別便　390
年金福祉事業団　69, 346

年金福祉施設　346
年金保険料　353
年金保険料の時効　116, 353～
年金保険料未納問題　374
納付案内書　356
納付促進策　111
能力開発事業　123
ノンステップバス　503

は　行

ハード交付金　→次世代育成支援対策施設整備交付金，地域介護・福祉空間整備等施設整備交付金
パートタイマー　→短時間就労者
ハートビル法　503
賠償責任保険　529
バリアフリー化　503, 591
バリアフリー新法　503
犯罪被害者救援基金　465
犯罪被害者支援条例　459
犯罪被害者等給付金　460
犯罪被害者等支援法　458
犯罪被害者等早期援助団体　465
阪神・淡路大震災復興基金　43
被災者住宅再建支援金　42
被災者生活再建支援法人　42
被爆者　447
被爆者援護条例　457
被爆者援護法　446, 450
被爆者健康管理手当　→健康管理手当
被爆者健康手帳　447
被扶養者　79, 286, 332
被保険者均等割　249, 252, 285
被保険者均等割額　252, 385
被保険者資格証明書　114, 263
被保険者資格の確認　174
被保険者資格の取得の確認　81
被保険者証　114

被保険者証の提出　318
被保険者証の返還　263
被保護者　310
130万円基準　81
日雇特例被保険者　227
日雇労働求職者給付金　123
被用者医療保険　198, 221～
被用者社会保険方式　75～
被用者年金制度間の費用負担の調整　341
被用者年金制度の一元化　342
被用者保険　75～, 221～, 334
標準拠出率　305
標準賞与額　82, 85, 226, 333
標準賃金日額　227
標準報酬月額　82, 85, 226, 333
標準報酬の決定　174
標準割合　96, 248, 308
費用徴収　29, 126, 511, 512, 552, 579
費用返還義務　412
平等原則　56, 105, 394
賦課期日　264
賦課限度額　53, 285
不均一賦課　97, 287
不均一保険料率　283
福祉医療機構　26, 39, 43, 482, 488, 580
福祉資金貸付事業　533
福祉施設賠償責任保険　529
福祉事務所　426
福祉タクシー　584
福祉の措置　576
福祉の論理　571
複線型社会保障　38
不作為の違法確認の訴え　174, 185, 232, 493
扶助原理　71
不正受給　420
不正利得の徴収　140～, 326, 604

負担　66, 480, 509
負担金減額制度　235
負担区分　426
負担軽減措置　319
負担能力　519, 579
普通徴収　98, 290, 312
普通調整交付金　279
不当利得返還請求権　149
部分的業務の委託　26
扶養義務者からの費用徴収　425
扶養原理　71
不利益変更の禁止　406
分立型社会保障財政法　44
併給調整　147
返還請求　147
保育所　544, 562
保育所運営費　509
保育所選択権　27, 28
保育所の利用　508, 525, 546
保育所廃止処分　35
保育所利用関係　525
保育総合提供推進法　540
保育の委託　526
保育の実施　510, 544
保育料　29, 514, 552
法定外の補助金　428
法定受託事務　66, 179, 407, 430
法定免除　171, 364
ホームヘルプサービス　598
訪問介護等利用者負担額減額認定証　320
法律による行政の原理　48, 323
法律の留保　48, 323
保険医登録取消処分　188, 189
保険医療機関　141, 154, 175, 188, 209, 210
保険基盤安定制度　7
保険給付の一時差止め　139, 263

保険給付の差止め　302, 318
保険給付の制限　138, 318, 358
保険原理　71, 304
保険財政共同安定化事業　74
保険財政自立支援事業　244
保険者間の財政調整　73, 341
保険者相互間の資金移転業務　327
保険者の請求による滞納処分　99
保険方式　62, 70
保険料改定率　333, 364
保険料格差　58, 73
保険料収納率　305
保険料水準固定方式　334
保険料滞納　139, 262, 318, 375
保険料徴収事務の委託　262
保険料納付済期間　357, 363, 388
保険料の過誤納に係る還付決定　167
保険料の減免　252, 290, 315, 364
保険料免除期間　388
保護変更決定　140
母子家庭等　567
母子福祉資金　15, 569
母子保健医療対策等総合支援事業　575
母子保健法　568, 574
補助金交付申請　493
補助金交付請求権　494
補助金交付要綱　493
補助金適正化法　239, 387, 498
補助金方式　14
補足性の原則　402, 417

ま　行

待たせ賃訴訟　54
未帰還者留守家族等援護法　446
未支給年金　194, 394
水際作戦　407
水俣病　8
未納保険料　359

見舞金　457, 469
民営化　26
民間移管　31
民間委託　27, 351
民間活力の活用　26
民間による社会福祉施設設置　481
民間被害者支援団体　464
無拠出年金制度　338
無差別平等の保護　403
無償貸付　499
無認可保育所　559
メタボ健診　282
メリット労災保険率　125
免除承認　373
免除保険料率　379
目的税　19, 63

や　行

養育医療　574
養育費立替払制度　540
幼稚園　562
要保護世帯向け長期生活支援資金　535
予算による使途の特定　63
予定収納率　88
予定保険料収納率　308
予防給付　302
402号通達　452
4分の3基準　78

ら　行

濫給防止　427
利益代表者　182
離婚後の子の養育費　540
離職者住居支援給付金　14
利用可能資産　412
利用者負担　→自己負担
利用料金　29, 30, 519, 520
療養介護医療費　607

療養給付費等国庫負担　234
療養補償給付請求　163
列挙外納付困難事情　365
連合会　386, 387
連帯納付義務　80, 363
漏給防止　427
労災就学援護費　169
労災障害補償請求権　159
労災保険　5, 72, 118
労災保険審査官　182
労災保険率　124, 125
労災補償の社会保障化　120
老人医療費　221
老人医療費拠出金　271
老人医療費の助成　39
老人医療費無料化　270
老人加入率　271
老人健康保持事業　580
老人福祉医療費の助成　588
老人福祉施設　477
老人福祉法　576
老人ホーム　578
老人保健法　221, 271
労働福祉事業　169
労働保険　118〜
労働保険審査会　182, 183
労働保険審査官　182
労働保険料　124
老齢加算　406
老齢基礎年金　331, 359, 388
老齢等年金給付　289
老齢福祉年金　332

わ　行

若人減少率　281

判 例 索 引

最高裁昭和 29・11・26（民集 8 巻 11 号 2075 頁）　192
高松地裁昭和 36・1・12（行集 12 巻 1 号 160 頁）　191
高松高裁昭和 37・8・30（行集 13 巻 8 号 1468 頁）　191
水戸地裁昭和 39・5・7（行集 15 巻 5 号 774 頁）　246
東京地裁決定昭和 40・4・22（行集 16 巻 4 号 708 頁）　213
東京高裁決定昭和 40・5・31（行集 16 巻 6 号 1099 頁）　213
最高裁昭和 40・6・18（判例時報 418 号 35 頁）　81
大阪地裁昭和 40・10・30（行集 16 巻 10 号 1771 頁）　204
最高裁昭和 41・2・23（民集 20 巻 2 号 320 頁）　144
最高裁大法廷昭和 42・5・24（民集 21 巻 5 号 1043 頁）　196, 411
東京高裁昭和 42・8・17（民集 25 巻 4 号 700 頁）　413
東京地裁昭和 43・2・29（判例時報 525 号 42 頁）　255
松山地裁宇和島支部昭和 43・12・10（行集 19 巻 12 号 1896 頁）　151
東京地裁昭和 44・1・24（行集 20 巻 1 号 11 頁）　190
山口地裁昭和 44・3・31（行集 20 巻 2・3 号 323 頁）　246
大阪地裁昭和 44・4・19（行集 20 巻 4 号 568 頁）　204
岡山地裁昭和 45・3・18（判例時報 613 号 42 頁）　218
高松高裁昭和 45・4・24（高民集 23 巻 2 号 194 頁）　151
静岡地裁昭和 45・10・6（訟務月報 17 巻 2 号 302 頁）　52
東京地裁昭和 45・10・15（行集 21 巻 10 号 1218 頁）　190
最高裁昭和 46・6・29（民集 25 巻 4 号 650 頁）　413
大阪高裁昭和 46・8・2（民集 28 巻 4 号 630 頁〈参照〉）　204
大阪高裁昭和 46・11・11（行集 22 巻 11・12 号 1806 頁）　204
最高裁昭和 48・4・26（民集 27 巻 3 号 629 頁）　20
東京高裁昭和 48・7・22（判例時報 716 号 43 頁）　413
最高裁昭和 48・12・20（民集 27 巻 11 号 1594 頁）　213, 214, 327
東京高裁昭和 49・4・30（民集 25 巻 4 号 330 頁）　267
最高裁昭和 49・5・30（民集 28 巻 4 号 594 頁）　203, 269
東京地裁昭和 49・10・29（行集 25 巻 10 号 1318 頁）　173
奈良地裁昭和 50・3・31（判例タイムズ 324 号 287 頁）　414
徳島地裁昭和 50・4・18（行集 26 巻 4 号 511 頁）　175, 177
高松高裁昭和 51・1・28（行集 27 巻 1 号 51 頁）　175, 177
福岡地裁昭和 51・8・10（行集 27 巻 8 号 1564 頁）　537

東京地裁昭和51・12・13（行集27巻11・12号1790頁）　70, 480
名古屋高裁昭和52・3・28（行集28巻3号265頁）　215
東京地裁昭和53・3・27（判例時報916号55頁）　215
最高裁昭和53・3・30（民集32巻2号435頁）　446, 454
最高裁昭和53・4・4（判例時報887号58頁）　215
最高裁大法廷昭和53・7・12（民集32巻5号946頁）　59
大阪地裁決定昭和54・1・24（労民集30巻1号1頁）　188
富山地裁昭和54・5・25（判例時報939号29頁）　161
大阪高裁決定昭和54・7・18（労民集30巻4号778頁）　189
東京高裁決定昭和54・7・31（判例時報938号25頁）　146
東京地裁昭和55・3・4（行集31巻3号353頁）　509
東京地裁昭和55・5・19（行集31巻6号1285頁）　178
東京高裁昭和55・7・28（行集31巻7号1558頁）　70, 480
東京高裁昭和55・11・25（行集31巻11号2448頁）　178
大阪地裁昭和56・3・23（判例時報998号11頁）　209, 433
神戸地裁昭和56・6・30（判例時報1011号20頁）　214
最高裁昭和56・7・16（判例時報1016号59頁）　521
東京地裁昭和56・7・16（行集32巻7号1082頁）　174
最高裁昭和56・9・24（判例時報1019号60頁）　178, 191
東京地裁昭和56・10・28（行集32巻10号1854頁）　173
東京地裁昭和56・11・26（判例集未登載）　336
福岡高裁昭和57・1・25（判例時報1036号35頁）　11
甲府地裁昭和57・2・8（行集33巻1＝2号21頁）　216
仙台高裁秋田支部昭和57・7・23（行集33巻7号1616頁）　89
東京高裁昭和57・9・14（行集33巻9号1789頁）　509
東京高裁昭和57・9・16（行集33巻9号1791頁）　216
東京地裁昭和57・9・22（行集33巻9号1846頁）　151
東京高裁決定昭和57・12・15（判例時報1074号42頁）　211
東京地裁昭和58・1・26（判例タイムズ497号139頁）　178
大阪高裁昭和58・5・27（判例時報1084号25頁）　209, 214
東京高裁昭和58・10・31（判例集未登載）　336
東京地裁昭和58・12・16（判例時報1126号56頁）　209, 214
福岡高裁昭和59・3・16（昭和52（ネ）602）（判例時報1109号24頁）　11
福岡高裁昭和59・3・16（昭和53（ネ）180・211）（判例時報1109号44頁）　11
東京高裁昭和59・4・25（判例タイムズ530号150頁）　414
静岡地裁決定昭和59・6・25（判例タイムズ534号157頁）　146, 211
福岡地裁小倉支部昭和60・2・13（判例時報1144号18頁）　11
岐阜地裁昭和60・4・22（労民集36巻2号193頁）　161

判例索引

大阪地裁昭和60・5・24（判例タイムズ565号178頁）　414
名古屋地裁昭和60・9・4（判例時報1176号79頁）　192, 193
浦和地裁昭和60・9・13（判例タイムズ611号37頁）　193
千葉地裁昭和61・1・20（行集37巻1・2号1頁）　162
福岡高裁昭和61・5・15（判例時報1191号28頁）　11
名古屋高裁昭和61・5・19（労民集37巻2・3号250頁）　161
東京高裁昭和61・7・17（行集37巻7・8号957頁）　162
長崎地裁昭和61・11・28（判例タイムズ625号167頁）　183
浦和地裁昭和62・3・25（判例時報1250号96頁）　209
東京地裁昭和62・7・29（判例時報1243号16頁）　515
最高裁昭和62・10・30（訟務月報34巻4号853頁）　148
大阪地裁昭和63・3・28（判例時報1306号27頁）　190
最高裁昭和63・4・19（判例タイムズ669号119頁）　411
東京地裁昭和63・11・17（労働判例531号80頁）　158, 147
東京高裁平成元・1・26（保育情報146号28頁）　515
最高裁平成元・3・2（判例時報1363号68頁）　331
浦和地裁平成元・12・15（判例時報1350号57頁）　174
東京高裁平成元・12・20（判例タイムズ714号131頁）　158, 147
札幌地裁平成元・12・27（労民集40巻6号743頁）　174, 193
盛岡地裁平成2・1・18（労働判例558号89頁）　161
東京高裁平成2・1・29（高民集43巻1号1頁）　491
岐阜地裁平成2・4・23（労民集42巻2号342頁）　160, 396
最高裁平成2・9・6（保育情報165号34頁）　515
宇都宮地裁平成2・9・27（労働判例573号45頁）　161
東京地裁平成2・10・16（労働判例583号31頁）　166
最高裁平成2・10・18（労働判例573号6頁）　158, 399
横浜地裁平成2・11・26（判例時報1395号57頁）　53, 250
京都地裁平成3・2・5（判例時報1387号43頁）　49, 193
名古屋高裁平成3・4・24（労民集42巻2号335頁）　160
最高裁平成3・4・26（民集45巻4号653頁）　54
東京高裁平成3・6・27（労働判例608号79頁）　161, 396
那覇地裁平成3・10・1（訟務月報38巻4号720頁）　178
福岡高裁平成3・10・8（判例タイムズ791号168頁）　178
和歌山地裁平成3・11・20（労働判例598号17頁）　160
浦和地裁平成4・1・24（判例タイムズ789号160頁）　159
名古屋高裁平成4・2・26（労働判例611号79頁）　161
東京地裁平成4・7・14（労働判例622号30頁）　193
横浜地裁平成4・11・26（労働判例624号41頁）　161

秋田地裁平成 5・4・23（判例時報 1459 号 48 頁）　401
東京地裁平成 5・7・20（労働判例 644 号 34 頁）　190
大阪高裁平成 5・10・5（判例地方自治 124 号 50 頁）　49
東京高裁平成 6・2・10（労働判例 672 号 92 頁）　190
大阪地裁平成 6・3・30（判例タイムズ 860 号 123 頁）　492
徳島地裁平成 6・4・15（判例タイムズ 979 号 139 頁〈参考〉）　239
大阪高裁平成 6・7・20（行集 45 巻 7 号 1553 頁）　489,490
高松高裁平成 6・7・28（労働判例 660 号 48 頁）　191
京都地裁平成 7・2・3（判例タイムズ 884 号 145 頁）　433
福岡地裁平成 7・3・14（判例タイムズ 896 号 104 頁）　411
最高裁平成 7・7・6（民集 49 巻 7 号 1833 頁）　179
東京地裁平成 7・10・19（労働判例 682 号 28 頁）　159,396
最高裁平成 7・11・7（民集 49 巻 9 号 2829 頁）　194
横浜地裁平成 7・12・21（訟務月報 42 巻 11 号 2769 頁）　186
浦和地裁平成 8・2・21（判例時報 1590 号 114 頁）　524
大阪地裁平成 8・7・29（労働判例 714 号 68 頁）　179
福岡高裁平成 8・9・27（判例時報 1586 号 32 頁）　55
東京地裁平成 9・2・27（判例時報 1607 号 30 頁）　147
大阪高裁平成 9・5・9（判例タイムズ 969 号 181 頁）　433,434
高松高裁平成 9・9・19（判例タイムズ 979 号 133 頁）　239
大阪地裁平成 9・10・31（行集 48 巻 10 号 859 頁）　21
最高裁平成 9・11・11（判例時報 1624 号 74 頁）　20,155
名古屋地裁平成 9・12・25（判例地方自治 175 号 37 頁）　268
旭川地裁平成 10・4・21（判例時報 1641 号 29 頁）　86,205
東京地裁平成 10・5・13（判例タイムズ 1013 号 141 頁）　49
大阪高裁平成 10・7・31（税務訴訟資料 237 号 971 頁）　21
横浜地裁平成 10・9・16（判例地方自治 187 号 86 頁）　228
横浜地裁平成 10・10・30（判例集未登載）　175
東京地裁平成 11・2・24（判例地方自治 192 号 82 頁）　251
金沢地裁平成 11・6・11（判例時報 1730 号 11 頁）　419
鹿児島地裁平成 11・6・14（判例時報 1717 号 78 頁）　210
名古屋地裁決定平成 11・7・1（判例地方自治 206 号 82 頁）　146
札幌高裁平成 11・12・21（判例時報 1723 号 37 頁）　86,253
高松地裁平成 12・1・11（判例集未登載）　211
大阪地裁平成 12・5・10（判例集未登載）　49
最高裁平成 12・7・18（判例時報 1724 号 29 頁）　447
名古屋高裁金沢支部平成 12・9・11（判例タイムズ 1056 号 175 頁）　419
横浜地裁平成 12・9・20（判例地方自治 219 号 89 頁）　413

判例索引　　xvii

東京地裁平成12・10・18（判例集未登載）　418
横浜地裁平成12・12・7（平成11（行ウ）56）（判例集未登載）　163
横浜地裁平成12・12・7（平成11（行ウ）57）（判例集未登載）　163
横浜地裁平成12・12・7（平成11（行ウ）58）（判例集未登載）　163
旭川地裁平成12・12・19（判例地方自治216号73頁）　253
大阪地裁平成13・3・29（訟務月報49巻4号1297頁）　407
東京高裁平成13・5・30（判例タイムズ1124号154頁）　253
大阪地裁平成13・6・1（判例時報1792号31頁）　167
大阪地裁平成13・9・7（判例集未登載）　416
最高裁平成13・9・25（判例時報1768号47頁）　403
静岡地裁浜松支部平成13・9・25（判例集未登載）　527
神戸地裁平成13・10・17（判例地方自治227号71頁）　57, 58
大阪高裁平成13・10・19（訟務月報49巻4号1280頁）　407
東京高裁平成13・11・29（判例時報1778号154頁）　164
名古屋地裁平成13・12・5（判例タイムズ1081号303頁）　211
長崎地裁平成13・12・26（判例タイムズ1113号134頁）　167
神戸地裁平成14・3・20（判例集未登載）　499
旭川地裁平成14・5・21（賃金と社会保障1335号58頁）　93
前橋地裁平成14・5・24（判例集未登載）　498
横浜地裁平成14・6・12（判例地方自治246号76頁）　496
津地裁平成14・7・4（判例タイムズ1111号142頁）　497
さいたま地裁平成14・10・8（判例集未登載）　499
札幌高裁平成14・11・28（賃金と社会保障1336号55頁）　94
大阪高裁平成14・12・5（判例タイムズ1111号194頁）　452
名古屋高裁平成15・1・15（判例集未登載）　211
福岡高裁平成15・2・7（判例タイムズ1119号118頁）　454
大阪地裁平成15・3・14（判例地方自治249号20頁）　110, 111, 256
最高裁平成15・7・17（判例集未登載）　419
最高裁平成15・9・4（判例時報1841号89頁）　169, 538
最高裁平成16・1・15（民集58巻1号226頁）　203
東京地裁平成16・1・29（判例タイムズ1156号127頁）　161
岡山地裁平成16・2・25（判例地方自治267号55頁）　474
仙台地裁平成16・2・27（判例時報1901号63頁〈参考〉）　115
最高裁平成16・3・16（民集58巻3号647頁）　412
福岡高裁平成16・3・16（判例タイムズ1179号315頁）　11
東京地裁平成16・3・24（判例時報1852号3頁）　372
東京高裁決定平成16・3・30（判例時報1862号151頁）　32
東京地裁平成16・4・13（訟務月報51巻9号2304頁）　148

神戸地裁平成16・4・15（判例集未登載）　527
最高裁平成16・4・26（民集58巻4号989頁）　169, 495
大阪地裁平成16・5・12（判例地方自治283号44頁〈参考〉）　36, 37, 547
大阪地裁平成16・6・10（判例集未登載）　461
東京地裁平成16・6・23（判例集未登載）　420
神戸地裁平成16・6・29（判例地方自治265号54頁）　86, 251
名古屋地裁平成16・7・30（判例集未登載）　527
東京高裁平成16・9・7（判例時報1905号68頁）　150
長崎地裁平成16・9・28（判例タイムズ1228号153頁〈参考〉）　453
新潟地裁平成16・10・28（判例集未登載）　372
仙台高裁平成16・11・24（判例時報1901号60頁）　115
札幌地裁平成16・11・25（判例集未登載）　410, 423
大阪地裁平成17・1・18（判例地方自治282号74頁〈参考〉）　34, 37
広島地裁平成17・3・3（判例タイムズ1187号165頁）　372
長崎地裁平成17・3・8（判例時報1930号85頁）　453
東京地裁平成17・3・24（判例集未登載）　494
東京高裁平成17・3・29（判例集未登載）　448
最高裁平成17・4・14（民集59巻3号491頁）　168
東京地裁平成17・4・21（判例集未登載）　195
福岡地裁平成17・4・22（判例集未登載）　392
千葉地裁平成17・6・16（判例集未登載）　524
東京地裁平成17・6・24（判例集未登載）　159
名古屋地裁平成17・6・24（判例集未登載）　527
大阪地裁平成17・6・28（平成13（行ウ）32）（判例地方自治283号96頁〈参考〉）　50, 94
大阪地裁平成17・6・28（平成14（行ウ）136）（判例集未登載）　51, 314
仙台地裁平成17・6・30（判例集未登載）　422
札幌地裁平成17・7・4（判例集未登載）　392
横浜地裁平成17・7・6（判例集未登載）　382
最高裁平成17・7・15（民集59巻6号1661頁）　176
最高裁平成17・9・8（判例時報1920号29頁）　210
福岡高裁平成17・9・26（判例タイムズ1214号168頁）　453
福岡高裁平成17・9・26（判例タイムズ1228号150頁）　453
京都地裁平成17・10・20（判例集未登載）　402, 419
東京地裁平成17・10・27（平成13（行ウ）201）（判例集未登載）　372
東京地裁平成17・10・27（平成13（行ウ）222）（判例集未登載）　372, 392
大阪地裁平成17・10・27（判例地方自治280号75頁）　36, 37, 547
東京高裁平成17・12・14（判例集未登載）　382

大阪高裁平成 18・1・20（判例地方自治 283 号 35 頁）　37
大阪高裁決定平成 18・1・20（判例集未登載）　146
青森地裁平成 18・1・24（判例集未登載）　211
東京地裁決定平成 18・1・25（判例時報 1931 号 10 頁）　549
高松高裁平成 18・1・27（判例集未登載）　528
岡山地裁平成 18・1・31（判例集未登載）　143
甲府地裁決定平成 18・2・2（判例集未登載）　146, 211
東京地裁平成 18・2・24（判例時報 1969 号 50 頁）　384
最高裁大法廷平成 18・3・1（民集 60 巻 2 号 587 頁）　19, 52, 87, 135, 205, 254, 440
さいたま地裁平成 18・3・22（判例地方自治 299 号 9 頁）　498
盛岡地裁平成 18・3・27（判例集未登載）　392
最高裁平成 18・3・28（判例時報 1930 号 80 頁）　51, 95, 310, 313, 316
最高裁平成 18・3・28（判例時報 1930 号 83 頁）　90
大阪高裁平成 18・4・20（判例地方自治 282 号 55 頁）　36, 37, 547
大阪高裁平成 18・5・11（平成 17（行コ）69）（判例地方自治 283 号 87 頁）　50, 95
横浜地裁平成 18・5・22（判例タイムズ 1262 号 137 頁）　33, 37, 502
大阪地裁決定平成 18・5・22（判例タイムズ 1216 号 115 頁）　189
最高裁平成 18・6・13（民集 60 巻 5 号 1910 頁）　454
大阪地裁平成 18・6・21（判例時報 1942 号 23 頁）　8
大阪高裁平成 18・7・20（平成 17（行コ）65）（判例集未登載）　51, 314
東京高裁平成 18・7・27（判例集未登載）　524
大阪高裁平成 18・8・29（判例集未登載）　527
鹿児島地裁平成 18・8・29（判例タイムズ 1269 号 152 頁）　523
福岡地裁平成 18・8・30（判例時報 1953 号 11 頁）　8
東京地裁平成 18・9・12（判例集未登載）　494
東京高裁平成 18・9・14（判例時報 1969 号 47 頁）　384
京都地裁平成 18・9・29（判例集未登載）　142, 143
岡山地裁決定平成 18・10・2（判例集未登載）　146
東京地裁平成 18・10・25（判例時報 1956 号 62 頁）　187, 548
横浜地裁平成 18・10・25（判例タイムズ 1232 号 191 頁）　528
東京高裁平成 18・10・26（判例集未登載）　392
岐阜地裁平成 18・10・26（判例集未登載）　91, 382
大阪高裁平成 18・11・8（判例集未登載）　494
東京高裁平成 18・11・29（判例集未登載）　392
東京地裁平成 18・11・29（賃金と社会保障 1439 号 55 頁）　187
大阪高裁平成 18・12・21（判例集未登載）　402
東京地裁平成 19・1・12（判例集未登載）　345
大阪地裁平成 19・1・15（判例地方自治 292 号 60 頁）　418

最高裁平成19・1・25（民集61巻1号1頁）　432, 521
最高裁平成19・2・6　（民集61巻1号122頁）　167, 455
青森地裁平成19・2・23（判例集未登載）　211
仙台高裁平成19・2・26（判例タイムズ1248号130頁）　372, 392
神戸地裁決定平成19・2・27（賃金と社会保障1442号57頁）　33, 189
横浜地裁決定平成19・3・9　（判例地方自治297号58頁）　28
東京地裁平成19・3・23（判例時報1975号2頁）　8
大阪高裁決定平成19・3・27（判例集未登載）　33, 189
東京高裁決定平成19・3・29（判例集未登載）　29
札幌高裁平成19・3・30（判例集未登載）　392
宇都宮地裁平成19・5・24（判例集未登載）　461
東京地裁平成19・5・28（判例時報1991号81頁）　527
宇都宮地裁決定平成19・6・18（判例集未登載）　177
広島地裁平成19・7・6　（判例集未登載）　187, 188
名古屋地裁平成19・7・31（判例集未登載）　8
大阪地裁平成19・8・10（判例タイムズ1276号129頁）　228
岡山地裁平成19・8・28（判例集未登載）　211
岐阜地裁平成19・8・29（判例集未登載）　31
大阪高裁平成19・9・13（判例集未登載）　598
最高裁平成19・9・28（民集61巻6号2345頁）　49, 372
最高裁平成19・10・9　（裁判所時報1445号4頁）　372
福岡地裁平成19・10・18（判例集未登載）　515
東京地裁平成19・10・25（判例集未登載）　383
最高裁平成19・11・1　（民集61巻8号2733頁）　162, 455, 457
東京地裁平成19・11・7　（判例時報1966号3頁）　48
東京高裁決定平成19・11・13（判例集未登載）　177
最高裁平成19・11・15（判例集未登載）　36
名古屋地裁平成19・11・15（判例集未登載）　373
東京地裁平成19・11・19（判例タイムズ1279号132頁）　549
東京地裁平成19・11・27（判例時報1996号16頁）　528
名古屋高裁金沢支部平成19・11・28（判例時報1997号26頁）　116, 358
高松高裁平成19・11・29（判例集未登載）　478
大阪地裁平成19・11・30（判例地方自治305号105頁）　158, 445, 446
千葉地裁平成19・12・20（判例集未登載）　524
熊本地裁平成20・1・25（判例集未登載）　56
岡山地裁決定平成20・1・30（判例集未登載）　146
大阪地裁平成20・1・31（平成19（行ウ）166・167）（判例タイムズ1268号152頁）
　　141, 188, 211

大阪地裁平成 20・1・31（平成 17（行ウ）79・143）（判例地方自治 311 号 69 頁）　326
札幌地裁平成 20・2・4（判例集未登載）　417, 421
東京地裁平成 20・2・22（判例集未登載）　196
最高裁平成 20・2・28（裁判所時報 1454 号 7 頁）　402
東京高裁平成 20・3・19（判例集未登載）　383
名古屋地裁平成 20・3・26（判例時報 2027 号 57 頁）　37
東京地裁平成 20・3・28（判例集未登載）　91
東京地裁平成 20・4・17（判例時報 2008 号 78 頁）　88, 118
広島高裁岡山支部決定平成 20・4・25（判例集未登載）　147
東京地裁平成 20・5・22（判例タイムズ 1284 号 162 頁）　132
仙台高裁平成 20・5・28（判例タイムズ 1283 号 74 頁）　448
大阪高裁平成 20・5・30（判例時報 2011 号 8 頁）　448
東京地裁平成 20・6・26（判例時報 2014 号 48 頁）　406
千葉地裁平成 20・7・25（賃金と社会保障 1477 号 49 頁）　36
札幌地裁平成 20・7・31（判例集未登載）　417, 422
広島地裁平成 20・7・31（判例集未登載）　456
札幌地裁平成 20・9・22（平成 11（行ウ）19）（判例集未登載）　55
札幌地裁平成 20・9・22（平成 15（行ウ）15）（判例集未登載）　56
札幌地裁平成 20・9・22（平成 16（行ウ）31）（判例集未登載）　56
最高裁平成 20・10・10（判例タイムズ 1285 号 57 頁）　392
最高裁平成 20・10・15（判例集未登載）　392
長崎地裁平成 20・11・10（判例集未登載）　456
函館地裁平成 20・12・25（判例集未登載）　37
佐賀地裁決定平成 21・1・19（判例集未登載）　147
東京高裁平成 21・1・29（判例地方自治 316 号 60 頁）　34

〈著者紹介〉

碓 井 光 明（うすい・みつあき）

1946年　長野県に生れる
1969年　横浜国立大学経済学部卒業
1974年　東京大学大学院法学政治学研究科博士課程修了（法学博士）
現　在　明治大学大学院法務研究科教授，東京大学名誉教授

〈主要著書〉

『地方税条例』（学陽書房，1979年）
『地方税の法理論と実際』（弘文堂，1986年）
『自治体財政・財務法』（学陽書房，初版1988年・改訂版1995年）
『公共契約の法理論と実際』（弘文堂，1995年）
『要説　自治体財政・財務法』（学陽書房，初版1997年・改訂版1999年）
『要説　住民訴訟と自治体財務』（学陽書房，初版2000年・改訂版2002年）
『要説　地方税のしくみと法』（学陽書房，2001年）
『公共契約法精義』（信山社，2005年）
『公的資金助成法精義』（信山社，2007年）
『政府経費法精義』（信山社，2008年）

社会保障財政法精義

2009年（平成21年）7月7日　初版第1刷発行

著　者	碓　井　光　明
発行者	今　井　　　貴
	渡　辺　左　近
発行所	信山社出版株式会社

〔〒113-0033〕東京都文京区本郷6-2-9-102
電話　03（3818）1019
FAX　03（3818）0344

Printed in Japan

©碓井光明，2009.　　　印刷・製本／暁印刷・渋谷文泉閣

ISBN978-4-7972-2558-7　C3332